U0613029

地方档案与文献研究

（第五辑）

2019年『明清以来的地方档案与文献』研究生暑期学校纪念专辑

主编◎吴佩林

本辑特邀主编◎成积春 吕厚轩

国家图书馆出版社

图书在版编目（CIP）数据

地方档案与文献研究 . 第五辑 / 吴佩林主编 . —北京：国家图书馆出版社，2021.11

ISBN 978-7-5013-7224-9

Ⅰ . ①地… Ⅱ . ①吴… Ⅲ . ①地方档案－研究－中国 ②地方文献－研究－中国 Ⅳ . ① G279.27 ② G256

中国版本图书馆 CIP 数据核字（2021）第 000376 号

书　　名	地方档案与文献研究（第五辑）	
著　　者	吴佩林　主编	
	成积春　吕厚轩　本辑特邀主编	
责任编辑	王亚宏　刘奥林	
封面设计	程　言	

出版发行　国家图书馆出版社（北京市西城区文津街 7 号　　100034）

　　　　　（原书目文献出版社　北京图书馆出版社）

　　　　　010-66114536　63802249　nlcpress@nlc.cn（邮购）

网　　址	http://www.nlcpress.com	
排　　版	九章文化	
印　　装	北京金康利印刷有限公司	
版次印次	2021 年 11 月第 1 版　2021 年 11 月第 1 次印刷	

开　　本	710×1000（毫米）　1/16	
印　　张	30	
字　　数	473 千字	

书　　号	ISBN 978-7-5013-7224-9	
定　　价	98.00 元	

版权所有　侵权必究

本书如有印装质量问题，请与读者服务部（010-66126156）联系调换。

编纂出版委员会

学术委员会（按音序排列）

包伟民　曹树基　陈廷湘　科大卫　刘志伟　马小红

舒大刚　杨天宏　杨一凡　曾小萍　赵世瑜　郑振满

主　编　吴佩林

本辑特邀主编　成积春　吕厚轩

编　委（按音序排列）

蔡东洲　杜正贞　付海晏　苟德仪　贺　喜　蒋　勤

金生杨　黎春林　李在全　梁　勇　林文凯　刘诗古

吕兴邦　毛立平　申　斌　孙　明　Tristan G. Brown

唐仕春　王雪梅　温春来　吴佩林　杨国安　杨小平

张小也　赵思渊　周　琳　左　平

"明清以来的地方档案与文献" 研究生暑期学校合影

"明清以来的地方档案与文献"研究生暑期学校教师授课

"明清以来的地方档案与文献"研究生暑期学校工作坊

"明清以来的地方档案与文献"研究生暑期学校学员考察孔子博物馆

序

曲阜师范大学副校长　夏云杰

2019 年 7 月 4 日，我有幸代表曲阜师范大学出席"明清以来的地方档案与文献"研究生暑期学校开幕式。"是时方盛夏，风物自潇洒"，在那个骄阳似火、寓意收获的美好时节，来自海内外 31 所著名高校的知名专家和优秀学子，共同相聚在儒家思想的发源地、中国传统文化的精神家园——曲阜，参加 2019 年"明清以来的地方档案与文献"研究生暑期学校。时光荏苒，倏忽一年，当日的青年学子多已成长，其参会的论文，也多已见诸名刊。为纪念这次暑期学校的成功举办，学院拟出版纪念专辑，并嘱我为之作序。我欣然接受，以示祝贺！

曲阜师范大学扎根孔孟桑梓之地，秉承"孔颜型范，春秋学统，海岱情怀，洙泗遗风"，历经 65 年不懈努力，发展成为一所文理并重、文史见长，以优秀传统文化传承和卓越教师培养为鲜明特色和突出优势的山东省重点大学。目前，学校在人文社会科学方面具有文、史、哲、教、马等 7 个一级学科博士点，以孔子研究为特色的中国史学科更是特色明显，是海内外知名的孔子儒学研究重镇，拥有山东省属高校中唯一的中国史博士一级学科，2017 年入选山东省首批一流学科。学校建有山东省唯一的人文社科类协同创新中心和首批省部共建协同创新中心——"孔子与山东文化强省战略协同创新中心"与"儒家文明协同创新中心"。近年来，学校主动对接国家战略，建立了包容差异、协同创新、联合攻关的新型科研模式，在孔子儒学经典研究、古籍整理与保护、文博研究、传统文化现代化转化等领域，搭建高层次平台，打造高水平团队，近五年主持国家社科基金重大项目 2 项，重点项目 2 项，冷门绝学项目 3 项，一般项目、青年项目、后期资助项目共 22 项，取得了一批有重要影响的成果。

历史学科是我校建校的三大系科之一。借助孔子故里办学的独特优势，我们一直重视地方档案特别是孔府档案的整理与研究工作。1961 年，我校骆承烈、郭克煜两位老师协助中国科学院杨向奎教授在曲阜查阅孔府档案 20 多天。1963 年，中国科学院为开发和利用孔府档案，决定由杨向奎负责，与曲阜县文物管理委员会、我校历史系合作选编孔府档案。杨向奎先给我校骆承烈写信联系，告诉他暑假期间去曲阜，请他组织一些学生，以备抄录档案。骆承烈接到信后，经与历史系商议，最后从历史系和中文系高年级中挑选了二十几个水平高、态度认真、字迹规整的学生。同年 7 月，在山东省委宣传部的热情关心和曲阜县文物管理委员会的积极支持下，杨向奎教授带着中国科学院历史研究所的刘重日、胡一雅、钟遵先、张兆麟、何龄修、郭松义、张显清等 7 人来到曲阜，与我校历史系的骆承烈、郭克煜、孔令彬组成十人的业务班子，共同开展整理工作。经过一个多月大规模的抄录和两个多月的整理，最后共抄录档案 4353 件，整理档案计五六百万字。此次整理也推动了我校的人才培养，如 1964 年，在历史系毕业的一个班中，就有傅崇兰、朱东安、张道英、张传恭等四人考取了中国科学院的研究生，创当时曲阜师范学院历史上的最高纪录。

1978 年改革开放后，在国家古籍整理等一系列政策引导下，这批档案重新回归大众视野。次年，我校骆承烈等人向杨向奎教授建议将这批资料出版，得到同意与支持。不久，在中共山东省委宣传部的领导下，我校与山东省社会科学院历史研究所、曲阜县文物管理委员会、中国社会科学院历史研究所、山东大学、山东省文化局、山东省出版局等有关单位一起联合组成了曲阜孔府档案史料编辑委员会。后经过多次修改，审订成书，取名为《曲阜孔府档案史料选编》。该书共分 3 编，500 余万字。第一编为《全宗类目索引》，计 2 册；第二编为《明代档案史料》，全 1 册；第三编为《清代档案史料》，计 21 册，合计 24 册，于 1980—1985 年由齐鲁书社陆续出版。2002 年，骆承烈、朱福平、骆明还整理出版了一册《孔府档案选》。

2013 年 11 月，我校与曲阜市文物管理委员会联合申报了国家社科基金重大招标项目"历代孔府档案文献集成与研究及全文数据库建设"，并获批立项。同年 12 月，学校与曲阜市文物管理委员会签署了《合作整理孔府档案协议书》，这标志着孔府档案的整理与研究进入了数据库建设的新阶段。到 2018 年，合作成效显著：（一）图片采集采取最新技术，完成了 9000 余卷近 30 万件共 94 万画幅的档案彩色扫描工作；（二）完成了所有明代、民国档案以及部分清代档案的著录工作，每案有卷名，卷下各件的责任者、题名、时间、受文者、文种等基本要素齐备；（三）在国家图书馆出版社出版了《孔子博物馆藏孔府档案汇编·明代卷》（全三册附录一册）。

近年来，包括孔府档案、南部档案、巴县档案、淡新档案、龙泉司法档案等在内的地方档案与文献，在学术研究中的地位和作用日渐凸显，研究成果颇为丰硕，充分展现了地方历史文化遗产的重要学术价值。研究生暑期学校的成功举办及纪念专辑的出版，对于进一步深化地方档案与文献的整理与研究，培育优秀青年后备人才，必将产生积极而深远的意义。

最后，再次感谢诸位专家和青年才俊对曲阜师范大学的关心和支持，更欢迎和期待有志于地方档案整理与研究的学者加盟我校，共襄盛举！

是为序。

2020 年 10 月 8 日

目 录
CONTENTS

细节分析：当代中国史研究的方法论

——以土地改革为中心

曹树基[*]

最近十年来，本人一直致力于当代地方档案的搜集、整理与研究。在地方档案研读中，有时，一个看似平常的字眼，或一个不常见的概念，都有可能导出一个不为人所知的事件与制度，从而修正或挑战既有的论述。据此，本文将细节突破作为当代中国史研究的方法论。

本文强调将地方档案与高层文件结合，从地方政治或行政的具体实践中理解高层文件。本文强调更多地搜集、研究"过程文件"而不是"结果文件"，因为"过程文件"有可能蕴含更多值得讨论的细节。本文主张将更多的精力倾注于调解与司法文件，这两类文件将人际之间的矛盾冲突细致地展开，观察者所得会更多。

为了让主题更加集中，本文正文部分所引主要来自高层土改文件以及各地土改档案，讨论的主题则为 1950 年代长江以南各新解放区的土改。①

一、高层文件与地方档案

在当代史的研究中，最需要重视的是对高层文件的解读。迄今为止，有关

---

* 曹树基，博士生导师，主要从事人口史、移民史、疾病史、社会经济史以及中国近现代史方面的研究。

① 本文所涉土改内容，参见曹树基、刘诗古：《传统中国地权结构及其演变》，上海：上海交通大学出版社，2014 年。

高层文件的出版已有一定的规模，而精细的讨论，则相当少见。

例如，《中华人民共和国土地改革法》（以下简称《土改法》）第十二条规定："原耕农民租入土地之有田面权者，在抽动时，应给原耕者保留相当于当地田面权价格之土地。"仔细分析，这句话中包涵了几个很重要的概念：原耕农民、租入的田面权、抽动与保留、田面权价格，值得细致辨析。

（一）"租入"的"田面权"

"原耕农民"指的是土地改革前的土地使用者。由于土地是"租入"的，所以"原耕农民"是"佃农"，但由于"租入"者拥有土地的"田面权"，就说明他们不是纯粹的"佃农"。这一对概念之间潜在的逻辑紧张，以前并不为人所注意。

华东军政委员会土地改革委员会称，在浙江省嘉兴县，有一种地租制度，称为"活租"。每年由政府根据年成确定该年度正产物产量，订定收租标准。如 1948 年塘汇乡水稻平均亩产 2 石米，计租时按亩产 1.2 石计算，缴租标准则为 0.45 石（1.2×0.375）。实际的地租率只有 22.5%（0.45/2）。但是，"据鸣羊村的农民反映，活租制并不是任何农民都可以得到的，一般是比较大的佃富农、有永佃权的或多年耕种的老佃户才能得到"。[①]

"活租"又名"分成租"，是根据年成确定产量，再依业佃分成比例确定地租额。在嘉兴县，所谓"活租"，则是在确定正产后，打折计算出一个更低的正产量，再依业佃分成比例确定地租额。问题是，何以"比较大的佃富农"及"多年耕种的老佃户"才有权利得到这种优惠？

所谓"佃富农"，在"百度"中被定义为"租种别人土地而有剥削行为的富农"。这一定义的关键在于"剥削行为"：即佃富农们在"租入"土地之后，可能雇工耕作，或长工，或短工；也可能分租部分土地给他人，并将收得地租中的一部分交给地主。分租土地形成大租与小租，或田底租与田面租。佃富农实际上是田面主。羊鸣村 22.5% 的地租只是地主收取的地租，不包括佃富农从

[①] 《嘉兴县塘汇乡农村经济调查》，载华东军政委员会土地改革委员会编：《浙江农村调查》，华东军政委员会土地改革委员会，1952 年，第 113 页。

佃耕农手中收取的地租。

必须指出，"永佃权"并不是羊鸣村民的语言。这一西化概念来自民国时期的立法者，也为中共所接受。在这里，指的是"田面权"的拥有者，即"比较大的佃富农"。

至于"多年耕种的老佃户"，依黄宗智的观点，即佃户的多年耕作——包括投资施肥，改良土壤，兴修水利，有可能使劣地变成良田。他说："一个佃户把一块几乎一文不值的土地变成一件有价值的东西，他应该从他的辛劳中受益似乎是适当和公正的，因此形成了田面权的概念。"[①] 这一方式可以追溯到明代的福建龙岩，当地有所谓"粪土田"，指在耕种中将田土地培肥的佃农，有权利将田私相授受，并向佃耕者收取地租，形成小租。增加的小租，即是对土地增殖部分的回报。

可以推断，嘉兴羊鸣村只需交纳土地正产量 22.5% 的"佃富农"们，他们从地主手中购买了田面权；而明代福建龙岩的佃农，则是通过培肥土壤，提高亩产从而获得田面权。这就是《土改法》所称"原耕农民租入土地之有田面权者"一句之内涵。

（二）土地的"抽动"与"保留"

土地改革的目标在于建立一个耕者有且均其田的土地制度，因此，普通农民超过平均土地的部分，也要被"抽出"分配给他人。这就是《土改法》第十二条土地"抽动"一词的内涵。在苏南地区，"原则上以乡为单位，以在本乡有户籍的全部人口除本乡的全部使用土地数"，就是全乡土地平均数。[②] 然而，在土地产权被分割为"田底"与"田面"以后，如何确定农户的田亩，就成为一个问题。

"田面田"的本质是"一田两主"，与来自大陆法系"一物一主"的理念并

---

① 黄宗智：《法典、习俗和司法实践：清代与民国的比较》，上海：上海书店出版社，2003 年，第 110 页。

② 陈丕显：《为有步骤有秩序地进行苏南土地改革而斗争》，载中国共产党苏南区委员会农村工作委员会编：《苏南土地改革文献》，中国共产党苏南区委员会农村工作委员会，1952 年，第 75 页。

不相容。中华民国《民法》第三编《物权》第 845 条称："永佃权人不得将土地出租于他人。永佃权人违反前项之规定者，土地所有人得撤佃。"① 这一法规的要害是将"田面权"解释为"永佃权"。如浙江省民政厅将浙东的"绍田"，一种可以自由出租以收取小租的田面田，"妄解为系永佃权之一种，因是浙东业佃纠纷案件，因此而起者，不知凡几"。② 羊鸣村的"佃富农"是幸运的，田底主的地租率本来只有 30%，二五减租后降为 22.5%。如果政府不承认田面权，田底主反可要求增加正产 7.5% 的地租额，减租就有可能变成加租。

《土改法》承认田面权。上引陈丕显报告称："分配土地时应按田面与田底折价比例，先折后分。"这一精神也被列入了《苏南土地改革实施办法》。具体而言，如果市场上田底与田面的价格各占土地总价的 50%，农民某甲耕种的 10 亩田面田中，就有 5 亩属于自田，5 亩属于他田。抽出 5 亩他田之后，如果某甲占有土地仍然超过当地农民占有土地的平均数，但超过的只是田面部分，就不再抽动。如果某甲正好手边还有 2 亩田底田，那么，这 2 亩田底田就应当被"抽出"征收。

考虑到土地市场上存在的各种机会成本，一个农民既拥有 A 地的田底，又拥有 B 地的田面，是完全可能的。《土改法》只讲到农民的田面，而没有涉及农民的田底，并不意味着田底主就一定是阶级意义上的"地主"。然而，在土地改革的实践中，江阴县某乡的田面权折算采取了不同的标准：贫雇农与贫雇农为对半折，贫雇农与中农四六折，贫雇农与富农二八折，与地主则是一九折或十折。这个乡的做法被中共苏南区委农村工作委员会批评为"很不妥当"，实在是因对地主"田底权"极不合理的处置方式所导致的。

仍以鸣羊村为例，该村 24 户"佃富农"共租入土地 1078 亩，而占有土地只有 37 亩，户均"占有"1.5 亩。如果不将田面田的一部分算作自田，他们就是全村赤贫的阶层了。据此可知，对田面权处理不当与对田底权处理不当是一

① 《立法院公报》第十三期《法规》，1930 年 1 月，载中国第二历史档案馆整理编辑：《立法院公报》第 5 册，南京：南京出版社，1989 年，第 158 页。

② 郑康模：《浙江二五减租之研究》，载萧铮主编：《民国二十年代中国大陆土地问题资料》，台北：成文出版社，1977 年，第 34044 页。

个硬币的正反两面。

将生活富裕且有着剥削行为的"大佃农"或"佃富农"划为贫农甚至更低的成份，并不是江南地区土地改革的领导者所愿意看到的，也不是农民所能接受的。在这个意义上，《土改法》中设定的"抽出"与"保留"，含义深远，土地改革的主事者不得不小心翼翼。

（三）田面权价格

《土改法》第十二条的一个核心概念是"田面权价格"。从逻辑上讲，依土地市场上"田面"与"田底"的不同价格，确定田面主与田底主双方不同的份额，就可以了。

实践比理论更纠缠、更复杂。例如，对于长期改良劣质土壤而获得的"田面"，该如何确定其价值？又例如，新买入的"田面"转眼被抽，投入的现金没有回报；或通过借债购买田面权者，抽了田还不起债，该如何处置？更复杂的问题还在于，佃农交纳的"顶首"或押金算不算购买田面？假如不算，押金又该如何处置？

民国学者冯和法反对将交纳"顶首"暨押金的土地称为永佃田或"田面"。他说，由于"顶首"数额大，通常上等田每亩"顶首"十余元至三四十元不等，而田面价不过 10—15 元，"往往容易被人误会当作田面价"。[1] 如果"顶首"的数额真的大到与田面价相等，那这"顶首"还仅仅是"顶首"吗？民国学者陈正谟说：

> 因为各生产部门中的资金都要算利息，佃农交给地主的押租金当然也要算利息。我的家乡——湖北枣阳县的习惯，是押租金多，租额、租率都少；押租金少，租额、租率都大；押租金的大小与地租的多少成反比例。据我的调查，其他各地也多如此。[2]

---

[1] 冯和法编：《中国农村经济资料续编》，上海：黎明书局，1935 年，第 519 页；冯紫岗编：《嘉兴县农村调查》，国立浙江大学、嘉兴县政府印行，1936 年，第 36 页。

[2] 陈正谟：《中国各省的地租》，上海：商务印书馆，1936 年，第 19 页。

"押租金是有利率的"，一句话解开所有迷惑。民国学者陈太先说，在川东地区，"佃户一次出金若干给地主，地主仰此资本生息不另取地租，资本到佃户不种时仍退还"。[①]押金可以交到不纳地租的水平，很显然，这时的押租金已不再是"土地租赁的信用保证金"，而是"典价"——一种可以回赎的转让，亦称"活卖"。

从理论上讲，就某块田地而言，当押金一直上涨，地租额也就一直减少，当押金涨至地租为零，就可以成为"绝对的押租"，或"绝对的田面"。至此，押租制与土地典卖完全接轨。土地之出典可以称为"有回赎权的出卖"，或"交纳押金的转让"。两种交易行为的本质是一致的。土地之普通租佃与永佃、押与典、田面与田底、活卖与绝卖等，都就可以在一个统一的框架中得到解释。

回到土改的实践中来，《川东区关于实施西南区减租暂行条例的补充规定》有如下记载：

> 凡定租制（俗称"铁板租"），一律依解放前实际交租数减租。凡额租制（即原租约规定一个租额，依年成丰歉酌情量田拈租者），依解放前三年平均实际交租数处理。凡典租制（俗称"当"，如"明佃暗当""半佃半当"等）中之佃户尚须交纳补欠租额者，按应纳租额部分减租，但租额甚微者，可酌情不减。凡分租制（即业佃双方按成分租，如三七分、四六分、对半分等），依解放前业主实际分益成数中减租。[②]

这里讲到了四种地租制。其实，额租制与分租制可以合并，即任何分租方式都要在确立年成以后再来分成。这样，江津的地租制度可以分为定租制、

① 陈太先：《成都平原租佃制度之研究》，载萧铮主编：《民国二十年代中国大陆土地问题资料》，台北：成文出版社，1977年，第32524页。
② 中共江津县委：《关于反霸、减租退押等问题的规定，开展剿匪反特政治攻势及反对地主抽租夺佃的意见》，1-1-12，第3页，江津区档案馆藏。

分租制与典租制三种。江津"典租"的本质仍为"押租"。所谓"典租制中之佃户尚须交纳补欠租额者"，说的是佃户需要补交所欠的租额。这是因为，所谓"佃户"是交了押金的佃户，押金多，则地租少，押金少，则地租多。在还没有达到"地租为零"的绝对田面时，佃户还是要交地租的。只不过，如下节所述，这所谓的"佃户"实际上是"佃富农"，是另一种意义上的剥削者。

总之，《土改法》第十二条的一系列概念之间，充满了张力——既包含中共高层对传统地权结构的认识，也包含中共高层对革命理想的追求；只是其间隐藏的"佃富农"阶层，为政策的制定者有意无意地忽略。正因为如此，土地改革的反封建主题才得以凸现。

二、"过程文件"与"结果文件"

各县档案馆中留下来的土改档案不计其数。然而，绝大多数的土改档案，都是以县级土改总结报告为主要内容的"结果文件"。最一般的表达是，解放前，本县地主、富农、中农、贫农等各阶级，各有多少户，多少人口，占有多少土地；经过土地改革，各个阶层的土地占有关系如何发生变化。依据这一高度意识形态化的资料进行研究，很难取得新进展。不过，假定此类总结报告是区一级的，就有可能从中发现值得讨论的问题。

江津县的土改档案属于典型的"过程文件"，包括上级指示，县委、区委会议记录，县委指示、报告、通报与通知，各区委分阶段的情况报告及工作汇报，以及各区土改中的各种统计表。其中尤以县委、区委两级的会议记录、各区情况报告及统计数据为重要，可以藉此观察行为者对事物的认知，以及其行动的目的、策略、方法及其他。

（一）"佃田变自田"与城居地主

在江南，可以《太仓县双凤区土改工作总结》为例，讨论土改中的土地分配。据本报告，已知在双凤区全部6.75万亩分配土地中，有5.2万亩土地属于"佃田变自田"，只有1.5万亩属于分进土地。"佃田变自田"的数量相当于全部"分配"土地数量的 77.5%。① 由此可见，太仓县双凤区的土地改革，在某种意义上只是一次"佃田变自田"的过程，亦是将"田面田"进行分割的过程。

有意思的是，双凤区土改之前中农耕种的 5.4 万亩土地，土改后减少为 4.4 万亩；土改之前贫农耕种的 4.4 万亩土地，土改后增加为 5.1 万亩。中农与贫农耕种的土地，土改后一减一增，减幅与增幅基本相当。因此，也可以说，双凤区的土地改革，只不过是中农与贫农之间的土地调剂。

双凤区各社会阶层占有土地 7.5 万亩，使用土地 11.4 万亩，余 3.9 万亩是什么性质的土地呢？原来，在太仓城区，各阶层占有土地合计为 8.6 万亩，使用土地合计为 10.2 万亩，且特别注明"城厢 245 个地主不在内"。② 土改前太仓全县各阶层占有土地 68.76 万亩，土改后占有土地 80.09 万亩，多出 11.32 万亩土地，就在于太仓县"尚有 240 多户地主集中的城镇未能统计在内，其所占有十万多亩土地，在土改后大部为农民所有"。③ 全县城居地主分布在璜泾和双凤两区的就多达 7.79 万亩，占全部城居地主田亩的 68.8%。原来，双凤区的 3.9 万亩土地是城居地主的土地。或者说，这 3.9 万亩土地的田底是属于城居地主的。

双凤区的土改主事者们，对于 3.9 万亩土地之差额心知肚明，但他们在报告中却没有指出这一点，原因就在于这所谓的"田底"，已经变得无足轻重。大量资料证明，抗日战争以后的几年里，江南地区"田面田"的租额，已经降至三斗五斗，除去田赋，"田底主"几乎无利可获。在一些共产党活动频繁的地区，佃农已经数年不交租了。1949 年的田赋，在许多地区，也是由佃农代交。于是乎，许多佃农或"田面权"人，"早把租田看作自田"。④ 比较而言，居乡的地主与佃农关系密切，"田底""田面"分离的程度相对较低，城居地主则相反，与佃农关系疏远，"田底""田面"分离的程度相对较高。在这个意义上，

---

① 《太仓县双凤区土改工作总结》，003-1-2，第 10 页，太仓市档案馆藏。

② 《太仓县城区改革前各阶层占有与使用土地情况》，003-1-2，太仓市档案馆藏。

③ 《太仓县土地改革工作总结》，003-1-2，第 6 页，太仓市档案馆藏。

④ 吴县姑苏乡土地改革典型试验工作委员会：《吴县姑苏乡土地改革典型试验工作的初步总结》，载中国共产党苏南区委员会农村工作委员会编：《苏南土地改革文献》，中国共产党苏南区委员会农村工作委员会，1952 年，第 338 页。

强调这 3.9 万亩土地的"田底"性质，是没有意义的。以同样的原理，将城居的"田底主"划为地主也是没有道理的。

（二）"大户加征"与佃富农

由于江津的"典租制"或"押租制"盛行，所以地权分化严重，拥有"田面权"的"佃农"——他们往往是佃中农或佃富农——成为当地重要的社会阶层。1950 年初的"大户加征"，采用"阶级累进税制"的方式征收 1949 年农业税，即根据土地占有与地租收入划分农村阶级，依据不同的阶级等级，赋予不同比例的粮食征收。成分越高，征收比例越重。如果我们将土地改革定义为"在划分阶级的基础上对敌对阶级进行政治压迫和经济剥夺"，"大户加征"和"减租退押"均可以看作土地改革的组成部分。在 50% 以上的高税率压迫下，相当一批"大户"面临破产。

具体而言，在高牙乡二保，大地主周某征收的稻谷多达 5273 斤，占总收入的 67.3%；中地主杨某实征 3932 斤，占总收入的 78.8%；小地主马某征 475 斤，占总收入的 80.5%；富农马某征 1683 斤，占总收入的 50.6%；而佃富农杨某，征 1240 斤，占总收入的 21.8%。[①] 显然，地主与富农是征收的重点。

为应付高额征粮，"大户"采取了种种办法，以渡难关。江津县二区的征粮总结报告，专门提到"大户"们如何应对高额征粮。如双龙乡十三保地主董谢氏的佃户郭明兴没有交纳 1949 年地租，也没有交纳公粮，经过评议会评议，"把田地抽一部分另佃他人，将取得的押佃谷来上粮"。[②] 同一报告提到双龙乡十余保地主刘显涛因租谷被用光了，家里所有的东西卖了完粮仍不够，"结果评议会决议取得佃户同意，把抽出的三分之一另佃，以备上粮之用"，这样，地主刘显涛获得了腾挪资金的空间，得以渡过难关。

有一份《德感乡抽佃调查表》，列举了 12 名"地主"的抽佃细目。所谓"地主"，实为"佃农"，且佃富农与佃中农各占一半。抽田最多的佃富农陈某，共抽 22 石租谷，最少一户佃富农和一户佃中农，各抽 3 石租谷。所有抽田，1 户

---

① 《高牙（乡）二保征粮工作总结》，1-1-14，第 27 页，江津区档案馆藏。
② 《二区总结报告》，《剿匪、征粮、农代会等》，1-1-14，第 160—161 页，江津区档案馆藏。

区政府批准，6户乡长批准，4户保长批准，1户不明。[①]1950年10月，川东人民行政公署布告，禁止地主以出卖、典当、抵押、赠送等方式分散土地。"除政府批准抽佃外，其余一概不得同意"。[②]中国共产党要主动进行"耕者有其田"的社会改造，不希望在分田之前，地主阶级已不存在。

（三）"减租退押"与佃富农

"大户加征"之后紧接着"减租退押"，其核心在于"退押"。在土改主事者看来，地主阶级通过收取高额押租，对农民实行残酷剥削。退押就是反封建。《关于退押问题的规定》称："对恶霸分子以及能够全部退出的地主，应立即将押金全部退回原佃户。"[③]可事实上，有能力交纳押金并大量佃入土地的并不是一般的佃户，而是佃富农与佃中农。土改的主事者发现了这一点，同一记载称："减租退押的果实，不是退一户叫佃户拿去，而是由农协暂时保管，待减租退押完成后再行分配。"怎么分配呢？"中贫农原则上应全部归中贫农，佃富农经动员后可拿出一部，以照顾无租可减、无押可退的（或很少）贫雇农。"

这一记载提示我们，佃富农或佃中农阶层才可能是"退押"运动最大的得益者。果真，有一份题名为《江津县退押受益阶层分类统计》的资料中，贫农与雇农户均退押200—400斤，中农与富农户均退押约为800—1000斤，而佃贫农户均退押892斤，佃中农2427斤，佃富农6813斤。调剂之后，贫农与雇农升至500—720斤，佃贫农升至941斤，而佃中农与佃富农的户均退押仍有2371和4721斤；中农升至917斤，富农升至985斤，但仍大大少于佃中农与佃富农。[④]

行文至此，细心的读者或许发现，在上文中，佃富农是地主，是大户加征的对象，是"大户加征"重压下的承受者，是人民政府禁止其抽田的地主阶级；而在本处，佃户是革命的主力军，是退押运动的得益者，其中，佃富农是退押

---

① 《德感乡抽佃调查表》，1-1-14，第294页，江津区档案馆藏。

② 《川东人民行政公署布告》，9-1-7，第12页，江津区档案馆藏。

③ 中共江津县委：《关于反霸、减租退押等问题的规定，开展剿匪反特政治攻势及反对地主抽租夺佃的意见》，1-1-12，第1—8页，江津区档案馆藏。

④ 《璧山专区各县减退中的几种统计表等》，1-1-29，第48页，江津区档案馆藏。

运动的最大得益者。这样一来，佃富农也是退押运动主力军，是地主阶级的死对头。

如果只将产权划为所有权与使用权，那么，佃富农就只能是土地的使用者，而非土地的所有者；如果依产权理论，则佃富农拥有佃入土地的部分处置权、部分收益权，或使用权。如果不雇工不放佃，佃富农是土地的经营者与得益者，如果雇工或放佃，他们也是剥削者。

对于佃富农划分的理论混乱并不妨碍土改运动的进程，这是因为，土改的另一目标，在于应对人民币贬值导致的国家财政的紧张。在江津，按上级指示，运动的主事者将退押的目标定在金银、人民币、粮食、布匹与纱等硬通货，并在镇上设立银行，收兑金银，下令停止民间银元与人民币之兑换，又在 1951 年将农业税从 15% 增加至 26%，即增加税收 6485 万斤稻谷，为全县退押成果 6810 万斤稻谷（折合）的 95.2%。也就是说，退押运动成果，化为 1951 年的新增农业税。

总之，太仓与江津两县的土改档案，都具体到区一级，故可归属于"过程文件"范畴。在"过程"中，可以发现太仓县土地数字的差额及变化，可以发现江津县"佃富农"身份中相互冲突的两重性。可以说，细节挖掘的深度决定了研究的深度。

三、调解档案与司法档案

调解档案部分具有司法的性质，部分具有行政的性质。司法档案与行政无关，属于独立的专门系列。这些档案中的文件，大多以调解案或诉讼案的形式呈现。兹以南汇县和南昌县为例，分别讨论如下。

（一）"土地分种"的产权纠纷

中共苏南区委农村工作委员会发表过一份关于苏南地区土地制度的调查报告，将"分种"制度下的"平分"定义为业主出田，佃户出力，种子肥料各半负担，所有产量均分；"四六分"则是"地主一般出耕牛以及种籽、肥料的一部或全部，佃户出劳力、种籽以及肥料的一部，地主得产量的六成，佃农得四成。"三七分"则是种籽、肥料由业主负担，农民只出人工，地主得产量的七成，佃农得三成。① "分租"与"活租"的最大区别在于，除了土地以外，后者不需要地主投资，前者需要地主投资。所以，将"分种"称为"分租"或"分成租"都是不确切的，都没有反映"分种"制度下双方共同投资、共同分成的性质。

南汇县土改档案中留下一批当事人要求改正阶级成分的申诉、人民法庭有关事主阶级成分的判决文书等。与"分种"有关的案例共有 18 个，兹摘数例如下文。

1950 年 11 月 15 日，南汇县土地改革委员会因沈庄乡沈匡兴申请改变地主成分事，给本县周浦市政府发出一份公函：

> 他占有土地 39.885 亩，解放前分种 15.193 亩，出租 23.495 亩……（他家）如无主要劳动力，其家庭主要收入依靠薪水则应为其他成分兼地主，即职员兼地主……土改时照地主处理其土地及其他财产……本县划分阶级时，地主一般平均数在 40 亩左右，他家 39.885 亩土地，也不能视之小量出租。②

这份公函有若干值得讨论之处。其一，南汇县土改委员会将"分种"与"出租"并列，说明"分种"既不是"出租"，也不是自耕。其二，南汇县是按照每户约 40 亩土地的标准划分地主阶级。其三，每户占有土地亩数本身，并不能当作划分阶级的唯一标准，而要视其主要收入来自农业还是非农业，以及他们的土地主要是自耕还是出租等因素来确定。

据南汇县人民法庭下沙分庭的判决书，知沈匡兴本人任职于南京国民政府军医署，为中校会计，全家迁居南京，乡间留下嗣母一人。③ 要据此确定沈氏

---

① 《土地改革前苏南农村的地租情况》，载中国共产党苏南区委员会农村工作委员会编：《苏南土地改革文献》，中国共产党苏南区委员会农村工作委员会，1952 年，第 510 页。

② 《南汇县土地改革委员会给周浦市政府的函》，10-11-19，南汇区档案馆藏。

③ 《顾祥根的调查汇报》，10-1-10，第 3 页，南汇区档案馆藏。

一家以何种收入为生，本不是一件难事，何以南汇县的公函在关于沈匡兴家庭成分一事的确定上表现犹豫，就在于沈氏的近 40 亩土地中，有 15.193 亩是"分种"的。如果这 15.193 亩土地是自耕的，那么，沈匡兴家的出租土地虽然超过自耕土地，但超过的数量不多，沈匡兴之嗣母也就很难被划为地主。如果这 15.193 亩土地被当作出租，其占有土地的绝大部分，都是出租土地了，而将近 40 亩的土地出租，已经超出"小土地出租"的范畴。事实上，在判决中，这 15.193 亩"分种"田是作为出租土地处理的。

焐灶乡村校的一位小学教师给政府写信询问"分种"稻田的性质："四六分种的稻田是不是出租田？（四六种是稻种、肥料都是田主负责，田主得六成）"[①] 这位小学教师全家 11 人，有 4 人从事教育工作，自称有 25.8 亩土地出租，另外还有 9.6 亩稻田是分种的，加上棉田 2 亩、宅基 1.2 亩，全部土地为 38.6 亩，接近 40 亩的地主标准。如果将 9.6 亩"分种"田当作出租，他们家差不多所有的土地都是出租土地了。

1950 年 12 月，潘镜环等 24 人给县长李如文的签名申诉信涉及"分种"的性质：

> 浦东南（汇）、川（沙）两县土地耕作惯例，棉稻按年轮栽，调剂土壤所含的养料，即今年植棉者，明年种稻。这是为适宜土地性质而与棉稻的收获数量有关的种稻习惯。大部分分种与养牛的。

棉田需要水旱轮作，既可以有效地消灭棉田中的病虫害，也可以为棉田提供肥源。更重要的是，由于灌溉中的戽水与翻田，牛力显得特别重要。所以，大部分分种对象都是养牛户。潘镜环等人接着说：

> 因地少人多，养牛的农人所种的田大多数因田少不能尽牛之力，如不分种，他家之田牛的给养饲料将无从出产，所以这是地少之区的农民一种合乎互助的条件、经济的条件的合作行为。

---

① 《某小学教师给松江行政专员公署的报告》，10-1-14，第 132 页，南汇区档案馆藏。

据 1949 年调查，南汇全县灌溉脚踏车 19465 架，牛车 18950 架。[①] 此可证明南汇牛车灌溉的普遍性，也可证明在灌溉环节耕牛使用的广泛性。此外，还由于田少，农作物出产少，一户农田之出产不足于供养一牛，于是需要"分种"。可以想象，作为同村或者乡邻的"分种"双方完全可能因饲养同一条耕牛而发生密切的关系。他们或在草料的供给上相互协作，或在放牧的人工上互相协同。这种村邻、乡党及亲属之间的互助，理应具有长期的性质，并由此而构成乡村社会和谐的基础。潘氏等人接着说：

> 分种办法由田户出稻种、肥料，在播种、除草、割禾时，均由田户供给酒饭，收获时田户得六成，赶车水出劳力者得四成。如由分种者出稻种、肥料，则与车水者各半收成。此种情形是包含一种雇工的成分在内，并且大都是一年一熟，或一年一轮，并非是连续不间断的。所以短期的分种不能作出租论的。[②]

在一个棉稻轮作制盛行的地区，在一个人情大于一切的乡土社会里，每一次轮作更换一次合作伙伴，是很难想象的。潘镜环等何以会认为短期的"分种"不能当作出租论，难道长期的"分种"就可以认定为"出租"了？在潘镜环等人的申诉中，似乎可以读出一种无奈，即如果一定要将"分种"当作出租，起码不要将短期的"分种"当作出租吧。

最后，南汇县将"分种"三年当作出租了。且不论在棉稻轮作的制度下，尤其是在两棉一稻的三年轮作制度下，如何确定三年"分种"，本身就是一个问题。从已知的个案来看，在土改实践中，南汇县的许多"分种"都被当作出租对待了。也就是说，南汇乡村因特殊的地理条件与农作制度引发的农业互助与合作，被视为封建地租制度之一种，而介入其中之乡民，有相当部分被划入剥削者的行列。

---

① 《南汇县志》第十一编《水利》，上海：上海人民出版社，1992 年，第 253—254 页。
② 《对浦东土改提供划分阶级成分的几项参考资料》，10-1-11，南汇区档案馆藏。

（二）清算"工商业兼地主"

南昌县土改档案中有 389 份南昌县清算"工商业兼地主"材料，其中有 59 份清算材料属于农会代表对"工商业兼地主"的二次或多次追加清算内容，共清算城市"工商业兼地主"330 人，遭受二次或多次追加清算者为 39 人。此外还有南昌土地改革机构部门处理"工商业兼地主"的往来文件、公函等。

关于"工商业兼地主"，1950 年 8 月 20 日政务院公布的《关于划分农村阶级成分的决定》规定，从事工商业，同时又占有并出租大量土地，且占有土地及出租土地数量，达到当地地主户均占有土地及出租土地数量平均水平以上者，依其主要收入不同可划分为"地主兼工商业"或"工商业兼地主"。① 决定二者主要成分的关键在于其地租收入与工商业收入的比重。土改期间的"工商业兼地主"实际上是"工商业兼土地业主"。土改中征收他们在乡村的土地，剥离他们与土地的联系，使他们成为纯粹的工商业者。

1951 年中共中央华东局曾就"工商业家兼地主"成分的政治待遇问题答复苏北区党委时，提出"凡工商业家兼地主成分，其居住城市经营工商业的人口，政治上一般应照工商业家待遇，有公民权"，② 而地主则被作为阶级敌人并被剥夺公民权。

可是，从南昌县的 330 个工商业兼地主中，竟然发现了 49 个非严格意义的工商业者，其中 1 位大学教授，1 位工程师，1 位医生，39 个商店店员，以及其他多名失业的城市贫民，才知道土改的实践与理论并不一致。

举例说，南昌县第三区新中乡第一村共有 330 户，划出地主 30 户，其中包括 10 户"工商业兼地主"。很显然，基层土改干部和民众已经视"工商业兼地主"为实实在在的"地主"。检查人员发现，在错划的 14 户地主中，竟有 7

---

① 《关于划分农村阶级成分的决定》，载中共中央文献研究室编著：《建国以来重要文献选编》第 1 册，北京：中央文献出版社，1992 年，第 384 页。

② 《中共中央华东局关于土地改革中若干问题的指示》，载《中国的土地改革》编辑部、中国社会科学院经济研究所现代经济史组编：《中国土地改革史料选编》，北京：国防大学出版社，1988 年，第 729 页。

户"工商业兼地主"。群众"认为多划几个地主，可多分田"。① 阶级划分标准来源于农会会员生活中形成的主观认识，而非依据土地数、剥削率及是否参与劳动等客观指标。

《南昌市工商业者兼地主交待土改手续情况表》除了登记"工商业者兼地主"个人信息外，还分别设有栏目登记农民的意见、工商业者兼地主的意见，以及调解结果。随机选择赵明海案为例，知赵原籍为南昌县六区沙潭乡，现为南昌市福泰绸布号的股东，"地主崇本堂的田由明海代理"。其实，据后文，才知1949年正值赵明海担任公产崇本堂的账房值年。

农民代表的要求有二：一是追回1949年崇本堂值年账房赵明海所收33.7石租谷；二是清算1949年赵明海两次向玉堂、思成堂领到拨给天水学校的经常费22石。赵明海的意见是：一是因经商在外，无暇管理，乃托赵志仁代理崇本堂值年账房，所收租谷已交公；二是天水学校经常费已拨交，有校长收据为证。最后的结果居然是，"经双方协议同意"，由赵明海出谷16.85石"了清农村土改一切手续"。农会代表出具收据由赵明海收存；赵明海向玉堂、思成堂的领谷收据交赵明海，天水学校校长向赵明海出具的领谷收据交农会代表。

由此可见，赵明海所陈皆为事实。但是，调解后，农会仍要赵明海交纳崇本堂1949年租谷的一半，道理不明，研究者倍感疑惑与不解。调解表分别由农会代表、赵明海及调解者盖章画押，且由南昌市工商业联合会筹备会盖章确认；结案日期为1951年1月22日。

就在同一天，中共中央中南局在给所属分局、各省市委、区党委并报中央的电报中提出："目前各地在土改中，已经发现侵犯城市工商业现象，其中主要是退押、退租、追缴余粮、追缴变卖田产等……退租有退至十年、八年者。追缴余粮有追索至三、四年至多者。有许多工商业者在土改中全部资产被清算光，因而倒闭或分散资金、躲避。"并指出这种影响的重要原因是土改，要求各地既要照顾农民要求，又要保证工商业不受侵犯。②

---

① 《南昌县第三区联合、新中等乡关于土改工作的文件》，1001-1-59，第28页，南昌县档案馆藏。
② 《中央关于在土改中保证工商业不受侵犯的指示》，载中共中央文献研究室、中央档案馆编：《建国以来刘少奇文稿》第3册，北京：中央文献出版社，2005年，第51—52页。

这种"既要""又要"反映了政策制定者立场的含糊性。事实上，在运动中，"既要""又要"是很难做到的。所以，南昌县330个"工商业兼地主"，都遭到了乡村农会代表一次或多次的经济清算。如万舍乡"工商业兼地主"魏春晖，在第一次清算中不承认农会提出的清算材料，致使进城农民不但未能清算到经济果实，反而用掉了进城旅费若干元。农民回乡后编造魏氏四条罪恶条文，内有人命血债两条。[①] 市公安局逮捕回乡斗争，斗出果实谷323.5担。魏春晖卖掉机器，关闭粮店，却依然未满足农会的清算要求。[②] 类似的清算案还有许多，恕不一一列举。

（三）高层文件的含糊性

这种"既要""又要"所代表的含糊性，也表现在高层政策的制定上。针对各地土改中的新问题，《关于划分农村阶级成分的补充规定》中提出了补救办法：

> 由各地根据当地土地占有情况提出一个适当的小土地出租者每户占有和出租土地的最高标准数。这个最高标准数，须不少于当地最小地主和一般富农一户所占有的土地数，但又不要太高，要是人民认为公平并通得过的。这个数字由专署或县人民政府提出，经省人民政府批准后决定之。[③]

小土地出租户的最高标准数必须等于或高于当地最小地主和一般富农，这本是难以理解的。鉴于各地存在大量占地数相当少的小地主和富农，这一规定可一定程度上防止土改阶级划分中地主和富农群体的扩大化。

如在南昌县，地主的户均占有土地只有30亩，即意味着有相当数量的地

---

① 写此材料的教员已坦白承认，上述材料纯属捏造。

② 《南昌县十区万舍乡工商业兼地主材料》，1001-1-51，南昌县档案馆藏。

③ 《关于划分农村阶级成分的补充规定（草案）》，载中共中央文献研究室编著：《建国以来重要文献选编》（第2册），北京：中央文献出版社，1992年，第105页。

主户均占地数量不足 30 亩。浙江松阳石仓一至七村地主平均每户占有土地 28.8 亩，其中户均占地最高为 41 亩，最低为 16.3 亩。六村"评起来没有地主，乡里改成了三户"；五村的地主也是"由乡里决定的，我们没有评过"。① 由于类似情况的普遍存在，中央高层才会将小土地出租者的占地标准，定在最小地主与一般富农之上，同时强调"又不要太高"。因为"太高"则可能颠覆农村阶级划分的整个体系。

文件接着说："如其出租土地超过此标准数并不很多，在当地农民同意之下，亦可单依其职业决定其成分，而不划为地主或兼地主。"这一怪异的划分标准之所以确立，是因为最小地主与一般富农的占有土地数已经相当低，即便超过，也可以不被划为地主。

上述规定中包含的复杂含义，确实很难为土改运动的实践者所理解。因此，邓小平指出："这些具体条文是县以上干部用以解决划阶级中的一些疑难问题，区乡干部不很需要也不会掌握应用它。反之，如果明令公布了，反易为地主及某些人用以挑剔我们下级干部。"饶漱石、邓小平还提出："在各种工作中，有些具体问题最好由下面因地制宜做出决定，重大者请示中央批准后作为当地的法令规定施行。这样比较机动。"② 刘少奇批示："同意不公布，亦不提交党外讨论，当作内部文件发各中央局参考。"③ 3 月 7 日，文件下发时，刘少奇又指示："鉴于中央和各地政府已经颁发了很多的土地改革法令，如再公布这个草案，当使他们更加为难。"④ 所谓"为难"，实际上是土改中地主成分的划分已出现扩大化。大量小地主和一般富农占有土地太少，小土地出租者占有土地超过小地主与一般富农，出现阶级成分的"倒挂"。所以，1951 年 10 月，中南局规定："小土地出租者每户占有土地的最高标准数，以相当于当地小地主每户所占用土地

---

① 《松阳县靖居区石仓乡土改总结报告》，1-51-3，松阳县档案馆藏。

② 《关于制定和下发划分农村阶级成分补充规定问题》，载中共中央文献研究室、中央档案馆编：《建国以来刘少奇文稿》第 3 册，北京：中央文献出版社，2005 年，第 13—17 页。

③ 《关于制定和下发划分农村阶级成分补充规定问题》，载中共中央文献研究室、中央档案馆编：《建国以来刘少奇文稿》第 3 册，北京：中央文献出版社，2005 年，第 14 页。

④ 《关于制定和下发划分农村阶级成分补充规定问题》，载中共中央文献研究室、中央档案馆编：《建国以来刘少奇文稿》第 3 册，北京：中央文献出版社，2005 年，第 14 页。周恩来对此批语略有修改。

平均数为宜。"① 小地主户均占有土地数是根据第一期土改获得的确值，在这个平均数之下，仍有相当数量的小地主占有土地少于小土地出租者。

对于土改政策的制定者而言，下发一个内容复杂，其含义非长篇大论不能解释的文件，用来指导乡村土改，确实是很"为难"的。因此，土改的领导者们认为，只要在不违背土改大方向的前提下，土改中遇到的各种具体问题，可以在实际工作中因地制宜地决定。于是，在没有客观标准的情况下，土改干部及农会群众掌握了"工商业兼地主"的界定权。

总之，从细节上讲，南汇县的"分种"制度引发我们对其所代表的农业合作制度的浓厚兴趣，而南昌县农会将大学教授、工程师、医生、店员和失业的城市贫民当作"地主"，以及他们对赵明海等地主抢夺式的"清算"，激发了研究者的好奇心，才引发了以后一系列的讨论。至于高层文件中的"既要""又要"，辨明后明白，这是革命领导者面对困境时常常采用的实用主义策略——与认知无关，与目标有关。

四、结论

本文利用地方档案（主要是过程文件、调解文件与司法档案）并结合高层文件重新诠释土地改革。具体而言，本文证明了"佃富农"的独特性。虽然这一阶级并没有出现在《关于划分农村阶级的决定》中，却出现在没有正式颁布的《关于划分农村阶级成分的补充规定》中，藉此可以理解土地改革运动的性质和意义。本文显示，通过"过程文件"，既可以重建土地改革中地方干部的理念和策略，也可以展开这一时期乡村乃至城市中各利益群体之间的矛盾与冲突，以达到从生活的细节处把握宏大政治叙事之目的。

总之，各种地方档案不仅从不同角度记录了土地改革前存在的社会经济关系，而且记录了各地土地改革的具体过程。从研究方法上看，学者们必须自下而上，运用合适的材料，运用合适的分析方法，以加深我们对土地改革的认识。

---

① 《中南军政委员会关于划分农村阶级成分的补充规定》，载中南军政委员会土地改革委员会编：《土地改革重要文献与经验汇编》上册，中南军政委员会土地改革委员会，1951 年，第 115 页。

宗族与族谱三题

刘志伟*

一、宗族研究的人类学取径：
从弗里德曼对林耀华先生家族研究的评说谈起 [①]

在中国社会史研究中，宗族（或家族）恐怕是研究明清乡村时最不能绕开的话题。研究一个地方乃至一个乡村，如果不讨论到宗族问题，都常常会受到质疑。很多研究论著，或者直接就以宗族作为乡村社会研究的主题，从宗族入手展开，或者视宗族为社会基层组织最常见的形式，甚至把宗族作为社会行为的主体或基本单元。研究者对宗族问题的重视和关注，很大程度上是基于一种直接的观察与感受，人们进入（无论是亲临现场的进入还是借助阅读的进入）乡村时，最吸引目光并留下深刻印象的，是种种宗族的象征和符号——在乡村中，最引人瞩目、美轮美奂的建筑往往是宗祠家庙；村中的人群常常会以姓氏或房派来分类，尤其在不同群体发生冲突时，姓氏常常是一个重要的符号；各种节庆或人生礼仪的仪式安排，也处处可见家族群体的存在；乡村中的历史记忆最普遍的传续方式，是关于祖先和世系的叙述；乡村历史文献最常见的种类，也是家族的谱牒。虽然并非所有的地方、所有的乡村，都存在宗族或其符号象征，也有学者曾指出，在中国很多地区，特别是北方的乡村，宗族的存在并不是普遍的现象，或者乡村中并非一定以宗族为基本社会组织形式，但研究者还

* 刘志伟，中山大学历史学系教授，博士生导师，教育部人文社会科学重点研究基地中山大学历史人类学研究中心主任，主要从事明清社会经济史和传统中国乡村社会研究。

① 2016 年 8 月 16 日在西昌"林耀华学术思想及凉山彝族社会发展研讨会"上的发言。

是相信宗族是近世中国乡村最为普遍也最具本质性的社会组织形态。虽然以往有关宗族的研究已经有很多非常深入的经典性成果，但近年来，以宗族为对象的研究热情不但没有冷却下来的迹象，宗族似乎越来越成为理解中国乡村社会研究的核心范畴或讨论对象。

不过，这个在社会史学者看来是受人类学影响或者颇能与人类学进行对话的研究议题，在以汉人社会为对象的人类学研究的学术史上，却是一个存在深刻分歧的领域。这种分歧的争议，也许不是那么刀光剑影，却隐含着人类学在中国研究的理论与方法上需要面对的一些潜在的深层问题，也牵涉到中国社会的研究可能对一般社会科学理论作出贡献的一些核心理念。这里我不可能就这个话题展开专门的讨论，只想从林耀华先生在汉人宗族社会上的研究对莫里斯·弗里德曼（Maurice Freedman）建立的宗族研究范式的影响的角度，谈一点感想。

（一）

英国人类学家莫里斯·弗里德曼教授在 1958 年出版的 *Lineage Organization in Southeastern China*（《中国东南部的宗族组织》）一书，是当代人类学研究汉人宗族社会的经典之一。在这部经典性的著作中，弗里德曼大量引用了林耀华先生关于汉人宗族乡村研究的两种论著，一是《从人类学的观点考察中国宗族乡村》一文（载《社会学界》第九卷，1936 年，以下简称"义序一文"），另一是 *The Golden Wing, A Sociological Study of Chinese Familism*（London，1948.）（《金翼：中国家族制度的社会学研究》）。林耀华先生这两本论著，是弗里德曼的研究所根据并在书中大量引用的主要材料之一，尤其是前一篇文章，弗里德曼特别请人翻译成英文，特别说明是"非常有用"的材料，这篇只有一万字左右的文章在书中被多处大段引述，实际上是他讨论汉人宗族乡村社会的一个重要出发点。但是，他对林耀华先生的两种论著有以下这段评价，他说：

> 林耀华关于义序宗族研究的简要概述（这里指的是《从人类学的观点考察中国宗族乡村》一文；原注："林说他关于义序的研究报告长达 15 万字，尚未发表。他的这篇文章只有大约一万字，一定是大大压缩了。"这个注在中译本中省略了——引者按）的缺陷，主要在于

他把宗族视为中国社会一个相对独立的单元，并且偏重于一种类型的组织原则——亲属关系。我在此打算以林耀华的另一部著作为基础，显示这一缺陷如何在扭曲乡村—宗族体系的图像方面是关键的。我刚才提到，在这篇论文中，林沿用了他以为是 Radcliffe-Brown 的分析方法。这篇论文写于 1936 年。数年后林转向对福建北部宗族的社会学研究，由此他提出了一套差别颇大的说法。1948 年用英文出版的《金翼》没有引用这篇用中文写的文章。书中叙述了福建北部两个"家庭"的命运，其中一个在故事中处在更核心位置的家庭属于黄村，我想这个黄村可能与义序是同一地点；即使不是，也肯定是在临近的地方，因为他们是在同一时间内被研究的。因此，两个村子或者是同一个，或者是同一类型的区域内的两个代表。我将尝试去做的，是要显示这两部作品旨趣的不同，说明了理论前提的转变对人类学的分析产生的影响。Raccliffe-Browan 的影响在《金翼》中消失了。在写作他的文章以后，林有一段时间在美国，在那里吸收了其他的理念。那篇论文的主题是结构和功能分析，而这部书的目的则是把个人和群体的命运沉浮，作为均衡原则运作的样本，均衡这个概念在理念上是幼稚的，却出人意料地被广为应用。诚然，《金翼》是一种以简洁明快的中文风格写成的小说，引人入胜，这种家庭命运沉浮的故事，附带地提供了大量令人着迷的中国生活的信息，恰恰就是从这些信息，我们发现义序一文的分析并不恰当的迹象。①

从字面和内容上看，弗里德曼在这里对林先生论义序的文章的批评是非常重的，我 30 多年前初次读到这段话的时候，甚至觉得有点不可理解。但是，如果我们不是纠缠这段话本身，而是把弗里德曼的书整体读下来，看看林耀华先生的研究对弗里德曼建立他的解释的影响，同时，也不要把这段评论只是理

---

① Maurice Freedman, *Lineage Organization in Southeastern China*, London: The Athlone Press, 1958, pp.37-38. 这段文字的翻译参考了刘晓春的译文，不过中译本中这段话有多处与我的理解有出入，且有些是关键性的差别。

解为一种学术意见的分歧，而是从中去寻找人类学者在汉人宗族研究上走过的路径，特别是结合林耀华先生自己走过的治学之路来体会的话，换一个角度，我觉得这段话给我们的提示，也可以成为我们认识林先生在探索汉人宗族社会的人类学研究之路上所作贡献的一个有意义的视角。

我想先就上述引文简要地交代我的几点看法，再引出我的一点讨论。

首先，学界公认，《金翼》是林先生最重要的代表作，在林先生关于汉人家族和亲属制度的研究上，《金翼》无论在学术的眼界，还是在研究的深度、写作的手法上，都超出了《义序的宗族研究》，在林先生的学术思想发展中，《金翼》自然更能代表林先生学术成就的高度。弗里德曼用《金翼》的素材，以在《金翼》的影响下形成的认识，来质疑义序一文的立论，也可以是顺利成章的。这种质疑并不意味着对林先生的汉人宗族和亲属关系研究的否定，事实上，我们从 Freedman 各章的讨论中，都可以看到他其实是在很大程度上接受了林耀华先生对宗族本身的论述，包括义序一文所提供的关于福建宗族的报道。

其次，林耀华先生的学位论文《义序的宗族研究》，一直没有公开出版，学界知者寥寥，甚至没有什么人真正读过这部关于中国宗族的人类学研究的拓荒之作的全貌。弗里德曼当年据以做出上述判断的，是林先生以概要的形式发表的文章。如果我们今天比较《义序的宗族研究》一书和《从人类学的观点考察中国宗族乡村》一文，虽然后者是前者的概要，但不难看出，前者中所包含的许多重要的学术见解和细致得多的观察细节，在文章中并未能反映出来。弗里德曼在没有看过研究论文原文全貌的情况下，对林先生的义序一文会产生上述的看法，也是可以理解的。我们今天能看到论文全貌，自然可以重新作出我们自己的判断，没有必要过分在弗里德曼的评论是否恰当上纠缠（其实，弗里德曼在他的上面那段话中，特别加了一个注脚，说明他也注意到林先生的研究论文原来内容要丰富得多，可见他还是保留了一点谨慎态度的）。可能我们更应该做的是从弗里德曼如何以《金翼》为主要的参考依据发展出他的论说出发，再回头看看《义序的宗族研究》如何体现出林先生在本土社会的诠释传统上嫁接当时人类学主流的功能分析方法所作的探索（我朦朦胧胧感觉到当时包括林先生在内的中国学者的这种探索对弗里德曼的宗族理论形成有着潜在的影响，这里不展开讨论），再在这种反思中，形成对人类学汉人宗族研究可能的取径的认识。

第三，弗里德曼不同意林文的，是把宗族视为中国乡村社会的基本单元，而不是质疑林先生提供的宗族图像。前引弗里德曼对林耀华先生义序一文的批评，主要是认为文章把以亲属关系作为组织原则的宗族视为中国社会一个相对独立的构成部分，而《金翼》呈现出来的乡村社会生活的现实图景，却是个人或家庭的许多经济和社会活动和联系，并不是在宗族这种父系继嗣群体的组织下发生的，"在为非作歹、贸易、政治权术、婚姻安排等故事中，我们看到，扮演主要角色的，是朋友、姻亲和非父系亲属的亲戚"。① 用《金翼》的素材得出的这个判断，我相信也正是林耀华先生要表达的。我们今天已经可以看到《义序的宗族研究》的全貌，只要眼光扫过目录，就可以知道林先生在写这个论文的时候，已经具备了这样的视野，并且用了很多篇幅系统叙述了宗族以外的社会关系和社会组织。尤其值得指出的是，林先生书的脚注中，也举出了很多反映中国社会的组织原则并非只偏重于血缘亲属的事实，特别精彩。在这一点上，虽然我们不能指责弗里德曼对林先生义序一文的评价不太公平，但弗里德曼没有能够读到这篇论著的原貌，以致只能从《金翼》的文学描述上去搜寻出一些迹象，毕竟是学术史上的一种遗憾。

根据庄孔韶教授的总结，我们知道林耀华先生早年学术思路的轨迹是："传统国学考证方法的传承实践——功能论为外在、国学考证为内在的方法论适应性研究——《金翼》式的小说写作。它把本土的社会观察思路和人类学知识融化在家族兴衰的描述之中，后续的理论解说（起初并没有）仅仅是对流行理论的向心性实践。"林先生早年的学术探索，是要"一面接受新传来的功能主义调查原理，一面思考国学古老的学问方式"，并努力协调起来。② 我们今天从林先生的著作去了解他的学术贡献，需要把单篇的著作放到这一学术转变理路上去认识。在治学和写作实践时，不可能在单独一篇文章中达到这种协调，而总

① Maurice Freedman, *Lineage Organization in Southeastern China*, London：The Athlone Press，1958, p.39.

② 庄孔韶：《林耀华早期学术作品之思路转换》，载林耀华：《义序的宗族研究》，北京：生活·读书·新知三联书店，2000年，第274、266页。

是会特别突出某一种取向。我相信，义序一文发表的时候，他非常刻意要呈现他新了解的功能分析方法可以如何运用，因而在一份以 15 万字的报告总结的研究基础上写下的概要，特别突出了功能论色彩和表达，是没有什么奇怪的。林先生自己在本土乡村社会的生活经验，以及他早期关于中国传统的学术阐释方法素养的训练，足以令他实际上对中国传统社会的了解和认识，不会只局限在义序一文刻意表现的功能主义分析描画的规范模型的范围。

不过，今天我们重新把林耀华先生几种关于中国家族研究的作品放在一起去了解林先生关于家族研究的学术思想，主要的目的，不在于为林先生辩护，证明林先生并没有如弗里德曼从义序一文读到的那样简单化地理解中国的宗族—乡村社会。我们更需要做的，是从 Freedman 的批评以及林先生研究中国家族问题的路径，去思考研究中国宗族的人类学脉络。

（二）

现在我们可以回到弗里德曼从评说林耀华先生的家族研究出发，引申出来关于中国宗族—乡村社会的解释模式上。前面已经提到，弗里德曼对林先生义序一文的批评，很明显地，他是反对把单系继嗣群体作为中国社会中相对独立的单元，并认为偏重于亲属关系的组织原则，会扭曲乡村—宗族体系的图景。他的这一立场，似乎被很多研究者误解了，以为他是论证了中国社会（至少在东南地区）是一个由单系继嗣群（即宗族）构成的社会。其实在弗里德曼看来，中国社会是一个非常复杂的复合体，他观察的福建、广东乡村中普遍见到的宗族，是在特定的社会经济和政治环境下的一种组织形式，其基本的性质是一种权利和权力控制和分享的机构。因此，他不是从单系继嗣群的亲属关系法则和运作机制去解释当地的社会结构，相反，他是要从当地社会生活的结构去解释宗族这种单系祭祀群形成发展并在乡村中扮演重要角色。他这一典型的功能主义立场，背离了经典人类学从亲属制度出发解释社会组织和社会结构的传统，这一点我们从后来不少人类学家对他的批评中可以看出来，这些批评一般都认为他把宗族理解为功能性的概念而摈弃了系谱性的概念。这个问题在功能学派的人类学兴起之后，曾经是人类学研究的一个重要分歧。不过，这不是在这里专门讨论的话题，简单澄清一下这个在中国社会史研究者中比较普遍的误解，只是为了后面把宗族研究放到人类学脉络下进行思考。

如果我们接受弗里德曼的这一宗族研究的范式，那么，在中国社会研究上，我们就需要走出把作为父系单系祭祀群的宗族理解为中国乡村社会的基础性构造的观念，抛弃以系谱性法则作为理解中国社会的基本组织法则的想法。在这一点上，可能是中国的历史学者过分依赖族谱文献来研究中国宗族造成的。一些人类学者也难免受历史学者的"蒙蔽"。所以，我作为一个历史学者，想先作一点检讨。

在历史学中，大概是受人类学的影响，时下很多从事中国乡村社会史研究的学者，越来越热衷于走进乡村，在乡间收集各种地方文献资料，大家在乡村里最常见到，也可能是最有系统记录乡村历史的文献，大概要算乡民们手中保存的家谱族谱了。由于家谱记录的宗族历史一般都能够比较连贯地呈现乡村的历史脉络，随着家谱越来越多被学者用作构建乡村历史的主要文献资源，在一些学者的研究中建立的明清以来的乡村社会历史叙述，越来越多以宗族为基本的社会单元，宗族从一个始祖繁衍到众多子孙的继嗣、整合与分化历程，俨然成为近世中国乡村变迁的基本线索。这个趋势，我们不妨称之为中国乡村社会历史叙述的宗族化倾向。在这种宗族化叙述的历史中，对宗族的理解，往往把宗族视为一种不言而喻的血缘群体，这种血缘群体的构成是基于生育行为形成的继嗣谱系，宗族成员之间的关系，常常是由系谱关系出发确定的。研究者到一个乡村，最惯常首先提出并努力弄清的问题，往往是，村里有几个姓，各姓有哪些房，某人属哪房；村民们对这样一套语言也非常熟悉，常常用族姓和房份来说明人群的分类和彼此关系。随着有关宗族的论述在学术研究中越来越普及，久而久之，乡村社会由宗族组成，几乎成为人们理解中国乡村社会的一种固定的模式。在这样一种认知模式下，某姓某族，常常成为乡村历史中的一种最基本的行为和权利主体，同一祖先的子孙组成的血缘群体，常常被理解为乡村社会中毋庸置疑的天生的基本社会组织。

这样一种似乎越来越固定化的乡村历史认识的形成，自然是大量传世并源源不断被学者们从乡村中搜获的族谱的叙事方式制造的社会图景，直接印入人们的脑中，不过在深层次上，则是由于近代以来关于中国社会进化的固有理解主导下的认识。中国的学界自从接受用近代社会科学的眼光去认识社会开始，就认定中国社会为一个宗法社会。严复译英国甄克思《社会通诠》，把 patriarchal society 译为"宗法社会"，将此列为社会进化（严复所谓的"民群演进"）之第二阶段，并认定中国社会为"固宗法之社会，而渐入于军国者，综而核之，宗法居其七，而军国居其三"。（《社会通诠》，上海：商务印书馆，1913 年，第 19 页。）虽然严复当时还有点审慎地说他只是"姑存此说于此"，是否得当还有待后人商榷，但后来学界深受他的译述影响，越来越认可这种说法。此后一百年来，尽管"宗法社会"的意涵在不同研究者笔下异说纷纭，但显然一直是在严复翻译《社会通诠》时把人类社会中的"父权""血统""世系""部族""亲族"等意义揉合到从古代国家制度借用过来的"宗法"概念下展开的。在"宗法社会"的范畴下，"宗亲""宗族""家族"一类的范畴，都可以简单定义为同一祖先下的子孙组成的人群，其中的成员资格、权利分配、权力结构、均由其男系血缘关系来界定，成为组成社会的基本单位，而这种"宗法社会"的组成及其运作机制，也就俨然成为中国社会研究的永恒主题。

　　虽然"宗法社会"的标签如此牢固地贴在中国社会之上，但前辈学者自己置身于这个社会之中，他们对当时的社会现状有亲身的体验和理解；同时，他们对古代中国的宗法制度也有相当深入的认识，直接的生活经验让他们没有困难地明白，近世中国的社会制度与古代的"宗法制度"并不是一回事。关于这一点，林耀华先生非常明确地指出："宗族与宗法不同，不可混为一谈"，"宗族二字含义，既与宗法不同，乃自成另外一种东西。"这种认识，在民国时代的学者中，似乎是一种共识。早在晚清，严复在标签中国社会为宗法社会的同时，也清楚区分了先秦与秦以后社会的不同，讲到秦以后的社会，只是用"俨然宗法"的说法而已，并以三七分的表达方式来形容其不是真正的宗法社会。更值得注意的是，梁启超在《中国文化史》中，用了一章来叙述中国的宗法制度和家庭制度，但并没有将他在自己家乡所见的与宗族相关的建制系于其中，而是系于《乡治》一章。吕思勉在早年撰写的《中国宗法制度小史》，开篇即明确指出世人以为"集人而成家，集家而成国，集国而成天下"是"无征不信之言"。他认为，在古代中国，"宗法盖仅贵族有之？以贵族食于人，可以聚族而居，平民食人，必逐田亩散处；贵族治人，其团结不容涣散，平民治于人，无所谓团结也……其位愈尊，所追愈远，即可见平民于统系不甚了了，于统系不甚了了，自无所谓宗法矣"。吕先生在这本小书中，用了很多篇幅从多个方面讨论了宗法制度不可能在后世社会延续的缘由，指出"所谓宗与族者，遂有其名而亡其实也"。从吕思勉先生的讨论，我们可以明白宗族并非中国社会构成的基本构造，更不是几千年来一直延续着的社会组织。宋明理学家们在大力提倡复明宗法的时候的很多讨论也清楚揭示了这个事实。

　　然而，宗族的观念的确在近世中国是一种普遍的存在，作为一种普遍化的社会事实，许多乡村也都修建了作为宗族象征的祠堂，尤其在东南各省，宗族祠堂几乎遍见于所有的乡村，家谱族谱更是近世中国最为普及的一种乡村文献。即使在一些乡村中不存在实体性的宗族组织，也不一定有家庙祠堂一类宗族的象征和建置，人们还普遍相信宗族是一种不言而喻的群体形式。这样一种事实，令宗族成为今天学者研究中国乡村社会时无可回避的一个主题，而宗族以血缘继嗣的系谱作为表达现实的群体关系及其秩序的话语，也令很多研究者相信宗族就是一种以血缘和继嗣为基础自然形成的实体性群体组织，从而将由生育行为衍生出来的继嗣关系作为社会组织的本质化结构，宗族被理解为一种先在的无须证明的社会存在，并由此引出了种种关于中国社会的基于血缘和亲情关系的伦理道德取向的解读。

　　宗法社会的幻象化和宗族语言的本体化，看似是两个相互矛盾的方向，却只不过是同一历史过程的两个面相。这一事实可以放在宋明以后中国社会历史变迁背景下，从宋明理学家的理论建构和社会实践来解释，并在此基础上认识近世中国社会变迁的基本脉络。宋明理学家把传统中国的亲属制度和祖先崇拜转换为古代宗法制的话语，通过声称于祖先祭祀中寓立宗之意，实际是将敬宗转换为尊祖，把宗法制度的原则置换为亲属制度下的祖先祭祀规则，从而不仅合理化了古代宗法制转换为近世宗族制的理论逻辑，更开启了将宗法制由贵族社会的制度扩延为庶民社会的制度的门径。基于这样一种转换，近世中国社会中的宗族，实际上并不是古代宗法制度的延续，而是以祖先崇拜与祭祀维系的父系亲属继嗣系统。由祖先崇拜的观念以及在此基础上形成的祖先祭祀礼仪，如何能够在不断分化的近世社会中，构成一套社会整合的语言，制造出宗族社会这样一种现实，是摆在中国社会历史的研究者面前的一大课题。莫里斯・弗里德曼半个世纪前关于中国东南地区宗族的研究，已经奠定了这一研究的分析视角和理论基础，而科大卫在珠江三角洲的研究，更细致地呈现了宋明理学的这套语言如何在地方社会的政治经济变迁中运用，并且在地方历史的场景下被再创造的历史过程，建立了一个关于中国近世宗族社会的解释模型。

　　大概由于通行的看法把中国人的社会视为一个宗族宗法社会，莫里斯·弗里德曼曾经根据林耀华先生等报道的资料，敏锐地指出华南地区宗族的历史并不能前溯到当地汉人社会的历史起点，由此质疑把宗族视为汉人社会的本质化制度的习见，在此前提下引出一个从社会科学出发的问题，就是宗族如何在特定的社会机制下建构并成为汉人社会的一种政治制度。他说："问题是我们在当代所认识的宗族的体系为何不能在概念上追溯到与该地区汉人定居的同一历史深度……我们将考察的是书写的族谱对于宗族的发展和结构的意义，并构成宗族发展及其结构的宪章。"[1] 黄挺教授在最近出版的《十六世纪以来潮汕的宗族与社会》这本书中，讨论潮汕地区 16 世纪宗族文化建构的若干家族历史，很好地回应了弗里德曼提出的问题。本书开头举出的唐宋时期潮州地区开始有宗族活动的三个故事清楚显示当时的潮州社会并不是一个宗族的社会。虽然是故事主人公的后代在宗族建构时运用的一种历史资源，但在这些故事发生的唐宋时期，这些故事的主角还不是"宗族"，他们把财产施予佛教寺院，通过佛寺供养来控制财产，运用的并不是宗族的语言，恰恰显示出这个时代潮州还没有以宗族方式去组织和控制财产。南宋刘少集的《家谱引》，从形式上看是一份世系，但其实只是一个远代祖先世系追源与个体家庭的亲属关系的记录，最多只是后世宗族谱牒的滥觞，与明清时期常见的那种以宗族语言编撰的谱系明显不同。在这里，我们真正看到宗族的语言被用作社会整合的方式，是明代中期以后的历史，西林孙氏就是一个可以帮助我们了解宗族语言如何在明代形成和运用的绝佳例子。许多宗族的故事可以清楚看到当地人在明代中期如何通过书写祖先历史（包括定居故事）的记忆，设立祖先祭祀，结合乡约建设，建立起一套宗族的语言以及实体性的宗族组织。

　　如果我们接受弗里德曼把族谱看成是宗族的宪章的说法，那么，在宗族社

---

[1]　Maurice Freedman, *Lineage Organization in Southeastern China*, London：The Athlone Press, 1958, pp. 7-8.

会建构的过程中，对祖先及其后嗣的历史追述和书写，就构成了宗族语言的核心结构。我们在今天要通过族谱文献来解读历史，最关键的一招，就是要从族谱中读懂这种作为宗族宪章的历史书写。近年来，在乡土历史的编撰和社会史的研究中，族谱是被大家利用最多的史料，最常见的方法，是把族谱中以世系和个人传记方式书写的宗族历史叙述，改为用叙事的方式书写，基本上只是复述族谱中表达的历史。有些研究者也会质疑族谱记述的历史，但这种质疑大多都纠缠在族谱讲述的历史"真实"与否的层面上，实际上还是同样把族谱视为一种史书。其实，族谱本质上并不是一种史书，或者说，族谱编撰的真正出发点，不是记录历史，而是通过叙述历史的方式去规范并表达编撰时当下的关系。弗里德曼说过："社会人类学家通常视谱系为表达当下的个人与群体间的关系的一种陈述，而这种陈述使用了一套只以处理旧事为目的的语言。在没有书写的社会中，现实关系的结构与（口述）系谱表达过去所引出的关系结构之间无甚差别，现在的情况变了，过去也会随之改变。然而，中国是一个运用文字书写的社会，识字和书写将过去凝固起来，使之较难受现在的影响。"[①] 这种用文字书写的族谱，一方面令讲述"过去"成为一种看似凝固从而具有真实性的"历史"，另一方面也让每次重新书写的编撰者有需要在历史中改变或加入新的内容。于是，历史研究者也许比人类学家更有兴趣探究的，是那种通过书写记录凝固化历史的过程，我们把族谱作为一种史料来运用的时候，不应只是从被族谱凝固化的历史出发，更应该把握由一系列的编撰者的"现在"所构成的历史。用这种方法去利用族谱资料研究宗族历史，才可以摆脱在族谱叙事真实与否问题上的纠缠，从族谱叙事中发现历史。

科大卫多年前已经指出，明清时期地方宗族发展是一种文化的创制，因此，研究一个地方的宗族历史，立意就不能只局限在宗族作为血缘群体的亲属法则及其伦理道德基础中，也不应该以为这种以血缘关系维系和包装起来的组织就是这个社会的核心结构。明清时期在地方社会普及的宗族，不仅不可能是古代宗法社会的延续，也不会直接就是宋明理学家设计的社会蓝图和重建的宗法伦

---

① Maurice Freedman, *Lineage Organization in Southeastern China*, London: The Athlone Press, 1958, p. 69.

理由上而下贯彻的结果，而是作为一种社会权利和政治权力的表达手段，在地方历史动态过程中展开的社会组织形式。因此，宗族研究不应该只是一种以家族伦理和血缘亲情维系的社会关系的宣扬和解说，而应该着眼于地方社会经济变迁和政治文化结构演变的过程。明清时期宗族的发展，是在各个地方各种形式的社会变迁过程中展开的，也因应着本地的社会经济关系和政治权力关系格局的改变而呈现不同的形态和演变过程。从宗族入手的地域社会研究，不是要由血缘继嗣的法则去演绎地方历史，而是要从地方社会历史去解释宗族发展的事实。

（三）

我有点跑题地从历史学的角度做了这样一番反省之后，还是应该回到人类学的视域去讨论。

我在第一节的讨论看似努力要针对弗里德曼对林耀华先生义序一文的批评，为林耀华先生作辩护，但我的用意，其实是要以此呈现人类学在中国宗族研究方面的一种"困境"：面对一个文字传统深深渗入民间日常生活，各种政治、经济、社会关系高度复杂化，人们生活中非亲属关系往往优先于亲属或系谱关系，国家体系和市场体系在社会结构上具有更强的主导性的社会，人类学传统的理论和研究方法要处理的一个基本问题，就是如何把系谱性的血缘继嗣概念和功能性的团体组织概念调和起来。在中国学术传统熏陶下成长起来的学者，可能更容易从功能性的概念去解释社会，而人类学的传统则不会放弃以血缘婚姻关系的系谱性概念认识社会的理路。从传统中国学术研究方法出发的林耀华先生，当他进入人类学领域同时又深受功能分析方法诱惑的时候，很自然将目光聚焦在亲属关系，把他在自己的生活经验中很熟悉的宗族作为社会结构的基本分析单位，作为继嗣群体的宗族的系谱性成为其功能性解释的前提。因此，弗里德曼读到他的义序一文和《金翼》以及其他学者关于中国乡村宗族的报道时，从这些报道呈现的事实中，了解到中国社会构成的原理是功能性法则凌驾于系谱性法则之上，因而质疑林先生义序一文把系谱性群体视为社会结构中的独立单元的解释，但他在功能性解释的同时，仍然是以作为继嗣群体的宗族为研究的对象。在这里，问题出在了中国宗族的性质，究竟是一种系谱性的团体还是功能性的团体，无论在林耀华先生和弗里德曼教授的讨论中，还是在他们之后，一直都是困扰汉人宗族研究的人类学者的核心问题。

我上一节的讨论显示出，在历史学者中，一直是不需要面对，或者根本就没有意识到处理这个问题是有意义的，大多数历史学者以族谱来解说宗族的历史时，理所当然地把族谱呈现的系谱性事实作为功能性解释的内容。但是，对于以功能分析方法研究中国宗族的人类学者，中国宗族的功能性和系谱性概念的差别是需要深究的问题。弗里德曼关于汉人宗族的解释范式是最典型的以功能性因素来定义亲属或继嗣团体的，在这一点上，实际上是走出了人类学的亲属研究传统，走近历史学（不过主要是受人类学影响的新史学，旧史学根本不涉及这些议题）。他的研究更多受到历史学者的青睐，而在人类学者中则引来很多批评，恐怕与他远离人类学亲属研究传统的倾向不无关系。

在这里，我们面对的前提是，汉人社会的宗族，在性质上究竟是一种基于系谱法则的亲属组织，还是一种基于功能法则的社会组织。虽然在事实上，这两者之间大多数情况下是很难分离开来的，两种法则总是交织在一起，但研究者的分析，总是需要自己弄清楚（其实大多数研究者是模糊的）以何种法则来定义自己的研究对象的问题。弗里德曼用了一种很技术性的方式来表达这种关系，就是把汉人宗族分为 A 到 Z 两个极端，由最具单系继嗣群性质到最强功能团体，这样就为分析性的研究提供了可能掌握的假设前提。了解到这一点，我们就可以很确信，关于汉人宗族的研究，既需要坚持人类学亲属研究的传统，尤其是继嗣群的系谱性法则是不应该放弃的，丢弃了这个传统，就失去了人类学的本质；但在人类学研究的视野越来越扩展到非亲属制度非继嗣群体领域的时代，研究者更广泛地重视功能性因素和法则，如何把亲属体系的系谱性因素同功能性因素结合起来分析，从林耀华先生到弗里德曼以及很多学者，都一直是这样努力着的，也是汉人社会宗族研究的一个主题。如果说功能分析方法曾经推动人类学产生了巨大的变革，我们从汉人宗族研究的发展，也看到了另一个值得重视的问题，这就是，当我们从各个相关学科引入了各种方法去处理大量的功能性因素如何影响人类学生活形貌和文化逻辑的转变的时候，人类学的看家本领亲属制度研究也必然要因应着不断深化，随着对亲属关系及系谱法则的多样性和变异性有更多的了解，我们自然也要将功能性法则对亲属制度下系谱法则的影响纳入视野。

在我个人的研究经验下，汉人社会的宗族，的确是功能性的本质强于系谱性的本质，因此，如果就宗族研究本身来说，我比较接受从弗里德曼的范式发展出来的分析，尤其是如弗里德曼已经清楚意识到的，这种分析取向必然通向历史的解释，这对于我们从事社会史的学者是特别能够启发出很多新问题的。但是，汉人宗族毕竟在构成上使用的是一套亲属关系的系谱性话语，而其构造的基础，又一定不可以同家庭、房、家族、婚姻、生育等系谱性因素分割开来，宗族的很多运作机制和原则，在很多方面都是这些亲属制度的衍生和变态。因此，宗族研究要深入下去，特别是要从中发展出能够对一般社会方法建构作出贡献的理论，一定不可以离开亲属关系和系谱法则的研究。不过，这种研究不可以只从本身的性质即不是亲属团体的宗族本身去深入，而更多应该深入到家庭、分房、家族这些亲属团体去探求。再者，如果我们相信汉人宗族的功能性因素的强大作用，对汉人亲属制度产生了广泛深入的影响，我们要认识这个发生了几百年的历史过程，也需要在不同民族与文化的亲属制度的比较中去获得认识。

二、家谱的意义 [①]

梁启超在《中国文化史》第三章《家族及宗法》最后说："秦汉以后之社会，非宗法所能维持，故此制因价值丧失以致事实上之消灭。然在周代既有长时间的历史，儒家复衍其法意以立教，故入人心甚深，至今在社会组织上犹有若干之潜势力，其借以表现者则乡治也。"我觉得，讨论所谓"共同体之中国经验"，需要由观念形态和社会实态的相互关系去把握，从历史与现实的连续与对话去认识世系与谱牒在形构共同体中的作用。梁启超这段看起来很简单的话解释了近世中国谱牒学价值的一个很基本的道理。作为上古时代政治制度基础的宗法制，在秦汉以后失去了存在的政治与社会基础，但由于基于宗法社会基础的儒家学说在后来的历史中成为主流意识形态，尤其是经过宋明理学以复明宗法为指向的礼法规范的新创造，将宗法伦理化并转化为一种新的价值原则和社会规

---

① 2019年1月10日在北京"共同体的中国经验：世系学（谱牒学）"座谈会上的发言。

范。我认为，近世的谱牒和由此形成的一套知识系统，需要放在这样一个历史框架下去认识。同样，梁启超所说的古代宗法经过儒家衍其法意以立教，在新的历史时期表现为乡治的社会组织的一种"潜势力"，其能够实现，谱牒可以说是一种重要的机制，谱牒的现代价值也得以通过这样的机制而存在。

我的研究领域是社会经济史，对经学、理学或曰思想史、哲学史，都不懂，但是我们在研究明清以后宗族共同体的历史时，总要去关注一下宗法理论的问题。我们需要了解，世系和谱牒这种看起来与现代性相悖的东西，怎么可能与现代的社会生活和社会结构联系起来。刚才钱杭强调共同体是要构建，这个怎么构建的问题，核心在于如何形成一套语法，或者形成一套怎样的语法。唐宋时期的社会现实，用创立近世谱牒范式的苏洵的话来说，是"盖自唐衰，谱牒废绝，士大夫不讲而世人不载。于是乎，由贱而贵者，耻言其先；由贫而富者，不录其祖，而谱遂大废"。可见，当时谱牒已经不再存在，宗法宗族完全失去了社会现实基础。

前面几位学者提到了阶级分化、私有化、私有制的问题，在逻辑上，社会的分化与宗法、宗族这种以血缘为纽带形成共同体的机制是矛盾的。人类学者建立中国宗族研究范式的莫里斯·弗里德曼提出，关于近世中国宗族研究，最核心的问题，是一个高度分化的异质性的社会，如何可能以同质性社会的单系继嗣群体作为社会组织。他说把这称之为一个谜，并且说，这个谜从人类学的路径解不开，要从历史中去寻找答案。在他的这个说法鼓舞下，我一直努力在历史中寻找解释。前面引的梁启超的话，就是我们从历史中寻求解释的最精要的概括。首先，宗法本身就是一种等级分化的社会政治制度，但毕竟还是以血缘继嗣关系为依据，秦汉以后，这种政治秩序已经解体，而社会的分化，也已经撕裂了这种血缘关系，宋明理学要在分化的社会重建以血缘关系维系的社会政治秩序，以古代宗法制度为范式，其思想资源就是梁启超说的"复衍其法意以立教"。这就到了哲学史研究的层面，但社会关系的构成，只从思想意识形态的主张和学说来解释是不能成功了，把这种伦理价值层面的主张，落实到社会组织层面，形构基于父系继嗣的共同体，其关键是谱牒的编纂，通过创建并改造谱牒的原则和形式来支撑。

关于谱牒与宗法观念转化成为梁启超说的"潜势力"的关系，横渠先生有

《宗法》一篇，一开头就讲得很清楚："管摄天下人心，收宗族，厚风俗，使人不忘本，须是明谱系世族与立宗子法，宗法不立，则人不知统系来处。古人亦鲜有不知来处者。宗子法废，后世尚谱牒，犹有遗风，谱牒又废，人家不知来处，无百年之家，骨肉无统，虽至亲，恩亦薄。"第一句就把宗法和谱系问题，定位在管摄天下人心上，所谓收宗族，是要首先在人心的层面，形成一种精神和价值的观念，再落实到社会组织的层面，建立新的社会组织原理和法则。宋明时期的学者，都是在围绕着这个问题来讨论。苏洵创编家谱，也明确说"观吾之谱者，孝悌之心可以油然而生"，明代首科进士广东何子海说："家之有谱，谱其人乎，实谱其心也。"因此，宋明以后重视世系谱牒，真正的目的是要建立起一种精神，一种价值，一种对共同体原理的想象。明白这一点很重要，对我们今天要认识在各地普遍发生的编修族谱的风气，进而正确理解并发挥其积极的社会价值，有着重要的意义。

刚才振满讲到我们做宗族研究，经常要面对的问题，是族谱资料的可信性问题，这不是简单用一两句话可以说清楚的。古代的士大夫，对于社会上修谱的攀附虚构风气，是很不以为然的。欧阳修讲唐代以前的谱牒之弊时，已经说："其弊也，或陷轻薄，婚姻附托，邀求货赂，君子患之。"宋明之间，士大夫开始修谱牒的时候，由于当时还基本上是在丧服制度上附会小宗宗法的原则来修谱，攀援附会似乎还不会太滥，但明代以后，随着修谱的普及，谱牒世系突破小宗宗法的代数局限，又改变了大宗族谱的继嗣原则，攀附必不可免，甚至成为常态。然而，如果我们明白修谱的意义，就不会对这种现象感到困惑，也不会因此简单否定明清以后谱牒的文化意义和社会价值。

我在研究中，为了解释修谱合族的历史意义，常常会从谱牒的创造入手，以致造成一种印象，认为我总是在说族谱是伪造的。有一次接受一个采访，记者直接就问我，你是否认为族谱是假的？我回答时断然否定。我说，族谱是真的！因为我认为对于研究者来说，族谱的价值，其记载的内容的真实性如何，固然可以是一个问题，但其更大的价值，不在这里。族谱更大的价值，在于修谱本身是一个真实的历史行为，族谱是一种通过追溯世系去确定当下人们的关系的"宪章"。我的意思不是说族谱记载世系的真假不是问题，而是说，族谱记载的世系的真或伪，都是在一种真实的修谱动机和真实的社会行为下产生的，如果我们同意谱牒的主要价值在于确立共同体的组织，以及共同体的情感认同和价值认同，就应该对修谱的行为和谱牒抱有最大的同情理解。关键的问题是，人们编修族谱是真诚的，通过修谱寄托着他们对社会秩序和伦理价值的理解、想象和期望。他们相信族谱编修出来，能够对现实的生活产生积极的影响，能够成为处理社会关系的途径之一，甚至能够有助于建立人们希望的社会秩序。

因此，我们认识谱牒在中国历史文化以及中国社会原理上的价值时，应该回到宋明理学家推动谱牒重建的初心。我在课堂上讲到这个问题时，很喜欢用一个明代人的故事作为例子。在成化年间官至内阁首辅的万安，在之前进少傅时，令中书为其写祝文告家庙。太子少保尹直偶见其稿中只列了曾祖、祖父，而没有高祖，觉得奇怪，问万安为何没有高祖。万安回答说："先世迁徙不常，遂忘高祖之名，故每祭不及。"尹直告诉他："先儒酌情制礼，止祭四代，予尚以为简，不足以尽孝子慈孙之情，而先生乃不及高祖，其名虽忘，而神气相感，固未尝忘。盍追尊一道号，及今日祭以告知，传示子孙，不亦宜乎！"万安听了甚为欢喜，曰："承教，信乎！先生出自文献之邦，善于礼也。予思不逮矣。"后来尹直记下此事时，说，我看这个家伙，到京城来做官，溺于富贵功名，四十六年从不回去祭扫祖先墓茔。真是不孝！这个故事中，秽迹昭彰的万安不知其高祖并不出奇，而明敏博学的尹直秉承宋儒"酌情制礼"的精神，建议万安编造一个高祖的名字，理由是，虽然不知高祖是谁，但仍然是"神气相感"的。他认为这样才可以尽孝子慈孙之情。从这个故事我们可以看到，这个时候士人所关心的，是按照丧服制度仍未亲尽同时按照小宗宗法应祭及的高祖，应该列入继其神气的应祀祖先之谱，至于事实如何，并不是重点所在。我认为这是宋明理学复明宗法的初心。

重建祖先世系谱牒在培养和维系共同体的观念和心理层面的作用，宋代的张载、程颐到朱熹，到元明以后的学者如吴澄、宋濂等，都讲过很多这种道理。虽然他们在理念上崇尚古代宗法，但他们同时很清楚按宗法原则去构建的社会基础已经不存在，也不可能真正重建以血缘关系组织的社会，现实的社会已经不可能是一个宗法的社会。在这样的现实下，他们相信古代宗法制作为一种传统理想社会模式的资源，可以通过"衍其意以立教"成为重建社会秩序的精神支柱和价值基础。在这一点上，我觉得宋明以后的士大夫是非常清楚的。问题是，他们这种思想创造，怎么样可以成为现实社会重构的规则，这样一种"不切实际"的构想，怎么能够转变成为社会事实。这个转变的现实基础是，人们对个人与祖先之间血脉相通、神气相感，抱有一种信念，以这种信念为依据，宋明理学把宗法的原理改造成为"亲亲""孝悌"的伦理观念，嵌入现实社会中的亲属制度中，衍化为以谱牒形式构建的世系血缘关系和情感认同，赖此形成看起来延续古代宗法秩序的社会群体。这也许就是一种"共同体的中国经验"吧。

我们都知道，认识欧洲社会，需要明白宗教在欧洲社会结构中的影响。同样道理，认识中国社会结构的基本原理，也需要了解支撑这个社会构成的相应的观念意识形态。这套世界观和对社会秩序的想象，不一定是宗教的形式，但其在社会组织机制的作用和影响方式，与宗教的角色是一样的，在这个意义上，我们也可以将其理解为广义的宗教。我们知道，欧洲进入所谓的阶级社会，尤其进入到所谓封建制以后，社会共同体的意识形态基础是宗教，一整套宗教教义构成的世界观、价值观、伦理精神以及由此形成的社会心理，构建出欧洲的社会共同体，成为社会秩序的基本法则。宋明以后的中国社会，可能没有宗教这样体系化、制度化的意识形态基础，但宋明理学在礼法和礼仪重建的努力，也是要形成一种维系社会秩序的伦理和制度，建立一种类似于宗教那样的社会规范力量。推广修谱牒，明世系，敬宗睦族，是宋明理学重建礼法和礼仪的努力中比较成功的一招。我们要讲共同体的中国经验，或者讲中国文化的社会表现，这是不可以忽视的，你再不喜欢它，也必须承认它长期是人们心目中的一种有效的共同体法则，并且在今天仍然影响着人们对社会秩序的理解和想象。

今天，我们在很多地方，都看到修谱的风气越来越盛，并且扩散很快。乡村中，近年来编族谱的行动是相当常见的，但同时，我们也了解大部分人对家族族谱没有多少直接的兴趣，也不太了解族谱的内容，但是他们都知道自己乡村或家族有人在编族谱，我们走进村子里，随便在路上问问人，都会获得谁家有族谱、谁在编族谱的信息。村民甚至常常顺手就在家里拿出一本新编的族谱来给我们看。在乡村里，很多有文化的人，特别是离退休干部，退休中小学校长、老师，都对编修族谱抱有很大的热情，甚至把编修族谱作为自己晚年的一种使命。他们在乡村里都是比较受人尊敬的人。普通村民虽然不见得有同样的热情，但在编修族谱的过程中，需要支持的时候一般都会支持。也就是说，在乡村中大家还是把编族谱看成是对自己有意义的事情。

面对这样一种现状，我们这些自认为是学者的人，不能不去思考谱牒在现实社会中的作用。中国乡村经历了革命和改革开放的变革，原有的社会秩序受到很大的冲击，在很多乡村，传统的民间信仰和仪式越来越难以成为维系乡村共同体秩序的价值资源和机制。一个共同体，如果没有共同的信仰、共同的伦理和共同的秩序规则，很难想象能够只是靠政治行政制度去维系。因此，当代乡村中有民间自发的编修族谱的行为，我们可以看作是维系传统的共同体机制的一种微弱的坚持。这种坚持，也许不可能真正成为未来社会的组织机制，但却是将传统的世界观和伦理价值保持下来的一种努力。在中国目前的社会生态下，这似乎是乡村传统得以顽强传续的一种主要途径。我们现在面对的是这样一种悖论，一方面，通过修谱收族形成的社会共同体，不可能成为当代社会的主要组织形式和主题的秩序范式；另一方面，乡村中通过修谱联宗、敬宗睦族的风气越来越盛行。例如在云贵川地区，过去是没有什么族谱的，很多由祭祖为中心形成的组织，一般是清明会的形式，近年来，云贵川地区的修谱联宗越来越积极，特别热闹。清明会也许仍然是基本的共同体形式，但通过修谱，强化了世系的意识和认同，这种世系意识对于培育由继嗣关系形成的伦理秩序，显然是一种有效的方式。这种新编族谱很明显都有点生硬地将攀附祖先作为联宗的依据，其建构起来的世系，也可能漏洞百出，但是人们很热衷去把世系重建起来。怎么理解这种现象？我如果说是一种宗教，大家可能不同意，但我觉得它在构成中国特色共同体原理上的作用，是具有宗教的性质的，也是最有民众基础的。

在这个意义上，把这种意识和心理看成是一种宗教，也并非完全没有理由。当我们面对失去一种得以维系社会稳定并形成社会整合机制的精神基础的时候，要从中国传统文化里面去寻找可以有效发挥作用的精神资源，并且通过有效的渠道去培育这种共同的心理基础的时候，谱牒编撰也许是值得重视的一种方式。当然，我们很难评价这种方式是否具有现代意义，但至少我们要去认识它，理解它，而不是以读书人的傲慢去简单地漠视它。在这个意义上，宋明理学抱着"礼以义起"的态度去复明宗法，推动了明清以后编修谱牒逐渐成为中国社会广泛的社会现象，由此制造了中国社会以宗法血缘组织为社会共同体的理想性的基础模型的历史经验，应该在学术研究中得到更有深度的研究。这是我认为从谱牒去看共同体的中国经验的一点想法。

三、明清族谱中的远代世系

明清以来修撰的家族谱，大多数以宋代以后的祖先为始祖，但同时也往往不惮其烦地追溯始祖以前的远代祖先，一些族谱甚至把远代祖先的记事作为族谱内容的主体。族谱越具规模，记事越完备，由罗列名人，到串连成谱；修撰越晚近，溯代越久远，由汉唐而上，远至唐虞三代；林林总总，蔚为大观。治谱之人，或信其为古史而不吝笔墨，或斥其虚妄而弃置不理；史家则素知此类记事即非附会杜撰，亦不过移录旧史，从不以为证史之凭。然而，在族谱中叙述远代世系，并非只是少数酸儒文侩之所为，许多儒宗名家编撰的族谱，亦不吝笔墨，历数世胄。如在清末民国时代公认为族谱之典范的南海九江朱次琦编撰的《南海九江朱氏族谱》中的《宗支谱》首卷，就在《族姓源流》的名目下，将本族远代祖先追溯至颛顼。据云，颛顼后裔有一人名安，"周武王克商，封安苗裔峡于邾为附庸"，"战国时为楚所灭，邾既失国，子孙去邑为朱氏"，"厥后枝条繁衍"，之后名人辈出，至魏晋时"族望冠东南，遂为天下右姓"。接着，《族谱》的记叙由"族姓源流"转到与本族宗支连接起来，述曰：

> 晋祚播迁，衣冠南徙，遂有逾岭居始兴者……沿唐逮宋，门才不坠。元祐时，有新州司法参军缨；崇宁时，有广州司理宗愈；嘉定时，有新喻尉晞父；宝祐时，有恩州文学廷直并縣廷试，特奏通籍南雄州保昌族属，乃霶霶炳曜岭海间……度宗咸淳末，保昌民因事移徙，有讳元龙者，与弟元凤元虎，浮桴南下，散居九江上沙及清远、滘江、铁头岗、新会、水尾等处，而九江上沙乃元龙公之族也。

如此记述，既然为从朱九江这样的大学者到乡村士人纂修谱牒所重，就不应简单视之为虚文饰词，其所表露的文化风习，研究族谱者或有稍加留心之必要。

现今传世族谱，始祖及其以下分支的谱系，最早也只始于宋代以后。此一事实，皆因近世族谱，实为宋代以后的创制，此乃学界共知之事实。湛若水《甘泉先生文集》（明嘉靖十五年刻本）内篇卷之六《叙谱》云：

> 族谱之作，其起于中古乎！宗坏而后谱作，谱作而后分明，分明而后义生，义生而后礼行，礼行而后祖尊，故人伦正而风俗厚矣。是故正名分，兴礼义，莫大乎谱。

甘泉所言"起于中古"之"谱"，是宗法废坏之后的产物，也就是我们今日能见之近世族谱。中古之前，亦有另一种谱牒，然仅见于少数士族世家，欧阳修《欧阳文忠公集·集古录跋尾》卷第二《后汉太尉刘宽碑阴题名》记曰：

> 右汉《太尉刘宽碑阴题名》。宽碑有二：其故吏门生各立其一也。此题名在故吏所立之碑阴，其别列于后者，在宽子松之碑阴也。宽以汉中平二年卒，至唐咸亨元年，其裔孙湖城公爽以碑岁久，皆仆于野，为再立之，并记其世序。呜呼！前世士大夫世家著之谱牒，故自中平至咸亨四百余年，而爽能知其世次如此之详也。盖自黄帝以来，子孙分国受姓，历尧、舜、三代，数千岁间，《诗》《书》所纪，皆有次序，岂非谱系源流，传之百世而不绝欤。此古人所以为重也。不然，则士生于世，皆莫自知其所出，而昧其世德远近。其所以异于禽兽者，仅能识其父祖尔，其可忽哉。唐世谱牒尤备，士大夫务以世家相高，至其弊也，或陷轻薄，婚姻附托，邀求货赂，君子患之。然而士子修饬，兢兢惟恐坠其世业，亦以有谱牒而能知其世也。今之谱学亡矣，虽名臣巨族，未尝有家谱者，然而俗习苟简，废失者非一，岂止家谱而已哉。嘉佑八年七月二十九日书。

欧阳修据刘宽碑阴刻记之世次推断"唐世谱牒尤备"，事实是否如此，非本文所论范围，暂不深究，但汉唐时谱牒，与宋以后之族谱，并非一物，当毋庸置疑。更重要的是，欧阳修所言已经清楚显示，宋以后的士大夫，与前代士族并无直接联系，即或有联系，亦亡其谱牒，不明来处。这一事实，宋儒言论中屡见不鲜，追随欧阳修创制族谱规范的苏洵，亦尝言其编撰《苏氏族谱》之宗旨，苏洵《嘉祐集》（《四部丛刊》本）卷十三《谱例》曰：

> 古者，诸侯世国，卿大夫世家，死者有庙，生者有宗，以相次也，是以百世而不相忘。此非独贤士大夫尊祖而贵宗，盖其昭穆存乎其庙，迁毁之主存乎其太祖之室，其族人相与为服，死丧嫁娶相告而不绝，则其势自至于不忘也。自秦汉以来，仕者不世，然其贤人君子犹能识其先人，或至百世而不绝，无庙无宗而祖宗不忘，宗族不散，其势宜忘而独存，则由有谱之力也。盖自唐衰，谱牒废绝，士大夫不讲，而世人不载。于是乎，由贱而贵者，耻言其先；由贫而富者，不录其祖，而谱遂大废。昔者，洵尝自先子之言而咨考焉，由今而上得五世，由五世而上得一世，一世之上失其世次，而其本出于赵郡苏氏，以为《苏氏族谱》。

由是可知，在唐代以前，贵族阶级或尚能记录其先世历史，但到苏洵的时代，即使士大夫阶级，亦失其先世世系的历史记忆，对于大多数庶人出身的新兴士大夫家族来说，更是如此。故苏洵编《族谱》只能记其高祖以下世系，苏洵《嘉祐集》卷十三《族谱后录上篇》曰：

> ……其后至唐武后之世，有味道者。味道，圣历初为凤阁侍郎，以贬为眉州刺史，迁为益州长史。未行而卒。有子一人，不能归，遂家焉，自是眉始有苏氏。故眉之苏，皆宗益州长史味道……自益州长史味道至吾之高祖，其间世次皆不可纪。而洵始为《族谱》以纪其族属。《谱》之所记，上至于吾之高祖，下至于吾之昆弟，昆弟死而及昆弟之子。曰：呜呼！高祖之上不可详矣。自吾之前，而吾莫之知焉，已矣；自吾之后，而莫之知焉，则从吾《谱》而益广之，可以至于无穷。

然而，当时的士大夫阶级，对追述先世来历怀有浓厚的兴趣。苏洵就说，自己"既为族谱,又从而记其所闻先人之行",并把编撰族谱同让后人不至于忘其祖先、使本出一人之身的兄弟"未至于途人"的目的联系起来,从而达到"孝弟之心可以油然而生矣"的效果。由宋明之后的士大夫族谱这种理念,我们可以把握到宋以后的族谱,隐含着一个固定的结构,即由可逐代查考的继嗣线连接起来的近世系谱和"所闻先人之行"两个部分构成。这两个部分,在宋明时代仍属少数的编撰族谱的高层士大夫,往往可以清楚区分开来。被后世奉为圭臬的欧氏谱和苏氏谱都是把两部分区分得非常清楚的。苏洵《嘉祐集》卷十三《族谱引》言:

> 苏氏《族谱》,谱苏氏之族也。苏氏出于高阳,而蔓延于天下。唐神龙初,长史味道刺眉州,卒于官,一子留于眉。眉之有苏氏自此始。而谱不及者,亲尽也。亲尽则曷为不及?谱为亲作也。凡子得书而孙不得书,何也?以著代也。自吾之父以至吾之高祖,仕不仕,娶某氏,享年几,某日卒,皆书,而他不书者,何也?详吾之所自出也。自吾之父以至吾之高祖,皆曰讳某,而他则遂名之,何也?尊吾之所自出也。《谱》为苏氏作,而独吾之所自出得详与尊,何也?《谱》,吾作也。

苏洵在这里明确把远代祖先的来历与"谱为亲作"的世系区别开来,远代的祖先因为"亲尽","而谱不及",谱所书世代,只是"自吾之父以至吾之高祖"。这种以小宗宗法所奉祀的代数为谱系记录的范围,是宋明时代很多士大夫所采用的族谱编撰原则,苏洵称之为"小宗谱法"。虽然苏洵同时也另行拟定了大宗谱法,但自己并没有付诸实践。值得注意的是,无论是苏洵还是欧阳修,他们在创制族谱时,将同代人连属成为世系群体的系谱,实际上是以高祖以下为主体的。至于高祖之上的世系,苏氏谱明确说是"其间世次皆不可纪";而欧氏谱虽上溯了九世,仍明确以断自高祖的原则为"谱图之法"。《欧阳修全集》(中华书局2001年点校本)卷七十四《欧阳氏谱图序》云:

> 姓氏之出,其来也远,故其上世多亡不见。谱图之法,断自可见

之世，即为高祖，下至五世玄孙，而别自为世。

　　细读苏氏谱和欧氏谱，虽然其中都追述了一番远代祖先的源流，但是实际上都没有能够把远代祖先与近世祖先之间的系谱关系严格地接续起来，苏洵所作的谱图很清楚地是从苏洵的高祖开始的，对于高祖之前的祖先，苏洵只能感慨曰："呜呼！高祖之上不可详矣。自吾之前，而吾莫之知焉，已矣。"欧阳修作的《谱图》比较复杂一些，历经多人修订，有不同的版本，"其间世次与表又多差殊"，已经很难判断哪些真正出自欧阳修自己之手。不过，就现在可见的文本来看，《谱图》的谱系也是断续的。从萧齐时的景达至唐代的琼之间的世系，与欧阳修从自己一代出发，向上一代代接续起来的世系之间是中断的。欧阳修用一句"琼以下七世，谱亡"来连接，已经明白无疑地显示出这是两段并不能接续起来的谱系。至于欧阳修从自己一代连续地上溯的谱系，虽然包括了九个世代，但其实，他只把属于其高祖讬之子孙的同代族人收入《谱图》之中，讬之前的四代，则根据他定的"上自高祖，下至玄孙，而别自为世"的"谱图之法"来记录。也就是说，由欧阳修编撰的《谱图》而连属起来的世系群，仍然是以高祖以下子孙为范围的。事实上，欧阳修的《谱图》多个版本之间对于他的高祖之前数代的祖先的人数和名字有数处异文，如果不是刻意篡改，也可以相信本来是出自口传的记忆。可以推测，欧阳修编《谱图》的时候，是没有早前的很确切的文字记录作为依据的，以致他自己及其后人要一再修订。这种情况，在相信有可能为欧阳修自己撰写的写卷《欧阳氏谱图序》中（以下文字录自王鹤鸣：《国宝〈欧阳氏谱图序〉简介》，《图书馆杂志》2003 年第 4 期；宋人欧阳守道认为此卷非出自欧阳修手笔，"疑其为公家童幼之所书，初学而习公字体者，莫知其的为谁矣"。见欧阳守道《巽斋文集》卷十九《欧公帖》。）讲得很清楚：

　　　　自唐末之乱，士族亡其家谱，今虽显族名家，多失其世次，谱学由是废绝。而唐之遗族，往往有藏其旧谱者，时得见之。而谱皆无图，岂其亡之，抑前世简而未备欤？

　　这里道出的是欧阳修编撰族谱时代的一般性事实。因此可以知道，在欧氏谱和苏氏谱中，关于远代祖先的记述和近世世系的记录，有完全不同的来源，是两类截然不同的历史记忆。同时也证明了，宋明之后的族谱，与汉唐间的谱牒或氏族志一类典籍，中间本来存在断裂，并非一脉相承的记录。

　　有记载说，略早于欧、苏的范仲淹亦有编撰家谱，明代的时候，有人看过据说源自范仲淹所编家谱的《范氏家乘》，读后"深叹先生之世泽何其原本之深固而流裔之长且久也"（见吴伯宗《荣进集》卷四《范氏族谱序》），但其实，该《家乘》也显示出同样的事实。明叶盛《水东日记》（清康熙刻本）卷八录据称为范仲淹后人持有的《范氏族谱序》云：

> 　　吾家唐相履冰之后，旧有家谱。咸通十一年，一枝渡江，为处州丽水县丞，讳隋。中原乱离，不克归，子孙为中吴人。皇宋太平兴国三年，曾孙讳坚、垌、墉、埙、埴、昌言六人，钱氏归朝。仕宦四方，终于他邦，子孙流离，遗失前谱。仲淹蒙窃国恩，皇佑中来守钱塘，遂过姑苏，与亲族会，追祖宗。既前谱未获，复惧后来昭穆不明，乃于族中索所藏诰书、家集考之。自丽水府君而下，四代祖考及今子孙，支派尽在。乃创义田，计族人口数而月给之。又葺理祖第，使复其居，以求依庇。故作续家谱而次序之。皇佑三年正月八日，资政殿大学士、金紫光禄大夫、行尚书户部侍郎、知青州军州事兼管内劝农事使充青州淄潍登莱沂密齐州淮阳军安抚使范仲淹谨述。此谱见于今广西参将都指挥使范信所谱叙……信之言曰："吾祖国初辰州教授，谪吏密云，家焉。教授之子习武事矣。"谱近年所修录。询其元本，曰："同楮钱焚之矣。"信有将略，而素以墨闻。其言虽未可凭，而予甚爱公文之简而质也，故录之。

　　范履冰，武则天垂拱（685—689）时任同凤阁鸾台平章事；而范仲淹高祖范隋，唐懿宗咸通间（860—874）任处州丽水县丞，两人相距不足两百年，其间世次相续，仕宦如范隋之裔孙者，博洽如范仲淹者，都已不可稽考，更遑论其他家族了。在此暂不深究此文是否真的出自范仲淹手笔，我们姑信其实，亦可见宋明时，士大夫追述先世一般只在五代之内之事实。我以为，这种情况与服制及宗法祭祀礼仪有直接关系。但礼制问题，非本文所能论及，在此仅引陆容《菽园杂记》（《文渊阁四库全书》本）卷十三中的一段论述，稍见其大略：

> 古人宗法之立，所以立民极，定民志也。今人不能行者，非法之不立，讲之不明，势不可行也。盖古者公卿大夫，世禄世官，其法可行。今武职犹有世禄世官遗意，然惟公侯伯家能行之。其余武职，若承袭一事，支庶不敢夺嫡，赖有法令维持之耳。至于祠堂祭礼，便已窒碍难行。如宗子虽承世官，其所食世禄，月给官廪而已。非若前代有食邑、采地、圭田之制也。故贫乏不能自存者，多僦民屋以居，甚至寄居公廨，及神庙旁屋。使为支子者知礼畏义，岁时欲祭于其家，则神主且不知何在，又安有行礼之地哉！今武官支子家富，能行时祭者，宗子宗妇，不过就其家缤馂余而已。此势不行于武职者如此。文职之家，宗子有禄仕者，固知有宗法矣。亦有宗子不仕，支子由科第出仕者，任四品以下官，得封赠其父母；任二品三品官，得封赠其祖父母；任一品官，得封赠其曾祖父母。夫朝廷恩典，既因支子而追及其先世，则祖宗之气脉，自与支子相为流通矣。揆幽明之情，推感格之礼，虽不欲夺嫡，自有不容已者矣。此势不行于文职者如此。故曰：非法之不立，讲之不明，势不可行也。知礼者，家必立宗，宗必立谱，使宗支不紊。宗子虽微，支子不得以富强凌之，则仁让以兴，乖争以息，亦庶乎不失先王之意矣。

明代宗法祭祀礼仪的这种现实，决定了没有文字书写族谱的家族，很难有更久远世系的记忆。事实上，从宋到明，许多士大夫初始编撰族谱的时候，常常也都只能记录自己往上五代的世系。例如明万历时任吏部尚书的张瀚在《松窗梦语》（上海古籍出版社 1986 年版）卷之六《先世纪》中记曰：

> 吾先世多隐德，胜国以前无闻，所仅传者，惟高祖以来四世。然

而芳规懿矩，湮没不彰者多矣。余自幼闻之父兄所诵说，得其一二遗行，皆可令吾子孙世为，则敬录于左。若曰表彰先世之休美，阐扬潜德之幽光，则阙略未备，无由殚述也。

高祖介然公，始祖之继室王所生，前室姚已生子璥，迨议继娶，以璥寄养亲家，给王无出，王乃纳聘来归。久之，习知王德，曰："家务繁冗，奈何乏助，须借力亲中。"王曰诚然。始祖乃谓无庸借资，具以实告。王令即日来还，长既专主，少且勤学。世籍钱塘，仅以十一分弟。出居仁和，绝无计较。后璥子五分资不均，争讼数年，有几缸几万传言，人益服吾祖之不可及也。他事高洁类如此。

值得注意的是，虽然张瀚自幼听闻父兄口传的先祖事迹，实际上可追溯至作为高祖父亲的"始祖"，但他仍然说"所仅传者惟高祖以来四世"。可见其观念上的世系记忆仍以高祖为一关键的起点。又如《朱舜水文集》（日本正德二年刻本）卷二十载朱舜水开列的《先世缘繇》如下：

前月初八日，伏承面谕。谨将先祖父官阶缘繇，开具呈览：
高祖处士，未有官职。
曾祖讳诏，号守愚；皇明诰赠荣禄大夫。先祖讳孔孟，号惠翁；皇明诰赠光禄大夫（此外连让三恩不受，复有二次登极覃恩不列）。
先父讳正，号定寰，别号位垣；皇明诰赠光禄大夫、上柱国、大（阙）兼太子太（阙）兼（阙）。前总督漕运军门，未仕。
祖父遭世承平，无所建树；滥叨国恩，循至大官。今子孙又碌碌，祸当变革，不能阐扬先德。恐清朝传记必不序及，承命谆切，腆颜胪列耳。

可见当时人对祖先的记忆或一般观念上要记录下来的祖先，常常都是由高祖开始的。明尹直撰《謇斋琐缀录》（《四库全书存目丛书》影印明钞《国朝典故》本）卷七记录了一个颇为有趣的故事：

　　成化丙午十月，予进太子少保尚书兼学士，万循吉与刘吉进少师少傅。万令中书为写祝文告家庙。予偶见其稿，止列祖、曾祖父，而不及高祖。予怪，问之，则曰："先世迁徙不常，遂忘高祖之名，故每祭不及。"予曰："先儒酌情制礼，止祭四代，予尚以为简，不足以尽孝子慈孙之情，而先生乃不及高祖，其名虽忘，而神气相感，固未尝忘。盍追尊一道号，及今日祭以告知，传示子孙，不亦宜乎！"循吉喜曰："承教，信乎！先生出自文献之邦，善于礼也。予思不逮矣。"予窃忖此公，自一纪之年发解来京四十六载，不一展省，溺于富贵功名，略不念及于松楸，可谓孝乎？宜其忘高祖而不祭也。

万循吉只能知曾祖之名，高祖就遗忘了，故写祝文告家庙，只能列出曾祖之名，就被指责为不能尽孝，但批评者的建议，其实不过是多列一代，至高祖而已。这些事实都说明，在明代的时候，所谓记录先世，一般都只以高祖一代为限。宋明时代许多士人初辑族谱的时候，能够用文字把口耳相传的老人记录下来常不过三四代。例如，正德前后的诗文大家，"以复古自命"的李梦阳撰有《族谱》一篇，见于其《空同集》（《文渊阁四库全书》本）卷三十八，其文曰：

　　往君子谓予曰："欧氏谱盖有远胄之谬，然欧苏谱又率详其所自出，乃益知不可矣。"夫名实者不可以亡纪也，子孙而不录其先人，是悖乱之行也。夫李氏于吾，乃亦可谱也已，于是作李氏族谱。夫李氏莫知所从来矣，伤哉！或问何故，曰："二孤方龀，而贞义公及于难。"夫李氏四世有三宗焉，我曾即我始，我祖继之宗者孟春乎，继别钊乎，继祢孟和乎？

　　予闻之先辈曰："国有史，家有谱。"嗟乎！生死出处之际大矣，要之不离其事实，不然，后世何观焉。今人多不务实，予欲观者，彷佛其咳貌，故不暇忌细小。或问："谱至兄弟行而止。"李梦阳曰："夫是，后予安能知焉。"

世系

讳恩　子讳忠　子　刚　子　麟（无嗣）

　　　　　　　　　　庆　子　孟春

　　　　讳正　子　孟和

　　　　　　　　　　梦阳

　　　　　　　　　　孟章（无嗣）

敬　子　琏　子　钊

　　　　瑄（无嗣）

梦阳籍隶陕西庆阳卫，为军籍，其父为周王府教授，梦阳显荣后编撰族谱，尚且只能记录曾祖以下四代。其《族谱例义》开头数语，透露出也许是当时士人共同的矛盾心态，既相信应该详录先人，又不愿有远胄之谬。此种暧昧的态度，常见于宋明时代士人的言行中。例如欧阳修，虽然自己修撰族谱时把自己的先世一直追溯到从越王勾践到少康再到夏禹，却仍对曾巩修家谱声称为曾子之后的做法不以为然，敖英《东谷赘言》（《四库全书存目丛书》影印明嘉靖二十八年沈淮刻本）卷上载：

　　曾南丰修家谱，自以先世乃曾点之派，欧阳文忠公亦否之，盖以遥遥华胄，将谁欺乎？是以君子不可不慎也。

据说新发现的王阳明佚文《重修宋儒黄文肃公家谱序》（见方宝川：《新发现的王守仁佚文》，载《浙江学刊》1990 年第 4 期，收入吴光等编校：《王阳明全集》，上海古籍出版社 1992 年版）中非常清楚地表达了当时学者的这种处境及其态度，其曰：

　　谱之为义大矣！有征而不书，则为弃其祖；无征而书之，则为诬其祖。兢兢焉尊其所知，阙其所不知，详其所可征，不强述其所难考，则庶乎近之矣。虽然，知不知与可征不可征，亦有为时地所限焉。或经兵燹之余，或值播迁之后，既编残而简断，亦人往而风微，近远难

稽，盛衰莫必，则举废修坠，往往口耳之咨度，未能衷于一是。迨承
平日久，里巷安然，相与讲敬宗收族之事，乃益详其体例，明于忌讳，
前事每多抉择，后事弥昭审慎。故为人子孙，而欲光昭令绪，莫此为
大焉！

这篇谱序是否出自王阳明之手，吾颇觉可疑，其中一些语句见于明初方孝孺《逊
志斋集》卷之一中的《宗仪九首》（《四部丛刊》本），如果不是王阳明自己抄
袭，就是后人假托之作。但无论如何，方孝孺与王阳明都是堪称一代宗师的学
者，这些言论代表了当时学者们的观念和立场。不过，尽管他们所强调的是"尊
其所知，阙其所不知，详其所可征，不强述其所难考"，实际上到明中期的时候，
在家谱编纂逐渐普及开来的趋势下，攀附古代名贤贵胄的风气也泛滥起来。陈
白沙撰《汤氏族谱序》（下引三段陈白沙撰《族谱序》均据《陈献章集》卷一，
中华书局 1987 年版，标点引者稍有改动）云：

> 家之谱，国之史也。本始必正，远迩必明，同异必审，卑而不援高，
> 微而不附彰，不以贵易亲，不以文覆愆，良谱也。莫不有家也，大小
> 异焉；莫不有世也，升降异焉。自吾之世推而上之，缺其不可知者，
> 存其可知者，良谱也。世假谱以存者也，谱存之家，是名世家。修谱
> 者不知世之重也，援焉以为重，无实而借之词，吾不欲观也。

白沙先生尝有《关西丁氏族谱序》一篇，是为其好友新会知县丁积所修族谱
作序，所论颇为有趣，反映了其时逐渐普及的族谱编撰风气下的一些情状，
其序曰：

> 邑长丁彦诚尝欲修正其世谱，而患文献之无足征，以问于予。告
> 之曰："务远之详孰信，好大之同自诬。谱吾所知，世其赖之。"乃取其
> 家旧所藏宗系图，上下亘数百年，著而为世者二十有一，朱墨漫灭之余，
> 存者或谨识其行第而已。别出近谱一巨篇，世倍于图而辞芜陋亦甚焉。
> 丁氏之居关西者，每岁以社日有事于先祖，长老主祭者称述先世，

以昭其族之人。其所称显而远者，丹阳司马。司马以降，曰一司徒、
六节度、十二仆射、十光禄云。司徒于今无所考。图之世昉于此，别
谱乃增至其上九世，世有显者焉。其他若众支之所属，世以增损，先
后抵牾于图者十九。二者之间，孰得孰失，作谱者要自知之也。

丁氏始迁宁都之园村，子孙散居市落与他方者，日远日疏，莫
能统一，各以其派为谱。关西之谱，以为司马首世，而以始迁关西
之祖大郎首派，远近详略大小同异本于图，君一无所改于其旧，属
某序之。君以成化戊戌进士，宰县一年，能使强者畏，弱者怀，尽
毁邑中之淫祀，而以礼教禁民之邪。于兹六年矣，然犹未能皆得于
人，则亦以其方枘而圆凿者有以致之焉。今是谱也，亦主于实而已，
予故为辨而序之。

白沙先生以儒学宗师地位，坚持"谱吾所知"，反对无信自诬的立场是很清楚的，
故对着好友所编族谱，亦要"辨而序之"。明弘治时，时任广东布政司右参议
的周宏以其族之谱请陈白沙作序，陈白沙后来撰写的《周氏族谱序》更明确表
述了自己的态度，曰：

公以弘治己酉始至白沙。未几，公复来，与言家世缨簪，以其族
之谱请序以付梓。予以不敏弗许。数载之内，屡致书嘱邦伯东山刘先
生、按察使陶公，交致其恩。既而，公复以书来，曰："吾周氏自昭信
以上居洛阳，世次无考。今谱断自可知，以昭信府君为第一世祖，其
不可知者阙之，不敢妄有攀附，以诬先代而诳后人。先生幸为某序之，
将无负于先生之言。"某于是不敢复以不敏辞于我少参公，而嘉周氏
之谱不务穷于远，为信谱也。

白沙先生的言行，也许代表了明代高层士大夫对于当时编修族谱中日盛的攀附
缨簪风气的反对态度。谢肇淛《五杂俎》（《四库禁毁书丛刊》影印明刻本），
卷十四《事部二》云：

三代而下，姓氏合矣。其同出而分支渐繁，愈不可考矣。春秋之时，善论姓氏者，鲁有众仲，晋有胥臣，郑有子羽，而其他诸子无称焉。溯流穷源，若斯之难也。世远人亡，文献无征；兵革变迁，国家更易；故名世君子，至有不能举其宗者，势使然也。然与其远攀华胄，牵合附会，孰若阙所不知，以俟后之人？故家谱之法，宜载其知者，而阙其疑者。

虽然明代士人常以此为修谱之原则，但是，其实，只是以"谱断自可知"来判断族谱先代世系孰信孰诬，很大程度上只是一种随意取舍。既然范仲淹、欧阳修、苏洵等近世族谱编撰范式的创作者都一无例外要追溯远代祖先，后世之人竞相仿效，也就是很自然的事情了。

事实上，这种根据姓氏族源去追溯远代祖先的做法，本来就是汉唐间的士族制度形成的传统。关于唐代以氏族相尚的风气，沈括《梦溪笔谈》（《四部丛刊续编》本）卷二十四《杂志一》曰：

士人以氏族相高，虽从古有之，然未尝著盛。自魏氏铨总人物，以氏族相高，亦未专任门地。唯四夷则全以氏族为贵贱，如天竺，以刹利、婆罗门二姓为贵种，自余皆为庶姓，如毗舍、首陀是也。其下又有贫四姓，如工、巧、纯、陀是也……自后魏据中原，此俗遂盛行于中国。故有八氏、十姓、三十六族、九十二姓。凡三世公者曰膏梁；有令仆者曰华腴；尚书、领护而上者为甲姓；九卿、方伯者为乙姓；散骑常侍、太中大夫者为丙姓；吏部正员郎为丁姓；得入者谓之四姓。其后迁易纷争，莫能坚定，遂取前世仕籍，定以博陵崔、范阳卢、陇西李、荥阳郑，为中族。唐高宗时，又增太原王、清河崔、赵郡李，通谓七姓。然地势相倾，互相排诋，各自著书，盈编连简，殆数十家。至于朝廷为之置官撰定，而流习所徇，扇以成俗。虽国势不能排夺，大率高下五等，通有百家，皆谓之士族。此外悉为庶姓，婚宦皆不敢与百家齿……其俗至唐末方渐衰息。

既以氏族相尚，必有姓氏之籍流传，"姓氏之学，最盛于唐"（郑樵《通志》语）。王圻《续文献通考》（《续修四库全书》影印万历三十年松江府刻本）卷二百七《氏族考》记曰：

> 初太宗命诸儒撰氏族志，甄差群姓。其后门胄兴替不常，冲请改修其书……先天时睿宗复诏冲讨缀，书乃成，号姓系录。后柳芳著论甚详，今删其要。芳之言曰：氏族者，古史官所纪也，昔周小史定系世，辨昭穆，故古有世本，录黄帝以来至春秋时诸侯卿大夫名号继统。

唐代之后编撰的这类姓氏系录，不但令追溯远代世系的风习对宋明之后族谱编撰产生很大的影响，也直接为宋明之后的士人追溯远祖提供了直接的文献依据。明代修谱渐滥，对远代祖先的追述也愈益蔚然成风。凌迪知《万姓统谱》（《文渊阁四库全书》本）自序曰：

> 余读眉山苏氏族谱引，感而辑姓谱，云：……夫天下，家积也。谱可联家矣，则联天下为一家者，盖以天下之姓谱之。夫自开辟来，遐哉，邈乎，生齿繁育，总总林林，受姓而载简册者，不啻百焉，千焉，而殆万也。……考之《世谱》曰，五帝三王，无非出于黄帝之后。黄帝一十五子，而得姓者十四，德同者姓同，德异者姓异，则知凡有生者，皆一人之身所分也。分而以嗣以续，愈远愈繁，由一人而百姓，而千姓，而万姓，虽梦焉，杂焉，散漫而不可统括，实一本一源之枝流耳。……故观吾之姓谱者，孝弟之心或亦可以油然而生矣，此余辑谱意也。

宋明时期，中古时代之谱学早已不传，但这里表达的观念却在士大夫中流行起来，把自己的远祖来历追溯到三代甚至更早时代，至少也要把得姓来历以及汉唐之前的名人罗列一番，成为宋明士大夫编撰家族谱时热衷的做法。以汉应劭《风俗通·姓氏篇》、唐林宝《元和姓纂》、宋郑樵《通志·氏族略》一类姓氏书为蓝本，许多有关姓氏来源与列举各姓历代名人的书籍也应运而生。明代凌迪知撰《万姓统谱》就是其中一种，该书《凡例》更列举同类书籍之大略云：

> 姓氏一书，旧不下数十种，有论地望者，有论国氏者，有论声者，有论字者，有仿姓书编者。夫论地望，如《世本王侯大夫谱》《姓氏英贤录》是也；……论国氏者，如《氏族要状》《通志氏族》是也；……论声者，乃以四声为主，如《姓氏韵略》《姓源珠玑》是也；……论字者，乃以偏傍为主，如《仙源类谱》《姓氏秘略》是也；……有仿姓书编者，如《合璧事类》《尚古类氏翰墨全书》是也。

明代以后，更有一些专门将某一姓氏的远代世系编撰成"某氏统宗谱"广泛流行，学界熟知者如程敏政《新安程氏统宗世谱》《新安查氏统宗世谱》《新安瑯琊王氏统宗世谱》《庐江郡何氏大同宗谱》《汪氏统宗谱》《张氏统宗世谱》等等。坊间流行这类书籍，时人编撰族谱时自然不乏依据。虽然很多士大夫要摆出一副"卑而不援高，微而不附彰"的清高姿态，但修撰族谱的根本目的是"尊祖敬宗收族"，从这个目的出发，士大夫自然要以把追溯远代世系纳入，使之成为族谱中必不可少的部分。朱次琦《南海九江朱氏家谱·序例》中曰：

> 古人自序如屈子《离骚》、马班二史，固不上溯姓源，谱牒亦然。《唐书·宰相世系表》、庐陵欧阳氏谱、老泉苏氏谱，并沿其例，乃古法也。宋朱长文《朱氏世谱》，明朱右《郏子世家》，今固未见，然姓族源流不可不考也。（近时诸城刘氏谱、景城纪氏谱，均以不著族姓源流为慎，盖非古义。）

虽然朱九江把对远代祖先的追述归类为"族姓源流"，同始祖之下的"宗族系谱"区分了开来，从而巧妙地避开了在"弃祖"与"诬祖"之间做出两难选择的尴尬。不过，其实，对于到清代已经在许多庶民百姓中普及开来的族谱编撰中，编撰者已经不必小心翼翼地作出这样的区分，他们仿效士大夫编撰的体例，常常直接就把宋代以前的远代祖先直接同近世祖先的系谱连接了起来，甚至常常以各种手法，把原来并无清晰继嗣线连接的单个的远代祖先也串联起来，构成了能够同近世始祖直接连接起来的远代世系。这种现象虽然比较晚近才普遍起来，但普及速度非常快，而且由于很多族谱的这一部分内容被编造得非常整齐，甚至天衣无缝，成为表达士大夫文化认同的一种历史记忆方式，以致今天竟常被人们视作信史。治史之人当知其讹，惟以之窥探明清以来世态风习之流变，断不可用以为古史考辨之证据。

"碑本"生成方式与史料重构

李雪梅*

对碑刻的研究，史料观固然重要，但碑志何时、因何刊刻，文本在碑石上的布局、变异，这些"技术"性问题对碑志尤其是法律碑刻研究，同样具有重要意义。传统石刻文献研究多关注碑石刻载的文献内容，大体属于"文本"研究；而"碑本"研究更强调碑石形制和立碑功能，意在立体多角度研究碑志本身及其刻载文献的目的。

一、"碑本"内涵

"碑本"有狭义和广义之分。狭义概念的"碑本"指碑刻的拓本；而本文所称"碑本"既指与写本、印本等文献传承方式并列的，在文本基础上以铭刻方式生成的新文本，同时也包含以碑石为原本史料进行研究的范式。

"碑本"形成的基础是手写文本（包括局部和少量的印本），在铭刻碑石时，又在原文本基础上附加碑额、题记、立碑责任者等关联信息，形成功能和用途不同于手写文本的综合性文本。

被摹刻的"文本"和新生成的"碑本"，两者关系紧密，但又有明显不同。以公文碑为例更易比较"文本"和"碑本"的差异：一是公文的颁发和公文碑的刻立存在时间差，有的公文碑刻立时间距公文下发时间甚远，

* 李雪梅，中国政法大学法律古籍整理研究所所长，教授，博士生导师，主要从事石刻法律文献研究。

甚至有跨朝代刊刻现象。二是存在方式迥异。"文本"原件往往由官府保存，下发时以副本传递，总体以秘藏为主；公文碑是将公文刊刻于石，强调公示、传承。三是公文碑以摹刻公文为主，此外尚有新增内容，如碑额、记事、题名等，交代立碑的原因、责任者，在平面"文本"基础上形成可视化更突出的立体性史料。

需要特别注意的是，碑志既有"碑本""文本"文献之别，也有一手、二手史料之异。"碑本"一手资料是石刻本身或原石拓片，石刻有的一直立于原址，有的被集中保存于碑林；二手资料是对碑文的辑录，形成诸如金石志、地方志、寺观志、碑文汇编等写本或印本书籍。无论是"文本"还是"碑本"的二手资料都存在一定缺憾。仍以公文碑为例。古代文集、史书对公文的载录以事实记述为重，格式的完整性似无关紧要，所载录者多为公文中实质性或关键性内容，而公文的程式套语、落款等多被省略。载录碑石信息较完备的志书，除抄录碑文外，也兼记碑石所在地、形制、尺寸、格式、内容等，保留了大量珍贵信息，但在碑文传抄及志书刊印流传中，仍难免错漏失误。虽然碑志辑录和史籍文献的比勘是古代文献整理研究的基本功，但如果都是基于二手文献的比勘，其研究意义要大打折扣。

就法律碑刻[①]研究而言，我们之所以特别重视碑石载体的"版本"信息，就是因为碑志"版本"（即"碑本"）与写本、印本具有不同的功用，载于碑石上的公文、讼案、规章、禁令等不单纯是为保存文献，也是一种权利公示。故为何刻碑，以及如何编排碑石上的公文、规章，也值得深入研究。而对一些特殊类别的碑志，实地勘查对"碑本"研究更有特别重要的意义。是故，碑石的刻立时间、地点，碑文的格式体例，印章、标朱，碑阳、碑阴文字的关系，均是"碑本"整理研究的有机组成。

---

① 法律碑刻指内容能传递法律信息，并具有公开性、社会性和真实性等特征的碑石。公开性、真实性等特征在石刻法律文献中的墓志、买地券中难以体现。故笔者常会使用法律碑刻和石刻法律文献两个概念。

二、"碑本"表现形式

（一）即时刻和滞后刻

一般记事碑、功德碑、墓志及民间规约碑的刻立时间和撰文时间相差不大，多属于即时性刻碑。而带有申请、审批、备案等行政流转程序的法律碑刻，因涉及一定的权利义务关系，碑石刻立和撰文、发文往往存在一定的时间差，此尤以公文碑、讼案碑、规章碑等类较多见。如四川都江堰《青城山常道观敕》为唐开元十二年（724）十一月十一日下文，开元十三年（725）正月一日文至益州，二日至蜀州，十七日上表，之后立于青城山天师洞，刻石时间和发文时间不一致，但刻石之举相当迅速。相当一部分碑石摹刻的文本时间和刻立时间不一致，一般是成文在前，刻石在后，故滞后刻也是法律碑刻一个较普遍的现象。现仅以金代大定年间（1161—1189）公文发文和刻立时间信息俱全的公文碑为例进行分析（见表1）：

表1　金大定年间公文刻立和发文时间统计

序号	碑名	立石地点	刻立时间	发文时间	时间差
1	龙岩寺碑	山西临猗县	大定三年（1163）九月九日	六月二十九日牒	3个月
2	广岩院敕牒碑	山东成武县	大定三年十一月初一日	大定二年（1162）二月牒	1年9个月
3	福胜院敕牒碑	山东滕县城西雍傅村	大定三年仲冬朔四日记	大定三年正月牒	10个月
4	广教禅院牒碑	陕西咸阳渭城区底张镇眭村	大定四年（1164）八月十五日	大定三年二月牒	1年6个月
5	宁国院牒	陕西高陵县董白村	大定四年九月十二日	大定三年十一月牒	10个月
6	敕赐大云寺牒	山西运城盐湖区舜帝陵庙	大定四年十一月	大定二年十二月二十四日牒	1年11个月
7	福祥院残碑	河北元氏县	大定四年	大定二年九月三日牒	约2年

续表

序号	碑名	立石地点	刻立时间	发文时间	时间差
8	太清观牒	河南许昌	大定五年（1165）重午日	大定三年正月文	2年4个月
9	兴国寺记并牒	山东滕州姜屯镇白蓼村	大定五年五月十五日	大定四年六月牒	11个月
10	洪福院牒	陕西户县（今西安鄠邑区）秦渡镇庞村	大定五年六月十五日	大定三年牒	约2年
11	蒙福院碑	山东费县	大定五年六月十五日	大定四年正月十二日牒	1年5个月
12	太清观牒	陕西咸阳县北	大定五年九月十日	大定三年三月牒	2年6个月
13	大云寺敕黄碑记	山东泰安岱岳区祝阳镇姚庄村	大定五年九月	大定四年闰十一月二十四日给文	10个月
14	正觉院礼部牒并记	山东青州	大定六年（1166）十月立	大定三年九月牒	3年1个月
15	慈云院记碑	陕西富平县薛镇乡两门村	大定七年（1167）三月十三日	大定四年三月二日牒	3年
16	秦王洞新赐大明禅院记	山东巨野县金山大洞	大定七年五月十五日	大定三年正月牒	4年4个月
17	广济寺牒	陕西礼泉县	大定七年八月	大定三年十一月牒	3年9个月
18	王沟义安院碑	山东费县	大定七年八月中旬记	大定四年三月牒	3年5个月
19	广济寺牒	陕西礼泉县	大定七年八月	大定三年十一月牒	3年9个月
20	惠济院牒	陕西眉县槐北寺	大定七年十月立；明成化年间重刻	大定四年文	3年
21	敕赐兴国院牒	河南林县（现林州市）东姚镇东姚村	大定七年十二月十五日	大定四年八月牒	3年4个月
22	宝峰院碑	陕西泾阳县	大定八年（1168）三月三日	大定三年十一月牒	4年7个月

续表

序号	碑名	立石地点	刻立时间	发文时间	时间差
23	普照禅院牒	山西临县	大定九年（1169）六月十五日	大定四年六月牒	5年
24	兴国寺牒	陕西户县（今西安鄠邑区）	大定十年（1170）正月初一日	大定三年五月牒	6年7个月
25	敕赐万寿之院牒	山东济南长清区五峰山洞真观	大定十年记	大定二年十二月二十五日牒	约7年
26	洪福院牒	陕西泾阳县	大定十二年（1172）九月十八日	大定四年六月初三日牒	8年3个月
27	四禅寺牒	山东泰安岱岳区徂徕山	大定十二年	大定二年二月牒	约10年
28	新修玉泉禅院碑	陕西富平县齐村乡	大定十二年	大定四年八月八日牒	约8年
29	普明院牒	河北邯郸峰峰矿区义井镇北侯村	大定十三年（1173）正月初五日	大定三年正月牒	10年
30	法云禅院碑	河北曲阳县	大定十三年二月四日	大定三年八月七日牒	9年6个月
31	荐福禅院牒	河南开封县神埦村	大定十三年四月	大定三年二月二十八日牒	10年2个月
32	洪福院牒并重修记	河北元氏县	大定十三年中元日	大定二年十一月牒	10年8个月
33	大云禅院碑	山西闻喜县	大定十三年七月二十八日	大定三年六月二十□牒	10年1个月
34	慈云院碑	山西闻喜县	大定十三年十月十五日	大定三年十二月牒	9年10个月
35	清凉禅院记碑	甘肃合水县	大定十三年十月十五日	大定四年六月十□牒	9年4个月
36	清凉院牒并公据及记	山东平阴县	大定十四年（1174）五月十五	大定二年牒	约12年

序号	碑名	立石地点	刻立时间	发文时间	时间差
37	广福院敕黄记	山西武乡县	大定十五年	大定三年二月廿日牒	约 12 年
38	福胜院敕牒碑	山东青州	大定十六年（1176）正月	大定四年牒	约 12 年
39	庄严禅寺牒	陕西西安高陵区	大定十六年二月二十一日	大定四年五月牒	11 年 9 个月
40	大明禅院碑	河南博爱县	大定十六年九月	大定二年九月十四日牒	14 年
41	三清殿榜文碑	山东费县	大定十八年（1178）十月十五日	皇统二年（1142）二月七日发文	36 年 8 个月
42	尚书礼部牒	山西临汾尧都区吴村镇	大定十九年（1179）五月	大定三年二月牒	16 年 3 个月
43	塔河院碑	山东费县	大定二十一年（1181）闰三月二十二日	大定二十年十月给文	5 个月
44	重立明月山大明禅院记	河南沁阳	大定二十一年九月重立，十六年九月初立	大定二年九月十四日文	19 年
45	龙泉院尚书礼部牒并记	河北元氏县	大定二十四年（1184）	大定三年二月牒	约 21 年
46	兴教院敕牒碑	山东淄博淄川区	大定二十四年	大定四年牒	20 年
47	灵泉观牒及记	陕西铜川	大定二十五年（1185）九月九日	大定三年九月牒	22 年
48	玉皇观碑	山东邹城市	大定二十七年（1187）九月	大定二十年七月九日公据	7 年 2 个月
49	显庆寺牒并记	山东滕州	金明昌元年（1190）十一月	大定二年三月牒	28 年 8 个月

续表

序号	碑名	立石地点	刻立时间	发文时间	时间差
50	三官宫存留公据碑	陕西西安高陵区	金明昌二年（1191）八月一日	大定二十年（1180）十一月公据	10年9个月
51	法王院碑	山东淄博	金明昌三年（1192）闰二月	大定五年（1165）牒	约27年
52	福严寺牒	山西壶关县	金明昌四年（1193）八月	大定三年（1163）二月十日牒	30年6个月
53	地藏院公据碑	山东滕州	金承安四年（1199）十月二十日记	大定二十一年（1181）八月五日公据	18年2个月
54	洪福院敕牒碑	山东嘉祥县纸坊镇刘村	金泰和二年（1202）	大定三年（1163）牒	约39年
55	洪崖山寿阳院记碑	河北易县	金泰和六年（1206）七月	大定二十八年（1188）二月十三日牒文	18年5个月
56	尚书礼部赐洪福禅院牒	山西长治县	金泰和八年（1208）三月八日	大定四年（1164）六月牒	44年
57	香严禅院牒	山西赵城县	金贞祐三年（1215）七月	大定三年四月初三日牒	52年
58	大觉禅院牒	山西河津县东阳村	金贞祐四年（1216）五月重日	大定四年九月牒	52年

根据表1，见之于碑石的大定年间发文的58通公文碑，从公文的发出到摹刻于石，最快的为3个月，慢的在数十年后。总体来看，公文发出两年内刻石所占比重相对较高，之后十数年刻石表现相对平稳（见表2）。

表2　金大定年间公文刻石的滞后时间统计

1年内刻	2年内刻	3年内刻	4—5年内刻	6—10年内刻	11—20年内刻	20年以后刻
6	6	4	7	11	13	11
10.34%	10.34%	6.9%	12%	19%	22%	19%

根据表 1、表 2 的数据可知，将公文摹刻于石，刻立时间滞后于发文时间是一种常态。即使接受者有第一时间将公文刻碑的意图，也需考虑公文的邮传以及觅石加工和摹刻所用时间。而那些无需审批、备案流程的民间规约及法律记事碑，即时刻立是一种常态。

（二）一文多石之复刻

将同样的内容刻之于碑，并要求各地广为刻立，始自唐代的御制官箴刻石。对于唐开元年间（713—741）的《令长新诫》，宋欧阳修称："唐开元之治盛矣，玄宗尝自择县令一百六十三人，赐以丁宁之戒。其后天下为县者，皆以《新戒》刻石，今犹有存者。余之所得者六，世人皆忽，不以为贵也。"[①]

唐宋复刻碑石以御制内容为主，且得到皇帝的许可、鼓励，御制学规是其中较典型的范例。陕西西安碑林《大观圣作碑》属文时间为宋大观二年（1108）八月，上刻李时雍摹写的宋徽宗御书《八行诏》。碑额行书"大观圣作之碑"系蔡京奉敕题书，碑文前列诏旨，次列"八行"取士科条，为学馆必须遵行的法则。此碑在当时的刊刻数目难以确知，遗留的碑石目前在河北赵州文庙遗址、河南偃师商城博物馆、山西运城市博物馆、山东泰安岱庙等地均可看到。

复刻于各地的学规、诏书、圣旨碑，其主体内容基本相同，但碑额文字却不尽一致。如元代大德二年（1298）《加封五镇诏碑》分别刻立于东、南、西、北、中镇。辽宁北镇庙的《加封五镇诏碑》额刻"圣诏之碑"，浙江绍兴南镇庙的碑额刻"皇帝诏书"，山东临朐东镇庙之碑额篆"大元增封东镇元德东安王诏"，碑身为八思巴文和汉文双语诏书。可见地方将诏旨刻石立碑，在主体内容之外有一定的自主权。

复刻情形也见于讼案碑、告示禁令碑。讼案判词摹刻两碑之事首见于金代，持续于明清。山西洪洞县水神庙金天眷二年（1139）《都总管镇国定两县水碑》载："赵城、洪洞两县置碑二亭，一亭于两县分水渠上竖立，一亭于本

---

① （宋）欧阳修著，邓宝剑、王怡琳注释：《集古录跋尾》卷六，北京：人民美术出版社，2010年，第 137 页。

府公厅内竖立。"① 山西临汾龙祠明隆庆六年（1572）《院道府县分定两河水口碑》亦载明"各树石碑两通，一立府县衙门，一立龙祠"。② 山西太原清道光二十七年（1847）《遵断赤桥村洗纸定规碑记》也是立于两处，一在晋祠，一在赤桥村兰若寺内。

以碑石复刻告示禁令之事在清代较普遍。如清康熙二十五年（1686）《嘉定县严禁脚夫结党横行告示碑》有两通，一碑曾立于上海嘉定区娄塘镇，一碑立于嘉定区黄渡镇罗汉寺。③ 清乾隆四十二年（1777）《永远免夫交界碑记》分别立于北京门头沟区峰口庵和王平镇牛角岭关城京西古道边，是为传布乾隆四十二年"盛世滋丁永不加赋"政策而订立的免赋税公文告示碑。④

至于一碑三刻、四刻之事也不乏其例，且多立于城门等交通要道，其目的是将禁令内容广而告之。如清乾隆五十八年（1793）《宁羌州衙告示碑》为一文五刻，于宁羌州署前及东、南、西、北四城门口各竖一通，今仅存署前和西门两通。⑤ 清道光二十九年（1849）《台湾府城门示禁碑》系分巡台澎道徐宗幹颁示的禁止兵丁勒索事项碑，曾分刻于台湾府城各城门，今台南旧大南门（市政府南）、大东门（在东门路）、小西门（在逢甲路）尚存。⑥ 清光绪二年（1876）《严禁藉尸吓诈等事示告碑记》为台湾府知府周懋琦示，涉及治安、恶丐、诈尸、滥索等内容，在台南市仁德区太子村明直宫（太子庙）、台南市归仁区南兴村

① 黄竹三、冯俊杰编著：《洪洞介休水利碑刻辑录》，北京：中华书局，2003 年，第 4 页。
② 周亚整理点校：《山西临汾龙祠水利碑刻辑录》，载山西大学中国社会史研究中心编：《中国社会史研究的理论与方法》，北京：北京大学出版社，2011 年，第 161 页。
③ 上海博物馆图书资料室编：《上海碑刻资料选辑》，上海：上海人民出版社，1980 年，第 434 页；张建华、陶继明主编，嘉定区地方志办公室、嘉定博物馆编：《嘉定碑刻集》，上海：上海古籍出版社，2013 年，第 29 页。
④ 北京市门头沟区文化文物局编：《门头沟文物志》，北京：北京燕山出版社，2001 年，第 381 页；政协北京市门头沟区文史资料委员会编：《京西碑石纪事》，香港：香港银河出版社，2003 年，第 90 页。
⑤ 陈显远编著：《汉中碑石》，西安：三秦出版社，1996 年，第 46 页。
⑥ 台湾银行经济研究室编：《台湾南部碑文集成》，载《石刻史料新编》第三辑第 19 册，台北：新文丰出版公司，1986 年，第 486 页。

归南北极殿、台南市关庙区下山村关帝庙三川门均可见。[1]

（三）一碑多体及"累文"

一碑多体指碑石刊刻时备载多种文体，主要形式是法律内容和记事文体的复合，以及法律内容依附于非法律内容的文体。

法律内容和记事文体的组合在公文碑、规章碑上较常见。以宋、金敕牒碑为例。宋宝庆元年（1225）《建康府嘉惠庙牒》为三截刻，上二截刻宋绍兴二年（1132）十一月牒，下截为宝庆元年记。宋绍定三年（1230）《给复学田省札》亦为三截刻，上二截载绍定元年（1228）十月三十日、绍定三年十月省札，下截为记。另金代敕牒碑采用上牒下记的方式较为常见。

也有一石载三四种文体并以法律内容为主导者。金泰和六年（1206）《洪崖山寿阳院记碑》碑阳刻寿阳院四至及禁樵采文，碑阴刻金大定二十八年（1188）二月十三日尚书礼部牒文，融记事、禁约、四至、公文于一石。金大安元年（1209）《谷山寺敕牒碑》，碑阳刻泰和六年十一月牒文和金大安元年三月牒文，碑阴刻禁约21条，另有草书小字记智崇募化买额经过，并附募捐者姓名，也是融敕牒、禁约、记事等为一碑。尽管碑石上的敕牒、公牒等公文是法律碑刻的重点研究对象，但记文中多有关涉刻石背景、立石原因的交代，也具有不容忽视的参考价值。

法律内容依附于其他文体的情况，多表现为附刻于墓志、经幢或碑刻的边角一侧。如唐大和五年（831）《唐故北海盛氏富春孙夫人墓志并序》碑侧及阴刻墓茔四至界址。唐天祐四年（907）《神福山寺灵迹记并序》碑阴下部及碑侧刻施地四至，且于施状中载明"恐后无凭，请执此状为据"之语。[2]宋代《重刻明州奉化县西山护国院记》乃重刻唐元和十四年（820）记文，碑侧载寺院

---

① 台湾银行经济研究室编：《台湾南部碑文集成》，载《石刻史料新编》第三辑第19册，台北：新文丰出版公司，1986年，第505页；吴新荣纂：《台南古碑志》，载《石刻史料新编》第三辑第20册，台北：新文丰出版公司，1986年，第239页。

② 刘泽民、李玉明总主编，史景怡分册主编：《三晋石刻大全·晋中市寿阳县卷》，太原：三晋出版社，2009年，第31页。

四至和租赋，也言明"契簿书可照"。①

碑石上的"累文"现象，也值得特别关注。唐开元十六年（728）《少林寺碑》即是典型一例。碑阳两截刻，上截刻唐武德四年（621）《秦王告少林寺主教》，下截刻开元十六年（728）裴漼撰书《嵩岳少林寺碑》。碑阴亦两截，上截刻武德四年《告柏谷坞少林寺上座书》、武德八年（625）《赐少林寺田牒》、唐开元十一年（723）《陈忠牒》，下截有唐贞观六年（632）《少林寺牒》、开元十一年《丽正殿牒》及武德四年李世民敕授立功僧名。

开元十六年（728）《少林寺碑》一碑累刻多份公文的现象，并非唐碑的孤例。山东曲阜唐仪凤二年（677）《唐修孔子庙诏表祭文碑》刻太宗诏、高宗诏、皇太子表、祭告文和题记各一；山西运城唐《薛楚玉神道碑》亦三截刻，刻唐宝应二年（763）六月二十日、唐大历二年（767）二月二十四日、宝应二年六月二十四日追赠薛嵩亡父薛楚玉和亡母制书；河南陕县唐大中十二年（858）《汾阳王置寺表》载唐大历七年（772）十二月十二日牒、大历八年（773）正月四日牒、大历八年四月三日奏；等等。

元朝时期，将数份君命公文——圣旨、诏书摹刻一石的现象颇为流行。蔡美彪编著《元代白话碑集录》正文收碑文94份，附录二收碑文7份，附录一收文献10种，总计碑文101份。②而实际情况是101份圣旨、公文刻于59种碑石上，其中不乏一碑刻二旨、三旨的情况。仅以笔者掌握的元朝累刻圣旨、公文碑刻为例，在62通碑石上，刻载有193份圣旨、公文。各碑刻立时间和所载圣旨、公文件数列于表3。

表3　元朝一碑累刻圣旨、公文统计

序号	碑名（公文数）	立石时间及地点	发文时间等信息	形制及备注
1	阔端太子令旨碑（4）	定宗二年（1247）十月二十八日，陕西西安鄠邑区草堂寺	①癸卯年（1243）五月十七日 ②乙巳年（1245）十月十日 ③丁未年（1247）四月初十日 ④丁未年十月二十八日	四截刻，文末有2行回鹘式蒙古文。钤印章

① 章国庆编著：《宁波历代碑碣墓志汇编》，上海：上海古籍出版社，2012年，第328页。
② 蔡美彪编著：《元代白话碑集录》，北京：科学出版社，1955年。

续表

序号	碑名（公文数）	立石时间及地点	发文时间等信息	形制及备注
2	大蒙古国累朝崇道恩命之碑（8）	宪宗元年（1251）七月初九日，陕西西安鄠邑区祖庵镇重阳宫	①己卯年（太祖十四年，1219）五月初一日成吉思汗敦请丘处机的诏书 ②太祖十五年（1220）成吉思汗遣曷剌答复长春真人陈情的诏书 ③④癸未年（太祖十八年，1223）圣旨 ⑤⑥乙未年（太宗七年，1235）圣旨 ⑦乙巳年（乃马真后四年，1245）阔端太子令旨 ⑧庚戌年（海迷失后二年，1250）弥里杲带太子令旨	额篆"大蒙古国累朝崇道恩命之碑"。四截刻，上三截圣旨8道，第四截刻《蒙古国累朝崇道碑序》
3	崇圣宫给文碑（2）	立石时间不详，山西平遥县清虚观	①癸丑年（宪宗三年，1253）正月给文 ②壬子年（宪宗二年，1252）七月初五给文	两截刻，上23行25字，下20行17字。有印章、押
4	昌童太王令旨碑（2）	中统五年（1264）七夕，陕西铜川耀州药王山	①中统二年（1261）谕旨 ②中统三年（1262）谕旨	额篆"特赐耀州五台山静明宫并加真人号记"。印章被铲
5	昌童大王令旨及请潘公住持疏（7）	至元十一年（1274），山西芮城县永乐宫	碑阳额刻中统三年二月十二日昌童大王令旨，两面刻6份山西平阳府各级官员于丙午年（定宗贵由元年，1246）十月、十一月、十二月签发的请疏文	碑阴额刻"请疏之碑"。令旨1份与公文数份
6	龙门禹王庙令旨碑（2）	立石时间不详，陕西韩城市黄河龙门口禹王庙	①碑阳为至元十二年（1275）圣旨 ②碑阴为鼠儿年（至元十三年，1276）正月二十六日京兆府住时分写来，圣旨	额镌八思巴文4字，译写汉文为"皇帝圣旨"。碑阳、碑阴圣旨、令旨均双语
7	大元崇道圣训王言碑（4）	约至元十七年（1280），陕西西安鄠邑区祖庵镇重阳宫	①龙儿年（至元十七年）十一月初五日大都有的时分写来，圣旨 ②至元十四年（1277）五月□日令旨 ③至元十七年正月□日圣旨 ④至元十四年六月□日令旨	额篆"大元崇道圣训王言"。四截刻，双语。赐予统领陕西五路西蜀四川提点李道谦的圣旨、令旨

续表

序号	碑名 (公文数)	立石时间及地点	发文时间等信息	形制及备注
8	大都大延洪寺栗园碑(2)	立石时间不详,北京房山区	①蛇儿年(至元十八年,1281)八月初八日上都时分写来,圣旨 ②至元十八年四月初七日给文	额篆"大都大延洪寺栗园碑"。两截刻,圣旨判决争栗园讼案
9	古道观地界施状碑(2)	至元十九年(1282),河南新安县铁门镇古道观	①至元十九年三月二十七日给文 ②中统四年(1263)四月给文	额题"古道观记"。两面刻。施状文契,执照和公据
10	敕董若冲旨碑(3)	至元十九年,陕西华阴市西岳庙	①己未年(1259)闰十一月十三日忽必烈令旨 ②至元十二年(1275)二月圣旨 ③鼠儿年(至元十三年,1276)正月廿六日令旨	三截刻。另面刻明代榜谕卧碑
11	重阳万寿宫碑(5)	至元二十年(1283)十一月,陕西西安鄠邑区祖庵镇重阳宫	①龙儿年(至元十七年,1280)十一月初五日大都时分写来圣旨 ②至元十七年正月圣旨 ③至元十四年(1277)五月安西王令旨 ④至元十四年六月令旨 ⑤至元二十年十一月令旨	四截刻,双语。付李道谦
12	崇国寺札子并崇国北寺地产图(2)	至元二十一年(1284),北京西城区护国寺	①至元二十一年二月二十七日执照 ②至元二十一年二月十九日文总制院照会	碑阳两份公文,碑阴额横题"崇国北寺地产图"
13	范圆曦封真人敕并延住持上清观疏(2)	立石时间不详,山东东平县	①至元十一年(1274)四月敕 ②至元二十三年(1286)七月疏	两截刻,上敕下疏
14	白话圣旨碑(2)	至元三十一年(1294)四月,原立北京房山区韩村河镇孤山口塔前,现存云居寺	①虎儿年①春二月二十日榆河有时分写来,圣旨 ②兔儿年七月初三日上都有时分写来,圣旨	两截刻。碑阴有字,大部分漫漶

---

① 因生肖纪年十二年轮回一次,会有多个同一生肖的年份。尚不能确定具体时间的暂不标明公元纪年。

续表

序号	碑名（公文数）	立石时间及地点	发文时间等信息	形制及备注
15	灵岩寺圣旨碑（2）	元贞元年（1295），山东济南长清区灵岩寺	①兔儿年八月二十八日必赤里日地里有的时分写来，圣旨 ②羊儿年二月十三日哈黑义磨，圣旨	年月旁有"宝"字。确立住持及对寺庙财产的相关规定
16	学校拨田地诏书碑（3）	元贞元年九月十五日，江苏溧水县学（今南京溧水区）	①至元三十一年五月登极诏敕 ②至元三十一年七月圣旨 ③谢表	额题"圣旨"。三截刻
17	孔颜孟三氏免粮碑（2）	大德二年（1298）六月十八日，山东曲阜孔庙	①上刻圣旨（年代缺） ②皇姑鲁国大长公主懿旨、驸马济宁王钧旨及济宁路总管府照详	两截刻，残，年月后有蒙古文印
18	彰德上清正一宫圣旨碑（4）	大德三年（1299），河南安阳西关白龙庙	①猴儿年（中统元年，1260）六月十四日开平府有的时分写来，圣旨 ②猴儿年（至元九年，1272）七月二十八日上都有的时分写来，圣旨 ③鸡儿年（至元二十二年，1285）二月初一日柳林里有的时分写来，圣旨 ④大德三年五月	四截刻。第四截为加封刘道真圣旨
19	恩惠抚护之碑（3）	大德五年（1301），河北灵寿县张家庄乡沙子洞村幽居寺	皇太后、皇后和帝师分别宣谕的懿旨和法旨	额篆"大元历代圣旨恩惠抚护之碑"。三旨自左至右依次排列
20	祁林院圣旨碑（4）	虎儿大德六年（1302）二月初八日，河北灵寿县张家庄乡沙子洞村幽居寺	①②狗儿年，大德二年（1298）二月，圣旨 ③④牛儿年，大德五年三月，圣旨	额题"皇帝圣旨碑、皇太后懿旨、皇后懿旨、帝师法旨"4行
21	宝严寺圣旨碑（3）	大德十一年（1307）仲秋，河南安阳林州市洪谷山洪谷寺	①鸡儿年（中统二年，1261）圣旨 ②狗儿年（大德二年）三月初三日七十个井儿有时分写来，圣旨 ③碑阴元贞元年（1295）四月《彰德路禁约榜文》	额题"圣旨"。三截刻，成吉思、月古台、薛禅三皇帝宣谕宝岩禅寺、太平禅寺圣旨

续表

序号	碑名（公文数）	立石时间及地点	发文时间等信息	形制及备注
22	加封孔子圣诏碑（2）	至大二年（1309）五月，云南大理市博物馆	①大德十一年七月十九日圣旨 ②至大二年五月十九日尚书省札付及立碑职事人员名单	额刻"加封圣诏"。两截刻
23	敕封五祖七真碑（5）	立石时间不详，甘肃天水玉泉观	5份褒封诏，均为至大三年（1310）二月 ①赠东华紫府辅元立极大帝君 ②加赠四真君帝名 ③加赠丘处机 ④加赠苗道一等六人 ⑤加赠尹志平	两截刻
24	嘉定县加封孔子制诰碑（2）	立石时间不详，上海嘉定孔庙大成殿内后壁	①大德十一年诏 ②至大三年二月省札	额篆"诏旨加封大成"。两截刻，上诏下札
25	徽州路儒学指挥（2）	立石时间不详，安徽绩溪县学	①大德十一年加封孔子制 ②至大三年四月《徽州路儒学指挥》二道	两截刻
26	诏旨及江浙尚书省札付碑（2）	至大三年七月，江苏苏州府学	①大德十一年七月加封孔子制 ②至大三年省札	额篆"诏书加封大成"。两截刻，上诏下札
27	兖国公庙禁约榜（2）	皇庆元年（1312）八月望有三日，山东曲阜市颜庙	①大德十一年十月中书省禁约榜 ②大德十年（1306）二月礼部禁约榜	两面刻，双语，有印
28	永明寺圣旨碑（2）	皇庆元年八月，河北平山县	①鼠儿年（大德四年，1300）七月二十一日，圣旨 ②猪儿年（至大四年，1311）七月初三日，圣旨	两截刻，两份圣旨均发自上都
29	柏林寺圣旨碑（4）	立石时间不详，河北赵县柏林寺	①蛇儿年（至元三十年，1293）七月，圣旨 ②猴儿年（元贞二年，1296）二月十五日 ③鼠儿年（皇庆元年，1312）十一月十一日 ④碑阴至元三十年十月《宣政院榜》	三截刻，两面刻，碑阴残损严重

续表

序号	碑名（公文数）	立石时间及地点	发文时间等信息	形制及备注
30	少林寺圣旨碑（4）	延祐元年（1314）孟冬，河南登封市少林寺	①蒙哥汗于牛儿年（1253）颁给少林寺长老的圣旨 ②忽必烈汗于鸡儿年（中统二年，1261）元月初一日自上都（开平府）颁给少林寺长老的圣旨 ③忽必烈汗于龙儿年（至元五年，1268）委付肃长老为河南府路众和尚提领的圣旨 ④元仁宗爱育黎拔力八达于鼠儿年（皇庆元年，1312）三月十三日自大都颁给少林寺、空相寺等的圣旨	阳额刻"圣旨碑"。碑阳和碑阴分别用八思巴文、汉文刻蒙哥汗、忽必烈汗、元仁宗颁布的四道圣旨。四截刻，双语
31	林州宝岩寺圣旨碑（2）	延祐三年（1316）十一月初四日，河南林县（现林州市）宝严寺	①牛儿年（皇庆二年，1313）七月初七日上都有时分写来，圣旨 ②碑阴刊茶罕官人汉字文告，题甲辰年（1244）四月二十八日	碑阳两截刻，双语，赐予长老的圣旨
32	加封真人徽号圣旨碑（2）	延祐四年（1317）正月上元日，山西芮城县永乐宫	①至大三年（1310）二月制词 ②至大元年（1308）七月制词	额刻"圣旨碑"。两截刻。碑阴为题名和财产清单
33	褒封五祖七真制辞之碑（8）	延祐四年正月，山西芮城县永乐宫	均为至大三年二月制词：加赠钟离等4人"帝君"名；加赠"真君"名号5人，"元君"名号1人；赠"真人"名号15人等	额篆"元皇褒封五祖七真全真之辞"。四截刻
34	褒封五祖七真制辞（4）	延祐四年三月初二日，陕西西安鄠邑区祖庵镇重阳宫	①②至大三年二月两份制辞 ③④至大三年二月两份制辞	额篆"皇元褒封全真五祖七真制辞"。三截刻
35	加封真人徽号记（4）	延祐四年九月，山西芮城县永乐宫	①②至大三年二月加封文 ③延祐四年正月制辞 ④赠15人真人号	额题"天诏加封祖真之碑"。三截刻
36	宸命王文碑（3）	立石时间不详，陕西西安鄠邑区祖庵镇重阳宫	①皇庆二年九月圣旨，双语 ②虎儿年（延祐元年，1314）七月二十八日察罕仓有时分写来圣旨，双语 ③延祐五年（1318）四月二十六日大都有时分写来，圣旨	额篆"宸命王文"。四截刻

续表

序号	碑名（公文数）	立石时间及地点	发文时间等信息	形制及备注
37	请疏碑（3）	延祐五年六月，河南登封市少林寺	皇庆二年（1313）疏文3份	额横题"请疏"。三截刻
38	圣旨加封师真之碑（4）	延祐七年（1320）重阳日，陕西铜川耀州区药王山	①②至大二年（1309）加封王重阳等为道教的"五祖"圣旨 ③④至大二年加封丘处机等为"七真人"圣旨	额篆"圣旨加封师真之碑"。四截刻
39	忽必烈皇帝圣旨碑（4）	泰定四年（1327）四月二十六日，山西洪洞县堤村乡北石明村	①中统三年（1262）八月二十日制文 ②中统三年二月十二日制文 ③中统三年八月十二日制文 ④中统四年（1263）三月二十四日制文	阳额篆"特赐嘉号眷谕敕语"；阴额篆"嘉应真人行铭"
40	太清宗圣宫圣旨碑（3）	立石时间不详，陕西周至县楼观台	①猴儿年（元贞二年，1296）十一月初七日大都有时分写来，圣旨 ②兔儿年（延祐二年，1315）月日大都有时分写来，圣旨 ③马儿年（至顺元年，1330）七月十三日大都有时分写来，圣旨	额刻"大元玺书"。三截刻
41	灵岩寺执照碑（3）	立石时间不详，山东济南长清区灵岩寺	①延祐五年（1318）三月执照 ②至顺元年十一月执照 ③至顺元年十二月执照	额题"泰山州申准执照之碑"，有印押。碑侧国书一行无译文
42	加封兖国复圣公制词碑（3）	至顺二年（1331）九月，山东曲阜颜庙	①②至顺二年九月和元统三年（1335）五月颜子及其夫人加封制词 ③元统二年（1334）加封颜子父母妻懿旨	额篆"大元加封兖国复圣公制词碑"。两截刻，碑阴后刻。
43	加封启圣王并六公制（5）	立石时间不详，山东东平州学	至顺二年九月制	五截刻
44	加封孔子父母制及夫人制碑（2）	立石时间不详，江苏南京	①至顺二年九月加封孔子父母制 ②至顺二年六月加封夫人并官氏制	额篆"加封制书"。两截刻

序号	碑名（公文数）	立石时间及地点	发文时间等信息	形制及备注
45	加封颜子孟子制碑（2）	立石时间不详，江苏句容县学	至顺二年九月追封颜子为"豫国公"制追封孟氏为"洛国公"制	额篆"制词"
46	加封曾子子思制碑（2）	立石时间不详，江苏句容县学	至顺二年九月加封曾子"郕国宗圣公"制、加封子思为"沂国述圣公"制	额篆"制词"
47	蠲免亚圣后裔差发札付、关文（2）	至顺二年十月，山东邹城市孟庙	①丁酉年（太宗九年，1237）十二月二十六日札付 ②延祐元年（1314）十一月廿一日户部关文	两截刻
48	加封孔子父母及夫人制（2）	立石时间不详，江苏句容县学	①至顺二年九月加封孔子父母制 ②至顺三年六月加封文宣王妻并官氏制文	额篆"制词"
49	加封颜子父母制碑（2）	立石时间不详，山东曲阜市颜庙	①碑阳元统二年（1334）五月诏 ②碑阴元统二年正月二十六日加封颜子父母妻谥议	阳额篆"大元加封杞国文裕公制词碑"
50	加封兖国复圣公制、追封兖国夫人制（2）	立石时间不详，山东曲阜市	①至顺二年（1331）九月加封兖国复圣公制 ②元统三年（1335）追封兖国夫人制	双语
51	加封启圣王暨兖郕沂邹公碑（2）	立石时间不详，山东东阿学宫	后至元三年（1337）五月制文	三截刻，上两截制，下记
52	洞林寺圣旨碑（8）	至正二年（1342），河南荥阳荥阳市	①羊儿年（元贞元年，1295）正月二十七日圣旨 ②鼠儿年（皇庆元年，1312）二月二十八日圣旨 ③鸡儿年（至大二年，1309）八月十五日太后懿旨 ④牛儿年（大德五年，1301）三月十八日帝师法旨 ⑤鸡儿年（至大二年）八月十七日"皇太子"令旨 ⑥鸡儿年（至大三年）正月十四日晋王令旨 ⑦虎儿年（延祐元年）十一月二十一日晋王令旨 ⑧马儿年（延祐五年，1318）二月初□日，小薛大王令旨小薛大王令旨	额篆"圣旨之碑"。五截刻

序号	碑名（公文数）	立石时间及地点	发文时间等信息	形制及备注
53	大元特赠五祖七真碑（3）	至正五年（1345）三月，山东掖县（今莱州市）	载秦州玉泉观至大三年（1310）《敕封五祖七真碑》5份褒封诏中的一、二、四诏	
54	令旨碑记（2）	至正七年（1347）十一月初六日，山西芮城县永乐宫	①兔儿年三月初三日令旨②猴儿年四月二十八日令旨	额刻"令旨碑记"。两截刻
55	玉清宫圣旨碑（2）	至正十五年（1355）七月九日，山东潍坊	①癸未年（太祖十八年，1223）三月圣旨②乙未年（太宗七年，1235）七月初九日圣旨	
56	万寿寺圣旨碑（2）	立石时间不详，河北平山县觉山	①牛儿年（后至元三年，1337）十二月二十六日圣旨②猴儿年（至正十六年，1356）三月十六日圣旨	两截刻
57	重阳万寿宫圣旨并授焦德润真人敕（3）	至正十八年（1358），陕西西安鄠邑区祖庵镇重阳宫	①蛇儿年（至正元年，1341）六月圣旨②兔儿年（至正十一年，1351）二月二十八日圣旨③至正十八年八月圣旨	额篆"大元宸命"。三截刻
58	天诏加封祖真之碑（6）	至正二十二年（1362）五月上旬，甘肃陇西县仁寿山公园	①至元六年（1269）正月诏②至大三年二月诏③④⑤⑥至大三年诏书四道，加封尹志平、李志常、宋德芳及赵道坚等15人为"真人"诏	四截刻
59	敕封杨德荣圣旨碑（2）	立石时间不详，陕西西安鄠邑区祖庵镇重阳宫	至正二十三年（1363）七月二十二日等两份敕文	额篆"宸旨王铭"。两截刻
60	大都崇国寺圣旨碑（2）	立石时间不详，北京西城护国寺	①至正十四年（1354）七月十四日圣旨②至正二十三年圣旨	
61	付大崇国寺札（2）	立石时间不详，北京西城护国寺	①至正二十三年十月十六日宣政院札②至正二十六年（1366）二月十七日宣政院札	刻于至正二十四年（1364）九月《善选传戒碑》阴
62	开元寺累降圣旨碑（4）	至正年间（1341—1368），河北邢台开元寺，佚	中统二年（1261）、至元十三年（1276）、至元十四年（1277）、至元十六年（1279）圣旨	
	62石		193份圣旨、公文	

表 3 所列者均为一碑同时刻载两份及以上汉文圣旨或公文者。表中所列 62 通元朝圣旨、公文碑中，一石刻二文的有 32 通（64 份），三文的 11 通（33 份），四文的 11 通（44 份），五文的 3 通（15 份），六文的 1 通（6 份），七文的 1 通（7 份），八文的 3 通（24 份），总计刻载圣旨和公文 193 份，平均每通碑石载文 3.1 份。此外尚有一石载汉文和八思巴文的双语圣旨、一份公文一篇记文等情况，均未作统计。

流风所及，地方官府和民间也多见将税簿、置产记录、田契等事项累刻一石的情况。在唐代《昭成寺僧朗谷果园庄地亩幢》上，刻载从唐广德二年（764）至唐贞元二十一年（805）41 年中接受施地 811 亩、买地 980 亩之事。南宋宝庆三年（1227）《英烈庙置田檀越题名记》为四截刻，第三截刻七契，第四截刻两契。明隆庆三年（1569）《买地碑记》碑阴"记开买地五契"，所记内容包括置地的坐落、四至、亩数、价银、粮额。由此也可见一石多文现象之普遍。

（四）重刻、续刻

重刻前朝碑文的情况，较典型的例子是宋重刻秦《峄山刻石》。因原石已不存，郑文宝于宋淳化四年（993）以南唐徐铉摹本重刻《峄山刻石》于长安，现存陕西西安碑林。明清重刻前朝碑文的现象也常见，如福建泉州通淮门清净寺内有明正德二年（1507）《重立清净寺碑》，乃重刻元至正十年（1350）三山吴鉴碑文；浙江杭州明嘉靖十八年（1539）立石的《三茅宁寿观牒》系重刻宋绍兴二十年（1150）六月牒；等等。但值得重点关注的，当属金元时期常见的重刻前代公文的现象（见表 4）。

表 4　金代重刻前代公文碑统计

序号	碑名	地点及时间跨度	重刻时间	原文或原刻	文种、内容
1	景德寺中书门下牒并泽州帖	山西晋城，101 年	泰和八年（1208）十一月二十日	宋景德四年（1007）十一月牒、十二月州帖	牒、帖
2	鹿苑寺记	山西洪洞县，约 61 年	天会五年（1127）五月	宋治平二年（1065）十二月二十一日文	敕牒、使帖，赐额

续表

序号	碑名	地点及时间跨度	重刻时间	原文或原刻	文种、内容
3	重刻宋圣旨存留灵芝山寺碑	山东滕州市，18年	天会八年（1130）七月十五日	宋政和二年（1112）七月十日给	圣旨
4	后唐明宗敕洪密摸刻碑并枢密院使牒	山西晋城市阳城县董封乡阳坡村，217年	皇统三年（1143）四月十五日立石，天眷三年（1140）二月初二日题	后唐天成元年（926）五月十九日、□月一日，十一月三十日文	敕
5	广慈寺暨洪济禅院牒	山西壶关县，180年	大定三年（1163）四月九日	宋太平兴国八年（983）三月七日文	敕牒，赐额
6	凝真大师成道记	陕西西安临潼区，76年	大定丙申（十六年，1176）四月初五日	宋元符三年（1100）《灵观山林水磨田土地基》	图、记、界址
7	重书旌忠庙宋牒并记	山西晋城，72年	明昌五年（1194）七月十二日	宋宣和四年（1122）五月牒	敕牒，神祠封号
8	文殊寺敕牒碑	山东临朐县仰天山，96年	明昌七年（1196）正月	宋元符三年（1100）十二月和徽宗时（1101—1125在位）敕牒	敕牒，赐额
9	敕赐静应庙牒	河南沁阳，95年	承安四年（1199）五月	宋崇宁三年（1104）五月十五日牒	敕牒，赐额
10	追封马燧敕并记	山西临猗马庄武王庙，92年	泰和元年（1201）七月十五日	宋大观二年（1108）十二月敕；下梁德裕撰记	敕牒，赐号
11	天圣观牒	山西浮山县，186年	大安三年（1212）四月八日	宋天圣四年（1026）三月牒	改赐观额
12	景德寺中书门下牒并泽州帖	山西凤台县高都镇，201年	泰和八年（1208）十一月二十日	宋景德四年（1007）十一月牒	敕牒、州帖，赐额
13	重刻付惠深札	河南巩义市，137年	兴定五年（1221）七月初八日	宋元丰七年（1084）二月札	公文，札

据表4，金代重刻前代公文以寺观敕牒为主，相距时间最短者18年，长者

217 年，平均滞后 118 年。后朝重刻前朝公文，不仅存在于金代，也见之于元代。仅笔者所知，即有元代重刻宋敕牒 5 种，重刻宋代规章、契证碑 5 种，重刻金代敕牒 2 种，加之金代重刻前代敕牒公文 13 种，适足以检验前朝公文效力及政策法令的连贯性。

续刻多指在一通碑石上出现的不同朝代接续铭刻的现象，所刻之事有一定内在关联。如辽寿昌五年（1099）《缙阳寺庄帐记》刻于寿昌元年（1095）《添修缙阳寺功德碑》之阴，碑侧有明代续刻内容，右侧刻"息利一分半，寿终之日，永入常住"，左侧刻"永宁县顺风屯……万历八年刻"，均与缙阳寺产业增减有关。

再以山西曲沃一通双面刻文的水利碑为例。碑阳刻金代承安三年（1198）四月《沸泉分水碑记》，碑阴刻明代弘治元年（1488）的讼案处理帖文和清康熙二十二年（1683）违反水规的责罚记事。此碑一石三记，纵跨近 500 年，所记内容关联性明显。碑阳记载因临交村、白水村等八村向曲沃县的状告，最终确定八村用水规则之事。文后列有八村告人和上三户计三十人姓名，以及渠甲头等名单。碑石左上方刻有"官押押"三字，其中"官"字大于常字数倍，格外明显，表明上述规范经过官方的核准。该碑碑阴刻明弘治元年十月的一份帖文，记载民人吉俊等毁损碑记、夺砍分水石而致纠纷的处理之事。在明代公文的左下方，续刻有清康熙二十二年二月的罚银记事。而此碑的重要性正是在于，在同一地域针对同一水利设施之使用和维护，并存着两套规范体系：一是地方官府依据《大明律》及条例等国家制定法进行的定罪量刑；一是渠长、堰首等民间公权依据长期存在的非制定法，如金代八村公议的"罪赏"规则，或清代渠长、渠甲公议规则，对违规行为的处罚。这两套体系数百年来安然相处，同载一碑，亦是中国古代基层社会法律秩序存在样态的真实记录。①

明清时期一石续刻二、三文者以记录寺观陆续置产之事为多。如明万历六年（1578）《瑞云观》碑阴刻明崇祯十六年（1643）、清雍正七年（1729）、清

---

① 详见李雪梅：《古代法律规范的层级性结构——从水利碑刻看非制定法的性质》，《华东政法大学学报》2016 年第 4 期。

乾隆二十二年（1757）等置产记录；明天启六年（1626）《自证庵常住田碑》碑身分数段，上记事由，下记田产施舍，尾刻明末及康熙年间施田题记；等等。所续刻内容也同样围绕原刻的主题，由于附加了诸多信息，此类碑石的实用功能、史料价值和研究意义，均有所提升。

三、"碑本"史料重构

上述列举的立碑时表现出的滞后刻、复刻、累刻、重刻、续刻等，其实都是较为常见的现象，但在以往的著录研究中，这些现象往往被忽视。而从"碑本"的视角出发，这些表面看似技术性的问题，便转化为值得深入探究的实用功能问题。

石刻文献的流传方式主要有三种：一是以原石、原拓形式存留至今，主要保存在各地碑林、博物馆、庙宇及私人收藏家手中；二是图文并存的碑文整理；三是各种形式的碑文著录，除传统金石著录、当代碑文集录外，还有如《全唐文》《元文类》等文章总集，地方志、寺观志、水利志等典籍，以及个人文集中收录的石刻文献。前两种具有原始存真的意义，是较为可信的第一手材料，但搜集和利用有一定的难度；后者利用方便，但辑录碑文时难免错讹、遗漏，是需谨慎使用的二手史料。

基于"碑本"研究，对史料的基本要求，一是真实，二是完整。具有原始存真功能的原石、原拓及照片当为研究的基础，但一些已不存世的碑志，二手文献也是必要参考。历代碑志包括当代碑志辑录存在的割裂碑石整体信息的情况，也给研究者造成不少困扰。以河南登封少林寺中的唐代公文碑为例。清王昶《金石萃编》卷四十一中载有唐武德四年（621）《秦王告少林寺主教》，卷七十四中载有唐开元十一年（723）《少林寺柏谷坞庄碑》和《少林寺赐田敕》，卷七十七中载录开元十六年（728）《少林寺碑》。此是按碑石据以摹刻的原始文献生成的时间编录，易让人误解为是数通独立的碑石。而实际情况是，卷四十一、七十四、七十七中所载诸碑，均刻于开元十六年《少林寺碑》上，故《金石萃编》诸卷所载碑名，实为对一通碑石的分解性载录。

当然，作为文本研究，按碑石所载的发文或成文时间载录不成问题，如日本池田温编《唐代诏敕目录》收有《告柏谷坞少林寺上座书》，年代注为"武德中"，是按发文时间注录。[①]但从"碑本"角度看，此种载录方式有失客观。

正视碑石上存在的累刻等现象，随之产生的问题是，对于一石刻载多份同式或异式文种的碑石当如何准确定名？基于"碑本"的史料观，不仅是碑石定名，也包括对碑志分类、定性等基础性工作，都需重新梳理架构。从立碑功能的视角出发，我们将法律碑刻分为公文碑、示禁碑、规章碑、讼案碑、契证碑、法律记事碑六大类。至于分类中常见的重合、交叉，笔者提出可遵循公文碑文体优先、示禁碑罚则优先、讼案碑注重结果等原则。而解决分类冲突的主要方法，还是要突出法律碑刻的主体功用，即法律碑刻有别于墓碑、题名碑和一般记事碑等的重要标志是，它具有社会管理性（公文碑）、行为规范性（规章碑）、违禁处罚性（禁令禁约碑）、财产和权益保护性（契证类碑刻）、争讼化解性（讼案碑）、自觉遵守性（神禁、冥判等法律记事碑），这是解决分类冲突的根本，也是法律碑刻的分类基础。[②]

就碑志的定名而言，单一性文种的碑石命名相对容易，但组合性文种如前文所述的累刻，正确、合理定名颇有难度。一些看似由不同公文文种组合的碑文，如诏报、敕表、奏敕、牒帖等，实际是一个完整的行政程序，通过公文形成的呈上达下、执行汇报等各式关系。对其命名，考虑的角度是公文发出者还是接受者，诸多文种并存时，优先体现哪一个文种。

思考、回答上述问题，着眼点最终还会落在立碑的主要功能上。以汉《张景碑》为例。《张景碑》系延用汉碑以人名进行定名的惯例，功能倾向于颂德、纪功。而公文在汉代碑石上表现为三种体式：一是复合体式，以铭赞为主，载录公文并保留公文的象征性格式，如《乙瑛碑》等；二是单体式，以实用公文为主，仿简牍文书格式，如《张景碑》等；三是记事式，在记事、铭功、颂德碑中提示公文名或主旨而未载公文内容，如《礼器碑》等。其中第一、二种体

---

① ［日］池田温编：《唐代诏敕目录》，西安：三秦出版社，1991年，第19页。

② 参见中国政法大学石刻法律文献研读班：《法律碑刻之分类探讨》，载中国政法大学法律古籍整理研究所编，徐世虹主编：《中国古代法律文献研究》第九辑，北京：社会科学文献出版社，2015年，第431—468页。

式的定名法则应当有所不同。第一种铭赞体公文碑虽公文内容完整并带有一定公文体式，但刻碑的目的偏重于铭功颂德，并非从行政管理的角度出发，故可以以主要功绩者来定名，《乙瑛碑》即是为鲁相乙瑛铭功而立。第二种单体式公文碑实用性强，权利义务关系明确，命名时突出公文文种或事项，较以人名冠名更为合理。

具体到公文文种，又是一个不易确定的"变数"。由于公文往往体现为相互衔接的行政过程，同一公文依发出者、写移者、接受者等的不同身份，会有不同的称谓，甚至还有"自称""他称""敬称"之别。《张景碑》中"府告"之名是郡府针对宛县官吏，为下行公文"自称"；"府君教"是郡太守丞对郡太守府下行公文的敬称。较为中性的名称，当为"府书""教书"。综合考量之下，《张景碑》较合理的定名当为"张景造土牛教书碑"或"张景造土牛府书碑"。①

从传统关注碑石上的文本内容到当下聚焦碑石的刻立目的，法律碑刻研究的内容和方法一直在探索中前进。我们已清醒认识到，局限于文本的研究，或混淆文本与碑本差异的研究，将有意无意遮避立碑的真实目的和功能。而重构"碑本"史料，既是重建石刻史料体系的基础性工作，也是研究视角的转变，更是对超越"纸本"的"碑本"独立性议题所进行的探索。

---

① 李雪梅:《汉代公文碑体式及特征探析》,《中华文化论坛》2020年第1期。

日本学界对明清档案的利用与研究

伍　跃*

在历史研究中，无论基于某种理论，或是运用某种范式，都必须详细地、全面地掌握史料。对于实证史学而言，最有价值的史料往往是尽可能保持着原始状态的史料。宣称"史学只是史料学"的傅斯年曾经对史料有过三点通俗易懂的说明：

（一）凡能直接研究材料，便进步。凡间接的研究前人所研究或前人所创造之系统，而不繁丰细密地参照所包含的事实，便退步。

（二）凡一种学问能扩张他所研究的材料便进步，不能的便退步。

（三）凡一种学问能扩充他作研究时应用的工具的，则进步；不能的，则退步。①

傅斯年本人积极推动了明清档案的收集整理，他在解释上述第二点时谈及档案。他说："材料愈扩充，学问愈进步，利用了档案，然后可以订史。"并且明确指出，"档库中出材料"。

由此可见，如欲研究得深入或者开辟新的学术领域、寻找新的研究课题，

---

*　伍跃，日本大阪经济法科大学教授，主要研究方向为明清制度史和社会史。

①　傅斯年：《历史语言研究所工作之旨趣》，初刊于《国立中央研究院历史语言研究所集刊》第1本第1分册，1928年，第3—10页；后收入《傅斯年全集》，台北：联经出版事业有限公司，1980年，第253—266页；《傅斯年全集》第三卷，长沙：湖南教育出版社，2003年，第3—12页。联经本文字与初刊文字略有不同，今从初刊。

就必须"扩张",即发掘新史料,并且"直接研究"包括新史料在内的所有"材料",方能使研究有新意。

具体到明清史的研究而言,档案文献就是诸种史料中最值得重视的原始资料,也是近百年来不断"扩张",而且还在继续"扩张"的史料。冯尔康在《清史史料学》中根据体裁将清代文献史料区分为 13 类,其中第 10 类是作为"最原始的史料"的"档案",并指出"其价值业已引起学术界高度关注"。① 或许是因为时代距今较近,那些在日常政务和社会经济活动中,乃至个人交往时形成的各类历史文献尚能保存于天壤之间。这些文献既包括了公文书,也包括了私文书,即俗称的"公私档案"。近代以来,明清史研究界始终关注着对档案资料的发掘和整理。就海外学界而言,日本学者下力较勤,很早即开始收集和利用明清档案。本文爰就管见所及,略述日本学界收集和利用明清档案的一般情况,受本人学识所限,述及的范围主要限于汉文档案部分。

一、收集

(一)

关于明清档案,早在 20 世纪上半叶已经为学界所重。时至今日,在谈及学术史时,1925 年王国维在清华大学的演讲,即《最近二三十年中国新发现之学问》,是常常被引用的资料之一。② 王国维在演讲中指出,"古来新学问起,大都由于新发见"。他所说的"新发见",无疑就是新史料的发现。他指出:"自汉以来,中国学问上之最大发见有三:一为孔子壁中书,二为汲冢书,三则今之殷虚甲骨文字、敦煌塞上及西域各处之汉晋木简、敦煌千佛洞之六朝及唐人写本书卷、内阁大库之元明以来书籍档册。"他在介绍"最近二三十年发见之材料,并学者研究之结果"时,谈到了"内阁大库之书籍档案",爰引于下:

---

① 冯尔康:《清史史料学》,北京:故宫出版社,2013 年,第 15—17 页。

② 谢维扬、房鑫亮主编,胡逢祥分卷主编:《王国维全集》第十四卷,杭州:浙江教育出版社,2009 年,第 239—244 页。

内阁大库，在旧内阁衙门之东，临东华门内通路，素为典籍厅所掌。其所藏，书籍居十之三，档案居十之七。其书籍，多明文渊阁之遗；其档案，则有历朝政府所奉之朱谕、臣工缴进之敕谕、批折、黄本、题本、奏本、外藩属国之表章、历科殿试之大卷。宣统元年，大库屋坏，有司缮完，乃暂移于文华殿之两庑，然露积库垣内尚半。时南皮张文襄之洞管学部事，乃奏请以阁中所藏四朝书籍，设京师图书馆；其档案则置诸国子监之南学；试卷等诸学部大堂之后楼。壬子（伍案：王氏不奉民国正朔，故以干支代。此指民国元年，即1912年）以后，学部及南学之藏复移于午门楼上之历史博物馆。越十年，馆中复以档案四之三售诸故纸商，其数凡九千麻袋。将以造还魂纸。为罗叔言（伍案：罗振玉字）所闻，三倍其价，购之商人，移贮于彰义门（伍案：广安门之俗称）之善果寺，而历史博物馆之剩余，亦为北京大学取去，渐行整理，其目在《大学日刊》中。罗氏所得，以分量太多，仅整理其十分之一。取其要者，汇刊为《史料丛刊》十册，其余今归德化李氏（伍案：李盛铎）。

王国维在此仅提到罗振玉于1922年2月收购后存放在善果寺的部分。实际上，还有一部分被出售给"故纸商"即同懋增南纸文具店，这部分已经运往唐山，准备化成纸浆。该部分也被罗振玉收购，运往天津，另筑库书楼庋藏。王国维专门撰写了《库书楼记》。他在该文中着重指出了内阁大库所藏文献的价值：

盖今之内阁，自明永乐至于国朝雍正，历两朝十有五帝，实为万几百度从出之地。雍、乾以后，政务移于军机处，而内阁尚受其成事，凡政府所奉之朱谕、臣工所缴之敕书、批折，胥奉储于此……然三百年来，除舍人、省吏循例编目外，学士、大夫罕有窥其美富者。[1]

---

[1] 谢维扬、房鑫亮主编，谢维扬、庄辉明、黄爱梅分卷主编：《王国维全集》第八卷，杭州：浙江教育出版社，2009年，第629—632页。

王国维在文中感叹"学士、大夫罕有窥其美富者",实际上在中国学界关注包括内阁大库档案在内的明清档案之前,日本学者已经开始注意到它们的文献价值,并着手收集。其中,对日后学术发展产生深远影响的无疑是内藤湖南的访书活动。但首开寻访清代档案文书先河者,则是市村瓒次郎。

(二)

市村瓒次郎(1864—1947)是近代日本东洋史学的奠基人之一。[①]1901 年 6 月至 8 月,身为东京帝国大学助教授的市村受日本政府派遣进入尚被八国联军占领的北京,在紫禁城(当时由日军和美军驻屯)、皇史宬、黄寺、孔庙、雍和宫和白云观等处调查了文献和碑文。他在北京还见到了李鸿章,后者向他赠送了《李肃毅伯奏议》13 册。返回日本时,市村携带了日军在华掳掠的约 200 余部 3000 册以上的书籍,如《汉书补注》《三国会要》《国朝碑传集》《历代沿革险要图》等等。

市村在调查中的关注重点有两个。一为紫禁城内文渊阁收藏的《四库全书》。接受了传统汉学教育的市村熟知该书的史料价值和文献价值。通过调查,他亲眼看到成书于乾隆年间的该书在历经二百年后依然保存完好。他特意说明,文渊阁处于日军的占领之下,故得以免受他国军队的"蹂躏"。他在皇史宬则看到了令人"心寒"的景象——各种"珍本奇籍其他锦绣经卷"杂乱不堪。出于通过收集文献、将日本变成学术上的"东亚宝库"的目的,他直接向清朝官员表明,回国后将通过政府提出誊抄的请求。回国后的 1902 年,市村发表文章称,为了让《四库全书》免遭厄运,以及向学界公布史料,希望尽早付诸刊行。他甚至说,如果清朝方面难以做到这一点,则请日本政府照会清朝,或誊抄副本,或将 7 部《四库全书》中的 1 部挪至日本保存。据他说,此举是为了在数百年之后依然可以保留乾隆帝的"宏远规图"。[②]

---

① [日]中岛敏:《市村瓒次郎》,载《月刊 sinica》第二卷第 10 号,1991 年 10 月,第 99—104 页;后收入[日]江上波夫编:《东洋学的系谱》,东京:大修馆书店,1992 年,第 25—35 页。该文有童岭译注,载《古典文学知识》2011 年第 6 期,第 108—115 页。

② [日]市村瓒次郎:《关于四库全书与文渊阁[四库全书と文渊阁とに就いて]》,《史学杂志》,第 13 编第 7 号,1902 年 7 月,第 15—28 页;同上书第 8 号,同年 8 月,第 36—51 页;同上书第 9 号,同年 9 月,第 51—64 页。

市村的另外一个关注重点是距文渊阁不远的内阁大库。就目前所知，市村是最早进入内阁大库进行调查的外国学者。[①] 内阁大库分东西二库，东库即"实录表章库"，贮藏历朝"实录"和"圣训"；西库亦称"红本库"，贮藏各类档案文书。市村误以为自己调查的是"东大库"，实际进入的是红本库。他对该库有如下介绍：

> 中分礼、乐、射、御、书、数六部，分贮古文书、各府州县地方志及赋役全书。其重要者略举如下：礼字部之黑龙江稿件六本、前明稿件三捆，乐字部之奏折 412 本、题名录 2746 本，射字部之历年殿试卷、历代皇帝宸翰 1 箱，御字部之朱批圣训之类、崇德年间禁制栽种吸烟告示 1 张、朝鲜及西番诸国国书数十张、郑泰投降及其附带文书数通，书字部之雍正朱批谕旨一万本以上、各省赋役全书及府州县地方志，数字库之史书、文集，等等。库中杂乱，尘埃山积，几乎无法下手。清朝官员根据我的指点，在库中寻找书籍。其中有很多历代诏敕，书于三尺黄纸之上，并钤有皇帝印玺。其中不乏满筐的雍正、乾隆的宸笔，但遇风剥落者甚多。[②]

市村进入内阁大库是有备而来的。他"指点"清朝官员在库中寻找上述文献的根据是一份"档册"。该档册目前通行的是罗振玉于 1910 年刊刻的《玉简斋丛书》本，题为《内阁大库档册》。我们用《玉简斋丛书》本核对上引市村的介绍，可以发现他所列举的子库与文献之间的对应关系乃至册数都基本吻合，只是他所称的"部"，在《内阁大库档册》中被称作"库"。该档册的调查编纂经过尚待详考。日本东北大学图书馆藏有《清查东大库底档》，内容与《玉简

① ［日］中见立夫：《日本东洋史学黎明期的史料收集［日本の東洋史学黎明期における史料への探求］》，神田信夫先生古稀记念论集编纂委员会编：《清朝与东亚 • 神田信夫先生古稀记念论集［清朝と東アジア • 神田信夫先生古稀记念論集］》，东京：山川出版社，1992 年，第 97—126 页。

② 《史学杂志》第 12 编第 10 号，1901 年 10 月，第 104—107 页；《史学杂志》第 12 编第 12 号，1901 年 12 月，第 143—154 页。

斋丛书》本相同，故可知当题为"清查西大库底档"。惟该书题有"清廷内阁
书库目录、光绪二年二月"字样，或可以提供一些讯息。

市村在内阁大库抄写了一部分档案。归国后，他利用上述"郑泰投降及其
附带文书数通"撰写了《关于清初台湾郑氏的文书［清初台湾の鄭氏に関する
文書］》一文，① 首次在日本的学术杂志上介绍了清朝档案。应该说，市村瓒次
郎在北京的调查收集首次打开了清朝档案文书的宝库，直接或间接影响到内藤
湖南的调查收集活动。

（三）

内藤湖南（1866—1934）自 1899 年起，前后 10 次来华，足迹遍及东北、
华北和华中等地，除去游历和参加日本军部主导的政治活动（如 1933 年抱
病出席"日满文化协会"成立大会）之外，其中 6 次是以调查和收集资料为
目的的。② 1902 年、1905 年、1906 年、1908 和 1912 年，内藤湖南的活动
中心主要在奉天（伍案：今之沈阳），1910 年则主要在北京。他的调查安排
得十分紧凑。如 1905 年 8 月 24 日至 9 月 3 日，他在奉天曾 5 次赴文溯阁调
查《四库全书》，并赴崇正殿、凤凰楼和敬典阁调查"玉牒画图"，赴崇谟阁
调查"实录""战图"和"天聪崇德旧档册"。根据他的记载，"旧档册"包
括了如下资料：

> 朝鲜国来书稿（天聪元年至八年十二月，末附南朝来书）
>
> 朝鲜国王来书（天聪元年九月至崇德四年十二月）
>
> 朝鲜国来书簿（崇德元年至四年）
>
> 朝鲜国来书（崇德五、六年）
>
> 各项稿簿（天聪二年九月初一日至五年十二月）

---

① ［日］市村瓒次郎：《关于清初台湾郑氏的文书［清初台湾の鄭氏に関する文書］》，《史学杂
志》，第 13 编第 9 号，1902 年 9 月，第 70—83 页；《史学杂志》第 13 编第 10 号，1902 年
10 月，第 66—78 页；《史学杂志》第 13 编第 12 号，1902 年 12 月，第 95—107 页。

② 钱婉约：《内藤湖南研究》，北京：中华书局，2004 年，第 69—71 页。

奏疏稿（天聪六年正月至九年三月）①

内藤湖南本人曾经不无得意地谈到，调查时所有在场的中国人几乎无人知晓这些文献的价值。例如，1910 年，内藤湖南等人在北京的内阁大库和京师图书馆等处进行了调查，调查报告中这样写到：

> 内阁的古书基本没有经过整理。我们得到阅览许可之后，看到将藏书的箱子原封不动地搬了出来，包括给我们看的人和我们这些要看的人，都不知道将要打开的箱子里面是什么内容。②

结果，他们翻看了"十数箱"，发现其中有一些"很有价值"的文献，如宋版元印《魏书》、元版《宋史》、元版《辽史》、元版《金史》、元版《两汉诏令》、《元史》稿本、《元史》明初进呈本、元代《雁门关宁武关边垣图》、明代《东路边垣图说》、明代《甘肃战守图略》、《钦定三礼义疏》稿本、《永乐大典》抄录本、《大清一统志》稿本、清汉文《甘肃图》、《浙江五府分图》。此外，他们在北京还收集到明代的邸抄和《五边典则》等珍贵史料。

1912 年，内藤湖南在沈阳收集到了多达 300 册的满文老档。他对此有如下回忆：

> 至于满文老档中到底记录了哪些内容，中国的官吏们完全不知道，总督（伍案：指时任东三省总督的赵尔巽）也一无所知，最多不过知

---

① ［日］内藤湖南：《游清第三记》，原载《东洋史研究》，第 16 卷第 2 号，1957 年，第 83—84 页；后收入《内藤湖南全集》第六卷，东京：筑摩书房，1972 年，第 385—387 页。同《奉天宫殿所见图书［奉天宫殿にて见たる図书］》，原载《早稻田文学》，1906 年 6 月，第 61—73 页；后收入《目睹书谭》，东京：弘文堂书房，1948 年，第 25—41 页；《内藤湖南全集》第十二卷，东京：筑摩书房，1970 年，第 31—42 页。

② ［日］内藤湖南：《清国派遣教授学术视察报告》，原载《大阪朝日新闻》1911 年 2 月 5 日；后收入《目睹书谭》，第 243—274 页；《内藤湖南全集》第 12 卷，第 188—211 页。本文据《内藤湖南全集》本译出，与钱婉约、宋炎辑译《日本学人中国访书记》（北京：中华书局，2006 年）第 7—10 页所载译文略有不同。

道是用满文写的书籍而已。①

　　内藤湖南为阅览和获取资料投入了极大的精力，设法进入了连清朝的普通官员都难以进入的内阁和宫苑禁地。他在日本政府和军部的支持与资助之下，②通过结识乃至贿赂中国官员，甚至直接通过日本外务省向清朝中央政府施压，比较广泛地调查了包括满文、蒙文、汉文、藏文等各种文体在内的历史文献，其中就包括了原藏于沈阳故宫和北京内阁大库的档案。他通过借阅、拍照晒蓝等手法，收集了许多珍贵的档案文献。如沈阳故宫崇谟阁收藏的汉文旧档和满文老档，翔凤阁收藏的《蒙古源流》和《五体清文鉴》等。姑且不论内藤湖南收集上述文献的时代背景和政治目的，③从日后日本学术界对中国文化研究的进程来看，内藤湖南等人在 20 世纪初收集的这一部分文献直接影响到战前的满蒙史研究、战后的满族史研究，甚至在近年颇显声势的"新清史"中也能看到它们的踪影。由此可见，该收集本身实际上就是前述傅斯年言及的"凡一种学问能扩张它研究的材料便进步，不能的便退步"的例证之一。

（四）

　　与上述市村瓒次郎和内藤湖南在政府和军部支持下的活动不同，大木干一（1881—1958）的访书活动基本上是以一己之力完成的。

---

① ［日］内藤湖南：《奉天访书谈》，原载《中央公论》第 283 号，1912 年 10 月；后收入《内藤湖南全集》第十二卷，第 299—320 页。本文据《内藤湖南全集》本译出，与钱婉约、宋炎辑译《日本学人中国访书记》第 47—48 页所载译文略有不同。

② 钱婉约：《从汉学到中国学——近代日本的中国研究》，北京：中华书局，2007 年，第 130—131 页。

③ 内藤湖南在辛丑之变的 1901 年曾经两次在报章撰文，要求日本向中国派遣"奇籍采访使"或"书籍采访使"，认为此举是在"变乱中"为"东洋学术"作出贡献的"最大急务"。［日］内藤湖南：《论向中国派遣奇籍采访使［奇籍採訪使を支那に派遣すべし］》，原载《大阪朝日新闻》1901 年 3 月 11 日；《论向中国派遣书籍采访使［書籍採訪使を支那に派遣すべし］》，原载《日本人》第 144 号，1901 年 8 月。该二文收入《内藤湖南全集》第十二卷，第 291—293 页和第 294—298 页。他的学生、传记作者三田村泰助曾经说过，内藤湖南在奉天等地的访书活动是"超出了新闻记者业务范围的特殊任务"。［日］三田村泰助：《内藤湖南》，东京：中央公论社，1972 年，第 193 页。

　　在收集以政法类为中心的文献方面，大木干一是一位非常值得重视的人物。大木干一并非一位以研究中国传统文化见长的学者，他 1910 年自东京帝国大学法科大学法律学科（伍案：即今东京大学法学部的前身）毕业后，成为一名职业律师，在司法界服务了 40 年之久。20 世纪 30 年代，大木干一侨居北京其间，出于他本人的专业，积极收集当时几乎无人问津、难有销路的政法类图书，即便如此，也"耗尽了他的大半资产"，① 最终形成了别具一格的藏书。他利用收集到古籍中钤有的明人藏书印，取室号为"读残书堂"。1942 年，他将这些图书捐赠给东京帝国大学附属东洋文化研究所（伍案：现东京大学东洋文化研究所）。根据仁井田升的回忆，大木干一本人不愿意使用"捐赠"一词，宁愿使用"出嫁"或"结婚"来表达该项行为。他认为，"捐赠"的意涵有所有权的转移，但大木干一并未将自己收集的这些书籍视作个人的私产，唯一的希望是其他学者能够利用这些图书完成他未竟的学术研究。至于大木干一本人，则愿意以"结婚"的方式，始终参与学术研究。②

　　实际上，谈及 20 世纪 30 年代收集政法类书籍，不能不提到王锺翰在时任燕京大学教授的邓之诚（文如）指导下收集则例类图书的活动。王锺翰对此曾有如下说明：

　　　　其时史家知矜贵档案矣，而不知则例即昔日档案之则要汇存者，
　　且年远境迁，档案照例焚毁，今舍则例将无以取征，是则例之可贵为

---

① 我在大木文库的一册藏书中看到了一张北京直隶书局写给他的收条。收条上没有标明出具日期，注明收到了大木干一付来的"实洋六十元"，以购买《满汉爵秩全览》4 册。民国二十年（1931）《直隶书局书目》中没有记载"爵秩全览"一类的书籍，估计该类书籍难入藏书家的法眼。既以该书目记载而论，明万历南监本的《隋书》32 册标价"洋三十五元"，殿版《大清会典》200 册标价不过"洋一百五十元"。另据民国三十年（1941）《来薰阁书目》记载，清光绪刊本的《江南江宁同官录》4 册，索价"十元"。此外，民国二十五年（1936）《宝铭堂书目》中载有，"《爵秩全览》，光绪甲申秋季，白纸大本四册，二元"。相比之下 4 册《爵秩全览》索价六十元，似乎有些过高。窦水勇编：《北京琉璃厂旧书店古书价格目录》，北京：线装书局，2004 年，第 44、64、337、1228 页。

② ［日］仁井田升：《东京大学东洋文化研究所大木文库分类目录序》，《东洋文化研究所纪要》第 9 册，1956 年。

何如也。

　　师既高度评价则例，清亡逾三十年，则例亡失殆尽，苟不及时访罗，行且不可复求。因亟言之燕大图书馆执事诸公，并嘱余为其收购有清一代二百数十年间中央各部署之则例。从 1937 年夏至 1941 年冬，凡历三四寒暑，琉璃厂与隆福寺各书肆将其平日束之高阁、无人过问之诸种则例，纷纷捆载以来，残丛废籍，几堆满一客厅。余则穷年累月，务必去其重复，挑选其较善之本，凡馆中已有者一律不收外，余均按其刊板之不同年月与不同衙署，一一予以收录，照值给价。记得第一年所收之则例，每册以几分钱计，多达数百种；第二年送来被收者渐稀，每册以几角计，尚不下数十、百种；第三年被送来者，寥寥无几，殆皆罕见之本，每册以几元计，不过数十种。凡得五六百种，而《大清律》和《律例集释》数十种不同之版本，尚未包括在内。①

　　邓之诚不仅指导学生为燕京大学图书馆抢救这些则例，还指导学生用这些则例进行学术研究。除王锺翰的硕士论文《清代则例及其与政法关系之研究》之外，业师许大龄先生在导师邓之诚的指导下，爬梳多种则例，完成了硕士论文《清代捐纳制度之研究》。该文经修改后更名为《清代捐纳制度》，于 1950 年以《燕京学报》专号 22 号刊出。这一研究使长期为人诟病的捐纳制度进入了学术研究的领域，并由此"开辟清代政治史研究的一个领域"。② 当年收集到的这些则例最终随着 1952 年的"院系调整"融入北京大学图书馆，每当看到书页上钤盖着燕京大学藏书印的清代部院则例时，常有睹物思人、缅怀前贤之感。

　　在大木干一收集的 4.5 万余册汉文古籍中，有 2 千余种、总计 3 万余册为法律类图书。时至今日，这些图书已经成为海内外学者十分关注的宝库。他在收集过程中，根据图书的具体情况，编制了独特的分类表。其中，"内编"主要为法学文献，"外编"多是地理、历史、文学和宗教等方面的文献。东京大

---

① 王锺翰：《清代各部署则例经眼录》，《王锺翰清史论集》第三卷，北京：中华书局，2004年，第 1848 页。

② 伍跃：《中国的捐纳制度与社会》，南京：江苏人民出版社，2013 年，第 20—21 页。

学东洋文化研究所在战后先后编辑了《东京大学东洋文化研究所大木文库分类目录》的内编和外编。在相当长的时间中，囿于主客观条件的限制，国内学界几乎不了解大木文库的详细情况。1990年，法学家田涛撰写《日本大木干一所藏中国法学古籍述略》一文，首次比较详细地介绍该文库收藏的文献。次年，田涛在上述东京大学《日本东洋文化研究所大木文库分类目录》中的"内编·政法类"的基础上，编译了《日本大木干一所藏中国法学古籍书目》，首次全面地揭示了该文库收藏的"最有价值"的法律类文献。①

我们透过上海古籍出版社刊印的《东京大学东洋文化研究所大木文库藏明清稀见史料汇刊》第一辑中的7种文献，② 可以窥得大木文库的一斑：

> 《仪真县鱼鳞册》(不著编者，抄本，存1函1册)
> 《总管内务府掌仪司所属盐山县南皮县沧州鱼鳞地册》(清掌仪司编，抄本，1函1册)
> 《新刊玉堂精制举业备用经济时务批注解判选》(明胡汝嘉编，明嘉靖四十五年东崖周氏刊本，1函4册)
> 《怀庆河南南阳汝宁肆府雍正十年分地丁本折钱粮册》(清孙国玺编，清雍正年间抄本，1册)
> 《棘听草》(清李之芳撰，清顺治十一年济南李氏素心斋刊本，1函5册)

---

① 田涛：《日本大木干一所藏中国法学古籍述略》，《政法图书馆》1990年第1期。刊登时署名"阿涛、祝环"；后收入田涛：《第二法门·学术与随笔》，北京：法律出版社，2004年，第227—236页。另请参见田涛：《日本大木干一所藏中国法学古籍书目后记》，原载《日本大木干一所藏中国法学古籍书目》，北京：法律出版社，1991年；后收入前书，第237—243页。记得当年本人奉职于北京图书馆（今中国国家图书馆），承乏《文献》杂志的编辑委员，得知田涛撰写了介绍大木文库的文章之后，我曾主动登门拜访，表示希望能赐玉稿在《文献》首发，并得到了他的快诺。最终该稿因《文献》方面的缘故未能刊出，我只好再次负荆登门，向作者表示歉意。田涛豁达大度，日后更以他编辑的《日本大木干一所藏中国法学古籍书目》相赠。志此以示追念。
② 上海古籍出版社编：《东京大学东洋文化研究所大木文库藏明清稀见史料汇刊》第一辑，上海：上海古籍出版社，2017年。

《掌仪司第肆段果园丁册》（清掌仪司编，清乾隆五十五年抄本，1函1册）

《道光十八年重修杂税全书》（不著编者，清道光十八年刊本，存1册［江苏省］）

这些文献中有4种为抄本，而且都是行政机构在处理日常政务时形成的文书档案，对于研究包括税务管理在内的行政治理问题有着极高的参考价值。

（五）

总而言之，从19世纪末到20世纪上半叶，日本学者在华收集了很多珍贵的档案文献。对于流失在海外的这些文献，国内的一些机构和个人始终给予着很大的重视，但是截止到目前，尚无比较完整的目录。国家清史编纂委员会主办的"中华文史网"于2009年11月11日发布了由"李宏为"署名的《散失在境外清代档案文献调查报告》（伍案：以下简称"《报告》"）。①《报告》中涉及的日本的收藏机构仅有两家，即国立国会图书馆和东洋文库。该文介绍两馆的一些馆藏，其中也包括了如镶红旗档等珍贵史料，虽有若干遗落，也在情理之中。遗憾的是，该《报告》在著录日本和其他国家收藏的档案时，既没有对"清代档案文献"进行明确定义，更没有明确的凡例。著录时虽然不乏对文献名称的准确记载（伍案：如镶红旗档），但也有不少笼统著录为"族谱360种""各种佛经""老账"，使人无从检寻；而且没有明确著录各文献的形成时间。更有甚者，该《报告》竟然将明代和民国时期形成的文献也一并归入"清代档案文献"。前者如东洋文库藏"吏部考功司题稿，嘉靖20—22年，4函11册"者，既然文献形成年代为"嘉靖"，当属"明代档案文献"。且据东洋文库书目记载，该书实际为"用国立北平图书馆旧藏明抄本景照"者。②据此可知《吏部考功

---

① http://www.qinghistory.cn/daly/352525.shtml，最后访问日期：2019年6月30日；又，中国第一历史档案馆的官方网站于2016年7月17日发布了此文，http://www.lsdag.com/nets/lsdag/page/article/Article_819_1.shtml?hv=，最后访问日期：2019年6月30日。

② 东洋文库编：《东洋文库所藏汉籍分类目录·史部》，东京：东洋文库，1986年，第396页。

司题稿》原为国立北平图书馆甲库善本之一，原书在抗日战争期间为躲避战火暂存于美国国会图书馆，后美国国会图书馆拍摄制成缩微胶片，东洋文库藏本乃根据该缩微胶片再次复制者。而该书早在此《报告》问世 20 年前的 1977 年，已经由台北的伟文图书出版社影印出版。后者如《报告》著录的东洋文库藏"吴县漕米实征册（档案）共 26 函，156 册"者，笔者在检寻据东洋文库目录后，没有发现上述函册数的、标注为"吴县漕米实征册（档案）"的文献。该书目著录的与吴县漕米有关的写本史料有如下几种：

吴县太字漕米实征花户册，民国二年三年至九年十二年十三年十四年十六年，41 册。

吴县东字上下忙银漕米实征花户册，民国十七至十九年，25 册。

吴邑各都图漕米总册（伍案：未注明文献形成年代），1 册。

由此可见，除年代不明的《吴邑各都图漕米总册》之外，其余文献均形成于民国年间。[①] 这样，不仅无法确认该报告所载之"吴县漕米实征册"，即便名称相近者的函数、册数亦相差甚远，且并非"清代档案文献"。由于《报告》作者没有说明调查时的依据，以致出现如此令人费解的硬伤。该《报告》对散失在日本的"清代档案文献"的调查精度尚且如此，对其余国家和地区的调查情况估计也不问可知。为避免类似问题，建议直接利用收藏机构的书本目录或网上目录（后述）。

战后，随着客观环境的变化，日本学者已经无法如同以往一样，以公私之力从中国直接购买原始资料，转而大规模购买影印出版的档案文献。20世纪 50 年代以后，台湾地区的科研机构在美国方面的资金支持下，陆续将收藏的清代档案文献影印出版。例如，"中研院"近代史研究所在"中国近代史料汇编"名义下编辑出版的多种清末档案汇编，[②] 台北故宫博物院选录

---

① 东洋文库编：《东洋文库所藏汉籍分类目录·史部》，东京：东洋文库，1986 年，第 424 页。

② 例如《海防档》（1957 年）、《中俄关系史料》（1959—1975 年）、《矿务档》（1960 年）、《中法越南交涉档》（1962 年）、《道光咸丰两朝筹办夷务始末补遗》（1966 年）等等。以上各书省略出版地与出版者。

出版的康熙、雍正、乾隆和光绪四朝的"宫中档",① 以及"中研院"历史语言研究所编辑出版的《明清档案》② 等。此外,美国华盛顿大学还曾出售过《淡新档案》的缩微胶片。

1972 年中日邦交正常化之后,很多日本的中国史研究者以留学生、进修生和访问学者的身份来华,为了收集资料,他们的足迹几乎遍及国内主要的图书馆、档案馆和博物馆,收集档案文献的主要方法是抄录和拍照复制。20 世纪 80 年代以后,随着技术手段的进步和对文献史料认识的变化,国内公布历史文献的方法发生了很大变化,由以往的选择性整理标点,转为大规模影印出版。其中,20 世纪 90 年代出版的《徽州千年契约文书》曾经在日本学界引起了不小的轰动。该书是国内首次大规模影印出版明清档案文献,其中除了公文书之外,还包含了大量的私文书,令研究者的耳目为之一新。日后,东京外国语大学的臼井佐知子③ 和九州大学的中岛乐章④ 等人利用徽州文书发表了一系列研究成果。此外,国内有关收藏机构还曾在一段时期内通过正规渠道发售过档案的缩微胶片(如顺天府档案和巴县档案)。

二、古文书学在日本

(一)

在谈及日本学界对明清档案的利用时,有必要介绍一下日本的古文书学。这是因为,档案文献就其性质来说属于文书史料,与历史研究,尤其是中国历史研究中广泛使用的,以"正史"和"官书"、地方志、别集等为代表的刊印史料有所不同。其最最重要的一点就是,通常使用的刊印史料均是在某种理念

---

① 《宫中档康熙朝奏折》(1976—1977 年)、《宫中档雍正朝奏折》(1977—1980 年)、《宫中档乾隆朝奏折》(1982—1988 年)和《宫中档光绪朝奏折》(1973—1975 年)。以上各书省略出版地与出版者。

② 张伟仁主编:《明清档案》,台北:"中央研究院"历史语言研究所,1986—1995 年。

③ [日]臼井佐知子:《徽州商人的研究[徽州商人の研究]》,东京:汲古书院,2005 年。

④ [日]中岛乐章:《明代乡村纠纷与秩序——以徽州文书为中心[明代郷村の紛争と秩序—徽州文書を史料として]》,东京:汲古书院,2002 年。

指导之下、经过取舍选择之后的编纂物，而在处理日常政务和日常生活事务的过程中形成的文书相对来说较少或几乎没有经过编纂者的剪裁修饰。两者相比，后者更能接近事实的真相。所以，灵活地使用刊印史料和文书史料，有利于研究者更准确、更详细地把握研究的对象。

古文书学诞生于文艺复兴的思潮之中，其起点就是重视与《圣经》相关的原始文献。经过耶稣会士赫尔博特·罗斯威德（Heribert Rosweyde，1569—1629年）、其继承者耶稣会士约翰·博兰德（Jean Bolland，1596—1665年）和法国学者马比荣（Jean Mabillon，或译"马比昂""马比雍"，1632—1707年）等几代人的努力，确立了鉴别文书史料真伪的若干原则，也由此开辟了近代的实证主义历史科学。①

日本在19世纪中叶以后仿照西洋近代的学术研究体系，建立自身的学术研究制度。1877年设立了东京帝国大学（伍案：东京大学之前身），在史学方面开设了国史学、东洋史学和西洋史学的讲座，在研究方法上积极引入德国的实证史学。由于日本的历史文献基本上是以写本形式保存在佛寺神社和官衙乡村中，而且数量庞大，故在国史学的教学研究中，鉴别、阅读、解析文书就是必须掌握的基本功。②1903年，史料编纂官兼东京帝国大学助教授的黑板胜美发表了《日本古文书样式论》一文，首次论述了古文书学的概念、定义，并且论述了研究的方法。该文被认为是日本古文书学的奠基之作，他也由此在1905年获得了文学博士学位。③

在古文书的整理保存方面，日本的公私机构均付出了很大的努力。如东京大学的史料编纂所，其源流可以追溯到江户时代宽正五年（1793）设置的和学讲谈所。明治二十一年（1888），作为内阁附属机构的临时修史局被转交给东京帝国大学，继续承担国史的编纂事业。明治三十四年（1901）起至今，一直致力于收集和公布以《大日本史料》《大日本古文书》《大日本近世史料》和《正仓院文书》

---

① 米辰峰：《马比荣与西方古文献学的发展》，《历史研究》2004年第5期；杨豫：《西方史学史》，台北：知书房出版集团，2000年，第227—234页。

② 东京大学的大津透称，古文书学是日本史学研究的核心。［日］大津透、付晨晨：《日本古代古文书学研究的进展及课题》，《中国史研究动态》2016年第1期。

③ 《官报》第6719号，1905年11月21日，第577—578页。

等为代表的文书史料。① 由于日文夹杂着汉字和假名，在使用传统毛笔书写的情况下，其字体十分类似于我国的草书，故非经特殊训练难以识读。有鉴于此书写上的特点，这些文书史料当初采用的公布方法是识读后排印出版。近年，随着技术手段的进步，越来越多的文书已经采用数字化方式，通过网络向社会公开。②

（二）

与日本史学界的古文书学的诞生相比，日本东洋史学界的中国古文书学则迟迟未能问世。著名学者藤枝晃于 1952 年为《世界历史大事典》（平凡社）撰写的"古文书"和"古文书学"的条目中，对日本和西洋的古文书学作了详尽的解说，但在涉及中国时，却只叙述中国为何没有出现古文书学的原因。他认为，由于王朝更替时的战乱导致了古文书的毁坏和消失，而且政府的公文书在保存了一定时间之后就被废弃，加之中国印刷物存在的时间很长，故中国存世的古文书写本很少。这种观点在日本有相当的影响力。记得笔者负笈京都大学期间，曾经在文学部图书馆阅览《徽州千年契约文书》，一位日本史研究室的同学见到后感到很惊讶，表示说，没有想到中国也会有如此大量的写本文献流传至今。

同样是藤枝晃本人，他在 1959 年为《亚洲历史事典》（平凡社）撰写"古文书学"条目时，对"古文书学"作了如下定义，即：研究古文书外形（书式、书体、纸质等）、内容、相关人物、完成过程、作用和效力等所有方面的学问，并认为是史学的重要辅助学科。在此条目中，藤枝晃提到了中国的古文书学。1976 年，时任京都大学文学部教授的竺沙雅章写下了被后人誉为"金字塔"的《中国古文书学的现阶段［中国古文書学の現段階］》一文，③ 结合他本人对敦煌

---

① 东京大学史料编纂所公布的文书史料请参看该所官网，https://www.hi-u-tokyo.ac.jp/，最后访问日期：2019 年 12 月 1 日。
② 代表性的网站有"日本古文書ユニオンカタログ"。详情请参看东京大学史料编纂所官网之"Database"，https://www.hi.u-tokyo.ac.jp/，最后访问日期：2019 年 12 月 1 日。
③ ［日］竺沙雅章：《中国古文书学的现阶段［中国古文書学の現段階］》，载［日］今井庄次主编：《书法的日本史［書の日本史］》第九卷，东京：平凡社，1976 年，第 124—137 页。［日］小岛浩之：《汉籍整理备忘录：以理解中国古籍与古文书为目的［漢籍整理備忘録—中国の古典籍・古文書の理解のために］》，《大学图书馆研究》106 号，2017 年。

文书和宋元纸背文书的研究成果，回顾了中国古文书学的研究状况。他在同意藤枝晃关于中国存世文书较少的分析之外，认为中国古代士大夫关注的只是书籍以及自己自身的作品，对文书几乎很少关心。他认为，随着出土文书的增加，古文书学必将愈加重要，尽管尚需付出相当的时间和巨大的努力，但仍期盼着中国古文书学的诞生和完成一部关于中国古文书学的通史或概论。2015 年，长年致力于中国古文书学研究的黄正建研究员呼吁说，自竺沙雅章发表这篇文章以来，"近 40 年过去了，希望这样一部关于中国古文书学的通史或概论，能在我们中国学者的手中完成"。①

当然，中国古文书学迟迟没有诞生，但是并不等于日本学者没有从事这一方面的研究。神田喜一郎就曾经指出，内藤湖南是中国古文书学的创始者。内藤湖南除了前述的在中国收集文书档案之外，在就任京都帝国大学（伍案：即今京都大学）之时，曾经以"公牍"为题讲授过清代的公文书。② 仁井田升也讲过，内藤湖南在京都帝国大学讲授清代公牍，是中国古文书学的先驱者之一。③

另一位里程碑式的学者是已故京都大学教授那波利贞（1890—1970 年）。那波利贞研究的古文书虽然是以敦煌文书为主，但是他的研究却在以下诸点给后人很大的启迪。首先，在别人还在专注利用敦煌文书进行校勘和辑佚时，那波利贞已经开始注意官文书、私文书和杂文书的史料价值。其次，他利用两年的时间，在巴黎的法国国家图书馆抄录了约 8000 页的敦煌文书，并且作了相对准确的录文。第三，他在教学中，直接使用古文书作为教材培养学生。另一方面，竺沙雅章在高度肯定那波利贞业绩的同时也指出了他的局限，即由于当时中国古文书学尚未形成，故那波利贞虽然"忠实地记录了文书的形

---

① 黄正建：《中国古文书学的历史与现状》，《史学理论研究》2015 第 3 期。
② ［日］神田喜一郎：《中国古文书学与内藤湖南先生［中国古文書学と内藤湖南先生］》，《古文书研究》2 号，1969 年。1915 年 8 月，内藤湖南在京都以清朝史为题作演讲时，特意提到"史料十分丰富"，并列举了满文老档、三朝实录、方略、圣谕、国史列传和谕折汇存等。请参看《清朝史通论》，《内藤湖南全集》第八卷，东京：筑摩书房，1969 年，第 447 页。
③ ［日］仁井田升：《唐宋法律文书的研究［唐宋法律文書の研究］》序第 2 页，东京：东方文化学院东京研究所，1937 年。

状"，却未能记录"文书的尺寸、纸质和笔迹"等对于古文书学来说至关重要的因素。①

　　还有一位值得记忆的学者是仁井田升（1904—1966 年）。仁井田升继承乃师中田薰（1877—1967 年）的事业，竟 4 年之功，于 1933 年完成了中国法制史、中国古文书学的巨著——《唐令拾遗》。他从 75 种中国和日本的古代典籍中收集了 2496 条唐令的逸文，经过研究，复原了唐令 715 条。有时为了复原一条唐令，需要同时参考将近 10 种典籍，缀合 22 种史料。这部著作使仁井田升在 1934 年 30 岁时荣膺日本学术界的最高奖项——学士院恩赐赏。迄今为止，仁井田升依然保持着日本学士院颁授的各种奖项中的最年少得奖纪录。②1937 年，仁井田升又在其法学博士学位论文的基础上出版了《唐宋法律文书的研究》。该书的第 2 编和第 3 编是对多种公私文书的研究，而第 1 编则是关于古文书学的内容。在第 1 编中，仁井田升着重分析了法律文书的源流及其书写材料、花押和略花押、画指、指模、手模、印章等文书构成上不可缺少的要素。虽然作者研究的对象主要是唐宋法律文书，但是对于研究中国的古文书学有着不可或缺的参考价值。③

　　最后还想介绍一位毕生致力于中国古文书学的学者，即已故京都大学教授竺沙雅章（1930—2015 年）。竺沙雅章认为，仅仅满足于发现新的古文书，或者在研究中利用了古文书，这些都谈不上严格意义上的古文书学。正是因为这种严格的态度，所以在 20 世纪 80 年代他为《平凡社世界大百科事典》撰写的"古文书学"的条目下指出，只是随着战国秦汉帛书、简牍和吐鲁番文书的发现，以及明清档案的整理公布，才逐渐开始研究文书的形状和笔迹

---

① ［日］竺沙雅章：《那波利贞先生的敦煌文书研究［那波利貞先生の敦煌文書研究］》，载［日］高田实雄编：《草创期的敦煌学：纪念罗、王两先生东渡 90 周年日中共同工作坊的记录［草創期の敦煌學：羅·王兩先生東渡 90 周年記念日中共同ワークショップの記録］》，东京：知泉书馆，2002 年，第 167—176 页。
② 日本学士院：《仁井田升著〈唐令拾遗〉颁奖审查报告［仁井田陞君著唐令拾遺に対する授賞審査要旨］》，1934 年。
③ ［日］仁井田升：《唐宋法律文书的研究［唐宋法律文書の研究］》，东京：东方文化学院东京研究所，1937 年，第 7—84 页。

等问题，严格意义上的中国古文书学才刚刚开始萌芽。① 同时，他根据敦煌文
书研究的学术史，具体地分析了古文书的流传、样式、形态、机能和书写材
料等方面的问题，对中国古文书的研究史作了详尽的整理。同时，他本人在
佛经文书和纸背文书研究方面也有着丰富的实践经验。以后者为例，竺沙雅
章注意到，至迟在清代中期，很多藏书家已经多次提到"宋元明印书用公牍
纸背及各项旧纸"（叶德辉《书林清话》卷八），但他们关注的并非那些纸背
的公牍，而是正面的刊本书籍。他根据10余种公私目录，调查了北京、上海、
南京和东京等地共计7所公私机构的馆藏，发现并介绍了35种纸背文书。这
些文书上至南宋乾道年间（1165—1173年），下迄明嘉靖年间（1522—1566
年），跨度长达400年，而且主要是地方衙门作成的公牍文书。他对具代表性
的纸背文书，如静嘉堂文库藏宋嘉定年间刊本《欧公本末》纸背的"延祐五
年婺州路公牍"和宋刊明修本《汉书》纸背的"洪武中公牍"，作了古文书学
和制度史的分析。通过分析，他认为，除晚明之外，宋、元、明三代的地方
衙门档案存世较少，而纸背文书恰恰可以填补这一空白，故纸背文书是历史
研究中不可忽视的史料宝库。② 竺沙雅章的这些研究，至今依然是中国古文书
学研究上的"金字塔"。

（三）

近年，东京大学经济学部的小岛浩之在分析、总结上述内藤湖南、那波利
贞、仁井田升和竺沙雅章的中国古文书学研究的基础上，提出应将中国古文书
学分为"基础古文书学"和"应用古文书"，即：1. 发现与调查；2. 整理与公布；
3. 分类与编年；4. 专题研究。③

小岛浩之认为，上述的1和2可以归入"基础古文书学"，4可以归入"应

---

① ［日］加藤周一主编：《平凡社大百科事典》第十卷，东京：平凡社，1984—1985年，第
527页。

② ［日］竺沙雅章：《汉籍纸背文书的研究［漢籍紙背文書の研究］》，《京都大学文学部研究纪
要》14号，1973年。

③ ［日］小岛浩之：《中国古文书学备忘录（上）［中国古文書学に関する覚書（上）］》，《东京大
学经济学部资料室年报》2号，2012年。

用古文书"，而3因其特点，既可以归入前者，也可以归入后者，属于"维系前后两者的阶梯"。关于4的"专题研究"，小岛浩之采用了富田正弘如下观点，即：

1. 样式论：研究字体、文体、发件方、收件方、文书名、正文、收发记录和署名等项在文书上的位置关系，以及各自的表记方法；

2. 形态论：研究文书的纸张和书写工具（如笔、墨等）的质量与数量；

3. 机能论：研究文书的制作、传达、受理和管理的过程，其功能及效力等；

4. 传世论：研究文书流传的经过以及保存的意义。①

应该注意的是，富田正弘的上述观点是基于对日本古文书学的总结，而且主要集中在对文书形制和文书管理等方面。黄正建研究员曾认为，日本学者的古文书学研究的缺陷也在这里，因为，对于利用文书研究历史者而言，"文书内容的研究也是不可或缺的"。②

目前，在日本的研究型大学的中国史教育中，阅读档案文献已经成为一门重要的课程。以京都大学文学研究科东洋史学专业2019年度的秋季课程为例，在开讲的演习课（Seminars）中，有一门是以"中研院"史语所编辑出版的《明清档案》为教材的，面向的是本科二年级以上的学生。负责这一演习课的教员选取清顺治四年（1647）至顺治五年（1648）的若干档案，如洪承畴和牛金星的活动、各地动乱、弹劾贪官等内容。该演习共计15节课，教员在第1节课首先介绍《明清档案》的特点，然后说明顺治元年（1644）至顺治四年的历史背景。在接下来的第2至第14节课上，教员指定学生阅读并解释相关档案，并在学生阅读和解释时不断提出各种问题。在最后的第15节课，由教员和学生一起作总结归纳。具体到文书阅读的训练方面，该课程要求学生能够熟悉白文的标点，并且掌握公牍的形态特征。

此外，在课外由教员与学生、或学生自行组织的一些读书班，也有在阅读档案文献方面的训练。以笔者为例，20世纪90年代后期，笔者在京都大学求学期间，就参加了夫马进教授组织的阅读"太湖厅档案"的读书班（当时夫马

① ［日］富田正弘：《中世史料论》，载《岩波讲座日本通史别卷》3，东京：岩波书店，1995年，第21—65页。

② 黄正建：《中国古文书学的历史与现状》，《史学理论研究》2015第3期。

进教授在演习课使用的教材是《光绪朝朱批奏折》中的刑案部分①），同时还参加了研究生们自行组织的"雍正朱批谕旨"读书班。在这些读书班中，尤以后者令笔者印象深刻。当年，网络检索尚未普及，阅读中遇到人名、地名和典章制度名称等均需要利用各种工具书查找，还需要掌握目录学、年代学、历史地理等方面的相关知识。因为这些知识在正式课程中虽然可能提到，但终究要在课外勤加训练，方能求得运用的自如。有些阅读史料时的"常识"（如职官名、地名的雅称或别名），往往需要学生之间的互相传授，此时，高年级学生自然要负担起相应的责任。记得有一次夫马进教授在演习课上，就文献中出现的"藩司"一词提问，要求回答正式的官衔名称。当被指名的低年级学生答不上来十分尴尬之时，夫马进教授便会转向高年级学生，问他们为什么没有在预习时指导低年级学生。

实际上，演习课的提问是令不少学生闻之生畏的。因为无法估计教员会提出什么问题，所以在演习课的前一天，几乎所有选修者都汇集在一起进行预习，有时甚至通宵达旦。即便如此，也不能保证可以圆满地回答教员的提问。记得京都大学东洋史研究室的老先生们都曾经提到过著名的"宫崎市定的沉默"。宫崎市定在演习课提问时，如果遇到学生未能及时回答，便会一言不发地坐在位子上，其他学生面面相觑，无人敢代被问住的学生作答。如此风景会一直延续到下课铃响。等到下一次演习课，还是指名该生回答上一次的提问。而当学生回答到一定程度时，宫崎市定常常会鼓励学生"讲下去""再进一步"。总而言之，就是经过这种课上和课下的反复训练，让学生掌握邓广铭先生曾经反复强调的"四把钥匙"（伍案：即职官、地理、目录和年代），掌握阅读白文史料的基本功和思考能力。

此外，还有校际的读书班。如笔者就曾经参加过京都大学人文科学研究所主办的读书班，详见拙稿《日本中国史学界的共同研究》。② 在此想介绍的是不附属于某一机构的、由志同道合者组织的读书班。2016 年，笔者与关西大学、京都大学等几位学者发起组织了"清代档案研究会"。该研究会继承原"巴县

① 中国第一历史档案馆编：《光绪朝朱批奏折》第 106—109 辑，北京：中华书局，1995 年。
② 伍跃：《日本中国史学界的共同研究》，《中国史研究动态》1998 年第 10 期，第 25—29 页。

档案研究会",吸收了京都、大阪、奈良等地的学者和在校本科生、研究生等,一起阅读以巴县档案为中心的清代档案。该研究会每月一次,在阅读档案之外,还适时安排教员或学生作研究报告。该研究班规模虽然不大,但至今为止已经坚持举办了 37 次,一些正在日本作客的中国和其他国家的学者也曾经拨冗参加过我们的研读,并提出了宝贵意见。

三、利用与研究

本节将主要叙述战后日本学界、尤其是以京都大学为中心的关西学界对明清档案的利用与研究。我个人认为,这一阶段可以大致分为前后两个时期。前期的代表是对《雍正朱批谕旨》的研究,领军人物是宫崎市定、安部健夫和佐伯富等人;后期的代表是对中国明清地方档案的研究,领军人物是滋贺秀三、寺田浩明、夫马进、臼井佐知子、中岛乐章等。以下约略述之。

(一)

战后,在学界的恢复和重建之中,长达 30 余年的雍正朱批谕旨研究具有十分重要的意义。宫崎市定[①] 和安部健夫于 1949 年在京都大学人文科学研究所发起、成立了"雍正朱批谕旨研究班",其出发点之一就是,通过系统地阅读最原始的档案史料,将雍正时代作为中国历史上的一个断面进行详细的研究,从而加深对清代历史以至于整个中国历史的认识。实际上,同时期开办的"元典章研究班"也着眼于此。该研究班最初使用的是京都大学人文科学研究所藏刊本《雍正朱批谕旨》,该本与京都大学文学部藏同书的另一刊本稍有不同。此外还有清末石印本。他们对比之后发现,清末石印本在内容方面错误较少。宫崎市定等人据此判断,还应该有更原始的版本。1954 年夏,宫崎市定在东京某旧书店发现了殿版的《雍正朱批谕旨》,共计 18 函 112 册,除略有污损外,品相基本完好。惟店主索价 8 万日元,令宫崎市定颇感为难。在交通不

---

① 关于宫崎市定的人物与学问,请参阅〔日〕井上文则:《问天:宫崎市定评传〔天を相手にする:評伝宮崎市定〕》,东京:国书刊行会,2018 年。

便、资金极度匮乏的当时，想在短期内凑够 8 万日元，其间的苦劳不问可知。为了不使该书落入他人之手，宫崎市定以最快速度赶回京都，经过多方奔走呼吁，最终由京都大学文学部出面，如愿以偿地购入了朱墨套印的殿版《雍正朱批谕旨》。事后，宫崎市定曾戏言此乃托雍正帝亡灵的保佑。① 在已经可以直接利用影印件进行研究的当代人来看，《雍正朱批谕旨》无疑是由雍正皇帝亲手编订，绝非严格意义上的"原始资料"。但是，在 20 世纪 50 年代初连利用"实录"都尚属奢侈的史料环境下，能够利用殿版的《雍正朱批谕旨》已经是一个极大的进步。

该研究班通过集体阅读不仅提高了参加者们阅读史料的能力，而且也通过学者们之间的交流提高了学术研究的整体水平。在此基础上，东洋史研究会的机关刊物——《东洋史研究》在 1957 年到 1963 年之间，先后组织出版了 4 期"雍正时代史研究"专号，共计发表了 24 篇专题论文。1986 年，东洋史研究会将上述论文合编为论文集《雍正时代的研究》。这应该是该研究班的主要成果之一。

该研究班的另一项成果就是为《雍正朱批谕旨》编制了详细的索引。研究班创办伊始，首任班长安部健夫即制定了"朱批谕旨索引语汇采择基准"（伍案：即"清雍正朝史研究计划表"的前身），将课题分成政治、官僚、胥役、财政、土木、经济、社会、军事、思想、人物 10 篇，另有军政篇分见于各类之中。这些课题包括了当时社会生活的几乎所有方面。到 1983 年底，该研究班及其后续的"明清时代的政治与社会"研究班（伍案：班长小野和子）根据上述基准，合计摘录了 12 万张索引卡片。索引卡片上除了详细注明某词汇分别在殿本和石印本的第几册、第几页、第几行，同时还抄录有关的史料原文，在使用时十分方便。在利用业余时间、完全采用手工劳动方式的情况下，教员和学生们经过长达 35 年的持之以恒的努力积累如此之多的索引卡片，其毅力和劳动强度是不难想象的。以后，京都大学人文科学研究所将这 12 万张卡片复印装订了 5

---

① ［日］宫崎市定：《雍正朱批谕旨解题：论其史料价值［雍正硃批諭旨解題：その史料の價值］》，《东洋史研究》第 15 卷第 4 号，1957 年，第 1—32 页。

部，除自身使用外，还赠送给日本国内和国外的主要研究机构。①

从对学界的贡献而言，《雍正朱批谕旨》研究的最大成果是培养了几代学者。佐伯富在 1983 年为《雍正时代的研究》一书所写的序文中指出，现今在学术界发挥着重要影响的青年研究者们几乎都曾经在这一研究班中以及索引的编制工作中受过锤炼。本人接触过的不少学者在忆及研究经历时，都会提到当年在研究班中受到史料文献学以及研究方法的训练。前后参加过该研究班以及索引编制工作的学者为数众多，仅据本人所知列举如下：宫崎市定、安部健夫、小野川秀美、佐伯富、荒木敏一、日比野丈夫、岛田虔次、波多野善大、岩见宏、谷光隆、近藤秀树、小野信尔、小野和子、河内良弘、寺田隆信、梅原郁、永田英正、森正夫、堀川哲男、北村敬直、山根幸夫、竺沙雅章、吉川忠夫、砺波护、狭间直树、佐竹靖彦、杨启樵、横山裕男、谷口规矩雄、衣川强、西里喜行、植松正、爱宕元、足立启二、松浦章、井上裕正、夫马进、杉山正明、岩井茂树、檀上宽、井上进等。已故美国中国史研究的领军人物孔飞力（Philip Kuhu）也曾经在该研究班中接受过严格的训练。②

（二）

战后日本学界较早地接触到清代的地方行政档案，并且用于研究的学者之中，已故东京大学的滋贺秀三（1921—2008 年）教授是其中的一位。滋贺秀三常年致力于中国家族法、中国法典和中国传统审判制度的研究，旨在究明与西方法制传统不同的、独自的法律制度和法制思维。他以《中国家族法原理》③ 一书获得了法学博士学位，并荣膺 1969 年度日本学士院奖。1984 年，滋贺秀三将关于清代司法审判的研究论文汇编为《清代中国的司法与审判》。④

① 详见［日］小野和子《关于雍正朱批谕旨索引稿［雍正硃批諭旨索引稿について］》，《东洋史研究》第 45 卷 3 期，1986 年，第 569—573 页。
② 请参看拙稿《日本的雍正研究》，《中国史研究动态》2000 年第 7 期。
③ ［日］滋贺秀三：《中国家族法原理［中国家族法の原理］》，东京：创文社，1967 年。同书中文本由张建国和李力翻译（北京：法律出版社，2003 年）。
④ ［日］滋贺秀三：《清代中国的司法与审判［清代中国の法と裁判］》，东京：创文社，1984 年。

在此之前，滋贺秀三已经得知台湾大学收藏有清代的地方档案，即淡新档案。1968 年，台湾大学法学院教授戴炎辉（1909—1992 年）在携带淡新档案访美途经日本时，曾经在东京大学的交流中报告了他本人对淡新档案的分类和整理工作。① 此后，滋贺秀三虽然利用自华盛顿大学购入的缩微胶片阅览了淡新档案，但是痛感有很多地方无法判读，如朱墨交错之处和拍摄时未揭起的浮签等等。直到 1979 年在访问台湾大学时，滋贺秀三才亲眼见到淡新档案的原件，随后开始详细地阅读这些档案。② 1987 年，滋贺秀三发表了《淡新档案的初步知识——诉讼案件中出现的文书类型［淡新檔案の初步的知識—訴訟案件

---

① 戴炎辉：《关于清代台湾的诉讼程序——以淡新档案的资料为中心［清代台湾における訴訟手続について——淡新档案を資料として］》，《国家学会杂志》第 81 卷第 3、4 合期，1968 年。

② 原台湾大学历史系徐泓教授于 2014 年 9 月 12 日在个人 Facebook 上回忆曹永和先生保护淡新档案的事迹，兹转录于下："淡新档案从戴炎辉教授手上回归台大图书馆要感谢曹永和先生。当年日本殖民政府将这批档案交给台大，戴炎辉教授以整理为名从台大借去，一直不还。后来戴曾选一部分在台湾银行《台湾文献丛刊》出版《淡新档案选录行政编初集》。所有研究台湾史的人除这本《淡新档案选录行政编初集》外，均无缘利用这批珍贵清代台湾史料。但美国人看得到，因为西雅图华盛顿大学邀请教授去讲学，戴教授便带着淡新档案前去，由华大拍摄成微卷，并复制出售。就在 1980 年代末，戴教授又与成文出版社订约，将淡新档案交由他们整理出版。有一天，曹先生到系办公室来告知此事，因为他与戴教授相熟，不便劝阻，又知道我的脾气直率，敢冲敢闯，知道后必定会采取行动。果然，我立刻打电话给校长室，请见孙震校长。我对孙校长说：戴教授是台大法律系大佬，法制史权威，今又是司法院副院长，竟知法犯法，侵占公物，传出去很不好看。孙校长当即表明会去向戴教授说。后来戴教授只好交出来。1990 年，我得到蒋经国基金会赞助，主持一个为期三年的跨国研究计划：《中美荷日公藏台湾史档案手稿资料之搜集、整理与联合目录之编制及殖民地时期台湾历史合作研究计划》，淡新档案的整理与编目是子计划之一，计划的进行获得曹先生的大力支持。现今大家能方便地使用淡新档案，就该感谢曹先生把戴教授与成文出版社订约之事相告及对整理计划的支持。这个过程鲜为人知，今曹先生走了，就记录下来，以为历史见证"。https://www.facebook.com/hong.hsu.9/posts/809033539117276，最后访问日期：2020 年 1 月 5 日。另请参看吴密察：《清末台湾之"淡新档案"及其整理》，《中国社会经济史研究》2017 年第 2 期。该文原载《东洋法史的探求——岛田正郎博士颂寿纪念论集［東洋法史の探求—島田正郎博士頌寿記念論集］》，东京：汲古书院，1987 年，第 253—317 页；后收入遗著《续清代中国的司法与审判［続・清代中国の法と裁判］》，东京：创文社，2009 年，第 25—58 页。

に现れる文書の類型]》，① 着重分析了清代州县司法审判中出现的呈状、诉状、票、禀、名单、供单、结状、领状、移文和咨文等文书的功能。1988 年，滋贺秀三又在深入研究的基础上发表了《清代州县衙门诉讼的若干研究心得——以淡新档案为史料 [清代州県衙門における訴訟をめぐる若干の所見——淡新档案を史料として]》，② 根据档案史料分析了发生在乡村社会的纷争与暴力，具体地说明了知县在派出衙役时发出的各种"票"的功能，并且揭示了结案的形态。与当时日本学界中简单地将前近代中国法视为"专制"而一笔带过的观点不同，滋贺秀三在研究中，利用清代州县地方档案在学界首次复原了审判的过程，提出了"作为行政一环的司法"和"判决不具确定力"的观点，对日后的中国法制史和社会史研究产生了深远的影响。他的弟子、原京都大学法学研究科教授寺田浩明（1953—）在研究中，除淡新档案之外还广泛涉猎宝坻县档案和巴县档案，在努力把握地域社会的实态——发生纷争与诉讼的社会环境的基础上，主张在复原诉讼过程的同时还应关注"事实"是如何被描述的，强调应该准确把握审理程序的意义。寺田浩明关于中国法制史问题的基本思考最终集中体现在他的《中国法制史》（东京：东京大学出版会，2018 年）中。③

（三）

最后想集中介绍的是夫马进（1948—）主持的几项集体研究。夫马进退休前任京都大学文学研究科教授，在中国前近代史的研究中尤其关注普通官僚、

---

① 该文原载《东洋法史的探求——岛田正郎博士颂寿纪念论集 [東洋法史の探求—岛田正郎博士頌寿記念論集]》，东京：汲古书院，1987 年，第 253—317 页；后收入遗著《续清代中国的司法与审判 [統・清代中国の法と裁判]》，东京：创文社，2009 年，第 25—58 页。

② 该文原载《法制史研究》第 37 号，1988 年，第 37—61 页；后收入遗著《续清代中国的司法与审判 [統・清代中国の法と裁判]》，第 59—86 页。本文有姚荣涛、徐世虹中文译本，载刘俊文主编：《日本学者研究中国史论著选译》第八卷《法律制度》，北京：中华书局，1992 年，第 522—546 页。

③ 此外，寺田浩明的主要论文已有中文译本。见 [日] 寺田浩明著，王亚新等译：《权利与冤抑：寺田浩明中国法史论集》，北京：清华大学出版社，2012；另请参见拙稿《恶战苦斗的结晶——读寺田浩明〈中国法制史〉》，载中国政法大学法律古籍整理研究所编，徐世虹主编：《中国古代法律文献研究》第十二辑，北京：社会科学文献出版社，2018 年，第 626—650 页。

下层士大夫以及普通民众的生活和思想。1999 年，他在博士论文基础上完成的《中国善会善堂史研究》荣膺当年的日本学士院奖和恩赐奖。① 夫马进从很早就已经开始关注档案文献的收集，除利用两国之间的交流制度来华收集史料之外，他本人也曾多次前往北京、上海、重庆、成都等地访寻。在上述《中国善会善堂史研究》中，他大量利用未受关注的善堂收支决算报告书即"征信录"，详细地描述了善堂的活动，揭示了善堂作为一个组织得以长期维系的缘由。1997 年以后，他先后主持了三项与中国前近代史有关的研究计划，即：

1. 中国明清地方档案的研究（1997—1999）

2. 东亚历史上的中国诉讼社会（2006—2009）

3. 以巴县档案为中心所见清代中国社会与诉讼、审判——中国社会像的再认识（2013—2015）

得到日本学术振兴会赞助的这三项计划虽然研究题目互有不同，但依据的基本史料都是明清时期的地方档案。与长年致力于收集各类中国史料的东京方面不同，战后京都方面对中国史料的收集在文集和地方志方面虽然有长足的进步，但是在档案文献方面几乎乏善可陈。用夫马进的话说，到 20 世纪 90 年代中期为止，京都地区的藏书中虽然不乏珍本、善本，但是缺少反映中国社会实态和民众生活状况的第一手资料。笔者对此有亲身的感受。20 世纪 90 年代中期，当笔者为撰写论文需要核对台湾大学整理的淡新档案② 的若干字句甚至一个文字时，不得不去东京大学法学研究科图书馆看缩微胶片。有鉴于此，在夫马进的主持下，上述计划的参加人员分赴日本国内和中国大陆及台湾的收藏机构进行调查收集。经过多年的努力，通过影印和购买缩微胶片等方式，他们比较完整地收集到了太湖厅档案、顺天府档案和巴县档案（乾隆朝、嘉庆朝、同治朝），以及其他一些零散的档案。这些收集在相当程度上改变了京都地区的资料状况，极大地推动了研究的进展。

夫马进主持的上述三项研究计划主要涉及的研究课题有以下几个方面：

---

① ［日］夫马进：《中国善会善堂史研究》，京都：同朋舍出版，1997 年。该书有伍跃、杨文信、张学锋的中文译本（北京：商务印书馆，2005 年）。

② 台湾大学编：《淡新档案》第 1 册，台北：台湾大学，1995 年。

司法：民事、刑事等案件的审理

官制：官僚人事制度（候选、候补等）

社会治理：社会组织

外交：朝鲜、琉球、越南等

经济：集市、货币

这些研究计划的相关研究成果除个别发表之外，主要集中在以下出版物中：

1. 夫马进编《中国明清地方档案研究［中国明清地方档案の研究］》（京都：京都大学大学院文化研究科东洋史研究室，2000 年）。收录论文有（伍案：以下为节省篇幅，将日文标题直接译成中文）：

檀上宽　从朝鲜王朝编《吏文》所收"榜文"看明初的对外政策

周绍泉　透过明初徽州一桩诉讼案窥探三家庭的内部结构及其相互关系

岩井茂树　嘉靖四十一年浙江严州府遂安县十八都下一图赋役黄册残本考

古井阳子　从做招到叙供——明清时代审理记录的形式

古井俊仁　清朝期交代秘本小考

伍跃　清代捐纳制度论考——以报捐为中心

范金民　太湖厅档案所见洞庭商人的活动：附南京博物院藏太湖厅档案

夫马进　清代苏州普济堂的碑刻与公牍副本——兼论善堂的强权性

岩井茂树　武进县《实征堂簿》与田赋征收机构

高岛航　吴县·太湖厅的经造

小滨正子　私人保证与公共救济——围绕着上海仁济善堂的恤嫠

2. 夫马进编《中国诉讼社会史研究［中国訴訟社会史の研究］》（京都：京

都大学学术出版会，2011 年)，本书已经由浙江大学出版社于 2019 年出版了中文译本。原书收录的论文有：

夫马进　中国诉讼社会史概论

籾山明　长沙东牌楼出土木牍与东汉时代的诉讼

辻正博　隋唐时期相州的司法与社会——"诉讼社会"成立的前提

水越知　中国近世的亲子间诉讼

谷井阳子　为何要诉"冤"——明代告状的类型

陈宝良　"乡土社会"还是"好讼"社会？——明清"好讼"社会之形成及其诸面相

范金民　把持与应差——从巴县诉讼档案看清代重庆的商贸行为

阿风　清代的京控——以嘉庆朝为中心

伍跃　传统中国行政诉讼的一个场景：民告官——以旌表烈妇和举人身份问题为分析对象

寺田浩明　自理与解审之间——清代州县层级中的命案处理实况

田边章秀　民国北京政府时期的覆判制度

黄源盛　从民刑混沌到民刑分立——民国初期大理院民事审判法源

王志强　官方对诉讼的立场与国家司法模式——比较法视野下清代巴县钱债案件的受理与审判

大平祐一　宣判之后——"诉讼社会"视角下的江户时代

浅井正　现代中国的律师像（中文版未收录）

3.《东洋史研究》74 卷 3 号（特集：从《巴县档案》看清代社会和地方行政［特集:「巴縣檔案」に見る清代社會と地方行政］），2015 年。主要的论文有：

伍跃　"在民之役"：巴县档案中的乡约群像——近代以前中国国家统治社会的一个场景

小野达哉　清末巴县农村地区的包税与诉讼的关系——以抬垫为中心

（四）

夫马进主持的研究计划在执行过程中主要采用了以下几种方法，即：

1. 识字体

识字为读书之始。与容易辨识的刊刻和活字印刷史料不同，档案文书中除上行文书和考试答卷等之外，其余文书在书写时使用的字体不是容易辨识的楷书，而是行书、行草或草书。即便是恭楷书就的上行文书，上司的批语、收发时的记录等也往往使用行书等字体。至于私文书中的契约、婚书等等，多数使用十分稚拙的书体，使用当地特有的俗字和错字、白字连篇的情况也并不少见。由于《书法大辞典》一类的工具书所收字例多为名家法书，因此档案文书中的许多问题依然难以解决。为此，夫马进在组织研究班时尤其注意识字，专门选取一些文书让所有参加者（包括他本人在内）识读誊清，并先后从中国邀请陈高华、周绍泉、范金民、陈宝良等知名学者莅临指导。同时，还注意训练识读公私文书中经常出现的花押以及公私印章。对于在日常生活中已经基本不使用毛笔书写的当代学者来说，大量阅读、反复阅读是解决识字问题的重要手段。还要说明的一点是，目前已经标点整理出版的许多文书资料，难免出现误认、错认的情况，故在使用时应尽可能地确认原文献。

2. 明典章

无论公私文书，都产生于特定历史时期的特定制度之下。尤其是公文书，它在形式和内容上势必受到制度的制约，反映着制度的要求。这里说的形式包括，文书的种类（如：申文、咨文、奏折、题本、牌、详册、印结等等），文书收发文者的衔名、格式（如：抬头、避讳等）、标朱、钤印盖戳、挂号、花押等等，以及文书中的特有名词，如"九此"和"十一奉"。[①] 从内容上说，文书的遣词造句，尤其是文书中使用的专用名词，多是在制度的框架之下。为了理解这些专用名词，至少应该熟读《大清会典》、部院则例等官书，以求得对相关制度的理解。对于研究制度史和法制史而言，把握公文书的内容与形式有着十分重要的意义。在公私文书中，往往使用简称或俗称来指代某一事务，如果不加明察，则会将同一事务误分为二，或将不同事务归并为一。例如，上海财经大学的王志明教授首创根据清代官员引见履历片研究捐纳制度，但因未注意简称或俗称的问题，导致在实际开办的捐纳事例之外，"发现"了大量没有史实根据的"捐纳事例"。兹举一例，王志明根据张伟履历（原文："由俊秀于康熙五十五年遵粤闽同属海疆等事例在广西桂林府捐纳监生"）和张璇履历（原文："由俊秀于康熙五十四年三月内在广东南雄府遵粤闽同属海疆等事捐谷准作监生"）认为，康熙五十四年和五十五年在广西和广东开办过"闽粤同属海疆事例"。实际上，经检《六部则例全书》可知，当年在广东和广西开办的捐例的名称并非"闽粤同属海疆事例"，正式名称应为"广东广西捐纳事例"。王志明单纯根据档案文书判断，疏于检寻官书，结果将报捐者使用的俗称——"闽粤同属海疆事例"（伍案："闽粤同属海疆云云"源自左都御史赵申乔奏疏中的一句话）误认为正式的捐例名称，导致重复计算捐例。关于该捐例的详细情况，请参见拙稿《康熙五十三年广东捐纳案——兼论康熙帝晚年的吏治思想》，[②] 此不赘述。

3. 溯史源

这里所说的史源，首先是文献之源。利用档案文献与利用其他史料一样，需要追溯该档案文献的来源。尤其是明清时期的档案文献在正式行文中，往往会原文抄录来文。例如，知府致道员的文书中会抄录来自知县的文书，而道员致布政司的文书中又会原封不动地抄录前述知县致知府和知府致道员的文书，

---

① "九此"指钦此、奉此、准此、得此、敬此、为此、蒙此、承此、据此，"十一奉"指钦奉、敬奉、承奉、备奉、该奉、先奉、续奉、依奉、今奉、明奉、又奉。王有孚：《一得偶谈·读律得》清嘉庆十年（1806）刊本，第22页b。

② 伍跃：《康熙五十三年广东捐纳案——兼论康熙帝晚年的吏治思想》，载朱诚如、徐凯主编：《明清论丛》第十六辑，北京：故宫出版社，2016年，第259—284页。

这种层层照录、环环相扣的情况，甚至可以延伸到中央衙门。在这种情况下，我们不仅可以根据现存的文书复原已经散佚的文书，也可以由文书之间的内在关联理解行政机构内部的运作程序。而且，在熟悉了文书制度之后，可以发现后人整理的史料集或者论文中征引文献的错误。例如，我本人在阅读淡新档案时，使用过台湾大学整理铅印本的《淡新档案》。该整理本在整体上优于台湾银行《台湾文献丛刊》铅印本的《淡新档案选录行政编初集》。即便如此，我在阅读时仍旧发现存在着一些有违制度习惯的地方，如某人口供后有淡水厅同知批语。该书的录文为："当堂重责贰百板，洋银衣物等，限半月如数呈缴，如违，严惩不贷。此供。"①通常，上官批示来文时，批语最后往往使用"缴""此谕"和"切切"等结尾语。退一步说，上官绝无可能在自身批语中用"此供"二字作为结尾语。因为该"供"是被审人犯之"供"，而"此"字之前的部分为上官批语，两者虽有关联，但不可能被混为一体。为了解决这一问题，在尚无网络资源可以利用的情况下，只好前往东京大学法学部图书馆去看自美国华盛顿大学购入的缩微胶片，②结果发现是后人整理出版时的辨识错误，将"此谕"误为"此供"。此外，还要掌握前人对此类档案的研究成果。

4. 赴田野

这里主要指利用地方档案的问题。对于生活在海外的研究者来说，他们虽然通过阅读文献，可以在一定程度上把握某种"历史事实"。但是，由于缺乏身临其境的感性认识，他们在把握事实，尤其是某类文献诞生的地理环境、社会环境方面，与本土学者相比始终存在着很大的距离。例如，在阅读巴县档案时，虽然可以看到不少涉及乡约、团练的文献，但却无法弄清这些乡约、团练与村的关系，即这些组织是否是以村为单位，甚至几乎看不到以村为单位的社会活动，所能见到的多是"廉里一甲"或"仁里二甲"之类的表述。这对于脑海中已经有了"村"，尤其是北方那种数十乃至上百户聚居的"村"的先入意

---

① 台湾大学编：《淡新档案》第1册，台北：台湾大学，1995年，第135页。

② 目前台湾大学数字化公开的淡新档案既有原文献图像，还附有识读后的文本，为研究者提供了很大方便。但是，淡新档案的数字化晚于缩微胶片的拍摄，而且在拍摄缩微胶片到数字化期间，原件或有散失，故数字化的档案难以完全替代原有的缩微胶片。

识的人来说，不能不感到有些诧异。这种情况只能通过亲临现场获得感性认识才能解决。在研读巴县档案的几年里，夫马进教授曾经多次前往现巴南区进行实地考察。结果发现，原巴县所在的巴南区因地处山区，居民以散居为主，档案中很少见到以"村"为单位的活动的原因或许在此。2019 年 8 月，他为了解决阅读龙泉档案时产生的疑问，专程前往浙江省龙泉县进行实地探访，体验文书形成的环境。① 我个人觉得，在这一点上，本土学者有着得天独厚的优势。已故周绍泉先生曾经利用徽州文书复原了明代徽州府休宁县的都图里甲，就是一项很大的成就。

5. 勤交流

在日本学术界，以共同研究为方法的研究班十分普遍，几乎每一所大学或研究机构都有共同研究班的存在。这些研究班一般由班长一人和班员若干人组成。研究班有一个中心的题目，成员们在这个题目的范围内一起阅读史料并发表自己的研究成果。② 在以研读档案文献为主的研究班里，没有教员与学生之分。如上所述，在辨识文字的时候，即便是教授也和学生一样，要完成一定量的"作业"，并且交付全体成员"评判"。以我参加过的研究班而论，当学生见到教员有识读错误时，往往是如实地指出。我本人就曾经多次沐浴过来自学生和晚辈的"炮火"。人非圣贤，只有通过教学相长，方能尽可能准确地识读史料和把握史实。另外一点就是，在交流中固然要向他人学习，但是要尊重他人对某一史料的"第一发现权"，尊重他人的知识产权，简单说来就是慎重对待那些他人尚未公开发表的研究成果。只有这样，交流才是有意义的。记得周绍泉先生于 20 世纪 90 年代曾经将他费时多年，利用徽州文书亲手绘制的明代徽州府休宁县都图里甲图赠送给夫马进先生。日后，夫马进先生有意将该图编入书中，但鉴于周绍泉先生本人尚未主动公开过这一研究成果，特意征求周绍泉先生的许可。我清楚地记得，周绍泉先生在生前曾经多次为夫马进先生这种尊

---

① ［日］夫马进：《龙泉司法档案与龙泉司法档案研读会：以民国初年教育界和商界对警察的控诉为中心 ［《龍泉司法檔案》と龍泉司法檔案研讀會：とくに民國初年、教育界と商業界による警察糾彈案件をめぐって]》，《东方学》139 辑，2020 年 1 月，第 91—100 页。

② 伍跃：《日本中国史学界的共同研究》，《中国史研究动态》1998 年第 10 期。

重他人的做法赞叹不已。以我本人而论，我曾经在东京大学东洋文化研究所发现过若干种可称天下孤本的官僚名簿，由于恰好无暇前往办理复印手续，故委托一位和我有相近研究兴趣的学者代我前往办理。办好之后，他对我说，在你用这个史料之前，我绝不会在文章中引用它。其后几年，我因各种原因未能利用该史料作研究，但是那位学者始终没有提起此事，也没有问我是否还会用，而是另辟蹊径，取得了很大成就。这种情况看上去或许会有人觉得有些过分甚至愚笨，但我觉得尊重他人是非常重要的。

四、结语

最后扼要谈两点，第一是如何收集日本的研究信息，第二是我本人的文书样式研究。

（一）

关于收集日本的研究信息，根据我本人的体会，有如下几种途径：

1.《史学杂志》每年第 5 期的"回顾与展望"

该刊物由设立于 1889 年的史学会发行，是日本历史最悠久的史学研究刊物，每月 1 期。该刊物每年第 5 期会循惯例以"回顾与展望"专号刊出，介绍上一年度的主要论著论文和史学研究的动向。关于中国史的部分大致分为 9 个部分，即殷·周·春秋、战国·秦汉、魏晋南北朝、隋·唐、五代·宋·元、明·清、近代、现代、台湾。执笔者基本是在校研究生，由他们对那些与自己专攻的断代有关的研究论著和论文进行总结评说。我觉得，交由研究生总结上一年度的学界动态是一个比较好的方法，年轻人有朝气和初生牛犊不怕虎的精神，利用这一机会既可以阅读比较多的研究成果，又可以通过比较发现研究的成果和不足，还可以锻炼文笔。

2. 各主要大学的研究纪要、主要学会刊物的"附录"

日本各大学出版发行的"研究纪要"相当于我国的"学报"，唯一的区别是不收外稿，除特例外（伍案：如合作研究者、客座教员等），原则上只刊载本大学专职教研人员的研究成果。同时，各个学会如上述史学会那样，也发行自己的刊物，有资格刊载论文者均为该会会员。这些刊物几乎都有极具参考价值的"附录"，其中包括有开讲课目和毕业或学位（学士、硕士、博士）论文的题目。通过这些"附录"，可以了解到相关学校的教学情况，也可以知道学生毕业论文或学位论文的选题。

3. 网络资料

东洋学文献类目（http://ruimoku.zinbun.kyoto-u.ac.jp/）：本资料是由京都大学人文科学研究所附属东亚人文情报学研究中心（伍案：原汉字情报研究中心）编辑发行的研究目录，收录与东洋学有关的日文、中文和西文的论著及论文目录。过去是每年发行 1 册，现在已经开放网络检索。在相当长的时间里，该资料因其收录范围广泛，故具有很高的权威性。现在，随着国内的 CNKI（知网）和日本的 CiNii 等网上目录的开放，本资料的重要性有所下降，但依然是检寻先行研究时不可或缺的重要工具。

CiNii（https://ci.nii.ac.jp/）：这是由日本国立情报学研究所管理的一个综合性学术讯息数据库。利用该网站可以检索日本国内正式出版的几乎所有论文、论著、学位论文和大学图书馆的藏书。该网站不收取任何费用，使用起来比较方便。

KAKEN（https://kaken.nii.ac.jp/）：这是由日本国立情报学研究所管理的一个数据库。该数据库主要的收录对象是日本文部科学省和日本学术振兴会资助的研究项目。通过该网站可以检索到得到资助的课题名称、课题组构成和研究成果的概要（伍案：即研究实施状况报告书、研究实绩报告书、研究成果报告书概要）等等。

Researchmap（https://researchmap.jp/）：这是一个以检索科研人员讯息为主的数据库，由科学技术振兴机构负责运营。与上述以检索研究成果的数据库不同，该数据库主要收录科研人员的基本信息，如学历、研究履历、论文目录和资助课题。利用这一数据库不仅可以检索到某一科研人员的相关讯息，还可以找到与他有交集（伍案：如曾经共同研究或课题相近等等）的科研人员。

（二）

关于我本人的文书样式研究扼要介绍以下两点：

1. 印章研究

中国利用文书进行行政管理的历史至少可以追溯到秦代以前。政府的行政管理在很大程度上必须利用由法律规定的、体系堪称完备的各种下行、上行和平行文书，这种施政方式被称为"文书行政"。为了使行政文书具有法的效力，必须以某种形式将权力赋予该文书，或者证明该文书的公信力。官印就是代表着国家权力、赋予行政文书以法的效力的工具。钤有官印的文书被称为"官文书"，严禁随意弃毁。本研究首先概述了明清两朝地方衙门官印的分类及形制，然后介绍了钤盖官印时的相关规定（伍案：如用印前的确认、用印时的注意事项、用印的位置、处罚措施等等）和徽州文书中的帖文、牌票的用印实例，最后论及胥吏、衙役的戳记和地方基层组织首领的图记。详情请见拙稿《官印与文书行政》。①

2. 勘合文书形制的研究

我研究的勘合是明朝政府在处理对外关系中用于证明使节身份的公文书，具体的研究对象是明朝与日本之间使用的勘合的形制问题。日本的勘合研究由来已久，但是由于从事这一研究的日本学者昧于中国的传统文书制度，将文书中书写字号和钤盖官印的部分误认为勘合。有鉴于此，我在 2001 年撰文指出了他们的认识存在以下误区，即无视勘合文书必须钤有制作衙门（伍案：在此指明朝礼部）的官印、根本不理解文书与半印字号的关系、误以为使用时在勘合背面记载相关内容等等。鉴于当时尚未发现明代勘合的实物，甚至尚未得知明代勘合的前身——元代勘合的情况，故使用宋元时代的"公凭"和"公验"、清代的"勘合"以及琉球王国在对外关系中使用的"符文"，推论了明代勘合的形制。近年，随着黑水城文书研究的进展，以及中国社科院经济学研究所藏明成化工部班匠勘合②和孔子博物馆所藏明代兵部驿递勘合③的发现，基本上验证了我当年的推断是符合明代的文书制度的。详见拙稿《日明关系中的"勘合"：

---

① 《'98 国际徽学学术讨论会论文集》，合肥：安徽大学出版社，2002 年，第 332—358 页。

② 中国社会科学院经济研究所编：《中国社会科学院经济研究所藏徽州文书类编·散件文书》第 4 册，北京：社会科学文献出版社，2017 年，第 111 页。

③ 《孔子博物馆藏孔府档案汇编》编纂委员会编：《孔子博物馆藏孔府档案汇编·明代卷》第 3 册，北京：国家图书馆出版社，2018 年，第 313—315、561 页。

以其形状为中心［日明関係における「勘合」—とくにその形状について］》。①

　　大家知道，有了新发现的文书或档案，不等于可以写出好文章，有了先进的检索方式和技术手段，虽然可以令我们在占有资料的数量方面和整合资料的技术手段方面轻松地超越前人，但是这不等于我们在占有资料的质量方面同样可以轻松地超越前人，也不能保证我们在解读能力和思考能力上可以轻松地超越前人。除了力争彻底地阅读并读懂文献之外，不要忽视基础性文献。兹举两例。战后，明清社会经济史研究曾经是日本学界的"显学"之一，不少学者争相从地方志、文集、碑刻中发掘史料，努力证明苏州城市发展的种种进步。宫崎市定在论及明清时期苏州城市的繁荣时，曾根据《清史稿·地理志》指出，堂堂国都的北京仅有大兴、宛平两县，而苏州却有长兴、元和、吴县三个县的建置，足见苏州因经济社会发展导致在城市行政管理方面远超国都北京。《清史稿》对于治清史者可谓是尽人皆知之书，虽然该书有很多不足，但作为基本史料是不容忽视的。再者，在中西交通、西域文明与丝绸之路的研究方面，向达先生的成就是有目共睹的，尤其是对敦煌文书和稀见史籍的运用更是高屋建瓴，在当时令很多人望尘莫及。但是，邓广铭先生曾经指出向达先生的名著《唐代长安与西域文明》中存在的诸多错误，究其根源是忽视了正史和《通鉴》等基本史料，结果导致该书在"史实基本知识"方面出现硬伤。② 这两个事例告诉我们，不仅要读稀见之书和他人未读之书，首先还要读好读懂必读之书。记得当年负笈北京大学时，许大龄先生要求我们首先从《中华二千年史》入门，然后通读《明史》和《明实录》。现在想来，在避免出现硬伤方面，受益实在匪浅。目前，文书史料的发掘、发现方兴未艾，相信各位同学一定会以宽广的眼光和坚实的基础研读文书史料，取得超越前人的好成绩。

------

① 《史林》2001 年第 84 卷第 1 期。

② 邓广铭：《评向达的〈唐代长安与西域文明〉》，《历史研究》1957 年第 11 期。后更题名为《评向达教授著〈唐代长安与西域文明〉》，并修改了文中的若干表述，先后收入《邓广铭学术论著自选集》，北京：首都师范大学出版社，1994 年，第 704—714 页及《邓广铭全集》第 10 卷，石家庄：河北教育出版社，2005 年，第 107—115 页。实事求是地说，虽然作了若干润色，邓广铭先生坚持将这一写作于特殊年代的这篇文章保留在自己选定的文集中，体现了他一贯的学术作风，意在希望治史者不要忽视"最基本、最关键性的问题"。这种态度和这种学风值得我们永远学习。

以上内容，主要基于本人学习研究过程中的体会，难免有挂一漏万和谬误失实之处，敬请各位批评指正。又，本文根据在 2019 年"明清以来的地方档案与文献研究生暑期学校"（山东·曲阜·曲阜师范大学，2019 年 7 月）的授课大纲整理。其间承蒙曲阜师范大学吴佩林教授多方鼓励关照和督促鞭策，在此谨表示感谢！

2019 年 12 月 30 日完稿于乐音寺

2020 年 1 月 12 日修改于吉野山芳云馆

2020 年 6 月 9 日新冠肺炎疫情缓解后再订于乐音寺

小本经纪：晚清歙县毕氏家族的茶叶经营与变迁

方　超*

　　明清以降，徽商在经贸领域的影响力愈加凸显。徽人由商途而富甲天下者不可胜计，"山居十之五，民鲜田畴，以货殖为恒产"。①徽商经营产业类型丰富，以盐、木等业为著，而由于自然条件等因素影响，茶叶贸易更是占有相当大的比重。《治事丛谈》对此有较为准确的描述："山郡贫瘠，恃此灌输，茶叶兴衰，实为全郡所系。"②当时徽州所产茶叶如松萝、屯绿、祁红等尤以佳品闻名，不仅供应内地市场，更远销英美等海外国家。仅清光绪二十一年（1895）外销茶叶量就达660万公斤，"此时全国的茶叶出口量是9328.4万公斤，则徽商的茶叶出口量占到全国的7.1%"。③

　　作为徽商代表的歙县商人，对茶叶贸易的关注尤甚。据民国《歙县志》所载："邑中商业，以盐、典、茶、木为最著。"④歙县茶商的脚步遍及全国，如清人许承尧《歙事闲谭》对歙县茶叶行销路线的描述："歙之巨商，业盐而外，惟茶北达燕京，南极广粤，获利颇赊。"⑤当今学界对于徽州茶叶的生产工序、市场网络等内容已有较为深入的研究，有关茶商个案的研究多集中关注资本雄厚

---

*　方超，陕西西安人，陕西师范大学历史文化学院博士研究生。

①　《[道光] 徽州府志》卷二《风俗》，载《中国地方志集成·安徽府县志辑》第48册，南京：江苏古籍出版社，1998年，第160页。

②　张海鹏、王廷元主编：《明清徽商资料选编》，合肥：黄山书社，1985年，第171—172页。

③　刘建生等：《明清晋商与徽商之比较研究》，太原：山西经济出版社，2012年，第177页。

④　《[民国] 歙县志》卷一《舆地志·风土》，载《中国地方志集成·安徽府县志辑》第51册，南京：江苏古籍出版社，1998年，第41页。

⑤　许承尧：《歙事闲谭》卷十八《歙风俗礼教考》，合肥：黄山书社，2001年，第603页。

的大茶商。[①] 但徽州茶商中"世业殷实者，不过五分之一"，[②] 我们对于多数存在的小资本茶商，及其运营方式与结构变化的分析尚属缺乏。本文所利用的《薛坑口茶行屋业本末》，全称《薛坑口茶行屋业本末（附避乱实迹兼叙平生碎事）》（以下简称《本末》），稿本 1 册，共计 106 页，并附有散件 9 页，约 25000 字。现收录于《徽州民间珍稀文献集成》第 2 册，为歙县茶商毕体仁于光绪二十三年（1897）所撰，属于自传性质的叙事文稿。内容涵盖撰者的生平经历、茶叶经营及家庭矛盾等事，且对于太平军在徽州地区的活动亦有涉及。时间跨度历经道、咸、同、光四朝，近 62 年。透过毕氏家族的茶叶经营与产业结构的变化过程，我们得以窥见小资本茶商的经营状况，并能深化对徽州茶叶经济及茶商群体的历史认知。

一、茶行的建立与扩张

毕体仁，原名树忠，晚清歙县薛坑口人，除以行医为业外，还兼营茶事，"是个阅历丰富、处事谨慎、读书明理之人"。[③] 毕氏家族传至体仁生父毕肇瀚时，积攒了充足的资金置办家产，毕氏茶行便肇基于此。据民国《歙县志》记载，歙县地区的茶叶贸易在清道光八年（1828）以前还是"生产无多，故须认销他县茶"。[④] 朱自振更认为歙县乃至整个皖南地区的茶叶生产，是在咸同年间发展起来的。[⑤] 毕氏家族的茶叶经营正是在这一时代背景下展开的。据体仁所

① 相关研究可参见陶德臣：《近代中国外销茶流通环节考察》，《中国经济史研究》1995 年第 1 期；周晓光：《清代徽商与茶叶贸易》，《安徽师范大学学报（人文社会科学版）》2000 年第 3 期；张海鹏、王廷元主编：《徽商研究》，合肥：安徽人民出版社，2010 年；刘建生：《明清晋商与徽商之比较研究》，太原：山西经济出版社，2012 年；王振忠：《清代徽商与长江中下游的城镇及贸易》，《安徽大学学报（哲学社会科学版）》2019 年第 1 期。

② （清）程雨亭：《观察请南洋大臣示谕徽属茶商整饬牌号票》，《农学报》卷二十四，1898 年 2 月下，第 55 页。

③ 王振忠主编：《徽州民间珍稀文献集成》第 2 册，上海：复旦大学出版社，2018 年，第 411 页。

④ 《[民国]歙县志》卷三《食货志·茶纲》，载《中国地方志集成·安徽府县志辑》第 51 册，南京：江苏古籍出版社，1988 年，第 131 页。

⑤ 朱自振：《茶史初探》，北京：中国农业出版社，1996 年，第 105 页。

述，茶行位于歙县薛坑口村，"其屋前后三进，并左边厢屋。门前披□，前通河，后至山"。① 道光十五年（1835），毕肇瀚买下茶行：

> 余业，据一应买价，连过税中资，共计用去四底足钱一千三百余千文。原系方姓出产，其屋内锅场，以及做茶器皿等项，另系本屋租客江姓之件。江姓同时一并出售，据付时价四底足钱一百八十千文。②

彼时经营商行需持有政府所颁牙帖，是经营许可的凭证。清雍正时额定发放牙帖，规定"发帖权集中到省一级的藩司，不许州县滥发"。③ 申请牙帖需将姓名、商品类型等项上报，经审批后方才生效。毕氏茶行属新开商行，因此"由藩宪捐请毕恒盛上则茶行牙帖"。④ "毕恒盛"是茶行店名，"上则"是应缴牙税等级。政府依据牙帖收取牙税，数额依等级而定，可划分为"上、中、下三等或更多等次"。⑤ 其划分依据是："货多价重、通贩远商、需行囤发者为上则；货色平等，亦需行囤发者为中则；其但需评价，银货两不经手及细微什物为下则。"⑥ 牙税每年缴纳一次，但数额不多。据《钦定户部则例》所载，安徽省额定牙帖13439张，牙税上上则2两、上则8钱、中则6钱、下则4钱，每年牙税收入总额约为5376—10751两。⑦ 由此可知，牙税收入在政府财政税收中并不占太大比例。实际上，政府财政税收除牙税外还有茶引，属于经营税。据光

---

① 王振忠主编：《徽州民间珍稀文献集成》第2册，上海：复旦大学出版社，2018年，第414页。

② 王振忠主编：《徽州民间珍稀文献集成》第2册，上海：复旦大学出版社，2018年，第414页。

③ 吴慧主编：《中国商业通史》第5卷，北京：中国财政经济出版社，2008年，第526页。

④ 王振忠主编：《徽州民间珍稀文献集成》第2册，上海：复旦大学出版社，2018年，第414页。

⑤ 燕红忠：《清政府对牙行的管理及其问题》，《清华大学学报（哲学社会科学版）》2012年第4期。

⑥ 《乾隆二十四年四月十一日江西布政使汤聘为请严定上中下三则以清厘牙帖事奏折》，《历史档案》1991年第2期。

⑦ 《钦定户部则例》卷六十《关税》，载《故宫珍本丛刊》第285册，海口：海南出版社，2000年，第108页。

绪《钦定大清会典事例》所载，安徽省额定茶引"共八万七千八十引，又余引一万五千一百引，分发产茶之潜山"。[①] 茶商经过各关口时"按照则例验引"征税，并"汇入关税项下解部"。[②] 毕氏茶行因主营加工，未参与销售过程，故不涉及茶引问题。

毕肇瀚建立茶行后，租与张永大号"设做京庄"。[③] 徽州茶叶经销网络很广，约在道光时形成"内销茶"与"外销茶"两大系统。内销茶称"京庄"，"市场以京、津及北方地区为主，兼及长江流域和东南沿海地区"。[④] 制卖京庄茶是歙县茶商的传统活动，如《歙事闲谭》描述北京的歙县茶商经营着"茶行七家"，且有"茶商各字号共一百六十六家"，"小茶店数千"。[⑤] 外销茶称"洋庄"，供给海外市场。贸易路线"经由江西，或通过海道入粤"，[⑥]"五口通商"后转道上海。毕氏茶行主营加工，将"毛茶"精制后交与张号销售。除毕氏茶行外，本地还有"黄德丰""张守曾"等茶行也主营茶叶加工，可见这类茶行并不在少数。其工序据张海鹏对歙县江氏茶行的研究，略分为"抖筛、撼茶、拣茶、焙茶、风扇等"。[⑦] 京庄茶以竹篓夹带棕毛、箬皮包装，洋庄茶则装入锡缸，外用彩画板箱包装。茶叶加工过程耗费人力、物力，对茶商资本存在较大消耗。因此毕氏茶行起初经营情况并不乐观，"维时仅做京庄篓茶，行用出息有限"。[⑧]

毕肇瀚离世后，茶行交由叔祖钜典主持，至道光二十五年（1845），茶行左侧厢房因年久失修，"狼狈势将倾塌，难以修整"。[⑨] 张号与叔祖商议，"尽将傍余基地兴造包厢楼屋，以便加锅添做洋庄箱茶"。[⑩] 此时海外市场扩大，洋庄

① （清）昆冈：《钦定大清会典事例》卷二百四十二《户部·杂赋·茶课》，台北：新文丰出版社，1976年，第8298页。

② 《[光绪]重修安徽通志》卷七十八《食货志·杂课》，载《续修四库全书》第651册，上海：上海古籍出版社，1995年，第745页。

③ 王振忠主编：《徽州民间珍稀文献集成》第2册，上海：复旦大学出版社，2018年，第414页。

④ 周晓光：《清代徽商与茶叶贸易》，《安徽师范大学学报（人文社会科学版）》2000年第3期。

⑤ 许承尧：《歙事闲谭》卷十一《北京歙县义庄》，合肥：黄山书社，2001年，第357页。

⑥ 周晓光：《清代徽商与茶叶贸易》，《安徽师范大学学报（人文社会科学版）》2000年第3期。

⑦ 张海鹏、王廷元主编：《徽商研究》，合肥：安徽人民出版社，2010年，第580页。

⑧ 王振忠主编：《徽州民间珍稀文献集成》第2册，上海：复旦大学出版社，2018年，第414页。

⑨ 王振忠主编：《徽州民间珍稀文献集成》第2册，上海：复旦大学出版社，2018年，第415页。

⑩ 王振忠主编：《徽州民间珍稀文献集成》第2册，上海：复旦大学出版社，2018年，第415页。

茶需求与日俱增。据《安徽财政利弊沿革说明书》所载，皖南地区仅婺源一地就"每年约销洋庄三万数千引"，歙县、休宁、黟县、绩溪四县"每年共计约销洋庄四五万引"，而内销茶则"不及十之一二"。[①] 因洋庄茶获利颇丰，故为茶商首选。如《中西纪事》所言："自五口既开，则六县之民无不家家蓄艾，户户当垆，赢者既操三倍之价，绌者亦集众腋之裘，较之壬寅以前，何翅倍蓰耶！"[②] 叔祖经过考虑，也认为"通盘划算，似属合宜"。[③] 这是毕氏茶行首次扩张，其花费如下：

> 核计通直五间包厢楼屋，并添茶锅，一切经费约需钱六百余千文之谱。家下资斧不足，比蒙张号允借钱三百千文，议定一分一厘行息。立券将下年应得用息钱按月偿利，陆续拔本。[④]

此后不久，清咸丰二年（1852）茶行再次扩大规模。同上回缘故一样，但此次拆换的是"茶行前进屋宇"，[⑤] 更新费用如下：

> 需费一切，计用去钱四百余千文，中有不敷。长兄亦向张号借钱二百千文，月息如前立券。至三年上，将应得行用钱除开销及偿利外，尚不敷用。长兄又向张号借钱八十千文，亦如前立券。[⑥]

毕氏茶行初次扩张时，向张号借款 300 千文并商定 1.1% 的月息。则毕家每月偿利为 3.3 千文，每年偿利 39.6 千文。这笔钱款已于道光二十九年（1849）还清，可见此时毕氏茶行的经营收入足够应付各项支出。若将其余开销统算在内，

---

① 《安徽财政沿革利弊说明书》，载陈峰主编：《晚清财政说明书》第 7 册，武汉：湖北人民出版社，2015 年，第 39 页。

② （清）夏燮：《中西纪事》卷二十三，台北：文海出版社，1966 年，第 207 页。

③ 王振忠主编：《徽州民间珍稀文献集成》第 2 册，上海：复旦大学出版社，2018 年，第 416 页。

④ 王振忠主编：《徽州民间珍稀文献集成》第 2 册，上海：复旦大学出版社，2018 年，第 416 页。

⑤ 王振忠主编：《徽州民间珍稀文献集成》第 2 册，上海：复旦大学出版社，2018 年，第 416—417 页。

⑥ 王振忠主编：《徽州民间珍稀文献集成》第 2 册，上海：复旦大学出版社，2018 年，第 417 页。

可推知毕氏茶行年均净收入当在 39.6 千文之上。咸丰二年（1852）茶行第二次扩张，向张号借款 200 千文仍以 1.1% 的月息行利。则毕家每月须偿利 2.2 千文，每年偿利 26.4 千文。这笔借款的额度较第一次有所减少，但毕家却已无法按期还清债款，显然茶行此时的经营开始出现问题。究其缘由乃因当时体仁与三弟次第完婚生子，"人口浩繁，家计渐大"，家庭生活开销增加，茶行的经营收入难以应付。[①] 再者，此时张号发生家族析产，茶号分为两家。因毕氏茶行专为张号提供茶叶制成品，茶号分析无疑会对其经营状况产生影响："茶号既分为二，本行做数无多，行用出息亦减大半。是以年来所入不敷所出。"[②] 其后毕家再向张号借款 80 千文弥补亏空，但"每年将所进行用钱除偿利外，虽曰陆续抽本，竟难拔清。年复一年，反负欠矣"。[③] 足见茶行的经营状况已逐渐恶化。

据体仁所述，当时张号的经营规模很大，不仅在薛坑口本镇有茶号，且在北京、寿昌、衢州等地设有分号和典当铺。因而此时的张号已处于金融中心的地位，在茶叶经营的同时通过放贷和资本投入，支持附属茶行的发展。张号对毕氏茶行的借款属于民间金融借贷，根据顾玉乔对清代徽州乡村民间借贷的研究，彼时徽州民众的资金周转已超越血缘关系，并随着相同社会文化环境的刺激，向地缘关系转变。[④] 毕家与张家关系密切，在生产关系上，毕氏茶行为张号的供货商；同时在人际方面，有毕家人在张号帮工，如堂叔肇淇公、长兄树芳就在张号作伙，三弟树义曾赴北京张家分号学习茶叶生意，回乡后亦在张号做工。这种由地缘与业缘结合的信用机制，正是张家肯多次向毕氏茶行借款的原因。再者，张号与毕氏茶行的经营分工也是一个值得关注的问题。据陶德臣对茶行与洋庄茶号的研究，茶行以介绍生意为主，"充当茶农与茶商的交易媒介"；[⑤] 洋庄茶号则是一个集加工、包装、出售为一体的"产区精制茶厂"，[⑥] 张号

① 王振忠主编：《徽州民间珍稀文献集成》第 2 册，上海：复旦大学出版社，2018 年，第 417 页。
② 王振忠主编：《徽州民间珍稀文献集成》第 2 册，上海：复旦大学出版社，2018 年，第 418 页。
③ 王振忠主编：《徽州民间珍稀文献集成》第 2 册，上海：复旦大学出版社，2018 年，第 418 页。
④ 顾玉乔：《清代以来徽州乡村民间借贷研究——以〈徽州文书〉中收录的收借条为中心》，安徽大学硕士学位论文，2014 年。
⑤ 陶德臣：《近代中国外销茶流通环节考察》，《中国经济史研究》1995 年第 1 期。
⑥ 陶德臣：《近代中国外销茶流通环节考察》，《中国经济史研究》1995 年第 1 期。

正属于这类茶号。此时张号主营出售，而毕氏茶行虽称"茶行"，但实际功能乃是张号的附属加工厂。张号与毕氏茶行分割了真正意义上"洋庄茶号"的功能，二者乃是同一经营体系下的两个组成部分。

二、战后茶行的恢复

19世纪50至60年代以来，太平军与清军在长江流域形成了长期对峙。长江中下游地区曾是徽商活动的主要区域，但此时已是"船稀商敝，货物较昔仅止十之五六"，[1] 商业陷于瘫痪。安徽地区作为徽商起家之所，为太平军与清军的鏖战之地，所遭受的冲击和破坏尤为严重。如曾国藩《豁免皖省钱漕折》所言："安徽八府五十九州县，陷于粤逆者十居其七，破于捻匪叛练者十居其三，蹂躏情形，较他省为尤甚。"[2] 体仁曾于咸丰十年（1860）至同治元年（1862）出外避乱，家中茶行生意一度中断。后其从乱军中逃回，面对的是百废待兴的茶行事业："自咸丰末年遭发匪蹂躏后，屋宇幸存，惟茶锅、号筛一切应用器皿等件大半不全。"[3]

恢复茶行经营需对店面进行修理，并补齐茶锅、号筛等物件。幸得张号帮助垫补了所需钱款，"计用去钱三百余千文"。[4] 此时不仅茶行重立，内部的资本组合也发生变化。体仁考虑长嫂方氏为女流，两侄尚且年幼，便与"三叔祖母、濬川叔、江悦言母舅"[5] 诸尊长商议：

> 将本行应得行用，每年不论出息多寡，公家先拨出钱二十四千文，
> 贴补长嫂、两侄等。仍下除开销外，再为三股分派。但此公家拨贴之

---

[1] 彭泽益编：《中国近代手工业史资料（1840—1949）》第1卷，北京：科学出版社，2016年，第594页。

[2] （清）李翰章编：《足本曾文正公全集》第二部《奏稿》卷二十一，长春：吉林人民出版社，1995年，第1042—1043页。

[3] 王振忠主编：《徽州民间珍稀文献集成》第2册，上海：复旦大学出版社，2018年，第428页。

[4] 王振忠主编：《徽州民间珍稀文献集成》第2册，上海：复旦大学出版社，2018年，第428页。

[5] 王振忠主编：《徽州民间珍稀文献集成》第2册，上海：复旦大学出版社，2018年，第429页。

钱，订定贴至炳瑞娶亲为止。又奉慈母在生遗命，将来炳瑞娶亲，于本行行用内公家抽出钱八十千文，以为坐贴长孙之资。除此之外，嗣后本行所有出息永作三股均派，兄弟三家分受，各毋强占争端。[1]

徽州茶商的资本组合主要分为自本经营、合资经营与贷资经营等方式。毕氏茶行改为合资经营，长嫂与两侄持一股，体仁与三弟各持一股，将收支均分为三股摊派。此类方式多以兄弟、亲友合股，"资本相对集中，便于扩大茶叶的营销规模"，[2]且分股经营可使利益均摊，"减少了亏赔的风险"。[3]毕氏茶行选择合资方式，应是考虑到资本组合转变的利好。但据体仁所述，更重要的原因与母亲江氏有关。据载，江氏弥留之际曾留下遗言，其内容如下：

为忧将来炳瑞娶亲，当在茶行用内，公家抽出钱八十千文，坐贴长孙之资。除此之外，嗣后行内所有出息，永作三股均派。兄弟三家分受，各毋强占争端，须合仗义。勿听妇言，免贻外人笑，则吾亦瞑目于地下矣。[4]

可见体仁前述安排，与母亲遗命内容一致。且体仁自叙每当回忆母亲临终景象时，"言念及此不觉涕泗横流矣"。[5]就此或可认为，茶行资本组合的转变确有其理性经营的考虑，但就影响来看，母亲遗命仍是不能忽视的因素。

前文已述，张号垫补钱款 300 余千文帮助毕家重建茶行。毕家则须每月从经营收入中抽出部分，作为还贷利息。这笔借款的利率未载，但若仍以 1.1% 计算，则毕家每年须偿还高于 39.6 千文的利息。再者，毕家改为合资经营后，每年须拨出 24 千文补贴长嫂与两侄，因而此时茶行的年均净收入应高于 63.6

① 王振忠主编：《徽州民间珍稀文献集成》第 2 册，上海：复旦大学出版社，2018 年，第 429 页。
② 张海鹏、王廷元主编：《徽商研究》，合肥：安徽人民出版社，2010 年，248 页。
③ 张海鹏、王廷元主编：《徽商研究》，合肥：安徽人民出版社，2010 年，248 页。
④ 王振忠主编：《徽州民间珍稀文献集成》第 2 册，上海：复旦大学出版社，2018 年，第 419—420 页。
⑤ 王振忠主编：《徽州民间珍稀文献集成》第 2 册，上海：复旦大学出版社，2018 年，第 430 页。

千文。清同治四年（1865）毕家还清了此项债款，这与之前茶行扩张时的窘境全然不同。此时茶行重建，经营状况尚不乐观。但所幸东家张号的生意稳定，本行"做数尚多"，每年收入除偿利及家庭开销外仍有盈余。[①] 可见张号在毕家茶叶生意的恢复过程中，再次扮演了重要角色。且正是由于微薄却稳定的营业收入，使毕家得以借助短暂的喘息机会，逐渐恢复家族的茶叶经营。

随着茶行重建，毕家的生活恢复往常。时太平军尚占领南京，徽州地区"不时有警"。[②] 曾国藩驻军安庆，正欲谋划围攻南京之策，但"统军太多，月需额饷五十余万"，[③] 军费问题尤为棘手。此前曾国藩经营皖南时，欲以当地财政充任饷银，但因"皖南仅存祁门一县，一片贼氛，无从下手"。[④] 同治三年（1864）曾国藩上奏将茶税等项归安徽省经收，并借机改革牙捐制度。此前胡林翼曾于咸丰六年（1856）三月颁布湖北牙帖捐税新章程，重新划定牙税等级并扩大了课税范围。[⑤] 这为时任两江总督的曾国藩提供了丰富经验，由此要求"皖南各行牙帖，仿照湖北、江西变通新章"。[⑥] 关于新章程内容，《本末》中有记载：

> 上则库纹二百两，中则库纹一百两，下则制钱一百千文加帖本银一钱。饬令随时赴牙厘总局禀报，照章捐请。其纹由局入库，以应解充军饷等因。遍谕各府州县，前在藩宪捐请各色牙帖，概不行用。准将藩帖捐项照章补足，呈缴原帖再行捐请。[⑦]

此处所列各则款项名为"牙捐"或称"牙帖捐"，其性质与前述"牙税"不同，属于晚清政府加征的特殊税款。由于太平天国运动的影响，安徽地区农

① 王振忠主编：《徽州民间珍稀文献集成》第 2 册，上海：复旦大学出版社，2018 年，第 430 页。
② 王振忠主编：《徽州民间珍稀文献集成》第 2 册，上海：复旦大学出版社，2018 年，第 430 页。
③ （清）李翰章编：《足本曾文正公全集》第二部《奏稿》卷二十，长春：吉林人民出版社，1995 年，第 994 页。
④ （清）李翰章编：《足本曾文正公全集》第二部《奏稿》卷二十，长春：吉林人民出版社，1995 年，第 994 页。
⑤ 洪均：《论胡林翼整顿湖北地方财政》，武汉大学硕士学位论文，2005 年。
⑥ 王振忠主编：《徽州民间珍稀文献集成》第 2 册，上海：复旦大学出版社，2018 年，第 431 页。
⑦ 王振忠主编：《徽州民间珍稀文献集成》第 2 册，上海：复旦大学出版社，2018 年，第 431 页。

业经济遭受严重破坏。据光绪《安徽通志》所载，安徽省自同治二年（1863）到光绪元年（1875）的12年间，几乎每年都要进行蠲赈，涉及州县多达20—40个，甚至还有全境蠲免的情况。[①] 此时劳动力人口锐减，农业税收缺额严重，因此清廷开设各类杂捐杂税，将商业作为缓解财政危机的救命稻草。杂税杂捐多为地方自设，是国家财政凋敝背景下地方财政的重要组成部分。如王燕的研究便认为晚清杂税杂捐是地方财政现代化的"勉强推手"。[②] 前文已述，申请牙帖时需按等级缴纳牙税及工本费，但此时政府因财政紧张，遂在牙税外加开"牙帖捐"，两者同需缴纳。捐费高出牙税很多，若以《钦定户部则例》所列牙税标准为参照，按10：1的钱两兑换计算，则此时皖南地区牙捐高出牙税额最大约250倍。

毕氏茶行初创时所捐请牙帖为"上则"，若按此等申请必定"捐费倍加"。[③] 毕家遂向县衙申报，"将原帖禀销，意欲捐请下则"，[④] 但县衙以"歙水南源一带属在中旺地方，例合中则"[⑤] 为由回绝了毕家的请求。故此，毕氏茶行只能按中则标准捐税请帖："计中则正项库平纹银百两，再加帖本及外费一切，须得本洋二百余元之谱。"[⑥] 但茶行恢复经营不久，尚无法负担如此额度的税款。体仁遂在"张蔚霞兄处商借纹银百两"，[⑦] 并定以一分五厘行息，此次捐请花费如下：

> 捐帖正项库平纹银一百两，再加帖本银一钱并赴祁使费，一切前后共付牙承王楚书兄手漕平银一百四十六两七四，申本洋二百零八元四角。外另申明禀销毕恒盛上则蕃帖及差房事用一应开销，又共付洋

① 《［光绪］重修安徽通志》卷八十二《食货志·蠲赈》，载《续修四库全书》第652册，上海：上海古籍出版社，1995年，第21—24页。
② 王燕：《晚清杂税与杂捐之别刍论——兼论杂捐与地方财政的形成》，《清华大学学报（哲学社会科学版）》2018年第3期。
③ 王振忠主编：《徽州民间珍稀文献集成》第2册，上海：复旦大学出版社，2018年，第431页。
④ 王振忠主编：《徽州民间珍稀文献集成》第2册，上海：复旦大学出版社，2018年，第431页。
⑤ 王振忠主编：《徽州民间珍稀文献集成》第2册，上海：复旦大学出版社，2018年，第431—432页。
⑥ 王振忠主编：《徽州民间珍稀文献集成》第2册，上海：复旦大学出版社，2018年，第432页。
⑦ 王振忠主编：《徽州民间珍稀文献集成》第2册，上海：复旦大学出版社，2018年，第433页。

二十二元八角。[1]

因捐费数额较大，毕家向张蔚霞借款 100 两并以 1.5% 的月息行利。则毕家每月须偿还 1.5 两的利息，每年须偿利 18 两。此外，捐帖花费纹银 146 两 7 钱，合本洋 208 元 4 角。这里的"本洋"是指西班牙银元，则同治三年（1864）本洋 1 元约为 0.704 两。根据彭信威的研究，同治元年（1862）全国的银钱比价基本处于 1550—1650 文区间之内，[2] 且郑雪巍在具体考察清代徽州地区的土地买卖价格后，也基本赞同前者的结论。[3] 因此若以 1:1600 的银钱比计算，该年毕家捐帖共花费约 162.7512 两，约合 260.402 千文。再者，清同治三年，除须偿还张蔚霞利息 28.8 千文处，毕家的借款中还包括重建茶行的张号欠款年息 39.6 千文，且年收入中还有补贴长嫂的 24 千文，因此本年的净收入应在 92.4 千文之上。而仅捐费一项就已占据本年收入的绝大部分，由此可见其对于茶行经营的负担。

三、经营结构的调整

第二次鸦片战争后，外国资本进一步涌入中国内地，海外市场对外销茶需求不断增多。徽州茶商紧抓机遇，将经营重点转向洋庄茶贸易。道光时，洋庄茶集中于广州对外销售。"五口通商"后，上海以通达快捷的地理优势取代广州。据统计，1852 年以后茶叶从上海出口的数量急剧上升，而广州出口数量仅为上海的 62.6%。[4] 此时毕氏茶行也感受到茶叶市场的变化："近来上洋（上海）售茶，风色颇佳，茶号每多获利。本行取用虽有定例，然做数倍多且茶价高昂，出息

---

① 王振忠主编：《徽州民间珍稀文献集成》第 2 册，上海：复旦大学出版社，2018 年，第 433—434 页。

② 彭信威：《中国货币史》，上海：上海人民出版社，1958 年，第 578 页。

③ 郑雪巍：《明以来徽州土地买卖价格研究——以〈徽州文书〉为中心》，安徽大学硕士学位论文，2018 年。

④ 刘建生：《明清晋商与徽商之比较研究》，太原：山西经济出版社，2012 年，第 176 页。

亦较多进。"① 茶行营业额除去各项开销外"三家均有进益"，足见此时家族茶叶经营的良好态势。

随着茶行收入增多，家中老屋得以重归毕家掌握。此屋曾于咸同战乱时，经由三弟树义出租与柔川张家兄弟，合开"张永利"号杂货店。同治五年（1866）春，张家杂货店生意停歇，遂交还原屋。此时老屋空闲，体仁与长嫂、三弟商议，将屋子一半添设"恒大茶栈"专做代客买茶生意，另一半开设"大生药店"租与体仁专营，每年交租金 18 千文。② 此处收益虽系出租所得，但就家族产业而言无疑是拓展了新的业务。另有"坑边楼下小屋"三间，租与表弟江锦堂开设"灰面蒸笼"生意，每年扣除装修费用 11 千文，收取租金 9 千文。③ 这三间小屋曾于道光初年租与"绩邑黄老五官开设切面包店手艺生理"，每年收租金 12 千文。后又于同治二年（1863）租与汪长寿"开设熟食营生"，至同治六年（1867）方由江锦堂承租。由此不难看出，房屋租赁也是毕氏家族的重要产业，但其收益却并不占主要部分。

近代中国外销茶流通环节，一般需经过"茶农→茶行→洋庄茶号→茶栈→洋行"共五个阶段。④ 茶农，顾名思义，即是茶叶的生产者。茶农将种植的茶叶粗加工为"毛茶"后，经中介商出售与茶号进行精加工并行销。茶行，主要充当茶农与茶号的中介商。因茶号有时下乡不便，就需茶行代为收购茶叶并从中斡旋。茶行会向双方收取佣金，"名义上向茶农、茶商各取 2%—3% 的佣金，实际上只向茶农取佣"。⑤ 洋庄茶号，"是为出口服务的产区精制加工厂"。⑥ 这类茶号集收购、加工、销售为一体，多由资本雄厚的茶商掌握，如张号便属此类。茶栈，通过为茶号存储货物赚得收益，同时作为茶号与洋行的中介商获取佣金，也会以放贷盈利。洋行，是外商在通商口岸建立的进出口业务机构。洋行作为外销茶在

① 王振忠主编：《徽州民间珍稀文献集成》第 2 册，上海：复旦大学出版社，2018 年，第 435 页。
② 王振忠主编：《徽州民间珍稀文献集成》第 2 册，上海：复旦大学出版社，2018 年，第 437—439 页。
③ 王振忠主编：《徽州民间珍稀文献集成》第 2 册，上海：复旦大学出版社，2018 年，第 453 页。
④ 陶德臣：《近代中国外销茶流通环节考察》，《中国经济史研究》1995 年第 1 期。
⑤ 陶德臣：《近代中国外销茶流通环节考察》，《中国经济史研究》1995 年第 1 期。
⑥ 陶德臣：《近代中国外销茶流通环节考察》，《中国经济史研究》1995 年第 1 期。

内地的终点站，亦是进入世界市场的重要节点。

"恒大茶栈"主营代客买茶，实际属于"茶行"的功能，即充当茶农与茶号的中介商，并代茶号收购"毛茶"。其内部人员有把秤、司账、司厨与打杂等，足见其规模。[①] 前文已述，毕氏茶行虽名为"茶行"，但真正功能是张号的附属加工厂，并不具有中介商的作用。尔后设立的"恒大茶栈"才真正具备了"茶行"的功能。彼时每当新茶上市，本镇及屯溪等地茶号便来薛坑口买茶。因而各处茶栈"皆要争先"，[②] 沟通茶农与茶号的联系，从中赚取巨额财富。本地各处茶栈在漳村湾建有茶庄，"设场挂秤"，[③] 是收购茶叶的据点。此类茶庄多设于"水陆交通便捷之地"，[④] "俟当年茶叶贸易事务结束后，即撤牌停业"。[⑤] 茶商收购毛茶时重视成本，如歙县茶商江耀华曾撰《买茶节略》一书专论买茶所应注意事项："买茶先问秤骨银钱平色，裁算行情，酌量使用炭火、人工、箱缶、关税、厘金、船钱一切杂支使用划算成本若干，再能喝价。"[⑥] 且强调茶叶质量的辨认，"茶叶形、色、香、味几个方面，有一项不合格者，皆不能收购"。[⑦] 同治七年（1868），体仁在漳村湾受典张天宝"住基、楼屋三间，并屋后厨房"，[⑧] 在此设庄作为收茶据点。

毕氏家族除经营茶行、茶栈外，还开设药材、租赁等项生意，从中可见徽州茶商的"兼营"现象。徽州各色产业经营中，茶商的"兼营"现象是最为突出的。[⑨] 据周晓光的研究，徽州茶商在茶叶经营的同时，还会将资本投入钱庄、布匹、木材等项生意。因茶叶种植呈现季节性，茶商不必将全年时间用于茶叶贸易，故可将资本投入其他行业。且经营方向的扩大有助于分散风险，避免因市场行情波动影响收益。此外，多样化经营更利于充分利用生产资源，发挥产

① 王振忠主编：《徽州民间珍稀文献集成》第 2 册，上海：复旦大学出版社，2018 年，第 439 页。
② 王振忠主编：《徽州民间珍稀文献集成》第 2 册，上海：复旦大学出版社，2018 年，第 442 页。
③ 王振忠主编：《徽州民间珍稀文献集成》第 2 册，上海：复旦大学出版社，2018 年，第 442 页。
④ 张海鹏、王廷元主编：《徽商研究》，合肥：安徽人民出版社，2010 年，第 230 页。
⑤ 张海鹏、王廷元主编：《徽商研究》，合肥：安徽人民出版社，2010 年，第 230 页。
⑥ 张海鹏、王廷元主编：《徽商研究》，合肥：安徽人民出版社，2010 年，第 587 页。
⑦ 张海鹏、王廷元主编：《徽商研究》，合肥：安徽人民出版社，2010 年，第 587 页。
⑧ 王振忠主编：《徽州民间珍稀文献集成》第 2 册，上海：复旦大学出版社，2018 年，第 445 页。
⑨ 周晓光：《清代徽商与茶叶贸易》，《安徽师范大学学报（人文社会科学版）》2000 年第 3 期。

业经营的综合效益与整体优势，从而开拓新财源，实现资金增值的目的。虽然体仁对于选择多样化经营的原因未作解释，但他曾告诫家人："惟宜各自节省，将前所有积欠务须一一拔清，庶免日后贻累。"① 可见"开源节流"乃是选择多种经营的重要因素。

总体看来，毕家此时的变化主要表现在两个方面。首先，对经营结构做出调整，即在早年的茶行与租赁生意之外，增添了新的业务。之前毕家的收入主要来自于茶行，且有部分租店的收益，但此时已在茶行生意外经营茶栈、药店的生意，其资产来源呈现多样性。其次，毕家经营结构中的贸易色彩加重。毕氏茶行曾作为张号的附属加工厂，被纳入张号的经营体系中。但如今毕家可通过茶栈直接参与贸易并收取佣金，且经营药材、租赁生意无疑也同市场发生着联系，其结果便加重了经营结构中贸易的比重。此时的毕家已由张号经营体系中的一个"部门"转变为与市场发生联系的"商业机构"。另外还需注意的是，毕家的资本结构已逐渐完善。毕氏茶行初期经营时，曾向张号借贷数笔债款，因此不仅在经营方面，而且在资本方面张号对毕家也有较大影响。但同治七年（1868），毕家将先前所欠借款全部结清，且前文述及毕家的资本组合已改为合股经营，生产投入按照三股均摊，因而其后开设茶栈、药店的费用均是自家承担。至此，毕家已在资本方面弱化了张号的影响，并逐步完善了自家的资本结构。同治八年（1869），体仁与张光如合开"张万源"茶栈，其目的是为与张号茶栈争抢生意。② 这样的商业博弈即是利益导向下的市场竞争，亦是毕家在张号影响力弱化后所做出的反应。

四、茶叶经营的衰落

毕氏家族开设"恒大茶栈"后，代客买茶生意逐年兴旺，且家中茶行经营稳定，"每年该计进出，三家均有分进"。③ 随着营业收入增长，家庭境况也开

---

① 王振忠主编：《徽州民间珍稀文献集成》第 2 册，上海：复旦大学出版社，2018 年，第 435 页。
② 王振忠主编：《徽州民间珍稀文献集成》第 2 册，上海：复旦大学出版社，2018 年，第 441 页。
③ 王振忠主编：《徽州民间珍稀文献集成》第 2 册，上海：复旦大学出版社，2018 年，第 445 页。

始发生变化。同治九年（1870）至十一年（1872）间，两侄炳瑞、炳和相继归家完婚，并开始接手茶叶生意。此时的毕家已逐渐进入全盛时期，但随后遭遇的变故却再次将其拉回原点。据体仁所述，同治十二年（1873）炳和管理茶栈账目时，意外丢失为"源昌春"茶号购买茶引的宝纹，其后茶栈又遭遇火灾，附近商铺屋宇均被殃及，毕家只能照数赔偿，其支出费用如表1所示：

表 1　毕家补偿费用统计

项目	本洋（元）	制钱（文）	合计（文）
赔偿买引宝纹	76	126	92846
周济黄宅	196	880	240000
贴补胡先生	20		24400
偿还江锦堂垫款	4	17120	22000
开销雇工		6400	6400
供给黄宅男女饭食		2400	2400
合计	296	26926	388046

资料来源：王振忠主编：《徽州民间珍稀文献集成》第 2 册，上海：复旦大学出版社，2018 年，第 451—456 页。

由表 1 可知，毕家的赔偿费用分为"本洋"与"制钱"两项支出，其兑换价格《本末》中记为"122"。据体仁所述，此次赔偿共支出本洋 296 元，"一二二扣钱三百六十一千一百二十文"。[1] 由此可知，彼时洋钱的兑换价格约为本洋 1 元兑换制钱 1220 文。[2] 再者，除赔偿本洋 296 元外，又有制钱 26926 文，共计约合 388046 文。毕家难以应付如此高额的开销，遂临时调用各处产业的流动资金。其先后共计从茶行、茶栈以及漳村湾茶庄凑来本洋 296 元并制钱 22126 文，但前后相抵仍须透支 2400 文供给黄宅男女饭食。此次的变故无疑对毕家的茶叶经营造成了沉重打击，体仁也认为"吃亏倍甚"且"店业一空"，而此时的茶叶市场已开始发生变化。

---

① 王振忠主编：《徽州民间珍稀文献集成》第 2 册，上海：复旦大学出版社，2018 年，第 456 页。
② 蒋勤曾对石仓农家账簿中的位数缩略问题有过详细论述，具体参见蒋勤、曹树基：《清代石仓农家账簿中数字的释读》，《社会科学辑刊》2016 年第 5 期。

光绪中叶以后，徽州茶叶贸易呈现江河日下之态。19世纪70至80年代末，随着日本、印度等地茶叶出口量增大，中国运往英国的茶叶数量已由1871年的91%下降到1881年的75%，[①]且英国的印度茶消费已从1870年的11%上升到1886年的41%，[②]向美国输入的日茶在1875—1876年已"占销量的一半，而十五年前则完全为华茶所独占"。[③]由此可见中国茶叶在世界市场中的贸易颓势。且国产茶叶采用传统加工技术，茶质不能耐久，在长途运输后，往往"茶力亦薄，茶味已失"。[④]甚至有以次充好的情况："挽杂赝物以混之，或妆点色泽以相炫，或制造香味以相混。"[⑤]茶叶质量下降严重影响了华商的市场信誉，而同时期的日本、印度已开始仿制红茶，并用机器生产。洋茶凭借低廉的价格，很快获得国际市场的青睐："泰西自俄罗斯外，英、法、德、意、比诸国，皆销印度之茶，无复饮中国茶者，以其价廉而物美也。"[⑥]甲午战争后中国茶叶出口量不断下滑，"清末几年出口大约80万—90万公担"。[⑦]

此外，沉重的税收负担对茶叶经济发展也造成影响。徽州地区茶税繁多，除产地缴纳茶税外，还有关税、茶厘、茶捐等各类名目。"每茶百斤须缴纳关税库平银二两五钱，又加厘捐及各项捐款甚巨。"[⑧]据周晓光研究，徽州茶税远高于洋茶，咸丰到同治年间的茶税已由每引9钱3分，提高到每引2两4钱8分，增长率高达166.7%。[⑨]光绪三十三年（1907）清廷又于皖南加抽茶厘，"将行销外洋之茶，每斤加抽二文；行销内地之茶，每斤加抽一文"。[⑩]徽州茶商被高额茶税

① 姚贤镐编：《中国近代对外贸易史资料》第2册，北京：科学出版社，2016年，第1192页。
② 姚贤镐编：《中国近代对外贸易史资料》第2册，北京：科学出版社，2016年，第1194页。
③ 姚贤镐编：《中国近代对外贸易史资料》第2册，北京：科学出版社，2016年，第1200页。
④ 彭泽益编：《中国近代手工业史资料（1840—1949）》第2卷，北京：科学出版社，2016年，第289页。
⑤ 《论整顿茶叶之法》，《申报》（上海版）3088号，1881年12月4日。
⑥ 张登德编：《中国近代思想家文库·陈炽卷》，北京：中国人民大学出版社，2015年，第63页。
⑦ 吴慧：《中国商业通史》第5卷，北京：中国财政经济出版社，2008年，第86页。
⑧ 彭泽益编：《中国近代手工业史资料（1840—1949）》第2卷，北京：科学出版社，2016年，第309页。
⑨ 周晓光：《清代徽商与茶叶贸易》，《安徽师范大学学报（人文社会科学版）》2000年第3期。
⑩ 陈峰编：《晚清财政说明书》第7册《安徽财政利弊沿革说明书》，武汉：湖北人民出版社，2015年，第40页。

所累，国际贸易竞争力显著降低。再者，徽州茶叶主营外销，对洋商依赖性较大，而洋商却以行业垄断、哄抬物价等方式对华商恶意压制，"始则放价，继则故意挑剔，低盘割镑之弊生，每以一人掣动全局"。① 彼时情形正如曾国荃所述：

> 商贩资本贷于洋商者多，洋人因其借本谋利，货难久延，辄多方挑剔，故意折磨，期入其彀。皖南茶销路仅一上海，业已到底，只得减价贱售。种种受制洋人，以致十商九困。②

徽州茶叶销路受阻，直接导致茶商群体的没落。如歙县茶商江耀华，自光绪二十六年（1900）起，家中茶号便连年亏损，其他行业投资也纷纷失利。③ 又如绩溪茶商胡沇源，曾先后开设五家茶叶分店，但光绪以后家中生意不断亏损，茶叶经营难以为继。④ 柔川张家茶号主营茶叶销售，此时也受到市场变化影响："上洋市面渐次不佳，各号生意减色。"⑤ 其后张号将做茶生意由毕家转到本家，这虽是出于减少成本的考虑，但仍可看出其经营实力的衰退。作为张号的供货商，毕氏茶行的经营情况也逐渐恶化："做数较前渐减，行家出息亦微，大势局面如此。"⑥ 光绪六年（1880）春，张家与毕家中止合作。随着张家的撤出，毕氏茶行也停止经营。除茶行关停外，家中代客买茶生意也不复从前。据体仁所述，先前在漳村湾做代客买茶生意的，除自家外还有"茂盛椿""朱泰和""汪吉祥""万源仁"四家。各家买茶生意兴隆，"每届茶季辐辏如市"。⑦ 但此时茶叶贸易颓势明显，"漳村湾市面渐次冷落，挂秤买茶寥寥不多"。⑧ 前后对比，足见市场变化对地区茶叶经济的影响。

---

① 张登德编：《中国近代思想家文库•陈炽卷》，北京：中国人民大学出版社，2015年，第63页。
② （清）萧荣爵编：《曾忠襄公奏议》卷二十五，载《近代中国史料丛刊》第四十四辑，台北：文海出版社，1966年，第2552—2553页。
③ 张海鹏、王廷元主编：《徽商研究》，合肥：安徽人民出版社，2010年，第599页。
④ 郑毅：《"三泰"茶商胡沇源》，《江淮文史》2004年第4期。
⑤ 王振忠主编：《徽州民间珍稀文献集成》第2册，上海：复旦大学出版社，2018年，第460页。
⑥ 王振忠主编：《徽州民间珍稀文献集成》第2册，上海：复旦大学出版社，2018年，第460页。
⑦ 王振忠主编：《徽州民间珍稀文献集成》第2册，上海：复旦大学出版社，2018年，第445页。
⑧ 王振忠主编：《徽州民间珍稀文献集成》第2册，上海：复旦大学出版社，2018年，第479页。

再者，毕家对张号的依附性也是值得关注的因素。毕氏茶行先前为张号供货，在经营和资本两方面依附于张号。虽然此后毕家通过还清债款弱化了张号的影响，但茶行为张号供货的附属地位并未改变。因而张号的经营境况，便直接关系到毕氏茶行的兴衰。且毕家的资本力量与张家相比，明显处于劣势。体仁曾提及张家在本地设有四家茶号，在漳村湾还有茶栈代客买茶，毕家显然没有此等规模。由于资本力量薄弱导致抗风险能力低下，因而毕家的茶叶经营很容易受到市场变化的冲击。相较毕家这类小茶商，资本力量雄厚的大茶商往往能够抵抗住市场变化的影响。如歙县江氏茶号，尽管茶叶生意连年亏损，但因其强大的资产规模，至民国时仍未停业。又如绩溪胡沇源茶号，从其开设五家连锁茶店便可看出其资本力量，虽然茶号经营举步维艰，但依旧支撑到新中国成立以后。

毕家不仅缺乏雄厚的资产规模，且家族析产更是分散了仅有的经营力量。毕氏茶行关停后，家族内部矛盾随即爆发。最终茶行不仅被分为四股，且茶锅、茶板等加工用具也被拆卸分摊。彼时徽州茶商经历分家析产者很多，如祁门红茶创始人胡元龙，在其父胡上祥时就经历析产。但胡上祥析产时主张"分钱不分家产"，其重点在于"清点家产和强调管理原则"。① 又如"黄山毛峰"创始人谢正安，在析产时实行"分家不分店原则"。② 其目的是为了保存商业实力，以求茶叶生意的更大发展。前后对比不难发现，胡、谢两家的析产均是在保留资本规模和茶叶经营基础上做出的选择。而毕家却因矛盾深重，通过析产直接破坏了家中的茶叶生意。此前茶行关停时，体仁与长嫂、三弟商议将茶行暂时闲置，"公同议定三家均毋私自擅用"。③ 其目的是为等待市场行情转变："惟愿将来上洋生意转机，设有他号来此，照旧三家公同出租，不违先慈遗训。"④ 可见起初体仁的想法与谢正安"分家不分店"理念似有共通之处。岂料之后毕家纷争不断，不仅茶行被分析，甚或加工器具也被拆卸，因而恢复经营已再无可能。

① 汪琼、郑建新：《新现祁门红茶鼻祖胡元龙家族遗嘱简析》，《农业考古》2017年第2期。
② 张斌：《关于"黄山毛峰"创始人谢正安家族的两份阄书》，《黄山学院学报》2007年第1期。
③ 王振忠主编：《徽州民间珍稀文献集成》第2册，上海：复旦大学出版社，2018年，第461页。
④ 王振忠主编：《徽州民间珍稀文献集成》第2册，上海：复旦大学出版社，2018年，第461页。

五、余论

徽州茶商在晚清茶叶经济发展中扮演着重要角色，相对于资本雄厚的大茶商，力量薄弱的小资本茶商占据着茶商群体的多数。毕氏家族作为小资本茶商的代表，其经营与变迁同其他茶商一样，也受到时局形势的影响。宏观历史叙事下的徽州茶叶经济，历经兴盛、中断、复兴、衰落四个阶段。我们通过梳理毕氏家族半个世纪的商业史，可以发现其与时代发展轨迹是基本吻合的。毕氏家族的茶叶经营与变迁既与晚清时代形势及地区市场的变化有关，又体现了徽州小资本茶商在历史变局下的选择与困境。

再者，毕氏家族也代表了小资本茶商中一类特别的商业群体——包工商。毕家创建茶行之初定位于茶叶加工，即通过为张家提供茶叶制成品赚得收入。张家也为茶行的经营与扩张提供资金支持，故不仅在生产链条上，且在资本方面毕家对张家的依附程度也是较大的。19世纪60年代末，毕家在发展过程中经历了经营结构的变化，通过在茶行外开设茶栈、药店等生意，实现了经营结构的增殖。但即便如此，作为张号供货商的依附地位并未改变，只要张号终止合作，毕氏茶行便停止经营。张号茶叶生意的好坏，直接关系到毕氏茶行的营业状况。除毕家外，本地还有如"黄德丰""张守曾"等茶行也在专做茶叶加工。由此可见，当时歙县地区存在类似"包工"的小资本茶商群体。这类茶商的出现是市场需求导致的社会分工再细化，是对原有茶叶流通链条的再切割。他们不参与茶叶贸易，仅通过承担茶号的加工任务获取收益，其性质类似于茶号的生产部门。与资本雄厚的大茶商相比，此类茶商的经营往往对后者存在较强的依附性，且后者也对其存在生产与资本两方面的影响。一旦双方停止合作，处于依附地位的小茶商便会面临困境。同时，此类茶商的经营规模有限，资本力量的薄弱导致其抵御市场风险的能力低下，因而时刻有濒临破产的可能。

目前学界关于茶商的个案研究，多集中于资本雄厚的大茶商，对占多数的小资本茶商及其经营状况缺乏关注。本文虽从个案出发，却不仅是为增添一个孤例，而是通过审视毕氏家族茶叶经营的发展历史，探讨徽州地区小资本茶商的具体运营及其结构功能的变化，从而深化对于晚清徽州茶叶经济与茶商群体的思考。

土宜的流动：晚清中原土特产长途贩运研究

——以恒兴祥商号信稿为中心的考察

秦国攀*

明清时期，国内长途贩运贸易走向兴盛，与前代相比，贩运的商品种类也发生了明显变化，"长途贩运货物，唐宋以前，是以奢侈品、名优土特产品等为主，以后，尤其是明清，是以粮、布、盐等生活必需品为主"。[1] 随着地域性商人群体的涌现，催生出了晋商、徽商等商帮。刘秋根、张世满、朱香玲、谭作刚等学者以区域为研究对象，分别对清代江西、安徽、晋蒙、东北、陕南地区的土特产品销售贩运进行了研究，[2] 但中原地区土特产品的长途贩运情况尚缺乏具体考察。虽然冯延淑《清代河南的商业市场》[3] 一文认为，从清代开始河南的农产品种类增多，并大量投入市场，发达的水陆交通网络促使土特产贸易进一步发展，但其对于中原地区的长途贩运贸易，尤其是商号的具体经营情况，未做详细考察。对比目前学界对明清食盐、茶叶、绸缎、钱庄、票号、当铺等研究，有关土宜贸易的研究更显薄弱。

明清时期的周口，是一个引人注目的中原市镇。作为沟通南北的内河航运枢纽，周口的商业兴盛近三百年。清后期，周口的人口数量仅次于省

---

* 秦国攀，河北馆陶人，河北大学宋史研究中心博士研究生。

① 李穆文主编：《稳步发展的社会经济》，西安：西北大学出版社，2006年，第167页。

② 刘秋根：《江西商人长途贩运研究——〈江西商人经营信范〉解读》，保定：河北大学出版社，2017年；张世满：《逝去的繁荣：晋蒙粮油故道研究》，太原：山西人民出版社，2008年；朱香玲：《清代民国时期东北土特产经济述略》，吉林大学硕士学位论文，2008年；谭作刚：《清代陕南土特产品的生产和销售》，《中国农史》1989年第2期。

③ 冯延淑：《清代河南的商业市场》，郑州大学硕士学位论文，2009年。

城开封，与京师、上海、天津、汉口、开封等地都保持着密切的商务关系，尤其与汉口间的贸易最为紧密。许檀教授通过周口山陕商人修建会馆捐助银两的碑刻资料，对清代周口商业的发展脉络、流通概况进行了考察，认为在清道光年间全镇商人商号数量至少超过千家，年经营额估计可达500万—600万两。① 邓亦兵先生从经济结构、功能、兴衰原因等角度，论述了清代朱仙镇与周家口的重要商业地位。② 这些成果反映了清代周口商业的繁荣盛景，但仍没有展现周口商号的具体经营活动。笔者认为，周口鼎盛时期应在清道光二十三年（1843）水灾以后，此时朱仙镇衰落，周口的商业地位更加重要，营业规模远远超过五六百万两，清光绪三十四年（1908）大清银行开封分行的报告显示："周家口……为南北帮荟萃之场，……一岁出入约在千万之谱。"③

因历史上周口行政级别较低，加之当今周口市经济欠发达，以及资料所限，周口这个中原地区的商业重镇未能引起学界的重视，研究尚显不足。鉴于此，笔者以恒兴祥商号信稿为核心，探究中原市镇周口（今周口市）至汉口间的金针菜、香油等土宜的贩运，以期再现晚清中原商业中心周口与汉口间土宜杂货贸易的情景。

山西商人曾在周口开设恒兴祥杂货商号，并留有书信32封，④ 整理点校后约1.4万字。每封信末署有月份、日期和详细编号，但未显示年份。现统计如下：

① 许檀：《清代河南的商业重镇周口——明清时期河南商业城镇的个案考察》，《中国史研究》2003年第1期。
② 邓亦兵：《清代的朱仙镇和周家口》，《中州学刊》1988年第2期。
③ 大清银行清理处：《大清银行始末记》，大清银行清理处，1915年，第27页。
④ 该信稿收入刘建民主编：《晋商史料集成》第12册，北京：商务印书馆，2018年，第831—901页。收录标题定为《光绪三十一年祥记油行信稿》，笔者考证后认为时间、名称略有不妥，详见行文。本文将每封信信末所署日期及编号定为每封信的名称。

表 1 《恒兴祥信稿》统计①

序号	周号寄周号汉号信	发信日期	发信间隔天数	信稿原编号	收信人	发信人	收汉号回信	收汉号信日期	收信间隔天数	汉信原编号	备注
1	五月廿九日周字十二号之信	0529		12		张锡五					
2	六月初六日周字十三号之信	0606	7	13	子登	张锡五	本月初五日接到汉字拾三号之书	0605		13	
3	周字拾四号六月十九日信	0619	13	14	子登		拾柒日接到汉字拾四号之书	0617	12	14	
4	六月廿八日十五号信	0628	9	15	子登	张锡五	廿六日晚接到吾兄汉字十五号信	0626	9	15	
5	七月初九日周字十六号	0709	11	16	子登		初八日接到汉字拾陆号之信	0708	12	16	
6	七月廿日周字拾柒号之信	0720	11	17	子登		拾九日接到汉字拾柒号之信	0719	11	17	
7	周字十八号七月廿八日周口行	0728	8	18	子登		廿六日接到汉字十捌号之信	0726	7	18	
8	周字十九号八月初二日	0802	4	19	子登		今班哨号未接汉信				

① 按照信稿原编号，周号寄周号汉号信缺少两封，为保证史料的完整性，缺少的两封信在号编号时亦按顺序列出，分别是第 15 号《口字第廿六号之书》和第 28 号《新正月初六日奉上口字吉号号之书》；汉号回信仅在周号寄信中提及，信稿暂未见。

续表

序号	周号寄汉号信	发信日期	发信间隔天数	信稿原编号	收信人	发信人	收汉号回信	收汉号信日期	收信间隔天数	汉信原编号	备注
9	八月初八日周字廿号之信	0808	6	20	子登		初七日接到汉字十九号之书	0807	11	19	
10	捌月拾八日周字廿一号	0818	10	21	子登	张锡五	拾柒日接到汉字廿全号之函	0817	10	20	
11	九月初壹日口字廿贰号之信	0901	13	22	子登	张锡五	八月廿九日接到汉字廿壹号之书	0829	12	21	
12	九月初四日周字廿三号信	0904	3	23	子登	张锡五	初三日接到汉字廿贰号之信	0903	4	22	
13	九月初八日口字廿四号之书	0908	4	24	子登		初七日接到汉字廿三号之信	0907	4	23	
14	九月十八日周字廿五号	0918	10	25	子登	张锡五	九月十七日接到汉字廿四号之书	0917	10	24	
15	九月廿三日奉上口字第廿柒号之书	0923	5	26							寄汉号信应为"口字第廿六号之书"之误，该信缺失
16	口字第廿柒号之书九月廿八日	0928	5	27	子登		廿七日接到汉字廿五号之书	0927	10	25	
17	十月初二日廿八号之信	1002	4	28	子登						发往汉口信中未说明汉号廿六号来信

续表

序号	周号寄汉号信	发信日期	发信间隔天数	信稿原编号	收信人	发信人	收汉号回信	收汉号信日期	收信间隔天数	汉信原编号	备注
18	拾月初七日周字廿九号之信	1007	5	29	子登	张锡五	十月初六日接到汉字廿七号之信	1006	8	27	
19	十月十三日周字三十号之信	1013	6	30	子登	宁乃钊					
20	十月十九日周字卅一号之书	1019	6	31	子登	勉之	八日接到汉字廿八号之书	1008	2	28	
21	十月廿二日周字卅贰号信	1022	3	32	子登	勉之	十月廿一日接到汉字廿九号之信	1021	13	29	
22	十月廿七日周字卅三号之信	1027	5	33	子登	勉之	廿六日接到汉字叁全（拾）号之信	1026	5	30	
23	冬月初十日周字卅四号之信	1110	13	34	子登	宁勉之	冬月初八日接到汉字三壹号之信	1108	12	31	
24	冬月念三日周字卅五号之信	1123	13	35	子登	宁勉之	廿二日接到汉字叁拾三号之书	1122	14	33	
25	嘉年初一日周字卅六号	1201	8	36	子登	宁勉之	冬月三十日接到汉字叁拾四号之信	1130	8	34	
26	十二月十四日周字卅七号	1214	13	37	子登	宁勉之	拾叁日接到汉字叁拾五号之书	1213	13	35	

续表

序号	周号寄汉号信	发信日期	发信间隔天数	信稿原编号	收信人	发信人	收汉号回信	收汉号信日期	收信间隔天数	汉信原编号	备注
27	嘉年念二日周字卅八号之信	1222	8	38	子登	宁勉之	腊月念日接到汉字叁六号之信	1220	7	36	
28	新正月初六日奉上口字壹号之书	0106	14	1							寄汉号信信缺失
29	周字第贰号正月十七日写	0117	11	2	永丰	宁勉之	拾六日接到汉字弟（第昔）号之信	0116		1	
30	正月廿四日周字第三号之信	0124	7	3		宁勉之					
31	周字第四号正月廿八日泐刽顿	0128	4	4	子登		廿七日接到汉字贰号之书	0127	11	2	
32	第五号二月十五日泐	0215	17	5	子登	宁乃钊	杏月叠接汉字第三号及四号之支	02		3·4	
33	周字第陆号之信二月廿七日写行	0227	12	6	子登	宁勉之	廿五日接到汉字五号之书	0225		5	
34	周字第柒号之信三月十一日行	0311	13	7	子登		数次信期未接吾弟之手书				

一、《恒兴祥信稿》考证

（一）商号名称、经营行业及所属商帮

关于商号名称的记载，仅有第 29 号"周字第式号正月十七日写"信稿末尾署有"祇请！大安！恒兴祥宝号！愚兄宁勉之字启"。[①] 其中"恒兴祥宝号"五字的字体和墨迹与其他字体有明显区别，笔者推断是后人重新翻阅信稿时加上去的，当为该信稿所属商号名称。

信稿内容涉及了该商号经营香油、棉油、芝麻、金针菜、各类纸张（帐）、白蚰、川占等多种商品，亦出现"杂货行家家无事"[②]"杂货客俱是卖的不够发脚银"[③]"各杂货行生意还热闹有事也"[④]"杂货行生意不多"[⑤]等话语，可知该商号是以贩运周口附近土宜——金针菜、香油、棉油为主，并兼营纸张（帐）、中药的杂货商，而且还从事金融汇兑业务，笔者认为该信稿名称应为《恒兴祥杂货商信稿》，行文中简称《恒兴祥信稿》。

由信中出现"今班咱号未接汉信……祈吾兄高见……望乞详细示之"，[⑥]"数

---

① 《周字第式号正月十七日写》，载刘建民主编：《晋商史料集成》第 12 册，北京：商务印书馆，2018 年，第 891 页。

② 《五月廿九日周字十二号之信》，载刘建民主编：《晋商史料集成》第 12 册，北京：商务印书馆，2018 年，第 834 页。

③ 《拾月初七日周字廿九号之信》，载刘建民主编：《晋商史料集成》第 12 册，北京：商务印书馆，2018 年，第 864 页。

④ 《十月廿二日周字卅贰号信》，载刘建民主编：《晋商史料集成》第 12 册，北京：商务印书馆，2018 年，第 875 页。

⑤ 《第五号二月十五日泐》，载刘建民主编：《晋商史料集成》第 12 册，北京：商务印书馆，2018 年，第 897 页。

⑥ 《周字十九号八月初二日》，载刘建民主编：《晋商史料集成》第 12 册，北京：商务印书馆，2018 年，第 845 页。

次信期未接吾弟之手书，诸多悬计"，[①]以及记载汉号[②]回信的编号顺序等判断，这些信件都是由周号寄信，汉号回信。周号多次要求汉号负责人回信报告汉口商业情况，吩咐汉号负责人金针菜、香油出售的时机，而且信中有"咱号生意亦不好，东家刻未出外人位"[③]的描述，故笔者认为汉号与周号为同一东家开设的商业字号，汉号在业务上配合周号，协同经营土宜、杂货、金融汇兑业务。

虽然信稿中未明确说明恒兴祥商号的东家伙友籍贯及所属商帮，但据"咱号生意亦不好，东家刻未出外人位，皆不协力而行，实是难言"[④]判断，该商号应是客帮商号。又据"家中之人，自麦后皆无人到外"[⑤]可以看出，恒兴祥号经营者籍贯所在地种植小麦，属于北方商帮。再据"咱号之事办理顺也，请兄先放宽心，勿须结计"[⑥]进一步判定，该商号是晋商，因为"结计"即惦念的意思，是典型的山西方言。另据"山西晋南人又在周口开设了天奎杂货行，晋城人开设了立昌杂货行，……周口人开设了复源等十几家杂货行，经理百分之九十五以上是山西人，集中在北寨大油坊街和磨盘街。店内伙友百分之九十是山西人，店规严格，资金雄厚，颇有信誉。……杂货行同业公会会长是山西人，南北两岸共有行店廿多家"[⑦]这则资料，虽然反映的是民国时

---

① 《周字第柒号之信三月十一日行》，载刘建民主编：《晋商史料集成》第12册，北京：商务印书馆，2018年，第899页。

② 其汉号可能名为"恒兴裕"，恒兴祥通过日升昌汇兑时提及："咱号今在周与日升昌说妥，会汉口南平足银伍百两正，至汉三月底交咱，未写会票，各凭各信，伊信写会恒兴裕记的牌名。"载《周字第柒号之信三月十一日行》，载刘建民主编：《晋商史料集成》第12册，北京：商务印书馆，2018年，第899页。

③ 《周字第贰号正月十七日写》，载刘建民主编：《晋商史料集成》第12册，北京：商务印书馆，2018年，第891页。

④ 《周字第贰号正月十七日写》，载刘建民主编：《晋商史料集成》第12册，北京：商务印书馆，2018年，第891页。

⑤ 《捌月拾八日周字廿一号》，载刘建民主编：《晋商史料集成》第12册，北京：商务印书馆，2018年，第849页。

⑥ 《十月初二日廿八号之信》，载刘建民主编：《晋商史料集成》第12册，北京：商务印书馆，2018年，第863页。

⑦ 周鸿魁等：《民国时期的周口杂货行》，载中国人民政治协商会议河南省周口市委员会文史资料委员会编：《周口文史资料》第十一辑，1994年，第3页。

期的情况，但可以看出晋南商人在周口开杂货行久已有之，并在周口占据了该行业主导地位。信中有"启者兄于九月廿六日由家动身，幸获途中平顺，于十月初九日抵号"，[①] 从老家到周口费时 13 天。参照祁县大德诚贩茶"祁至安化水陆路程底"："祁（县）至赊（旗）店十九站，计陆路一千三百五十五里"，[②] 费时 18 天，平均行程一天 75 里，途径郑州、新郑、襄城等地，新郑、襄城水陆皆可通周口，故恒兴祥的宁掌柜从山西老家到周口的路途也应大致如此，路途应在 1000 里左右。由以上信息并结合信稿在山西发现，由刘建民先生收藏，故笔者认为，恒兴祥商号应属晋商，且东掌故里就在山西省中南部。

（二）信件收寄人

综观整本信稿，收信人显示的有"子登仁兄""子登贤弟"和"永丰贤弟"，寄信人有"张锡五"和"宁乃钊"、"勉之"或"宁勉之"。"子登"应为汉号负责人。寄信人从第 1 号《五月廿九日周字十二号之信》到第 18 号《拾月初七日周字廿九号之信》共 17 封信稿，除第 15 号信缺失外，有 7 封信署名是"张锡五"，其余未署名，但也应是张锡五。此阶段周号负责人是张锡五，比汉号负责人子登年轻，称呼收信人为"子登仁兄"。从第 19 号《十月十三日周字三十号之信》起，以下 15 封信的署名发生了变化，第 2 号《六月初六日自周字十三号之信》已提及"宁掌柜还未到外，昨日闻口信总到八月间才能出来。"周口恒兴祥的负责人将进行调班，之后由"兄于九月廿六日由家动身"的宁乃钊接任，宁掌柜八月并未来周口，直到十月中旬才到。此后周号发往汉号的信除三封未署名外，其余 12 封署名为"宁乃钊"、"勉之"或"宁勉之"，实乃同一人。

---

① 《十月十三日周字三十号之信》，载刘建民主编：《晋商史料集成》第 12 册，北京：商务印书馆，2018 年，第 869 页。

② 史若民、牛白琳：《平、祁、太经济社会史料与研究》，太原：山西古籍出版社，2002 年，第 484 页。

（三）信稿写就时间

虽然信稿最后一页末尾记有日期"光绪三十弍年新
正月吉日立""光绪三十弍年新正月吉立，进喜气多"，
但字体笔迹和墨色明显与正文不一致。笔者推断，信稿
写就的真实时间并非光绪三十二年（1906），而是光绪
二十四年至二十五年（1898—1899）。理由如下：

第一，信中记载了周口"义盛成"号引起的区域性金
融危机事件，而该事件恰发生在清光绪二十四年。第 17 号
《十月初二日廿八号之信》言："义盛成之事办的有点眉目，
商水县孙大老作主，请周口票、帐庄帮银，助义盛成开门，
各票号先不允，此事孙大老爷又出谕单来请，票庄看事不
顺，不应酬，要闹不好看，大家应允，抽助六七万之两，
还未定准。"[①] 当时周口镇分属陈州府淮宁县和商水县管辖，义盛成号坐落在周口
镇的商水县境。民国《商水县志》记载，信文中所提到的商水县孙大老爷，即"孙
多祺，字亦效，安徽寿州人，监生。光绪二十四年（1898）三月任"。[②] 虽然此
人仅在商水担任 8 个月左右的知县，但官声较好，并巧妙地处理了周口金融风波
事件。又信中有"再者汉地本国造的光绪龙元，在汉挑换纹银"，[③] 光绪龙元即光
绪元宝，汉口铸造，始铸于光绪二十年（1894），[④] 据考证，其他商水知县在光绪
二十年至二十四年前后未再有孙姓者，故该信稿写就的时间当在孙多祺任商水知
县的光绪二十四年，即 1898 年。

第二，信中提到的戊戌六君子事件，发生在光绪二十四年。第 11 号《九
月初壹日口字廿贰号之信》中有："又闻京城于八月十六日杀御史六人，逃走

① 《十月初二日廿八号之信》，载刘建民主编：《晋商史料集成》第 12 册，北京：商务印书馆，
2018 年，第 862 页。
② 《[民国] 商水县志》卷三《职官表》，1918 年刻本。
③ 《嘉年念二日周字卅八号之信》，载刘建民主编：《晋商史料集成》第 12 册，北京：商务印书
馆，2018 年，第 889 页。
④ 彭信威：《中国货币史》，上海：上海人民出版社，2015 年，第 587 页。

数人，已系御史，皇上不理朝事，皇太后垂帘听政，世事不知变于何处。"① 戊戌六君子事件发生日期是 1898 年 9 月 28 日，农历八月十三，虽然信中描述日期是"八月十六日"，比实际发生时间晚了三天，但考虑到信息传递的时间差，京师距周口有 1600 余里，以当时的通信条件，当是信息传播时出现的小误差。

通过以上考证，我们知道恒兴祥这些信稿应为光绪二十四年（1898）和光绪二十五年（1899）写就。其中，光绪二十四年第 1 号《五月廿九日周字十二号之信》至第 27 号《嘉年念二日周字卅八号之信》，有 26 封；翌年第 28 号《周字第贰号正月十七日写》至第 34 号《周字第柒号之信三月十一日行》有 6 封。内容涉及该商号日常经营、与票号钱庄的业务往来、周口及汉口市面商业金融状况、部分商品行情、交通状况、国家大事、区域气候、农业生产状况等详实丰富的社会经济史信息。

二、信稿所见恒兴祥的土宜贸易

（一）晚清周口地区丰富的土宜出产

河南盛产芝麻和金针菜，尤其是周口附近，不仅种植面积广，产量高，而且品质极佳。"河南为芝麻油之大产地，品质佳良，……同省之陈州（周家口）为其主产地。……皆上等黄色芝麻，搬至汉口，壹斤之时价，壹百四十八文。"② "周口出产品，以芝麻、牛羊皮为大宗，……芝麻约值三四百万两……运汉（口）转销粤、申镇及外洋。"③ 开埠以来，尤其是晚清民国时期芝麻出口增多，"河南年产一百十一万九千余担。郾城、周家口（二万五千吨）……其中漯湾河、周家口两处尤盛。……德商瑞记、礼和、僖利，日商三井、三菱、大仓，皆于

---

① 《九月初壹日口字廿贰号之信》，载刘建民主编：《晋商史料集成》第 12 册，北京：商务印书馆，2018 年，第 852 页。

② ［日］水野幸吉著，刘鸿枢等译：《汉口》，上海：昌明公司，1908 年，第 404 页。

③ 桂绍熙：《最近各省金融、商况调查录》，国光印刷所印刷，1916 年，第 22 页。

此收买"。① 由此来看，周口一带出产的芝麻，不仅受到国内商号的关注，亦吸引了外国公司来此收购，竞争较为激烈。

金针菜和芝麻贸易在周口占有不分伯仲的地位。清代张丰有《周家口道上二绝》诗载："沿村郁郁树森森，一半桑阴半柘阴；莫笑农家无宝玉，黄花满地是金簪"。② 形容的即是金针菜种植面积之广。周口镇东部淮宁（阳）县，是金针菜的主要产地，"岁可得八九十万斤，皆运赴周家口批售"。③ 发展最盛时"黄花菜曾发展到十五万亩，年产量达一千五百万斤"。④ 在贸易方面，"周口为豫东一带货物集散之区，乃贸易之大市场，市面夙称繁盛，输出商品以农产业为最巨，如附近商水、淮阳、西华、项城、扶沟、太康等县农产品，均囤周镇，尤以金针菜为大宗，芝麻、香油次之"。金针菜"每年夏季上市，销汉口帮最多。芝麻、香油亦销汉帮为大宗"。⑤

周口是金针菜、芝麻（香油）的集散地，但不是最终销售市场，须转输到汉口等城市。光绪三十四年（1908）十二月，大清银行开封分行的报告显示，"省城放出款项为数不多，必须分支于外方能活动。……周家口距省城二百七十里，是处为南北帮荟萃之场，向以芝麻、香油、金针菜……为大宗。一岁出入约在千万之谱"，此时周口西面的漯河已通火车，但"漯湾河土产、小麦、芝麻等运往汉口者"，依然"不能如周家口之盛"，因此"省城只有进款而无出路，必须将款项送至周家口，然后调申、调汉，事极便捷"。⑥ 可见在商业金融领域，清末周家口依然是中原地区土特产品的重要集散中心和转输地，亦是金融流通的重要节点，吸引着包括晋商在内的众多商帮在此经营。从《恒兴祥信稿》中频繁通告汉口有关商品物价分析，恒兴祥号经营的周口土宜有金针菜、芝麻、香油、棉油、

① 陈重民：《今世中国贸易通志》，上海：商务印书馆，1924年，第122页。
② 《淮阳文征·外集诗》，载《中国方志丛书》华北地方第100号，台北：成文出版社，1968年，第1344页。
③ 时经训：《河南地志》，1919年铅印本，第81页。
④ 殷默惠主编：《黄花菜》，郑州：河南科学技术出版社，1985年，第2页。
⑤ 白眉初：《中华民国省区全志》第3册《鲁豫晋三省志》，北京师范大学史地系，1925年，第33页。
⑥ 大清银行清理处：《大清银行始末记》，大清银行清理处，1915年，第27页。

烟土^①；外地贩运来的商品有桐油、大瓜子、红枣、小鸡心枣，纸张（帐）类有西花尖、南花尖、头印折表、三二印、头印夹表、板纸、白果纸，中药材有川占、白蚴等，同时还兼营金融业。根据信中记载的运输情况分析，其关注度最高的是长途贩运到汉口出售的金针菜和香油，这应是恒兴祥号的核心业务。

（二）金针菜、芝麻的采购

土宜贩运，涉及采购、包装、储存、运输和销售多个环节，而采购是最基础的环节，恒兴祥非常注重对土产采购时机的把握。收购金针菜，恒兴祥主要是派人深入到周边乡下产地，收购以后再由周口贩运到汉口，"咱号之金菜于廿二日放船装包，亦无回口，大约三五日可到口"。^② 金针菜每年夏季上市，但光绪二十四年时行情并不好，六月初六日信中言："西路金针菜义永祥、谦六亨、大用通共到舞渡，菜有壹百六七之包，车脚太贵，每包由渡到赊，脚银总在5两之谱，贪家甚少"。^③ 西路销往汉口的金针菜由于成本太高，商家不急于采购。半个月后，又去信说"金针菜乡下行市4200文，（西）路办菜不多，东路买的不少。近回上海洋人、宁波人闹市，上海生意停市，金菜吊价，买新菜以难叨光。近来事道不好，荒乱难定，少贪为妙"。^④ 因通商口岸上海、宁波、汉口等地市场波动，行情不佳，恒兴祥也不敢大量采购金针菜。到八月初二日信中"咱号金菜于廿九

---

① "麦季收下诸色生意，各有起色，各处烟土苗甚茂盛，老土迟滞，刻下行市廿三四两。"见《周字第柒号之信三月十一日行》，载刘建民主编：《晋商史料集成》第12册，北京：商务印书馆，2018年，第900页；"而周家口至河南方圆数百里，产土向推最旺者，今届竟如农家之颗粒无收。"见《莺粟歉收》，《申报》1894年7月16日，第9版。另有研究表明，"河南大量种植罂粟是在清咸丰十年（1860），……同治年间转到豫东平原，起先与小麦杂种……如鹿邑县和太康县都是全县遍种罂粟，花开时节田野上下一片烂漫。"见马雪芹：《明清时期河南省部分经济作物的种植与分布》，《史学月刊》2003年第7期。由此可知，豫东周家口一带晚清时期罂粟广泛种植，便于恒兴祥号经营烟土，即鸦片贸易。

② 《周字十八号七月廿八日周口行》，载刘建民主编：《晋商史料集成》第12册，北京：商务印书馆，2018年，第844页。

③ 《六月初六日自周字十三号之信》，载刘建民主编：《晋商史料集成》第12册，北京：商务印书馆，2018年，第835页。

④ 《周字拾四号六月十九日信》，载刘建民主编：《晋商史料集成》第12册，北京：商务印书馆，2018年，第837页。

日由口过渡卅包，此菜系全太菜行之货，刘去典买的，暂未到口"。① 信中提到了"全太菜行"，笔者推断这可能是专门的蔬菜采办商，在产地收购，转售给类似于恒兴祥这类长途贩运商，说明周口一带的金针菜等土宜有专业的行市。

芝麻的采购与金针菜略有不同，在周口市面采买即可。信中"再报口地芝麻每日集可有三四百石，集斗 745 文，天津已无到客买，皆是新郑、长葛、汴梁一代（带）油坊买之"。② 周口每天集市上都有三四百石的芝麻可供选购，以本省油坊买家为主。光绪二十四年（1898）商水县"五月大雨经旬，卑下之地，麦禾尽伤，城四门非舟楫不能入"，③ 五月豫东地区连续十多天大雨，此时正是金针菜、芝麻开花、生长的关键期，导致这两种作物减产不少。六月初的信件中"今年水势甚大，四乡种稼淹坏不少，五月廿后，晴开至今，未降大雨，水落大半，迟数日，路可开"，④ 也记述了天气对土宜生产、运输产生的影响。"近口芝麻还是不上，香油价零市总是八十之数。看后首路开，集上能多上麻，再详报禀。"⑤ "汉地香油又提 8 两甚好点。"⑥ "再者口地芝麻只是底空日，每集上有百石之货，价钱总是不吊（价），方围油坊零消不少。闻天津老麻刻下价钱十一吊之谱，小磨油十两之上。今年周口油麻不吊价，皆往北路去，不着南路。今年亦无家贪后首，油麻均松价，可以去一点。南北不相宜，口地油麻后可吊也。"⑦ 这些材料说明由于之前的大雨，导致周口芝麻减产，运输困难，同时，芝麻的外销价格又深受汉口、天津等地市场行情的影响，光绪二十四年天津一

① 《周字十九号八月初二日》，载刘建民主编：《晋商史料集成》第 12 册，北京：商务印书馆，2018 年，第 846 页。

② 《九月十八日周字廿五号》，载刘建民主编：《晋商史料集成》第 12 册，北京：商务印书馆，2018 年，第 858 页。

③ 《［民国］商水县志》卷二十四《杂事记》，1918 年刻本。

④ 《五月廿九日周字十二号之信》，载刘建民主编：《晋商史料集成》第 12 册，北京：商务印书馆，2018 年，第 833 页。

⑤ 《捌月拾八日周字廿一号》，载刘建民主编：《晋商史料集成》第 12 册，北京：商务印书馆，2018 年，第 849 页。

⑥ 《九月初壹日口字廿贰号之信》，载刘建民主编：《晋商史料集成》第 12 册，北京：商务印书馆，2018 年，第 851 页。

⑦ 《九月初四日周字廿三号信》，载刘建民主编：《晋商史料集成》第 12 册，北京：商务印书馆，2018 年，第 854 页。

带香油价格高企，吸引北路油商的大量采购芝麻，造成周口芝麻进价偏高，对经营南路油的恒兴祥号影响较大。由此也可看出，清末中原土宜的长途贩运，已经融入到了全国乃至世界市场，各地行情的波动，都影响着土宜的贩运方向。

（三）土宜运输网络

恒兴祥土宜的运输路线与清代晋商贩运湖南、湖北所产茶业之路基本重合，只是方向相反。信稿中显示经过的重要市镇有四个：赊镇（今社旗县赊店镇），"所有金菜陆拾包，赊镇来信于九月十五日后装船运汉"，[①] 舞渡（今舞阳县北舞渡镇），"咱号舞渡之油，候见新油，路能稳开，再说发油之话"，[②] 源镇（今唐河县源潭镇），"咱号之纸帐，源镇六月廿八日发起"，[③] 樊城（今襄阳市），"樊城一代（带）新麻若何？倘无大落，咱号渡存之油速速能运过，总要运汉"。[④] 运输路线是："汉镇发樊城水解例底（汉属湖北汉阳府汉阳县管，距樊水路一千二百一十五里）"，"樊城发赊水解例底（樊属湖北襄阳县管，距赊水路三百五十里）"，[⑤] 汉口至樊城、樊城至赊旗这两段可走长江、汉江、唐河水路。"赊镇发货总论……光绪二十三年（1897），赊合行公议发货限日期新定章程：……北舞渡、襄县牛车每辆欠银二钱，限十天，误期，每车罚钱一千"，[⑥] 赊旗至北舞渡这一段走陆路，"合行公议"从赊旗到北舞渡的茶叶用牛车运输，路程需十天，"赊〔旗镇〕发货走西路作秤例底……发东口路：花园、柳园口、兰

---

① 《口字第廿柒号之书九月廿八日》，载刘建民主编：《晋商史料集成》第 12 册，北京：商务印书馆，2018 年，第 861 页。

② 《八月初八日周字廿号之信》，载刘建民主编：《晋商史料集成》第 12 册，北京：商务印书馆，2018 年，第 847 页。

③ 《八月初八日周字廿号之信》，载刘建民主编：《晋商史料集成》第 12 册，北京：商务印书馆，2018 年，第 847 页。

④ 《周字十九号八月初二日》，载刘建民主编：《晋商史料集成》第 12 册，北京：商务印书馆，2018 年，第 845 页。

⑤ 史若民、牛白琳：《平、祁、太经济社会史料与研究》，太原：山西古籍出版社，2002 年，第 500 页。

⑥ 史若民、牛白琳：《平、祁、太经济社会史料与研究》，太原：山西古籍出版社，2002 年，第 502 页。

仪、襄县、北舞渡、禹州牛马车俱加秤规"，① 这说明从赊旗到北舞渡间是通过牛车、马车运输的。"咱号渡店所存之油，候牛车开，脚钱松发。"② 陆路运输比较关注"脚钱"的高低，即运费，此时恒兴祥存于北舞渡的油在等待牛车运费下降时再发往赊旗。"所有北舞渡之路还未开，天气于十三日晴开，至今未下，看此后相能晴久，咱号金针菜过渡店中，俟马车开，即运赊店。"③ 也就是说北舞渡到赊旗的土宜运输，牛车、马车兼而有之，抑或还有其他陆路运输方式，路程约有240 里。"北舞渡发白谭水解例底（属河南舞阳县管，水路三百六十里约行十天之谱，旱路二百二十里）……经周家口"，④ 北舞渡至周口水陆皆可，水路经沙河水道，更便利，运费更便宜。扶沟县白谭镇在周口北约 140 里，临贾鲁河。这是汉口到周口的茶路运输路线之一，反之则为周口到汉口的土宜运输路线。总路程约计 2000 里，需要向西绕道南阳赊旗入襄阳，水陆兼程，长途跋涉。六月十九日信中提到经过北舞渡时，"北舞渡之路总是不开，令人心急无法，三五日再着范相公去催发矣"。⑤ 由于连日雨水，道路泥泞停运，导致运输网络不畅，影响了恒兴祥土宜的顺利贩运。也因此，两地间的信息沟通极为重要，探索清代中原土宜贸易，所留《恒兴祥信稿》愈显珍贵。

为了保证运输的顺畅，可靠的运输承接者，合理的运费、厘金等费用核算标准尤为重要。"赊镇永成店来信于本月十三日又运汉香油廿四篓，每元 950 文，合随带厘银 7 两，欠去钱 1 千，抵汉照算。"⑥ 运费每元（篓）950 文，厘金银有 7 两，运费未提前付清，有 1 千文待香油运至汉口再付。又有"赊镇永成店来

① 史若民、牛白琳：《平、祁、太经济社会史料与研究》，太原：山西古籍出版社，2002 年，第 504 页。

② 《九月初四日周字廿三号信》，载刘建民主编：《晋商史料集成》第 12 册，北京：商务印书馆，2018 年，第 854 页。

③ 《捌月拾八日周字廿一号》，载刘建民主编：《晋商史料集成》第 12 册，北京：商务印书馆，2018 年，第 849 页。

④ 史若民、牛白琳：《平、祁、太经济社会史料与研究》，太原：山西古籍出版社，2002 年，第 515 页。

⑤ 《周字拾四号六月十九日信》，载刘建民主编：《晋商史料集成》第 12 册，北京：商务印书馆，2018 年，第 836 页。

⑥ 《六月廿八日十五号信》，载刘建民主编：《晋商史料集成》第 12 册，北京：商务印书馆，2018 年，第 837 页。

信于六月十九日交徐万兴扁船装棉油贰拾壹篓，（每篓）950文，合水力钱19千950文，除付下计钱1千，带厘足银6两。又于廿二日交李开启扁舟装汉香油27元95、棉油16元95，合水力钱23千250文，除付下计钱2千文，带厘足银10两。于廿四日交冯永泰瓜船送汉香油五篓，每（篓）950文，合水力4千750，全付不欠，带厘足银1.5两，均祈在汉照单结算可也"，① "永成店来信于本月初一日派王安金扁船运咱号棉油叁拾贰篓，每元750文，合水力24千，除付下欠去钱2千文，带余篓壹支，带厘金银8两，至处照算所有"。② 由以上资料可知，恒兴祥号的香油、棉油在由赊旗运往汉口时走水运，基本是由永成店来承担，并安排船只运送，运费常以每篓（元）③950文或750文居多，有时运费在起运时即结清，这显示出对运输承担者的信任。运输过程中遇有厘金卡，须交纳厘金，由恒兴祥交于运输者，平均每篓0.3两左右。

三、恒兴祥商号的经营特点

（一）杂货、金融兼营

很多晋商经营到一定规模时，往往会出现一个趋势，那就是在主营业务的基础上向金融领域拓展，恒兴祥也是如此。笔者从信件中发现，该商号在经营土宜杂货时，为了节省费用，增加利润，还兼营金融汇兑和存放款业务。其汇兑业务与土宜贸易协同开展，一是金针菜、香油、棉油等土宜在汉口销售，由汉号在汉口寻求其他商号借用，在周口收款，类似于票号的"交会来"业务。"再叙汉地咱号之银，如有两不加费之家，可以兑口，尚无有兑家，准周号于中秋节前后（收）会汉，八月底之期交银。"④ "两不加费"即在汉口把钱借与他号使

---

① 《七月初九日周字十六号》，载刘建民主编：《晋商史料集成》第12册，北京：商务印书馆，2018年，第840页。

② 《冬月初十日周字卅四号之信》，载刘建民主编：《晋商史料集成》第12册，北京：商务印书馆，2018年，第877页。

③ 由"运咱号棉油叁拾贰篓，每元750文"可知，"元"即"篓"。

④ 《七月廿周字拾柒号之信》，载刘建民主编：《晋商史料集成》第12册，北京：商务印书馆，2018年，第842页。

用，还款时在周口交于恒兴祥，实现资金的"无费"转移。这一资料说明如汉号找不到兑家，则周号就在周口寻求需汇款到汉口的商家，汉号于八月底把银两交付给该商号。在下一封信中即有"咱号与源记谈好兑汉银壹仟两正，八月底期，咱号本月底在口收 500 两，至八月底再收 500 两，两家皆不加费，预先通知，下信再与伊写会券。"① 八月初二日去信时则写明"今与源记写会券一纸，计口南平银壹仟两正，八月底咱号在汉交付，咱号在口业已收过五百两，在余五百两，本月底再收"，② 至此，这笔周号收款，汉号交款的汇兑业务得以实现，恒兴祥的银两从汉口无费转移到周口。

二是单纯的金融汇兑业务。信中记载的有"福懋祥做好汉银壹仟两正，咱号捌月底在口收他，至九月半在汉交伊。咱号清得费银伍两。今与伊写会券壹张，计口南平银壹仟两正"。③ 这笔业务赚得汇费银五两。"信兴顺用之银，早伊号来信转过，祈兄勿计"，④"祥丰厚口南平银壹仟伊用过。再者，前顺同兴兑口之银壹仟贰百两，温老沼将银放与新太昌 9 厘生息"，⑤"所有顺盛和之银，吾兄前信言及下信提明，专信并未提叙，大约咱号在汉收过。今在周口交付顺盛和口南平足银壹千两正，祈将帐转正"。⑥ 福懋祥、信兴顺、祥丰厚、顺同兴、顺盛和等商号的银两通过恒兴祥进行了汇兑。

在存放款方面，恒兴祥号也积极开展业务。信中提到"祥丰厚下存口号银壹仟四五百两，不日亦要兑汉，弟应许杨松翁。咱号汉地有银，下信再与伊号

① 《周字十八号七月廿八日周口行》，载刘建民主编：《晋商史料集成》第 12 册，北京：商务印书馆，2018 年，第 844 页。

② 《周字十九号八月初二日》，载刘建民主编：《晋商史料集成》第 12 册，北京：商务印书馆，2018 年，第 846 页。

③ 《捌月拾八日周字廿一号》，载刘建民主编：《晋商史料集成》第 12 册，北京：商务印书馆，2018 年，第 849 页。

④ 《九月初壹日口字廿贰号之信》，载刘建民主编：《晋商史料集成》第 12 册，北京：商务印书馆，2018 年，第 851 页。

⑤ 《六月廿八日十五号信》，载刘建民主编：《晋商史料集成》第 12 册，北京：商务印书馆，2018 年，第 838 页。

⑥ 《七月廿周字拾柒号之信》，载刘建民主编：《晋商史料集成》第 12 册，北京：商务印书馆，2018 年，第 842 页。

兑之"，① 这一资料表明恒兴祥不仅吸收了存款，而且实现了银两从汉口无费转移到周口。又有"所有结帐单内少伯盛厚前存汉 98 平银贰佰五拾两正。伊号在周口早已用过，相（想）是吾兄忘转帐否？前信报明否？"② 说明汉号也吸收存款，周、汉两号通过这一方式，既吸收到了存款，也实现了银两的异地调拨。另外，恒兴祥也注重与当地官员的交往，接收官员的私人存款。如"咱存西华马大老之款归清，马公任赴柘城也"，③ 即是告知汉号之前西华马大老（爷）的存款已取出的情况。既然当地官员能够把存款放到恒兴祥，这说明该商号在周口地区有较高的威望和信任度。周口、汉口间的银两汇兑和存放款，为恒兴祥的业务发展和转型奠定了基础。

关于恒兴祥是杂货商兼营钱庄还是钱庄兼营杂货，笔者认为此时是以杂货经营为主，兼营金融。"金菜款项不足，咱号途隔之油，即运汉。再者舞渡之油，不日装回口号再售也。春天源镇隔的纸张才到，口地近到纸张货甚多，诸货赔钱，各家售不动，只是生意人年光不好，无路可怨。"④ 可以看出，恒兴祥采购金针菜暂时缺少本钱，需要将途中运输之油尽快运往汉口售出，在北舞渡的油，再运回周口销售，以此筹措购买金针菜的资金。春天在源潭镇的纸张未及时运到，错过了最佳销售期，价格下降，导致纸张难售积压，对其营业和资本流转造成了影响，但未提及以兼营的金融业务来补救，可以断定，此时的金融业务是兼营。再有同时期山西灵石商人撰写的商情报告——《人地纲目》显示，晋商在周口从事金融业的字号有协成生、久如心、义成兴、晋泰公、日升昌、日升厚、新泰厚、乾盛晋、尉盛长、隆昌庆、存义公、晋泉和、大德元、大德通、

---

① 《口字第廿柒号之书九月廿八日》，载刘建民主编：《晋商史料集成》第 12 册，北京：商务印书馆，2018 年，第 861 页。

② 《八月初八日周字廿号之信》，载刘建民主编：《晋商史料集成》第 12 册，北京：商务印书馆，2018 年，第 847 页。

③ 《正月廿四日周字第三号之信》，载刘建民主编：《晋商史料集成》第 12 册，北京：商务印书馆，2018 年，第 892 页。

④ 《口字第廿柒号之书九月廿八日》，载刘建民主编：《晋商史料集成》第 12 册，北京：商务印书馆，2018 年，第 861 页。

大德亨、大德全，共 16 家，^① 未见恒兴祥。所以，光绪二十四年（1898）时恒兴祥不专营金融业务，但已在其营业中占有重要地位。到 1919 年，中国银行的报告中出现了关于周口恒兴祥钱庄的记载："数日来，有商会出示安抚商民及裕丰恒牵动之恒兴祥钱庄，……该钱庄为周口最有名誉之家。"^② 也就是说，光绪二十四年以后恒兴祥对主营业务做了调整，到清末民初时可能已转变成专营金融业务的钱庄。由信稿谈及的业务情况可知，恒兴祥兼营金融业务既便利了土宜长途贩运贸易，又实现了资金的吸纳和有效流转，也加强了与地方士绅之间的联系，以此达到利润的最大化。

（二）灵敏把握行情，谨慎经营

以经营土宜为主的商号，需要及时了解气候和农作物的生产情况，以及各路商帮的经营状态，以便为自己的经营提供准确信息，做出正确的决策。恒兴祥商号对这一点非常重视。信中"近来事（世）道不好，荒乱难定，少贪为妙"，^③ "音看此情形，世事难安，生意总得谨慎为妙"，^④ "咱号以后汉地售货，总要小心谨慎为好"^⑤ 等都体现了恒兴祥结合社会环境、市场行情谨慎经营的理念。"金针菜数日无家买，乡中还不吊价，总是 4230 文之谱，即着范相公赴陈城（陈州府城淮宁，今淮阳县）随市买菜五拾包之数，如路开即为运汉。看今年金菜行情不致有错，贪数拾包亦算稳妥生意"^⑥，说明恒兴祥对土宜产地的行

---

① 《人地纲目》中所见最晚的年代为光绪二十六年（1900），最早的年代为光绪十六年（1890）。见刘秋根、张鹏：《放账铺的经营与近代华北农村金融——〈人地纲目〉解读》，《新史学》2018 年第 29 卷第 3 期。《人地纲目》，载刘建民主编：《晋商史料集成》第 78 册，北京：商务印书馆，2018 年，第 227—285 页。

② 《各地商况·周口》，载《中国银行通信录》1919 年第 46 期，第 11 页。

③ 《周字拾四号六月十九日信》，载刘建民主编：《晋商史料集成》第 12 册，北京：商务印书馆，2018 年，第 837 页。

④ 《六月廿八日十五号信》，载刘建民主编：《晋商史料集成》第 12 册，北京：商务印书馆，2018 年，第 839 页。

⑤ 《九月初四日周字廿三号信》，载刘建民主编：《晋商史料集成》第 12 册，北京：商务印书馆，2018 年，第 854—855 页。

⑥ 《六月廿八日十五号信》，载刘建民主编：《晋商史料集成》第 12 册，北京：商务印书馆，2018 年，第 838 页。

情了解得非常充分，并以此分析日后的行情，及早深入产地进行收购，等待商机长途贩运。"芝麻苗周口方圆将水淹坏大半，下余亦不甚好。闻汝宁府上蔡县、郾城、遂平数处麻苗还好。咱号之油如到汉，即为售出，切要"，① 体现出因气候对土宜生产影响较大，该号根据对主业"香油"的原料芝麻生长情况进行密切跟踪，判断出售时机，以此获利。

天气是土宜贩运中至关重要的因素。第5号《七月初九日周字十六号》信中言："北舞渡至赊路更不通行，赊来信，叙六月廿七八日又降大雨一二场，天令公事，人恨无法，以北较上二年，水势更大，北乡陆地行舟百余里。今年麦子将坏，雨下秋苗又淹坏大半，乡中苦之极矣。又于初七下雨，忽晴忽下，初八日夜半后，大雨倾盆，下至天明，街上水深三尺，往坑流之。乡中未知若何，街上馍价卅一二，面价卅四五。陆行生意无事，皆架不住，后首停闭不知多少。咱号金菜买了陆拾包，价4千2，范相公下乡造包，造成即发。"② 这一信息内容丰富，透露出了光绪二十四年的降雨对金针菜、芝麻的生长、运输影响很大，导致物价上涨。商号掌柜对市面行情不景气表现出了深切的担忧，专门派人到产地去监督收购，以保正土宜的顺利经营。

而"周地芝麻吊价，集斗850文，卖买无事，咱号油到汉即售，均（切）要"、③ "汉地油价松极也，虽然看好，亦不能屯之。此时各处马（码）头皆是银钱空虚，少贪为妙，平适守本好福"④ 两则书信，体现了恒兴祥号对市场行情的灵敏把握程度，一旦周口、汉口两地行情不稳定，要及时并适当采取必要的应对措施，并特别强调"少贪为妙"。"咱号香油如抵汉，尽皆售出，棉油

---

① 《六月廿八日十五号信》，载刘建民主编：《晋商史料集成》第12册，北京：商务印书馆，2018年，第838—839页。

② 《七月初九日周字十六号》，载刘建民主编：《晋商史料集成》第12册，北京：商务印书馆，2018年，第840—841页。

③ 《七月初九日周字十六号》，载刘建民主编：《晋商史料集成》第12册，北京：商务印书馆，2018年，第841页。

④ 《九月十八日周字廿五号》，载刘建民主编：《晋商史料集成》第12册，北京：商务印书馆，2018年，第858页。

亦宜看市售出。"① "咱号金菜又赴乡造包，造成即发，只可运汉，等价变化而行售也。"② "棉油廿一元（篓）售出亦好，后再到棉油看市而行，口地方面棉花一概俱将水淹，新花子亦不能多，未卜。汉地江沿一概如何？打听下边皆好，如再到之棉油即售。"③ 这些信件又显示出恒兴祥商号依据当时的天气、农产品生产状况和市场行情变化，灵活调整经营策略，并与汉号进行密切的信息沟通，确保顺利经营。

对全国市场信息的及时了解，也是保证商号顺利经营的前提。恒兴祥关注到了东北、河北等地油料作物芝麻、花生的生产情况，并以此预测未来的市场行情，"近闻北路，今年关东芝麻不好，直省花生亦坏，看周地油价总在六千之上，难卜收下将来如何？"④ 1898 年，全国经济波动较大，恒兴祥分别发信要求汉号"再者咱号之油暂寄栈甚善。后首油价还相好点，周口一代（带）新芝麻才有，日每集上拾数石，价钱 800 文之谱。将来不致吊的小了，咱号舞渡之油，候见新油，路能稳开，再说发油之话"，⑤ "所有金菜陆拾包，赊镇来信于九月十五日后装船运汉，如到汉请即售现，切要"，⑥ 香油价格偏低则惜售，金针菜价格合理，要求到汉后立即出售。

以上分析可知，即使是在阴雨连绵，金针菜、芝麻收成不好的年景，恒兴祥依靠灵活把握买卖时机，完善的信息沟通机制，提前规划，未雨绸缪，虽然经营艰难，但金针菜、香油的贩运依然有利可图。

---

① 《七月廿周字拾柒号之信》，载刘建民主编：《晋商史料集成》第 12 册，北京：商务印书馆，2018 年，第 842 页。
② 《七月廿周字拾柒号之信》，载刘建民主编：《晋商史料集成》第 12 册，北京：商务印书馆，2018 年，第 842 页。
③ 《周字十八号七月廿八日周口行》，载刘建民主编：《晋商史料集成》第 12 册，北京：商务印书馆，2018 年，第 843 页。
④ 《周字十九号八月初二日》，载刘建民主编：《晋商史料集成》第 12 册，北京：商务印书馆，2018 年，第 845—846 页。
⑤ 《八月初八日周字廿号之信》，载刘建民主编：《晋商史料集成》第 12 册，北京：商务印书馆，2018 年，第 847 页。
⑥ 《口字第廿柒号之书九月廿八日》，载刘建民主编：《晋商史料集成》第 12 册，北京：商务印书馆，2018 年，第 861 页。

（三）信息沟通制度化

周口与汉口间的信息沟通制度，也是比较完善的。我国的"邮政自光绪二十二年奉旨设立"，①直至光绪二十六年（1900），"开封设邮政分局，河南各地相继设置邮局和代办所。"②而民信局则沟通着周口至汉口的信件往来，迟至宣统二年（1910），"汉口森昌挂号民局之经理处，仍在许州、禹州、郾城县、郑州及周家口等处设立，惟已裁去所用脚夫，其邮件统归邮政局寄递"。③也就是说，光绪二十四年恒兴祥与汉口信件传递时，邮政局还未设立，信件往来应该是通过民信局。在信件间隔日期方面，周号发信最少间隔 3 天，最长的达 17 天之久。间隔小于 10 天（含）的有 23 封，占全部 34 封信（包括缺失的两封信）的 68%，大于 10 天的有 11 封，占 32%。汉口回信方面，周号发信中共提及收到汉号来信 27 封，收到信的间隔从 2 天到 14 天不等，也有"今班咱号未接汉信"、④"数次信期未接吾弟之手书"⑤等汉号未及时回信，隐隐受到周号批评的情况。以当时的通信条件，可以看出该号周口与汉口之间的商业联系是非常紧密的，两地之间有民信局定期的"信期"，方便沟通市场行情。

恒兴祥虽然信期不固定，但有严格的信息沟通制度。周号发给汉号的信，汉号基本都按编号及时回复，并通报汉口商品的市面行情。如"今班咱号未接汉信，大约汉号无有多事，闻别家来信，汉镇香油吊至 7.6 两，未知确否？前首永成店装汉之油谅皆收到否？祈吾兄高见，揆汉地油价后首如何？樊城一代新麻若何？倘无大落，咱号渡存之油速速能运过，总要运汉。恐有大跌，渡存

---

① 大清邮政章程通邮局所：《大清邮政章程：通邮局所汇编·大清通邮局所序》，1909 年，第 1 页。
② 河南省地方史志编纂委员会：《河南省志·邮电志》，郑州：河南人民出版社，1993 年，第 1 页。
③ 交通部、铁道部交通史编纂委员会：《交通史邮政编》第 1 册，交通部、铁道部交通史编纂委员会，1930 年，第 61 页。
④ 《周字十九号八月初二日》，载刘建民主编：《晋商史料集成》第 12 册，北京：商务印书馆，2018 年，第 845 页。
⑤ 《周字第柒号之信三月十一日行》，载刘建民主编：《晋商史料集成》第 12 册，北京：商务印书馆，2018 年，第 899 页。

之油留后再发，望乞详细示之"。①若汉号未及时回信，周号往往会在信中进行催促，"数次信期未接吾弟之手书，诸多悬计"。②从"今班""数次信期"可以看出，周号与汉号的信息沟通机制是健全的，一旦没有按时沟通信息，周号将采取一些补救措施，例如向同行字号打探市场行情，并催促汉号及时汇报有关市场情况，以便做出相应的经营策略。

（四）构建良好的商缘

恒兴祥既经营土宜，又销售中药、纸张（帐）等杂货，亦兼营金融，这就需要与方方面面的顾客打交道。因此，该号极其注重维持与客户和其他相关商号的关系。据笔者之前的文章考证，晚清时有十余家山西票号聚集周口，从"今向乾盛亨兑汉口南平500两正，咱号在口现交过伊号，在汉冬月半收，无写凭票，各凭各信，加伊费银四两，又与协同庆兑汉口南平500两正"③，"前报兑汉之银今与协同庆说好"，④"咱号汉地交协同庆款少银五百两"⑤等信中言语可以看出，恒兴祥与乾盛亨、协同庆等票号有密切的业务关系，与日升昌票号关系尤为紧密。如"咱号今在周与日升昌说妥，会汉口南平足银伍百两正，至汉三月底交咱，未写会票，各凭各信，伊信写会恒兴裕记的牌名。咱号在汉买蚋八百余斤，倘银不够，多用日升昌壹百余两，至口再结"。⑥这显示出恒兴祥不仅与日升昌有汇兑方面的业务，而且在"倘银不够"时，还可以随时"多用日升昌壹百余两"，可见两家字号间有着彼此深厚的信任。而"再者前与日升昌捎铜烟盒，本系要座盒，

① 《周字十九号八月初二日》，载刘建民主编：《晋商史料集成》第12册，北京：商务印书馆，2018年，第845页。
② 《周字第柒号之信三月十一日行》，载刘建民主编：《晋商史料集成》第12册，北京：商务印书馆，2018年，第899页。
③ 《十月十九日周字卅一号之书》，载刘建民主编：《晋商史料集成》第12册，北京：商务印书馆，2018年，第870—871页。
④ 《正月廿四日周字第三号之信》，载刘建民主编：《晋商史料集成》第12册，北京：商务印书馆，2018年，第892页。
⑤ 《周字第柒号之信三月十一日行》，载刘建民主编：《晋商史料集成》第12册，北京：商务印书馆，2018年，第899页。
⑥ 《周字第柒号之信三月十一日行》，载刘建民主编：《晋商史料集成》第12册，北京：商务印书馆，2018年，第899页。

捎错，祈费神再给伊另买白铜带花的四方座盒两个，皆有纸捻筒，新式样既好。再捎白铜水烟袋两根，要三号的一根，葱杆的样式，该钱着写明"，①"再者前与日升昌王书元捎的白铜潮烟盒甚好，伊嘱再与他捎来壹个，照前式样一样大小花式，乃祷"。②这些反映的是恒兴祥号多次帮日升昌的伙友耐心细致地代购物品，从而透露了两家关系的非同一般，不仅经营上相互关照，而且伙友私交甚笃。

在与其他商号和个人关系的维护上，恒兴祥商号也是游刃有余。多封信中都出现周号吩咐汉号认真、积极、耐心帮助自己的主顾采购捎带物品的内容，如"再新费神买黑细羽缎六七十尺，系号中友人用，该价开明"，③"郭德仁之药或早或晚务必捎回"，④"与泰记黄掌柜捎的物件及铜烟袋并坐盒售货清单一统收讫，无错"，⑤"带白钢烟盒、素口盂各两个，自鸣钟壹座，建烟袋五根，均为照收"⑥，等等。热情的态度、灵活的经营方式不仅为恒兴祥拓展了商缘，而且也赢得了良好口碑。

四、结语

明代以来，随着朝廷政策的不断调整，尤其是开中制的实行，客观上带动了国内商业的繁荣，特别是促进了长途贩运业的蓬勃发展，贩运的商品种类向普通民众的生活必需品转变，贸易规模也不断扩大。交通便利，处于商贸转输位置，又是土宜集散地，类似于周口这样的商业市镇逐步兴盛。而这类市镇虽

① 《九月初四日周字廿三号信》，载刘建民主编：《晋商史料集成》第 12 册，北京：商务印书馆，2018 年，第 855 页。

② 《十月廿七日周字卅三号之信》，载刘建民主编：《晋商史料集成》第 12 册，北京：商务印书馆，2018 年，第 876 页。

③ 《捌月拾八日周字廿一号》，载刘建民主编：《晋商史料集成》第 12 册，北京：商务印书馆，2018 年，第 850 页。

④ 《七月廿周字拾柒号之信》，载刘建民主编：《晋商史料集成》第 12 册，北京：商务印书馆，2018 年，第 843 页。

⑤ 《八月初八日周字廿号之信》，载刘建民主编：《晋商史料集成》第 12 册，北京：商务印书馆，2018 年，第 846—847 页。

⑥ 《九月初壹日口字廿贰号之信》，载刘建民主编：《晋商史料集成》第 12 册，北京：商务印书馆，2018 年，第 851 页。

然对商业和区域经济发展影响较大，但囿于行政级别较低，且多为民间商人活动，缺少官方文献的记载，以致学者对其商业贸易史进行研究时，常因资料匮乏而难以着手，因此未能得到学界应有的重视。诸如《恒兴祥信稿》这样的民间文献，一定程度上补充了市镇商业史研究资料的不足，对其分析和研究可发现，周口不仅与汉口贸易往来密切，紧邻郑州的新郑产大枣、瓜子等农产品也集中到周口销售，同时京、津以及省城汴梁的商人亦在此大量采购商品。毫无疑问，清后期中原地区的商业中心并非由朱仙镇直接跳跃到了郑州，而是在周口，这才是晚清时期中原市镇的商业贸易格局。

通过对《恒兴祥信稿》的考证及土特产长途贩运业务的研究，可以看出在土宜贩运方面，中国传统商帮字号的经营特点和规章制度。即使在年景不好、国内市场不稳定的情况下，他们依然凭借自己的营销技巧、职业经验，灵活变通、持续经营。这种既与通商口岸密切联系，又保持自身传统的经营模式，在晚清传统商帮字号中广泛存在着，不得不说，我国传统商业字号存在着强大的自身免疫功能。但相反的一面是，这些商帮字号，谨小慎微、步步为营的经营风格，销蚀了他们开拓创新的勇气和动力，即使在通商口岸的贸易模式已经发生较大变化、近代化商业相当发达的情况下，他们依然墨守成规，既没有高端产品，又缺乏创新模式，其经营虽有盈利，但不会有大的突破，注定是处于市场网络的底端，在国内外社会经济环境发生巨变时，任由市场摆布。

（原载《中国社会经济史研究》2020 年第 2 期）

婚姻圈与集市圈关系之再探讨

——以山东省青岛市崂山段氏宗族的婚姻实践为例

柴承晶　杜　靖*

一、研究缘起

最近 90 年来，中外学术界围绕着市场圈和婚姻圈关系问题展开了大量调查，成为经验中国学研究领域中非常显眼的话题。这项研究最早始自日本学者冈田谦在台湾北部的调查，初步提出了市场圈和婚姻圈相重合的见解。[①]之后，燕京学派第二代人物杨懋春在山东台头村考察时也给予了关注，意见大致如冈田谦。[②] 但是，杨懋春当时并不知晓冈田谦的研究，故未与之展开讨论。接下来，美国学者施坚雅（G. William Skinner）在四川盆地进行研究，才使得市场圈和婚姻圈相叠合这一看法驰名世界（具体有"农民常常市场社区内娶媳妇""基层市场社区中有一种农民阶层内部通婚的特别趋向""一个宗族按传统方式把它的年轻女子嫁到另一个宗族中做新娘的安排往往集中于基层社区内""农民的姻亲结合因此而构成另一个遍布于基层社区的网络"

---

*　柴承晶，中山大学历史人类学专业博士研究生；杜靖，教授，青岛大学法律人类学研究中心主任。

[①]　[日] 冈田谦著，陈永宽译：《村落与家族——台湾北部的村落生活》，《社会学》（日本社会学年报）第五辑春季号，昭和十二年（1937）。

[②]　杨懋春著，张雄、沈炜、秦美珠译：《一个中国村庄：山东台头》，南京：江苏人民出版社，2001 年，第 114 页。

等语）。① 当然，本文用"重叠"一词是就指地理空间意义上而言的，并非指文化意涵。若从后者而论，两者绝不重合，因为施坚雅的市场体系内部还有宗族、宗教信仰、各种会社、娱乐活动等内容，语义信息非常丰富。那个时代，人类学家在中国社会做实地调查时多注重村庄，并认为村庄是个可以自足的单位。为了破除这个认识，施坚雅做了有效的研究。②20 世纪 80 年代以后，杜赞奇（Prasenjit Duara）③、兰林友④ 等在中国不同地方展开了与施坚雅的对话。

就本文讨论主题，即市场圈与婚姻圈关系而言，众家结论在细部上既相差异又相交错。冈田谦、施坚雅认为婚姻圈与市场圈是重叠的，而且主张的是单一市场圈与单一婚姻圈的重叠。除此以外，施坚雅还坚持婚姻圈是集市圈的衍生物，是市场体系塑造了婚姻体系的文化面孔。也就是说，在解释中国上施坚雅把市场圈列为优先地位。而早年的冈田谦则没有触及这一关键层次。

杜赞奇认为，市场体系理论只能部分地解释联姻现象，集市辐射半径在限

---

① G.William Skinner, "*Marketing and Social Structure in Rural China*", Journal of Asian Studies, 1964–65, Vol.24, No.1, pp.1–44；[美] 施坚雅著，史建云、徐秀丽译：《中国农村的市场和社会结构》，北京：中国社会科学出版社，1998 年，第 5—46 页。1925 年，俄国农学家恰亚诺夫在《农民经济组织》中谈到："对地方生活的考察表明，集市地点是地区内贸易、合作社、业务甚至精神生活的汇聚点。地区内居民的人际关系通过集市而得以建立，在集市中熙熙攘攘见到的都是老面孔。由于这些人的贸易活动，各集市又与更大的批发贸易中心相联系，这样，通过密切的商业关系，分散的农民农场得以形成为一定的国民经济整体。"从他的言论中，我们可以窥探出，他想谈论集市与民众整体社会生活的关系。虽未具体到集市与婚姻缔结的关系，但已可以看到，他对集市对人际关系建立影响的考虑。参见 [俄] A.恰亚诺夫著，萧正洪译：《农民经济组织》，北京：中央编译出版社，1996 年，第 258—260 页。与施坚雅的研究相比，恰亚诺夫是基于俄国的农场得出的经验，施坚雅的研究则是基于中国经验，二者的思想具有共同之处，都考虑集市对地方社会运转的意义。但基于二者活动的学术圈，彼此的思想并没有共通起来，后期对集市圈的研究中也不常提到恰亚诺夫。

② G.William Skinner, "*Marketing and Social Structure in Rural China*", Journal of Asian Studies, 1964–65, Vol.24, No.1, pp.1–44（see p.32）.

③ [美] 杜赞奇著，王福明译：《文化、权力与国家：1900—1942 年的华北农村》，南京：江苏人民出版社，2018 年，第 6—9 页。

④ 兰林友：《庙无寻处——华北满铁调查村落的人类学再研究》，哈尔滨：黑龙江人民出版社，2007 年，第 92—105 页。

定联姻圈和其他社会圈方面都有着重要作用，但联姻圈有着独立的中心，并不一定与集市中心重合。① 这就意味着婚姻圈不等同于市场体系，兰林友主张，婚姻圈是由社会交往和社会资源决定的，与市场本身没有直接关系。只要与市场之间的距离刚好在合理的通婚范围内又有一定的社会关系，那就比较容易联姻。他批评施坚雅说："……把市场圈等同于婚姻圈（社交圈）的观点是经不起民族志田野工作的实证材料验证的。"② 而就杜赞奇而言，兰的研究一方面验证了杜赞奇的观点，另一方面对杜赞奇的结论又有所补充与加强。

此外，王铭铭也关注到婚姻圈问题，值得我们重视。不过，他用的名词是"通婚地域"。他的这一概念主要目的不是冲着施坚雅的集市圈或市场体系观点而来的，他批评的是单独靠宗族可以维持地域社会运转的观点。具体来说，王铭铭不满意弗里德曼的宗族解说模型，因为宗族解说模型容易忽略"婚姻作为创造和巩固家族村落之间相互联系的机制"。③ 这一点，他与施坚雅、杜赞奇和兰林友等人面对着不同的讨论对象。但是，王铭铭在讨论"通婚地域"的时候有一个注释，该注释说："施坚雅认为市场圈等于社交圈，又等于通婚圈。应该承认，施氏所说的三种圈子常常是互相关联的。但是，溪村的事例证明，社交和通婚圈的核心包括至少十个集市，而且其外延非常广大，可以是一个大河的流域或中级区域。"④ 从这个注释里我们看到，王铭铭并不是把问题放在一个集市圈内讨论，而是放置在一个集市群或者由若干个集市构成的区域社会中来理解。这显然不同于上述诸家的研究策略。

我们发现，上述学者在发生争论时所选取的分析单位和参考标准（距离）并不统一。冈田谦、兰林友等⑤均选取一个村庄作为分析单位（王铭铭在与弗

① Prasenjit Duara, *Culture, Power, and the State: Rural North China*, 1900—1942, Stanford: Stanford University Press, 1988, pp.20-33.
② 兰林友：《庙无寻处——华北满铁调查村落的人类学再研究》，哈尔滨：黑龙江人民出版社，2007年，第93页。
③ 王铭铭：《社区的历程：溪村汉人家族的个案研究》，天津：天津人民出版社，1997年，第44—45页。
④ 王铭铭：《社区的历程：溪村汉人家族的个案研究》，天津：天津人民出版社，1997年，第52页注释②。
⑤ 冈田谦选取的是台北士林街148个家族，它们可以被看作是一个社区。

里德曼对话时也是凭单一村庄），可是施坚雅却以集市圈为分析单位（以一个集市及周围村庄构成的空间集合体），至于杜赞奇则选取了两个不是聚居在一起的村庄（吴店村与寺北柴，且两村相距274公里）进行比较。[①] 这一局面产生的原因是因为各个地区的地理、地质面貌及自然资源不一样，造成了村庄的分布形态和密度不一样。学者们只能根据各自的特点来设定分析参数。

就研究范式而言，有的学者采用了质性研究，有的学者采用定量研究或定量研究与质性研究相结合，因而，有的有严密的科学统计，有的缺乏。具体来说，施坚雅的研究并非建立在计量经济学统计基础上，更多地体现为质性研究。再者，他只测量了市场圈，并未测量分布于集市圈范围内每个村庄的婚姻圈，对二者也没有进行比较。早年的冈田谦同样没有把自己的研究建立在统计学基础上，他只是测量了婚姻圈部分内容，对于集市圈以及二者关系建立在推论基础上，缺乏严密的数理支持。杜赞奇与兰林友对于婚姻圈与集市圈以及二者关系虽都有测量分析，但统计分析技术仍很粗糙。

本文利用山东省青岛市崂山区段氏宗族2003年所修族谱的记载情况，同时辅以田野调查来对该宗族人群的婚姻实践状况与集市关系进行考察，突出详细的计量统计分析，以此检验上述学者的看法。

二、段家埠及段姓宗族

段姓宗族主要分布在以段家埠为主的聚居区，目前隶属于山东省青岛市崂山区沙子口办事处。该田野点距离杨懋春所研究的"台头村"很近，二村正好被青岛城区隔开，相距58公里。段家埠自明初至清光绪二十四年（1898）属山东省即墨县仁化乡郑疃社，原称"东埠疃"，后改称为"段家埠"。之所以叫"埠"，与村庄地形有关。所谓"埠"，即平缓的地面突然高出的山丘。段家埠南临黄海（不到2公里即可到海边），东面是绵延起伏的崂山山脉。村内有一座独立山体——南山，地势为东北——西南走向。"大河"从村南缓缓流过（系崂山南九水河下游地段）。村西有"西河"，两河相交，半围村落，形成域内东

---

① 吴店村原属河北省良乡县，良乡县今已更名为房山区，划归到北京市。寺北柴属河北省栾城县。

北部山峦、西南部平壤、山水相接的地理地貌。从段家埠向西方向出发，步行1公里即可到 S214 省道，向西 5 公里即地铁 11 号线。

最早开发段家埠的是宋姓宗族，他们于明洪武末年来此开基立业，后来陆续外迁，加之人口不旺，至今已不足十户。段姓乃继宋氏之后来段家埠的第二个宗族。[①] 明永乐二年（1404），段姓始迁祖伯祥公从山西南部"小云南"迁至莱州府即墨县崂山脚下，居住于登瀛洼内的陡阡口下、黄家河东一片缓埠上，并命之段家地，后迁居段家埠。至于其他几个小姓，如刘、马、曲、王等来段家埠皆不过 20 世纪 30 年代以后的事情。[②] 根据 2015 年底的统计，段家埠全村现有 1089 户，3022 人，其中段姓（户主）占 99%。[③]

从类型学上论，[④] 段家埠乃一强单主姓村落。尽管如此，我们仍然把它看作是林耀华理解的"宗族乡村"，[⑤] 即血缘和地缘高度叠合体。因为这一村庄秩序和运转逻辑历来由段姓人口界定或"说了算"，符合林氏所描述的"宗族村庄"类型。拿 20 世纪 50 年代以降的情况来说，段家埠历代基层政权组织的成员几乎皆出自段姓，其间偶或有几个小姓成员参加，但在村内公共事务上并无话语

---

① 2003 年所修的《崂山段氏族谱》中并没有关于段氏先祖从宋氏先祖手中购买段家埠土地的记录，但 2017 年所修的《段家埠社区志》中则标明买下了部分土地。访问族人，他们表示对此并没有实据，可能是编写该地方志所聘请的文化公司从档案馆所查得到的资料，也可能是采访一些老年人时，他们根据当时社会状况进行的推断。

② 马姓：马知群随妻子段顺英来段家埠落户。马知群，满族人，北洋政府时期某部队驻防南宅，他在此当兵，结识小学教师段顺英并结婚。后来部队解散，马知群也做了教师，选择了从妻居模式，即随妻子留在了段家埠定居。王姓：20 世纪 30 年代王克晓随母亲改嫁来到段家埠。王论田原是小河东人，住段家埠村东一处山坡石庙处。集体化时期，政府调整土地，王姓两家所居住的山坡石庙划归段家埠，由此成为段家埠人，但两家王姓人并不同宗。刘姓：20 世纪 50 年代闹互助组时，刘学琪过继给居住在段家埠的姨娘，由此迁居段家埠。曲姓：1959 年生活困难时期，曲学雪随妻子段红章由姜哥庄来段家埠落户，曲学雪曾为渔民，后也兼种土地。再后，张、董、李、杨、杜、石、赵、胡、臧、郭等姓氏陆续迁居段家埠，多是随妻子定居于此。

③ 段家埠社区编纂委员会：《段家埠社区志》（内部稿），2017 年，第 71 页。

④ 杜靖：《作为概念的村庄和村庄的概念——汉人村庄研究评述》，《民族研究》2011 年第 2 期。

⑤ 林耀华：《义序的宗族研究·导言》，北京：生活·读书·新知三联书店，2000 年。

权。① 这也合乎杜赞奇从乡村政治角色出发对村庄的划分标准和类型。②

段氏六世前世系已失考，但从六世起裂变为三大支，自九世春字辈起再次裂变为二十支。具体见下表：

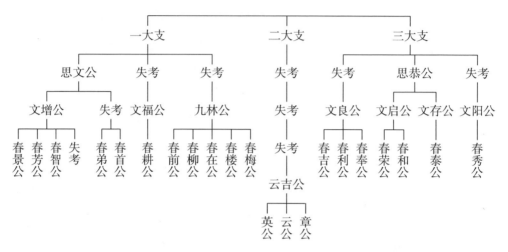

图 1　三大支及二十分支世系简谱

从图 1 可知，长支即第一大支至七世时有兄弟三人。长为七世祖思文公，有八世子二，长为文增公，下有九世子四，为春景公、春芳公、春智公，四子名讳失考；思文公次子名讳失考，下有九世子二，为春弟公、春首公。长支的次支七世祖名讳失考，但有一子系八世文福公，至九世单传一子为春耕公。长支的三支七世祖名讳亦失考，有一子即八世九林公，九林公又有五子，即九世的春前公、春柳公、春在公、春楼公、春梅公。第二大支九世前先祖名讳皆失考，九世祖有一子，系十世云吉公，云吉公有子三，即十一世的英公、文公、章公。由于人口规模偏少，二大支内部未再裂变，总体上被确认为三大支之一。但有时候，段氏又把该支列为二十分支之一。可见，随着不同场景或世系结构的变化，宗族内部的认同又呈现出弹性特点。第三大支至

①　段家埠社区委员会办公室墙上悬挂着该村从 1950 年至 2019 年的中共段家埠组织一览表，从该表上可以看到有 36 个段姓族人，5 个外姓（其中 1 人是知青），段姓占了 87.8%。

②　[美]杜赞奇著，王福明译：《文化、权力与国家：1900—1942 年的华北农村》，南京：江苏人民出版社，2018 年，第 9—11 页。

七世祖有兄弟三人，长名讳失考，但有八世子文良公，文良公下又有九世子三，分别为春吉公、春利公和春奉公。次为七世祖思恭公，有子二，长为八世文启公，文启公下有九世子二，分别为春荣公与春和公；次为八世文存公，文存公下有九世子一，名春泰公。第三大支的第三支七世祖名讳失考，八世祖名文阳公，其下有九世一子，即春秀公。从命名方式看，自七世开始，段氏已有统一的命名辈字。

据段氏族谱记载，在二十分支中七支有堂号，但各堂号始称自何代、所来何由，皆无从考证。仅有四支堂号流传至今，余三支堂号已无资料可佐证。这四支堂号分别为支永堂、敬爱堂、松柏堂、松茂堂。"支永堂"，堂祖为长支下七世长子思文公之子八世文增公；"敬爱堂"，堂祖为长支下七世次子（名讳失考）之孙九世春耕公；"松柏堂"，堂祖为第三大支下七世长子（名讳失考）之长孙九世春吉公；"松茂堂"，堂祖为第三大支下七世长子（名讳失考）之次孙九世春奉公。这些堂号并非从同一世系级别开始计算，有的顶点为八世，但大多数为九世。堂号，实际上是宗族内部不同房支世系裂变程度和情况的反映。段氏的情形不同于陈其南所讲的系谱体系理念及宗族的发育规律，因为陈其南的房派演化原则是建立在同一级别的兄弟关系基础上。[①]

从宗族遗留下来的现有文献看，段氏第一次修谱具体年月不祥，只知段氏十六世孙段天相缮写过一次族谱。这里的缮写应该理解为"誊抄"，即用工整的毛笔字抄写。从有关信息了解到这是一部阖族谱，供奉于祠堂内，后因失火焚于清朝末年。数十年之后，劫火余烬，敬爱堂与松柏堂的子孙们又各自续修了自家的支谱。"敬爱堂"支谱（即《段氏支谱》，凡两卷）由天相的族侄段立凤编修，时间为清光绪二十九年（1903）；松柏堂支谱由十六世族人段立阙主修于民国二十一年（1932）。2003年，段氏宗族编修了阖族谱，即《崂

---

① 陈其南：《房与传统中国家族制度——兼论西方人类学的中国家族研究》，《汉学研究》1985年第3卷第1期；陈其南：《家族与社会：台湾与中国社会研究的基础理念》，台北：联经出版事业公司，1990年，第129—213页；陈其南：《汉人宗族制度的研究——弗立曼宗族理论的批判》，《考古人类学刊》1991年第47期；陈其南：《汉人宗族型态的人类学研究》，载陈其南：《传统制度与社会意识的结构——历史与人类学的探索》，台北：允晨文化实业股份有限公司，1998年，第136—166页。

山段氏族谱》。

从文类上看，段氏 2003 年新修《崂山段氏族谱》可分为世系表前面的图文、世系表及简谱、附录三部分。世系表前面的图文部分包括 20 世纪 50 年代初期以前的段家埠方舆图、始祖墓、家庙平面图（已拆毁）、支堂及祖茔、行辈字派、家训。附录包括：段家地、崂山段氏后裔迁徙记录、段家埠村建制沿革、"平辈错世"说明、[①] 段家埠小学建设始末、名人录、段家奇石、古谱序文、《给崂山段氏族人的一封信》、族谱编委会及工作人员名单、族谱编修捐助功德名单。

世系表采用传统"欧苏谱法"，即五世一提。首记名，于本名同格之下小字注"子几女几"或"嗣子女几"。左边记其妻，知姓不知名者记为"某氏"，姓不知者则记为"氏"。多妻者，按婚配先后顺序记载。未婚之子其左格留空白。名下记录子女情况，先子后女、先长次幼，依次左排。配偶之籍贯、首迁居异地者之地址、改嫁妇另适之地，于本名同格之下小字分别注"某处""迁某处""另适某处"（不知者只注"另适"）。出嗣者先记于其生父名下，于本名同格下小字注"嗣某某"，再记于其嗣父母下，亦于本名同格之下小字注"某某子"。不知其子女之名者，只于本名同格下小字注"子几女几"。若只知其中一二名时，知名者记如上述，不知名者留空格。世系按三大支及外迁分支分别叙述，一支叙完再叙一支，较好地体现了宗法制度要旨。

段姓宗族在繁衍过程中，部分宗族成员因谋生等原因分散到段家埠之外的地方社会中，并在各处扎根繁衍。这些村落包括戴家埠、沙子口、栲栳岛、南窑、大石村、竹窝、观崂、孙家下庄、李沧河北、李沧河南、东北庄、侯家庄、西流庄、郑张、胶南杨家庄、陈家庄、大庄、闫家屋子、郭家河岩、黄岛丁家河、荣成石岛桃树园、东王门、西王门等。莫里斯•弗里德曼（Maurice Freedman）认为，当宗族超越一个聚落体或聚落群，并在外部加以扩展时，就形成了分散

---

① 指的是行辈字错乱问题。据族谱记载，敬爱堂支谱认为"永""存""孝""德"分别为十九、二十、二十一、二十二世的辈字。松柏堂支谱认为"永""存""孝""德"应分别为十八、十九、二十、二十一世的辈字。2003 年修谱时，族人最终采用了第二种说法，因为这一说法为大部分族人所认同。

性世系群（dispersed lineage）。[1] 从另外一个意义上讲，可以把整个段氏看作一个分散性世系群。但本文的分析只限于居住在段家埠的段姓族人，以段家埠为中心来考察其婚姻圈，不包括外迁族人。由于族谱只记载嫁入新娘的出生地，并未记载段氏女性外嫁村庄情况，故在统计时不考虑婚出情况，这项研究也只是单向的婚姻流动考察。

三、对段氏宗族通婚圈的统计学测量与分析

从 2003 年编修的《崂山段氏族谱》来看，段氏宗族成员世系表传记部分标注女性配偶籍贯，最早始自十五世。但十五、十六世只是偶有标注，并非所有成员都一一注明。最详细的资料是十七、十八、十九、二十世四个世代，至于二十一世由于成谱时许多族人尚未婚配，故此标注也不全面。

经统计可知，三大支系在十五世到二十一世间，标明配偶籍贯的婚姻共有 1416 对（外迁以及在地图上无法找到的地方不包括在内）。其中，十五世有 2 对，十六世有 32 对，十七世有 158 对，十八世有 364 对，十九世有 543 对，二十世有 284 对，二十一世有 31 对，二十二世有 2 对。与其有姻亲关系的地域共涉及 136 处。

以往学者对婚姻圈的具体范围（通过测量嫁娶村庄间的距离来明确婚姻圈的范围）之认识并不统一。杜赞奇说，"新娘大多数是来自步行可到（相距不远）的村庄"，[2] 但他并未给出详细的具体数据。王铭铭将与溪村陈氏通婚的地方按照距离分为四个层次：1）本里，2）附近乡村，3）县邑及附近，4）县境以外。[3] 王认为，溪村陈氏家族"通婚地域"的中心是与其日常交往较多的地方。兰林友也按照距离将与后夏寨通婚的村庄划分为四个通婚圈：1）内婚圈，2）第二

---

① Maurice Freedman, *Chinese lineage and Society*: *Fukien and Kwangtung*, London School of Economics, Monographs on Social Anthropology, No.33, London: Athlone, 1966, pp.20-22.

② ［美］杜赞奇著，王福明译：《文化、权力与国家：1900—1942 年的华北农村》，南京：江苏人民出版社，2018 年，第 7 页。

③ 王铭铭：《社区的历程：溪村汉人家族的个案研究》，天津：天津人民出版社，1997 年，第 50 页。

核心圈（3—5 里为主，6—7 里为辅），3）第三核心圈（12 里为中心，8—9 里为辅），4）通婚圈边缘。[1] 他发现后夏寨本村是最核心的通婚圈，分布在后夏寨 3 里和 5 里的村庄是最主要的通婚范围。[2]

根据实际情况，[3] 本文将以 5 公里为等差来划分段家埠的通婚距离，每增加 5 公里，即划分为一个层次，共划分为六个层次。分别是：1）5 公里内的附近村庄（包括本里），2）5—10 公里内的附近村庄，3）10—15 公里以内的村庄，4）15—20 公里以内的地域，5）20 公里以外但仍在青岛市内的地域，6）婚姻边缘（青岛市以外地域）。

经统计，5 公里以内的村庄包括：本里（段家埠）、戴家埠、董家埠、沙子口、北崂、南崂、中崂、小崂山、于哥庄、南宅、新庄、岭西、彭家庄、松山后、北姜、南姜、东姜、西姜、姜哥庄、大河东、小河东、登瀛、前登瀛、后登瀛、西登瀛、黄崖、栲栳岛、坡前沟、石湾。北崂、南崂、中崂、小崂山实际上就是崂山村，只是人们习惯在称呼上划出一条界限，北姜、南姜、西姜、东姜也是将姜哥庄在称呼上划分为四个村落，前登瀛、西登瀛、后登瀛也就是将登瀛划分为三个村落，但实际上都指一个地方。

5—10 公里内的村庄包括：汉河、椒涧、枯桃、南窑、龙泉村、南龙口、文张、东九水、东麦窑、九水、刘家下庄、麦窑、牟家、西九水、西麦窑、张村、郑张、北龙口、董家下庄、流清河、孙家下庄、王家村、午山、张家下庄、朱家洼、砖塔岭、北九水、大石村、豆角坡、沟崖、金家岭、石老人。其中东九水、西九水、北九水合称为九水。东麦窑与西麦窑合称为麦窑。

10—15 公里内村庄包括：北宅、东陈、苏家、于家下河、郑庄、大埠东、鸿园、西陈、杨家上流、中韩、东李、侯家庄、柳树台、上臧、竹窝、李村、下王埠。

15—20 公里内的地域包括：保儿、上王埠、吴家村、闫家山、兰家庄、市南、

① 兰林友：《庙无寻处——华北满铁调查村落的人类学再研究》，哈尔滨：黑龙江人民出版社，2007 年，第 97 页。

② 兰林友：《庙无寻处——华北满铁调查村落的人类学再研究》，哈尔滨：黑龙江人民出版社，2007 年，第 99 页。

③ 主要考虑到崂山地区山地面海的特殊地貌以及段家埠与周边村庄的分布构成这两个因素。

青岛、西流庄。

20 公里以外仍在青岛市的地域：四方、沧口、南屋石、益都、陈家、夏庄、双埠、女姑口、王哥庄、古镇、流亭、大石头、城阳、北夏庄、薛家岛、棘洪滩、胶南、河套、即墨、东小庄、北王村、胶州、胶县、宋戈庄、马戈庄、平度、莱西、王埠庄。

青岛市以外涉及的地方有：高密、诸城、安丘、昌邑、昌乐、潍坊、博山、淄川、莒县、莒南、日照、沂水、蒙阴、临沂、章丘、济南、德州、泰安、济宁、菏泽、北京、天津、河北、河南、南阳、洛阳、安阳、杭州、鞍山、九江、湖南、江西、孝感、贵州、辽宁、吉林、吉林三岔子镇（这些婚姻边缘区域对于本项研究来说不具备地域社会研究意义，故不再设计地图以标明之）。

以段家埠为中心，统计分布在这六个层次的通婚圈内的村庄数，具体见下表：

表 1　分布在六个层次通婚圈内的村庄数

嫁娶村庄间的距离（单位：公里）	村庄数（单位：个）
5 公里范围内	19
5—10 公里范围内	27
10—15 公里范围内	17
15—20 公里范围内	8
20 公里以外仍在青岛市的地域	28
青岛市以外的地域	37

从表 1 可知，5 公里范围内有 19 个村庄，5—10 公里范围内有 27 个村庄，10—15 公里范围内有 17 个地方，15—20 公里范围内有 8 个地方，20 公里以外仍在青岛市的地方有 28 个，青岛市以外的地方有 37 个。最后两项数值由于受地域面积扩大的因素，因而不具备比较价值。在此情形下，如果只对前四项进行比较的话，则呈现出由密到疏的递减规律。继续统计所划分的六个层次的通婚圈与段家埠的通婚对数如下：

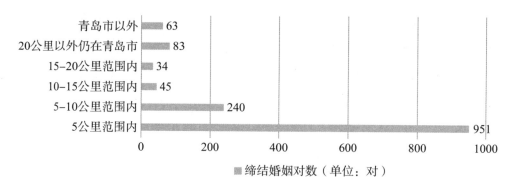

图 2　缔结婚姻对数（单位：对）

从图 2 上看出：嫁娶村庄相距 5 公里的成婚对数是 951 对（包括本里），合计占总数的 67%。嫁娶村庄相距 5—10 公里的成婚对数是 240 对，占总数的 17%。10—15 公里有 45 对，占总数的 3%。15—20 公里有 34 对，占总数的 2%。20 公里以外仍在青岛市内的成婚对数是 83 对，占总数的 6%。与青岛市以外地域的通婚对数是 63 对，占总数的 5%。

从分布上来看，嫁娶村庄主要集中于 5 公里内，5 公里内是段家埠的核心通婚圈，5—10 公里是次核心通婚圈。5 公里内可以再详细分为：本村有 54 对、1 公里有 172 对、1—2 公里有 140 对、2—3 公里有 28 对、3—4 公里有 180 对、4—5 公里有 377 对。5—10 公里内可以详细分为：5—6 公里有 56 对、6—7 公里有 15 对、7—8 公里有 90 对、8—9 公里有 51 对、9—10 公里有 28 对。婚姻对数呈现出由近及远的递减规律，但递减到一定程度不再呈现出下降趋势。

上面的测量描述了一定距离范围内的通婚分布情形，下面将着眼于单个村庄来测量与段家埠的"通婚频度"，以 10 对婚姻为基本测量单位或"波段"，着重测量通婚频度 10 次以上的村庄，分为 10—20、20—30、30 以上三个"波段"，结果见图 3、图 4 和图 5：

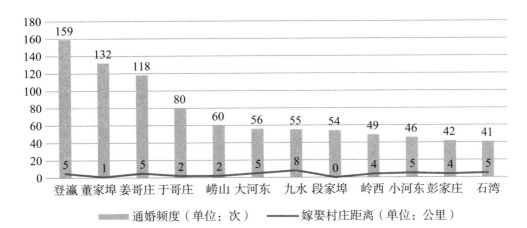

图 3　通婚频度 30 次以上的村庄（单位：次）

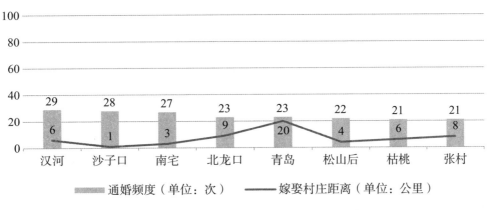

图 4　通婚频度 20—30 次以上的村庄（单位：次）

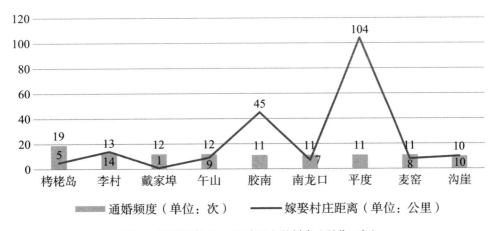

图 5　通婚频度 10—20 次以上的村庄（单位：次）

从图 3—5 中可以看出，与段家埠通婚频度 30 次以上的村庄共有 12 个，包括：登瀛、董家埠、姜哥庄、[①] 于哥庄、崂山、[②] 大河东、九水、段家埠、岭西、小河东、彭家庄、石湾。只有九水村不在段家埠 5 公里范围内，但仍然在其 10 公里范围内（这里继续采用前面 5 公里的等差来测量）。通婚频度 20—30 次的村庄共有 8 个，包括：汉河、沙子口、南宅、北龙口、青岛、松山后、枯桃、张村。5 公里范围内有 3 个，5—10 公里范围内有 4 个，10 公里以外有 1 个。通婚频度 10—20 次的村庄有 9 个，包括：栲栳岛、李村、戴家埠、午山、胶南、南龙口、平度、麦窑、沟崖。其中 5 公里内有 2 个，5—10 公里内有 4 个，10 公里以上有 3 个。

5 公里范围内，通婚频度 30 次以上的村庄共向段家埠提供了 837 位新娘，20—30 次的村庄提供了 77 位新娘，10—20 次的村庄提供了 31 位，总计 945 位新娘。5—10 公里范围内，通婚频度 30 次以上的村庄提供了 55 位新娘，20—30 次的村庄提供了 94 位新娘，10—20 次的村庄提供了 44 位新娘，总计 193 位新娘。

单个村庄通婚频度的统计结果再次印证了上述结论。具体来说，通婚频度最高的村庄主要分布在 5 公里范围内，5 公里范围内是嫁娶新娘最多且最为频繁的通婚圈，我们称之为最核心通婚圈，5—10 公里范围内是次级通婚圈。通婚频度随着两村间距离的增加会逐渐降低，但也存在少数变异。

为什么距离是影响通婚的关键变数呢？为什么 5 公里范围内是核心通婚区？

杜赞奇认为，1）在华北乡村的日常生活中，姻亲关系起着多种保障和联系作用；2）习惯法中中人的作用表明，亲戚关系在签约（不论是借贷还是买卖或租佃土地）方面起着重要作用；3）当发生天灾人祸时，人们往往投奔其亲戚所在的村庄。一般来说，这种亲戚关系将普通人家与更有权威和正式的宗族以及行政组织联系起来，使他们更容易接近乡村社会中的各种资源。[③] 与施坚雅

---

① 包含北姜、南姜、东姜、西姜的数据。

② 包含北崂、南崂、中崂、小崂山的数据。

③ ［美］杜赞奇著，王福明译：《文化、权力与国家：1900—1942 年的华北农村》，南京：江苏人民出版社，2018 年，第 9 页。

不同，杜赞奇将因婚姻而缔结的人际关系看作是独立于市场之外的另一条纽带。在深度了解地方社会运转方面，这一见识拓展了我们的视野，让我们看到了当乡村市场体系削弱或瘫痪之际人们是如何互相联系的。这种超越市场的纽带是否持久坚韧，对贫穷以致于无法自给的乡民而言尤为重要。如同与市场的商业关系加深了村中的某些联系一样，那些村际间的直接联系（它可能最初在市场中形成）也发挥着重要作用。①

兰林友发现，后夏寨之所以村内通婚情况十分明显，是因为有很多好处：女儿既可以就近照料娘家，又可以得到娘家的日常照顾，并且在生产方面彼此给予更多的协助。②

同样，当代人类学者王铭铭也看好婚姻在创造和巩固家族村落之间联系方面的社会价值：婚姻关系可以带来大量的社会互助资源，婚姻是与外界保持联系的重要桥梁，通婚可以形成超越家族的关系网，由此构成地域社会运转的框架。③

笔者之一的杜靖在研究山东闵氏时发现，这些嫁过来的妇女大部分都是附近村庄的。一般来说，她们平均至少一个月要走一趟娘家，多数情况下十天半月就要回去一趟。姻亲不仅可以在丧葬、生育、婚姻等各种仪式中参与交流，而且结成稳定的姻亲关系，可以成为地方人民所倚重的亲属资源，为未来的生产生活提供互助性的基础。在日常生活中，女儿每年总是要给父母买一两身衣服，包括鞋帽，女儿也经常回娘家，帮助父母洗衣服，冬天的棉衣和棉被大多也由女儿购买或缝制，还有，当父母生病住院且需要大笔医疗费用时，也不再是"由儿子独自承担、女儿只是来照看几天"的传统样式，而是由儿女共同承担。闵氏的亲属实践中存在向娘家倾斜的情况。④

以上四位学者的结论基本是一致的，婚姻是人类得以生存和互助的文化手

① ［美］杜赞奇著，王福明译：《文化、权力与国家：1900—1942 年的华北农村》，南京：江苏人民出版社，2018 年，第 9—10 页。
② 兰林友：《庙无寻处——华北满铁调查村落的人类学再研究》，哈尔滨：黑龙江人民出版社，2007 年，第 98 页。
③ 王铭铭：《社区的历程：溪村汉人家族的个案研究》，天津：天津人民出版社，1997 年，第 46 页。
④ 杜靖：《九族与乡土——一个汉人世界里的喷泉社会》，北京：知识产权出版社，2012 年，第 295 页。

段，因此近距离的通婚占据了选择上的优势。

青岛崂山段氏的通婚实践也支持互助论的解释，但在深入村庄调查后发现，近距离通婚不仅仅是满足经济学意义上的功利之需要，实际上还有满足情感的功能。从马斯洛（Maslow A.H.）需求层次理论第三层次——情感和归属的需要来看，[①] 每个人都有归属于某个群体的需要，即希望成为该群体中的一员，并相互关心和照顾。从人类学角度讲，女性长期生活在自己的亲属氛围中会产生情感上的依赖。婚姻仪式使得一个妇女告别了父亲的宗族而迈入夫家的宗族，由于最初与丈夫宗族成员的陌生感会产生孤独与无助。如果嫁远了，就不能时常走娘家，从而加重了这种孤独与无助感。所以远距离的通婚往往不作优先考虑。无论是子女看望父母或者父母看望子女，嫁得远都带来不便。人不能没有亲情。

段氏宗族通婚实践中有一个奇怪的现象，在1416对婚姻中有59个段姓新娘，其中有51个来自段家埠。这意味着违背了汉人长期坚守的"同宗不婚"制度。

从周代至明清，各个朝代都沿袭了同宗不婚的法律条文。比如唐、宋时，若同姓为婚，处徒刑两年，明清时期杖六十，并强制离婚。对同宗内，若是娶服制以外的同宗女性，男女各杖一百。娶缌麻之亲则是男女各杖六十，徒一年。小功以上亲属，就以奸论，处徒三年至绞刑。[②] 即使在当下，法律已经失效，社会实践仍然遵循惯习，法律规定与实践之间存在巨大差异。比如笔者之一的杜靖在费县闵村[③] 研究时就发现了一个同族内部通婚的故事。[④] 故事的主人公闵繁康与

---

① ［美］亚伯罕·哈罗德·马斯洛著，唐译编译：《人本哲学》，长春：吉林出版集团有限责任公司，2013年，第26页。

② 《大清律例》第109条规定：（1）①凡娶同宗无服（姑侄姊妹）之亲及无服亲之妻者，（男女）各杖一百。②若娶（同宗）缌麻亲之妻及舅甥妻者，各杖六十，徒一年。③小功以上（之妻）各以奸论，（自徒三年至绞斩），其（亲之妻）曾被出及已改嫁而娶为妻妾者（无服之亲不与），各杖八十。④若收父祖妾及伯叔母者（不问被出改嫁），各斩。⑤若兄亡收嫂、弟亡收弟妇者，（不问被出改嫁俱坐），各绞。（2）妾，（父祖妾不与），各减（妻）二等。（被出改嫁者，递减之。若原系妻而娶为妾，当从妾论。原系妾而娶为妻，仍从妾减科。）（3）若娶同宗缌麻以上姑侄姊妹者亦各以奸论。（4）（除应死外）并离异。

③ 闵村位于山东省临沂市境内，属鲁南地区，与段家埠相距288公里。

④ 杜靖：《法律下乡与娘家的丢失——一个乡村女子"尊缘"故事的人类学考察》，《长春市委党校学报》2010年第2期。

闵祥敏于 1990 年登记结婚，虽是同族人，但已经出了五服亲属范围，完全符合新婚姻法的规定，但村民并不认同新婚姻法给予他们的合法性。这桩婚姻不仅使得两人脱离了原有的乡村社会关系网络，女方也与自己的亲属决裂，甚至给他们的孩子带来了伤害，已经三十一岁的儿子闵小康至今未能觅得结婚对象。

从段氏族谱记载看，最早出现同族通婚始自十七世。统计表明，十七世有 2 对、十八世有 9 对、十九世有 19 对、二十世有 18 对、二十一世有 3 对。根据族人的推算，十七世人口大多出生在清末，若以此为起点进行推论，那么十七世至二十一世的人主要生活在二十世纪至当下。我们最初设定，造成内部同族通婚的原因是受到二十世纪以来新婚姻法的推行和实践所致。但仔细分析，这一认识又不完全合乎实际情况。比如民国初年，即 1912—1930 年间，中华民国的婚姻法仍然沿用《大清律例》的婚姻制度，禁止同宗通婚，可段氏这段时期照样存在同宗内部婚姻实践。据此就不能把民国初年段氏宗族的通婚看成是受到了近现代法律的影响，必须另辟解释的路径。可是由于资料的匮乏，我们目前尚无法加以说明。20 世纪 30 年代以后国民政府的婚姻法和 20 世纪 50 年代社会主义新中国婚姻法规定：在一定范围内，同宗可以通婚。[①]这段时间内，段氏宗族内部的通婚的确获得了法律的支持和鼓励。访谈中，族人表示：只要直系隔得远就可以结婚。为此，他们还拿国家法律进行辩解。

族人讲述，段家埠以前经济条件优渥于周围村庄。笔者据此推论是现实的经济因素诱导了族内通婚，因为族人担心女儿嫁到贫穷的村庄会受苦。但深入访谈表明，段氏族人并非是单纯的经济理性人。他们说，民国时期村庄内部经济状况也不好，但仍然有族内通婚。上述法律、经济的角度都不能对段氏宗族内部通婚作出合理清晰的解释。

---

① 《中华民国民法典》第 983 条规定下列亲属不得结婚：①直系血亲及直系姻亲；②旁系血亲在六亲等以内者，但因收养而成立之四亲等及六亲等旁系血亲，辈分相同者，不在此限；③旁系姻亲五亲等以内，辈分不相同者。"1950 年中华人民共和国《婚姻法》规定男女有下列情形之一者禁止结婚："①为直系血亲，或为同胞的兄弟姐妹和同父异母或同母异父的兄弟姊妹者；②其他五代内的旁系血亲间禁止结婚的问题从习惯。"1980 年中华人民共和国《婚姻法》规定"直系血亲和三代以内的旁系血亲禁止结婚"，同宗婚姻的限制则由五代变为三代。此后，2001 年对 1980 年《婚姻法》又作了修改，但最终这一条均未作变动（包括相关的 3 个司法解释）。

山东费县闵村的同宗婚姻比段家埠的要晚七八十年。按照社会变迁对人们态度的影响，越往后人们对此事应该越包容。可笔者于今年重访闵村时，闵人仍然表示难以接受此事。同样的礼仪制度在中国各地实践的差异性竟如此之大，我们只能把闵村的保守性归因为儒学的成功濡化，因为闵氏宗族是孔子弟子闵子骞的后代建立的世系群，闵村的儒学教化高于段家埠。段家埠缺乏这样的儒学传统给予支持，但同宗婚高频发生的原因仍有待于未来发掘更充分的资料给以说明。

四、对相关集市圈的分析以及不同参数下的通婚分布情况

明确了婚姻圈的中心与范围后，有必要进一步明确集市圈的中心与范围。让我们首先考察段氏宗族附近所在地域社会中的集市情况。

段家埠附近集市有 5 个，它们共同构成了以 5 天为周期的集市循环。

（1）沙子口集市。与段家埠相距 1 公里，在其西南方向。沙子口集市始建于清朝年间。该集市本来位于沙子口村内，但 1986 年扩建时经政府批准，从沙子口村内搬迁到沙子口河南处。扩建前，沙子口集市占地约 4 亩左右，有 100 个简易摊位，主要销售农副产品、渔业产品等。扩建后，占地约 15 亩，增设摊位至 200 余个，从单一的农副产品、渔业产品发展到各种日用百货、服装、布匹、农具、种子、蔬菜、水果等。现在，摊位已经增加到 460 个左右。沙子口逢农历每月五、十开集，月缺三十延至初一。沙子口集是段家埠村民主要去的集市。[①]

（2）李村大集。原位于李村河滩，在段家埠西北方向，与其相距 16 公里，2015 年搬迁至重庆中路与青山路交叉口，比原先的集市点远 1 公里。逢农历每月的二、七开集。李村大集最早见于文字记载，是明万历《即墨县志》，成书时间是明万历七年（1579），其《建置》篇载："市集，在乡十二。李村，在县南六十里"。据此可知，在明朝，李村大集已属乡间 12 大集之一。[②]我们估计，李村集市的建立应该还要早于这个时间。

---

① 段家埠社区编纂委员会：《段家埠社区志》（未刊稿），2017 年，第 236 页。

② "李村大集"，https://baike.baidu.com/item/ 李村大集 /5456702?fr=aladdin，最后访问日期：2019 年 6 月 1 日。

清同治十二年（1873）《即墨县志》[①]及乾隆二十九年（1764）《即墨县志》[②]记载："李村大集属于乡集二十四之一。"关于李村大集的交易情况，可以参照民国十七年（1928）《胶澳志》中的记载：

李村集市利用李村河之沙滩为临时市场，于各市集之中其买卖之繁盛首屈一指，每年七十二回之市集，四方供求咸集于是。虽其买卖多少视时节之需要与气候之晴雨而有不同，（然）通年际之平均每次陈列之临时卖店约及一千二百，鱼类、杂货、种（子）、古衣、钱摊、食物摊不计在内，其陈列物品总值每次不下九千元。当农事闲散之际，又天气晴朗，卖店或至一千四百以上，物价总值可达万（元）。而外，据本地居民言，自胶澳辟为租界，而后德人颇奖励市集之发展，故有逐年月日盛之象。德人当调查莅会人数，先后统计十余次，平均每次得一万两千人。又据日人调查，平时集会陈列之主要物品就多次统计所得推算其每次之平均值如：

小麦一千一百五十元，属赵村城阳所产。

棉纱布九百余元，属日本所产。

布匹八百元，土布占十之四，洋布估十之六。

烟草七百余元，属潍县产。

豆饼五百元，属沧口流亭大村庄产。

其总值在二百元以上者，为海州产之豌豆、大连产之玉蜀黍。

在百五十元上下者，为海州产之黄豆、李村产之高粱地瓜干、宋哥庄产之柳条筐与上海产之火柴。

在百元以上者：泰安莱芜之麻、上海之粗纸、安邱之蓑笠、赵村之粟。

在八十元以上者：即墨产之黄酒、李村产之猪肉、外洋之煤油、

---

① 《[同治]即墨县志》卷八《建置》，载《中国地方志集成·山东府县志辑》第47册，南京：凤凰出版社，2004年。
② 《[乾隆]即墨县志》卷二《建置》，清乾隆二十九年（1764）刻本，第12页。

上海运来之棉花。

在五十元以上者：即墨产之黄酒、李村产之牛肉、崂山产之松柴、乐安产之炕席。

在三十元以上者：即墨之皮货竹篓铁器、下庄之陶器、潍坊之靴钉、沧口之铁锅、上海之笤帚、平度之鸡卵及鸡、李村之粉条及韭菜、即墨之蒜、上海之胡椒。

此外，在十元上下者为：食物之蔬菜糖类及器具之木扒锄柄锅、概圆斗以及建筑用之窗户门板无不具备。

春夏之际更有多数之豆饼、夏布、蚊帐布、籽种，秋冬之际更有多数之果实、古衣、书、棉花等类临时陈列，春秋渔汛又有多数之水产由沧口沙子口运来陈列。综计每年七十二集逢开有加，全年陈列不下七十万元，假定交易三成，亦得二十一万元也。[1]

二十世纪六十年代以前段家埠段氏族人常去赶该集市，但自沙子口集范围扩大以后，赶集的人开始减少，自从该集市搬迁到新地点之后，段家埠村段氏族人则很少去赶李村集市。

（3）王哥庄集市。该集市在段家埠东北方向，距离段家埠 30 公里。逢农历每月四、九开集。以前很少有段氏族人赶王哥庄集市，现在交通方便后仍然如此。我们访问的一位 70 多岁的族人表示，从来没有去过王哥庄集市，因为要绕一圈才能到达，村民嫌麻烦。

（4）城阳集市。在段家埠西北方向，相距 30 公里，每逢农历三、八开集。由于距离远，段氏族人基本不赶该集市。[2]

---

[1] 《[民国] 胶澳志》卷八《建置》，青岛：胶澳商埠局，1928 年，第 67 页。

[2] 在段家埠附近还有两个逢农历三、八的集市，但族人都不去。一是北龙口集市，位于段家埠东北方向，相距 8 公里左右。北龙口集市形成的时间只有几年，由于经营业户的增加及经营场地限制，导致商户占路经营，车辆乱停乱放，造成交通拥堵及安全隐患。政府已经于 2008 年进行了清理取缔，并在九水东路北侧设立一处临时的农贸市场，缓解周边居民的生活需求。东陈集市位于段家埠东北方向，与其相距 11 公里左右。我所访谈的族人表示对此不熟悉，可能是群众自发形成的小集市。

（5）周哥庄集市。又称北宅集市，位于段家埠东北方向，相距 15 公里左右，每逢农历一、六开集。段氏族人也很少赶该集市。

这些集市均是从小规模集市发展而来的，在发展的过程中出现了一定程度的规模差别。正如杜赞奇所云："华北平原初级市场的差异很大。"① 它们皆属于"乡间集市"，合乎施坚雅所划分的标准集市之标准。

杨懋春从主位和客位双重角度来确立集市边界。他说，尽管没有明确的界限，但每个集镇仍有可辨认的明确区域，它把某些村庄的村民看成基本顾客，相应的这些村民也把它看作自己的集镇。② 施坚雅的立场同于杨懋春，其判定标准有二：其一是，该村在某一特定集市内进行大部分的交易活动；其二，乡民认同是他们的集市。③ 段家埠周围的这些集市，在沙子口扩建以前，村民主要赶沙子口和李村，沙子口扩建以后，就主要赶沙子口，其他的集市基本不会赶。只有一些做生意的人，才会在多个集市之间流转。当地农民并不严格按照五天一个集市去赶每个市场（至少在我们所了解到的时间段不是这样）。若是集市的规模足够大，所涵盖的物资足够丰富，赶一两个集市就以足以满足生产和生活需要。距离、交通条件、集市规模等因素往往决定农民赶哪些集市。段家埠人所赴集市是沙子口与李村两个。

然而，以往学者在确立集市覆盖范围或规模上意见并不统一。施坚雅认为基层市场的半径为 3.4—6.1 公里，包含 18 个村庄，面积为 50 平方公里，集镇间隔不到 8 公里。④ 由于杜赞奇研究的是中级市场，所以他给出的中级市场的标准在此地并不适用。⑤ 兰林友认为，恩城集市是一个标准市场（笔者按：这

---

① ［美］杜赞奇著，王福明译：《文化、权力与国家：1900—1942 年的华北农村》，南京：江苏人民出版社，2018 年，第 7 页。

② 杨懋春著，张雄、沈炜、秦美珠译：《一个中国村庄：山东台头》，南京：江苏人民出版社，2001 年，第 185 页。

③ ［美］施坚雅著，史建云、徐秀丽译：《中国农村的市场和社会结构》，北京：中国社会科学出版社，1998 年，第 22 页。

④ ［美］施坚雅著，史建云、徐秀丽译：《中国农村的市场和社会结构》，北京：中国社会科学出版社，1998 年，第 44 页。

⑤ ［美］杜赞奇著，王福明译：《文化、权力与国家：1900—1942 年的华北农村》，南京：江苏人民出版社，2018 年，第 3 页。

里他采用了施坚雅的划分标准，但其并没有明确说明），距离后夏寨 5 公里范围内的村庄都是恩城集市的同一个市场圈。[①] 笔者认为，段家埠所属的沙子口与李村两个集市虽然从建立以及发育过程来看，李村都要早于沙子口，但受该地区地貌地形及资源影响，集市无法像平原地区一样向四周发育，也没有那么多密集的集市。这两个集市的规模都发育到足以竞相吸引对方的卖客与买客的程度，所以笔者将以两个集市间距离的平均值作为二者的边界区隔，即以沙子口集市到李村大集的距离的平均值确定两个集市的范围和规模。沙子口集到李村集的距离为 18 公里，二者的平均值是 9 公里。照此计算，沙子口集市的规模或覆盖范围则在以沙子口集市为中心的 9 公里半径之内。李村同样如此。需要说明，当迎娶新娘村庄所属的两个集市规模差距过大或分属不同级别的集市时，又或存在集市数量以及规模大的变化时，就不能采取平均值区分办法，必须另外采用包含与被包含或隶属与被隶属的关系予以讨论。

下面就以 9 公里作界标，对提供新娘的所有村庄分类归堆。具体而言，围绕着沙子口和李村两集市而分成两部分，并分别统计各村庄给段氏宗族提供的新娘数，同时具体标明距离各自集市的距离，具体见下面表 2 和表 3。

表 2　沙子口集市圈内诸村庄提供给段家埠的新娘数

嫁出新娘村庄	新娘村庄到沙子口集的距离（公里）	新娘数	嫁出新娘村庄	新娘村庄到沙子口集的距离（公里）	新娘数
沙子口	0	28	椒涧	6	1
段家埠	1	54	南窑	6	5
戴家埠	2	12	汉河	7	29
董家埠	2	132	枯桃	7	21
新庄	2	1	王家村	7	2
崂山	3	60	龙泉村	8	1
于哥庄	3	80	南龙口	8	11
登瀛	3	159	文张	8	3

---

① 兰林友：《庙无寻处——华北满铁调查村落的人类学再研究》，哈尔滨：黑龙江人民出版社，2007 年，第 101 页。

嫁出新娘村庄	新娘村庄到沙子口集的距离（公里）	新娘数	嫁出新娘村庄	新娘村庄到沙子口集的距离（公里）	新娘数
岭西	3	49	麦窑	8	11
姜哥庄	3	118	张村	8	21
栲栳岛	3	19	流清河	8	2
南宅	4	27	九水	9	55
石湾	4	41	刘家下庄	9	1
彭家庄	5	42	牟家	9	2
松山后	5	22	郑张	9	1
大河东	5	56	北龙口	9	23
黄崖	5	1	午山	9	12
小河东	5	46	朱家洼	9	3
坡前沟	6	5	砖塔岭	9	2

表 3 李村大集集市圈内诸村庄提供给段家埠的新娘数

嫁出新娘村庄	新娘村庄到沙子口集的距离（公里）	新娘数	嫁出新娘村庄	新娘村庄到沙子口集的距离（公里）	新娘数
李村	0	13	大埠东	7	1
闫家山	1	1	上王埠	7	2
中韩	4	1	沧口	7	2
保儿	4	1	孙家下庄	8	4
西流庄	4	1	张家下庄	8	1
东李	5	1	于家下河	8	1
郑庄	6	3	四方	8	1
侯家庄	6	2	张村	9	21
下王埠	6	1	郑张	9	1
吴家村	6	1	金家岭	9	1
董家下庄	7	2	石老人	9	3
苏家	7	2	上臧	9	3

施坚雅以 3.4—6.1 公里为划分集市圈的标准，兰林友以 5 公里作划分集市圈的标准。为了讨论时有所对比，我们分别给予关照。不过，由于我们在统计数据时以公里整数为计算单位，所以在此把施坚雅的"3.4"和"6.1"修改为 3公里和 6 公里（我们认为，小数点后的数字对本项研究影响微弱）。除此以外，我们再加上本文所采取的 9 公里这个标准，这样共得 4 个距离尺度。我们首先计算出每个距离尺度内有多少个出嫁闺女的村庄数目，然后再统计出这些村庄与段家埠的成婚对数，最后则可以计算这些村庄与段家埠的通婚频度。详细统计见下面表 4、表 5 和表 6。

表 4　不同参数范围内集结的村庄数目

集市名称	到集市不同距离范围内村庄个数			
	3 公里范围内	5 公里范围内	6 公里范围内	9 公里范围内
沙子口	11	18[①]	21	38
李村	2	6	10	24
各列合计	13	24	31	62

我们采用累积计算的办法。位于沙子口集市 3 公里范围内的村庄共有 11 个，包括沙子口、段家埠、戴家埠、董家埠、新庄、崂山、于哥庄、登瀛、岭西、姜哥庄、栲栳岛。3—5 公里范围内的村庄包括南宅、石湾、彭家庄、松山后、大河东、黄崖、小河东，加上前面 3 公里内的村庄数，那么，5 公里范围内共计 18 个村庄。5—6 公里范围内的村庄包括坡前沟、椒涧、南窑，加上前面 5 公里范围内的村庄数目，合计达 21 个。6—9 公里范围内的村庄包括汉河、枯桃、王家村、龙泉村、南龙口、文张、麦窑、张村、流清河、九水、刘家下庄、牟家、郑张、北龙口、午山、朱家洼、砖塔岭，加上前面 6 公里范围内的村庄，合计达 38 个。

位于李村大集 3 公里范围内的村庄有 2 个，包括李村、闫家山。3—5 公里范围内的村庄包括中韩、保儿、西流庄、东李，加上前面 3 公里范内的 2 个村子，那么，5 公里范围内合计为 6 个。5—6 公里范围内的村庄包括郑庄、侯家庄、下王埠、吴家村，加上前面 5 公里范围内的村庄，合计达 10 个。位于 6—

---

① 包含前面 3 公里范围内数值，以下同。

9公里范围内的村庄包括董家下庄、苏家、大埠东、上王埠、沧口、孙家下庄、张下家庄、于家下河、四方、张村、郑张、金家岭、石老人、上臧，加上前面6公里范围内的村庄共计24个。

如果不分单个集市圈，而只考虑距离这一维度，将沙子口、李村两集市的覆盖范围合并统计，依次结果为：3公里范围内总共有13个村子，5公里范围内有24个村子，6公里范围内共有31个村子，9公里范围内共有62个村子，每次递增的数值分别是11、7、31，那么，这四个圈各自数值分别是：13、11、7、31。这个数值告诉我们，最远的圈，即边缘圈分布的村庄最多，第一圈、第二圈、第三圈反而都小于它，无法呈现出像婚姻圈那样的核心圈、次核心圈和边缘圈的逐步递减规律，不能与之构成一一对应的关系。因而，单纯从距离参数来划分集市圈内部层次结构是失败的。然而，从另外一个角度来考虑，这种情况也许是由于各圈中村庄的基数大小不同造成的。

表5　不同参数范围内的新娘数对比

集市圈	沙子口	李村	新娘数总和	百分比	递增率
3公里范围内	712	14	726	51%	0%
5公里范围内	947[①]	18	965	68%	17%
6公里范围内	958	25	983	69%	1%
9公里范围内	1158	69	1227	87%	18%

从表5可知（沙子口、李村两个集市圈合并统计），3公里范围内共有726个新娘，占总新娘人数的51%；5公里范围内共有965个新娘，占总新娘人数的68%；6公里范围内共有983个新娘，占总新娘人数69%；9公里范围内共有新娘1227个，占总新娘人数87%。据此，我们能够计算出递增率。即3公里范围内提供了51%的新娘，扩大到5公里范围时递增了17%，扩大到6公里范围时递增了1%，扩大到9公里范围时递增了18%。这个结果告诉我们，5公里范围内村庄提供了68%的新娘，6—9公里范围内只提供了19%的新娘。我们注意到，当从5公里扩大到6公里这个范围时仅递增了1%，这说明6公里这个范围分类

---

① 包含前面3公里范围内的新娘数，以下同。

没有多大必要。这样，重新计算后得出的结论是：6 公里范围内提供了 69% 新娘，而 6—9 公里范围内仅提供了 18% 的新娘。0—3 公里占 51%，3—6 公里和 6—9 公里的百分比递增是相同的，都是 18%。可见大部分新娘都是分布在集市圈范围之内。距离集市 3 公里范围内的村庄是段家埠的主要通婚区域。

单个村庄与段家埠的通婚数目也能一定程度说明当地的婚姻实践。统计如表 6。

表 6　单个村庄与段家埠通婚次数 [①]

新娘村庄	通婚次数	备注	新娘村庄	通婚次数	备注
登瀛	159	距沙子口 3 公里，距李村 21 公里	北龙口	23	距沙子口 9 公里，距李村 12 公里
董家埠	132	距沙子口 2 公里，距李村 16 公里	青岛	23	距沙子口 18 公里，距李村 12 公里
姜哥庄	118	距沙子口 3 公里，距李村 15 公里	松山后	22	距沙子口 5 公里，距李村 15 公里
于哥庄	80	距沙子口 3 公里，距李村 15 公里	枯桃	21	距沙子口 7 公里，距李村 11 公里
崂山	60	距沙子口 3 公里，距李村 15 公里	张村	21	距沙子口 8 公里，距李村 9 公里
大河东	56	距沙子口 5 公里，距李村 21 公里	栲栳岛	19	距沙子口 3 公里，距李村 21 公里
九水	55	距沙子口 9 公里，距李村 16 公里	李村	13	距沙子口 15 公里，距李村 0 公里
段家埠	54	距沙子口 1 公里，距李村 17 公里	戴家埠	12	距沙子口 2 公里，距李村 16 公里
岭西	49	距沙子口 3 公里，距李村 20 公里	午山	12	距沙子口 9 公里，距李村 13 公里
小河东	46	距沙子口 5 公里，距李村 21 公里	南龙口	11	距沙子口 8 公里，距李村 11 公里
彭家庄	42	距沙子口 5 公里，距李村 13 公里	麦窑	11	距沙子口 8 公里，距李村 24 公里

---

① 表 5 只是统计了不同参数范围内的新娘数目，并未说明通婚频度问题。

续表

新娘村庄	通婚次数	备注	新娘村庄	通婚次数	备注
石湾	41	距沙子口4公里，距李村17公里	胶南	11	距沙子口45公里，距李村34公里
汉河	29	距沙子口7公里，距李村13公里	平度	11	距沙子口105公里，距李村96公里
沙子口	28	距沙子口0公里，距李村17公里	沟崖	10	距沙子口11公里，距李村14公里
南宅	27	距沙子口4公里，距李村14公里			

我们以 10 次为等差，将所有通婚村庄分为通婚频度 30 次以上、20—30 次、10—20 次三个等级，并围绕各自集市中心予以统计，结果如表 7。

表 7 不同通婚频度在两集市圈内的对比

集市圈		3公里范围内村庄数目	5公里范围内村庄数目	6公里范围内村庄数目	9公里范围内村庄数目
通婚频度30 次以上[1]	沙子口集市	7	11[2]	11	12
	李村大集	0	0	0	0
	合计	7	11	11	12
通婚频度20—30 次	沙子口集市	1	3	3	7
	李村大集	0	0	0	1[3]
	合计	1	3	3	7
通婚频度10—20 次	沙子口集市	2	2	2	5
	李村大集	1	1	1	1
	合计	3	3	3	6

结合表 5、表 6、表 7 可知：1）就通婚频度在 30 次以上的村庄而言，3 公

---

① 通婚频度 30 次以上的村庄有 12 个，通婚频度 20—30 次之间的村庄有 8 个，通婚频度 10—20 次的村庄有 9 个，详细统计数据见前统计图 3、4、5。

② 包含前面 3 公里范围内的村庄，以下同。

③ 该数据与沙子口重复，张村既位于沙子口集市 9 公里范围内，又位于李村集市 9 公里范围内，所以不重复计数。

里范围内有 7 个，这些村庄共向段家埠提供了 652 位新娘；5 公里范围内有 11 个，共提供了 837 位新娘（包含前面 3 公里范围内的新娘数），村庄数递增了 4，婚姻数递增了 185 对；6 公里范围内有 11 个，共提供了 837 位新娘（包含前面 5 公里范围内的新娘数），与前边相比，两项数值均无递增；9 公里范围内有 12 个，共提供了 892 位新娘（包含前面 6 公里范围内的新娘数），村庄数递增了 1 个，婚姻数递增了 55 对。2）就通婚频度在 20—30 次之间的村庄而言，3 公里范围内有 1 个，共提供 28 位新娘；在 5 公里范围内有 3 个，共提供 77 位新娘（包含前面 3 公里范围内的新娘数），村庄数递增了 2，婚姻数递增了 49 对；6 公里范围内有 3 个，共提供 77 位新娘（包含前面 5 公里范围内的新娘数），两项数值均无变化；9 公里范围内有 7 个，共提供 171 位新娘（包含前面 6 公里范围内的新娘数），较前面村庄数递增了 4 个，婚姻数递增了 94 对。3）就通婚频度在 10—20 次之间的村庄而言，3 公里范围内有 3 个，共提供 44 位新娘；5 公里范围内有 3 个，共提供 44 位新娘（包含前面 3 公里范围内的新娘数），两项数值未有变化；6 公里范围内有 3 个，共提供 44 位新娘（包含前面 5 公里范围内的新娘数），两项数值未有变化；9 公里范围内有 6 个，共提供 78 个新娘（包含前面 6 公里范围内的新娘数），村庄数递增了 3 个，婚姻数递增了 34 对。

以上数项统计与测量表明，通婚频度 30 次以上的村庄都在集市圈 9 公里范围内，通婚频度 20—30 次的村庄只有 1 个不在集市中心 9 公里范围内。频度 10—20 次的村庄有 3 个不在集市圈 9 公里范围内。可见，这些单个的高频度通婚村庄也大部分分布在集市圈范围之内。段氏宗族的婚姻在集市圈内遵循由近到远逐渐递减的规律。

五、婚姻圈与集市圈的关系

为说明婚姻圈与集市圈的关系，杜赞奇调查了那些处于迎娶村庄所属集市之外的出嫁闺女的村庄，考察娶媳妇的村庄是不是在集市圈之外的村庄迎娶了更多新娘。此外，他还比较了嫁出闺女的村庄距离迎娶新娘的村庄和集市中心哪个更近的问题。如果大部分嫁出新娘的村庄距离迎娶的村庄更为接近，则说明集市中心不是婚姻圈的中心。结果，两者比较的数据差别并不大，不足以完全否认施坚雅的结论。① 兰林友则将嫁娶村庄与集市的距离分为两种情况讨论。第一种，从给予新娘和接受新娘的村庄与同一个中心市场的距离来看，后夏寨周围 5 公里的村庄都去赶一个集市——恩城集市，而恩城集市周边的村庄之所以成为后夏寨的联姻范围，并不是因为他们同属于一个市场圈，而是都处于合理的通婚范围，并且这些村庄也只是提供了 14 位新娘。第二种不是以双方共同的市场进行比较，而是从新娘与新郎各自村庄与集市距离来思考问题，结果，许多给予新娘的村庄都有可能比接受新娘的后夏寨更接近市场。②

为了说明婚姻圈与集市圈的关系，本文将对上面婚姻圈与集市圈的各种统计数值进行综合汇总（仅选 5 公里和 9 公里两个参数）。需要说明，婚姻圈以 5 公里为等差进行测量，集市圈以 9 公里为集市半径予以测量，两者参照的标准不同。具体统计如下表 8：

表 8　婚姻圈与集市圈对比

测量标准		0—5 公里范围内		5—9 公里范围内	
		婚姻圈	集市圈	婚姻圈	集市圈
村庄数（单位：个）		19	24	22	38
婚姻对数（单位：对）		951	965	212	262
通婚频度	30 次以上	11	11	1	1
	30—20 次	3	3	4	4
	10—20 次	2	3	3	3

从上表可知，就 5 公里这个参数而言，婚姻圈内有 19 个村庄，集市圈内有 24 个村庄，两者比是 19∶24；就 9 公里这个参数而言（即 5—9 公里范围），婚姻圈内有 22 个村庄，集市圈内有 38 个村庄，两者比是 22∶38。这一计算结果表明：5 公里范围内婚姻圈与集市圈各自统属的村庄数目相差为 5；5—9 公里

① ［美］杜赞奇著，王福明译：《文化、权力与国家：1900—1942 年的华北农村》，南京：江苏人民出版社，2018 年，第 7 页。

② 兰林友：《庙无寻处——华北满铁调查村落的人类学再研究》，哈尔滨：黑龙江人民出版社，2007 年，第 99—103 页。

范围内两者数据差增大，数目上相差 16 个。这说明，集市圈具有更大的吸附力。若同一种性质的圈进行比较，先就婚姻圈而言，5 公里范围内有村庄 19 个，5—9 公里范围内有村庄 22 个，两者之比为 19∶22，仅递增了 3 个。这说明，近距离婚配是一种优先考虑。再就集市圈而言，5 公里范围内有村庄 24 个，5—9 公里范围内有村庄 38 个，两者之比为 24∶38，递增了 14 个。这同样说明，集市的覆盖能力或吸附能力更强。

从分布在 5 公里范围和 5—9 公里范围内婚姻缔结的对数来看，在婚姻圈中心 0—5 公里范围内有 951 对，在集市圈中心 0—5 公里范围内有 965 对，两者比例为 951∶965，两者相差 14 对，相差不大；在婚姻圈中心 5—9 公里范围内有 212 对，在集市圈中心 5—9 公里范围内有 262 对，两者之比为 212∶262，两者之差为 50 对，这说明，更多的新娘是来自于集市圈范围内的村庄，在集市范围内迎娶了更多新娘，而不是在集市圈之外。这一比较数值仍然倾向于婚姻圈与市场圈相叠合的结论。

从通婚频度来看，通婚频度 30 次以上的村庄在婚姻圈 0—5 公里范围内有 11 个，而集市圈 5 公里范围内也包含 11 个村庄，两者数目相等；在婚姻圈 5—9 公里范围内有 1 个村庄，在集市圈 5—9 公里范围内也是 1 个村庄，两者数目相等。通婚频度 20—30 次的村庄在婚姻圈与集市圈 0—5 公里以及 5—9 公里两个参数范围内各自数目都是相同的，即一种为 3，一种为 4。通婚频度 10—20 次的村庄在婚姻圈 0—5 公里范围内有 2 个，在集市圈 0—5 公里范围内有 3 个；在婚姻圈 5—9 公里范围内有 3 个村庄，在集市圈 5—9 公里范围内有 3 个村庄。两组数据内部各自差别亦不大。这些高频度通婚村庄在集市圈与婚姻圈的分布基本相同。它们既分布在婚姻圈范围内，也分布在集市圈范围内。

以上的验证对比虽然存在差距，但总的来说差别不是很大。不论是村庄数、通婚对数或通婚频度，集市圈的涵盖范围都是大于婚姻圈的，可见，婚姻圈是包含于市场圈之内的。这样的结论支持了王铭铭关于婚姻圈是与一个以上的市场圈重叠的理论，[①] 部分支持了冈田谦与施坚雅的观点（他们认为婚姻圈与一个集市圈重合）。

---

① 王铭铭:《社区的历程：溪村汉人家族的个案研究》，天津：天津人民出版社，1997 年，第 54 页。

通过对段氏族人的访问得知，他们村从来没有专门的媒人，更没有到集市寻找新娘并在集市相亲的说法，大部分婚姻的结成都是通过亲戚朋友介绍，那些外迁到周围村庄的族人以及嫁到其他村庄的妇女在婚姻的缔结中起了很大的作用。村民表示，亲戚朋友介绍之后，主要看两个小孩相处得怎么样，如果相处合适，剩下的事情就交给父母来办。这样的解释就支持了杜赞奇、兰林友的观点——社会资源才是促成婚姻缔结的关键因素。尽管杜赞奇通过统计分析未能推翻施坚雅的见解，但他仍不甘心地分析说："即使联姻圈包含于市场范围之内，但我们有理由相信，集市中心并不一定是确定婚姻关系的地方。"① 他还引用其他学者的一项统计分析说明，求亲男女双方居住于对方村中的亲戚朋友往往是促成或者拆散一对青年男女的关键人物，② 继续阐明自己所主张的婚姻圈与市场圈不一定重叠的观点。兰林友则是直接在统计学基础之上得出婚姻圈与市场圈不重叠的观点。

为什么统计学分析支持了冈田谦、施坚雅的见解，并不支持杜赞奇、兰林友的观点，而对族人的访问则恰恰相反？

集市是为村庄服务的。因而，集市的选址必须考虑地理地貌、人口密度、交通、是否可以集散物资、买者以及卖者需求、与其他集市时间的调度搭配等。从集市的发育情况来看，一般都要便于附近村庄（而集市的半径会因地貌影响过大或者过小）。而某个村庄的通婚对象的选取，同样与地理地貌、交通、距离等因素相关。本文所选取的研究单位段家埠与其中之一集市——沙子口仅相距一公里，可见二者基本上是一个中心出发点，计算通婚圈与集市圈所选取的变量来看，也都是与距离远近、村庄数、通婚对数有关，③ 可见，无论是在实践中还是在统计分析上影响二者的变量都极为相似。所以才可能出现集市圈与婚姻圈重叠的统计学分析结论。若是选取距离集市较远的村庄或者相对封闭的村庄，可能结果会有不同。而村民并不关心该集市来了多少其他村庄的人（如果

---

① ［美］杜赞奇著，王福明译：《文化、权力与国家：1900—1942 年的华北农村》，南京：江苏人民出版社，2018 年，第 19 页。

② ［美］杜赞奇著，王福明译；《文化、权力与国家：1900—1942 年的华北农村》，南京：江苏人民出版社，2018 年，第 19 页。

③ 杜赞奇、兰林友与我们所做的分析区别不在于变量的选择上，而在于是否详细扎实。

是商贩则另当别论），或者他们与哪些村庄共属于一个集市圈。关心的是该集市与自己的距离以及提供物品的丰富程度、价格是否公正等。在集市上只与认识的人打招呼，而这些认识的人大多数就是同村人，或在其他村庄但也赶该集市的亲戚朋友。我们认为，这是数据统计与族人访问结论存在差别的原因。

六、余论

施坚雅最初不满意微观村落研究方法，才提出市场层级分析模式。他认为：1）认知中国社会的症结不在村庄而在集市，必须研究集市网络内的交换关系，才能达成对中国社会结构的了解。[①] 2）村庄不足以作为独立运转单位，若干个乡村集成一个集市圈才构成地方社会运转的关键，由此破除村庄可以独立运转成为地方社会支撑的说法。3）先有市场圈后有婚姻圈，即在成都平原上先发育出市场交换关系，然后在这一关系的基础和氛围内才能培育衍生出姻亲关系。二者是类父子或类母子关系。施坚雅的思路将市场圈与婚姻圈变为生育与被生育的关系。杜赞奇则认为二者是平行关系，即非类父子亦非类母子，而是兄弟或姊妹之间的对等关系。

西方社会资本主义市场充分发达，人们只要有充分的市场贸易，靠着市场的资源，就可以解决生存问题，亲属关系则是其次的依赖，或者说姻亲关系依赖市场交易关系而产生，是次级的社会关系。施坚雅长期生活在西方这种社会环境中，集体的经验难免塑造了他的认知视角和经验，并以潜意识形式保存下来。我们认为，施坚雅在进入中国研究时，在潜意识里将这种对西方社会的先验认识带入进来，遂产生了那样的认识。他当年没有反思能力，这是他作为西方学者所无法摒除的。我们不应该用一个西方的观念来研究中国，应该考虑中国本土的经验和视角（the view of local people）。杜赞奇克服了这一认识论上的毛病。我们想，这也正是他为什么说"市场理论体系只能部分地解释联姻圈，集市辐射半径在限定联姻圈和其他社会圈方面都有着重要的作用，但联姻圈有

---

① 杜靖：《九族与乡土——一个汉人世界里的喷泉社会》，北京：知识产权出版社，2012年，第387页。

着自己独立的中心，并不一定与集市中心重合"① 的原因。必须对市场关系之外的其他关系给予足够充分的重视，单靠市场关系是无法理解中国社会的。施坚雅的研究也是质性的研究，是对简单数据收集之后的一种笼统阐述，是简单的直观感受，没有建立在严密的计量经济学统计基础上。

即便集市圈与婚姻圈是重叠的，也只是停留在统计学数据分析上，并不意味着先有集市圈后有婚姻圈。

段姓宗族于明永乐二年（1404）由小云南迁至于此，沙子口集市建于清朝年间，李村集市则是建立于明万历七年（1579）之前。假定李村集市是建立于段姓族人搬迁来之后，即在永乐二年之后，难道在集市建立之前的时间段内，当地人口没有婚姻吗？假定当地有人口居住，就说明，婚姻圈并不是以集市圈的建立为必要前提的。我们认为，即使没有集市圈，婚姻圈仍然运转。施坚雅的"没有集市村庄就不能运转，集市是村庄之间沟通的唯一手段"的说法是站不住脚的。尤其在一定程度上可以自给自足的地域社会中，市场绝对不是沟通的首要手段。

但无论怎样，婚姻圈和集市圈都是中国人民所赖以生存的重要文化设置。

---

① ［美］杜赞奇著，王福明译：《文化、权力与国家：1900—1942 年的华北农村》，南京：江苏人民出版社，2018 年，第 8 页。

以礼导俗：清代鲁中地区仕宦家族墓祭的礼仪化

张　春*

　　宗族是明清以来中国社会变迁过程中礼俗互动的产物。尽管学界对宗族具体建构过程各持己见，但就"国家与地方社会"关系的分析框架而言大多能达到两点共识：一是以祠堂礼制为中心的礼仪变革；二是作为地方精英的士绅阶层的礼仪实践。[①] 尤其在华南地区，作为地方礼仪标签的祠堂在明代"大礼议"的礼仪变革后不断出现，祭祖正统礼仪在地方社会逐步建立起来，"礼"的意义不断世俗化，并逐渐成为某一群体实践的行为制度，成为人们在日常的交往互动和生活行为中理所当然地共同遵循的规范与准则。在这一过程中，士人的礼仪化实践显得尤为重要，他们将观念形态的"礼"推向民众并在民间产生了共鸣，不同阶层可以共享"礼"的话语。对比华南宗族以祠堂为中心的祭祖礼仪，北方宗族更重视墓祭始祖在宗族组织建构方面的特殊功能和意义，并以此作为士绅阶层实践"祖宗之礼"的主要表征。[②] 修祖茔、刻谱碑、合族墓祭始

---

* 　张春，山东淄博人，山东大学儒学高等研究院博士研究生。

① 　参见张小军：《文艺复兴与礼制变革——祠堂之制与祖先之礼的个案研究》，《清华大学学报（哲学社会科学版）》2012 年第 2 期；郑振满：《明清福建家族组织与社会变迁》，北京：中国人民大学出版社，2009 年，第 239—241 页；[英] 科大卫、刘志伟：《宗族与地方社会的国家认同——明清华南地区宗族发展的意识形态基础》，《历史研究》2000 年第 3 期；杜靖：《"国家与地方社会"关系中的宗族研究范式及其存在的问题》，《青海民族研究》2013 年第 2 期。

② 　这方面研究成果可见：任雅萱：《明代山东中部的墓祭礼仪与宗族观念》，载北京师范大学民俗典籍文字研究中心编：《民俗典籍文字研究》第二十一辑，北京：商务印书馆，2018 年，第 91—102 页；吴欣：《村落与宗族：明清山东运河区域宗族社会研究》，《文史哲》2012 年第 3 期；刘巧莉：《构建、维系与组织化：明清时期墓祭对华北宗族的影响探析》，《西南大学学报（社会科学版）》2018 年第 6 期等。

祖所形成的家祭礼仪在扩大与统合宗族方面发挥了重要作用，并将宗族在观念上对祖先的认同上升为"令族姓的天然血缘事物变成为宗族社会群体"。[①] 王日根的研究表明，士绅在明代国家推行《家礼》《乡仪》的背景下，围绕墓地系统整合收拢宗族。[②] 从乡约、保甲制度入手，常建华认为，国家主导、士绅积极参与推动的乡约教化，一方面强化宗族组织化，另一方面实践了士绅"以礼化俗"的主张。[③] 可以说，地方士绅推动礼仪教化有迎合国家意识达成行使权力、控制共同财产的目的。鉴于此，本文拟通过清代乾隆年间山东长山县李氏家族墓祭始祖的例子，来探讨伴随清代国家意识的推行，地方士绅如何通过礼仪化加强宗族组织；又如何通过整合礼俗来实践自我价值、教化训诫的，以及如何对原有的风俗习惯遵从或改造的。

一、清代长山县的李氏家族

明清时期是整个山东地区仕宦家族发展历史上的重要时段，商品经济快速发展的鲁中及运河流域尤为明显。朱亚非指出，这些"仕宦家族"有一个共同特征，即以科举起家，入仕为宦，重视家学，深入影响了基层社会的人文教化与社会发展。[④] 本文所关注的古城李氏家族也是明清时期鲁中地区显赫的仕宦家族之一，因居济南府长山县城西南二十五里外的古城村而得名。古城村历史悠久，是商周时期部落国"於陵"故址所在。长山县处于鲁北平原与鲁中山地交汇处，素以蚕桑织作为业。战国时期齐国的桑蚕交易市场便设在当时为"於陵邑"的古城村内。清初横贯山东的东西大道改道，经由济南、章丘、王村贯

---

① 冯尔康：《清代宗族祖坟述略》，《安徽史学》2009 年第 1 期。
② 王日根、张先刚：《从墓地、族谱到祠堂：明清山东栖霞宗族凝聚纽带的变迁》，《历史研究》2008 年第 2 期。
③ 常建华：《明代徽州的宗族乡约化》，《中国史研究》2003 年第 3 期；常建华：《近年来明清宗族研究综述》，《安徽史学》2016 年第 1 期。
④ 朱亚非的研究表明，明清时期，山东三代以上科举入仕的大家族超过两百家，在王朝政治生活具有影响力的望族数十家。他同时指出，这一现象与明朝定国后相对稳定的社会环境中大量移民定居山东，以及明清期间科举制的不断繁荣有关。详见朱亚非等：《明清山东仕宦家族与家族文化》，济南：山东人民出版社，2009 年，第 1—3 页。

入长山县的周村镇继而东去，带动了该区域商品经济的快速发展，临近古城村不足七里地的周村镇成为清中叶鲁中腹地、小清河两岸丝绸等土特产集散中转市场。古城村位于长山县、邹平县与淄川县三地交界的位置，距周村镇近，劳作模式多元，较富庶。

根据《李氏家谱》记载，始祖李士举于明永乐四年（1406）自枣强迁入，其后一子李伸，仅有姓名，别无记载。"至第三世古城公，考之县志，系明正德例监"。① 族谱中所指的古城公即李日章，号古城，曾任江南镇江府丹阳县主簿。他与继配海丰刘氏生两子，李光先和李光远。李光先有三个儿子，李逢春、李遇春和李迓春，被称为"前三支"。李光远也有三个儿子，李时春、李宜春与李知春，即"后三支"。至清乾隆二十一年（1756）续谱时，"前三支"共有1162人，"后三支"总数为103人，不仅两者人口数量有巨大差距，"前三支"的子孙中仕宦显达者众。其中，自李迓春开始的第三支是这个家族最为显著的一支。李迓春有两个儿子，长子李梦凤膝下有六个儿子，人丁兴旺，子孙显达者众多，官阶位高者如"三支长门之二"的李化熙与"三支二门之一"的李斯义。自第七世孙李化熙首开科第，跨明清两代，李氏家族共出文武进士10人，举人23人，其他具有生员身份的人也不在少数。② 李氏家族十分注重科举文教，多次在周村镇兴办义学，对族人广施教化，作为自身树立地方社会文化权威的话语形式。

清前期，赋役沉重不利于初得政权的王朝的稳定，朝廷推行"滋生人丁永不加赋"，固定了丁银税额，人丁不足抵补时，首先以血缘关系的亲族之丁作为抵补。直到清雍正四年（1726）经户部复准，山东各州县、卫所实行"摊丁入亩"制，"各项丁银均摊地亩粮内征收，每地银一两，摊丁银一钱一分五厘零"。③ 丁银与田赋合二为一，一方面实质上取消了士绅优免赋役的特权，将丁银摊派到土地田赋中，这自然引发了部分田产丰厚的士绅的不满，并日渐消弭士绅与庶民之间的阶层边界。另一方面，在一定程度上减少了前代隐匿人丁的

---

① （清）李述宽纂修：《李氏家谱》第2册《世表》，清光绪三十二年（1906）刻本。
② 清康熙四十四年（1705），李氏家族初修家谱，当时共有生员55人。至乾隆二十一年（1756）续修家谱时，统计的新增生员数量有59人。
③ 《[嘉庆]长山县志》卷三《食货志·田赋》，载《中国地方志集成·山东府县志辑》第27册，南京：凤凰出版社，2004年，第314页。

现象。国家经济制度的变革对清代宗族结构和组织产生了影响，使得赋税轻而徭役重的北方地区宗族开始以门支为单位联合承担摊派入地的附加税。在这一背景下，"墓祭历年分者"的李氏家族"三支长门"于乾隆元年（1736）七月十五日提出"欲复合也"①便不足为奇了。

李氏家族将墓祭作为家族祭礼，并非偶然。明清时期，鲁中地区普遍盛行清明、十月朔两次时祭于墓的习俗。以长山县为例，"时祭则清明、十月朔日，祭于墓中；元除夕，祭于家庙，无庙则设位于庭而祭之"。②具体为清明节扫墓，十月朔日墓祭有焚烧冥衣之俗。临县淄川鸾桥王氏、王村毕氏等显赫家族在家谱中对岁时墓祭习俗亦有如祠堂祭祀一样严格的仪式规定，在礼仪上墓祭与祠祭都是家族祭祖传统。③同为长山县名门望族的李士翱家族在清道光十九年（1839）也订立祠墓祭公议章程，规定每年正月初二、中元节和冬至日进行祠祭，而"墓祭，向以清明、十月初二日致祭，每祭两茔二供祭品均如祠堂北厅"。④再如，长山古城贾氏的宗规第三条"遵祭礼"规定："祭期议定每岁春分、秋分、夏至、冬至四节致祭，清明、十月朔两次墓祭"。⑤可见，鲁中地区的仕宦家族将墓祭始祖作为重要的家祭礼仪，以实现敦亲睦族、教化垂范的目的，并套用祠堂礼制对其礼仪化与制度化。在李氏家族将墓祭由分荐改为公祭后，士绅李廷栋综合了"三礼"与《家礼》中的要素，"以礼导俗"制定了亲睦族人、礼成家教的《飨亲世范》，形成了护茔地以确立祭主、置祭田以维系仪式、合飨宴以教化族人的公议十条。笔者在古城村调查时了解到，李氏合族墓祭的传统自清乾隆元年开始一直维持到1937年。⑥其之所以能持续二百年之久，与宗族中的士绅群体对墓祭的礼仪化实践密不可分。

---

① （清）李述宽纂修：《李氏家谱》第8册《坟墓图·飨亲世范》，清光绪三十二年（1906）刻本。

② 《[嘉庆]长山县志》卷一《舆地志·风俗》，载《中国地方志集成·山东府县志辑》第27册，南京：凤凰出版社，2004年，第280页。

③ 秦海滢：《明清时期淄川宗族祭祀形式初探》，《求是学刊》2011年第3期。

④ 李国经等主编：《李氏族谱》卷四《旧谱资料照录·拟祠墓祭公议章程》，周村文清印刷厂印刷，2003年，第1610页。

⑤ 贾凤魁等修：《长山古城贾氏族谱》卷末《宗规》，民国二十五年（1936）铅印本。

⑥ 访谈对象：古城村村民NZC，60岁；访谈时间：2018年10月27日；访谈地点：山东省邹平市临池镇古城村。

二、祖茔、祭主与配享

对华北宗族而言，祖茔是与众不同的。这不仅因为长久处于公共展示空间的祖茔表达了宗族的一体性，并通过集体祭祀祖茔象征着华北宗族在父系亲属团体的隶属关系，[①] 更重要的是，它还产生了与宗族崛起相关的传说故事，而祠堂的祭祀只能说明宗族的血缘与宗法关系。这与华南的情况恰好相反。[②] 故而，祖茔在一定程度上是华北宗族礼仪的展示平台。李氏家族围绕祖茔祭祀所形成的行为与观念，继承了周代宗法制度中父系血缘继嗣群体的隶属关系，也融合了清代社会变迁与宗族观念的变化：一是用"冢""茔"区分"祖"与"宗"。"冢"是埋葬始迁祖及从葬者的家族墓群，"茔"是埋葬宗族内门支四代以内祖祢的墓群。二是凸显有官爵的士绅地位。对获得赐葬的精英追认为太祖，标榜仕宦家族的身份地位和社会等级。实际上，这种划分也表明在仕宦大族内部组织的亲疏远近关系。

根据《飨亲世范》，公祭的时间分为春秋两次，以每年寒食节为春季时祭，十月朔日为秋日时祭。至祭日巳刻，凡年满十五岁的"本门子孙"必须齐集南冢、东茔参加合祭。为了区分祭祀神主的身份和在家族中的地位，在制定墓祭礼的时候，李廷栋分别用"冢"和"茔"命名两处祭祀空间。于是，公祭的墓地便分为两处，"南冢为祖"，"东茔为宗"。所谓"奉宗祀者不可忘祖德"，李氏家族以尊祖为礼，约定族人先对葬于凤山南冢的家族先祖进行祭祀。同时，拟定祭仪的后人认为自周礼以来，古代宗法制度以"别子为祖"，强调了嫡长子之外有别于"无官爵"的庶子先公，在合祭中要凸显家族中得到褒奖的其他房支先祖。在李氏家族中，得康熙帝钦赐一品祭葬的柱国光禄大夫太子太保刑部尚书李化熙享长山县域内缙绅乡民崇祀，在家族中官爵与影响力最大；而李化熙生母一品太夫人宋氏膝下儿孙科第联翩，"寿跻百龄"，长山县衙奉旨为其立"贞寿之坊"以彪炳妇德。这对母子因深得族人乃至邑人尊敬，享有"合以

① ［美］孔迈隆：《中国北方的宗族组织》，载马春华主编：《家庭与性别评论》第四辑，北京：社会科学文献出版社，2013年，第159—186页。
② 科大卫：《明清社会和礼仪》，北京：北京师范大学出版社，2016年，第88页。

太祖称公奉为祭主"的礼遇。位于郭庄的"东茔"为族人敬祀本门子姓所出的大宗，即所谓"继别为宗"，祭主为六门长房曾祖坤图公李重熙（李化熙兄长）与其他从葬者。

茔地作为祖先体魄收纳之所，关乎子孙后世的福泽与命运，民间对于祖茔与现世的朴素联系，始终牵引着"事亡如存"的报本归宗意识，并成为生者尽孝与敦亲的表达。位于古城村南凤山脚下的"南冢"是李氏家族包括始祖公李士举、古城公李日章、芳洲公李迓春、高祖见山公李梦风等六世之前的墓地。李廷勤在《始祖茔并护茔地图记》中提到祖茔"砂环水聚"，是难得的风水宝地。李化熙科举入仕后，茔脉与家族发祥的关系似乎被进一步坐实了。

> 析爨时，（李遇春）阄得城宅，并负郭腴产。季弟芳洲公（李迓春）得田家庄地，甚瘠。公慨然曰："吾弟在庠，城居甚便。"遂易之。槐轩公（李光先）大悦。后，芳洲公先卒。祖茔内应以伯仲为序。公（李遇春）应得之穴，堪舆家金曰："此'牛眠地'也。"得此，子孙当位极人臣。公曰："此地果佳，吾弟之子孙即吾子孙也。"慨然让之。其后再传而生司寇公（李化熙）。今阅数世，科第蝉联，凡我后人无忘发祥所自云。[1]

"牛眠地"的说法经过口耳相传与文人润色神化为一则地方风物传说。这无疑会促使李氏族人格外看重南冢。自合族墓祭后二十年内择从葬于祖茔者甚多，渐露茔地"昭穆失次""穴侵明堂"之端倪。乾隆丙子年（1756），长老李翼之齐集各门支长议立《明堂议例》，规定："自丙子年始，坟墓之南，不拘尊卑长幼，嗣后不许营葬，明堂不致有碍，吾祖宗之灵爽得以相安，而子孙之祭扫亦得稍展孝思。"[2]《明堂议例》的制定，使得李氏家族的墓祭礼制得到进一步完善。墓祭形成制度性的规范在很大程度上保护了宗族建构的物质基础——茔

---

[1]（清）李述宽纂修：《李氏家谱》第2册《世表》，清光绪三十二年（1906）刻本。

[2]（清）李述宽纂修：《李氏家谱》第8册《坟墓图·明堂议例》，清光绪三十二年（1906）刻本。

基与祭田。李氏祖茔地亩在清咸丰癸丑年（1853）丈量清楚以来，五十年来未被侵占，直到"光绪癸卯（1903）春初，洋人忽修铁道①绕出茔北，遂有变更"。②华北宗族常采用立茔约、埋界石、立碑记、绘茔图等方式养护茔地，有的家族甚至将养护祖茔写入祭祀仪礼。如古城贾氏家族要求子孙在春秋祠祭之时，也必须"展拜先茔，培土补树，察其界址，正其封域"。③若族人中有侵葬祖茔者，罚银充公，甚或报官究办。清同治十三年（1874），李氏家族长支三门以茔脉被损与人对簿公堂，长山县邑侯特告示如下：

署长山县正堂加十级纪录十次刘　为

严禁事案：据西路平山约皇后庄民李宗法等以开山破脉等情呈控马希曾等到县。当经传案讯明，断令马希曾等嗣后不准赴山开石，取具甘结在案。兹又据李宗法等呈恳示禁前来，除呈批示外，合行出示严禁！为此示仰尚宝山附近居民人等知悉：自示之后，尔等各宜安分守己，不得图利赴山开石，致碍茔脉。如敢故违，许即扭送来县，以凭究惩，决不宽贷。各宜凛遵毋违。特示送右谕通知

同治十三年五月初九日　示④

　　文中的皇后庄茔地是长支三门第七世孙李之盛及其后人迁居后新建的家族墓地。这也说明，越来越多的李氏族人迁居后重新就地筑墓，不再从葬祖茔。与祠祭相比，墓祭只能在固定的祭祀空间祭拜一定数量的墓主人，那些不从葬的祖先便无法享用丰洁的祭品和子孙的敬孝之心。执礼者认为这会引发神祖的怨恫，也会伤害到后人追远亲族的良苦用心，违背了祭祖的初衷。这就不仅是祭祀谁的问题，还牵扯到如何祭的问题。李廷栋等人商议祭品定式为"祭香一束，祭酒一瓶，时果五碟，大菜一桌，馒头五碟，汤饭十碗，围碟一桌，配盘

---

① 这里所说的铁道是当时德国人在山东境内修建的胶济铁路。
② （清）李述宽纂修：《李氏家谱》第 8 册《坟墓图·祭田记》，清光绪三十二年（1906）刻本。
③ 贾凤魁等修：《长山古城贾氏族谱》卷末《宗规》，民国二十五年（1936）铅印本。
④ （清）李述宽纂修：《李氏家谱》第 8 册《坟墓图·茔地告示》，清光绪三十二年（1906）刻本。

二桌，黄表三疋，大锞三把"，[1] 由各家轮值承办。除在南冢"复设香馔二桌"告慰不从葬者，无论何人不可任意增减。为避免族人在祭祀义务上互相推诿，当轮到居外庄的族人承办时，允许其借用祖庄族人的馆舍筹办祭品；在个人能力不及的情况下，允许与祖庄的族人贴并在一起协备祭品。

三、祭田、公产与祠堂

祭田象征了士人身份与宗法制度的宗庙祭礼，是宗族共同体得以构成的经济基础。宋儒朱熹在《家礼》中倡立祭田，主要服务于庶民化的祠堂礼制。在宗族形成过程中，设置祭田、义田等族田在内的共有地，正是科举制度产生的知识群体通过宗法实践组织和维系宗族集团的物质性要素。[2] 作为理论依据的宗法本属于礼制范畴，那么在某种程度上，运用祠堂礼制的祭田规范服务于墓祭，是鲁中地区宗族祭祀礼仪化与制度化迈出的至关重要的一步。毕竟单纯作为习俗的岁时墓祭并不需要用文字的形式将祀产制度规范化，但作为宗族礼仪，规范祭田的文书谱牒才有利于宗族凝聚并营造出世代绵延的效果。

三支长门之一初举合祭，划分了上、中、下三个数额让族人凑分资，但实际操作遇到了困难，"富厚者，虽卑幼不以下分限之；零落者，虽尊长不以上分难之"。[3] 李廷栋认为这不是长久之计，只有形成供祭祀之用的公产才能保持墓祭传统经久不废。祭后公宴上，李维注提出"置祭田"本着自愿的原则，不拘成数，若总数不够，随个人意愿增加。为此，李可引专门草拟了《祭田分资征启》动员族人，却并未收齐。后经李可康额外借支，勉强购买了东茔前地一段官亩若干亩均派给族人赋役。谈到祭田的承种，李廷栋指出"此公事也"，不能委任一人，而由各家轮流或租给佃户耕种，收益供一年两次合祭使用。然而，耕

---

① （清）李述宽纂修：《李氏家谱》第 8 册《坟墓图·飨亲世范》，清光绪三十二年（1906）刻本。

② ［日］井上徹著，钱杭译：《中国的宗族与国家礼制：从宗法主义角度所作的分析·绪言》，上海：上海书店出版社，2008 年，第 3 页。

③ （清）李述宽纂修：《李氏家谱》第 8 册《坟墓图·郭庄祭田册附》，清光绪三十二年（1906）刻本。

种作物有麦苗、春苗之别，轮值家庭遵从天运，不能推诿、观望甚至调换。恰逢灾年或招租的佃户遁逃，歉收的部分由承种的家庭补齐。各家轮值时收获或收租的钱款，包括灾年时个人的贴补扩充，必须清晰地记录在公账上供大家传阅。至乾隆二十一年（1756）续修族谱时，李可康作《郭庄祭田册》描述了墓祭礼仪确立二十年后，祭田添置对春秋墓祭的影响：

> 粤在丙辰于大宗孙机亮兄家，合行庙荐，议置祭田。诸子姓顺德向义，当时廷栋孙识其言著为《飨亲世范》，迄今二十年来，周大宗阡置有祭田官亩二十四亩余，春秋墓祭俱遵成规，可称盛举。今值吾族英俊续修家牒将梓，是书于末，因辑祭田清册附入。噫嘻！余于此盖不胜存殁之感矣。
>
> 　　时乾隆二十一年七月谷旦　可康敬书于种书堂　宗绅恭校 [1]

最初设置祭田是为了春秋两次墓祭，但修建了祠堂以后，三支长门之一的祭田管理又出现新的纠结。起因是在清道光十年（1830）的时候，后祠破漏，修葺花费庞大，几乎耗尽精心管理的祭田所得。当值的李廷珍、李廷瑶兄弟二人更是表现出竭蹶之态。

> （李廷珍）欠家庙公项一百千整，无可折凑，己又手乏。（李廷瑶）遂将本茔密树薅去四十余株，得钱一百八十千。将公项还清，余制茔西南大道东边祭田一官亩，立碑二座。兄亦不忍白使此钱，作郭家庄米河西边涝洼地一段中亩一亩三分永为祭田，可谓两难。[2]

迫于修补宗祠的艰难，李廷琦与众侄辈商议，将祭田产出的剩余款项委托给侄子李宗华等人管理。经过十多年的经营，李宗华等人在二十里铺村购置的

---

① （清）李述宽纂修：《李氏家谱》第 8 册《坟墓图·郭庄祭田册附》，清光绪三十二年（1906）刻本。

② （清）李述宽纂修：《李氏家谱》第 4 册《世表》，清光绪三十二年（1906）刻本。

十亩祭田产出甚好，孳息日渐丰厚，足以维持祠堂日后的修缮资费。祠堂究竟在什么时间建成，李廷琦并没有交代。只知李可康在祖庄古城创立宗祠时，在祠堂东置办了祭田官亩四亩，赋役本门子姓均摊以供四时荐祭。按照惯例，祭田多在墓祠周边购置，此次委任专人跨村购置与经营很可能反映了本支系迁居者的势力增强。根据家谱记载，太高祖李重熙迁居二十里铺后，惟有次子李斯恒及其嗣子李可引居住古城。李廷栋随父李维焘迁居安家庄，李维注、李维相、李维焞、李维增、李维钰及后代都已定居二十里铺村。"三支长门之一"仰祖先之名将分化的族人再度凝聚起来，并使得控产量由零变整绵延下去。

可以说，祭田的制度化是李氏合族墓祭礼仪化实践的显著成果。井上彻曾指出，乾隆时期国家实施的祀产、义田保护条例是《圣谕广训》的有益补充，促使民间意识到族产的宗族属性和公共属性。[1] 而李氏家族的共产意识在此前却十分淡薄。三支长门之三李世熙[2] 的茔地在古城庄西的凰山下，四周环绕田产一百三十六亩，是整个李氏家族中祭田数目最多的一支。起初，这些共产并未以祭田命名，而是作为遗产均分给子嗣赋役，租佃获益供祭祀之用。清中期以来，李氏后人在科第官爵上呈现衰微，而且分爨析产愈繁，家族财富实际上不断分化。在乾隆三年（1738），甚至出现将祭田抵押给异姓外人的恶劣行为。时任长山县邑侯武公将此作为"保护宗祀事"的案例，批示钤印存案并勒碑示谕李家后人世守公田绵延宗祀，"倘有败类私行盗售并斩伐坟林树木，许尔等指名报县，定以不孝治罪，决不宽贷"。[3] 饶有趣味的是，现存的"李氏宗祠"恰巧是因为这场官司在乾隆四年（1739）取茔地边护木材所建。此后，族人将剩余赎回质押的土地充作公田维系祭祀，并在修谱时誊写连年变化与门支分摊的数量，使得祭田管理逐渐规范。

---

① ［日］井上徹著，钱杭译：《中国的宗族与国家礼制：从宗法主义角度所作的分析》，上海：上海书店出版社，2008 年，第 194 页。

② 据家谱记载，李世熙排行第三。他没有同李化熙等兄长一样自幼读书，而是靠勤劳种植起家。他的八个儿子中，一个武进士、两个举人，七人为官。后以子李祐之贵遇覃恩封文林郎江西雩都县知县，后又以子李容之贵累赠文林郎庆元县知县。

③ （清）李述宽纂修：《李氏家谱》第 8 册《坟墓图·邑侯武示》，清光绪三十二年（1906）刻本。

四、执礼、飨亲与教化

刘志伟对华南宗族形成的研究表明，宗族的意义更倾向于是一种文化资源。[1] 国家正统的礼仪规范是宗族获得文化权力的有效途径。地方士绅要长久维护宗族成员所具有的参与社区内公共事务的资格以及社会身份，便需要运用这一权力的文化象征在祖先与士绅文化传统间建立联系。清代宗族祭祀时，士绅担任主祭并享有公产分配的优待。[2] 实际上，士绅掌握着祭祀的话语权，借"礼"之名的文字教化所发挥的作用功不可没。地方士绅整合礼俗对自己的家族活动进行礼仪化规范，通过文书协约塑造良好的家风敦睦族人、教化子孙、垂范后世，实际上是在凭借祖宗的恩泽衍生出士人价值体系内的文化权力。

在李氏家族各门中，三支长门之一没有显赫的官宦，这一门支的第一代李重熙以乡贡入成均例应受职。长子李笃之丙子乡试中第三名后感疾早逝。李笃之有三个儿子，李斯恒由贡监授山西盂县知县，旋补湖广石首县知县，内升主事。他有三房夫人与八个儿子，其中两个出嗣给兄弟李斯升与李斯孚。发起合族墓祭的28名李氏族人中，李可引、李可任、李可康、李可托、李维焞均为贡监出身，后辈中李维焯是候选州同，李维焌与李维江两人是武庠生，李维冲为太学生。大宗孙李可引虽无宦迹，但以嫡长孙为尊，深受到乡党敬重。"旧德堂公议"之前，他拟《秋荐传启附录》约会族人，借以"本支期功尤切"呼吁分爨各地的族人趁阴历七月十五日的秋祭活动欢聚祖庄古城。当然，李可引发起合族墓祭主要因由他的族内身份。而撰写《飨亲示范》的李廷栋作为设计与制定墓祭礼仪的后辈，更能说明地方士绅在乡村社会中如何掌握礼仪话语权并通过宗族组织来完成礼俗教化的。

清康熙至乾隆年间，社会日趋稳定，宗族机制恢复与发展的同时，康熙帝于1670年颁布《圣谕十六条》，雍正帝继位后于1724年又颁布《圣谕广训》以作教化。连续颁布的圣谕将宗族纳入了国家礼治的轨道，尊崇圣化社会责任

---

[1] 刘志伟:《地域社会与文化的结构过程——珠江三角洲研究的历史学与人类学对话》,《历史研究》2003年第1期。

[2] 冯尔康:《清代宗族祭礼中反映的宗族制特点》,《历史教学》2009年第8期。

和人伦关系的宋儒礼学，推行乡约宣讲体系以达到化民成俗的目的。在全国推行圣谕教化的热潮中，被官府视为"易治"之地的长山县也不免自上至下力行教化。在康熙五十二年（1713），长山知县孙衍颁布《力行教化约》，定于"每逢朔望，先于明伦堂讲读训饬士子文，毕即远诣村镇居民萃集之所，宣解上谕十六条"。① 至乾隆时期，代表了清廷国家意识形态的朔望乡约宣讲制度，与象征国家正统礼仪教化的圣谕箴言已经深入乡里。由李廷栋（1709—1749）的生卒年份可以发现，他在学与为官正处于这一时期。

李廷栋是清雍正辛亥年（1731）生员，壬子年（1732）以五经乡荐参加会试六次不中。后来，他栋选武英殿行走，寻考授实录馆眷录官，蒙大司农梁公保举简发山西，历署清源、交城、徐沟三县篆，因勤政能干，有一定的政治声誉。合族墓祭确立前后，他是三支长门之一中唯一做官的生员，并且做的是地方知县，是国家在民间推行乡约宣讲体系中的主要贯彻者。在《飨亲世范》的十条规范中，他用近一半的篇幅谈论祭后的议事、教化与整饬家风问题。如祭祀仪式中严苛约束仪表仪态，规定参加春秋墓祭的族人须衣冠整洁，"或谑浪笑敖流为市井，或祖裼裸裎失于癫狂，先人断不喜见"。② 他反复强调祭祀过程中主仆的尊卑秩序，要预先告诫仆从的身份和位置，防止"势败奴欺主"这类颠倒身份的恶性事件发生；家仆在燃香、酌酒、铺设、供献等公事上必须遵守老主在上、少主在下的伦理次序，不可乱随个人心意。同时，行礼须遵守伦常与次序，拈香、作揖、跪拜、献酒、再拜、复揖皆须按顺序进行。

此外，祭祀后的飨宴是族人交流与联络情感的重要场合。"尊祖故敬宗，敬宗故收族，祭毕而燕，相亲睦也。"李廷栋在《飨亲世范》中制定了"大不可者七"的戒律维护和会的秩序，其大意为：一不可孤高自负，鄙薄一切，或托故逃走；二不可贪饕醉饱，视公宴为无意义的酒食；三不可乱入宾座，过相推让外客；四不可贪杯过多丧德失仪，口角轻薄而不自觉；五不可见到他人过

---

① 《[嘉庆]长山县志》卷十二《艺文志·约》，载《中国地方志集成·山东府县志辑》第27册，南京：凤凰出版社，2004年，第492页。
② （清）李述宽纂修：《李氏家谱》第8册《坟墓图·飨亲世范》，清光绪三十二年（1906）刻本。

失不思救止，或一味隐忍，或背后捏造是非，心怀奸匿；六不可因贫嫉富，以富欺贫，以智欺愚；七不可不听劝勉，执迷不悟而气恼他人；甚至对墓祭过程中僭越仪礼的行为严惩不怠，如春秋时祭行礼过程中，自始至终不能僭越、乱人、佻达，犯者罚；公共办理祭品时，要遵照祭品定式，妄为增减者罚；当面不说过后私下议论者，加倍处罚；每季承办账目不明晰者亦罚。至于如何惩罚，文中并未标明具体措施。[①] 然而，这些成文条款增强了家族墓祭的仪式感，一定程度上具备了类似教化、约束与规范的礼治功能。

五、结语

长山古城李氏的墓祭实践说明，鲁中仕宦家族针对祭祀所推行的礼仪化实践，即士绅群体根据宗族祭祖的实际需求，整合国家礼制的大传统，有意构建一套符合儒家礼制与清代"孝治天下"理念的能够标识自我特征的规制性的书面规范。"礼"作为国家政治运转设计的社会规范具有指导、教化的社会责任。礼仪化在本质上是通过"礼"的形式来文饰、节制、规范以及教化人情。李氏族人借《家礼》、宗法以及国家意识的外壳包装墓祭习俗，制定祭祀仪式、祭田管理、飧宴规矩、族训教化等规范，达到敬宗收族、整饬家风以及世代绵延的目的，使得李氏家族由成文系谱中的家族转向作为功能实体的家族。士绅在实践礼仪的过程中，会发现为了约束、规范以及教化所设置的礼仪在某些情况下显得不近人情，如李氏家族置办、管理以及维护祭田的时候也都出现过令人纠结的难处。在"公"与"私"之间，他们也会权衡、变通，尽可能维护宗族的伦理秩序和公共利益。由此可见，宗族礼仪化的实践在一定程度上反映了宗族的自治性。但是当面对难以协商解决的恶性事件，宗族亦会主动诉诸于官府与法律作为礼仪与习俗的补充。在士绅传导、推广与普及"礼"的形式与精神下，观念形态的"礼"在宗族内部进一步通俗化，为庶民了解与知晓儒礼如何实践与运作提供了一个与官方礼制互动议礼与执礼的场域。对于宗族内不同社

---

① （清）李述宽纂修：《李氏家谱》第 8 册《坟墓图·飨亲世范》，清光绪三十二年（1906）刻本。

会地位的群体而言，在祭祖节日（清明或寒食、十月朔）中反复实践的仪式，使得经书典籍中的儒家礼制跃然于庶民的日常生活，成为他们的日用之理。值得注意的是，以士绅为主导的礼俗实践进一步说明，文字书写在礼俗整合中权威性的确立，使得基层生员群体作为主持宗族祭祀实践的关键人物，在承担乡约教化"以礼导俗"的作用上更加突显。

乾嘉时期自杀女性案件研究

——以巴县档案为中心

李明月[*]

自杀是普遍存在的社会问题。目前学界对清代女性自杀这一议题已经有较为基础的研究，[①]但总体来讲呈现出不平衡的态势，研究对象多聚焦于"贞节烈妇"这一群体，缺乏对普通女性自杀行为的关注。[②]除此之外，学界关于女性自杀原因的分析多着重强调其悲惨的生活境遇和低微的社会地位，认为女性的自杀行为只是一种无奈且绝望的反抗，然而这种论调却忽视了自杀女性群体本身的声音，缺少对自杀女性的实际生活状态以及当时社会的整体性考察。[③]本文通过梳理乾嘉时期巴县档案中的 93 个女性自杀案件，尝试探析这些女性自杀行为的导火索以及自杀行为背后隐藏的深层次原因，以此为基础窥探清代中期巴县社会普通女性的实际生存状态。

---

[*] 李明月，四川大学历史文化学院博士研究生。

[①] 代表成果如下：郭松义：《自杀与社会：以清代北京为例》，《中国社会历史评论》2007 年第 1 期；郭学勤、周致元：《明清徽州的自杀现象》，《安徽大学学报（哲学社会科学版）》2013 年第 2 期；李建军：《中国人自杀行为的传统之根——典籍中的自杀事件及自杀行为的历史文化因素分析》，《山东社会科学》2015 年第 11 期。

[②] 国内史学界研究清代女性自杀的基础史料大多是各类官修史籍和地方县志中的《列女传》，对其他材料关注较少，因此研究主体主要聚焦于贞节烈女，代表成果如下：张涛：《被肯定的否定——从〈清史稿·列女传〉中的妇女自杀现象看清代妇女境遇》，《清史研究》2001 年第 3 期；[美]卢苇菁著，秦立彦译：《矢志不渝：明清时期的贞女现象》第五章《为理念而献身：选择殉节》，南京：江苏人民出版社，2010 年。

[③] 陈文联、任丽娟：《近二十余年清代女性自杀问题研究综述》，《长沙大学学报》2017 年第 3 期。

一、自杀女性群体的基本概况及自杀起因

（一）自杀女性群体的基本概况

本文所依据的 93 个女性自杀案例，时间起止为乾隆二十五年（1760）至嘉庆二十五年（1820），其中乾隆年间案例为 20 个，嘉庆年间案例为 73 个。[①]据统计，自杀女性中包括 88 位已婚女性、2 位在室女、3 位婢女，已婚女性占绝对数量。据不完全统计，自杀女性年龄最小者仅 12 岁，最长者为 73 岁，其中 20 岁至 30 岁这个区间的已婚女性自杀比重最大。自杀女性多数生活在乡村，家庭以务农为生；也有部分女性在城镇生活，丈夫从事贸易、医生、裁缝、剃头、抬轿、卖炭、推船、背脚等工作。

郭松义在研究清代北京地区的女性自杀情况时指出，自缢和吞金是自杀的主要方式。[②]笔者所梳理的 93 例自杀女性样本中，明确记载自杀方式的有 71 例。巴县档案中女性自杀的方式以自缢为主，71 例样本中包括 60 例自缢，8 例投水，2 例服毒，1 例自抹。这些女性在自缢时所使用的工具较为生活化，会根据居住环境选择使用日常生活中的普通物件，如布带、布帕、裹脚布、红头绳、麻绳、篾索、钱串、丝带、棕绳、袖带、牛索等物品，其中居住在城镇的女性多选择布带、布帕、丝带、红头绳等，而居住在农村的女性多选择麻绳、篾索、棕绳、牛索等工具。巴县地区水源丰富，河流众多，地理环境影响自杀方式，投河成为女性自杀的第二选择。案例中有 2 例以服毒自杀，分别服用老鼠药和盐卤。除此之外，还有 1 名女性因被调奸，选择了"自抹"这样极端形式结束生命。

根据死者亲属的供词，笔者统计出 40 位女性的自杀时间，其中 26 位选择在夜晚自杀。尽管那些直接导致女性自杀行为的争吵及纠纷都发生在白天，但是多数女性还是选择在夜晚完成自杀，以逃避来自亲属的劝解和阻碍。这些女性多选择在家宅内部完成自杀。根据 57 例自缢女性所选择的地点来看，有 34 位女性选择在屋内完成自杀，其中有 22 位女性选择在卧房自杀。从这

[①] 鉴于乾隆、嘉庆两朝距今时间久远，档案残损严重，因此样本案例中一些信息未能完全统计。
[②] 郭松义：《自杀与社会：以清代北京为例》，《中国社会历史评论》2007 年第 1 期。

些女性对于自杀时间与自杀方式的选择，可以看出这些女性自杀行为的隐蔽性及决断性。

（二）女性自杀的起因

涂尔干将自杀定义为，任何由死者自己完成并知道会产生这种结果的某种积极或消极的行动或直接或间接引起的死亡。[①]任何没有选择自杀的人都难以真正理解这些行为的发生，都会将自杀视为不理想的选择。尽管自杀难以理解，但自杀行为的产生一定是内外因素共同作用下的结果，任何个人的自杀都与社会有着密不可分的联系。自杀在某种程度上可以被认为是偶然与必然的重合的结果，那么这些引起女性自杀的导火索究竟是什么呢？本文以这些案件中死者家属所呈递的各类状纸、案件审讯的各类公文以及涉案人员的供词等文书材料为基础，将女性自杀的起因归纳总结为四个大类。[②]

1. "口角"争执

乾嘉时期的巴县地方，因清廷移民政策的推动以及赋税政策的调整涌入了大量移民。这些移民来自五湖四海，拥有不同的文化和风俗，在与当地土著居民不断融合之后，整个巴县形成了多民族杂居、民风彪悍的社会状态。在与人交往过程中，在不同的文化和习俗碰撞之间，即便是日常琐事也会非常容易引起口角争执，很多女性正是因为这些口角之争一时气愤而自杀殒命。本文所收集的案例中有31例因"口角争执"而引起的女性自杀，包括夫妻之间口角21例，婆媳之间口角5例，族戚之间口角1例，邻里之间口角4例。下文就具体案件深入分析。

（1）夫妻矛盾

士大夫阶层宣扬"三纲五常"，极力强调传统女性的附属地位以及家庭义务。在传统文化背景下，丈夫会要求妻子生养子嗣、侍奉公婆以及承担农活等

---

① ［法］埃米尔·迪尔凯姆：《自杀论·序》，北京：商务印书馆，1996年。
② 自杀起因主要根据死者家属关于案件的报状、结状、叙供以及案件详册归纳总结。由于司法档案特别是人命案件类，涉案人员较多，出于立场和利益的改变，死者亲属的状纸与叙供会有内容前后不一致的情况。鉴于此，本文自杀起因的归纳主要以结状与案件详册为主。

家务，一旦妻子没有履行义务，或者与丈夫的要求产生差距时，夫妻之间便容易产生口角争执。相较于男性而言，作为妻子的女性更加容易因为口角争执而气忿不平，继而矛盾激化，产生自杀此类过激行为。案例显示夫妻口角的内容多是由于家务与农活等日常琐事。以江罗氏自缢身死一案为例，嘉庆四年（1799），江文元报称妻子罗氏自缢身死，下文为其堂讯口供。

> 情妻罗氏青年性悍。本年廿六日，蚁染疮不愈，嘱罗氏熬药，硬势不理，与蚁口角肆闹。在夜，蚁即上楼各寝，罗氏各做针工，以为气散。不意罗氏至四更时并未安寝，蚁心疑往看，否知罗氏在内室木楼梯上用钱串自缢跪地。见气尚未绝，始敢下吊即救，不幸气绝身亡。①

本案的妻子罗氏不愿意为丈夫煎药，硬势不理继而口角滋闹，罗氏在被骂之后久久无法"气散"。直到半夜时候，罗氏心中难甘，随即用钱串自缢身死。类似这样夫妻之间因家务产生口角，继而导致女性自杀的案例并不鲜见。嘉庆六年（1801），贺陈氏因娘家办丧事，在正月间回到娘家帮手，回家之后丈夫贺文广抱怨妻子"临春之时，早不归家锄土"。贺陈氏在被指责后扪性不吭声，丈夫贺文广性急就顺手用竹条打了贺陈氏，当天晚上，贺陈氏怄气难消，便在楼枋上吊死身亡。②嘉庆十九年（1814），周刘氏在田地收取芝麻后不小心抛撒，被丈夫责斥几句，夫妻二人彼此口角肆闹，刘氏气忿归家。之后丈夫出外，归家后发现刘氏于当日下午在卧房床枋上自缢身死。③嘉庆二十三年，丈夫叶海赶集回家，嘱令妻子董氏烧水洗澡。董氏不愿意，因而被丈夫斥骂。当天晚上，

---

① 《本城江文元报伊妻罗氏自缢毙命一案》，嘉庆四年二月，6-3-673，清代巴县档案，四川省档案馆藏。
② 《忠里二甲陈廷明具报陈二姑自缢身死一案》，嘉庆六年二月，6-3-713，清代巴县档案，四川省档案馆藏。
③ 《刘川富报民妻周刘氏因收芝麻抛撒在地民向妻斥不服被民凶伤后自缢身死一案》，嘉庆十九年九月，6-3-1134，清代巴县档案，四川省档案馆藏。

董氏久久无法入眠，心中气忿，半夜以木凳踏脚，缢于屋檐横枋上毙命。[①]

在上述案例中，作为妻子的女性因不愿为丈夫"煎药""烧水"，而被丈夫责备甚至殴打，继而双方争吵肆闹。在吵闹之后，妻子们往往心中怨气久久不能消散，一气之下自杀身毙。此外，因妻子言行不合丈夫心意导致口角吵闹，以妻子自杀结局的案例也不在少数。张陈氏因洗晒衣服不慎被人窃去，被丈夫斥责后气忿自缢而死。[②]张氏抱怨丈夫把麦子卖得太过便宜，夫妻二人产生分歧，互相冲撞，张氏被丈夫王克长打了一耳掌。张氏乘着丈夫出外做活路的间隙，在晌午时候用绳子自缢。余张氏因丈夫要去远方贸易，便想要回娘家居住。丈夫不同意，余氏顶嘴，夫妻对骂。余张氏心中委屈哭泣不止，回到卧房自缢身死。[③]

家庭对于女性来说不仅是庇护所也是禁锢地。士大夫阶层要求女性"在家从父，出嫁从夫"，丈夫对于妻子拥有绝对的所有权和支配权。然而案例显示，尽管女性始终被搁置于家庭和社会的附属位置，但这并不意味着女性始终处于顺从状态，儒家化的社会氛围并没有完全规训女性。夫妻之间为日常琐事而产生的口角，在某种程度上刺激着这些女性的神经，一时气愤，选择以自杀的极端手段结束生命。

（2）婆媳矛盾

婆媳矛盾的本质是两个独立个体在非婚姻非血缘状态下的权衡和博弈，婆媳之间因为日常琐事而产生的口角纠纷也是引起女性自杀的导火索之一。女子出嫁完成了"从父"到"从夫"的转变，女性的角色定位从父亲的女儿转变成为丈夫的妻子和婆婆的儿媳，"从夫"意味着需要遵从丈夫和婆婆的训导和要求。

案例显示，婆媳之间的激烈冲突的爆发往往发生在丈夫出外之后（外贸、死亡、在外佣工未家等）。在正常的婚姻家庭生活状态下，男性承担丈夫和儿子的双重角色，当婆媳产生纠纷时可以作为矛盾的缓冲地带。而在丈夫离家的

① 《巴县详报民妇叶董氏被伊夫斥骂自缢身死一案》，嘉庆二十三年七月，6-3-1282，清代巴县档案，四川省档案馆藏。

② 《仁里十甲陈应科具告婿张带贵等因女张陈氏口角自缢身死许等超度不果一案》，嘉庆二十二年八月，6-3-1264，清代巴县档案，四川省档案馆藏。

③ 《余应太禀报蚁妻自缢身死一案》，嘉庆二十五年七月，6-3-1349，清代巴县档案，四川省档案馆藏。

状态中，婆媳矛盾的缓冲地带缩小甚至消失，矛盾出现正面接触的可能，加之平日的矛盾积攒，婆媳二人可能会产生激烈且不可遏制的冲突。因婆媳矛盾而引起女性自杀的案件中，这些女性在实施自杀行为之前都与婆婆产生了激烈的语言或肢体冲突。嘉庆十六年（1811），媳妇蔡王氏因做午饭迟了，被翁姑斥骂，蔡王氏心中气愤，在卧房内自缢身死。① 嘉庆二十一年（1816），胡高氏邻居家的鸡啄食高粱，为了报复邻居就把鸡杀来吃了，结果被邻居知道后上门吵闹，胡高氏为此被翁姑训诫，心中难甘，自缢身死。② 邓氏没有关好猪圈，家中的猪跑出来把地里的黄豆吃掉，被婆婆斥责，邓氏犟嘴不服，被婆婆打了两个耳把子，之后邓氏怄气，进房关门上吊死了。③ 家住直里一甲的邓张氏与儿媳龚氏都是寡居抚子，因儿媳龚氏打骂孙女，邓张氏将其斥责。当晚儿媳龚氏乘着家人熟睡之后，在楼枋上自缢身死。④

三从四德强调女性"出嫁从夫"，但这个"夫"的概念，并不仅仅单纯指代丈夫个人，而是以丈夫为中心辐射的所有家庭成员，丈夫的母亲便是其中最重要的人。至高无上的孝文化使得"婆婆"成为女性人生的巅峰时期，婆婆对媳妇有绝对的支使权和调教权，且附着于调教权力之下是任意打骂的权力。特别是家中男性长辈去世之后，寡母对于整个家族都有着极高的掌控力和支配力，《红楼梦》里面的贾母就是典型代表。当然，"寡母"的掌控能力在不同阶层、不同地域、不同家庭之中存在差异，这股掌控力受到多重因素的影响。在这些因被婆婆斥责打骂而自杀的媳妇身上，不难感受底层社会中婆婆对家族的掌控能力。如果单纯分析这些自杀女性与婆婆的口角争闹，无非只是生活琐事，但究其根源可知，"不做早饭"这样的琐事只是压死骆驼的最后一根稻草，长期处于婆媳斗争的弱势状态才是她们自杀行为的根本原因。

---

① 《定远坊蔡尧升报伊妻王氏自缢身死案》，嘉庆十四年六月，6-3-897，清代巴县档案，四川省档案馆藏。

② 《重庆府为民妇胡高氏被伊姑胡艾氏斥骂忿自缢一案》，嘉庆二十一年十二月，6-3-1250，清代巴县档案，四川省档案馆藏。

③ 《孝里二甲戴伦智具报伊妻郑代氏自缢身死一案》，乾隆二十五年五月，6-1-259，清代巴县档案，四川省档案馆藏。

④ 《直里一甲邓张氏具报伊媳龚氏自缢死一案》，乾隆五十九年七月，6-1-604，清代巴县档案，四川省档案馆藏。

（3）邻族矛盾

传统中国讲求远亲不如近邻，物理距离是影响社会关系的重要因素。乾嘉时期的巴县社会佃租关系迅速发展，打破了以血缘为固定范围的家族团体，使得社会关系的互动更加复杂多维。生活在社会底层的女性，扩大了与周围邻里的接触，增加了纠纷的产生，邻里纠纷成为导致女性自杀的因素之一。以李黄氏自缢一案为例，嘉庆二十五年（1820），房主李黄氏让租户张汪氏加添房租，张汪氏不愿，彼此吵闹。李黄氏扑向殴打，自行失足跌伤额角。当夜李黄氏就在张汪氏厨房内横枋上用棕索自缢。①

除了邻里矛盾之外，亲族之间的冲突矛盾也会导致女性自杀。长寿县人孔俊卿不务正业，家业卖尽之后屡次向兄长孔元卿索借银两，孔元卿不允周给。嘉庆九年（1804）二月间，孔俊卿擅自将孔元卿家中的三根树木砍掉卖钱并花销殆尽，孔元卿查知后到其家中理斥，孔俊卿的妻子高氏与孔元卿口角争执，最后气忿自缢身死；② 罗陈氏是罗才洪的无服族嫂，罗才洪赶场讨取工钱未果。因无钱买米回家，肚中饥饿，转归路过罗陈氏门首，向其讨要饭食。罗陈氏不给饭食，两人随即口角争执，继而殴斗，罗陈氏多处受伤，当天晚上自缢身死。③

不管是家庭内部矛盾，还是邻里之间的各种纠纷，处于弱势状态的女性都因心中气忿不服最后自杀。传统社会之中，女性因日常"鸡豚小故"轻生毙命的现象并不少见。④ 这些女性处在家庭和社会的弱势一方，争执过程中还可能受到暴力伤害，因此心中的气忿心情更加强烈。这些口角纷争只是女性长期弱

---

① 《重庆府正堂为李黄氏与张汪氏口角后气忿自缢身死一案札文巴县》，嘉庆二十五年十月，6-3-1358，清代巴县档案，四川省档案馆藏。

② 《巴县审详长寿县监生孔元卿因妻口角自缢身死反捏情妄控一案》，嘉庆十年七月，6-3-785，清代巴县档案，四川省档案馆藏。

③ 《重庆府札巴县罗才洪辱骂罗陈氏以致陈氏自缢身死案》，嘉庆二十年十月，6-3-1191，清代巴县档案，四川省档案馆藏。

④ （清）吕肃高修，张雄图纂：《[乾隆]长沙府志》十四，清乾隆十二年（1747）刊本，"夫妇喜斗轻生往往因鸡豚小故辄服毒寻命"；（清）方叔裔重修：《[康熙]朔州志》卷二，民国二十五年（1936）石印本，指出妇女"见小轻生，往往壶餐启衅，投缳刎颈"；（清）郑继修修，邢澍田纂：《[光绪]定襄县补志》卷二，清光绪六年（1880）刻本，"男喜饮博，妇鲜操作，壶殇起衅，见小轻生"。

势地位的表征之一，从某种层面上说，自杀是女性的一种自我表达的手段。

2. 疾病困扰

医学领域的自杀研究认为，自杀与某些生理或心理疾病密切相关。[1] 郭松义通过史料分析发现，清代北京的自杀案件近一半都与疾病有关，其中心理性略多于生理性。[2] 根据笔者所搜集的巴县档案中的女性自杀案件，能够确定自杀原因的有 87 例，其中有 20 例系因病自杀。其中明确记载病因的包括 7 例心理疾病，4 例癫狂症、2 例忧郁症、1 例疯痰症；7 例生理疾病，包括 1 例痨病、1 例心疼病、1 例足疾、1 例痢疾、3 例胃气病；[3] 剩下 6 例只称"因病"，没有阐述因何生病与何种病症。

（1）生理疾病

鉴于当时普通百姓的经济能力，女性患病时常得不到及时救治。就算有经济条件进行医治，但有限的医疗水平也不能根治。因为疾病无法治愈或者无法根治，那些长期被疾病折磨的女性最终会以自杀手段终结与病魔的拉锯战。家住巴字坊的周伯明常年在外抬轿子为生，妻子彭氏患有足疾，久治不愈，被病苦磨不过，嘉庆元年（1796）四月二十九日，在卧房楼梯上用麻绳自缢身死。[4] 肖陈氏染患痢症，医调不愈，两次轻生未果，身心俱疲，最后自缢毙命。[5] 方国荣的小妾方张氏患有痨病，时好时发，医治不好，时常愁叹，嘉庆十五年（1810）九月初八日，方张氏旧病复发，受磨不过，趁丈夫方国荣睡熟之时，在房内自缢死了。[6]

（2）心理疾病

心理疾病非常隐秘，病发时突发性极强，特别是在外部因素的刺激之下，

① 陈文联、任丽娟：《近二十余年清代女性自杀问题研究综述》，《长沙大学学报》2017 年第 3 期。

② 郭松义：《自杀与社会：以清代北京为例》，《中国社会历史评论》2007 年第 1 期。

③ 胃气病为巴县县衙在案件详册中的官方说法，替代"遇邪自缢"的案件，在此不做讨论。

④ 《巴字坊胡林等具报周明之妻自缢身死一案》，嘉庆元年四月，6-3-628，清代巴县档案，四川省档案馆藏。

⑤ 《本城民肖万兴具报伊妻肖陈氏自缢身死一案》，嘉庆二年二月，6-3-639，清代巴县档案，四川省档案馆藏。

⑥ 《红岩坊方国荣具报伊妻方张氏自缢身死一案》，嘉庆十五年九月，6-3-924，清代巴县档案，四川省档案馆藏。

患者往往失去理智，做出异于常人的举动，甚至残害他人与自己的生命。胡其煊没有子嗣，迎娶妾室朱氏以延续香火。但朱氏染有疯痰疾病，久医不愈。嘉庆五年（1800）五月十二日，夫妻二人在家吃夜饭，胡其煊劝说少吃些，朱氏怄气就把碗筷丢开。当天晚上，朱氏趁胡其煊熟睡之后，在卧室木床架上用红头绳自缢，胡其煊半夜惊觉，解救不活，朱氏气绝毙命。① 乾隆五十六年（1791）三月，王国洪的邻居邹国柱与李添洪相说戏言失恼，诬扳王国洪的妻子廖氏在中间过话不清。三月十五日，李添洪气势汹汹地辱骂廖氏，因廖氏本患有癫狂之病，又害怕丈夫斥责，抱忿情急，半夜私至邹殿章屋后柏树上用布带系颈自缢毙命。② 乾隆五十九年（1794）九月，九岁的文嘉桥牧牛践食梅万本家中菜园。梅万本的十二岁的孙女辰姑看见斥骂文嘉桥，幼娃口角。辰姑争吵之后心病难医，日久不痊，最后用棕绳在檬子树上自缢身死。③

心理疾病一般存在较长的潜伏期且发病期不定，一些女性因为生活的挫折磨难长期抑郁难消，最终自杀了结。王氏幼许况世才为妻，迎配数载，生子女两人均夭亡，婆家因此嫌贱。王氏为子女的早夭，心中长期郁结，自用麻绳系颈在床架上自缢身死。④ 文长姑是喻二的妻子，成配多年关系和睦。文氏染有癫狂病，时愈时发。嘉庆十六年（1811）闰三月十三日，文氏将女儿二姑丢弃粪池淹毙，之后家人将文氏送解回家关锁以防犯病。次日早晨，文氏独自前往云篆寺地界，用足带系颈在青杠树上缢毙。⑤ 牟登立的妻子刘氏患染癫疯疾病，请医调治不愈，经常潜至河下跳水，家人多次找回。刘氏被锁链拴在家中，将近数月未见发疯。家人以为病情有所好转，便将刘氏放出。嘉庆二十四年

① 《本城武生胡其煊具报伊妻胡朱氏自缢毙命一案》，嘉庆五年五月，6-3-700，清代巴县档案，四川省档案馆藏。
② 《慈一甲王国洪具报他妻廖氏自缢身死一案》，乾隆五十六年六月，6-1-569，清代巴县档案，四川省档案馆藏。
③ 《直里七甲梅万本具报伊女与文嘉桥口角自缢身死案》，乾隆六十年九月，6-1-627，清代巴县档案，四川省档案馆藏。
④ 《本城汙中坊民况秉懿报民媳王氏自缢身死一案》，嘉庆十二年四月，6-3-819，清代巴县档案，四川省档案馆藏。
⑤ 《巴县详报民文廷珍具报伊侄女文长姑自缢身死一案详稿》，嘉庆十六年四月，6-3-966，清代巴县档案，四川省档案馆藏。

（1819）七月初五早饭后，刘氏携带十一岁幺女招姑，行至白阳滩大河边，刘氏疯病复发，将招姑丢入河中，随后一并投河淹死。[①] 任仕良与妻子张氏在金紫厢佃房居住，所生一子出生后不久生病夭折。张氏忧子成疾，救治不愈，兼之家贫，服药无费。乾隆五十四年（1789）六月十六日，张氏患病气忿，在楼上卧房竹梁上，用脚袋系颈缢毙，解救不活。[②]

根据上述案例可知，乾嘉时期底层女性的医疗状况并不乐观，这些自杀女性都不同程度地患有各种疾病。上述案件中，况世才的妻子王氏连生两子均夭折，丧子之痛对王氏的打击相当巨大；与此同时，婆家认为其作为妻子不能生育子嗣，因此嫌贱王氏。长期的内外压力使得王氏心中郁结难消，虽然档案没有明确记载王氏自杀的原因，但是根据王氏的丧子经历可知，王氏当时一定患有某种心理疾病，才会以自杀作为了结。

3. 生活贫苦

案例显示，这些女性自杀行为往往是几个复杂因素交叉的结果。这些女性在自杀之前，不仅要面对身心疾病的折磨，还要面对生活的贫困。李氏的丈夫与郭仕相打架之后被关县辕。因家中无米，四借无果，李氏便到郭仕相家求借，无与。回到家中，李氏贫病交加，心中气忿，情急自缢身死。[③] 嘉庆十三年（1808）六月，罗氏患有心疼病，又因夫家贫穷，逐日滋闹不宁。当月二十八日早，罗氏与夫滋闹，随后丈夫出外，罗氏心中气忿，又因家中无米炊食，贫病交加，自以裹脚布在楼木台竖枋上缢毙。[④]

女性在传统社会中缺乏独立的经济能力，社会环境也不允许女性像男性那样出外佣工赚钱，总体来说，女性只能束缚在以家庭为中心的小范围内活动。

---

① 《孝里二甲刘宣报牟刘氏由于家中不合带女一同投河淹死一案》，嘉庆二十四年七月，6-3-1322，清代巴县档案，四川省档案馆藏。

② 《金紫厢民任仕良具报伊妻张氏患病自缢身死一案》，乾隆五十四年六月，6-1-547，清代巴县档案，四川省档案馆藏。

③ 《节里五甲刘子相报伊妻李氏自缢身死一案》，嘉庆十五年正月，6-3-920，清代巴县档案，四川省档案馆藏。

④ 《临江坊何朝相报他媳罗氏自缢身死案》，嘉庆十三年六月，6-3-848；《何朝具报他媳罗氏自缢身死一案》，嘉庆十三年九月，6-3-831，清代巴县档案，四川省档案馆藏。

有学者指出，明清女性自杀的社会根源主要是由经济因素决定。① 根据上述案件可知，这些选择自杀的女性多处在长期贫穷和疾病的双重困境当中。

当生活陷入贫困，这些女性就只能依靠丈夫。一旦丈夫无法给与生活上的帮助，那么这些女性只能陷入绝望。刘樊氏因无得食费，与丈夫索要钱财无果后，趁丈夫赶场，樊氏在卧房楼枋上自缢身死。② 谭张氏因向丈夫取钱买米无得，趁丈夫熟睡，自缢身死。③ 丈夫在外挑煤炭谋生，穆王氏在家无米炊煮，难以度日，在灶房用篾索自缢毙命。④ 上述三例样本中，女性面对贫困的生活，选择向丈夫求救，在被丈夫拒绝后，在"无米炊煮"的绝望中选择自杀。

当丈夫这个角色已经丧失经济能力，无法供养家庭，甚至还被逼债时，妻子的内心是很绝望的。在这种情况下，自杀或许是一种解脱。邬朱氏丈夫四处借钱被逼债，朱氏无奈，挨晚时分到马鬃场寺后投堰淹毙。⑤ 因为丈夫余明章被人凶索钱债，在无钱偿还的情况下，妻子左氏投水淹毙。⑥ 这些选择自杀女性在生前不仅要面对各种疾病的折磨，还陷入穷困潦倒的生活境地。尽管在丈夫缺少经济来源无法供养家庭时，为了自救，这些女性也会选择走出家庭依靠自己谋求出路。但是贫苦的生活并非一个女性能够改变，自杀或许是一种解脱。

4. 惧讼心理

女性的犯罪问题已经在学界多有论述。在这些女性自杀案例中，女性犯罪问题并不鲜见。在笔者所搜集的93个案例中，有16位女性畏罪自杀，其中犯罪行为包括通奸、偷窃、窝赃、刁逃、图赖等。一般女性在犯罪之后会表现出

---

① 刘正刚、唐伟华：《明清鲁浙粤女性自杀探讨》，《中共宁波市委党校学报》2001年第5期。
② 《直里六甲刘旧荃与直里四甲樊坤具报刘樊氏用白布帕在楼枋上自缢毙命一案》，嘉庆六年七月，6-3-720，清代巴县档案，四川省档案馆藏。
③ 《本城谭启万报他妻谭张氏身缢死一案》，嘉庆十五年八月，6-3-934，清代巴县档案，四川省档案馆藏。
④ 《孝里七甲王栋才报蚁第三女王姑自缢毙命，因为何氏逼蚁出嫁蚁女不从案》，嘉庆十六年四月，6-3-964，清代巴县档案，四川省档案馆藏。
⑤ 《廉里七甲邬国泰报伊妻朱氏自缢身死案》，嘉庆十三年十二月，6-3-868，清代巴县档案，四川省档案馆藏。
⑥ 《孝里七甲民余明章禀穆永学等凶索钱债逼伊妻左氏投水淹死一案》，乾隆四十五年十二月，6-1-473，清代巴县档案，四川省档案馆藏。

强烈的愧疚和畏罪心理，对于衙门以及诉讼的畏惧使得女性处于长期的心理压力状态之下。女性在犯罪行为败露后往往怀有一种"愧疚"心理。嘉庆十七年（1812）六月，周彭氏私摘邻居土内米荳，被邻居看见后与其理斥，彭氏抱愧而去。等到晚上，彭氏潜至邻居界内桐树上自缢身死。① 乾隆四十六年（1781），邻居张氏在与冯氏的口角吵嚷中，说出冯氏与人通奸的事情。冯氏婆婆听闻后大加斥责，当即奔向冯氏娘家投说，冯氏为此羞忿不已，在卧室自缢毙命。② 上述案例中彭氏私摘米荳，冯氏与人通奸，两人在被人揭露罪行后，都怀有一种抱愧和羞愧的心理，无颜面对，便选择自杀承担犯罪后果。

　　"恐讼"是一种普遍的社会心理。案例显示，女性对于"到官""被控拖累"的有着极强的畏惧。嘉庆八年（1803），邻居刘和尚认为朱贾氏偷窃鸡只，说要告官。婆婆知道后斥骂朱贾氏惹是生非，朱贾氏害怕涉案牵连拖累，情急自缢身亡。③ 嘉庆十三年（1808），邬朱氏被邻居王老四栽赃刁拐，地邻理论无果，王老四要求给钱方休，否则具控各署。邬朱氏担心告官拖累，情急用麻绳系颈，在卧房篾楣上自缢毙命。④ 嘉庆十三年，孀居抚子的王张氏与人通奸受妊，被公公王玉廷具控报官，因为担心"到官受刑不起"，王张氏自缢身死。⑤

　　传统社会的"恐讼"心理，不仅因为牵涉官司意味着潜在的经济损失，同时可能会面临一定的刑罚惩处。有学者指出，原告被带到公堂上跪着面对州县官被问案这种情景，本身就是一个耻辱。⑥ 这样的耻辱对于"被控到官"的女

---

① 《忠里九甲周显书报周彭氏在伊业内自缢身死一案》，嘉庆十七年六月二十六日，6-3-1024，清代巴县档案，四川省档案馆藏。

② 《孝里二甲宋友章具报他妻冯氏自缢毙命案》，嘉庆［乾隆］年间，6-3-1377；《孝里二甲宋友章以与妻通奸被获妻自缢身死控周绍基等互控》，乾隆四十六年十月，6-1-477，清代巴县档案，四川省档案馆藏。

③ 《本县朱邦违具报伊媳贾氏与翁姑斥骂气忿自缢身死一案》，嘉庆八年九月，6-3-752，清代巴县档案，四川省档案馆藏。

④ 《廉里七甲邬国泰报伊妻朱氏自缢身死案》，嘉庆十三年十二月，6-3-868，清代巴县档案，四川省档案馆藏。

⑤ 《涪州民王玉廷控陈高俊以通奸逼死人命一案》，嘉庆十三年五月，6-3-846，清代巴县档案，四川省档案馆藏。

⑥ 赵晓耕、沈玮玮：《健讼与惧讼：清代州县司法的一个悖论解释》，《江苏大学学报（社会科学版）》2011年第6期。

性来说尤其严重，对其家庭来说也是有损颜面的大事。尽管清代法律对于女性有系列保护性措施，避免女性当堂问话，"收赎"政策使得涉案女性免于刑罚，地方官也秉持着"居官能为妇女养廉耻，莫大阴德"的态度，但如上述案例，当女性因偷窃、通奸等犯罪行为而作为被告时，"到官"和"被控拖累"则是必然。出于对"脸面"顾忌以及"恐讼"心理，女性很容易选择自杀以避免牵扯官司。

一般而言，女性的犯罪行为只要不牵扯人命案件，都是"告诉乃论"，即没有追究主体向官府递交状纸，地方县衙则不会出面干涉。女性的犯罪行为通常由宗族家法或戚邻内部协商解决，但这并不意味着犯罪女性能够逃避暴力惩处。嘉庆四年（1799）三月，谭廷万的娴媳谭姑私摘邻居业内豌豆，被邻居冉氏把背篼拿住，送交谭廷万并投鸣地邻，经众看明私摘情形各散。回到家后，公公谭廷万训斥谭姑，并将其锥伤，之后谭姑自缢毙命。[①]嘉庆八年（1803）十月，婢女菊花因不听约束，趁主人夫妇出外探亲，私取钱文，偷买糖食用。女主人彭氏回家后撞遇，见而斥骂并说等到男主人回家后告知责打，菊花担心被打，畏罪潜赴阁上，投缳殒命。[②]女子相对柔弱，对于犯罪行为败露之后的暴力戒饬，往往无法承受，心怀畏惧。案例中的菊花是个惯犯，在此之前就被主人用"竹条打过一顿"，因为上次教训印象过于深刻，菊花难以承受，最终自杀。

二、女性自杀的目的

自杀这种看似非理性的行为，背后隐藏着这样一个逻辑推理——自杀的人会获得重视：如果自杀，我就会获得重视，所以我自杀。这种死后仍然存在"我"的假象，被施耐德曼称为"后我"。"后我"的存在，使得这些看似疯狂的自杀

---

① 《仁里十甲晏文荣具报谭廷万之媳谭姑自缢身死一案》，嘉庆四年三月，6-3-676，清代巴县档案，四川省档案馆藏。

② 《裴效贤具报伊婢女菊花自缢身死一案》，嘉庆八年十月，6-3-753；《本城民裴效贤具报使女菊花自缢身死一案》，嘉庆八年十月，6-3-754，清代巴县档案，四川省档案馆藏。

行为，有了一套完整的行为逻辑。从这些自杀女性生前的行为表达来看，她们相信死后仍然存在一个"我"。这个"后我"的存在，是这些女性自杀的根本动力。因为不满现实世界，自杀成为实现"后我"的必要手段。

自杀是一种自主意志的体现，不管自杀主体出于何种打算以及有何目的，自杀行为一定暗含着自杀主体的某种要求和期盼。下文以死者家属的状纸、供词以及官府详册等档案资料，探析这些女性自杀行为背后所隐藏的主观目的。从某种程度上说，自杀可以被认为是女性实现报复纠纷对象、追求公平正义、维护家庭利益的一种选择。

（一）报复纠纷对象

移民社会和经济发展的结果是以血缘姻亲为纽带的传统世家大族的分化，家庭结构逐渐转化以核心家庭为主。与此同时，土地及房屋的租赁关系愈发复杂，整个社会呈现出巨大的流动性。传统女性的生活范围以家庭住房为中心向外不断发散，物理距离的扩大意味着女性生活范围的扩大，也同时意味着女性的生存状态呈现多样化的可能。身处移民社会的这些女性，她们的生活范围跨越家族血亲范围，逐渐与周围邻里交往紧密，彼此产生纠纷的几率增加。

此前学者指出，中国古代女性的自杀行为有着极强的复仇意义，生前虽未能以弱凌强，然而蒙冤寻死后却能引发轰动效应，促使官府代为平冤理怨。[①] 根据巴县档案中女性自杀案件可知，即便没有遭受重大冤屈，在日常纠纷过程中，女性也多借自杀行为报复对方。清代保甲制度规定，如果在自家地界内发现尸体，发现者有首报义务。很多女性都只是为了发泄愤怒和报复对方，选择在对方地界内实施自杀，使对方牵连命案，企图令对方赔偿经济损失或者遭受刑罚惩处。以骆氏自杀一案为例，乾隆四十三年十二月，节里五甲民张世明递交状纸，声称骆氏在其房内自缢身死。[②] 根据张世明的状纸可以还原骆氏死前的情景。骆

---

① 刘卫英：《万般无奈下的有效抗争——古代女性以自杀行复仇的文化意义》，《中国文化研究》2000 年第 4 期。

② 《仁里十甲秦占梧具报伊妻骆氏自缢身死》，乾隆四十三年十二月，6-1-458，清代巴县档案，四川省档案馆藏。

氏原本与丈夫秦占梧租住在张家，然而秦占梧却趁夜盗窃张家财物，夫妻二人被要求搬离。骆氏没人投靠无处可去，只能暂时在一里之外的破屋暂时栖身。张世明担心秦占梧再次偷盗惹事生非，便将夫妻二人再次驱逐。显然骆氏无法接受这样的现实，原本平静的生活被击碎，骆氏陷入无家可归的局面。面对张世明的一再相逼，骆氏心里无比愤恨。但是显然她并没能找到这个惨淡局面的根本原因，而是将错误归结到房主张世明身上。等到夜深人静，骆氏在没有告知任何人的情况下，潜至失主也是曾经邻居张世明家中的梁枋上自缢身死。骆氏这场自杀，在自杀方式、时间、地点的选择上，充分地表明骆氏的报复心理。

人命关天的思想使得基层司法官对自杀案件非常重视，女性自杀是一件极不太光彩的事，任何与此相关的人员都会受到负面的牵连。此类案件的涉案人员不仅需要完成司法程序，而且还会受到来自四面八方的社会非议，不管是对个人还是家庭都会产生长时段的负面影响。如果骆氏不是出于报复目的，她大可不必趁夜专程跑到张世明房屋的梁枋上自缢身死。虽然骆氏没有办法判断，她的自杀行为会产生那些具体后果，但对于即将自杀的骆氏而言，她的死亡一定会使得张陷入人命官司和相应的不利局面，显然骆氏的目的已经部分达到。

类似极具报复目的的自杀案件并非个例。嘉庆二十五年（1820），房主李黄氏要求提高租客张汪氏的租金，但张汪氏并不同意，双方产生口角抓扯，李黄氏在互殴过程当中失足跌伤额角，心中愤懑。当晚趁夜，李黄氏跑到张汪氏的厨房里，用棕索吊在横梁上自缢身死。[①] 上述案件中的骆氏被迫搬家，李黄氏跌伤额角，她们二人都在认为自己在纠纷中吃亏受损，心里挟怨不平。在这样愤愤不平的心情引导之下，她们都选择趁夜潜至纠纷对象地界内实施自杀。这样的自杀方式将普通纠纷升级为人命案件，类似行为在民间社会时有发生。[②]

---

① 《巴县详报李黄氏与张汪氏口角争闹自缢身死案》，嘉庆二十五年二月，6-3-1339；《巴县审详李黄氏与张汪氏争角跌伤后气忿自缢身死案》，嘉庆二十五年五月，6-3-1343；《巴县审详民妇李黄氏与张汪氏争角跌伤自缢身死一案》，嘉庆二十五年五月，6-3-1345；《重庆府正堂为李黄氏与张汪氏口角后气忿自缢身死一案札文巴县》，嘉庆二十五年十月，6-3-1358，清代巴县档案，四川省档案馆藏。

② （清）杨芊纂，（清）张登高续纂：《[乾隆]直隶易州志》卷十，清乾隆十二年（1747）刻本。"妇女喜轻生，或因家务，或与人角口，辄投井、刎颈、自缢、服毒、投崖，希图官长断与。"

对于这些被愤怒包围的女性来说，以生命为代价使得纠纷对象陷入人命案件，或许并不是不理智的行为。

郭学勤和周致元指出，在明清徽州的家庭矛盾中，女性有以自杀来挟制、报复婆家的风气。① 这样的情况在乾嘉时期的巴县社会同样存在，对于这些女性而言，她们往往处于复杂的家庭冲突当中，自杀不仅是解决家庭矛盾的极端手段，也是报复婆家的方法之一。案例显示，这些极具报复意味的自杀，地点的选择往往意味深长。乾隆四十三年（1778），丈夫清早出门劳作回家，看到饶氏还未起床，厨房也无饭菜可以饱腹，一时气愤就将饶氏掌嘴两下，随即夫妻二人口角争执。次日，丈夫出外赶场买米盐，午后回家后，发现饶氏在厨房横枋上用裹脚布自缢。② 嘉庆二十年（1815），黄氏再醮刘洪礼为妻。因家务事宜被丈夫刘洪礼斥骂，黄氏心中气忿，自行持索在住宅坎下的桃树上吊缢身毙。③ 嘉庆二十三年（1818），叶海有赶集回家，嘱咐妻子董氏烧水洗澡。董氏不去，被叶海有斥骂。董氏因此气忿，等到丈夫半夜熟睡之后，由木凳踏脚，在自家屋檐横枋上吊毙。④

上述三个案件中，这些妻子都因家务琐事而被丈夫责骂，随即气忿自缢。从自杀地点选择来看，饶氏因没做早饭而被丈夫掌嘴，于是在厨房自缢，这样别具意味的自杀地点显然是希望将自杀与不做早饭牵扯上关系，以报复丈夫的斥责和掌嘴。其他两个案例中，刘黄氏选择死在"宅外桃树上"，叶董氏选择死在"屋檐横枋"上，这些自杀地点更加公开且更容易引起社会关注，这样的自杀更具表演意味。有学者指出，自杀被认为是获得道德资本的手段。⑤ "死者为大"的社会观念以及对自杀女性的同情，使得婆家不仅可能在司法审判中遭受经济赔偿和刑罚惩处，也会受到道德意义上指责，遭受亲邻的非议，对整个家族都会产生长时段的负面影响。因此，妻子的自杀很大程度上能够起到报复夫家的目的。

① 郭学勤、周致元：《明清徽州的自杀现象》，《安徽大学学报（哲学社会科学版）》2013年第2期。
② 《节里八甲饶纯一具报伊女饶氏自缢身死一案》，乾隆四十三年五月，6-1-444，清代巴县档案，四川省档案馆藏。
③ 《刘洪礼具报伊妻刘黄氏自缢身死一案》，嘉庆二十年九月，6-3-1236，清代巴县档案，四川省档案馆藏。
④ 《巴县详报民妇叶董氏被伊夫斥骂自缢身死一案》，嘉庆二十三年七月，6-3-1282，清代巴县档案，四川省档案馆藏。
⑤ 吴飞：《浮生取义——对华北某县自杀现象的文化解读》，北京：中国人民大学出版社，2009年。

一旦陷入报复夫家的情绪当中，这些女性的自杀都非常决绝，除了自杀地点的选择，自杀的时间也显示出这些女性的决绝心理和报复心理。上述邓氏一案中，为了报复婆婆的责骂以及"两个二把子"，邓氏在与婆婆争吵后，立马将卧房门抵住然后吊毙。婆婆冯氏一转眼的功夫，就"不见人又听不见声音"，"叫又不答应"，当把门踹开后就眼见邓氏吊毙，"身上还是热的"。邓氏在与婆婆冯氏争执之后，立马关门上吊，这样决绝且有针对性地自杀显然是为了报复婆婆。邓氏坚信她的自杀能对婆婆心理上产生冲击和负担，对于邓氏来说，自杀是长期婆媳斗争中的最后一搏。

不可置否，女性的自杀往往能够达到某些报复效果。黄李氏自杀一案中，县主认为租客张汪氏"虽无威逼情事，究有不合，因是妇人，不应重律"，但也判决"杖八十，照律收赎"，"所住房屋押令迁移"。但在多数情况下，特别是涉及家庭内部矛盾，报复性的自杀行为并不会产生过多的实质效果。人命官司的消极色彩会被持续消解，地方县官在审判此类案件时，一旦明确自杀女性是"情急轻生，与人无尤"，则会出具结状，尽快结案。

如果用吴飞的理论，那么女性的自杀行为就是一种"道德资本"的积累。传统中国文化中有一种"死者为大"的观念，不管生前如何，自杀总是可以堵住悠悠之口。肉体陨灭，灵魂则进入另外一个空间。在死后的空间之中，会有另外一套制度对其是非对错做判断。通过"自杀"这一死亡视角，透视这些因为家长里短鸡毛蒜皮的小事放弃生命的自杀女性，可以看到在男权制度的传统社会中，在家庭政治的对抗过程中，身体成为一位普通女性的重要筹码。在这些选择自杀的女性眼中，家庭战争的终点并不在于她们生命的终结。在她们死后，留给对手的则是道德上的无尽愧疚。

（二）追求公平正义

自杀的女性并不是无言的，她们建构着自杀的意义，诉说着她们自杀的理由以及她们自杀所想要达成的目的。[①] 在遭受冤屈和不平时候，自杀是女性寻

---

① 刘燕舞、王晓慧：《农村已婚青年女性自杀现象研究——基于湖北省大冶市丰村的个案分析（1980—2000）》，《青年研究》2010 第 1 期。

求公平和正义的手段。自杀行为基于女性对死后的想象，在这个想象中，她们即便肉身殒灭，但是会留存一个"后我"，这个"后我"是能够看到自己受到重视，并且会在抗争中取得胜利。以程曾氏一案为例，[①] 乾隆四十一年（1776），事主王添爵向长寿县县官递交状纸称：

> 供：小的在乾隆三十六年六月初四日，被贼窃去金银首饰等。报蒙仲县官差缉不获。到今年十月查知，程戴氏与程正刚掉得衣饰是小的被窃之物。经案下差拘程正刚们到案，起获赃物，究出是戴三经窃。因戴三是江北人，关拿不到，没有结案。程戴氏告程正刚们串害，蒙准差唤，程正刚得妻子曾氏到程戴氏家自抹身死。

本案中程正刚的妻子曾氏采取的方式是自抹，足以想见当时自杀的惨烈程度。那么为何曾氏会用这样强烈的方式回应这次偷盗案件呢？从整个案件来说，罪魁祸首应该是窃贼戴三。不论是王添爵、程正刚还是程戴氏，都是这宗偷窃案的受害者。那么死者曾氏为何会选择死在程戴氏家中呢，并且采取如此激烈的自杀手段？上文已经论述，女性一般采取上吊、投水自杀，自抹这种惨烈的自杀手段足以想见曾氏当时心中的巨大冤情。首先，从堂弟结婚，程正刚帮助婶母置办衣物首饰就能说明两家人在此前的关系较为亲密，但怎能想到两家人最后都陷入一场偷窃官司。程正刚和程戴氏先后被传唤在案，同时程戴氏一家还被要求"缴赃"，将当初花费"四千六百文"掉换而来的衣饰缴还。对于程戴氏这位寡母来讲，不仅上庭受辱难堪，还要赔偿经济损失，实在心中难甘，只得将怨气发泄到程正刚身上。而程的妻子曾氏心中同样委屈，他们不过只是帮助表弟买办婚礼的衣服饰品，却被牵连到偷窃案件，还要即将成为与小偷"串害"的被告，之后需要面临各项身体和财物上面的处罚难以估计。此时的曾氏一方面害怕丈夫牵连诉讼，另一方面又满腔委屈，最后选择跑到程戴氏家中，以自抹这样激烈的方式结束生命。

---

① 《巴县报明程正纲之妻曾氏自抹身死一案》，乾隆四十四年五月，6-1-461，清代巴县档案，四川省档案馆藏。

　　类似以自杀手段呼唤正义的还有以下案件。嘉庆十八年（1813），姜正伦以开酒饭店为生，向客人秦广索诈银钱，并将其朋殴伤。秦广的妻子夏氏闻知，向姜正伦理论，双方辱骂难堪，经由邻居劝开。夏氏回家之后气忿难甘，认为丈夫被打伤却无人伸冤，情急之下便在姜店门前的桐树上用棕索自缢身亡。[①]嘉庆二十一年（1816），李氏与邻居朗复兴调戏成奸，被儿媳香儿窥破。李氏要求香儿与朗复兴奸好，香儿不从。李氏心生气忿，支使儿子王成功殴打香儿，直至重伤。半夜时分，香儿羞愤情急，服盐卤轻生，灌治不活。[②]嘉庆十七年（1812）四月，彭肖氏因缺费，向贺一富讨取会银，不料贺一富分厘不给。彭肖氏具控捕府，贺一富随即串通票差王玉，握票不拘，还打伤彭肖氏。彭肖氏因"会银无给"，还被辱骂，又因患病难磨，情急轻生。[③]

　　上述案例中，夏氏因丈夫被平白诈索殴打，香儿因被婆婆逼奸，彭肖氏因"讨取会银"无果，三人都是在遭受冤屈之后，选择自杀以求取公平正义。实际上这样的自杀，确实也得到了公平正义的结果。在夏氏一案中，县主认为"姜正伦不善，以控官究追之言，恐吓以至秦夏氏畏控，自缢身死。虽无可畏之威，已有逼迫之势，据因事威逼人致死者杖一百律"，判决姜正伦"应杖一百，拆责四十板，仍追埋葬银十一两，给付死者之家"。香儿一案中，逼奸的婆婆李氏"依奸妇，实发伊犁乌鲁木齐出为奴，咨送兵部"，奸夫朗复兴"虽无与香儿亲面调戏情事，但既与李氏通奸，图奸香儿，按照通奸致本妇羞愤自尽者绞监候刑量减一等，杖一百，徒三千里，划发顺天府定地发配"；以王秉惠为首匿情不报的人，"既知香儿身死不明，并不查讯起衅，意图和息，殊属不合，均杖八十"。彭肖氏一案中，巴县正堂在案件批词中称，虽然彭肖氏系自缢身死，"但贺一富欠银三两，拖欠不还，以致酿命，亦属不合"，惩限三日清偿所欠会银。案例中的三位女性都通过自杀，在不同程度上实现了对公平正义的追求，

① 《仁里十甲秦广报伊妻夏氏自缢身死一案》，嘉庆十八年七月，6-3-1064，清代巴县档案，四川省档案馆藏。

② 《重庆府札巴县关于香河县民张彦明呈州民妇李氏因奸殴逼伊女身死一案事》，嘉庆二十一年十月，6-3-1240，清代巴县档案，四川省档案馆藏。

③ 《本城彭仕贵报叔祖母肖氏自缢身死案》，嘉庆十七年四月，6-3-1019，清代巴县档案，四川省档案馆藏。

冤情得到平反，实现了自杀的目的。男性在面对欺压和社会不公时，可以选择采取暴力反抗，而女性则会利用自己的生命寻求公平正义的对待。

（三）维护家庭利益

与生俱来的母性以及传统社会的道德教化，使得女性具有强烈的家庭观念。有学者指出，下层女性在司法程序中，能够巧妙利用自己的弱势地位博得县官同情、逃脱法律惩治，并最大限度地为自己争得利益。[①]在本文所收集的案例中，自杀女性也深知自己的弱势地位以及自杀行为可以具备的隐形力量，在家庭成员受到伤害或者家庭利益受到威胁时，这些女性会选择自杀以保护家庭成员及维护家庭财产。

嘉庆四年（1799），赵满的父亲得病去世之后，房主吴仕忠担心赵满的母亲熊氏滋事，声称给熊氏一千文钱叫她们搬走了事。熊氏母子搬走之后，房主吴仕忠只愿意出钱五百，赵满母子只好到处求乞谋生。嘉庆四年冬月二十六日，熊氏母子饥寒交迫，到吴家要求拿到剩下的五百文钱。吴不愿开门，等到天黑，熊氏母子便坐到街檐边上就着草席睡卧。在儿子赵满熟睡之后，母亲熊氏因要钱未遂，又无力养育幼子，就用板凳搭起在吴家木坊上自缢身死。[②]从整个案情看来，赵熊氏的自杀并非受到吴仕忠的逼迫，完全属于自主行为，甚至有些图赖意味。从法律上讲，房主吴仕忠对于赵熊氏的死并不负有任何责任。但出于道义和"死者为大"的考虑，在众邻亲族的主持下，吴仕忠"念及阴骘，先用棺板安葬"，并暂时收留赵熊氏的两个幼子。在之后的案件审判中，吴仕忠又"出钱四千八百文"请道士作法追荐赵熊氏的亡灵。在这场自编自导的自杀表演中，熊氏用生命为两个幼子换取了暂时的生活依靠。

同样，陈王氏也是为了保护儿子而自杀殉命。[③]嘉庆二十四年（1819），儿

---

① 毛立平：《"妇愚无知"：嘉道时期民事案件审理中的县官与下层妇女》，《清史研究》2012年第3期。

② 《本城吴仕忠报赵熊氏自缢身死一案》，嘉庆四年十二月四日，6-3-692，清代巴县档案，四川省档案馆藏。

③ 《直里二甲陈启山具报他母王氏自缢身死案》，嘉庆二十四年三月，6-3-1307，清代巴县档案，四川省档案馆藏。

子陈瑷山夫妻口角，陈瑷山用木棍打伤妻子王氏，额颅皮破，血滴衣衫。王氏娘家弟兄见状，宣称"要来把血衣衫拿去，呈缴告状"。陈瑷山的母亲陈王氏担心此事一旦闹到官府，又有"血衫"作为物证，儿子恐怕会遭受刑罚。陈王氏"恐怕他儿子受累"，"心里怄气"，便想用自杀这样极端的方式结束这场家庭纠纷，以免儿子遭受牢狱之灾。

上述两案中，熊氏与陈王氏都有这强烈的家庭观念，她们愿意为了保护家庭成员牺牲自己的生命。除了传统女德的训教之外，女性对丈夫的维护从另一侧面来说可以被理解为对家庭财产的维护。在传统社会之中，一旦在丈夫处于经济困顿局面，妻子也会随之陷入困顿。她们既无法离开丈夫独自生活，又无力改变经济困窘局面。对于这些女性来说，自杀不仅是逃避贫困的手段，在某些情况下，自杀还是能够帮助丈夫偿还钱债走出困境的隐秘途径。以左氏一案为例，乾隆四十五年（1780）十二月，巴县孝里七甲民余明章上呈状纸，声称穆永学等人违断揹揭，不愿退还借约。[①] 经过审讯案情明朗，余明章外借大量债款无力偿还，债主穆永学等三人聚集在余明章家欲索回钱债。妻子左氏见丈夫无钱还债，情急便投水淹毙。根据案件判决，左氏"拿命抵债"的心理的确起到了作用，巴县县衙判决债主穆永学等三人将此前的借钱单据返还余明章，"从此债钱两清，永不烦渎"。左氏的自杀不仅逃避了贫困局面，还为丈夫还清了欠款，可谓是完成了左氏自杀的双重目的。

除了保护家庭成员之外，女性自杀的目的还在于维护家庭财产，以王氏自杀一案为例。[②] 张永兴早年间在张家为奴，主人张南国见张永兴勤俭顾家，便将家中一份田地分给张永兴，并立有分关字据。乾隆五十二年，张永兴与张南国主仆先后过世。张南国的儿子张含辉要求张永兴的妻子王氏交还之前分给的土地以及分关文约。王氏百般央求之后，见田地不保，便跑到张含辉地界内自缢身死。案件最后，王氏的自杀为其家庭保留住了这份田地。

---

① 《孝里七甲民余明章禀穆永学等凶索钱债逼伊妻左氏投水淹死一案》，乾隆四十五年十二月，6-1-473，清代巴县档案，四川省档案馆藏。

② 《忠里六甲张九义具告张含辉殴毙伊母王氏一案》，乾隆五十六年六月，6-1-570，清代巴县档案，四川省档案馆藏。

清代司法审判是情、理、法的结合，对于弱势人群持有保护态度。上述案例中，赵熊氏为了要钱养活两个孩子，陈王氏为避免儿子到官受累，余左氏为了偿还丈夫欠款，张王氏为了保护自家田产，这些女性都是出于对家庭的维护，以自杀的方式保护家庭成员以及维护家庭财产。自杀是女性为了家庭的一种牺牲。

三、自杀女性群体的多重面相

黄宗智曾提出，清代官方对于法制的表达与实践相互矛盾，同时又共同组成一个不可分割的整体。[①] 在传统中国社会之中，关于女性的规范标准也同样存在类似差异与偏离。与《列女传》叙述的理想女性不同，庶民阶层的女性面对不同的生活境遇呈现多重面相。首先，女性并非都扮演着男权社会的"受害者"和"被压迫者"，女性犯罪是当时严重的社会问题，女性同时也扮演着"施害者"和犯罪行为的"实施者"。其二，贞节观念在庶民社会中呈现出显性和隐性两个状态，奸情成为被默认的社会场景之一；其三，尽管"娴媳"婚姻是乾嘉时期巴县社会最为普遍的婚姻形式，但这样的婚姻形式存在很多潜在问题，婚姻质量并不乐观。

（一）自杀与女性犯罪

在传统社会之中，女性的确处于弱势地位，男尊女卑成为社会运行的固定模式。然而尊与卑、受害与施害、压迫与被压迫都是一种相对结果。抛开女性的"受害者"形象，我们通过对女性自杀案件的梳理发现，女性作为"施害者"实施犯罪的情况并不少见。

李氏与邻居朗复兴通奸，并将撞破奸情的媳妇香儿殴伤，致其服毒自尽；邬朱氏多次刁唆隔壁李氏出逃，并且为其制定路线，乘其丈夫不在家时带其出逃，被抓获后，邬朱氏自缢身死；乾隆五十五年（1790），张贵续弦，娶吴氏为

---

① ［美］黄宗智：《清代的法律、社会与文化：民法的表达与实践·中文版序》，上海：上海书店出版社，2001 年。

妻，吴氏多次虐待前妻之子，被丈夫斥责，最后吴氏自抹身死。① 上述案例中，李氏希望朗复兴能多来家中与其通奸，逼迫香儿也与郎复兴成奸；朱氏认为邻居王李氏家中贫苦，多次刁唆改嫁；吴氏不满前妻留下幼子，于是实施虐待发泄不满。这些女性为了满足自身愿望和发泄情绪，对弱势一方强行伤害，成为案件中的"施害者"。

除此之外，女性也时常作为犯罪行为的"实施者"。使女菊花多次偷钱被抓后，因为害怕再次被打，自缢身死。黄赵氏与任麻二邻近居住，任麻二经常偷窃财物，为掩人耳目时常将赃物寄存在黄赵氏家中。嘉庆十八年七月，因窝赃被获，黄赵氏担心到官受责，趁夜自尽身死。② 彭安相是彭光德的侄儿，因彭光德家道中落，便将田地房产悉数典卖与彭安相。此后，彭光德多次向侄儿彭安相赖借钱米。乾隆五十九年（1794）十九日，彭光德的妻子高氏因家内没有钱米，便跑到彭安相家打算借钱十千文，彭安相措借不及，只愿借二千文。高氏此前已经多次索借，这次觉得钱少，心理怄气，于是在彭安相家赖借不回。次日，高氏因"赖借不遂"，用篾索在彭安相宅后吊毙。

上述自杀女性的犯罪行为包括逼奸、刁拐、虐待、偷窃、窝赃、图赖，这些鲜活的案例正是当时社会普遍存在的女性犯罪问题。女性的犯罪行为不仅是对女性"受害者"形象的一种驳斥，更是一种补充。可见在真实历史场景中，女性除了长期扮演"被害者"，时常也会客串历史剧中的"施害者"的角色。

为了加快中国的近代化进程，解救女性被赋予了强烈的民族主义情绪，继而女性被压迫成为一个不可辩驳的真理。如果冲破被掺杂政治正确的既往观点，透过这些案件中女性的自我表达，或许能够更加清楚她们所处的社会以及实际的生存样态。虽然那些通过礼教建筑的正统意识形态几乎贯穿于传统社会的方

---

① 《巴县审解涪州吴谭氏控张文渊割伤吴氏身死一案》，乾隆五十五年三月，6-1-549，清代巴县档案，四川省档案馆藏。

② 《曾万益报许洪迫黄赵氏要人，以致情急赵氏自缢身死》，嘉庆十八年九月，6-3-1069；《巴县详报民妇黄赵氏因寄放窃赃被控畏罪自缢身死一案》，嘉庆十八年十月二十四日，6-3-1076；《巴县审详赵氏因寄存窃赃被控畏罪自缢身死案详册》，嘉庆十八年十二月，6-3-1102；《重庆府以巴县审详赵氏因寄存窃赃被控畏罪自缢身死案》，嘉庆十九年，6-3-1144，清代巴县档案，四川省档案馆藏。

方面面，但这并不意味着这些所谓的规训和士大夫阶层的愿景会被准确地落实和实施。这些规训和制度不仅在女性身上被灌输，男性也难以逃脱这些规训的熏陶和教导。"男尊女卑""三从四德"这些被传统社会奉为圭臬的信条和准则是否意味着女性的附属地位以及女性被规训的时代命运。底层女性所展现的多重面相，使我们在将传统女性定位于"受害者"和"被压迫者"这件事上，或许还需要做更多的思索和考量。

（二）自杀与女性贞节观

在《列女传》此类的官方表达中，自杀女性多为节烈，儒家士大夫对于这些女性的自杀行为都采取正统的价值评判。与此同时，这些为贞节失去生命的烈女也成为整个传统文化秩序的重要组成部分，成为维护传统文化的基石。明清以来，官方通过旌表制度和历史书写，使得贞节烈女人数大量增长。赖慧敏曾提出，清代文人撰述的贞节观念是否普及于下层民众，这问题值得进一步探讨。[①] 根据上述女性自杀案例显示，乾嘉时期的巴县社会当中，贞节观念在庶民社会出现显性和隐性两个层面。在显性层面，贞节观念呈现出极端分化的两个状态，一方面，女性坚决奉行"饿死事小，失节事大"的贞节观念，另一面，通奸又是一个普遍存在的社会问题；在隐性的层面，男女之间的奸情可能被社会所默许，成为特殊存在的生活场景。

在显性层面，女性有着对贞节观念的极端崇拜，以贵女一案为例。乾隆五十六年（1791）三月，忠里一甲的石第简报称自己婢女贵女上吊死了，以下是石第简的状纸内容：

> 情婢女贵女前月十四日在山牧牛，被无聊堂侄石润廷欺奸，贵女不从，奔回说蚁得知。理斥润廷，反于本月十九日来蚁家称抢贵女。是夜，贵女情急自缢，蚁觉解救未毙。二十一日，蚁以欺奸逼缢事控辕批准拘讯。润廷自知情亏难质，本月十六日立约请石在海等劝蚁和

---

① 赖惠敏：《情欲与刑罚：清前期犯奸案件的历史解读（1644—1795）》，《中西法律传统》，2008年第 1 期。

息……殊润廷回家，二十六日扬称，伊又控蚁于各署，复要抢贵女等语，以致贵女闻知，是夜用棉带系项，在卧房横枋上自缢毙命。①

本案的贵女是守护贞节的典型。②根据石第简的叙述，堂侄石澜廷因欺奸贵女未遂，宣称要到家里抢夺，致使贵女"情急自缢"，被主人石第简解救。在县辕的调解下，最后双方立约和息。然而石澜廷依旧贼心不死，不仅扬称要控告石第简，还要再次抢夺贵女。贵女闻知此事后，"是夜用棉带系颈，在卧房横枋上自缢毙命"。本案中的贵女尽管并未遭受实质性的欺奸，可是石澜廷的反复扬称抢夺使得贵女心中产生恐惧心理。而后此事还被闹到官府，这对于贵女的名节和颜面都是极大的伤害。明清以来的贞节观念，不仅要求女性在丈夫死后守节，还要求女性保护自己的身体以及名节不受侵犯和侮辱，贵女的连续自杀则是对贞节观念的极端维护。

除了上述贵女对于贞洁的极端维护之外，案例显示，男女私通又是普遍存在的社会问题。③清代中期的巴县是典型的移民社会，男性在外佣工贸易情况普遍，长期的分居导致夫妻之间感情淡漠，缺少丈夫的监管也给予女性通奸的可能。在奸情败露之后，女性不仅要面对精神上的羞愧折磨，还要面对一些因奸情所牵扯出的其他现实难题。

到官受讯。乾隆五十四年（1789），丈夫病故，张氏孀居两年，随后与刘忠和调戏成奸。两人通奸半年之后，经过商议决定私奔。乾隆五十五年（1790）二月十六日夜三更时，乘张氏公婆睡熟之后，刘忠和带了张氏逃走。因无处躲藏，张氏声称她娘家只有哥子张先达，多年不曾往来，于是两人假称改嫁之后来投奔娘家。两人到张先达家不久，就被刘忠和家里人找获，二人被带回巴县。

---

① 《忠里一甲石第简具报贵女自缢身死一案》，乾隆五十六年三月，6-1-568，清代巴县档案，四川省档案馆藏。

② 类似案例：（清）甘山修，（清）程在嵘纂《[乾隆]霍山县志》卷六，清乾隆四十一年（1776）刊本。"文烈女，名焕，邑酉乡民家女，字同邑余氏子，年十五。偕姊弟入山采茶，姊弟偶稍远狝，遇强暴逼之，女惊呼，姊弟奔至得免。女归而泣，告其母，欲自裁，母慰之曰：'幸无玷何激为。'女曰：'男女有别，今渎乱至斯，安能苟活。'卒乘间投缳死"。

③ 郭松义：《清代403宗民刑案例中的私通行为考察》，《历史研究》2000年第3期。

私奔之事败露后，哥哥问讯张氏，张氏一直默不作声，因为害怕到官，最后自缢身死。①

因奸酿命。李氏是罗辛林买回家的妾室，因罗辛林长期在外贸易不在家，李氏便与小叔子罗九林产生奸情。嘉庆二十一年（1816）八月初五日，两人通奸导致罗九林"成了损病"，"失血身死"。因奸酿命后，李氏羞愤难过，当即拿麻绳声称要去吊死，被婆婆刘氏阻拦。此后后，李氏再次偷买老鼠药，服毒身死。②

夫家退休。乾隆四十六年（1781）五月间，丈夫宋友章出外贸易，婆婆返乡探亲，周绍基上门讨米钱，见冯氏一人在家，便与其通奸，被同街对门居住的张氏看知。五月二十八日，冯氏与张氏因嫌隙口嚷吵闹，张氏称冯氏与周绍基通奸，"还将鞋拿给周绍基"。婆婆知道媳妇的奸情，立即便要去向媳妇娘家投说将要退休，冯氏羞愤，又担心娘家知道自己的奸情，情急就在内室过担上自缢毙命。③

在上述案件中，女性在奸情败露羞愤的同时，又面临各种现实难题，张氏害怕到官、李氏因奸酿命、冯氏面临被退休。"羞愧"心理与现实难题的双重折磨，使得这些女性最后选择自杀了结。通过对上述案件的梳理可知，可以看到当时社会两种极端的贞洁观念，一方面是因调奸未遂而自杀的贵女，一方面则是普遍存在的男女通奸问题。

与此同时，奸情在特定的生活场景中是一种被默许的存在。乾隆五十九年（1794），王文沛报称弟弟王文弼与朱曾氏双双自缢身死。朱曾氏的丈夫朱子朝出外云南数载未归，王文弼与朱曾氏本系表戚，平时素无避忌，乾隆

---

① 《重庆府永川县报张氏训斥身妹畏惧到官潜逃后自缢身死案》，乾隆五十五年十二月，6-1-556，清代巴县档案，四川省档案馆藏。

② 《结状事罗成林等报罗李氏自行服毒身死一案》，嘉庆二十一年八月二十一日，6-3-1229；《巴县详报罗李氏与罗九林通奸败露服毒自杀身死私埋匿报一案折册》，嘉庆二十一年十一月，6-3-1243；《本城罗成林报李陈氏之女李氏服毒身死一案》，嘉庆二十一年十一月，6-3-1246；《巴县详报民妇罗李氏因与罗九林通奸败露自行服毒身死一案》，嘉庆二十一年十一月，6-3-1247，清代巴县档案，四川省档案馆藏。

③ 《孝里二甲宋友章以与妻通奸被获妻自缢身死控周绍基等互控》，乾隆四十六年十月，6-1-477，清代巴县档案，四川省档案馆藏。

五十八年（1793）六月奸开始通奸，已有九月之久。对于王文弼的通奸行为，作为兄长的王文沛表示"小的兄弟不听约束，与曾氏通奸苟合，小的们也说过他"，兄长的劝戒并没能断绝苟合之事。同时王文弼妻子陈氏也清楚二人通奸，可也并没有过多干涉，反而纵容丈夫三番五次将家中财物补贴曾氏。王文弼甚至将妻子陈氏自织棉纱所换来的布匹送给曾氏。这场畸形的三角婚姻就在当事人不痛不痒的默许中持续了九个月。根据死者亲属们的叙供，王文弼与曾氏通奸之事已经并不是简单的"苟合缱绻"，而是"不顾家室"甚至明目张胆。① 两人的奸情最后以双双自缢的悲情告终。在巴县正堂看来，"文弼与曾氏苟合缱绻，不顾家室。今因一布，忽尔轻生。丑颜无耻，与人何尤"，于是两人的尸体被草草收敛了事。在案件最后的结状中，曾氏被认为是"通奸败露，羞愤自缢"。但据上述可知，两人的奸情显然不存在败露的可能，因为一开始就已经被至亲获悉，甚至被默许。

被默许的通奸并非只是个例。被逼奸的香儿一案中，婆婆李氏的奸情也是被默许的存在。李氏本是王秉善的妾室，嘉庆十七年（1812），王秉善病故，李氏孀居。因与正妻周氏关系不睦，妻妾将房产分割，各自生活。对于李氏的奸情，正妻周氏并不愿意出面干涉，在被媳妇香儿撞破之后，因为只是晚辈身份，香儿也没有过多言语，李氏的奸情成为公开的秘密。在罗李氏一案中，尽管婆婆早就获悉罗李氏与小叔子罗九林的奸情，但也没有阻拦，直至罗九林因奸病故。在宋冯氏自杀一案中，她的邻居张氏多次与人通奸，先是与周四通奸，后又与张麻子通奸，张氏婆婆尽管知道儿媳的奸情，但却一直为其隐瞒，没有告知在外淘金的儿子。上述这些被隐藏在自杀案件背后的奸情，成为底层社会中无法漠视的场景之一。以往关于贞节观念的考察多集中在典章叙述的烈女身上，对于通奸现象的关注也多集中于"本夫"与"奸夫"，多关注丈夫纵奸、卖妻等现象及其原因，缺乏对其他社会成员的考察，缺少关于其他社会组成部分对贞节观念的态度和考量。贞节观念不仅是对女性的个体要求，也是对整个社会要求，我们或许可以尝试从旁观者的态度来考察

---

① 《正十甲王文沛具报伊弟王文弼与朱曾氏通奸羞忿自缢一案》，乾隆五十九年三月，6-1-601，清代巴县档案，四川省档案馆藏。

贞节观念在庶民社会的构建和实践。

笔者以为，不管是观念、文化还是任何社会现象的考察，都需要从庶民社会的实际生活状态进行补充研究。在士大夫阶层的广泛教化和旌表制度的作用下，贞节成为一个社会普遍共知的概念，但当贞节观念具体落实到实践生活中，却在社会与个人的复杂作用下呈现出复杂状态。上述自杀女性群体中，有贞节观念的极端拥护者，也有道德伦理的违反者。现实生活中，贞节烈女是士大夫所建构的理想模式，可"灭人欲"总是不能够完全实现的。

（三）自杀与娴媳婚姻

童养媳是古代比较常见的婚姻制度。据不完全统计，在93例自杀女性中，明确记载以"娴媳"①身份进入夫家的有6例，"幼配"②的案例达到21例。根据样本案例，"自幼聘娶"中的女性最早小年龄为3岁，有欧荣修的大女长姑"三岁时凭媒许配谭仕凤的儿子谭大为室"；也有年龄比较偏大的戴邓氏，至16岁才"抱的做亲"。在女性自杀群体中，童养媳的广泛存在，使我们不得不深入思考自杀与童养媳婚姻的潜在联系。

对于童养媳婚姻的弊端古人已经多有探讨。西汉王吉曾称："夫妇，人伦大纲，天寿之萌也。世俗嫁娶太早，未知为人父母之道而有子，是以教化不明而民多夭。"宋代司马光也指出："世俗好于襁褓童幼之时轻许为婚，亦有指腹为婚者。及其长，或有不肖无赖，或身有恶疾，致家贫冻馁，或丧胆相仍，或从宦远方，遂至弃信负约，速狱至讼者多矣。"尽管两人对于童养媳婚姻的观察角度不同，但足以看出对此事的消极态度。女性年幼、身心尚未完全发育，以娴媳身份进入新家庭，往往无法满足夫家对妻子、媳妇的心理预期。随着年龄的增长，这些没有经过婆家全面权衡考验的娴媳无法够获得夫家认可，长期处于家庭冲突中的弱势一方。案件中大量娴媳的生前境遇以及自杀行为，印证了此类婚姻存在的潜在隐患。

---

① 在清代巴县档案中，"娴媳"是童养媳的另外一种称谓。
② "幼配"是指男性"自幼凭媒聘娶"，或者女性"自幼抱与为室"。"幼配"婚姻与童养媳婚姻有着同样性质。

　　娴媳或因先天疾病导致夫家的埋怨。嘉庆十三年（1808），巴县临江坊的何朝相在报明媳妇何罗氏自缢的状纸中称："蚁凭媒抱罗佐林之女罗氏为子何开绪为娴婚，殊媳过门，身有暗病。"其父亲罗佐林也承认："小的女儿向来患有心疼病症。"翁公何朝相对罗氏非常不满意："媳妇何罗氏不仅身有暗病，还嫌家贫，逐日滋闹不宁。曾经多次好言相劝，但何罗氏狼性不改，在与儿子滋闹后，自以裹脚布在楼木台竖枋上缢毙。"从公公何朝相的态度可以看出，何罗氏在夫家并不受待见，与丈夫的关系也不融洽，处于长期的家庭冲突之中。①

　　除此之外，娴媳或因失德行为导致夫家不满。女性在幼年时期进入夫家，心智尚未完全成熟，三纲五常的理念还未理解完全，使得娴媳可能出现一些失德行为，如娴媳王饶氏不愿与丈夫王仕清做饭、娴媳江罗氏不愿为丈夫煎药。除了失德之外，这些女性因为在幼年时期没有受到良好的训导和教育，可能会出现一些偷窃行为。谭姑私摘邻居业内豌豆被公公训斥锥伤，自缢毙命；周氏私摘邻居土内米荳，被发现后潜至蒋氏界内桐树上自缢身死；张王氏私割邻居张祥方家中山柴，被张祥方撞见，彼此口角纠纷，之后张王氏跑到张祥方的厢房内以篾索自缢身死。②尽管只是寻常物品，但是偷窃行为的发生，会使得这些"娴媳"心生愧疚，又怕被控在堂诉讼拖累，于是选择自杀一了百了。

　　三从四德要求女性达到"德言容功"四项标准，其中"功"要求女性作为妻子，能够承担起操持家务、相夫教子的责任。然而娴媳或因年幼不知世事，无法完成"女主中馈"的要求，导致夫家嫌隙。嘉庆二十三年（1818）八月，车大亮报称因为自己妻子年幼不会操持家务，出面戒斥，但妻子不听教训，反而吵闹，被车大亮殴打。不料妻子在家上吊自缢，被邻居救下。③在娴媳婚姻中，婆媳关系呈现出一种天然的紧张感。在与翁姑发生争吵之后自杀的6名女性中，有5名

①《临江坊何朝相报他媳罗氏自缢身死案》，嘉庆十七年六月，6-3-848；《何朝相具报他媳罗氏自缢身死一案》，嘉庆十二年九月，6-3-813，清代巴县档案，四川省档案馆藏。

②《正里八甲张祥方报张王氏在他家自缢身死案》，嘉庆二十一年五月，6-3-1203，清代巴县档案，四川省档案馆藏。

③《车大亮喊禀岳母李汪氏等因妻口角向清理肆闹讯明妻年幼不听约束领回自行轻生缢毙一案》，嘉庆二十三年八月，6-3-1283，清代巴县档案，四川省档案馆藏。

都是"自幼嫁人"。这些女性在幼时抱养至夫家，身心尚未发育成熟，无法达到婆婆心目中理想媳妇的标准，在日常生活中就难免摩擦，导致婆媳纠纷。

实际上，上述饶氏与邓氏自杀案件中，像她们这样的年轻女性，在面对家庭婚姻中的矛盾和冲突时，往往不能妥善处理。她们都在幼年时期便以童养媳身份进入夫家，等到年龄合适正式成配，她们并未受到亲生父母的关爱和教育，缺乏成为一名合格妻子或儿媳的训导。是因为不能满足夫家对妻子和儿媳的要求，同时又无法处理好与夫家的矛盾与冲突，这些年轻的妻子长期处于家庭冲突的弱势地位。她们自小离家，既不能依靠娘家，又无子嗣倾述寄托，对于她们来说，只有用自杀这样极端的方式才能结束这样的不幸生活。

上文关于女性自杀的概况、起因、目的已经有了大致论述，通过对这些自杀案例的大致分析，我们可以从中看到女性自杀行为背后隐藏的主动性表达。不管是为了维护家庭利益，追求正义还是实施报复，自杀行为都暗含着普通女性的价值判断。尽管女性在传统社会的确处于附庸以及弱势地位，但并不意味着女性没有个人意识。作为一个"人"存在于历史当中，女性有自己一套能够自洽的价值观念和判断标准。抛开以往"脸谱化"和"被压迫者"的固定思维，透过女性的自杀行为，我们可以看到清代女性的多重面相。

自杀现象既可以作为研究的对象，也可以作为研究的视角，研究者可以借助这一极端的形式分析自杀者所处的家庭、环境、时代和文化。[①] 通过对女性自杀案件的爬梳可知，长久以来士大夫阶层所宣传倡导的贞洁观念在庶民社会的实践中出现一定程度的偏离；与典范叙述下的理想女性不同，自杀女性群体在不同生活境遇中呈现出多重面相；尽管当时社会娴媳婚姻普遍存在，但实际婚姻质量并不乐观。

笔者关于女性多重面相的论述，不仅是为了寻找普通女性在官方表达与实际生活的偏移，更是希望从实践的角度观察庶民社会底层女性的实际生活状况。长久以来，女性研究形成"压迫反抗"模式，女性的"被压迫者"形象脸谱化。实际上，如果抛开典范叙述以及官方宣传，回到历史现场，从实证的角度去观

---

① 张涛：《被肯定的否定——从〈清史稿·列女传〉中的妇女自杀现象看清代妇女境遇》，《清史研究》2001 年第 3 期。

察探索，考察女性的实际生活境遇以及所思所想，女性研究或许会拥有新的天地。案例中这些用自杀终结生命的女性，尽管被描述成"不听训斥""狼性不改"的失德妇女，背离了传统女性形象，但也正是她们用生命出演的历史剧，填补了士大夫阶层书写建构的女性形象。

清代诉讼文书中的稿票考释

——以浙南诉讼文书为例

于　帅*

　　关于清代差票，目前研究颇丰：胡元德曾以文本学的方式对票的流变进行过讨论；阿风以由"牌"到"票"的转变为线索，勾勒出明清诉讼文书中信牌（票）的大致演变过程；吴铮强则认为清代差票制度是对元代信牌制度的背离，也是制度设计向实际运作机制的回归。具体到各地方档案而言，在对冕宁县档案中差票的处理后，李艳君重点探析了地方政府避免差役持票勒索的相应措施，如谨慎金差、明确惩罚、限定时日、及时缴票等；日本学者滋贺秀三等利用淡新档案中保存的差票，对其种类、形制及其尾部的栏章作了详细考订；通过对南部档案的分析，吴佩林不仅从避讳、署衔、抬头、画行和用印方面对其格式作了相应解读，同时结合具体文献内容，揭示出更多差役的面向；金生杨则将差票与易混淆的签这一文种作了对比研究，发现在被唤人员名单这一栏中，两者差异较大：前者多单独开列于正文之后，数量较多，而后者多夹叙于正文之中，数量较少；吴铮强近期则以龙泉司法档案为依据，从"差票"到"传票"，梳理了清代至民国时期民事传讯制度的演变，探讨了现代民事传讯制度确立的过程，以及转型期传讯制度对诉讼过程可能产生的影响。① 既有整理对差票形

---

*　于帅，河南驻马店人，厦门大学人文学院历史系博士研究生。

①　具体参见：胡元德《古代公文文体流变述论》，南京师范大学博士论文，2005年；阿风：《明清徽州诉讼文书研究》，上海：上海古籍出版社，2016年；吴铮强：《信牌、差票制度研究》，《文史》2014年第2期；李艳君：《从冕宁县档案看清代民事诉讼制度》，中国政法大学博士论文，2008年；[日]滋贺秀三著，林乾译：《诉讼案件所再现的文书类型——以"淡新档案"为中心》，《松辽学刊（人文社会科学版）》2001年第1期；吴佩林：《清代县域民事纠纷与法律秩序考察》，北京：中华书局，2013年；金生杨、袁慧：《差票与签、存查的对比分析——以〈清代南部县衙档案〉为例》，《西华师范大学学报（哲学社会科学版）》2017年第5期；吴铮强：《近代中国基层民事传讯制度的演变——以龙泉司法档案为例》，《文史》2019年第1期。

式的命名依据何在，是否准确？较于正本信票，为何衙门档案里保存下来了大量的原始稿票？正本信票与副本稿票书写内容是否一致？稿票自身的独特性在哪里？如此等等。对这些问题的探讨，不仅有助于深化档案文书学的研究，也可管窥清代地方衙门内部的法律运作。

作为副本文书的"稿票"，实则是差票的一种类型。故而，在展开对稿票的论述之前，很有必要对清代差票的定义、分类及形成作一简要梳理。

一、差票的定义、分类与形成

何谓差票？吴铮强认为，差票是一种特殊的信牌，是在明清时期逐渐发展、分化而来的一种基层官府"差人"的专门化信牌。滋贺秀三则将其统称作"指令书原稿"，是清朝官府向属下发布命令的一类下行凭证文书，主要以票、单和签三种形式存在。差票用途主要集中在传集原被告到堂、催稽公事及拘捉人犯、调取案卷官物、遣差勘查案情等。其一般被称为"信票""信牌"，在徽州地区也常被称作"正堂票""正堂牌"。①

差票的分类可简要归纳为两种：（1）按票的实际功能分类：滋贺秀三认为执票差役的出场，实际标志着官府正式开始介入民事纠纷，并按长官具体的指令把差票分为调查票、取证票、督责票、调解票、遏暴票、查封票、传讯票及逮捕票八种。②通过滋贺的分类，我们从中可得出差票的具体作用主要有传唤拘提、调查取证、饬令遵谕等。需要强调的是，往往一次传票很难完成传讯，逮捕票通常写有"查缉""锁带赴县"等字句，比较少见，类似签票。③（2）按票的存在形式分类：目前各地留存下来的清代差票有很多，按其存在形式可分

① 参见吴铮强：《信牌、差票制度研究》，《文史》2014 年第 2 期；［日］滋贺秀三著，林乾译：《诉讼案件所再现的文书书类型——以"淡新档案"为中心》，《松辽学刊（人文社会科学版）》2001 年第 1 期；阿风：《明清徽州诉讼文书研究》，上海：上海古籍出版社，2016 年，第 70 页；吴佩林：《清代县域民事纠纷与法律秩序考察》，北京：中华书局，2013 年，第 235 页。
② ［日］滋贺秀三著，姚荣涛、徐世虹译：《清代州县衙门诉讼的若干研究心得》，载刘俊文主编：《日本学者研究中国史论著选译·第八卷·法律制度》，北京：中华书局，1992 年，第 529—533 页。
③ 按，所谓签票："竹签不宜轻出……遇有紧急人犯，方用签唤，名曰信签。"（清）潘杓灿：《未信编》卷三《刑名上·拘提》，载《官箴书集成》第 3 册，合肥：黄山书社，1997 年，第 78 页。

为信票（正本）、稿票（稿本）与抄票（抄本）。稿票是由书吏写作的县行文书，而信票则是差役下乡的执票文书，分别是差票在不同案审时期的不同呈现形式。此外，各处案卷中还有许多抄票的存在，即差票的抄本。

书吏起草，师爷点改，长官画行，而成稿票。继而再由相关书吏将正式行文誊抄于信票之上，一件差票就此而成。那么，呈稿书吏最初是据何而叙成稿的呢？据徐珂在《清稗类钞》中的记载：

> 呈词批准，方挂批……挂批后，方叙票稿，分别送刑名、钱谷两幕友核阅，阅后送签押……初三日之案，初八日批准，十一日出票，已甚速矣。①

故而笔者认为，差票的完整成稿流程应为：县批——稿票——信票。而一件差票的内容主要由署衔、事由、案情、指令和结束语组成。② 除指令外，其他部分均为套话，依照两造呈状简写誊抄即可。很明显，长官指令才是差票的核心内容所在。现将县令批语和稿票指令的内容对比如下：

表 1　县批与稿票局部内容对比表

县批	稿票
乾隆二十年（1755）七月廿五日，王朋光等佃户为违禁纠党，预计抢割等事上呈县衙，呈后县批："仰该役立押，将收获之谷存贮公所，饬取地保收管送案，候本县示期亲诣勘讯，如敢争割，先带重究。"	随后，在乾隆二十年七月廿九日的现存票稿中记载："仰原役卢升立押……俟谷黄熟，公同具禀，三面收割，量明数目，存贮公所，仍候本县示期亲诣勘断给领，如敢抗违抢割，立拿重究。"
（六月十三日）"杨灶玉买江姓之业起屋，自必先立界址，而后兴作，何至藉毗凑占尔家厕内余地？所控是否属实，候饬该地保，秉公查理禀报核夺。"（页5）	（同治十二年六月二十一日）"为此仰役协捕，即饬该地保汪明富，速将王启慎所控杨灶玉前情，是否属实，秉公查理明白，限三日内据实赴县禀覆，以凭核夺。"（页6）

资料来源：《惊天雷》和中国地方历史文献数据库中的《同治十二年（1873）与杨灶玉角讼词稿存底》。

---

① （清）徐珂：《清稗类钞》第3册《狱讼类·呈批出票之日期》，北京：中华书局，2010年，第976页。

② 按，需要注意的是，除此之外传讯票还有"计开"一项内容。

对比表格之中的前后划线内容，会发现后者稿票中指令内容几乎是对前几日相应县令批语的扩展与完善，基本意思保持不变。也就是说，呈稿书吏在叙稿时是以当事人呈状中的县令批语为主要依据的。

首先，从差票的分类来看，稿票属于书吏写作的县行文书；从差票的形成来看，稿票则是差票成形前的中间文书。换言之，相较于信票这种最终的"结果文书"，稿票实则充当了诉讼中的"过程文书"。书吏、师爷、县官等群体在原稿之上所作出的任何删减增改行为，均会呈现在"尚未完成"的稿票之中，即诉讼的有效信息会在稿票中展现得更加充分而原始。对稿票进行考释，无疑是研究地方诉讼档案的有效途径。其次，由于各地政令不一，信票的形制通常不尽相同，且区别明显；同时由于信票当堂缴销的特殊存在形式，导致其存世量极少。这些因素都决定了用差票正本来做统一研究的难以操作性。现存各地的差票，实则大多是以差票的草稿形式存留下来的，而非正本，①但其票内的基本书写格式及内容大致与差票正本（信票）无异。故笔者不揣浅陋，试以《龙泉司法档案选编》中的清代稿票为基础材料，并结合《惊天雷》案等浙南诉讼文书，以稿票的用印、派差与形制为例，并具体以传讯类稿票为实证，对清代稿票文本作一考释。②

二、稿票用印、派差及其形制

差票的稿本是由衙门书吏起草，经刑名幕友点改、长官画"行"后的定稿。稿票较正式信票形制偏小，如《惊天雷》一案中的信票高 44 厘米、宽 28 厘米，稿票则高 25 厘米、宽不定。一般说来，稿票为作者原作，文字书写上比较随意，

---

① 按，滋贺秀三认为在一般情况下，衙署所发出的文书的正本并不存档，而是留下其确定原稿的记录。见［日］滋贺秀三著，林乾译：《诉讼案件所再现的文书类型——以"淡新档案"为中心》，《松辽学刊（人文社会科学版）》2001 年第 1 期。

② 按，本文龙泉地区的诉讼文书主要参考包伟民主编：《龙泉司法档案选编·第一辑·晚清时期》，北京：中华书局，2012 年；《惊天雷》全称《惊天雷——清乾隆年间松阳县主佃互争垦地案》，总计 139 件，藏于浙江师范大学中国契约文书博物馆。龙泉档案 28 个案件中，有清代差票留存的只有 20 个案件，其中信票 2 张、稿票 69 张；《惊天雷》中共有信票 1 张，稿票 9 张。

所以用行书、行草书写较多。如稿票左上角会画一"行"字，朱笔草书，字体较大，最后一拖成长脚，直贯到底，称为"画行"，表明差票内容经过主官批准。[①] 南部档案中的稿票画"行"形式更为丰富，有"稿双行""稿代行""稿缓行""稿不行"等诸多现象。[②] 关于稿票与正本的区别，吴铮强曾指出三点：1.稿票中标明官员的署衔可以省略，仅称"正堂某"，或者"正堂某全衔"。2.稿票可用墨笔涂改。3.两者用印也不一样。正本仅在日期上加盖官府的印章，而稿票的加印至少有四处。[③]

关于各地档案的稿票基本形制研究，目前已有颇多成果。笔者试从稿票中的用印、派差、栏章、旁注等容易被研究者忽视的细节层面，对龙泉档案的稿内形制研究给出新的见解。

（一）稿票用印

如前文所言，吴铮强认为稿票中的加印至少有四处。第一处，正文起始处有"内号"戳印；第二处，呈稿日期上的官府加印；第三处，呈稿书吏之印；第四处，画"行"处加印。笔者经过对龙泉县清代稿票的探查，对吴氏所言的稿票用印情况有不同看法。吴氏所说的稿票第三处为呈稿书吏之印疑误，实应为幕友之印。这从两点可加证明：

第一，由于某些案件的宕延不断，一案而经手多任县令的现象屡见不鲜。仔细观察龙泉县同一案件的各稿票，会发现吴氏所言的第三处印章，常常随县令的变动而加盖不同形制与内容的印章。但与此同时，呈稿书吏却始终没变。试举一例：案件11中共有三件稿票，[④] 前两件稿票为知县陈海梅经手，后一件稿票则由知县陶霡经手。吴氏所言的稿票第三处则出现了两方不同的印章，而三件稿票的呈稿书办均为潘恒齐、程福臣，一直没变。可见龙泉稿票四印当中的一印，并非呈稿书吏之印，而是随县令换任而变动的幕友之印。这一点也可

---

① 胡元德：《古代公文文体流变述论》南京师范大学博士论文，2005年。
② 吴佩林、曹婷：《清代州县衙门的画行制度》，《档案学研究》2017年第5期。
③ 包伟民主编：《龙泉司法档案选编·第一辑·晚清时期》上册，北京：中华书局，2012年，第13页。
④ 按，"案件11"是对龙泉档案中具体案宗的简称，后同。

从《惊天雷》稿票中得到印证，从乾隆十九年（1754）四月到二十二年（1757）四月的呈稿书吏一直都是金秉义，而稿票相应地方上的印章却变换了三次，分别分布在县令黄槐、李国才和吴凤章任期内。第二，从少量稿票上的小字注释，也能证明吴氏之误。如案件 12 中的两张稿票之上，分别旁注小字"传票不叙姓名，该承太偷懒，下次切戒"，"本批后因何延不送稿，该房明白禀覆"。[①]这些小字之上的印章与吴氏所言稿票的第三处印章均为同一方印，而不管是"该承"、还是"该房"，两处批注均为对呈稿书吏的指责，显然该处印章为批改稿票的幕友之印，而非呈稿书吏之印。

（二）稿票中的"派差"

1. 差役派遣的原则

衙署长官对差役的派遣，一般仅在一宗案件的最开始时，由县令于首票之上的空白区域手书具体差役姓名，并加盖私印"派发"。[②]随后的再签差票，仅以"差在文中"的形式出现，如案件 12 中的第二张稿票载"为此仰原役范能、洪亮、项太、汤新铭迅往该庄协保"。[③]最为重要的是，差派秉承"一案一派"的原则。即使县令换任，之前案件的差派仍袭不变，即"寻常户婚田土钱债等案，一票一差，从无一票二差之事"。[④]

2. 差役的数量

虽然一票一差，但一差常为数人，即"钱粮不分缓急，词讼不论重轻，一事而有一差，一差而有数人"。[⑤]龙泉档案涉及稿票的 20 件案子中，除了案件 6、案件 10 和案件 28 外，均派差四人。其中案件 6 的首票金差六人之多，案件 10

---

① 包伟民主编：《龙泉司法档案选编·第一辑·晚清时期》上册，北京：中华书局，2012 年，第 165、181 页。

② 按，龙泉档案中也存在部分案件因首票遗失而无派差钤印的现象，如案件 3、案件 13 等。

③ 包伟民主编：《龙泉司法档案选编·第一辑·晚清时期》上册，北京：中华书局，2012 年，第 165 页。

④ （清）刘衡：《州县须知·禀束书役革除蠹弊由》，载《官箴书集成》第 6 册，合肥：黄山书社，1995 年，第 94 页。

⑤ （清）刘兆麒：《总制浙闽文檄》卷四《再禁滥差滋扰》，载《官箴书集成》第 2 册，合肥：黄山书社，1995 年，第 521 页。

只有差役二人。这种差役派出数量的差异性，也可从史料记载和各地差派窥得。《平平言》中记载，"一曰少标差。湖北州县户婚田土钱债等案，竟有一案标差十名、八名者"，[①] 又如吴佩林言"从南部档案大量的堂审记录看，差役一般不超过两人"，[②] 而《惊天雷》稿票中仅派差一名、或直接用"役"统称。显然，各地的派差规模不尽相同，在此不作强行统计。

3. "票内改差"现象

在差役持票下乡的过程中，常会出现无票拘人、有票无差等现象。如在《惊天雷》一案中赖金利状告包氏生员等串差叶魁，无票拘人："利等报升之业，遽为己产，一并冒占，尤骇镶差叶魁无票拘人，妄将利叔恒昌锁穿虎穴，勒写佃札"，又如包氏生员等上呈："切票实元付寿带下，与生自押，生实有票无差，不得不缴票恳改。"[③] 因此，知县常会根据差票的具体执行情况而改差重派，而这种改差的命令发布，一般均出现在差票之中。如在淡新档案中的一则稿票正文中，县官将"原差李益"勾为"改差倪源"，并加盖私印。随后在正式签发的信票中赤笔直书："原差李益不力，应改差倪源协同前往，毋延，切切。"[④] 除改差外，县令还会以添差的形式重新派差。如在案件 18 中的一件稿票中，县令红笔书写"添差范能"，并同样在随后的正式信票中朱笔草书"添差范能"四字。显然，长官在处理改差一事上较为严谨，一般均会将改差的具体信息朱笔书于信票之上，使得差、民共同晓谕。

（三）稿票中的栏章和"小字旁注"现象

滋贺秀三曾指出，淡新档案中的差票原件（即稿票）上多捺有四栏印章（偶有五栏），记入相应的日期。自右依次为送稿、发稿（判发）、送签、签发（印

---

① （清）方大湜：《平平言》卷二《为百姓省钱》，载《官箴书集成》第 7 册，合肥：黄山书社，1995 年，第 638—639 页。
② 吴佩林：《清代县域民事纠纷与法律秩序考察》，北京：中华书局，2013 年，第 241 页。
③ 分别参见松阳县为田土事隶有司等事申文；乾隆十九年闰四月十四日包琏等禀状，"为玩差纵奸，有断无管事"。
④ 淡新档案，22514-107、22514-109，台湾大学数字人文研究中心藏。

发），五栏者右侧有发房一栏。① 在龙泉县稿票中，也有四处栏章。② 其中一处为四栏印章，三处为五栏印章，自右向左依次为（发房）、送稿、判发、送签及印发。稿票的栏章通常为上梯下方型，龙泉档案稿票的上梯内填写"慎公"二字，淡新档案则印的是"查考"。龙泉档案中的这四方栏章从清光绪十八年（1892）到三十年（1904），历毕诒策、胡文渊、戴洪禧、陈海梅四任知县，而基本无太大变化，说明其和县印一样，不会因一县长官之政令而私刻，实为公章而非私印。

除了正文之外，一件稿票中还常会出现"小字旁注"现象。经过仔细核查，发现其主要出自两类人员的注写：一为幕友对书吏呈稿的批注，一为呈稿书吏对所书稿票的额外注解或建议。

关于第一类小注，前文已多次提及。如：

> 原案殷韩氏，既经饬传未便，中间摘释。
>
> 传票不叙姓名，该承太偷懒，下次切戒。
>
> 本批后因何延不送稿，该房明白禀覆。③

这类旁注均由幕友手书，且需加盖其闲章，是相关幕友在勾串稿票之时的一种批注或指令，经县令画"行"后，书吏再据此修改。

第二类小注比较少见，多书于红色小纸条之上，再粘附到稿票中，与幕友的"直批于票"不太一样。这种旁注在龙泉稿票中仅存一例，"敬禀者：查原差周铭业已斥革，是否添标之处，理合叩明"。④ 除书吏的旁注外，在此稿票内还有加盖县令私印的"添差范能"四字，可见呈稿书吏的旁注一般是对县令签稿的建议或提醒。在淡新档案中也有类似现象，且纸条之上还有批语：

---

① ［日］滋贺秀三著，林乾译：《诉讼案件所再现的文书类型——以"淡新档案"为中心》，《松辽学刊（人文社会科学版）》，2001 年第 1 期。

② 包伟民主编：《龙泉司法档案选编·第一辑·晚清时期》上册，北京：中华书局，2012 年，第 9、48、70、83 页。

③ 包伟民主编：《龙泉司法档案选编·第一辑·晚清时期》上册，北京：中华书局，2012 年，第 48、165、181 页。

④ 包伟民主编：《龙泉司法档案选编·第一辑·晚清时期》下册，北京：中华书局，2012 年，第 490 页。

此案原差王佐系前充一皂，现已禀退，洪忠接办；陈云系充二快，现已示革，朱宗接办。兹书叙稿票饬朱宗、洪忠接办，是否准行，伏乞鸿裁。①

由于王佐禀退、陈云示革，案件接办之人空缺，呈稿书吏在稿票正文中直书"票仰接办头役朱宗、洪忠"，建议由此两人充接。但又恐逾越本职，故而粘附旁注纸条请示县令。方县令在其后批注：照行。

三、传讯类稿票

龙泉档案中共有稿票 69 张，其中仅传讯票一类票种就占了 60 张之多。如果能将传讯票的相应特点理清，实则对稿票内容的研究大有裨益。兹以传讯类稿票为例，略述如下。

（一）传讯票中的"计开"栏

和其他票种相比，传讯票中有一独特的叙文区域，即"计开"（徽州地区称"计提"）。所谓"计开"，即是对堂审应讯人员开列的信息项。那么，一般差票会开列哪些人员到审呢？通常先开列"被呈（被告）"，再开列相关的"原呈（原告）"人等，亦可直接简写为"两造"，再分列各姓名。在姓名之前常会写出各人物的社会身份，如民人、武生、监生（贡生）、拚客、卖主、田佃、中人、公人、族人（房族）、孀妇、职员等。

其中，乡里地保人员总是处于被提讯的状态，60 份传讯票中有 55 份都传讯了在乡地保到堂。其在"计开"栏中有两种书写方式：一是直接写"该庄保"，无具体人员姓名；二是以"地保 + 具体姓名"的行文方式书写。此外，龙泉稿票的"计开"结尾处，还常会对传讯人员进行统计，且多以"连保 × × 名""除保 × × 名"的方式行文，并加盖幕友闲章。这均说明了地保是堂讯中不可或缺的一员，其可在上报案情、调查取证及作为干证等方面发挥积极作用。

---

① 淡新档案，22514-107，台湾大学数字人文研究中心藏。

如遇妇女、生员等相关的案件，则有时还会开列"抱告"相关人员。在徽州稿票中我们还发现，刑名师爷在勾串呈稿时，常会把妇女一类人等删掉，用"删一名""删贰名"的方式表达。如在清光绪二十年（1894）绩溪倪广进喊控陈德福等案中，点稿师爷即把"陈程氏即德福之妻""陈倪氏即广进之女"勾去，并在"计提"上方手书"删贰名"三字，并加盖其私印。[①] 这种妇女不便上堂的现象，在龙泉稿票中也有体现。如在龙泉案件6中，"计开"栏上方就有一处小注释，"原案殷韩氏，既经饬传未便，中间摘释"，并加盖幕印。

（二）传讯票的分类

第一，传讯票有单一型与复合型之分。复合型差票，则反映了稿票的多重任务性。列表如下：

表 2　龙泉档案中的复合型差票统计示意表

所属案件	事由	组合类型
案件 6	为饬吊　传讯事	取证票 + 传讯票
	为催吊　传讯事	取证票 + 传讯票
	为勒催吊契　传讯事	取证票 + 传讯票
案件 17	为饬吊　传讯事	取证票 + 传讯票
	为照案催吊　传讯事	取证票 + 传讯票
	为照案催吊　提讯事	取证票 + 传讯票
	为勒催吊契　提讯事	取证票 + 传讯票
案件 19	为止运　传讯事	遏暴票 + 传讯票
案件 20	为饬吊　催提事	取证票 + 传讯票
	为照案催吊　勒提事	取证票 + 传讯票
案件 21	为遏止　勒提事	遏暴票 + 传讯票
案件 25	为饬查　吊据　提讯事	调查票 + 取证票 + 传讯票
	为饬并查　吊契　传讯事	调查票 + 取证票 + 传讯票

通过上表可知，在差役执行传讯任务的同时，通常会进行案件的相关取证

---

① 王钰欣、周绍泉主编：《徽州千年契约文书·清·民国编》卷三，石家庄：花山文艺出版社，1991 年，第 220 页。

工作，偶尔还会进行一番调查，以便了解更多的案情，禀覆上官。如果遇到强行抗讯的情况，还会采取强制手段，遏暴止暴。同时我们发现，在龙泉档案的复合型差票中，仅有两次为 3 项任务并存，且所有复合型差票也仅有 13 张。可以推测，县令在给差役派发任务时，多会"专事专派"，以免差累，宕票延案。

第二，传讯票按票发先后，还可分为首传票与催传票。

前文已言明，"计开"一栏是传讯票的重要标志。由于前票已开列应讯人员，故而在接下来签发的催传票中，呈稿书吏有时会把"计开"一项省略，其具体有两种表现方式：1. 直接把应到堂审人员开列于正文之中，如案件12、案件19。2. 用"前票有名人等"来代替开列名单，而不再开列具体人名。相对于前者，呈稿书吏这种对应讯人员全部省略的做法，时常会遭到幕友的斥责。如在案件12中，就有幕友在呈稿旁侧批注"传票不叙姓名，该承太偷懒，下次切戒"，把原呈"传集前票有名人等"勾改为"传集后开有名人等"，并一一添写"计开"人员。[1] 这里有一种特殊情况需要说明，即作为补提时的传讯票，则可完全省略"计开"一项。如在案件25的两件稿票中，分别记载道"立传前票有名人等，并补提廖陈钏到案"，"立提前票有名人证，并补廖永辉、廖陈钏到案"，[2] 幕友均未对其勾改，并得到了县令的画"行"，批准签发。

（三）传讯日期的限制

在稿票中，县令还会对差役执行任务的期限加以限制，如书吏通常在传讯票的结束语部分叙文"限　日内带县"，由师爷或县令填充，一般以三日限。龙泉稿票的 60 份传讯票中有 48 份都显示三日为限，当然也有"即日""二日""五日""十日"，甚至空缺不填日期者。[3] "五日""十日"之限均在案件6

---

[1] 包伟民主编：《龙泉司法档案选编·第一辑·晚清时期》上册，北京：中华书局，2012 年，第 165 页。

[2] 包伟民主编：《龙泉司法档案选编·第一辑·晚清时期》下册，北京：中华书局，2012 年，第 677、680 页。

[3] 按，案件12和案件19中均有一件稿票在"限　日内带县"处空白未填，或为衙门职员疏忽所致。

中出现，而案件 19 中的稿票均限"即日"。可见对于案件传讯日期的给予，县令一般会视具体案情的复杂程度而定。

另外，稿票"程限"的写法不一。据阿风研究，明代信牌就多会规定具体的回销日期。这在浙师大藏的清代其他案件中也有出现，如"立传后开有名人等，限四月十四日集齐赴县"、"嘉庆二年（1797）三月廿七日给，限十四日销"，① 显然此处的"十四日"为具体的截止日期，而非限期的具体数值。

另有"设置簿册"一说：

> 出票签差，宜确定限期，亲查号簿也……每日晨起，亲阅限簿，届期者，即硃书小票，唤某案原差某人到堂问话字样，催令依限速到，到则记功，逾则重处，决不姑宽。②

刘衡认为差役承票到手，往往需索不休，其之所以能不断需索是由于诉讼被宕延。溯本追源，州县官在收案后不立限稽查，不催比原差，才是导致差役宕案需索的根本原因，故其建议设置"限期簿"，以防原差需索之弊。

近代以后，专业的传票逐渐取代了传讯类稿票。"计开"项下的单票多人提讯制向一票一人提讯制演变；多样式的传票类型代替了形式单一化的信票，个票功能更加具体化；传讯日期即是开庭日期，这种预先确定审理时间的制度，不再给予到堂人更多迁回策应的机会。上述变化，实则是渐渐确立了现代民事诉讼的当事人主义原则。③

综上可知，清代稿票有两大特性。第一，稿票文本具有私密性。按照县批，呈稿书吏在写就稿票后，县衙中的刑名幕友会先对其勾画删改，之后再将"妥议"后的票稿呈给县令画"行"。这整个过程均发生在县衙院署之内，不为普通民众得见，故稿票实可称为"县行文书"。第二，稿票文本是过程文件，具

---

① 来源：中国契约文书博物馆第 53 批第 2 包松阳地区，嘉庆二年三月二十七日为遵检印契等事差票。

② （清）刘衡：《州县须知·禀制宪札询民风好讼应如何妥议章程遵即议复十条由》，载《官箴书集成》第 6 册，合肥：黄山书社，1995 年，第 109 页。

③ 吴铮强：《近代中国基层民事传讯制度的演变——以龙泉司法档案为例》，《文史》2019 年第 1 期。

有可修性。"县批——稿票——信票",从差票的形成来看,稿票是差票成型前的中间文书。相较于最终的"结果文书"信票,稿票实则充当了诉讼中的"过程文书"。书吏、师爷、县官等群体在差票之上所作出的任何删减增改行为,均会投射在稿票之中。而"衙院"的这种封闭空间,又提高了各官方介案群体的修稿程度。不管是通过稿内旁注来验证印章的归属,还是以删改情况来洞悉传讯稿票,实则都是建立在稿票独特的存在形式之上。而清代衙役下乡所执之信票,则完全没有这些信息项。正如曹树基先生所言:"如果我们将土地改革的各类总结报告称为'结果文件'的话。那么,产生于土地改革过程中的各种申述、情况反映、上级批复与仲裁案例等,则可以称为'过程文件'。很显然,'过程文件'要比'结果文件'的史料价值更高。"①

同时,差票的演变也尤为特殊。从最开始明代的准民自拘、纸皂代差,到清代差役持信票下乡,实则是政府不断集权的过程。民国以后,多样式的票种,在分摊原有差票多项职能的同时,逐渐取代了形式单一化的信票。但有意思的是,新中国成立之后及如今法院所用的传票,多以寄送方式送达诉讼双方,让其根据传票要求,自带材料,准时来听案理讼。绕了一大圈,又变成了"自拘"。

---

① 曹树基、刘诗古:《传统中国地权结构及其演变》,上海:上海交通大学出版社,2014年,第2页。

清民时期安康地区的社会问题与"碑禁式"治理
——以碑刻史料为中心的考察

胡　瀚*

安康地区位于陕西省的东南部，与四川、湖北接壤，南屏巴山，北倚秦岭，中流汉江，为秦蜀之关键、荆襄之门户。该地山岩险峻，峰峦叠嶂，沟溪纵横，林菁深密，古称"南山老林""巴山老林"。受制于自然条件，该地区经济、社会、文化在历史上长期得不到发展。清中期，在官府移民政策的作用下，安康地区人口急剧增加。清乾隆五十二年（1787），"兴安一府至三十八万一百二十五名口之多，较国初旧志所载，多至数倍"。[①]乾隆《兴安府志》引《陕西资政录》亦言，"兴安在昔地广人稀，近年楚蜀游民踵至，靠岩依谷，侨寓开荒，户口渐增数倍，良莠不无杂居"。[②]大量移民的到来，在促进安康地区经济开发、社会变迁和文化发展的同时，也不可避免地带来了一系列社会问题。这些社会问题的具体实态如何？地方官府和民间社会是如何应对的？采取的是怎样一种治理方式？考察上述问题对于夯实地方基层社会治理理论的历史基础，推进国家治理体系和治理能力现代化不无一定的理论意义，但是目前学界对安康地区相关社会问题和基层治理的历史研究较为薄弱，因此还有继续探讨之必要。有鉴

* 胡瀚，安徽阜阳人，华中科技大学法学院法律社会学专业2018级博士研究生，陕西理工大学经济与法学学院讲师。

① 《[乾隆]兴安府志》卷十《食货志》，载《中国地方志集成·陕西府县志辑》第54册，南京：凤凰出版社，2007年，第76页。

② 《[乾隆]兴安府志》卷十六《学校志》，载《中国地方志集成·陕西府县志辑》第54册，南京：凤凰出版社，2007年，第127页。

于此，本文拟在梳理碑刻、方志等地方文献所载史料的基础上，勾勒出安康地区清民时期社会问题的基本轮廓，并就官民所采取的以"禁碑"为表征的治理方式进行微观考察和理论解析，进而发现"碑禁式"治理的制度逻辑，完成对"碑禁式"治理基本理论框架的建构。

一、研究前提：区域与史料

（一）区域：时间和空间的界定

科学地规范和界定区域时空是区域社会史研究中不能回避的基础问题。[①]因此，本文有必要交待一下地理空间和历史时段的选择依据。之所以选择清民时期的安康地区作为研究社会问题与"碑禁式"治理的区域，首先是基于这一时段该地区的社会问题与"碑禁式"治理具有典型性和代表性，能够在一定程度上反映社会问题与"碑禁式"治理的普遍性、整体性乃至规律性问题。其次，安康地区在清代为兴安府，旧称"西城""金州""兴安州"，明万历二十三年（1595）升兴安州为直隶州，领汉阴、平利、旬阳、紫阳、白河、石泉六县。清乾隆四十七年（1782），经陕西巡抚毕沅奏请，升兴安州为兴安府，领安康、平利、旬阳、白河、紫阳、石泉六县。乾隆五十四年（1789）分安康县地置汉阴厅（今汉阴县），道光二年（1822）又分安康、平利二县地设砖坪厅（今岚皋县）。由此可见，兴安府作为府一级行政区划持续时间较长。这在很大程度上影响甚至形塑了安康地区各县社会治理方式的同质性，使得以"禁碑"为表征的"碑禁式"治理成为安康地区的普遍社会现象。这有利于将该区域的"碑禁式"治理作为一个整体加以理解和把握。再者由于该地区社会问题"碑禁式"治理从清代中期陕南移民开发开始一直持续到民国年间，相沿不改，脉络清晰，具备"中时段"的特征，能够展现历史的延续性，符合区域社会史研究关于时间界定的要求。

---

① 行龙主编：《区域社会史研究导论》，北京：中国社会科学出版社，2018年，第26页。

（二）史料：安康地区清民时期的禁碑石刻

本文的研究主题决定了该研究的主体史料必然是安康地区清民时期的禁碑石刻。换言之，禁碑石刻的数量和质量是研究安康地区清民时期的社会问题与"碑禁式"治理的前提条件，故而我们有必要对史料问题给以相应的交待。

"安康境内明清时期刻石之风尤盛，凡屋壁道侧，荒茔野冢，无不可以竖碑立碣以记人情物事。……所载文字涉及官府文告、乡规族约、地理物产、人情风俗，世事万象，无所不有。"[1] 这些碑刻为我们今日研究安康地区明清社会史提供了重要史料。二十世纪九十年代，陕西省古籍整理办公室组织编写了《安康碑石》，收录安康地区历代各类碑石220余通，另有李启良、李厚之、张会鉴、杨克等四人收集整理了《安康碑版钩沉》，收录安康地区现存碑版录文470余篇。其中可以归入"禁碑"类型的有以下碑石，现整理列表如下。

安康地区清民时期"禁碑"一览表

序号	碑名	年代	立碑地	主倡者或立碑依据	示禁事项
1	严拿啯匪碑	乾隆四十年（1775）	白河县	生员乡约保正总甲居民	禁啯匪
2	谨固地方碑	嘉庆十二年（1807）	白河县碾盘村	知县	禁匪徒
3	严禁窝藏匪类赌博以固地方碑 / 丰口坝公议条规碑	道光四年（1824）	平利县丰口坝	绅士乡约保正	禁纵放六畜、僧道乞丐讹索、窝藏匪类赌博
4	石泉知县池河口义渡告示碑	道光五年（1825）	石泉县池河口	知县	禁水手索钱

---

① 李启良、李厚之、张会鉴、杨克搜集整理校注：《安康碑版钩沉》李启良序，西安：陕西人民出版社，1998年。

续表

序号	碑名	年代	立碑地	主倡者或立碑依据	示禁事项
5	中池河靖地方告示碑／石泉知县整饬风化告示碑	道光五年	石泉县中池河关帝庙	知县	禁私报乡练、挟嫌诬告、讹索、赌博、敲梆、讹索、淘金、盗窃等
6	严禁匪类告示碑	道光九年（1829）	安康县五堰铺	绅士乡保客民	禁匪类
7	严禁牲匪赌窃告示碑／镇坪抚民分县严禁牲匪赌窃告示碑	道光九年	镇坪县	山主、甲长、乡约、禁首、众姓人等	禁纵放牲畜、盗窃、僧道乞丐讹讨、滥伐山林树木、抬高物价、夜行、包揽诬控
8	包家河严禁匪类以靖地方碑	道光十一年（1831）	安康县包家河	禀知县赏准	禁匪类
9	紫阳县正堂告示碑／紫阳知县严禁近滩小船水夫乘机抢捞货物告示碑	道光十三年（1833）	紫阳县汉王城泗王庙	知县	禁抢捞货物，私相贱卖盗卖
10	三台寺禁匪护庙产告示碑／平利知县颁布女娲山三台寺条规告示碑	道光二十年（1840）	平利县三台寺	知县	禁侵削庙产、窝藏匪类、招留不法僧道及闲杂人等、佃户私顶私拨、游人攀折桂树、外人砍伐竹木
11	严禁匪徒抢取客货以便商旅碑／紫阳县知县禁匪徒乘机抢取客货告示碑	道光二十二年（1842）	紫阳县汉王城泗王庙	知县	禁客头抢取客货勒索钱文
12	严禁差役索诈告示碑	道光二十七年（1847）	石泉县班房之所	两班差役	禁差役索诈
13	劝谕书吏告示碑	道光二十七年	石泉县衙	知县	禁书吏行恶

续表

序号	碑名	年代	立碑地	主倡者或立碑依据	示禁事项
14	双丰桥戒赌条规碑三通 / 双丰桥组碑	道光三十年（1850）	岚皋县双河口双丰桥头	建修桥梁道路河堤执事人等	禁赌博及种种不法等情
15	铁厂沟禁山碑	道光三十年	平利县铁厂沟	吴氏	禁砍伐偷窃放火烧山
16	杜争端而安行旅碑	咸丰二年（1852）	紫阳县	知县	禁抢捞客货
17	禁止淘金而靖地方碑 / 汉中镇宁陕营参府禁止淘金告示碑	咸丰四年（1854）	宁陕县文王坪	乡约客民庄头	禁开挖淘金
18	景家公议十条碑 / 景家公议十条规款碑	同治元年（1862）	安康县景家乡	不详	禁不孝、盗窃、赌博、私告野状等
19	唐氏清明会护坟禁碑	同治五年（1866）	安康县唐下湾	经理首人	禁偷卖、开垦践踏坟地
20	洵阳知县严禁埠头讹索过往船户告示碑	同治六年（1867）	洵阳县蜀河镇杨泗庙	知县	禁埠头额外讹索
21	白河知县严禁挖种城后山地及随意迁葬坟墓告示碑	同治七年（1868）	白河县文庙	阖邑首士	禁挖种城后山地、添葬坟墓
22	芭蕉靖地方告示碑	同治八年（1869）	紫阳县红庙子	绅粮	禁招留啯匪、赌博、盗窃、任意放畜、放火烧山、挟嫌诬控
23	禁航运流弊以安行商碑	同治十一年（1872）	紫阳县新桃村	知县	禁航运流弊
24	公选约保禁娼禁赌碑	同治十一年	石泉县二郎庙	绅粮	禁私讼、招娼窝赌、窝留红黑签匪、越界砍伐
25	东坝黄氏祠堂禁碑	同治十三年（1874）	白河县黄氏祠堂	黄氏合族	禁宗族祭祀、丧葬、祀产、选举首士等事

续表

序号	碑名	年代	立碑地	主倡者或 立碑依据	示禁事项
26	岚皋明珠坝禁令碑／署砖坪抚民分府严拿匪类告示碑	光绪元年（1875）	砖坪厅明珠坝	众绅耆乡保	禁估宿强住、勾骗赌博、动辄告状、放散牲畜、烧山毒鱼、窝藏红签黑匪、讹索偷窃、差役混行需索
27	庙子垭公议乡规碑	光绪元年	洵阳县庙子垭	绅耆里民乡保	禁不孝不恭、窝藏贼盗赌匪、赌博
28	禁埠役诈索客货船只碑／陕安兵备道严禁埠役诈索船只致扰行旅告示碑	光绪元年	紫阳县城泗王庙	陕安兵备道	禁埠差船行人等诈索客货船只钱文
29	禁差索重刊裁免牛税碑／白河知县裁革牛税谕碑	光绪二年（1876）	白河县歌风楼	绅耆里民	禁差保牌甲诈索牛税
30	东镇严禁赌博碑	光绪七年（1881）	安康县狮子坪	乡正团总禁长	禁赌博
31	狮子坝禁挖山碑／迎真寺禁碑	光绪八年（1882）	平利县狮子坝	不详	禁挖崖石
32	禁尸家讹索船户碑／洵阳知县颁布船行公议水手遇难善后章程告示碑	光绪八年	洵阳县蜀河镇泗王庙	船行值年首人	禁尸家讹索船户
33	严禁烧山毒河告示碑／宁陕抚民分府严禁烧山毒河告示碑	光绪九年（1883）	宁陕县柴家关关帝庙	众绅粮	禁烧山毒河
34	天柱山庙公议戒律条规碑	光绪十六年（1890）	安康县天柱山庙	首士山主住持	禁不孝不敬、嫖赌、唆讼、洋烟、口过、欺压僧人、招留游僧野道、砍伐周围柴扒

序号	碑名	年代	立碑地	主倡者或立碑依据	示禁事项
35	牛王沟禁山碑/牛王沟公议禁盗碑	光绪二十二年（1896）	平利县牛王沟牛王庙	团总保长团长保正乡约绅粮禁首	禁盗窃、打杀牲畜
36	月池靖地方安乡间告示碑/安康知县颁布流水铺后牌公议禁令告示碑	光绪二十四年（1898）	安康县月池台药王庙	众绅粮	禁招留匪徒、教唆枉控、婚娶外来嫁卖妇女、差役格外需索、饭店栽账肥己、偷抢桑叶
37	草坪铺禁赌碑	光绪二十五年（1899）	洵阳县草坪铺	知县	禁赌博
38	重刊府县禁令碑	光绪二十七年（1901）	洵阳县丰溪村	绅粮约保	禁赌博、夜戏、奸拐、讼棍、差役诈赃、私钱、轻生、嫁娶违律
39	公议除害安良碑/黑油沟公议禁碑	光绪三十年（1904）	安康县黑油沟	众等公立	禁红黑签匪、赌博之人
40	禁差役讹诈告示碑	光绪三十四年（1908）	安康县越梅东铺北牌	乡粮	禁差役讹诈
41	严禁奸商漆油掺假碑	光绪三十四年	紫阳县高桥	绅商	禁漆油掺假
42	洋溪河不准烧山砍伐漆树碑/洋溪护漆戒碑	宣统元年（1909）	岚皋县洋溪河水围城	绅粮乡保牌甲	禁烧山、砍伐漆树
43	立条规刊碑戒后碑/中河村公议保护漆树药材章程碑	民国四年（1915）	岚皋县中河村	不详	禁烧挖砍伐漆树、偷挖药材、偷打漆子
44	广化里三甲药农公议禁章碑	民国五年（1916）	镇坪县八匹山	保长团总乡约甲长首人	禁盗窃土产药材、赌博

续表

序号	碑名	年代	立碑地	主倡者或立碑依据	示禁事项
45	严禁窃伐坟山树木碑	民国六年（1917）	镇坪县牛头店	团总乡约保长	禁伐砍坟山树木
46	共护森林碑 / 秋山沟公议护林条规碑	民国九年（1920）	平利县秋山沟	袁世杰王朝升同请绅首团保监立	禁偷窃毁坏砍伐漆树和其他树种
47	上七里禁耳山碑	民国十二年（1923）	汉阴县上七里	绅粮保约	禁偷窃耳树耳蔸耳棒
48	禁砍耳机碑 / 桃园村护耳山禁碑	民国十九年（1930）	汉阴县桃园村	业主	禁砍伐耳树、烧山毁林、践踏耳秧

资料来源：《安康碑版钩沉》《安康碑石》。

说明：表中一碑有二名者为《安康碑版钩沉》与《安康碑石》均有收录的碑石，在前者为《安康碑版钩沉》所定碑名，后者为《安康碑石》所定碑名。

通过上表可见，在上至清乾隆四十年（1775）下迄民国十九年（1930）的150余年间，安康地区所立"禁碑"多达48件，这个数量是相当可观的，能够在很大程度上从量的方面满足本文研究之需要。而就地域分布上而言，这些"禁碑"分布于安康地区所属的各个县域，涵盖了安康、汉阴、平利、旬阳、白河、紫阳、石泉、岚皋、镇坪、宁陕等十县，这说明"禁碑"当时在安康地区并非特殊化的存在，而是一个具有普遍性的现象，这为从整体性上研究安康地区清民时期的社会问题与"碑禁式"治理提供了可能。同时，从"禁碑"所载内容来看，示禁事项较为集中，经过归纳，可以总结出便于分析的典型性案例，从而可以避免研究过于细碎，陷入碎片化的泥淖。总之，安康地区清民时期的"禁碑"数量较多，时间跨度较长，分布范围较广，示禁事项较为典型，能够为本文研究提供较为有力的史料支撑。

二、清民时期安康地区的主要社会问题

（一）哂噜出没，匪患严重

安康地区地处秦巴山区，偏居陕南一隅，位于三省交界，向为难治之区。根据《秦疆治略》的记载，按照清代"冲繁疲难"制度，兴安府所属八县厅有安康、平利二县为繁、疲、难，汉阴、砖坪二厅为繁、难。其余四县"官缺"虽为简缺，而事实上其治理难度并不亚于上述厅县。①清代安康地区治理之难与应对匪患问题有很大关系，而安康地区的匪患问题由来已久。正如光绪《续修平利县志》所言："其地毗连三省，僻处万山，久为川陕门户，明季苦于流寇，嘉庆厄于齐匪，同治困于粤匪。"②光绪《洵阳县志》亦言："乾嘉以后，教匪、粤匪、川匪迭遭蹂躏。"③上述方志所载"齐匪""教匪""粤匪"虽是对白莲教、太平天国等农民起义军的污称，但所记确为史实。频仍的农民战争，毗连三省、地处秦巴的自然地理条件，以及五方杂处的社会结构，使得匪患成为清代中晚期安康地区持续存在的社会问题。

清代中晚期安康的匪患与哂噜有很大关系。哂噜在安康地区的活动时间最长，且与当地游民、土棍相互勾连，危害至深。早在乾隆年间，哂噜即进入安康地区活动。立石于乾隆四十年（1775）的《严拿哂匪碑》有如下记载："近来外方流棍哂噜，往往在地滋扰。"④此后一百余年，哂噜往来安康地区诸厅县，不时扰乱，为祸一方。我们今日仍可以透过地方志和碑石的文字记载，发现安康地区哂噜匪患的大致情形。《紫阳邑侯张公德政碑》直言，紫阳县"山

---

① 参见（清）卢坤：《秦疆治略》，台北：成文出版社，1970年，第123—138页。

② 《［光绪］续修平利县志》卷十一《平利县志跋》，载《中国地方志集成·陕西府县志辑》第53册，南京：凤凰出版社，2007年，第513页。

③ 《［光绪］洵阳县志》卷十四《杂记》，载《中国地方志集成·陕西府县志辑》第55册，南京：凤凰出版社，2007年，第290页。

④ 《严拿哂匪碑》，载李启良、李厚之、张会鉴、杨克搜集整理校注：《安康碑版钩沉》，西安：陕西人民出版社，1998年，第88页。

深林密，时有川省啯噜、西同棍徒出没不测"。① 道光《石泉县志》亦载："屋宇星散，多单丁独户之家，且与川为邻，签匪、啯匪时来扰害。"② 需要说明的是，啯匪即啯噜，而签匪则是啯噜的一支，分为红签和黑签。严如熤在《三省山内风土杂识》曾指明："山内匪徒有红黑之分，黑者换包设骗，行踪诡秘，以术愚民；红则拜把结党，绺窃市廛。"③ 道光年间的紫阳知县陈仅在《续修紫阳县志序》中亦言："紫邑路通巴蜀，啯匪往来，有红钱（签）黑钱（签）之别，持械结群，赌博劫盗，通集广市、独户单村靡不受害。"④ 至于啯噜的具体行径，《严拿啯匪碑》有非常细致的刻画，"或三五成群，掠人财物；或十余稠党，讹人银钱。日间肆其恶诈，夜间逞其盗窃。不惟暗金明出，胆敢持械鼓噪，客路执人，恣行劫剽。若遇酬神赛会，则帐棚鳞集，赌博成群，穷凶极恶，毫无忌惮。"⑤ 而啯噜之祸何以能在安康地区持续百余年，《严拿啯匪碑》中的一段阐述可以在一定程度上解释这一问题："若辈原系无籍之徒，朝秦暮楚，全无定所。受害之家每思首告伸泄，奈贫者苦于力之不能，富者畏其恶之复恣。即求得法讨，差至则躲匿深谷，差退则复扰村庄，惟其最难防御，是以肆害日炽。"⑥

安康地区清代匪患问题的复杂性还在于，除了外来啯噜的侵扰外，还有本地不法奸民痞棍勾结、招留、窝留匪徒。《包家河严禁匪类以靖地方碑》记载了当时安康县包家河一带不法奸民招留啯噜的情形："往来啯噜……藐法之徒招

① 李启良、李厚之、张会鉴、杨克搜集整理校注：《安康碑版钩沉》，西安：陕西人民出版社，1998年，第97页。另见《[道光]紫阳县志》卷八《艺文志》，载《中国地方志集成·陕西府县志辑》第56册，南京：凤凰出版社，2007年，第225页。
② 《[道光]石泉县志》卷二《户口志》，载《中国地方志集成·陕西府县志辑》第56册，南京：凤凰出版社，2007年，第20页。
③ （清）严如熤：《三省山内风土杂识》，《续修汉南郡志》卷二十一《风俗》，载《中国地方志集成·陕西府县志辑》第50册，南京：凤凰出版社，2007年，第309页。
④ 《[道光]紫阳县志》卷首《陈仅序》，载《中国地方志集成·陕西府县志辑》第56册，南京：凤凰出版社，2007年，第106页。
⑤ 《严拿啯匪碑》，载李启良、李厚之、张会鉴、杨克：《安康碑版钩沉》，西安：陕西人民出版社，1998年，第88页。
⑥ 《严拿啯匪碑》，载李启良、李厚之、张会鉴、杨克搜集整理校注：《安康碑版钩沉》，西安：陕西人民出版社，1998年，第88页。

留家中，假装买卖，隐藏赌博，偷窃剪绺，奸盗诈伪。"① 从立碑时间看，此当为道光年间之情状，而到了光绪年间，问题依旧。立石于光绪元年（1875）的《署砖坪抚民分府严拿匪类告示碑》载："有等不法奸民，勾引外来匪类，溷迹乡村希图渔利。或引诱良家子弟酗酒赌博，或诈向乡村愚夫强借估讹，甚至昼伏夜出，拦路谋财，结党成群，任情强抢。种种不法，大为居民之害。"② 光绪二十四年（1898）勒石的《安康知县颁布流水铺后牌公议禁令告示碑》亦载："所居流水铺后牌，界连砖、紫，通于汉江，兼属山沟小岔，最易藏奸。又有无赖之辈，不农不商，招匪渔利，乡间受害，胡行难以枚举。"③ 同时需要指出的是，窝留匪徒的现象并非仅仅存在于以上各处，《庙子垭铺公议乡规碑》《芭蕉靖地方告示碑》《丰口坝公议条规碑》《中池河靖地方告示碑》《严禁匪类告示碑》《黑油沟公议禁碑》《公选约保禁娼禁赌碑》《景家公议十条规款碑》等"禁碑"均有禁止窝藏匪类的规定。如《庙子垭铺公议乡规碑》规定："窝藏贼、盗、赌、匪者送官，知之而不报者亦送官。强贼不走者，同执送官。"④《公选约保禁娼禁赌碑》载："境内不得招娼窝赌，窝留红黑签匪。倘有窝留，查出禀官究治。"⑤ 这在一定程度上说明，招留、窝留匪徒在清代安康地区属于较为普遍的社会问题。

清代安康地区的匪患并不止于外来的啯噜，本地匪徒对地方的祸害也很严重。《安康知县颁布流水铺后牌公议禁令告示碑》载有横暴之徒抢夺桑叶的事

---

① 《包家河严禁匪类以靖地方碑》，载李启良、李厚之、张会鉴、杨克搜集整理校注：《安康碑版钩沉》，西安：陕西人民出版社，1998年，第218页。

② 《署砖坪抚民分府严拿匪类告示碑》，载张沛编著：《安康碑石》，西安：三秦出版社，1991年，第252页；另见《岚皋明珠坝禁令碑》，载李启良、李厚之、张会鉴、杨克搜集整理校注：《安康碑版钩沉》，西安：陕西人民出版社，1998年，第246页。

③ 《安康知县颁布流水铺后牌公议禁令告示碑》，载张沛编著：《安康碑石》，西安：三秦出版社，1991年，第318页；另见《月池靖地方安乡间告示碑》，载李启良、李厚之、张会鉴、杨克搜集整理校注：《安康碑版钩沉》，西安：陕西人民出版社，1998年，第254页。

④ 《庙子垭铺公议乡规碑》，载张沛编著：《安康碑石》，西安：三秦出版社，1991年，第256页；另见《庙子垭公议乡规碑》，载李启良、李厚之、张会鉴、杨克搜集整理校注：《安康碑版钩沉》，西安：陕西人民出版社，1998年，第230页。

⑤ 《公选约保禁娼禁赌碑》，载李启良、李厚之、张会鉴、杨克搜集整理校注：《安康碑版钩沉》，西安：陕西人民出版社，1998年，第229页。

案，其行径与土匪无异。"该铺近来栽种桑树喂蚕，诚为民间自然之利，每有横暴之徒，自无桑树，竟多喂蚕，俟蚕放□之时，呼朋引类，三五成群，□偷窃抢砍，互相行凶，胆将守桑叶之人凶捆。匪等抢桑叶各去，反致有叶之家无叶喂蚕，甚至酿成祸端，以关性命，其□□殊堪痛恨。"①清代中后期，安康地区自然灾害常发，饥荒不断，往往引发匪患。时人曹学易在《救荒十策》一文中对饥荒背景下的匪患有如下描述："今值歉岁，实属饥民仍然各安本分，乃游手匪徒结党肆虐，始而抢菜，山野园圃一空；继而抢粮，小户穷村被害。孤山僻路则肆意杀掠，寒夜深更则百计窃偷。民情惶惶，几不自保。"②同时，安康地区地处汉江上游，水运发达，故而船运货物时常成为匪徒的作案目标，"沿河一带匪徒偷窃棉花，窝藏分赃"。③更有沿岸匪徒借船只损坏之机，哄抢客货，勒索钱文之事。

（二）赌博猖獗，盗贼蜂起

匪患的严重社会危害性在于它会蔓延至诸多社会领域，并带来很多社会问题并发症，赌博就是其中之一。同治年间的洵阳知县孙漼在《洵阳县风俗碑记》中这样描绘匪徒的行为方式："红签黑匪来自异域，煽惑愚氓，往往藉赌为渊薮，以饮博为生涯。"④由此可见，匪患与赌博之间具有很强的关联性。前文已述，匪患是清代中晚期安康地区持续存在的社会问题，在此情况下，赌博问题就在所难免。关于清代中晚期川、陕、鄂三省交界地区的赌博情形，

① 《安康知县颁布流水铺后牌公议禁令告示碑》，载张沛编著：《安康碑石》，西安：三秦出版社，1991年，第319页；另见《月池靖地方安乡闾告示碑》，载李启良、李厚之、张会鉴、杨克搜集整理校注：《安康碑版钩沉》，西安：陕西人民出版社，1998年，第255页。
② （清）曹学易：《救荒十策》，《[民国]重修紫阳县志》卷六《续艺文志》，载《中国地方志集成·陕西府县志辑》第57册，南京：凤凰出版社，2007年，第397页。
③ 《禁航运流弊以安行商碑》，载李启良、李厚之、张会鉴、杨克搜集整理校注：《安康碑版钩沉》，西安：陕西人民出版社，1998年，第151页。
④ （清）孙漼：《洵阳县风俗碑记》，《[光绪]洵阳县志》卷五《风俗》，载《中国地方志集成·陕西府县志辑》第55册，南京：凤凰出版社，2007年，第186—187页；另见李启良、李厚之、张会鉴、杨克搜集整理校注：《安康碑版钩沉》，西安：陕西人民出版社，1998年，第259页。

严如熤在《三省山内风土杂识》中曾言："山内地虽荒凉，赌局绝大，场集中多有赌局，往往数十两、百两为输赢之注。无钱以偿，流而为盗。其赌具自造，宝盒、弹钱、掷骰，不打马吊，不斗纸牌。"① 而安康地区的赌博问题相对更为复杂，除集场赌局外，还有引诱赌博之风："不法之徒勾骗良家子弟，以赌为戏，至局终输，逼书借券，将其父兄，留为讹索根本"；② "绅士、粮当、佃户，有等不仗大义，引诱主东之子孙摸牌压宝，阳以为戏，阴则当真。及遭输后，即变脸要钱。年幼无知，或偷钱谷赔偿，或立借据负欠。"③ 清代中晚期安康地区赌博问题之严重，从安康地区含有禁赌内容的碑石数量亦可见一斑。安康地区现存清民时期"禁碑"48件，其中清代中晚期的42件，而含有禁赌内容的"禁碑"竟达19件之多，且不乏《双丰桥组碑》《东镇严禁赌博碑》《草坪铺禁赌碑》等专门禁赌的碑石。另外，为应对安康地区所在南山一带的赌博问题，清朝统治者不仅将赌博列为南山首禁，还通过"例"的法律形式，对该地区赌博犯罪加等处罚。《双丰桥组碑》载："若犯赌博，国法难容。轻则杖枷，众则徒流。况南山一带罪加一等，可不慎之戒之？"④ 南山一带犯赌博应罪加一等之规定，不知出自何处，但《洋县正堂禁赌碑》亦载："照得南山赌博，例应加等，禁令綦严，久经晓示在案。"⑤ 两通碑石的记载虽文字表述有一定的差异，但大意一致，因此可以基本判定南山一带赌博犯罪加等处罚规定的真实性。这一规定也从另外一个侧面反映了清代中晚期安康地区赌博问题的严重性。

---

① （清）严如熤：《三省山内风土杂识》，《续修汉南郡志》卷二十一《风俗》，载《中国地方志集成·陕西府县志辑》第50册，南京：凤凰出版社，2007年，第310页。

② 《岚皋明珠坝禁令碑》，载李启良、李厚之、张会鉴、杨克搜集整理校注：《安康碑版钩沉》，西安：陕西人民出版社，1998年，第246页；另见《署砖坪抚民分府严拿匪类告示碑》，载张沛编著：《安康碑石》，西安：三秦出版社，1991年，第252页。

③ 《双丰桥组碑》，载张沛编著：《安康碑石》，西安：三秦出版社，1991年，第181页；另见《双丰桥戒赌条规碑三通》，李启良、李厚之、张会鉴、杨克搜集整理校注：《安康碑版钩沉》，西安：陕西人民出版社，1998年，第220页。

④ 《双丰桥戒赌条规碑三通》，载李启良、李厚之、张会鉴、杨克搜集整理校注：《安康碑版钩沉》，西安：陕西人民出版社，1998年，第219页；另见《双丰桥组碑》，载张沛编著：《安康碑石》，西安：三秦出版社，1991年，第180页。

⑤ 《洋县正堂禁赌碑》，载陈显远编著：《汉中碑石》，西安：三秦出版社，1996年，第68页。

　　清代中晚期安康地区不仅赌博问题严重，盗窃问题同样突出，并呈现出盗赌交织的结构形态。赌博与盗窃有着天然的联系，二者往往相伴而生，正所谓"赌博为贼盗之源"。① 这正是官方和民间都主张禁赌的原因之所在。清人对盗赌关系多有论述："凡不农不商不工不佣无恒业之人与盗近矣，不事生计恣意赌博与盗更近矣。……是以娼家酒楼旅店开场赌博之处，皆为藏盗渊薮"；② "谚云：'奸近杀，赌近盗'，故里之中有赌场而穿窬至矣，有一穿窬而穿窬之类毕至矣。日聚而居曰赌友，夜而散去即贼党也。故赌博盛则盗贼借之以自藏，盗贼盛则汛捕因之以自利。"③ 然而，清代中晚期安康地区的盗窃问题和赌博问题之所以能够交织勾连在一起，主要原因还在于匪患严重。《严禁牲匪赌窃告示碑》载："更有不轨游民，饕餮成性，结连啯匪，打头放稍，引诱良愚，聚赌私室，财罄囊乏，便行穿窬，剪绺偷窃，致为祸阶。"④ 《草坪铺禁赌碑》载："近有无业之徒，招来外方游匪，三五成群，以卖工为由，日则开场赌博，夜间各处行窃。甚至每逢庄稼并各物既成之候，不思物各有主，任意窃害，纠众抢夺。"⑤

　　清代中晚期安康地区盗窃问题的另外一个表现是盗窃生活资料，《牛王沟禁山碑》载："盖闻物非己有而窃取者，谓之盗。盗也者，不必穿窬之谓也。凡稻、粱、黍、稷、漆、桐、耳、构、竹木、菜蔬，俱不可任意侵掠也。我境土瘠民繁，五谷为养命之源，货财亦糊口之助。竟有狗盗狼窃之徒，白昼强取，

① （清）叶伯英：《缕陈陕省利弊拟筹兴除大略疏》，载《清经世文续编》卷十三《治体四》，清光绪石印本。
② （清）佟国器：《弭盗九条疏》，载（清）戴肇元辑：《学仕录》卷四，清同治六年（1867）刻本，另见《清经世文编》卷七十五《兵政六》，清光绪十二年（1886）思补楼重校本。
③ （清）任启运：《与胡邑侯书》，载任启运著《清芬楼遗稿》卷一，清嘉庆二十二年（1817）刻本；另见（清）戴肇元辑：《学仕录》卷七，清同治六年（1867）刻本；又见《清经世文编》卷二十三《吏政九》，清光绪十二年（1886）思补楼重校本。
④ 《严禁牲匪赌窃告示碑》，载李启良、李厚之、张会鉴、杨克搜集整理校注：《安康碑版钩沉》，西安：陕西人民出版社，1998年，第239页；另见《镇坪抚民分县严禁牲匪赌窃告示碑》，载张沛编著：《安康碑石》，西安：三秦出版社，1991年，第140页。
⑤ 《草坪铺禁赌碑》，载李启良、李厚之、张会鉴、杨克搜集整理校注：《安康碑版钩沉》，西安：陕西人民出版社，1998年，第256页。

衾夜偷窃，竟使业不由己，民不聊生。"①此外，《谨固地方碑》《包家河严禁匪类以靖地方碑》《双丰桥组碑》《景家公议十条碑》《公选约保禁娼禁赌碑》《公议除害安良碑》《中池河靖地方告示碑》《严禁牲匪赌窃告示碑》《岚皋明珠坝禁令碑》中均有禁止盗窃粮食等生活资料的规定，这在一定程度上说明该现象具有普遍性。究其原因，与饥荒不无关系。民国《重修紫阳县志》对清代中晚期当地的饥荒有详细记录："道光十二年壬辰夏秋，阴雨伤禾，大凶，人相食；十三年癸巳正月至九月共晴三十三日，其余非雨即阴，斗米值钱一千六百，贫民典卖儿女，甚至骨肉相食。同治三年甲子，饥；七年戊辰，蝗害稼，饥。光绪三年丁丑，旱，草木皆槁，大饥，人相食，道馑相望；十五年己丑，雨涝，大饥；二十二年丙申，夏旱秋涝，大饥；二十三年丁酉，雨涝，大饥。"②由此可见，清代中晚期安康地区可谓饥荒不断，同时安康地区又与四川、湖北两省交界，"每岁常有湖广灾民或数百数十男妇蜂拥来境"，③二者叠加，使得盗窃问题进一步恶化，以致"盗贼蜂起，村村犬吠，处处被偷，妇子之辈，一夜屡惊，胆落心寒，替换防守"。④值得注意的是，到了清末民初，禁止盗窃漆树、漆秧、漆子、耳杁、药材等经济作物的碑刻大量增多，安康地区现存民国时期的6通"禁碑"中有5通是禁止盗窃经济作物的，该情况说明安康地区这段时期的盗窃问题发生了相应变化，已经从"糊口型"盗窃转向了"趋利型"盗窃。

（三）动辄兴讼，讹索成风

日本历史学家夫马进在《中国诉讼社会史概论》中指出，"诉讼在中国曾

---

① 《牛王沟禁山碑》，载李启良、李厚之、张会鉴、杨克搜集整理校注：《安康碑版钩沉》，西安：陕西人民出版社，1998年，第232页；另见《牛王沟公议禁盗碑》，载张沛编著：《安康碑石》，西安：三秦出版社，1991年，第314页。

② 《[民国] 重修紫阳县志》卷五《灾祥》，载《中国地方志集成·陕西府县志辑》第57册，南京：凤凰出版社，2007年，第313—314页。

③ 《双丰桥组碑》，载张沛编著：《安康碑石》，西安：三秦出版社，1991年，第180页；另见《双丰桥戒赌条规碑三通》，载李启良、李厚之、张会鉴、杨克搜集整理校注：《安康碑版钩沉》，西安：陕西人民出版社，1998年，第219页。

④ （清）曹学易：《救荒十策》，《[民国] 重修紫阳县志》卷六《续艺文志》，载《中国地方志集成·陕西府县志辑》第57册，南京：凤凰出版社，2007年，第395页。

经是更严重的社会问题"。① 大部分法律史学者也认为，宋代以后中国进入了好讼社会。相对而言，安康地区进入好讼社会的时间较晚，乾隆《兴安府志》所引《陈彭年奏劄》曰："本州诸系，人户萧条，路岐荒僻，词讼绝少，租赋甚微。"② 由此可见，至少在北宋之时，安康地区尚未出现好讼之风。然而到了清代中期之后，安康地区狱讼繁兴，好讼之风日益凸显，并成为严重的社会问题。《秦疆治略·安康县》载："风俗亦甚浇薄，鲜知礼让，斗狠轻生，繁兴讼狱。"③民国《砖坪厅志》亦言："砖坪地瘠民贫，习俗勤俭。迩来人情变诈，往往因薄物细故好兴讼云。"④ 民国《重修紫阳县志》述评紫阳县风俗时甚至称之为"讼狱繁兴，半为鬼蜮"。⑤ 对于好讼问题，安康地区的碑刻史料也有更为直白的记述。《中池河靖地方告示碑》有言："近来人心不古，无知乡氓肆行告状兴讼。"⑥《岚皋明珠坝禁令碑》亦言："乡间口角细故，动辄告状。"⑦ 甚至一般不参与社会事务的妇女，也因好讼之风被人利用，卷入相关的诉讼活动之中，从幕后走向前台，出入衙门，告状兴讼。《双丰桥组碑》载："阖境无论粮当、花户，不振纲常，一遇事件，纵容妻女出首，理质兴讼。"⑧

---

① ［日］夫马进著，范愉译：《中国诉讼社会史概论》，中国政法大学法律古籍研究所编，徐世虹主编：《中国古代法律文献研究》第六辑，北京：社会科学文献出版社，2012年，第1—74页。

② 《［乾隆］兴安府志》卷十六《学校志》，载《中国地方志集成·陕西府县志辑》第54册，南京：凤凰出版社，2007年，第126页。

③ （清）卢坤：《秦疆治略》，台北：成文出版社，1970年，第124页。

④ 《［民国］砖坪县志》卷二《风俗》，载《中国地方志集成·陕西府县志辑》第57册，南京：凤凰出版社，2007年，第524页。

⑤ 《［民国］重修紫阳县志》卷五《习俗》，载《中国地方志集成·陕西府县志辑》第57册，南京：凤凰出版社，2007年，第321页。

⑥ 《中池河靖地方告示碑》，载李启良、李厚之、张会鉴、杨克搜集整理校注：《安康碑版钩沉》，西安：陕西人民出版社，1998年，第238页；另见《石泉知县整饬风化告示碑》，载张沛编著：《安康碑石》，西安：三秦出版社，1991年，第132—134页。

⑦ 《岚皋明珠坝禁令碑》，载李启良、李厚之、张会鉴、杨克搜集整理校注：《安康碑版钩沉》，西安：陕西人民出版社，1998年，第246页；另见《署砖坪抚民分府严拿匪类告示碑》，载张沛编著：《安康碑石》，西安：三秦出版社，1991年，第252页。

⑧ 《双丰桥组碑》，载张沛编著：《安康碑石》，西安：三秦出版社，1991年，第181页；另见《双丰桥戒赌条规碑三通》，载李启良、李厚之、张会鉴、杨克搜集整理校注：《安康碑版钩沉》，西安：陕西人民出版社，1998年，第221页。

　　至于安康地区好讼之风形成于何时，并成为严重的社会问题，光绪《白河县志》仅言："雀鼠肇争，胎于盛世，踵事递增，于今为烈。"① 可见此风可能在康乾时期就有萌动，但由于该文语焉不详，未指出具体时间，因此无从判断。而从《秦疆治略》的记述来看，嘉庆初年乃是安康地区诉讼风气为之一变的重要时间节点。《秦疆治略·石泉县》载："嘉庆初年以前，民间富厚淳朴，讼狱亦简，且畏见官，号称易治。自白莲教乱，富者去而之他，贫者流而为匪。川楚无业之徒纷纷而来，开山种地，肆其刁悍，滋讼抗官，遂致民风一变。"②

　　同时需要指出的是，关于安康地区清代中期以后词讼繁兴的成因，当地官员往往将其归因于民情风俗和土棍、讼师唆讼。如严如熤在《三省山内风土杂识》一文中指出："川楚民情本自好事，加以讼师包揽刁讼，鼠牙雀角往往酿成大讼。"③ 杨孝宽在光绪《续修平利县志》的跋文中也认为，安康地区之所以动辄兴讼，与当地长期以来形成的风俗习惯也有很大关系，他这样写道："五方杂处，各操土音。雀角鼠牙，半属汉南遗俗。"④ 而事实上，安康地区清代中期以后词讼繁兴的原因与移民开发有很大关系。首先，移民的到来促进了土地流转，但随之而来的是租佃关系纠纷增多，导致词讼繁兴。《秦疆治略·白河县》阐述了租佃关系纠纷诉讼的情形："四面皆山，外来佃种者十居六七，率多争佃踞压，或因辗转佃种，以致兴词控告者，几无虚日。"⑤ 其次，移民开发带来了汉江航运和商业贸易的发达，但同时也导致债权纠纷多发。《秦疆治略·安康县》载："城外为水陆通衢，舟骑络绎；城内商贾辐辏，百货云屯，不惟稽查不易，而呈控账债者几无虚日，词讼之多亦甲他邑。"⑥ 不仅安

---

① 《[光绪]白河县志》卷五《风俗》，载《中国地方志集成·陕西府县志辑》第55册，南京：凤凰出版社，2007年，第430页。
② （清）卢坤：《秦疆治略》，台北：成文出版社，1970年，第137页。
③ （清）严如熤：《山内风土杂识》，《续修汉南郡志》卷二十一《风俗》，载《中国地方志集成·陕西府县志辑》第50册，南京：凤凰出版社，2007年，第310页。
④ 《[光绪]续修平利县志·杨孝宽跋》，载《中国地方志集成·陕西府县志辑》第53册，南京：凤凰出版社，2007年，第513页。
⑤ （清）卢坤：《秦疆治略》，台北：成文出版社，1970年，第133页。
⑥ （清）卢坤：《秦疆治略》，台北：成文出版社，1970年，第124页。

康县城如此，作为汉江重要港口码头的洵阳县蜀河镇、紫阳县汉王城等处的情形也大致如此。最后，移民大量进入安康地区，改变了原有的社会结构，"聚族而居"被"五方杂处"取代，在聚族而居社会结构基础上建立的乡里保甲等基层组织，因基础不牢，其调处息争、过滤诉讼的作用难以发挥。也正因为如此，禁止不经过乡保调处，直接呈控县衙的禁止性或指令性条款，才常见于安康地区清代中晚期的"禁碑"之中。《景家公议十条碑》《芭蕉靖地方告示碑》《包家河严禁匪类以靖地方碑》《岚皋明珠坝禁令碑》《月池靖地方安乡闾告示碑》《双丰桥组碑》等"禁碑"中均有这类的条款。如《双丰桥组碑》载有如下条文："合境无论钱债、大小事件，知情者莫过于乡里，必须经投乡保绅粮理质，不服者，方许控告。如有不遵者，以原作被，公同处罚禀惩。"①《芭蕉靖地方告示碑》亦载有内容相似之条款："户婚田土即有争竞，先宜投鸣公人理质，如果不能了局，方可呈控。倘挟嫌诬控，希图拖累原告，检案公同禀究。"②

上述"禁碑"中的条款之所以主张纠纷解决要先经乡保，还有一个重要的考虑是为了避免因诉讼带来差役的讹索。严如熤在《三省山内风土杂识》中对差役讹索的"套路"和后果进行了说明："差役手奉一票，视为奇货可居。边境距县窎远者，往往将所唤之人羁押中途客店，彼此分肥，为之开说。所欲既遂，则回禀未票之先已往临省；索诈未遂，或更有株害，则云唤至中途被某某抢回，禀请加票。至城，又羁之保户，屡月经旬，不得质讯。差役坐食两造，口岸费已不赀，至命案之邻证，盗案之开花，一案犹必破数十家，民苦莫诉。"③严氏阐明的差役讹索是明清时期全国性的弊政问题，只是在南山一带的汉中、安康等地区问题更为严重罢了。安康地区很多"禁碑"中都有

---

① 《双丰桥组碑》，载张沛编著：《安康碑石》，西安：三秦出版社，1991年，第183—184页；另见《双丰桥戒赌条规碑三通》，载李启良、李厚之、张会鉴、杨克搜集整理校注：《安康碑版钩沉》，西安：陕西人民出版社，1998年，第221页。

② 《芭蕉靖地方告示碑》，载李启良、李厚之、张会鉴、杨克搜集整理校注：《安康碑版钩沉》，西安：陕西人民出版社，1998年，第224—225页。

③ （清）严如熤：《山内风土杂识》，《续修汉南郡志》卷二十一《风俗》，载《中国地方志集成·陕西府县志辑》第50册，南京：凤凰出版社，2007年，第310页。

关于差役讹索的内容,并有两通针对差役讹索问题的告示碑,即石泉县的《严禁差役索诈告示碑》和安康县的《禁差役讹诈告示碑》,这也能够从侧面反映差役讹索的问题。

事实上,安康地区清代中晚期的讹索问题并不限于诉讼领域,讹索财物的人员也并不仅仅是衙门里的差役。安康地区地处汉江上游,航运业在清代中晚期已经有了相当发展,但是无论是国家层面的律例还是地方层面的规范,抑或行业内的章程都尚未完备,讹索现象在航运领域时有发生,讹索财物的有代工、脚夫、无赖、埠役和遇难船工家属等。安康地区清代中晚期的航运"禁碑"比较充分地反映了这一现象。如《禁航运流弊以安行商碑》载:"客民程长发等会同各行呈称:近来有等奸险代工,领货后私搭外货渔利,不顾载重及至失事,每乘机窃卖,转向客铺讹索。……兼之河狭水险,地阔人稀,舡到涉处,添夫搬运,脚户藉此刁难,倍索工资,酿生他故,种种不法,实难枚举。"① 该呈所称,虽有夸张之嫌,但所反映之事应该不虚。除代工、脚夫外,沿江无赖往往乘船损之机,讹索赎金。《杜争端而安行旅碑》载:"船遇水被坏,有江岸无赖居民,乘灾抢捞客货,勒取赎金,为害不小。"② 此外,埠役更是利用职务之便,"诈索客货船只钱文,大为商贩之害"。③ 而一旦船只失事,水手殒命,家属即向船户疴蛊烧埋,讹索钱财。《洵阳知县颁布船行公议水手遇难善后章程告示碑》载:"近有尸家人等,不思寿数有定,顿起讹心,辄行入船混闹,拦阻客货,不准运行,只图藉此讹索。如不遂心,又复加捏讼害诬控。"④ 同时还需要注意的是乞丐需索问题,安康现存"禁碑"中不止一次提到该问题,并对之进行规制,

---

① 《禁航运流弊以安行商碑》,载李启良、李厚之、张会鉴、杨克搜集整理校注:《安康碑版钩沉》,西安:陕西人民出版社,1998年,第151页。

② 《杜争端而安行旅碑》,载李启良、李厚之、张会鉴、杨克搜集整理校注:《安康碑版钩沉》,西安:陕西人民出版社,1998年,第147页。

③ 《陕安兵备道严禁埠役诈索船只致扰行旅告示碑》,载张沛编著:《安康碑石》,西安:三秦出版社,1991年,第257页;另见《禁埠役诈索客货船只碑》,载李启良、李厚之、张会鉴、杨克搜集整理校注:《安康碑版钩沉》,西安:陕西人民出版社,1998年,第143页。

④ 《洵阳知县颁布船行公议水手遇难善后章程告示碑》,载张沛编著:《安康碑石》,西安:三秦出版社,1991年,第271页;另见《禁尸家讹索船户碑》,载李启良、李厚之、张会鉴、杨克搜集整理校注:《安康碑版钩沉》,西安:陕西人民出版社,1998年,第292页。

说明这一问题在当时的安康地区比较严重。《双丰桥组碑》载:"乞丐幺儿强讨恶化等辈,每逢单村独户,抢害滥扰,为患地方不小。"①

(四)放火烧山,纵放牲畜

由于地理环境的限制,清代安康地区的农业生产力水平很低,山区仍然使用刀耕火种的生产方式,因此放火烧山成为一种常态。光绪《白河县志》记述当地风俗曰:"乡民刀耕火种,错居,多异地之人,声音五方皆备。"② 既然放火烧山是当时常见的生产方式,按常理而言,不应当成为"禁碑"予以回应的社会问题。放火烧山之所以成为社会问题,并为"禁碑"所规制,主要原因是放火烧山会烧死漆树、耳杞等林木,而漆树、耳杞是极具经济价值之物,关涉到地主的重大经济利益。《秦疆治略·紫阳县》载:"山之极高处皆有漆树,每千树谓之一刀,其价昂时可值百金。"③光绪《续修平利县志》亦言:"乾隆以后,户口加赠至数十倍,地利日辟,物产日增。低山以漆、木耳、苎麻、漆油、桐油为大宗,岁所出巨万,有业此而货殖致富者。"④ 由此可见,放火烧山已经严重损害了以漆树、耳杞为生计来源之人的经济利益,因而民间多立碑禁止这种行为。如《洋溪河不准烧山砍伐漆树碑》载:"今春,姚光华烧地烧死漆树无数,地主投鸣乡保,经公处断,令姚刊碑示众。嗣后如有放火烧山,一被拿获,或被查出,拿者赏工钱八百文,所烧漆树凭人点数,大树一株赔钱八百文,小者赔钱四百文,罚戏一本,公所示众。如赔不起者,跪台一日,离庄出境,决不徇情。自禁以后,凡开地边,烧火灰,挂清明,

① 《双丰桥组碑》,载张沛编著:《安康碑石》,西安:三秦出版社,1991年,第183页;另见《双丰桥戒赌条规碑三通》,载李启良、李厚之、张会鉴、杨克搜集整理校注:《安康碑版钩沉》,西安:陕西人民出版社,1998年,第220页。

② 《[光绪]白河县志》卷五《风俗》,载《中国地方志集成·陕西府县志辑》第55册,南京:凤凰出版社,2007年,第430页。

③ (清)卢坤:《秦疆治略》,台北:成文出版社,1970年,第136页。

④ 《[光绪]续修平利县志》卷九《土产》,载《中国地方志集成·陕西府县志辑》第53册,南京:凤凰出版社,2007年,第505页。

各宜小心，切勿大意。"①《铁厂沟禁山碑》则规定："此地不许砍伐偷窃，放火烧山。倘不遵依，故为犯者，罚戏一台，酒三席，其树木柴草依然赔价。"②《署砖坪抚民分府严拿匪类告示碑》亦言："烧山毒鱼，故祸生意外，酿出官非。嗣后如蹈前辙，准乡保查明送案究治。"③

从破坏生产的角度而言，纵放牲畜的社会危害性与放火烧山可以相提并论。安康地区的"禁碑"对其社会危害多有叙述。《严禁窝藏匪类赌博以固地方碑》载："我丰口坝土薄人稠，朝不谋夕，安植菜麦以图来春。而不仁者纵放六畜，践害一空，居民无不切齿。"④《镇坪抚民分县严禁牲匪赌窃告示碑》则云："兹值播麦纳禾之秋，每有不法无耻之徒，抛放牛马牲畜，践踏残食；山林树木，恣意砍伐，肆行偷窃，忝然无忌。以致民食艰鲜而俯仰不给。"⑤《署砖坪抚民分府严拿匪类告示碑》亦言："不法愚民敢将牛马猪羊混行放散，伤害禾稼，践踏树苗，乘间抵隙，偷柴盗树，瓜李忘嫌。"⑥同时，安康地区除汉阴、安康二县的汉江河谷之地较为平坦外，其余多为山地，地瘠人贫，民生维艰。《秦疆治略·平利县》载："民多系楚蜀迁居之户，全赖开山种地以资生，素鲜盖藏，日事营求，彼赢此绌，一遇旱涝非时，则收成

① 《洋溪护漆戒碑》，载张沛编著：《安康碑石》，西安：三秦出版社，1991年，第183页；另见《洋溪河不准烧山砍伐漆树碑》，载李启良、李厚之、张会鉴、杨克搜集整理校注：《安康碑版钩沉》，西安：陕西人民出版社，1998年，第236页。

② 《铁厂沟禁山碑》，载李启良、李厚之、张会鉴、杨克搜集整理校注：《安康碑版钩沉》，西安：陕西人民出版社，1998年，第222页。

③ 《署砖坪抚民分府严拿匪类告示碑》，载张沛编著：《安康碑石》，西安：三秦出版社，1991年，第253页；另见《岚皋明珠坝禁令碑》，载李启良、李厚之、张会鉴、杨克搜集整理校注：《安康碑版钩沉》，西安：陕西人民出版社，1998年，第247页。

④ 《丰口坝公议条规碑》，载张沛编著：《安康碑石》，西安：三秦出版社，1991年，第126页；《严禁窝藏匪类赌博以固地方碑》，载李启良、李厚之、张会鉴、杨克搜集整理校注：《安康碑版钩沉》，西安：陕西人民出版社，1998年，第215页。

⑤ 《镇坪抚民分县严禁牲匪赌窃告示碑》，载张沛编著：《安康碑石》，西安：三秦出版社，1991年，第140页；另见《严禁牲匪赌窃告示碑》，载李启良、李厚之、张会鉴、杨克搜集整理校注：《安康碑版钩沉》，西安：陕西人民出版社，1998年，第239页。

⑥ 《署砖坪抚民分府严拿匪类告示碑》，载张沛编著：《安康碑石》，西安：三秦出版社，1991年，第253页；另见《岚皋明珠坝禁令碑》，载李启良、李厚之、张会鉴、杨克搜集整理校注：《安康碑版钩沉》，西安：陕西人民出版社，1998年，第247页。

歉薄，民食难云优裕。"①《草坪铺禁赌碑》的主旨虽然是禁止赌博，但在碑文中有一段描述当时民生的内容，"数年以来，高山歉收，乡民多有乏食，全赖地方土产五谷杂粮、木耳、梧子、竹木、瓜果、构叶、菜蔬、柴草、斗方大小纸等物以资养家。"② 由此可见，当时乡民的温饱问题尚未解决，而纵放牲畜破坏农业生产，特别是粮食生产，因此成为"禁碑"回应的社会问题之一。从安康地区现存的"禁碑"来看，至少有 6 通"禁碑"设定了禁止纵放牲畜的条款，虽然条款内容有所差异，但主旨是一致的。《芭蕉靖地方告示碑》规定："乡间牧放六畜，理宜各归各地，不得任意敞放，践踏别人粮食禾苗等。倘有恃强纵放不理者，拿获照赃赔处。"③《丰口坝公议条款碑》明示："获纵放六畜者，同公处罚，不从，杀死不究。"④《牛王沟公议禁盗碑》则规定了惩罚性赔偿条款："敞放猪羊牛马，肆行糟害。故违者，鸣公看验，加倍赔偿。受害者不得打杀畜牲。"⑤

通过上面的梳理，我们可以发现，安康地区清民时期社会问题丛生，既有全国性普遍存在的问题，也有本区域的特殊问题；既有啯噜、客民等外来力量引发的问题，又不乏内部势力导致的问题；同时，新发和旧有社会问题彼此叠加，匪患、赌博、盗窃、唆讼、讹索等问题互相勾连，真可谓将衰世之社会问题冶为一炉，不啻为清末民初转型期社会问题研究的典型样本。

---

① （清）卢坤：《秦疆治略》，台北：成文出版社，1970 年，第 130 页。

② 《草坪铺禁赌碑》，载李启良、李厚之、张会鉴、杨克搜集整理校注：《安康碑版钩沉》，西安：陕西人民出版社，1998 年，第 256 页。

③ 《芭蕉靖地方告示碑》，载李启良、李厚之、张会鉴、杨克搜集整理校注：《安康碑版钩沉》，西安：陕西人民出版社，1998 年，第 224 页。

④ 《丰口坝公议条款碑》，载张沛编著：《安康碑石》，西安：三秦出版社，1991 年，第 126 页；《严禁窝藏匪类赌博以固地方碑》，载李启良、李厚之、张会鉴、杨克搜集整理校注：《安康碑版钩沉》，西安：陕西人民出版社，1998 年，第 215 页。

⑤ 《牛王沟公议禁盗碑》，载张沛编著：《安康碑石》，西安：三秦出版社，1991 年，第 314 页；另见《牛王沟禁山碑》，载李启良、李厚之、张会鉴、杨克搜集整理校注：《安康碑版钩沉》，西安：陕西人民出版社，1998 年，第 233 页。

三、清民时期安康地区社会问题的"碑禁式"治理

面对如此众多、复杂、严峻的社会问题，清末民初安康地区的官民自然要采取各种必要的措施加以应对或应付，其中刻石立碑宣示禁令就是措施之一。从治理理论的角度而言，这也是一种治理方式，笔者称之为"碑禁式"治理。需要说明的是，使用这种话语表达，主要受到了"碑禁体系"这一概念的启发。李雪梅教授将"碑禁体系"定义为由敕禁碑、官禁碑和民禁碑所构成的系统。同时她还对这一概念给予了有力的解释：

> 之所以将由敕禁碑、官禁碑和民禁碑所构成的系统称作'碑禁体系'而非'禁碑体系'，意在强调'碑禁'与'禁碑'的不同。'禁碑'偏重于独立的禁令刻石，是一种静态的表述；'碑禁'偏重于刻立禁碑的过程及其功效，是一种动态的考量。是故'禁碑体系'可以体现静态的禁碑文本文献的整体感，而'碑禁体系'除强调碑文的文献价值外，也关注对立碑行为的解释，并以此探寻'非正式法'的生成途径，全面解释碑禁与法禁、官禁与民禁、正式法与非正式法的互动。①

从上述解释可以发现，"碑禁"和"碑禁体系"是一个动态的概念，是法律社会学视野下对"禁碑"的话语表达，是社会学法理学框架下对"禁碑体系"的理论重构，是从法的运行角度对"禁碑"进行的理论考量。职是之故，笔者才借用了"碑禁"这一话语表述，目的是从理论上更为准确地概括安康地区清民时期建立在"禁碑"之上的基层社会治理模式，使其治理的动态性特征得以凸显。

（一）"碑禁式"治理的主体间沟通行动

通过对前文《安康地区清民时期"禁碑"一览表》第五列主倡者或立碑依据的数据分析，可见"碑禁式"治理的主体是以地方官吏、绅士、生员、耆老、乡约、保正、里长、牌甲长为代表的地方精英。同时，主体之间的沟通行动在

---

① 李雪梅：《法制"镂之金石"传统与明清碑禁体系》，北京：中华书局，2015 年，第 27—28 页。

"碑禁式"治理中表现得十分明显，包括官民互动和民间公议两种类型。

官民互动的沟通行动主要是"请示—出示"模式。这种模式又可以具体分为两种情形：一种情形是，绅民向地方官禀告事情，请求晓谕示禁，由地方官根据情况进行处理，并出示晓谕。如《草坪铺禁赌碑》完整地记载了这种沟通行动方式：

> 特授洵阳县正堂加一级纪录□次大功九次刘，为出示严禁以靖地方事。照得案据北路草坪铺生员何玉堂等禀称："草坪铺后牌与大岭铺接壤，均抵羊山。数年以来，高山歉收，乡民多有乏食，全赖地方土产五谷杂粮、木耳、梧子、竹木、瓜果、构叶、菜蔬、柴草、斗方大小纸等物以资养家。乃近有无业之徒，招来外方游匪，三五成群，以卖工为由，日则开场聚赌，夜间各处行窃。甚至每逢庄稼并各物既成之候，不思物各其主，任意窃害，纠众抢夺。若不禀请示禁，良民实难聊生"等情到县。据此除饬差密访查拿外，合行出示严禁。为此示仰该乡绅民约保人等知悉：自示之后，如该处再有前项不法之徒在地招赌、行窃、抢夺，许尔等知□，立即齐团捆拿送案，以凭尽法惩办。该绅民约保亦不得据嫌妄拿无辜，致干重究。各家凛遵毋违，特示。①

另一种情形则是，绅民将通过公议方式拟定的条规禀呈地方官员，由官员批示后刊禁。《芭蕉靖地方告示碑》对这种沟通行动方式有详细的记载。

> 钦加同知衔署紫阳县正堂孔，为出示刊碑永垂远久以靖地方事。照得里党不可无条规，尤朝廷不可无法律。无法律莫由振四海之颓风，无条规何一洗一乡之敝俗？军功琚朝桢、监生张瑞友、职员姜道富、职员胡洪珍等有鉴于兹，议规十条，禀恳示禁，真言言金玉，堪为斯乡程式。为此示仰该地诸色人等，将所禀十条刊石立碑，永远遵行。

---

① 《草坪铺禁赌碑》，载李启良、李厚之、张会鉴、杨克搜集整理校注：《安康碑版钩沉》，西安：陕西人民出版社，1998年，第256页。

倘敢故违，禀案拘究，决不宽恕，特此示知。[1]

民间公议是指一定范围内的人员共同协商合意。通过这种沟通行动模式形成的"禁碑"可以通过官民互动，经由"请示—出示"模式，获得官方的认可和支持，从而提高权威性。但是，民间公议形成的"禁碑"并非必须获得官方的同意，它亦可以自行勒石出示，其合法性来自于中国长期形成的民间自治传统。安康现存的这类"禁碑"亦有相当数量，如《狮子坝禁挖山碑》：

狮子坝兴平堡，为本乡钟毓之气，所关甚广。于光绪六年秋公议：嗣后无论业归何氏，上下周围崖石，不得挖毁。特此勒石禁止。光绪八年六月公立。[2]

无论是官民互动模式还是民间公议模式，都使"碑禁式"治理在很大程度上排斥了个人专断，更多地体现了共治理念。当然，这里的"共治"更确切地讲是地方精英的共同治理，虽然它还不能与近代以来形成的"民治"概念同日而语，但至少公议模式仍然具有朴素的民主精神，甚至具有一定的协商民主因素，蕴含着某种与近代精神相似的东西。同时，官民互动模式也在一定程度上反映了不同于专制统治的权力结构和运作机制，地方官府与绅民通过"请示—出示"机制进行地方治理，解决社会问题，在一定程度上消解了传统皇权专制统治的弊病，纾解了地方官府统治力量不足的难题。

（二）"碑禁式"治理的逻辑进路

从安康地区清民时期的"禁碑"的文本来看，除《景家公议十条碑》《铁厂沟禁山碑》等少数例外，绝大部分"禁碑"的碑文都会完整地交待立碑的背

① 《芭蕉靖地方告示碑》，载李启良、李厚之、张会鉴、杨克搜集整理校注：《安康碑版钩沉》，西安：陕西人民出版社，1998年，第224页。
② 《迎真寺禁碑》，载张沛编著：《安康碑石》，西安：三秦出版社，1991年，第270页；另见《狮子坝禁挖山碑》，载李启良、李厚之、张会鉴、杨克搜集整理校注：《安康碑版钩沉》，西安：陕西人民出版社，1998年，第232页。

景，铺陈示禁的缘由，阐述禁条产生机制，列举禁条内容，罗列相关人员，立碑方式、时间等，因此可以说这部分"禁碑"的文本都可以看作是一件"碑禁式"治理的完整案例。通过对这些案例的分析，可以发现"碑禁式"治理背后的逻辑进路。现以《东镇严禁赌博碑》为例进行分解剖析，并在此基础上，结合其他"禁碑"，归纳总结出它们的共同逻辑。

> 奉谕为禁止抹牌赌博以靖地方事：本甲居民向属良善，奈今人心不古，匪风渐炽，乃人命之根，败家之由，莫不慎此之为。公同大议：嗣后无论新春会期、红白喜事，不准牌赌。倘有违纪，罚戏一台，酒三席。罪重者再罚钱充公。内中诱赌窝家，窝主加倍处罚。如有习顽不遵者，捆绑送案。凡有知赌不报，见赌不拿者，与匪同罪。凡外来不务正业、无拘无束之徒非奸即盗，不准存留；一旦查实，窝主坐罪。各速禁戒子弟佃仆毋违，免教父兄东主受累。自禁之后，惟愿各安生理，毋作非为。乡邦肃静，境土和平，安乐无忧，人人爽吉有庆，岂不美哉。
>
> 乡正王尚才、邹守正；团总王善芳；禁长罗祥学、陈锦坤。
>
> 光绪七年二月十八日公立。[①]

我们从碑文表述可以很清晰地看到这通"禁碑"的产生过程。首先，该甲出现抹牌赌博现象；其次，负有治理之责的地方精英对这一现象做出危害性评判；再次，启动公议机制，议定针对性的禁止性规范；最后刊碑示禁。上述碑文和立碑过程恰恰反映了"碑禁式"治理的逻辑，现分述如下：

其一，以社会问题为导向。从所载碑文来看，《东镇严禁赌博碑》的主导者具有明显的针对性，整个立碑过程和碑文内容都是以治理赌博问题为导向的。不仅该碑如此，从安康地区清民时期的经验来看，几乎所有的"禁碑"都是针对具体社会问题的，都是对具体社会问题的回应，前文《安康地区清民时期"禁

---

① 《东镇严禁赌博碑》，载李启良、李厚之、张会鉴、杨克搜集整理校注：《安康碑版钩沉》，西安：陕西人民出版社，1998年，第231页。

碑"一览表》第六列"示禁事项"非常清晰地表明了这一逻辑。同时示禁条文也是围绕治理、解决社会问题展开的，这同样是问题导向的逻辑使然。

其二，以重建社会秩序为目标。从《东镇严禁赌博碑》结尾的表述可以看出，立碑示禁的目标是为了"乡邦肃静，境土和平，安乐无忧，人人爽吉有庆"，换言之，就是要通过禁赌治理，重建乡土社会秩序。不仅本碑如此，其他"禁碑"也大都表达了同样的目标取向。如《丰口坝公议条规碑》亦言："是以演戏勒碑，遂行注明，以垂不朽，使由是子弟醇良，刁风寝息，不昭然太上之流风欤。"①

其三，以义务为本位。从该碑刊列的规范来看，除"各速禁戒子弟佃仆毋违，免教父兄东主受累"的规定外，其余均是禁止性规范，由此可见"碑禁式"治理是以义务本位的。不仅本碑如此，其他"禁碑"亦然。如《双丰桥组碑》刊刻禁赌条款十条，其他条规十三条，每一条款均有禁止性规范，对境内各种人员的义务也给予了较为明确的规定。"碑禁式"治理的义务本位与中国传统法律治理的价值本位是一致的，这也说明，作为小传统的"碑禁式"治理与作为大传统的帝制国家治理之间在治理逻辑上具有相当的契合度，二者并不是对立的。也正是这种价值取向上的一致性，使得"碑禁式"治理得到了官府的推崇或支持，并得以存续相当长的时间。同时，义务本位的逻辑也使得"碑禁式"治理虽然具有某种程度的近代因素，却无法蜕变成一种近代的治理方式。

其四，崇尚经验理性。从该碑禁条的具体内容来看，这些条款中的事实构成部分均来自于对日常生活经验的总结，而相应的"罚则"亦来自于治理实践的长期经验。如"罚戏一台，酒三席"，并非东镇一地一时的规定，立于道光三十年（1850）的《铁厂沟禁山碑》亦规定："此地不许砍伐偷窃，放火烧山。倘不遵依，故为犯者，罚戏一台，酒三席，其树木柴草依然赔价。"②此外，立于嘉庆十二年（1807）的《谨固地方碑》和道光二十九年（1849）勒石的《双丰桥组碑》亦有"置酒罚戏"的规定。宣统元年（1909）所立《洋溪护漆戒

---

① 《丰口坝公议条规碑》，载张沛编著：《安康碑石》，西安：三秦出版社，1991年，第126页；《严禁窝藏匪类赌博以固地方碑》，载李启良、李厚之、张会鉴、杨克搜集整理校注：《安康碑版钩沉》，西安：陕西人民出版社，1998年，第215页。

② 《铁厂沟禁山碑》，载李启良、李厚之、张会鉴、杨克搜集整理校注：《安康碑版钩沉》，西安：陕西人民出版社，1998年，第222页。

碑》规定漆树的赔偿标准是"大树一株赔八百文，小者赔四百文"。① 民国四年（1915）所立的《中河村公议保护漆树药材章程碑》亦规定漆树的赔偿标准是"大树赔钱八百，小秧四百文"。② 由此可见，至少在平利县洋溪一带，漆树的赔偿标准前后是一致的，后立"禁碑"在制度规定上遵循着先例，这也可以看作是"碑禁式"治理崇尚经验理性的逻辑使然。"碑禁式"治理的经验理性逻辑不仅表现在民禁碑上，在官禁碑上也有体现。如石泉知县对差役讹索问题的"碑禁式"治理，就源自其个人的经验理性。《严禁差役索诈告示碑》载："本县前在平利、郿县、临潼皆如此约束，故能平安无事。当时或以为过严，及本县去后，该役等因事到省，有感激流涕者。一片苦心，愿尔等共遵之。"③

其五，最低限度的法治化取向。从《东镇严禁赌博碑》的出台过程来看，"碑禁式"治理还体现着最低限度的法治化取向。面对赌博现象，东镇的地方精英采取公议立禁的方式解决问题，并将"禁碑"作为治理的依据，而非采取其他手段和措施。这种采用立禁设制的治理方式本身就体现了法治的价值取向，尽管"禁碑"规定在今日看来尚有可以归入"恶法"行列的内容，但是至少从形式法治的角度，"碑禁式"治理可以称得上是一种最低限度的法治化治理方式，甚至可以说"碑禁式"治理蕴藏着近现代化治理的某些因素。

（三）"碑禁式"治理的多重手段

"碑禁式"治理虽然是以义务为本位的，"禁碑"刊刻的条文绝大多数是禁止性规范，但是这并不意味着"碑禁式"治理的手段仅限于禁止与惩处。事实上，"碑禁式"治理的手段是多重的、相互配合的。李雪梅教授指出，"禁碑"

---

① 《洋溪护漆戒碑》，载张沛编著：《安康碑石》，西安：三秦出版社，1991年，第183页；另见《洋溪河不准烧山砍伐漆树碑》，载李启良、李厚之、张会鉴、杨克搜集整理校注：《安康碑版钩沉》，西安：陕西人民出版社，1998年，第236页。
② 《中河村公议保护漆树药材章程碑》，载张沛编著：《安康碑石》，西安：三秦出版社，1991年，第363页；另见《立条规刊碑戒后碑》，载李启良、李厚之、张会鉴、杨克搜集整理校注：《安康碑版钩沉》，西安：陕西人民出版社，1998年，第265页。
③ 《严禁差役索诈告示碑》，载李启良、李厚之、张会鉴、杨克搜集整理校注：《安康碑版钩沉》，西安：陕西人民出版社，1998年，第95页。

在内容和功能上表现出"消极禁惩和积极制度建设相结合的特点","碑禁体系的内容也同样体现出消极和积极的两种倾向"。① 职是之故,"碑禁式"治理的手段也有消极手段和积极手段两种类型。从安康地区清民时期的"碑禁式"治理来看,消极手段包括禁止和惩处,而积极手段则有劝谕、创制、授权、奖励等。只是禁止和惩处是主要手段,而劝谕、创制、授权、奖励等是辅助手段。

　　禁止是"碑禁式"治理最常用的手段,也是"禁碑""碑禁"得名的原因。禁止手段可以说是传统统治思维支配下最常用的治理手段。传统统治思维实质上就是一种禁止思维,其思维进路是出现问题——负面评价——直接禁止。这种思维模式支配下的治理手段往往是采用一刀切的方式,直接禁止相关行为,简单且粗暴。《重刊府县禁令碑》充分地反映了这种治理手段。碑文列示:"严禁赌博,严禁夜戏,严禁奸拐兜抢贩卖妇女,严禁讼棍,严禁差役讹赃。严禁私钱,严禁轻生,严禁嫁娶违律。"② 显然社会治理者希望通过禁止的手段,规制行为人的违法犯罪行为,达到令行禁止的治理效果。与禁止手段具有天然关系的是惩处手段。惩处手段往往紧随禁止手段,换言之,禁止手段是前手,惩处手段是后手,为保证禁止手段的功能发挥,惩处手段在"碑禁式"治理活动中俯仰皆是。从安康地区现存"禁碑"来看,惩处的方式主要有以下三种:一是送交官府追究法律责任,二是科处禁碑规定之罚则,三是将二者结合起来。《双丰桥组碑》载:"绅士、粮当、花户、铺户,昔日家藏赌局者,从今父戒其子,兄戒其弟,皆要毁弃。如隐匿不毁,一经发觉,上户罚钱百廿串,中户罚钱八十串,下户罚钱十串,以作本境桥梁道路之费。不遵处罚者,公同送官。"③ 显然,该禁条就集合了两种惩处手段,并将不接受"禁碑"罚则,作为送交官府的前提条件。

　　在儒家的积极主张和倡导下,劝谕亦成为中国传统治理的手段之一。"碑禁式"治理中往往也会使用这一手段,从而使"碑禁式"治理也体现出了"软

---

① 李雪梅:《法制"镂之金石"传统与明清碑禁体系》,北京:中华书局,2015年,第200页。

② 《重刊府县禁令碑》,载李启良、李厚之、张会鉴、杨克搜集整理校注:《安康碑版钩沉》,西安:陕西人民出版社,1998年,第260页。

③ 《双丰桥组碑》,载张沛编著:《安康碑石》,西安:三秦出版社,1991年,第180—181页;另见《双丰桥戒赌条规碑三通》,载李启良、李厚之、张会鉴、杨克搜集整理校注:《安康碑版钩沉》,西安:陕西人民出版社,1998年,第219页。

治理"的一面，在功能结构上更为完整。《庙子垭公议乡规碑》载："礼义廉耻，国之四维。尊宜敬，长宜逊，灾宜恤，难宜救。非分勿贪，毋自贻羞。"① 《中河村公议保护漆树药材章程碑》亦载："作奸犯科之事，述难尽述，缘望同人改恶从善，共为良善可也。"② 这些劝谕性条文反映了"碑禁式"治理除了从规制外在行为着手外，还从人心深处发力，希冀通过道德宣教，实现道德秩序。

从安康地区清民时期所立"禁碑"的条文中，我们发现除了禁止性规范外，示禁者还创设了一些制度和标准，换言之，创制也是"碑禁式"治理的手段之一。这种手段往往能够取得禁止、惩罚手段无法达到的治理效果。如《署砖坪抚民分府严拿匪类告示碑》设计了差役、乡保协同传唤制度，该制度规定："差役下乡唤案，务须协同乡保，着地方代唤。如有混行需索，妄为事端，准乡保查明禀究。"③ 治理者在此运用了权力监督原理，进行了协同传唤的制度设计，使差役的行为能够受到乡保的监督，从而增加差役需索的成本，进而解决差役格外索要票钱的问题。这一制度设计显然比禁止性条款更能发挥作用，取得治理实效。部分社会问题之所以发生，其原因是缺乏明确合理的标准，因而通过创设标准，也能达到治理的目标。安康地区清民时期的"碑禁式"治理也采取了这一手段。如《禁差役讹诈告示碑》明确规定差役票钱的标准："每票一张，原告给票钱三百文，□□□□给票钱一串六百文。"④ 因标准确定，并通过"禁碑"予以公告宣示，使民众知晓，差役则无法轻易地额外讹索钱财。同样，汉江沿岸时常发生居民乘船只失事之机，抢捞货物勒取赎金之事，为治理这一社

---

① 《庙子垭铺公议乡规碑》，载张沛编著：《安康碑石》，西安：三秦出版社，1991年，第255页；另见《庙子垭公议乡规碑》，载李启良、李厚之、张会鉴、杨克搜集整理校注：《安康碑版钩沉》，西安：陕西人民出版社，1998年，第230页。

② 《中河村公议保护漆树药材章程碑》，载张沛编著：《安康碑石》，西安：三秦出版社，1991年，第364页；另见《立条规刊碑戒后碑》，载李启良、李厚之、张会鉴、杨克搜集整理校注：《安康碑版钩沉》，西安：陕西人民出版社，1998年，第265页。

③ 《署砖坪抚民分府严拿匪类告示碑》，载张沛编著：《安康碑石》，西安：三秦出版社，1991年，第253页；另见《岚皋明珠坝禁令碑》，载李启良、李厚之、张会鉴、杨克搜集整理校注：《安康碑版钩沉》，西安：陕西人民出版社，1998年，第247页。

④ 《禁差役讹诈告示碑》，载李启良、李厚之、张会鉴、杨克搜集整理校注：《安康碑版钩沉》，西安：陕西人民出版社，1998年，第96页。

会问题，治理者采取的手段则是由约客、绅士、商贾公同议定赎货章程，明确赎金标准，并勒石刻碑，将标准予以宣示。《杜争端而安行旅碑》载："打船沉水捞获大花包每包赎钱三百文；船坏花包漂流者每大包赎钱一千四百文；……酒篓油篓每件赎钱四百文。"①

立碑示禁仅仅是通过刻石的方式将禁条文本予以公示，这时的禁条仍然是静态的，而治理的关键是通过一定的机制使规则得以实施。从安康地区清民时期的"碑禁式"治理来看，"授权"是打开治理关键的钥匙，也是"碑禁式"治理的重要手段。如《谨固地方碑》中就有授予乡保调查、禀告权利的条款："如有前不法之棍徒及假扮道人探路、偷窃，窝（以下漫漶）地方者，许尔乡保查实，指名具禀，以凭严拿，尽法惩办。"②《洵阳知县严禁埠头讹索过往船户告示碑》中也有授予船户禀告权利的条款："自示之后，如有埠头写契不照旧规，额外勒索者，准该船户指名禀案，以凭究办。"③从上述条款可见，授权手段发挥治理功能的机理是，通过授权这一手段，赋予利害关系人调查、禀告等程序性权利，由他们启动社会治理机制，促使治理主体实施其他治理手段。

赏罚经过商鞅、韩非等法家代表人物的鼓吹，业已是中国传统治理的常规手段。"碑禁式"治理的手段虽然以"罚"为主，但并不排斥"赏"的手段。特别是在清末民初阶段，"碑禁式"治理运用奖励手段明显增多。如立于光绪二十二年（1896）的《牛王沟公议禁盗碑》规定："无论谁人拿获盗贼，白昼赏钱八百，黑夜赏钱一串。"④刊刻于民国四年（1915）的《中河村公议保护漆树药材章程碑》也规定："如遇砍伐偷挖漆树、药材、漆秧等事，如有代为拿获质

---

① 《杜争端而安行旅碑》，载李启良、李厚之、张会鉴、杨克搜集整理校注：《安康碑版钩沉》，西安：陕西人民出版社，1998年，第148页。

② 《谨固地方碑》，载李启良、李厚之、张会鉴、杨克搜集整理校注：《安康碑版钩沉》，西安：陕西人民出版社，1998年，第98页。

③ 《洵阳知县严埠头讹索过往船户告示碑》，载张沛编著：《安康碑石》，西安：三秦出版社，1991年，第237页。

④ 《牛王沟公议禁盗碑》，载张沛编著：《安康碑石》，西安：三秦出版社，1991年，第315页；另见《牛王沟禁山碑》，载李启良、李厚之、张会鉴、杨克搜集整理校注：《安康碑版钩沉》，西安：陕西人民出版社，1998年，第233页。

实，赏给工钱八百，决不空言。"[①] 民国六年（1917）的《严禁窃伐坟山树木碑》、民国十二年（1923）的《上七里禁耳山碑》都有奖励拿获者工钱的规定。而民国十九年（1930）立石的《桃园村护耳山禁碑》中，奖励甚至成为主要手段，八个条款中有三条规定了奖励措施：

> 一、禁打柴樵夫，不知自重，擅入境内，枫柏耳树，举刀乱砍。拿获给洋五元。
> 一、禁贩卖之人，林中经过，其徒手快砍之，拖入邻地。拿获给洋五元。
> 一、禁牧牛童子，家长不为早戒，每将牛羊赶入林中，践踏耳秧。拿获给洋三元。[②]

这说明，进入近代以后，"碑禁式"治理的手段正在悄然发生一定程度的转变，同时也反映了该区域基层社会治理理念在发生着某些变化。

通过对安康地区清民时期"碑禁式"治理的主体间沟通行动、逻辑进路和多重手段的阐发，我们发现，无论在治理主体、治理理念、治理逻辑还是治理手段等方面，它都抹不去中国传统治理的底色。与此同时，它也蕴含着民主、法治等近现代要素。因此，笔者认为，"碑禁式"治理是处于近代转型期的特定区域，在帝制中国的背景下，通过立碑示禁的形式，在经验理性的支配下，采取禁止、惩罚、劝谕、创制、授权、奖励等多种治理手段，以解决社会问题为导向，以重建社会秩序为目标，以义务为本位，以最低限度的法治化为取向，具有一定近代因素的一种官民共治的基层社会治理方式。

---

① 《中河村公议保护漆树药材章程碑》，载张沛编著：《安康碑石》，西安：三秦出版社，1991年，第364页；另见《立条规刊碑戒后碑》，载李启良、李厚之、张会鉴、杨克搜集整理校注：《安康碑版钩沉》，西安：陕西人民出版社，1998年，第265页。
② 《桃园村护耳山禁碑》，载张沛编著：《安康碑石》，西安：三秦出版社，1991年，第383页；另见《禁砍耳朳碑》，载李启良、李厚之、张会鉴、杨克搜集整理校注：《安康碑版钩沉》，西安：陕西人民出版社，1998年，第266页。

四、余论

行文至此，笔者已经通过对碑刻史料和地方志的梳理，勾勒出了安康地区清民时期社会问题的大致轮廓，从中发现了"碑禁式"治理的现象，并从治理的主体间沟通行动、逻辑进路、多重手段等三个方面对这一现象进行了理论阐释，大体上完成了对"碑禁式"治理基本理论框架的建构。但是"碑禁式"治理的产生原因是什么？治理效果如何？治理目标与治理效果之间的达成度怎样？是哪些因素限制了"碑禁式"治理的功能发挥？不同时段出现针对同一社会问题的"禁碑"，是否意味着"碑禁式"治理陷入了某种困境？为什么20世纪30年代以后安康地区基本上不再刻碑示禁？这是否意味着"碑禁式"治理的消亡？是何种治理方式取代了"碑禁式"治理？这些问题显然还有探讨之必要，然而限于篇幅，本文不再讨论，留待它文继续探究。

清代图赖问题的成因、禁革与治理

杨 扬*

明清社会图赖现象在民间社会多有发生，历史学与法学领域对相关内容都进行过研究与讨论。日本史学界如三木聪、寺田浩明、夫马进，[①] 国内法学界与历史学界如徐忠明、段文艳、吴景杰都曾不同程度地对"何为图赖"这个问题进行过解读。[②]

一、清代律学文献中"图赖"概念

"图赖"的概念为何？在论及清代的图赖概念之前，有必要对明代图赖的

---

* 杨扬，甘肃陇南人，法学博士，北京科技大学马克思主义学院历史与文化研究所讲师。

① 三木聪教授在《明清福建農村社会の研究》中对图赖进行了定义，认为"图赖は、ねだること なり"；寺田浩明教授具体注解为"牺牲家庭中的一人——多为老媪，以自杀来迫使对方承担责任"；夫马进先生认为，图赖是以诉讼为手段，被称之为"架词诬控"，即"欺诈诉讼"。具体参见［日］三木聪：《明清福建農村社会の研究》，北海道：北海道大学图书刊行会，2002年，第444页；［日］寺田浩明：《权利与冤抑——清代听讼和民众的民事法秩序》，载王亚新等译：《权利与冤抑：寺田浩明中国法史论集》，北京：清华大学出版社，2012年，第223—224页；［日］夫马进著，范愉译：《中国诉讼社会史概论》，载中国政法大学法律古籍整理研究所编，徐世虹主编：《中国古代法律文献研究》第六辑，北京：社会科学文献出版社，2012年，第3页。

② 相关内容可参见徐忠明、杜金：《清代诉讼风气的实证分析与文化解释——以地方志为中心的考察》，《清华法学》2007年第1期；段文艳：《死尸的威逼：清代自杀图赖现象中的法与"刁民"》，《学术研究》2011年第5期；吴景杰：《从"家事"到"公事"：〈讞辞〉中所见晚明妇女非殉节型自杀案件》，《暨南史学》2011年7月第14号；杨扬：《清代社会视野下的图赖现象——以嘉道时期题本刑科档案为例》，《云南民族大学学报（哲学社会科学版）》2018年第3期。

认识进行补充。天顺《律条疏议》、嘉靖《大明律释义》《读律琐言》等律学文献中并无对图赖专门进行定义。但能看到的是，它们都将图赖作为一种具有普遍性的现象的专有名词进行解释。但在明万历、崇祯年间，出现了对图赖行为的专门定义。①

究根溯源，"杀子孙及奴婢图赖人"律最早出自《大明律》。明嘉靖时期雷梦麟撰写的《读律琐言》，对"杀子孙及奴婢图赖人"律进行过解释，认为祖父母、父母故杀子孙，按律罪至杖六十徒一年，但此处有"图赖之情"，故较之加一等处罪。其他内容均与《明律集解附例》中纂注内容相同，并未对图赖界定及律文中模糊的术语进行专门解释。②

清代律学家薛允升、沈之奇、沈家本、黄六鸿、凌铭麟等人，他们在对律例条文进行注解的过程中，有意无意地都曾对"何为图赖"的问题进行过解释，在继承明代律学家对图赖概念的认知基础上有所变化。

薛允升在《唐明律合编》中，对当时归属"贼盗律"的"杀子孙及奴婢图赖人"的内容进行过解读。虽然律文内容为明律，但身处清代社会的薛允升，其解读势必代表了当时律学家的看法。其对"图赖"的定义为：

解释一　愚按：图赖者，诬赖人杀死或逼死之类，惟以尸身图赖卑幼分别，亲属尊长一概从同，未解其故。③

沈之奇在《大清律辑注》中也对何为"图赖"进行过界定：

解释二　本与人无干，而图谋赖人，私下诈骗者，谓之图赖。若

---

① 明万历年间《大明龙头便读傍训律法全书》《王肯堂笺释》、崇祯年间《大明律例临民宝镜》，这些律学文献都有对"杀子孙及奴婢图赖人"律的"图赖"进行了界定。关于明代律学文献中对图赖概念的认识，已有文章可供参考。参见杨扬：《从民习到官法——明代社会视野下的图赖研究》，《交大法学》2019年第3期。

② （明）雷梦麟撰，怀效锋、李俊点校：《读律琐言》，北京：法律出版社，2000年，第357—358页。

③ （清）薛允升撰，怀效锋、李鸣点校：《唐明律合编》，北京：法律出版社，1999年，第495页。

祖父母、父母将自己无过子孙，家长将本家无罪奴婢，故行杀死，以谋害、威逼等情图赖人者，杖七十，徒一年半。①

清康熙年间的律学家凌铭麟在《新编文武金镜律例指南》"敬诵杀子孙及奴婢图赖人条赘言"中也曾对"图赖"进行过定义：

> 解释三 【律说】图赖者，谓将死尸抬放人家，赖称打死；或故意将人致死，诈作他人势逼、他人殴死之类。虽未骗财，及未曾移尸，但称赖得财者皆是。若不曾移尸，又不得财，不成图赖。②

由解释一到解释三，是清代律学家在对《大清律例》律文"杀子孙及奴婢图赖人"条中"图赖"的认知，大多都未超出归纳的范围。可见中国社会对概念的理解更多是以归纳的方式进行，演绎的成分并未凸显。上述对图赖的界定可以归纳为：以诬赖人杀死或逼死、图谋赖人与私下诈骗相结合、死尸抬放人家并赖称打死、故意将人致死并诈作他人致死。这种类型的叙述更多是一种现象本身的归纳，解释三相较前两种解释而言，解释与界定内容的细致性与多样性更强。

> 解释四 此条（当指杀子孙及奴婢图赖人条，注者加。）图赖者，诬赖人杀死或逼死之类。薛云，上条较本律为轻，此条较本律为重，俱为《唐律》所无，似可不必。③

饶有趣味的是，沈家本认为根据薛允升的看法，此条为《唐律》所无，似可不必。

---

① （清）沈之奇撰，怀效锋、李俊点校：《大清律辑注》，北京：法律出版社，2000 年，第 695 页。
② （清）凌铭麟：《新编文武金镜律例指南》，载杨一凡主编：《历代珍稀司法文献》第 8 册，北京：社会科学文献出版社，2012 年，第 351 页。
③ （清）沈家本撰，邓经元、骈宇骞点校：《历代刑法考》，北京：中华书局，2013 年，第 1870 页。

同样是在清康熙年间黄六鸿所写的《福惠全书》，其于"所载刑名"中讲到有关人命中的图赖问题，并试图对图赖进行定义：

> 解释五　凡命案中，以尸图赖人者，此恶俗之宜痛惩者也。非与人有仇隙，借之陷害，即与人争讼，虑不能制胜，以之搪抵，甚之杀人图赖，诈取银钱，抢夺家财，更有将他尸冒为亲属，诬告谋杀，种种奸习，莫可名状……①

黄六鸿关于图赖的解释，显然是非常具体化的有关图赖行为的描述。对图赖进行的描述解释，是黄六鸿处理州县司法事务过程中审断一定数量的案件后总结出的类型，应被认为是其对图赖具体行为类型的个人界分。

通过对上述明清律学文献中图赖概念史的观察，我们会发现这一过程发生的变化。相较于以往以律例为中心研究图赖现象，②本文展现的图赖现象，是作为清代社会问题的图赖行为，是更加丰富且多元的概念范畴。

本文以为，真实的图赖样貌应当根植于社会史研究中，是以谋图诬赖为目的进行的行为；当然，这种行为本身已包含以尸体为媒介，通过诉讼手段进行报复或诈取钱财的行为。这种类型下的图赖形象可能更加具备整体观意义的认识。

二、清代图赖问题的成因分析

（一）经济压力：书吏衙役的摊派促使图赖发生

清代图赖发生的经济原因，是在清代相关财政体制的背景下发生的。清代并没有严格意义上中央财政与地方财政之分，但有以"起运""存留"为标志的中央财政与地方财政的划分，并且存在着对这二者的调整或变动，这是没有

---

① （清）黄六鸿：《福惠全书》，载杨一凡主编：《历代珍稀司法文献》第 3 册，北京：社会科学文献出版社，2012 年，第 889 页。

② 杨扬：《清代社会视野下的图赖现象——以嘉道时期题本刑科档案为例》，《云南民族大学学报（哲学社会科学版）》2018 年第 3 期。

疑问的。① 起运和存留一般被视为中央和地方在财政收入上的重新分配，根据乾隆朝《大清会典则例》的解释，"州县经征钱粮运解布政司，候部拨，曰起运"；"州县经征钱粮扣留本地，支给经费，曰存留"。②

此处要说明的是，就中央财政与地方财政的关系及其性质而言，清代前期与清代后期是大为不同的。清代前期州县存留所占钱粮的份额比例极小，也并未预留行政经费。以康熙二十四年（1685）地丁钱粮的起运与存留为例，根据数据分析得出可能的结果，是所有地丁银总额的 21% 留给各省以供地方使用，即地方财政占赋税总额的 1/5。但事实上，有关地方财政存留额可能比上述的 21% 还要少，更多可能不是用于地方开支。以康熙六十一年（1722）山西存留地丁钱粮为例：

表 1　清康熙六十一年（1722）山西存留地丁钱粮情况 ③

地丁总额（两）	存留地丁额（两）	存留额占总额的百分比	开支类别占存留额的百分比（%）			地方开支占总地丁额的百分比（%）
			军需	驿站	地方开支	
2792578	848947	30.4	65.63	18.54	15.83	4.8

资料来源：《奏销地丁钱粮事文册》，见《内阁大库现存清代汉文黄册》，第 501 号。

可以发现，存留地丁钱粮中真正用于地方开支的只有 15.83%，而地方开支的数额仅占总地丁额的 4.8%，相较之前的 21%，数字实为惊人。清顺治九年（1652），

---

① 陈锋、蔡国斌：《中国财政通史·第七卷·清代财政史》，长沙：湖南人民出版社，2015 年，第 56 页。

② 《[乾隆] 大清会典则例》卷三十六《户部》。所谓"起运"，即各地所征收的钱粮按照一定比例起解户部及各部寺监，或听候户部协拨他省兵饷要需，作为国家经费开支之用，属于中央财政；所谓"存留"，即各地所征收的钱粮按一定比例存留本地，作为地方经费开支之用，属于地方财政。其中作为中央财政开支之用的包括京饷、协饷、藩库存储银以及雍正五年以后的留贮银、雍正八年以后的分贮银等；地方财政开支之用的内容各地类略有不同，如湖北，包括驿站项下排夫、脚马、红船、水手等银，以及官俸役食、祭祀、表夫、部寺解费、廪粮等银。参见彭雨新：《清代田赋起运存留制度的演进——读梁方仲先生〈田赋史上起运存留的划分与道路远近的关系〉一文书后》，《中国经济史研究》1992 年第 4 期。

③ 表格来源于曾小萍在解读清代行政经费匮乏情况所作之表格。参见 [美] 曾小萍著，董建中译：《州县官的银两——18 世纪中国的合理化财政改革》，北京：中国人民大学出版社，2005 年，第 30 页。

户部尚书车克就已对存留之弊的认识概括为四端，其中一端为这势必会促成或加剧地方官吏的私征私派，贪婪中饱。① 以至嘉庆帝也不得不承认，地方官员除了依靠陋规，别无选择。嘉庆皇帝没有同意任意剥削百姓，而是做出了不同寻常的建议：陋规应合法化，并制定征收章程。② 因此，摊派便成为当时州县官们的自然选择。清道光初年，御史徐宝善论及陋规时亦言："养廉摊扣无省无之，实可支领者已属无几"，地方官若不得受陋规，则断不能枵腹而谈公事，故收受陋规外官视为故然，恬不为怪。③

之所以会如此选择，是因为这些陋规被州县官们所接受。这些陋规中有一些是来自他们的书吏和衙役。"州县以一身膺百里之寄，莋苻时警，雀鼠纷争。无论颓惰自甘，即精明强敏者，亦未易呈功于一手一足之间。"④ 为了保证州县政务工作的有序开展，州县官不得不使用书吏、幕友、长随等编外人员。显然，离开了书吏和衙役的支持，州县官们很难从事有关司法与行政的很多活动。一定程度上，书吏衙役的摊派需求较州县官更为强烈。其正式薪资的微薄使其很难满足养家糊口的基本要求，从而使得摊派成为其主要收入来源。白德瑞（Bradly W.Reed）在利用巴县档案进行系统研究时指出，由于大量衙门胥吏的主要收入来源乃是仰赖于"陋规"，并非是国家体制内的薪酬，而这些人对于维持衙门公务正常运作而言又是不可或缺的，因此通过处理诉讼案件使其可以从中收取费用，便成为了一套"法外制度"。⑤

以上关于图赖发生所涉及经济原因的分析，仅是一种推测，有材料证明摊派与图赖之间存在联系。广西太平州就存在"尸亲事主往往置凶手于不问，

---

① 陈锋、蔡国斌：《中国财政通史·第七卷·清代财政史》，长沙：湖南人民出版社，2015年，第64页。

② ［美］曾小萍著，董建中译：《州县官的银两——18世纪中国的合理化财政改革》，北京：中国人民大学出版社，2005年，第282页。

③ 转引自周健：《陋规与清嘉道之际的地方财政——以嘉庆二十五年清查陋规事件为线索》，《"中央研究院"近代史研究所集刊》2012年第75期。

④ 转引自岁有生：《清代州县衙门经费》，《安徽史学》2009年第5期。

⑤ Bradly W.Reed, *Talons and Teeth. County Clerks and Runners in the Qing Dynasty,* Calif.: Stanford University Press, 2000. 转引自尤陈俊：《中题西影：反思中国传统诉讼文化研究的思维框架及其概念使用》，《现代法学》2019年第1期。

故将人牵连缠讼不休。而不肖土官，亦藉以苛索分配，乐以从事，虽经屡禁此风，仍未稍息，以致游棍汉奸视为利薮，动辄影射吓诈"的情形。经查证后规定"嗣后如有命盗案件，该尸亲事主，敢向附近村庄缴费索赔者，希即扭送禀控，以凭究处。倘该土官希图分配，准令勒派。并希立时上控，定将该土官参办不贷。"①

（二）人口矛盾：人地矛盾的激增引起图赖蔓延

清代图赖发生人口方面的原因，已有研究提及。② 人口层面最核心的问题应是"人地矛盾"。这也是导致有清一代图赖发生的重要诱因。因此，有必要说明清代有关人口与土地的状况。清代人口问题的出现自康雍之际就已初见端倪，但真正因人口问题造成社会压力，是在乾隆以后。清代的人口，在乾隆朝是一个较大的发展时期。③

根据现有研究成果可以观察到清乾隆六年（1741）的全国在册人数达到一亿四千三百四十一万余次，是我国人口统计史上人口数量第一次突破一亿。此后，乾隆二十七年（1762）人口数量两亿余次。总体而言，人口增长速度自乾隆以后是逐步加快的趋势。④

与清朝人口增长相反的是清朝土地面积并无增长，甚至有减少之舆。根据国家入册的耕地数和人口数，可以计算乾隆十八年（1753）到嘉庆七年（1527）间，其中一些年份的人均耕地亩数：

表2　清代乾嘉时期人均耕地亩数状况

时期	全国入册耕地面积	全国在册人口	人均耕地亩数
乾隆十八年（1753）	7352218 顷	183678259	4 亩

① 广西民族研究所编：《广西少数民族地区石刻碑文集》，南宁：广西人民出版社，1982年，第62页。
② 段文艳：《清代民间社会图赖现象之研究》，暨南大学硕士学位论文，2006年，第37—40页。
③ 孙毓棠、张寄谦：《清代的垦田与丁口记录》，《清史论丛》第一辑，北京：中华书局，1979年，第114—117页。
④ 郭松义：《清代的人口增长和人口流迁》，《清史论丛》第五辑，北京：中华书局，1984年，103—138页。

续表

时期	全国入册耕地面积	全国在册人口	人均耕地亩数
乾隆三十一年（1766）	7807290 顷	208095796	3.75 亩
乾隆四十九年（1784）	7605694 顷	286321307	2.65 亩
嘉庆十七年（1812）	7889256 顷	333700560	2.36 亩

资料来源：孙毓棠、张寄谦：《清代的垦田与丁口记录》，载《清史论丛》第一辑，北京：中华书局，1979 年，第 112—117 页。

通过表 2 可知，在册人口不断增加，但全国入册耕地面积却没有增加，且出现了减少的情形。即使有所增加，在增加比率方面也难以跟人口增长速度匹配。[①]

这种情况的不断发展，使得愈来愈多的农民因无法获得土地，而被迫成为"流民""闲民"等无赖之辈。曾有人称："今天下……占田者十之一二，佃田者十之四五，而无田可耕者十之三四。"[②] 众多"无田可耕，无田可佃"的人产生，确实是严重的社会问题。产生的这些所谓"游手好闲"之人，则成为清代社会图赖发生的部分主体。付为诇在《应诏陈事务疏》中说到："天地生财只有此数，生齿日繁""游手好闲"。他认为："生者不加多，而耗者日加甚，求民之无患贫不可得也。"[③] 乾隆四十七年（1782），台湾地区的《严禁开赌强乞剪绺碑记》曾记载：

> 近访有一种无艺之徒，在街开场聚赌，常致争闹，酿成祸端；一种流丐，身无残疾，三五成群，每逢朔望，沿街强乞，稍拂其欲，恃赤图赖；一种罗汉脚，不事生业，潜入街市，混窃剪绺，扰害商民。

---

① 有学者以清代四川地区的人口增长为例，发现人口的年增长率呈逐渐增长的态势。虽每年增长幅度有所不同，但增长的态势却是一致的。在确定耕地面积不会相应增加的情况下，人均耕地面积势必会缩小。具体参见刘铮云：《清乾隆朝四川人口资料检讨：史语所藏〈乾隆六十年分四川通省民数册〉的几点观察》，载"中央研究院"历史语言研究所出版品编辑委员会主编：《中国近世家族与社会学术研讨会论文集》，台北："中央研究院"历史语言研究所出版品编辑委员会，1998 年，第 301—327 页。

② （清）旷敏本：《岣嵝删余文草》，《复范抚军论城工》，清乾隆定性山房刻嘉庆十六年（1811）增修本。

③ （清）江浚源：《[嘉庆] 临安府志》卷十九《艺文一》，清嘉庆四年（1799）刻本，第 529 页。

此处虽言"流丐"，但实际上，游民与流丐的界分并不十分明确，甚至有时二者是同一身份。如台湾地区嘉庆二十二年（1817）立《奉宪严禁罗汉脚恶习碑记》载：

> 冤有不事生业赌□□徒，绰号"罗汉脚"，结党成群，日为流丐，夜行鼠窃；身穷计生，靡所不为。[1]

这些"游民"的产生，无不与清朝中期以来人口增加、人均耕地面积减少、难以生存有关。

其实，即使那些有田可佃的农户，也时常会感到土地紧张对他们的压力。人口问题本身的存在，人地矛盾的加剧以及地主阶级对佃农的压榨，都使得佃农不断失去生产手段，而地主总是会利用佃农对土地的需求，以夺佃、退佃等手段相威胁，乘机抬高租额并进行各种额外盘剥。因此，这种情形不断发生导致更多的人生活水平降低，"甚至低于他们的身体需要的最低限度"。[2]

这种"低于他们身体需要的最低限度"所触发的后果，即佃农"最后的反抗"。一般情况下，随着事态的发展，弱者一方最后的对抗手段，会采取"图赖"的行为。这样，即使是弱者一方也常常保有某种攻击或反击的手段，因弱者的选择可能在某一阶段突然爆发。而且这类行为，即使仅仅暗示其可能性，实际上往往也有极大的效果。换个角度观察，既然许多人都生活在一种接近最低生存线的极限状态之中，对于当时社会的人们来说，确实存在着采取行动时把这种可能性时刻置于心头的必要。无论理由是什么，把他人逼得无路可走总是极其危险的。[3]

---

[1] 何培夫主编，林文睿监修：《台湾地区现存碑碣图志高雄市·高雄县篇》，台北："中央图书馆"台湾分馆编印，1994年，第117页。

[2] ［德］马克思：《资本论》，《马克思恩格斯全集》第25卷，北京：人民出版社，2016年，第210页。

[3] ［日］寺田浩明著，王亚新等译：《权利与冤抑——寺田浩明中国法史论集》，北京：清华大学出版社，2012年，第223—225页。

（三）自然环境条件

现有资料显示，清代以来图赖的发生成为一种全国性的普遍现象。其发生区域并未局限在某些地区。但值得一提的是，在发生的频繁度方面，东部沿海地区图赖现象高发。

蓝鼎元在《鹿州初集》中谈及："滨海习俗轻生，诨语小故，辄服断肠草，自尽图赖。先生力惩其弊，令当刑者掘草根赎罪或出俸钱以市积堂下毁之。"① 滨海习俗轻生，且服断肠草以自尽图赖。此处所服断肠草为何？《岭南杂记》中曾有说明：

> 断肠草，粤中处处有之。叶与蒌叶正相似，乃木本。高三四尺，结子如羊角，不知手误触之入口亦有毒，與夫每以相戒。粤山野人最轻生，每服此以图赖，有欲槭之者，此草即摇动，若招人之状。闽中亦有之。余过汀州，见郡守王简庵廷抡出示禁人服断肠草。②
>
> 愚者好勇轻生，与富豪斗不能胜，则服胡蔓草以诬之，禁之不绝。③
>
> 斗力不胜，即服胡蔓羊角纽住毒草致死以诬之。④
>
> 粤中有轻生恶习，每因睚眦服毒自缢，民以病殁者，亦架词诬陷，株连牵累。⑤

以上资料皆证实了一种情况，在清代广东地区曾出现过非常多图赖事件。这些地方的图赖事件在地方志中记载甚多。为何广东地方志对这类图赖事件情

---

① 《钦定四库全书》第 1327 册，上海：上海古籍出版社，1987 年，第 661 页。

② （清）吴震方撰：《岭南杂记》，清龙威秘书本，第 50 页。

③ 《[康熙]阳江县志》卷一《星野考·风俗》，载《中国地方志集成·广东府县志辑》第 40 册，上海：上海书店出版社，2013 年，第 12 页。

④ 《[光绪]德庆州志·地理志》第六《风俗》，载《中国地方志集成·广东府县志辑》第 51 册，上海：上海书店出版社，2013 年，第 427 页。

⑤ 《钦定八旗通志》卷二百三十九《人物志》一百十九，第 4 页。

有独钟呢？可能是那里这种案件确实多发的缘故吧。^① 广东地区图赖多发的诱因，除民有小忿便服毒外，广东地区遍地皆是的胡蔓草与断肠草，给予了那些希图借人命以图赖的当事人一种可能，一种机会。这些便利的自然条件，可能是其他地区所不具备的。

从自然条件、地理位置的角度也许可以解释，为何自然条件会成为图赖发生甚至频发的原因。大概有两个方面的原因可以考虑：第一，自然条件的不同，可能会产生不同的适宜生长的植物。如前述断肠草、胡蔓草、吻肠草，这些植物遍地皆是，方便了当事人服毒图赖的可能。这些植物在其他地区稀少或没有，在一定程度上会降低与减少小民服毒图赖的可能性；第二，这些图赖的频发地，如江苏、浙江、福建、广东等地，自南宋以来，经济重心南移，都成为经济与商业发展的重镇。而这些地区商业的发展与繁荣，为民间社会图赖的频繁发生提供了条件与环境。^②

三、清代地方社会禁革图赖的举措

明清时期善堂与图赖得以联系的媒介，是尸体的产生，尤其是无主尸体的出现。根据山本进的研究，由于清代后期的江南社会，地方衙门并不向刑书、仵作和地保支付正规的津贴，使得这些人员以路毙浮尸作为满足其诈取钱财的借口，恐吓尸体所在地的富户人家，且这种恶习曾一度蔓延。^③ 而为应对这一问题，嘉庆十七年（1812），苏州府湖墅镇的乡绅韩是生便设立了以垫付验尸费用和收埋路毙浮尸为目的的一善公堂。以往的善堂是以救济弃儿或寡妇等绝对弱势者为目的的机构，而一善公堂则是为救济受到书役敲诈的有产阶层设置

---

① 徐忠明、杜金：《清代诉讼风气的实证分析与文化解释——以地方志为中心的考察》，《清华法学》2007年第1期。

② 尤陈俊：《儒家道德观对传统中国诉讼文化的影响》，《法学》2018年第3期。

③ 在古代中国，被卷入案件对人们来说是很大的负担，因为刑书和仵作即使明知死者为中途倒毙，也会恐吓民众说是杀人事件，乘机索要钱财。参见［日］山本进著，李继峰等译：《清代社会经济史》，济南：山东画报出版社，2012年，第100页。

的机构。为了与原有传统型善堂进行区别，故而将其称为新型善堂。[①] 这种新型善堂设立的目的，恰好同官方严禁藉尸图赖相关，都是借机在源头上清除藉尸图赖得以发生的工具——尸体。[②] 乾隆后期，这类新型善堂与尸体检验发生交集。[③]

善堂处理的这类非正常死亡的尸体，应是排除病死等正常死亡以外的其他非正常死亡。首先需要就尸体状况与尸体身份两方面情况进行说明。

清代善堂的设置地区，多为江南等地。[④] 这主要是因为江南人口密集、工商业发达，来此谋求生存的外地人士较多，不乏客死无人收殓的情况；本地因贫困而无力营葬者也不在少数。[⑤] 闽浙总督刘兆麒也曾发布公告指出："本地土著之民，苦于贫穷孤独，身后无人殓理，以致年深日久，暴露荒郊，白骨抛零，见闻所及惨目伤心。"[⑥] 其中，流民、乞丐成为路毙浮尸的比例非常高。

路毙浮尸的处理需要先查明其死因、身份等问题后才能进入最后的施棺殓埋程序。在此之前，对这些非自然原因死亡的尸体，一般先经由地主、邻佑报告善堂，此时需由善堂经董亲前往查看。在此，路毙浮尸的管理权限就收归善堂手中。这是对藉尸图赖，尤其是藉路遇之尸图赖进行禁革的有力措施。首先需要观察有无伤痕，如果没有伤痕，证明并非他杀，则不会被列为刑事案件处理，一般直接施棺殓埋；若有伤痕，善堂负责报告且验明清楚后，再行棺殓埋

---

① 山本进将善堂分为"原有型善堂"与"新型善堂"，是基于善堂设立目的的不同进行的区别。参见［日］山本进著，李继峰等译：《清代社会经济史》，济南：山东画报出版社，2012 年，第 100—101 页。

② 林枫教授在论及清代台湾义冢的破坏与维护时，就使用过"借尸图赖"的表述。此处"藉尸图赖"应与"借尸图赖"作同义表达处理。参见林枫、孙杰：《清代台湾义冢的破坏与维护》，《厦门大学学报（哲学社会科学版）》2013 年第 2 期；

③ 黄鸿山：《善堂与恶政：清代江浙地区的命案相验问题及其应对》，《清史研究》2015 年第 1 期。

④ 据梁其姿的统计，施棺类善堂共有 589 所。其中多数居于东南地区、西南地区，南部地区的善堂数量多于北部地区。参见梁其姿：《施善与教化：明清时期的慈善组织》，北京：北京师范大学出版社，2013 年，第 276—291 页。

⑤ 黄永昌：《清代江南义葬与地方社会》，北京：中国社会科学出版社，2017 年，第 157 页。

⑥ （清）刘兆麒：《总制浙闽文檄》卷三，"添置义冢地永行收派土葬棺骸"载杨一凡、刘笃柱编：《中国古代地方法律文献》乙编第 4 册，北京：世界图书出版公司，2006 年，第 109 页。

葬。属于刑事案件的，由善堂负责送至官府办理，甚至可自行处置。清代有关这方面的禁令很多。① 南汇同仁堂颁行的规条中曾就路毙之尸的处理予以说明，其《收埋路毙》规定：

> 或病死道旁，或掩毙河内，一经地邻报堂经董亲往查看，如无伤痕，即施棺殓埋。倘地保、丐头及无赖等藉尸图诈，据实禀究。如有伤痕，报官验明，然后棺殓。
>
> 尸场相验经费另有转款田产取租抵用。虽同归善堂管理，仍应将收支书目分册报销，以免混杂。②

这则规条是对路毙浮尸处理方法进行的规定，一般都是由地邻（地保与邻佑）报给善堂，再由善堂查看分别进行处理。至于后续流程，则是通过善堂进行，避免了其他人员"挟尸图赖"现象的发生。③ 其中，在善堂验明尸体的细节中，清代中后期发生了变化。④ 以"善堂"作为处理这类路毙、浮尸相验的中介，对外而言是有效减少其他人员利用这类尸体进行藉尸图赖的可能；对内而言，官府衙门将直接验明尸体是否有伤痕的责任归为善堂负责，善堂最终只需将有伤痕，认为可能会是刑事命案的案件交由官府处理即可，某种程度上是降低了官方（官府）处理此类非正常死亡事件的行政成本。

上述有关尸体的关注点是在尸体有无伤痕方面，当然这也是判断尸体是否需要直接掩埋的最直接依据。但隐形存在的另一条线索则是"有无尸主"的问题。这涉及路毙浮尸是否有人认领的情况，即查明十分来历。一般情况是善堂

---

① 黄永昌：《清代江南义葬与地方社会》，北京：中国社会科学出版社，2017年，第165页。

② 《［光绪］南汇县志》卷三《建置志》，载《中国方志丛书》华中地方第42号，台北：成文出版社，1970年，第272页。

③ 清代长期存在这种"有遇事生波之棍徒，动辄挟人命图赖"的情况。参见张铭、蓝勇：《清代浮尸收瘗保障制度研究》，《历史教学》（下半月刊）2018年第3期。

④ 清嘉庆时江宁府浮尸出现后，无论有无伤痕，都得先"报官相验"，由官府判定浮尸有无伤痕。（清）蒋启勋、（清）赵佑宸修，（清）汪士铎等纂：《续纂江宁府志》卷十五《拾补》，清光绪十年（1884）重刻本。转引自蓝勇、张铭：《清代浮尸收瘗中的人文关怀》，《学术研究》2018年第2期。

收集尸体后，说明状貌，招人认领。清末时期的《申报》等媒体就会公开发布这类信息，如"路毙叠见""招认路毙"的内容，其中一则消息说到：

> 二十日，苏阊外马部浜有路毙男子一人，年五十余岁，二十五日渡僧桥叶家弄又有男尸一名毙于道左。两人均系乞丐之流，悉由地方呈报善堂，经堂董验尸，因身并无伤痕，故即时给棺殓葬云。[①]

上述例子，以说明清代善堂不仅仅内部处理路毙之尸，还通过外部公示的方法，希冀尸亲能够认领尸体。通过外部的认领方式，能够消解一部分有主尸体，也减轻了善堂处理的负担。在尸体是否有主的认定程序方面，为减免对无主路毙浮尸的伤害，一般都会采取二次收瘗的方式，即先采取浅葬的形式，使尸亲认领时能方便取走尸骨，若一年后无人认领，则进入报备审查的阶段，这些尸体则最终可视为真正的无主路毙浮尸，而被殓埋。[②]针对路毙浮尸一时难以寻觅其亲属，后事也无人料理的情形，善堂会举办施棺代葬的事宜，一方面是为了避免尸体暴露荒野，另一方面也是出于维护地方社会稳定的考虑。

综上所述，清代善堂在规制、避免藉尸图赖问题发生方面起到了十分重要的作用。其具体规制措施包括如下几个方面：

第一，清代善堂防患于未然，在路毙浮尸产生之前，就对这些无家可归、无食可用的人进行收容。在源头上切断藉尸图赖产生的可能；

第二，善堂直接对地保、邻佑呈报的尸体进行初步检验，将那些并不存在伤痕，且无主的尸体（不存在命案嫌疑可能）直接施棺殓埋；

第三，民众在路途中发现路毙浮尸时，可交由善堂。根据上述流程图，再经由堂董进行验尸，查有无伤痕与尸亲认领。这种"地保、邻佑—善堂"直接经手的形式，避免了官府衙门内部的差役、书吏暗中藉尸图赖情况的发生。

---

① 《申报》第 1868 号，1878 年 4 月 28 日。

② 即使如此，也会立石碑"镌刻年貌备查"，依旧期待其亲属前来认领。参见（清）龚嘉儁修、李榕纂：《杭州府志》卷七十三《恤政四》，1922 年铅印本。转引自蓝勇、张铭：《清代浮尸收瘗中的人文关怀》，《学术研究》2018 年第 2 期。

第四，善堂经手后，验尸的费用由善堂承担且善堂在一定程度上具备惩戒图赖者的某些权利。[①] 这种做法在一定程度上弥补了因国家财政固有之缺陷而导致的地方衙役勒索图赖现象。如《（杭州）同善堂附办栖流所报验规条》记载，借尸讹诈者，许被害之家向所中绅董报告，绅董则"填单送县请验，串诈与否，听县究办"。[②]

在对整个非正常死亡事件的处理过程中，善堂的介入，以及其他人员的参与，每个环节都会相应地减少或禁革图赖发生的机会。但善堂也存在局限性。如虽然可以认领尸体，但却存在被讼师、衙役唆使，冒替尸亲的情况，这也容易滋生图赖；善堂的数量也是有限的，根据现有研究显示，清代善堂的设置主要集中在南方，北方善堂数量相较南方稀少，北方路毙浮尸的安顿问题则可能成为他人图赖的借口；最后，善堂设立目的的不同，依据大小分类的不同，有些善堂并不能起到有效防止藉尸图赖的功能。以上的不足都会影响善堂禁止图赖发生效用的实现。因此，在承认并认清善堂效用有限的基础上，进一步充分发挥善堂在禁止图赖方面的积极作用，使其实现最大化结果，是需要着重考虑的问题。

四、余论：作为社会问题的清代"图赖"

曾有学者认为，中国社会经济史研究的人文关怀需要研究到人，除了需要强调人的理性层面之外，一定要关注到人的感性层面，或者说是非理性的层面。[③] 针对清代社会图赖问题的讨论，我们应更多将图赖的发起者——图赖者，以及图赖者发生的图赖行为作为研究清代社会图赖的切入点。

---

① 需要说明的是，清代善堂作为民间组织，并不具备执法权，因此只能针对出现的各种勒尸图赖的行为制定应对之法，但这种应对的办法只能在一定程度上起到约束衙役、书吏、仵作和乡保等人员行为的作用，无法从根源杜绝这种问题。参见张铭、蓝勇：《清代浮尸收瘗保障制度研究》，《历史教学》（下半月刊）2018年第3期。

② 转引自黄鸿山：《善堂与恶政：清代江浙地区的命案相验问题及其应对》，《清史研究》2015年第1期。

③ 王日根：《中国社会经济史研究中的人文关怀》，《中国社会经济史研究》2013年第1期。

通过对清代图赖的发生原因、地方社会具体禁革措施的讨论，我们发现图赖在地方社会的发生与频盛，是多重因素共同作用的结果：既有自然地理环境方面的影响，也有清代政治、经济与人口状况的大背景的造就。虽然清代官府积极采取措施，如颁布碑刻禁令、设立民间善堂等，通过各种途径尽可能降低，甚至消灭图赖在民间社会的发生，但最终的结果大多都不尽如人意。即使有减少之趋势，但措施实施不久后又"死灰复燃"，在根本上很难完全灭除图赖发生的可能。深入讨论清代社会图赖发生的社会因素可能为清代整个社会风气的研究提供更多契机。

民间规约的法制化历程

——基于民国初年山西村禁约制度的考察

侯怡宁*

    1917 年 9 月，阎锡山在取得了督军兼省长的要职之后，仿照日本町村之制，颁布《编村条例》，开始了影响深远的村治运动。[①] 这一运动以促进村民自治为出发点，对村民会议、村公所、息讼会、保卫团和监察委员会等村自治机关，以及村禁约等村自治制度进行了创设。其中的村禁约制度是设计中的一大亮点，在山西境内渊源已久。由现存山西境内的石刻资料来看，村禁约的形式、内容、处罚方法等在明清时期的山西民间已经基本成型。

    渊源甚久的村禁约作为乡规民约的一种传统、典型的表达方式，在山西村治中得以被重视，并经重新设计而继续发挥作用，有其自身的合理性。[②] 那么

---

* 侯怡宁，山西运城人，北京师范大学法院博士研究生。

① 刘泽民等主编：《山西通史大事编年》下册，太原：山西古籍出版社，1997 年，第 1462 页。

② 山西村治运动在民国时期已经被学术界所重视，时人邢振基的《山西村政纲要》、刘灵华的《山西政治述要》、吴庚鑫的《山西自治行政实察记》、周成的《山西地方自治纲要》、郭葆琳的《山西地方制度调查书》等著作中对山西村治情况的介绍，为后学继续研究提供了条件。现当代关于山西村治议题的代表性研究成果，有美籍学者李怀印的《华北村治：晚清和民国时期的国家与乡村》、李德芳的《民国乡村自治问题研究》、董江爱的《山西村治与军阀政治：1917—1927》、韩玲梅的《阎锡山实用政治理念与村治思想研究》、祖秋红的《"山西村治"：国家行政与乡村自治的整合（1917—1928）》等。以往关于山西村治的研究，多是将其作为一个统一整体，并主要从历史学、政治学的视角加以探析。李芳、周子良的《论民国时期山西村治中的自治机关和村禁约制度》一文，将村禁约制度视为相对独立的问题，并运用法学视角加以研究；周子良《民初山西村自治机关运行的法制化》一文，将山西村治运动中设立的包括村公所、村民会议在内的村自治机关从"法制化"的角度加以分析，他们的思路为本文的写作提供了重要的启发。

我们要问的是，村禁约在山西村治运动中，经过了怎样一番全新的制度设计而得以继续沿用？这一时期的村禁约制度与以往的乡约及民间规约意义上的村禁约相比，获得了哪些不同于二者的特质？从"中国法律近代化"这一角度进行思考，观察村禁约是如何借由官方立法完成其近代化的，又是如何被赋予现代性的，或可为民间规约的法制化历程诸问题的解答提供便利。

一、山西村禁约制度的渊源

（一）明清时期乡约在山西的普及

村禁约这种"禁约型的村社规约"，在山西境内渊源已久，其基本形态和规约内容脱胎于明清时期山西境内普遍推行的乡约制度。关于乡约的研究，国内学术界大致形成了以下共识：其一，乡约不等于乡规民约，乡约是一种民间基层组织。[①]其二，明清乡约的职能经历了以自治和教化功能为主到以行政和司法职能为主的演变过程。[②]观察乡约在性质、组织及职能上的特征，可以看到，乡约制度为其后山西村治中的村禁约制度提供了自治传统、组织方式和官方控制理念。

据山西巡抚觉罗石麟奏报，早在清乾隆初年，"晋省村庄，无分大小，俱设有乡约"。[③]乡约在山西境内的推广，经历了明万历年间的大力普及，以及清统治以后借由宣讲"圣谕六言"的重新推广。乡约在明清时期主要有官办乡约、绅办乡约和官督民办乡约。乡约最早的功能是承担教化，宣讲圣谕，其后拥有

---

① 董建辉：《"乡约"不等于"乡规民约"》，《厦门大学学报（哲学社会科学版）》2006年第2期。

② 段自成：《明清乡约的司法职能及其产生原因》，《史学集刊》1999年第2期；王日根：《论明清乡约属性与职能的变迁》，《厦门大学学报（哲学社会科学版）》2003年第2期；常建华：《明清山西碑刻里的乡约》，《中国史研究》2010年第3期。"乡约是明清时期山西基础性的乡村行政组织，在乡村社会发挥着重要作用。"

③ 中国第一历史档案馆藏档案：硃批奏折・内政类・保警，乾隆三年九月初六日山西巡抚觉罗石麟奏。转引自段自成：《清代北方官办乡约研究》，北京：中国社会科学出版社，2009年，第75页。

了承担部分社会事务的功能，如催科、稽查、救灾等行政功能和基层司法职能，具有自治性。需要说明的是，乡约是一种涵盖官方政治话语、民间倡办力量、确定的组织机构的制度，是官方进行基层控制的一种手段和工具，拥有一定自治性，但不等于乡规民约。明清时期山西的乡约，在普及程度、组织性、功能、规约内容等方面与民国初年的村禁约制度大有相似之处。可以说，山西境内日后存留的以村禁约等为形式的乡规民约，系由乡约教化的内容剥离演化而来。由现存山西境内的石刻资料来看，村禁约的形式、内容、处罚方法等在明清时期的山西民间已经基本成型。

（二）乡约组织：以村社为单位的乡约所设立

"从乡约的组织形式来看，清代山西乡约仍是以村社为基础的。"[①] 明清的乡约组织，以村社为基本单位。山西民间现存的乡约碑刻资料中大量"阖社同立"的落款足以印证这一点。以清康熙五十八年（1719 年）晋城市陵川县《崔村创建乡约所碑记》[②] 为例，可以看出这一时期承担教化功能的乡约制度，其作用的范围主要在一村一社之中，并拥有特定的活动场所，因而具备了一定的组织性，而非闲散偶然的自发行为。以村社为单位推行教化，既考虑到村社教谕的舆论影响力，又可增强其基于稳定社群关系的组织性，因而成为乡约推行的主要形式。这样以村为单位施行教化、自治和官方控制的组织形式，在民初山西村禁约制度中被延续下来，借由阎锡山在山西境内推行的融合日本町村制度而成的村本政治，成为村禁约制度的基本组织形式。其后山西村治中一系列诸如村民会议、村公所等村禁约制度保障机构的设立及其法制化，也可以由此寻到渊源。

（三）乡约职能：以教化为主，兼及司法和行政

从上述《崔村创建乡约所碑记》中可以看到，乡约最初的职能为推行教化。

---

① 常建华：《明清山西碑刻里的乡约》，《中国史研究》2010 年第 3 期。

② 勒石于清康熙五十八年（1719），现存于礼义镇崔村乡约所。碑呈长方形，长 66 厘米、宽 42 厘米。碑文记录了崔村为了使村民秩序井然，全村共同决定成立乡约所的情况。全文约 370 字，楷体竖书。冯君冠撰。保存完好。载王立新主编：《三晋石刻大全·晋城市陵川县卷》，太原：三晋出版社，2013 年，第 117 页。

其碑文内容如下：

> 崔村去邑治三十里许，有余先人之薄田，余因自城来耕于此。土瘠民贫，耕织外一无事事，犹有村野之风，顾朴乔野近蠢。二代之后，不克比户可风，少年弟子近渐远淳古，是不可无以教之至。于是请诸乡老，佥谋于请建乡约所。余闻之喜甚，遂后计工度地，量日程材。计东西五丈六尺，南北七丈八尺，屋二十楹。经始于康熙五十二年二月十日，断手于五十六年七月乃成，诸乡老喜甚。余又虑守所无人，以致日久年湮，将不免有风雨飘摇之患，因施田十亩，以为守所署朝夕口餐之资。诸乡老愈喜，甚以为余计深需虑也。余乃群乡之人而告之曰：乡约所以讲乡也。圣训煌煌，明曷简易。自今孝尔父，恭尔兄，教尔子，睦尔邻，耕尔田，服尔贾，秀者读尔书。朴毋乔野毋蠢，上共赋役，下养父母妻子，毋背约。诸乡老更益喜，佥曰：是役也，可以为祈谷报蜡之所为焉；可以为岁时伏腊之聚焉；可以为社仓焉；可以群子弟读书焉。后之人嗔毋肖像祀淫，则崔村之风可近于古矣。是为记。
>
> 邑主冯君冠撰
>
> 清康熙五十八年岁次乙亥三月谷旦立

根据碑文记述，崔村创设乡约所，皆由"少年弟子近渐远淳古"而起，为使村野之风得以去除，村民免于蠢愚，建立乡约所，推行教化，就显得尤为必要。乡约所的主要职能在于宣讲圣谕，圣谕简明扼要，足以行教化之功用。可以看到，其内容包含孝敬父兄、教谕儿女、和睦亲邻、耕种农桑、勤奋读书等传统儒家道德所提倡的生活方式及行为规则。这是早期功能较为单纯的"教化型"乡约的典型形式，也是乡约制度最本源的目的和面貌。其后山西地区广泛出现了兼及部分司法和行政职能的官办乡约，使得乡约日渐与官方意志靠拢，在内容上推行皇权意识形态，在组织上成为国家机构在民间延伸的触角，乡约日益成为官方控制下的基层行政组织。

乡约这种传统制度和治理思路，在民国时期的村禁约制度中被完整地采用。观察村禁约制度我们发现，民初山西村治中的村禁约，以禁止性的约文内容，表达了村民自发、自治的行为规则以及儒家的道德理想。禁约本身是为实现教谕而设立的自治规范,其职能与明清乡约的教化功能别无二致。对于违犯村禁约事项议罚的规定,也使得村禁约拥有了部分经由国家许可的司法职能。正如学者牛铭实所说,在山西村治中,乡约教化的功能被充分地发挥利用,如整理村范、整理市范,但偏重惩恶。[①]

二、山西村禁约习惯的初步形成

村禁约习惯初步形成于清朝中后期。随着国家政治制度的渐变,传统的国家——社会两级秩序被打破,乡约赖以生存的社会环境和政治结构遭到严重破坏,制度式微,但其兼及儒家治世理想与世俗规则的乡约内容得以由制度脱胎并留存下来。也就是说,作为基层行政组织的乡约制度虽然在机构和组织上退化,但其关于村民共同设立规约以求自治的精神和大量约文的内容已经形成并得以保留,为以后民国初期山西村禁约制度提供了核心的制度内容与传统,并经过一番法律化的改造,正式纳入地方治理的法律体系之中。

关于此点,张中秋教授曾有明确的论述,他认为乡规民约是乡约的流变形式,并阐述了乡约曾具备的法律性,即乡约不是国法,但拥有与国家法律相联系的强制力。[②]按照学者刘笃才的概念构造,与"社条型""乡约型"的村社规约相对,村禁约实际上属于"禁约型的村社规约"。[③]据此我们可以得出这样的结论:在村禁约被纳入国家法体系而使得该制度正式形成之前,作为乡规民约的村禁约,是乡约制度在山西地方推广而式微后的流变形式。这种村禁约仍是原始意义上的村规民约,未经法律化和近代化的改造,应当与其后山西村治中的村禁约制度区别开来。正是基于这种广泛存在的流变式的乡约,村禁约制度才得以获得其核心的规约内容与自治传统。

---

① 牛铭实:《中国历代乡约》,北京:中国社会出版社,2005年,第84页。

② 张中秋:《乡约的诸属性及其文化原理认识》,《南京大学学报》2004年第5期。

③ 刘笃才、祖伟:《民间规约与中国古代法律秩序》,北京:社会科学文献出版社,2014年,第124页。

乡约及由此脱胎的民间规约意义上的村禁约，在清末已经广布山西民间，以至于曾经的乡约组织已经不再运转多年之后，民国时人仍有村禁约在村中历经多年的印象。下面将列述几则有关清代山西村禁约的碑刻资料，以印证脱胎于乡约的村禁约制度，其规约形式、内容和处罚方法在清代后期已经大致确立下来。

（一）以村为单位、依禁约来调整社会关系的习俗初步形成

与乡约以村社为基本单位的组织形式相同，民间规约意义上的村禁约，在社群中依然以村为基础，由全体村民设立共同规则，一来约束村众行为，二来改善道德风化。有关山西村政实施情况的《山西村政汇编》一书中，收录了一1922 年 9 月《对各知事讲话》[①] 的文字，从中我们看到当时山西村中村禁约的渊源与传统：

> 关于村禁约，你们下乡讲演时，也要注意。按我村的情形，历来就有吃禁约的习惯。每逢到了立禁约的时候，村里杀一只羊，大家吃了，遵守禁约，俗话谓之吃禁约。这种习惯，我想各地方，虽然大同小异，但是到处都有。你们下乡时，总要为人民讲解明白，这回并不是由官厅另外定出一个村禁约来，还是要大家维持以前的习惯，格外看的注重一点，使村中减少坏人坏事。村人明白了，自然会定。[②]

这则讲话出现于 1922 年 9 月，其时阎锡山的村禁约制度仍未以法规形式确定下来，在山西村中的推广还要经由一系列的政治宣传和启发民智，但据此讲话可知，村禁约的制度设计，确实基于山西村中历来相传的村禁约习惯，并且此习惯大同小异，在山西村中到处都有。

有趣的是，晋城市陵川县郑家岭村在清嘉庆年间和道光年间两件同名为《郑家岭村禁约碑》的石刻同样显示，村禁约以村为单位、依禁约的形式来调

整社会关系和行为方式的传统，在这个村内历经近四十年得以保持，延续不辍。

郑家岭村禁约碑 ①

合社公议，乞罗太老爷严示：永禁赌博、私买橡檩木料等物。如有违者罚戏三天，若有盗砍大小树桩挖掘松栽之人，送社议罚。倘有违行不遵社规，送官究治。

嘉庆十六年十二月十九日演戏勒石郑口社首全立

郑家岭村禁约碑 ②

今合户族公议，情因里长到外收粮债，意胡行讹人。至今禁约：到外不许多收分文，照正价所收，有一得一，有穿户钱粮加倍收。凡有到外多收钱粮，不遵规矩，有人报知，合户公议所罚。倘有硬行不遵，送官究治。

道光式拾柒年五月初一日　立石

比较以上两则郑家岭村禁约，我们可以看出，从两碑勒石的 1811 年到 1847 年三十六年间，郑家岭村一直是用村禁约来规范村民行为的，其调整范围涉及赌博、私买木料、盗树砍树、催收钱粮等行为。这些行为是官府无力管辖的民间细事，但却关乎一村一社之治乱，村禁约的规条明白无误地规定这些多发且细碎的民间事务，并采用"合社公议"的方式，使得村禁约对全村民众具有拘束力，这种自发的自治行为，实在是民间秩序正常运行的有效力量。

---

① 勒石于清嘉庆十六年（1811）十二月十九日，现存于潞城镇郑家岭村大庙内。碑圆首长方座，首身一体，通高 149 厘米、宽 48 厘米、厚 12 厘米，座高 14 厘米、宽 25 厘米、长 57 厘米。碑文记录了郑家岭罗太老爷严示永禁赌博，如有违者送官究处的情况。全文 82 字，楷体竖书，计 6 行，行 18 字。保存完好。载王立新主编：《三晋石刻大全·晋城市陵川县卷》，太原：三晋出版社，2013 年，第 190 页。

② 勒石于清道光二十七年（1847）五月初一日，现存于潞城镇郑家岭村大庙内。碑呈长方形，长 62 厘米、宽 38 厘米。碑文记录了清道光年间郑家岭村合社所立的禁约。全文约 120 字，楷体竖书，计 14 行。保存完好。载王立新主编：《三晋石刻大全·晋城市陵川县卷》，太原：三晋出版社，2013 年，第 259 页。

（二）村禁约的内容、调整范围及功能初步确立

除了以上两则《郑家岭村禁约碑》可见的村禁约内容之外，从这一时期山西省内的大量碑刻资料来看，各村的禁约（或是村规民约）多集中于对水利、坟茔、土地、耕植、放牧、赌博、祭祀等方面的规定，其功能兼及教化和自治。

《为合村商议秉公禁赌志》①《常珍村禁赌博碑记》②《关爷坪村禁赌碑》③ 等碑文记载了各村禁止赌博的规约。其中，《为合村商议秉公禁赌志》用大量的篇幅论述了赌博在村中盛行的危害，使得村中"人品之流于里考者有之，家业之荡于败坏者有之"。鉴于此，时任县令明冉做出了正式的禁赌示谕。村人合议的结果是，此后如有外来匪类或不法之徒设局窝赌，绝不窝藏，送官究治。

《逍遥村渠规碑记》④《张蒿村重立渠水规碑记》⑤ 则对水渠的利用进行了规定。据《张蒿村重立渠水规碑记》记载，大小柏沟与张蒿村三村共用柏沟峪的水源，关于用水时间和权限，以往的规定是八日一轮，大小柏沟各用一天，其余六天为张蒿村用水日。然而是年大旱，大小柏村居上游，截断了水源，导致下游的张蒿村吃水困难，因而三村公议，立碑以明确用水规则。水利与农村耕植活动最为密切，历代农村对于水权的争斗都难以止息，对于这种极易产生纠纷且与农业利益息息相关的领域，用公议禁约的形式来调整，对村民来说是极为惯常的做法。

---

① 勒石于清乾隆五十五年（1790），为长治市屯留县石室村所立。载冯贵兴、徐松林主编：《三晋石刻大全·长治市屯留县卷》，太原：三晋出版社，2012年，第52页。

② 勒石于清嘉庆十九年（1814）五月，现存长治市屯留县常珍村。载冯贵兴、徐松林主编：《三晋石刻大全·长治市屯留县卷》，太原：三晋出版社，2012年，第57页。

③ 勒石于清道光二十三年（1843）七月初十日，现存于晋城市陵川县马圪当乡关爷坪村关帝庙。载王立新主编：《三晋石刻大全·晋城市陵川县卷》，太原：三晋出版社，2013年，第251页。

④ 勒石于清乾隆六十年（1795），原存于晋中市灵石县南关镇逍遥村菩萨庙内。载杨洪主编：《三晋石刻大全·晋中市灵石县卷》，太原：三晋出版社，2010年，第218页。

⑤ 勒石于清道光十九年（1839），现存于晋中市灵石县马和乡张蒿村田计光门内。载杨洪主编：《三晋石刻大全·晋中市灵石县卷》，太原：三晋出版社，2010年，第392页。

另有关于禁牧、禁止砍伐及割禾的规约，如《岭北底社禁牧碑》①《禁止柴林砍伐碑记》②《阖村禁赌割禾碑序》③。据记载，岭北底村中拥有土地九顷以上，栽植桑树二千余棵。土地和作物为村民立身的基础，因此要格外保护。为了防止有人在村中土地上放牧羊群，踏毁桑秧，岭北底村公议，在土地四界设立界碑，永禁牧羊，不许入境，如果有人强行入境牧羊，则由公社按禁约议罚。

可以看到这些禁约调整的对象均与村中农业生产、生活相关，并且及至山西村治实行的二十世纪初，这些民间规约的主要内容仍未发生实质性的变化。

（三）村禁约的处罚方式基本定型

除了村禁约的主要内容和调整范围之外，以"村社议罚、罚交钱粮、不服者送官纠治"为主的违犯禁约处罚方式在这一时期也已基本定型。

延安村公议禁约碑记 ④

阖村公议禁约事。

迩来骡马牛驴猪羊，其主人往往故意撒放，本村农人多有租耕伴种者，受多方勤劳苦心，一旦牛羊等畜践踏之、蚕食之，是此实为难受，因立禁约以示众。

一、禁六畜放牧青苗。

二、禁秋季采取谷草。

三、禁牧童割草者偷取瓜菜。

四、禁老少男女刁禾劫黍。

---

① 勒石于清道光二十四年（1844）二月，现存于晋城市陵川县杨村镇岭北底村三教堂。载王立新主编：《三晋石刻大全·晋城市陵川县卷》，太原：三晋出版社，2013年，第252页。

② 勒石于清同治八年（1869），现存于长治市平顺县石城镇遮峪村文昌阁内。载申树森主编：《三晋石刻大全·长治市平顺县卷（续）》，平顺县三晋文化研究会，2016年，第269页。

③ 勒石于清乾隆三十年（1765）。载杨洪主编：《三晋石刻大全·晋中市灵石县卷》，太原：三晋出版社，2010年，第155页。

④ 勒石于清嘉庆元年（1796）。青石质，长方形，碑高31厘米、宽67厘米。碑文楷书，共17行，满行16字。现嵌于翠峰镇延安村瓷门口。载杨洪主编：《三晋石刻大全·晋中市灵石县卷》，太原：三晋出版社，2010年，第231页。

五、禁村中留外来之人。

上数条不论本主闲散人等，一经捉获，果有实据，即鸣钟聚众，量时议罚，所罚银钱与送信人一半。

大清嘉庆元年三月二十日　阖村公立

大郊村禁约碑[①]

尝闻孔子云：五亩之宅，树之以桑。皆因庄村田土缺少，养桑者原为农夫，备诚寒之类，各自用功养桑喂蚕，恐有男妇幼童，自不养桑，望为损人利己，胡采人家桑叶，毁坏树木。合社公议，永禁桑叶不得独行乱采。如有不遵乱采者，有人拿获，报社公同议罚，拿获人分去罚头一半，下剩入社公用，倘有不法之徒不遵社规，送官究处，决不容情。

又约，放羊儿入吾界牧羊，山林树木不得坎（砍）伐，如有不遵者，有人拿获，报社公同议罚，决不宽情。

又约，立秋时鸣锣关蒿，游者议罚。

道光元年叁月拾五日合社仝立

分别勒石于清嘉庆元年（1796）和道光元年（1821）的灵石县《延安村公议禁约碑记》和陵川县《大郊村禁约碑》，明确规定了对于违犯村禁约的行为，一经抓获，要按照村禁约公开议罚。议罚时，要鸣钟聚众，使得村中公众悉数到场，以达到村禁约对村众的教化力和约束力。议罚的方式，两村均采取罚钱的办法，但从其他村禁约的规定来看，这一时期村禁约处罚的方式，除了罚钱，还包括罚粮、罚油等。特别地，《大郊村禁约碑》还规定了罚钱和取赏的方式。所罚钱产，除了拿获人分去一半之外，剩余的作为村费，"入社公用"。这样的

---

① 勒石于清道光元年（1821）三月十五日，现存于马圪当乡大郊村三教堂。碑呈长方形，高40厘米、宽50厘米。碑文记录了清道光元年大郊村为禁止破坏桑树、砍伐树木所立的禁约。全文约200字，楷体竖书，计16行。保存完好。载王立新主编：《三晋石刻大全·晋城市陵川县卷》，太原：三晋出版社，2013年，第203页。

公款性质的罚资，在后来山西村治的村禁约制度中被采用，并被阎锡山设计为"村公款"，明确规定其用途为包括"打井、积谷、教育基金"等三项在内的村政建设事业，除此之外，不得挪作他用。[①] 这也就是学者李德芳所说的，山西村治"具有的现代民主政治特征，以及它所开创的乡村财务公开和村务监察制度，在当今都对我们具有启迪意义"。[②] 同样地，以上两则村禁约中对于禁止放牧牲畜踏毁青苗、禁止窃取谷草、禁止毁坏树木等的规定，也印证了山西境内不同地区的村禁约，在内容上大致相同，均涉及村中自治事务。

三、山西村禁约制度的确立

山西村禁约制度的正式确立，以 1925 年 6 月 8 日《村禁约之规定及执行简章》[③] 的颁布为标志。其后两年，山西省政府颁布了《改进村制条例》[④]《村民会议简章》[⑤]《村公所简章》[⑥] 等法律文件，使得山西村治以村为基本单位，以村民会议为村禁约创制机构，以村公所为其执行机构的村禁约制度体系完整建立起来。

作为村禁约制度的运行机关，村民会议与村公所等村自治机关的法制化，是民国时期山西村治中的村禁约制度与以往的乡约制度及作为村规民约的村禁约相比，最为重大的性质改变。[⑦] 这一时期，由于全国性的政治控制下沉、西

---

① 《电令各县依村禁约交纳村费非打井、积谷、教育基金三项不得动用文》，1924 年 7 月 11 日公布，载山西村政处编：《山西村政汇编》，太原：山西村政处，1928 年，第 198—199 页。

② 李德芳：《民国乡村自治问题研究》，北京：人民出版社，2001 年，第 75 页。

③ 山西村政处编：《山西村政汇编》，太原：山西村政处，1928 年，第 31—33 页。

④ 1927 年 8 月 18 日公布，载山西村政处编：《山西村政汇编》，太原：山西村政处，1928 年，第 22—23 页。

⑤ 1927 年 8 月 18 日公布，载山西村政处编：《山西村政汇编》，太原：山西村政处，1928 年，第 28—30 页。

⑥ 1927 年 8 月 18 日公布，载山西村政处编：《山西村政汇编》，太原：山西村政处，1928 年，第 30—31 页。

⑦ "村自治机关运行的法制化"这一观察视角，由周子良教授在《民初山西村自治机关运行的法制化》一文中最早提出。参见周子良：《民初山西村自治机关运行的法制化》，《山西大学学报（哲学社会科学版）》2017 年第 3 期。

方自治思潮的影响、日本町村制度的引入，村禁约制度作为政治和法律结合手段的制度性质基本确定。伴随着村自治机关的法制化过程，村禁约制度被正式纳入国家法律的体系中来，随之而来的是村禁约的内容和处罚方式的官方化、法律化、近代化。

（一）治理理念的法律化和近代化

自清末以来的政治控制下沉，为这一时期的村禁约制度注入了不同于以往的、近代化的因素。最主要的表现是治理理念的法律化和近代化。受西方自治思潮和日本町村制度的自治实践的影响，村禁约制度在治理理念上进行了革新。虽然这种自治理念，在明清时期的乡约制度中已经表现出来并得以延续，但是民国时期村禁约制度的整个制度设计，思路是直接效法西方的，即加强基层自治和行政控制。在山西村政处的公函文件中，我们可以看到其对村禁约制度的态度："各知事能使各村中真真讨论一次，成文与不成文，已收十分之八之效。盖人民皆知其事之当禁及官厅之意向矣。"① 这一方面表明了，制定村禁约的活动，可以作为村民训练公议与自治能力的一种有效手段；另一方面又说明村禁约的内容必然涵盖官府欲令行禁止、欲提倡兴办的各类事项，因而可以作为官厅向各县村民传达其意向、加强基层控制的渠道。

这种加强基层自治与行政控制的治理理念，从阎锡山颁布的《改进村制条例》中也可以看出来。《改进村制条例》规定，全县所属村庄，按照该条例编制组织，每编村设置村长副、闾邻长等公务人员，并设置包括村民会议、村公所、息讼会、村监察委员会等在内的村自治机关，以确立全民政治的基础。关于其取法自日本町村制度的渊源，前辈学人早有述及，认为早在 1917 年 9 月 12 日，阎锡山在兼任山西省长后的第十天就颁布了《各县村制简章》，"其编村方法是仿照日本的町村制，实行街村制"。② 日本町村制度拥有近现代自治特性

---

① 《致古县知事王道尹论村禁约之本旨及效力并村禁约不可由县规定一律章条交村照办函》，1922 年 4 月 15 日公布，载山西村政处编：《山西村政汇编》，太原：山西村政处，1928 年，第 319—321 页。

② 董江爱：《山西村治与军阀政治：1917—1927》，北京：中国社会出版社，2002 年，第 102 页。

和政治特性，是一种现代自治理念下的政治控制手段，并非简单意义上的市民、村民自我治理。从这一点上而言，西方自治思潮与日本町村制度确实为这一时期的村禁约制度注入了新的活力。

（二）村禁约内容的法律化和近代化

村禁约制度的实体内容，沿用了以往作为乡规民约的村禁约，并增加了民国时期的官方话语及现代性，如将禁烟、禁止缠足、不准儿童失学等政令政策加入各村村禁约条款。这种官方法律与民间规约的互渗，使得村禁约在延续传统的基础之上，越来越具有官方意志性，并以立法的形式，逐渐纳入国家正式法律体系中来。

为配合山西省于 1917 年前后在全省范围内开展的村治运动，山西村政处对各村议定禁约的内容进行了限定。根据《村禁约之规定及执行简章》，村禁约的内容主要围绕禁除妨害公众安宁、公众秩序、公共事务、公众财产及身体，妨害一村风俗、公共交通、公共卫生等七个方面的事项进行制定。另外，从山西省村政处对村禁约进行情况的公函批复来看，村禁约不应照搬官厅统一制定的禁约格式，而应参照村情，详为定制。并且村禁约每半年或一年应当增删修改一次，不得沿用多年前旧制，应当随村情变化随时增删。

从民间碑刻、方志资料的记载来看，这一时期各村议定的村禁约，主要条款有三类：第一类为传统中国社会中深受儒家伦理、道德观念影响而传承下来的规训、戒律，如"不准忤逆不孝""不准挑唆词讼"等；第二类为生发自传统农业社会、与农业生产和农村生活息息相关的旧有禁令和遗俗，包括"不准六畜入公地""不准随意放牧牛羊践踏五谷""不准砍伐公地及村民茔域内树木"等；第三类为适应山西省政府改革政令所制定的一些规定，如禁止缠足、禁止烟赌、不准儿童无故失学等条款。禁止缠足、禁止烟赌等极具官方意志性的条款融入村禁约，使得这一时期的村禁约在性质和内容上，具有了不同于以往民间规约意义上的村禁约的官方意志性、法律性和现代性。

（三）村自治机关运行的法制化

《村禁约之规定及执行简章》规定了村禁约的制定机关，即村民会议；其制定方式，为村民共同表决议定。村禁约的议定，当由全村年满二十岁的村民，过半数出席村民会议，就村禁约的制定、增删等问题进行表决，经一致同意后，列入村禁约。村民会议作为村禁约的创制机关，主要负责村禁约的议定及其他政府指令公议事项。村内年满二十岁的居民都应当参加村民会议，但有品行不端、贩吸鸦片、窝藏赌徒、盗贼、赌博、盗窃等情形的人及精神病人等，不得参加村民会议。在村民会议应到人数过半数到齐之后，可以开始议定村禁约。一般是由村长拟订数条，在村民会议上一一呈之于众，经众议可通过，得写入村禁约。另有村民提议，得提出投票表决，直到众人都通过。如有异议则继续动议。经民众议定的村禁约，拥有村民赋予的效力，全村人应当共同遵守。

另外，山西省政府对村禁约的执行、救济等方式也进行了规定。村禁约的执行方式，即违犯禁约之议处，其种类有三：一为交纳村费，二为沿用习惯上之处罚，三为训诫。村禁约的执行机关，是由村长副及闾长等人所组成的村公所。遇有村禁约处罚事项，应由七人以上合议处理，不足七人时，加入邻长共同商酌，并规定了回避制度。关于制度执行的保障及救济，《简章》规定了非禁约所能禁止之重大情节，得送请官厅重惩；而若有不服禁约处办者，可报区送县核办。

这些村自治机关和办事规则的法制化，为村禁约制度提供了明确的官方强制力支持，使其与国家法律的关系更为密切，具有了这一时期村禁约制度不同以往的最重要的法律性和现代性。

（四）处罚及救济方式的法律化和近代化

这一时期村禁约的处罚与救济方式具有了不同于以往的现代性，并以立法的形式规定下来。早在清末沈家本修律之时，就已经对《大清律例》中与现代刑罚原则不符的方式加以删除，"沈家本及其同事共修改了 40 条律并 40 条例，主要是改体罚为罚钱"。[①] 在清末修律后的二十年间，罚钱无疑成为了一种更具

---

① "如他们在修订律前的奏折中清楚指出，他们改笞、杖 100 为十等罚金，80 为八等，依此类推。对招致更严重的徒刑加笞杖刑的'民事'违法行为，他们一般去掉徒刑而将笞杖刑改为罚金。"参见黄宗智《法典、习俗与司法实践：清末与民国的比较》，上海：上海书店出版社，2003 年，第 27 页。

现代性的处罚方式。

以往的村禁约议罚，存在公庙罚跪、吊打等陋习，《村禁约之规定及执行简章》，确定了罚交村费、训诫、沿用习惯上的处罚等三种议罚方式，但明令禁止了吊打、罚跪等陋习。在民国以前由国家——社会构成的二元政治体制中，由于国家司法、刑罚深入社会的程度有限，宗族、乡约组织等民间团体实际上分享了部分的官方强制力，对于人民的人身、财产有一定范围内的处决权，这违反了现代国家理念。到了民国时期，阎锡山将这种民间处罚的力量纳入法律控制中来，赋予民间合理程度内的处分权，并以官方强制力作为支持，这一点，从不服村禁约议罚事件可交由官厅核办或救济的规定中可见一斑。

从《山西村政纲要》中对违犯禁约事项之执行的记述来看，村禁约的执行受到官方力量的支持，具有官方授权的惩罚效力；而对于情节重大、村禁约所不能禁止的事项，或对村禁约的议罚有不服从的情形，政府又承担了救济的责任。如其所述，"禁约不能禁止之事，当属一种特殊之不法行为。而不服禁约处办之人，亦多系狡赖顽梗之徒"。在此种情况下，村人得以将其"送县重惩"，"既能维护禁约之威信，复能收惩一儆百之效果也"。[1] 这说明村禁约处理了社会危害性较轻微、尚未达到犯罪程度的社会行为，补阙了国家法律所不及的规制领域，是官方认可的禁除恶习与惩罚犯罪之间的过渡手段，是国家法律发挥其惩罚作用的预备，其自治性质与犯罪预防作用十分突出。这就表明了村禁约又不同于仅依靠私力救济的民间规约意义上的村禁约。国家法律的许可与其强制力的支持，使得这一时期的村禁约制度与官方关系更为密切，造就了其新时期的官治特性。

四、结语

综合以上我们可以看到，贯穿于村禁约制度流变过程中的两条主线，一为官方法律与民间规约的互渗过程，二为法律制度近代化的过程。伯尔曼曾在《法律与革命——西方法律传统的形成》一书中指出："法律既是从整个社会的结构

---

[1] 邢振基:《山西村政纲要》第二编，太原：山西村政处村政旬刊社，1929 年，第 9—10 页。

和习惯自下而上发展而来，又是从社会中的统治者们的政策和价值中自上而下移动。法律有助于对这两者的整合。"① 这种习惯和政策、官方法律与民间规约，既自下而上发展，又自上而下移动的互渗过程在村禁约制度的流变中清晰可见。官方法律和民间规约的互渗，实际上一直贯穿于村禁约制度的始终。随着国家政治权力向乡村的下移，官方法律一直在寻找一种能与民间习俗相靠近、融合、适应，使得制度运作满足实践需求的方法，且两者不断靠近，最终使得乡规民约被纳入国家正式法律体系。这种过程，可以称之为法的"近代化"过程。从这个意义上而言，民初山西村禁约制度的流变过程，既是官方法律与民间规约互渗，自治不断被官治引导的过程，也是法律制度的近代化过程。

在村禁约制度近代化的过程中，传统的乡约制度为其提供了以村为单位的治理模式，乡约所的设立也使得治理机构初具规模，乡约以教化为主、兼及司法和行政的职能正是后来村禁约制度的功能要求。同时，兼及儒家治世理想与世俗规则的乡约内容，也早已随着明清时期乡约在山西地区的广泛普及而成为村民认可的生活方式和传统。这些都是村禁约制度中的"传统性"，真正的变化在于其"现代性"，或谓"传统"的现代化。"传统"如罚钱的习俗，为国家法律所认可，并以立法的方式，直接纳入全国性的法律改革条文之中；又如各村原本存在的"公议村禁约"的习俗，也经政治机构的完善，而转变为一套正式的官方治理制度。而现代性最为重要的表现就是民间规约意义上的村禁约的官方化、法律化。这种官方化和法律化不仅表现在官方意志、政策不断渗入村禁约条文，更在于其制度运作机构的立法化、程序化。伴随着西方现代治理理念的改造和刑罚的近代化过程，脱胎自乡约的民间规约意义上的村禁约，其法制化和近代化也在这里最终得以完成。

村禁约制度在近现代经历了断代和式微。一方面，在经历了政权的更替和国家组织形式的变革之后，作为民间规约衍生基础的国家与社会二元对立的社会结构已经不复存在；另一方面，清末民事习惯调查运动使得民间规约被国家法律逐渐吸收，"每一次调查之后的每一次法典编订，都会蚕食民事习惯适用

---

① ［美］伯尔曼著，贺卫方等译：《法律与革命——西方法律传统的形成》，北京：中国大百科全书出版社，1993年，第665页。

的范围",① 造成了民间规约的式微。及至当今社会，随着政治国家统揽全局的政治结构体系的确立，国家法律借由国家权力获得了某种超验性的神圣力量而成为法的唯一正当性来源，民间规约最终演变成为当代的《村民自治章程》。其延续了自治的性质，并将农村自治完全纳入国家法律体系，形成了完整的法治逻辑。在国家法获得了绝对的话语权和权威之后，作为国家法源头的民间规约，反而成为其附属物并不得已消解、隐藏自己。

---

① 马建红:《清末民初民事习惯调查的勃兴与民间规范的式微》,《政法论丛》2015 年第 2 期，第 101 页。

新中国 70 年基层社会犯罪治理的历史图景与经验

——以浙江龙泉为例

张 健[*]

在国家治理的诸多领域中，犯罪治理是分析与观察国家治理变迁的重要切入点。在中国这个疆域辽阔、历史悠久的超大型国家治理结构中，犯罪治理具有基础性地位。本文以浙江省龙泉市为例，利用龙泉司法档案[①]将犯罪治理放在国家政权建设的历史进程中考察，将犯罪治理模式的变迁归结为国家为了实现其治理目标而推动治理方式转变的过程。[②]在此研究视角之下，本文试图关注两个问题：第一，国家治理转型的过程中，随着国家治理方略的改变，犯罪治理的模式与力量发生了哪些变化？第二，从国家政权建设的角度出发，新中国成立 70 年来，在基层，犯罪治理模式演变的动因何在？遵循了哪些规律与逻辑？由此，本文也试图同时描述国家治理转型过程中犯罪治理方式的历史变迁图景。

传统中国的基层社会是秉承了"皇权不下县"的"县政村治"。在基层，家族与宗族是主要的组织，以亲属与血缘关系构成人际关系网络，借助族长、族规、族谱等对社会进行治理。除了家族、宗族等主导治理的自发秩序，基层

---

[*] 张健，山东省临邑县人，江苏大学法学院副教授、硕士生导师，吉林大学法学院博士后。

[①] 2007 年，浙江大学地方文书研究团队无意中在龙泉市发现一大批晚清民国司法档案，引发了海内外史学界与法学界的强烈关注。龙泉司法档案时间自清咸丰八年（1858）始，是目前所知晚清民国时期保存最为完整、数量最大的地方司法档案，2015 年入选中国档案文献遗产名录。2019 年 8 月，《龙泉司法档案选编》第四、第五辑出版。本文使用的司法档案包括晚清民国以及新中国成立后两部分。

[②] 当然，这些模式并非泾渭分明，而是存在一定程度的交叉与重叠。不过，理想类型的研究方法可以使我们更好地把握 70 年来犯罪治理的变迁轨迹。

社会的治理还依赖国家与乡村之间的乡绅精英。这些非正式制度对基层治理起决定作用。正如清代龙泉司法档案里显示的，轻微与一般的刑事案件在州县官员看来属于民间细故，大都以调解结案，这表明帝制时期的龙泉地方司法实践中有相当一部分案件依赖民间调解与官批民调的方式。[①]这一利用民间力量与准官员解决纠纷、进行犯罪治理的策略被黄宗智先生称为国家治理的"简约主义"。[②]20世纪初，中国开启了现代化进程，国家权力开始下沉，国民党政府时期试图对基层社会作出改革，以实现国家对基层社会更严密的控制，但这一进程并未取得成功。1949年，中国共产党取得政权后，对基层社会的治理结构做出改变，形了国家对基层社会的全面控制。

一、全能主义治理模式

新中国成立以后，共产党通过土地改革、合作化、集体化等运动，发动群众摧毁了基层社会的宗族、家族势力，取缔了士绅、乡绅与土豪劣绅在社会治理中的地位，基层社会的自治功能消亡。国家权力以前所未有的规模与深度全面深入基层，管控了社会各个领域。国社一体的体制初步完成了国家政权建设任务，进而形成了以苏联为样本的全能主义国家。全能主义国家特点是国家与社会的一体性、政治中心的一元性、政治动员的广泛性、意识形态的工具性以及国家封闭性。[③]高度集中的计划经济体制与政治体制，形成超级"利维坦"。在"全能主义"治理模式的运作中，国家是治理命令的唯一发布者，政社合一、高度管控的社会治理系统按照国家的意志将社会的每一个人固定于特定位置，确保了社会整体运行稳定。可以说，新中国成立以后的国社一体的社会结构以及高度统一的意识形态为犯罪治理提供了基础性的支撑。此一时期，龙泉地方的政治结构、经济运行、社会意识形态等发生了本质的改变。长期处于国

---

① 张健：《晚清民国刑事和解的第三领域——基于龙泉司法档案刑事案件官批民调制度的考察》，《中国刑事法杂志》2013年第4期。

② 黄宗智：《重新思考"第三领域"：中国古今国家与社会的二元合一》，《开放时代》2019年第3期。

③ 聂伟迅：《论20世纪中国全能主义政治及其成因》，《江汉论坛》2007年第9期。

家政治边缘的基层社会被推到历史的台前。接踵而至的"大跃进""人民公社化"将基层社会原本松散的草根力量强制纳入到国家体制之中。

(一)"两类矛盾"下的斗争与改造

刑事司法模式往往是适应某一特定时期意识形态的副产品。不同国家的刑事诉讼模式,主要是各自社会占据主流意识形态的结果。[①] 改革开放前30年,国家权力下沉到基层,国家至上的价值观传输到刑事诉讼领域,并打上了深刻的烙印。1949年之后,"革命时期大规模的急风暴雨式的群众阶级斗争基本结束,但是阶级斗争还没有完全结束"。[②] 以保卫革命胜利果实为主要任务的人民民主专政,对人民司法工作也提出了一整套全新的要求。随着1952年司法改革的结束,原有司法机关中旧有的司法人员在划分政治身份与阶级话语以后已经被悉数清除。与此同时,由革命斗争相联系的退伍军人进入法院并占据主导地位,而人民法庭的建设则将国家的权力渗透到边远的基层社会。基层社会人民法庭成了国家意志在基层社会中的物化表现。它强化了群众对国家权威的认同和忠诚,巩固了国家政权的合法性基础。

"谁是我们的敌人,谁是我们的朋友?这个问题是革命的首要问题。"[③] 新政权是建立在一个阶级推翻另一个阶级的基础之上,为了巩固革命秩序和革命成果,新中国成立初期的刑事司法以阶级分析作为基本支撑。与国家本位相适应,诞生了集权型的刑事诉讼制度。这一诉讼模式的目的在于高效率地打击犯罪。在国家本位的刑事诉讼体制中,打击乃至消灭犯罪是国家刑事诉讼最主要的职能。整个犯罪治理程序,从侦查、逮捕、起诉再到审判,如同流水作业一般,尽可能确保对被告人有罪判决。集权型的诉讼模式表现为权力的集中性、程序的反理性、程序的工具性。在改革开放前30年,公安机关主导了犯罪治理模式的运作,这不仅表现在1949至1955年,公安机关垄断了侦查与起诉职

---

① 左卫民、周长军:《刑事诉讼的理念》,北京:北京大学出版社,2014年,第17页。

② 毛泽东:《关于正确处理人民内部矛盾的问题》,《人民日报》1959年6月19日第1版。

③ 毛泽东:《中国社会各阶级的分析》,载《毛泽东选集》第1卷,北京:人民出版社,1991年,第4页。

能，而且表现在 1957 年之后，公安机关主导了公检法三机关的运作。为了最大限度地打击犯罪，诉讼程序被工具化。在这里，国家机关权力集中且权能混淆。权力高度集中于侦控机关手中，缺乏有效的制约与平衡。犯罪治理模式重实体，轻程序，审判机关的审判依据是国家政策，诉讼程序带有明显的工具主义的色彩，诉讼程序的独立性与自治性不足。侦控机关往往被视为正义的化身，而被控诉的个人则成为邪恶的代表，辩护制度被批判。

"人是可以改造的"构成了无产阶级罪犯改造观的理论体系。在改革开放前 30 年，司法的一项重要的政治功能就是改造社会与政治动员。对于轻微的刑事案件，适用调解。新中国成立初期，龙泉法院的工作主要集中在打击地主、恶霸、反革命等方面，对于一般群众的刑事案件，采取调解方式结案。1957 年以后，"两类矛盾"的提出深深地影响了此后龙泉法院 20 年的审判工作。"政法机关把斗争的锋芒始终指向革命事业的最凶恶的敌人……在对人民内部极少数人实行法律制裁时，应力求做到恰如其分，绝对不可简单从事，否则既达不到教育本人的目的，也达不到教育群众的目的。"[1] 自 1957 年开始，分清两种矛盾、采取不同的处理方式就成了县法院工作报告中经常提到的内容。人民内部矛盾的提出本来是为了提倡通过说服教育方式处理矛盾，以区别于对敌专政方式。面对这样的现实政治任务，司法机关必须正确区分人民内部矛盾与敌我矛盾，并根据不同性质的矛盾采取不同的处理策略。比如翁宝金、赵仪云打架一案的悔过书。

悔过书

我于本年四月间与赵仪云打架事件，因思想落后侵犯人权。现经政府教育，认识以前错误，保证今后不敢再犯，愿受政府依法严厉制裁。特此悔过。

具保证人：翁宝金 [2]

---

[1] 郝晋卿、吴建璠：《在政法工作中如何严格区分两类矛盾和两种处理矛盾的方法》，《政法研究》1963 年第 2 期。

[2] 《翁宝金、赵仪云打架案》，(1957) 龙道刑字第 00111 号，龙泉市法院藏。

在此案中，我们看到龙泉法院对翁宝金采取了批评教育的态度，然后赔礼道歉，赔偿医药费。不过，此一时期的和解与其说是当事人之间的和解倒不如说是对当事人的"挽救与改造"，所以，本案中，被告人翁宝金也因为"思想落后侵犯人权"而受到教育。类似案件属于人民内部矛盾，所以采取了"团结—批评—团结"的民主方式，通过惩罚达到教育的目的，以推护社会秩序和增强人民内部的团结。从案件类型上来说，法院通过批评教育方式处理的这些案件大多都是轻微的刑事案件或者一些简易纠纷。显然，这些案件往往难以与党的中心工作挂钩。所以，对于这些案件或纠纷，由法院出面批评教育即可。

（二）群众动员与政治运动

改革开放前 30 年，犯罪治理的一个重要特征就是"官僚体制与群众运动双重并用，互为钳制"。[1]詹姆斯·R·汤森、布兰特利·沃马克认为："反复出现的群众运动是中共政治自 1933 年以来的一个特征，也是中华人民共和国自成立以来政府运作的一种主要方式。"[2] 在一定意义上说，改革开放前 30 年的犯罪治理的历史几乎就是一部群众运动的历史。反映到龙泉地方，政治运动是新中国成立初期法制建设的典型特征。作为配合党开展中心工作的"刀把子"，政治运动往往会使司法活动产生变异。审判中发动群众就是在审判中进行群众动员与法纪宣教。群众路线构成了改革开放前 30 年刑事诉讼的基本特征。一起普通的犯罪案件的开启往往是群众、人民公社与区村的揭发、检举与控诉。刑事证据的主要来源也是群众诉苦过程中的言说与控告，群众意见也相当大程度上左右了法院的裁判。"大跃进"运动开展以后，群众运动参与司法审判，公审公判的威力进一步增强。基层社会也形成了"一般审判→宣传式审判→公审公判大会"这样一个从弱到强的审判模式。接连不断的群众运动使常规的犯罪治理地位日益边缘化。

"人民法院对敌人实行专政，惩罚犯罪，必然依靠群众，充分发挥广大群

---

① 周雪光：《国家治理逻辑与中国官僚体制：一个韦伯理论视角》，《开放时代》2013 年第 3 期。

② ［美］詹姆斯·R·汤森、［美］布兰特利·沃马克著，顾速、董方译：《中国政治》，南京：江苏人民出版社，2007 年，第 116 页。

众的智慧和力量，才能完成它的任务。真正成为敌人害怕，群众欢迎的人民司法机关。"[1] 改革开放前30年的刑事司法通过发动群众大鸣大放大辩论，彼此之间互相揭发、批斗与教育，一定程度上取代了司法机关。这一时期的司法机关、人民公社、生产队、单位都是惩罚组织，惩罚开始弥散到基层社会的方方面面。刑事诉讼群众运动带来的最大弊端就是阶级斗争扩大化，国家主义空前膨胀。并且，一旦广泛发动群众的政治运动脱离了正式体制的有效钳制，往往会"陷入派性斗争的泥沼"，[2] 而群众运动又难以常规化运作。在后期，伴随着阶级斗争的扩大化，政治运动冲击了国家正常的政治经济秩序，造成冤假错案，使得龙泉法院的刑事案件呈现出明显的"革命与运动"的特征。

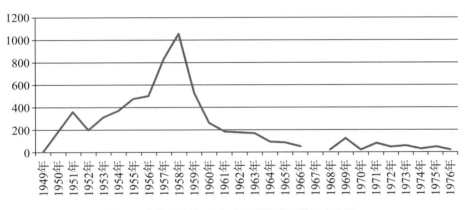

图1　改革开放前30年龙泉刑事案件数量变化图

正如图表1显示的，在改革开放前30年，龙泉法院刑事案件数量波动明显，在1958年达到顶峰，其余每一次波动起伏的背后都有一些特殊的社会历史背景。新中国成立初期，建立和巩固新政权必须要坚决打击各种抵抗力量。1951年，龙泉发动"土地改革"与"镇反"运动中，被判处死刑，立即枪决执行的有50人，审结刑事案件346起。1952年，龙泉县开展"三反""五反"运动，县法院共审结案件202件。此后，刑事案件受案数一直居高不下。1957年，受到"左"倾思想影响，"反右派"扩大化以及"大跃进"运动影响，刑事审判

---

[1]　王云生：《审判工作怎样贯彻群众路线》，《法学研究》1959年第6期。

[2]　[美] R. 麦克法夸尔、[美] 费正清主编，谢亮生等译：《剑桥中华人民共和国史》下卷，北京：中国社会科学出版社，2007年，第202页。

工作一度出现偏差，扩大了打击范围，1958年审结刑事案件1040件，这是龙泉县法院成立以来，刑事案件审结最多的一年。1958年之所以出现犯罪高峰，原因一方面是"三年自然灾害时期"，人们迫于生存，被迫越轨，侵财性犯罪，特别是盗窃罪明显增多；另一方面，特殊时期为了维护社会秩序，司法机关降低了刑事立案标准，加强了打击力度，而后者的作用可能更大。"文化大革命"开始以后，法院处于瘫痪状态，审结案件极少，并且由于数据存在缺失，真正的犯罪案件可能并未列入犯罪统计。由此可见，改革开放前30年的犯罪形势变化深受历次政治运动，如"镇压反革命""三反五反""反右""四清""文革"等运动影响，社会政策和刑事政策，如"上山下乡""知青回城"等影响也很大。

总之，改革开放前30年，中国自晚清以来第一次实现了社会的整体安定。在基层，在犯罪治理资源薄弱的情况下，国家依靠动员广大群众实现了社会秩序的稳定。不过，我们同时看到，由于全能主义治理模式的社会秩序是被人为规划的，社会治理的规模与复杂性都被严格控制，社会被整合起来，整个社会的生活呈现出政治化的特征。全能主义治理模式的弊端还在于其对个性的抑制，个性被消解，抹煞了社会的多元性与复杂性，整个社会表现出活力不足、社会流动困难、结构僵硬的状况。同时，由于全能主义治理模式是以自上而下的、命令与控制为特征的治理，所以，社会运行出现的问题很难有效在体系中得到回应与解决。加上政治运动具有盲目性、破坏性与非理性等弊端，以至于冲击了正规的政法体系建设。

二、综合治理模式

作为一种新型的治理方式，综合治理酝酿于上个世纪80年代，90年代初期正式成为我国犯罪治理的基本方略。综合治理模式诞生于改革开放初期，它是以国家为主导，通过党委领导，以公安等政法系统为主体，依靠政府组织或者政府附属组织推进，侧重严厉打击违法犯罪的犯罪治理模式。这种治理模式在一定程度上与计划经济时代的治理模式相匹配，以应对转型期基层犯罪治理面临的诸多挑战。它是在各级党委与政府的统一协调领导下，协调各部门，齐抓共管，依靠人民群众，运用政治、法律等多种策略，强化犯罪治理，打击与预防犯罪，保障社会稳定，从而为经济建设与改革开放创造稳定的社会环境。[①]

（一）常规治理重建与运动式治理兴起

1978 年，第八次全国人民司法工作会议上，时任最高人民法院院长的江华驳斥了"文革"中"砸烂公、检、法"提法的荒谬，法院得以正名。[②] 此后不久，堆积如山的冤假错案复查工作拉开序幕，司法制度建设开辟新篇章。1979年，《刑事诉讼法》《刑法》等法律的陆续颁布，不仅使人民生活与司法机关运作"有法可依"成了可能，更构成了法治建设的新起点。[③] 新法律的出台颁布与大规模的平反冤假错案使司法机关开始从幕后走到台前，司法系统得以迅速重建。这一时期，龙泉公检法机关迅速健全，司法人员大幅增编。尽管这一时期的司法机关被称作"专政机关"，但随着国家依法治国方略的推进，龙泉基层司法机关开始呈现出专业化面目。

改革开放之后，政治运动退出了历史舞台，但运动式治理却得到保留。不过，与政治运动相比，运动式治理明显已经被剔除了意识形态与泛政治性，其范围、广度与深度已大不如前者，更多强调在体制内的动员，是前者的"扬弃"。当常规的治理资源不足以应对高发的社会矛盾，而维稳又成为国家的中心任务时，各种"严打""集中整治"与"专项行动"等行动就会出现。它表现为大会战、专项治理、集中整治等形式，国家在短期内集中投入大量的司法资源与社会资源对违法犯罪行为进行高强度、高效率的打击。它存在于日常化的治理逻辑之外，强调短期内从严从重，严惩违法犯罪分子，争取犯罪治理的根本性好转。运动式治理历来饱受诟病。[④] 在改革开放以后依旧被反复使用，这里面既有国家治理手段的路径依赖，也反映了现有情况下综合治理模式对权威政治的严重依赖。基于国家制度化建设不足、社会资源匮乏的现实背景以及特有的政治文化结构，国家需要间歇性地采取运动式治理来弥补权威性资源流失，于是运动

① 浩如：《略论综合治理》，《法学研究》1982 年第 3 期。

② 江华：《江华司法文集》，北京：人民法院出版社，1989 年，第 11—15 页。

③ 蔡定剑：《走向有法可依》，《太平洋学报》2008 年第 12 期。

④ 叶敏：《从政治运动到运动式治理——改革前后的动员政治及其理论解读》，《华中科技大学学报（社会科学版）》2013 年第 2 期。

式治理也具有了一定的现实意义。①

在 1983 年，国家为遏制犯罪率的急速增长开始"严打"。"严打"时期的"从严从重"要求司法机关一味从重从快，这必然导致重刑主义泛滥。在龙泉法院的实践中，"严打"时期刑事案件的"从严从重"主要反映在流氓罪与强奸罪的定罪量刑上，甚至对于涉及道德评价的案件，某些平时可能不构成犯罪的行为，在"严打"期间，也被视为犯罪而严厉惩治。这一时期的案件大都反映出定罪量刑的过重倾向。比如周 × × 流氓罪一案，此案被告人提起上诉：

> 在双方自愿的情况下，哪里来的危害程度？更没有造成任何危害后果……对于我的行为，只认为是思想不健康的生活作风腐败状况，是由于对性生活好奇的幼稚认识而导致的过错行为。我只认为难道男女双方自愿的性行为就必定是流氓范围行为的标准，我所犯的实施情况根本不符合"流氓罪具有主要特征"的第二条解释。根据"刑法概论学"的逻辑推理，我的这些婚前性生活，在偶然与碰到的女性接触中，发生了不正当的两性关系，实属一般的违法和道德方面的问题……被告人认为：我的行为不能构成流氓罪，只属于一般的道德生活作风问题，在社会上只能受到公众的道德谴责，并不是罪行定性的标准，只是行政处罚范围而已。②

在本案中，被告人认为自己的行为属于"一般违法行为和道德方面的问题"，并不属于犯罪，进而提出上诉，但是此案二审裁定认为："……借上诉之际妄图推翻全部犯罪事实，这是徒劳的。只有认罪伏法，早日改造成为新人，才是唯一的出路。"流氓罪这一"口袋罪"的表述极为模糊导致其内涵外延与边界难以把握，这加剧了司法的惰性与随意性。"口袋罪"在避免漏罪、保障综合治理、打击犯罪等方面起到了重要作用，但也存在显著的弊端，如与罪刑

---

① 单勇、侯银萍：《中国犯罪治理模式的文化研究——运动式治罪的式微与日常性治理的兴起》，《吉林大学社会科学学报》2009 年第 2 期。

② 《周 × × 流氓罪案》，（1984）龙刑字第 00012 号，龙泉市法院藏。

法定相冲突，容易扩大打击边界，侵犯人权等，另外，在司法操作上也极具难度和障碍。其实，纵观改革开放几十年的历程，龙泉法院关于适用10年以上有期徒刑的案件主要集中在80年代。的确，"严打"在短期内一定程度上抑制了高发的犯罪率，稳定了犯罪治理。但短暂安宁之后，龙泉出现了更多更严重的犯罪，因为盲目采用重打轻防的运动战方式来治理犯罪，片面化、极端化将只能导致阶段化的惩治效果，起不到除根的作用。

（二）党委领导、齐抓共管与高压维稳

综合治理模式意味着犯罪治理是一项高度复杂的社会系统工程，需要充分依靠执政党的权威，整合全社会力量进行齐抓共管。所以，它在治理主体上具有一定的广泛性从而实现体制内资源的有效动员。同时，面对改革开放以来体制外资源日益发展的现实，国家也把新生的市场和社会资源纳入体系中，在旧的治理体系引入市场、法制等要素，拓宽治理空间，形成了庞大的综合治理体系，形成了以党委领导，以公安、政法系统为主体，社会各部门齐抓共管综合解决治理问题的治理模式。

综合治理模式体现了其对社会秩序稳定的追求。"维稳"一词基本上与我国社会转型同步出现，是我国改革开放初期的一项政治要务。它最大特征在于其政治性，以党政首脑为核心，综合领导各级政府力量，全面参与，把稳定视为政治任务并上升为国家战略，通过政治、法律、行政等多种手段与方式加以解决。"维稳"是中国转型时期应对社会矛盾的一种治理样态，它是国家回应民众抗争、化解社会矛盾、维护社会秩序稳定运行的系统总称。在综合治理模式中，依旧延续了自上而下的运作体制，形成了"压力维控型"的模式，表现为自上而下的、指令性的工作机制。

在综合犯罪治理模式中，其支撑性力量表现为"自上而下"的行政力量，其体系表现为常规治理与运动式治理相结合。公民参与只是一种外在的，由政府发动的被动配合式的参与。在综合犯罪治理模式中，各级党委和政府统一调度，要求群防群控、齐抓共管，共同承担治理责任。这种模式具体表现为：在领导层面，从中央到地方形成了以各级政法委为节点的垂直领导体制，尤其是在地方，由政法委员会牵头，联合公安、检察院、法院、工商、税务等政府职

能部门以及共青团、妇联等社团组织再加上社会力量形成"群防群控"的严密治理体系。在责任制度层面，基于管理的便利实施领导责任追究制度，即"谁主管，谁负责"，同时，实施"一票否决权制"。"一票否决权制"是犯罪治理综合治理目标责任制的一项重要内容，与相关单位的荣誉称号、主要领导、治理责任人评先、评优、受奖、晋级工作同步进行，目的在于建立一种奖惩结合、赏罚分明的激励和制约机制，以形成上下一心、齐抓共管的治理格局。

综合治理模式是转型期中国"稳定压倒一切"的时代产物，它一方面保证了改革开放初期社会的基本稳定，但另一方面其弊病也日益显露，陷入"越维稳越不稳"的怪圈之中，综合治理模式之下，群体性事件仍有发生，社会问题并没有彻底解决，它只是在外力强压下暂时被遮掩。这样的稳定有时是以牺牲公民权益为代价实现的。探寻社会稳定有序运转的新模式已成为中国长治久安的必然要求。

三、迈向合作式治理模式

随着改革开放的逐渐深入，尤其是党的十四大确立市场经济体制以后，进入新世纪，原有的社会问题逐步解决，中国也发生了两个重大变化：第一是市场化带来了一定程度的自由；第二是民主政治，尤其是基层民主迈出了重要步伐。在市场化改革中，基于私人领域的社会组织得以发展，公民个人还可以通过社会组织、社区等途径参与公共事务治理。这在相当程度上已表明国家基于自身能力与目的的考虑，需要也必须容忍社会力量具备一定的自主性，并让社会力量与政府开展广泛合作。实践也证明，国家与市场、社会组织有效合作共同治理公共事务，能大幅提高治理绩效。与传统的犯罪治理模式相区别，合作式犯罪治理模式打破了以国家为中心的自上而下行政命令、单向管制的指令模式，建立了国家与社会互动合作关系。

（一）国家本位刑事司法观念的改造

在人本主义观念的冲击下，国家本位的刑事司法观念与制度安排得到革新。国家本位主义观念下，国家是刑事司法的价值主体。今天，个人的权利，即不特定的、个体的、现实的人才构成了刑事司法的主体。人权保障观念的提出对刑事诉讼的目的提出了革新。为了保障个人的权利与自由不受侵犯，就必须对国家权力进行制约。不受制约的权力必然有被滥用的危险，个人权利的保护必然要求在刑事诉讼程序中严格限制国家的权力。

在龙泉的司法实践中，对国家本位淡化的努力主要体现在刑事诉讼构造的转型，尤其是"侦查中心主义"向"审判中心主义"、"案卷笔录中心主义"向"庭审中心主义"的转型。[①] 就龙泉地方司法实践来看，这些转型表现为，落实《刑事诉讼法》修改的理念，在辩护制度方面，辩护与律师制度的发展，犯罪嫌疑人和被告人的辩护权以及刑事辩护律师的地位明显加强；证据上，《刑事诉讼法》的修改、"两个证据规定"等国家立法以及司法实践中对刑讯逼供现象的遏制，对口供中心主义的消解，对证人出庭质证的努力，亲属作证豁免权从过去的正当性论证转向司法实践等等。这些努力都是为了消除超职权主义诉讼模式所带来的庭审形式化的弊端，进而确立犯罪嫌疑人、被告人诉讼主体地位，保障其诉讼权利，以实现以审判为中心的诉讼改革。

（二）社会力量的复兴

20 世纪 80 年代以后，伴随着国家在一定程度上从基层社会中的退出，基层社会自治性力量开始有所恢复，民间自发调解力量复兴。20 世纪 80 年代以后，龙泉地方宗族、家族势力开始复兴，民间协会等民间组织开始出现，尽管民间社会纠纷调解功能已经不如以往，但是他们也在调解中发挥了重要的作用。2012 年《刑事诉讼法》修改，当事人和解的公诉案件诉讼程序写入立法。我们调研发现，龙泉地方民间调解的主体大多是拥有一定社会、政治或者经济资源的人。他们或者有一定的威望，或者对国家政策有一定的了解，或者拥有比较广的人际交往网络，其中不少是当地村落年轻的"能人"，他们可能是当地的首富，热心于村落的公益事业，在调解中往往有一定公信力。轻微的刑事案件，比如盗窃、轻微伤害、交通肇事以及未成年人之间的打架

---

① 胡铭：《审判中心、庭审实质化与刑事司法改革——基于庭审实录和裁判文书的实证研究》，《法学家》2016 年第 4 期。

斗殴等纠纷发生以后，民间力量往往会第一时间介入。在下面表格中，我们将社会力量参与司法与传统刑事司法进行比较，可以得知社会力量参与犯罪治理所发挥的作用。

表 1　社会力量参与司法与传统刑事司法的比较

	传统刑事司法	社会力量参与司法
司法模式	惩罚：国家—犯罪人	恢复：犯罪人—受害人
犯罪观	对国家的侵害	对被害人及社区的侵害
策略	警察等国家力量垄断	国家主导，社区、民众参与，当事人协商
责任	自由刑、生命刑等刑罚措施	赔礼道歉、社区服务、社会关系修复
社区民众地位	被动参与	作为重要力量参与其中
被害人地位	边缘化	作为核心，得到尊重
刑事后果	以刑罚惩戒为主	有利犯罪人回归社会、恢复社区秩序

当前基层社会犯罪治理实践中出现的诸如治安承包、社区警务、社区矫正等社会参与新样态表明新时期社会力量的成长，它们已具有一定的能力参与犯罪治理，同时也表明新时期国家因应犯罪治理的复杂形势，对社会力量参与社会公共安全事务采取了认可与支持的态度。合作式治理作为一种新型的犯罪治理模式，不仅能够及时有效地回应社会的治理需求，而且对于促进传统国家治理转型具有重要作用。传统的那种强政府、弱社会，国家单独主导治理的局面已经难以解决日益复杂的犯罪治理问题。晚近三十余年的发展，基层社会发生了巨大变化，一定程度上实现了国家与社会的两分，尽管这种分野仍不明显，但是，国家干预的力量日益缩小，基层社会从封闭走向开放，依赖社会自我治理、自我调整的特征越发明显。国家犯罪治理模式的单一治理开始向多元共治模式迈进。

四、新中国 70 年犯罪治理变迁的主要路线与经验

（一）70 年犯罪治理的变迁

新中国成立 70 年以来的犯罪治理模式变迁本身就是国家治理现代化转型

的产物。犯罪治理处于特定的环境之中，不同历史时期，犯罪治理实践也差异巨大。70 年来的犯罪治理实践是在中国特色社会主义制度框架内进行的，它是中国特色社会主义制度实践的一部分。70 年来犯罪治理变迁轨迹主要表现在以下几个方面。

一是治理主体的变迁，即由单一治理主体向多元治理主体转变，封闭治理向开放治理转变。在改革开放前 30 年，全能主义治理模式建立，犯罪治理依赖政社合一的社会结构与群众动员，群众被动参与。国家是犯罪治理的唯一主体，国家在组织架构、资源供给以及社会动员等方面拥有其他主体所难以比拟的优势，从而使得自身实现了对犯罪治理的全方位主导。改革开放以后，国家治理经历了从"统治"到"管理"再到"治理"的变迁，一元化治理模式被打破，国家认可与鼓励社会力量的成长，主张建立多元合作治理机制，伴随着国家向社会让渡权力，政府、社区、市场、公民等力量参与多元共治构成了目前犯罪治理的显著特征。

二是治理方式的变迁，即由政治治理向政策治理再向法治治理转型。新中国 70 年来，犯罪治理方式变迁具有鲜明的制度化趋向。改革开放前 30 年，犯罪治理主要依靠国家权力，制度化程度比较低，依靠高强度的群众运动实现，政治指令之外，意识形态宣传、树立典型等成为动员群众投身其中的主要手段。自上世纪 80 年代以来，犯罪治理制度是以制度化与法律化的面目呈现出来的。新形势下，"法治"话语逐渐兴起并成为社会秩序重建的强大话语，在"加强社会主义法制建设"的号召下，犯罪治理模式致力于推进构建法治秩序。[①] 犯罪治理不仅依赖以自上而下的、命令式的政策，而且诉诸法律，建立科学有效的利益协调机制、诉求表达机制、矛盾调处机制，完善法治建设进而建立有序的社会秩序。

三是治理内容的变迁。总体上，新中国成立 70 年来犯罪治理的重心逐渐从政治运动转向犯罪治理本身。在改革开放前 30 年一元化体制的社会里，犯罪的政治色彩浓烈，与政治运动相伴而行，有时候成为"阶级斗争"的工具，政治运动主导犯罪治理。伴随着国家治理模式的转型，以阶级斗争为纲转向经

---

① 张文显：《中国法治 40 年：历程、轨迹和经验》，《吉林大学社会科学学报》2018 年第 5 期。

济建设与构建和谐社会，犯罪治理的社会性呈现出来。在规则秩序下，犯罪治理等社会事务被纳入法律治理之中，同时，通过理性沟通、协商等方式解决公共事务，犯罪治理迈入更为有效的治理轨迹之中。

四是治理模式由"自上而下"向"上下一体"转型。自上而下的、命令与控制为特征的治理模式往往忽视了大众的权利诉求与社会的有效回应。治理模式由权威服从向民主协商转型，犯罪治理逐步从压制型治理转换成为回应型治理。[①] 国家行动不单独依赖于等级化的治理，而是需要因地制宜、因时制宜地引入市场治理和社群治理。伴随着改革深入，国家开始向社会分权，形成了社会、市场参与协商治理的局面，这一时期国家通过理念感召、经济刺激等多种方式引导社会参与合作治理。如何激活社会，增进市场力量，促进多元化治理的发展，正是国家治理体系创新的核心所在。

（二）中国特色的犯罪治理经验

在70年的基层社会犯罪治理实践中，尽管治理模式几经变化，但一些独特的治理机制却延续下来，至今仍发挥着重要作用。这些机制都是在实践经验中得以遵循的策略，成为了一种可以预见的规律。大体来说，这些治理机制是在党政统合制和基层社会共同作用下的结果，是中国特色社会主义制度的重要部分。基层社会犯罪治理中比较成熟的治理机制主要包括三个：

1. 国家主导

新中国成立70年，改变了中国上千年一直占据主导地位的基层社会清静无为、保境安民的政治理想。"国家主导"是当代中国犯罪治理的最重要特征。70年基层社会犯罪治理模式的形成与演进主要依赖于国家治理的变革。基层社会犯罪治理的主要演进动力是国家政权主导的现代化进程，所以，它呈现出较为明显的国家主义取向，伴随着国家治理变化呈现出不同的特征。晚清，近现代国家主义观念产生。国家主义成为一种巨大话语，并在很大程度上主导了近现代中国社会与犯罪治理的走向。晚近百年来，国家力量不断扩张，国家对基层社会的控制经历了从晚清开始逐步强化至新中国成立后完全统合，再到改革

---

① 张健：《迈向回应型法：我国地震预报立法的反思与完善》，《云南社会科学》2014 年第 1 期。

开放后国家有限地退出基层社会的变化过程。相应地，犯罪治理的民间力量也呈现出膨胀—萎缩—复苏的演变过程。

"国家主导"是对当代中国犯罪治理发展形态和发展阶段的描述与概括。国家在社会治理中的角色变革构成了基层社会犯罪治理的主要驱动力。这表现在以下三个方面：首先，"国家主导"从根本上讲是强调国家在制度供应中的优先地位，及其在犯罪治理中的基础性作用。与民间社会相比，国家在治理犯罪方面有其独有的优势，国家有强大的技术能力做支撑，这是民间社会所难以企及的。同时，治理犯罪的公共产品属性决定了国家必须在犯罪治理占据主导地位。其次，"国家主导"优势在于以国家权力为主导力量推进社会转型，积极稳妥地推进现代国家制度建设，依赖国家权力创造出权威与活力的社会秩序，为社会力量的成长提供空间。第三，国家适应社会发展，追求变革，主动做出政治制度变革。社会力量的发展壮大除了依赖于国家角色的转变，更依赖于国家提供的社会治理发展所需要的宏观制度安排，这为培育社会力量提供了相应的制度支持。① 国家主导地位并非一朝一夕能够改变。我们应该承认国家主导在历史与当下犯罪治理中的积极作用，并向国家统治、社会自治、个人自主三者的协同发展关系努力，最终迈向"良法善治"。

2. 正式制度与非正式制度的综合运用

在国家治理的框架中，正式制度是国家正式规定的制度，非正式制度是社会自发形成的制度。可以说，正式制度是指国家为了建构某种秩序或者实现某一目标采取的制度措施；非正式制度的产生则是与自下而上的经验理性有关，它或者来源于传统，或者来源于人们日常生活中的博弈演化。在晚近百年的国家政权建设的过程中，国家利用诸多手段与策略，诉诸其可资利用的资源，以达到实现治理犯罪的目的，这些策略与手段包括了正式制度与非正式制度。② 其中非正式制度包括了宗族、家族、士绅等非正式官僚体系、社会组织以及基层群众自治组

---

① 关爽、郁建兴：《国家主导的社会治理：当代中国社会治理的发展模式》，《上海行政学院学报》2016 年第 2 期。

② 周雪光：《从"黄宗羲定律"到帝国的逻辑：中国国家治理逻辑的历史线索》，《开放时代》2014 年第 4 期。

织等。正式制度与非正式制度之间既相互对抗也相互依存。所以，非正式制度并非总是对抗国家正式制度，它有时也会被国家所利用，成为犯罪治理的手段。

基层社会的犯罪治理既具有长期由非正式制度主导的传统，也经历过国家主导的近乎脱胎换骨的正式制度的变革。无论是 70 年来犯罪治理与社会秩序的变迁，还是当下与未来犯罪治理路径选择，都深深地受到两种制度与秩序的影响：一个是数千年来乡土社会积累下来的规则与秩序，另一个是中国共产党改造社会所创设的制度与秩序结构。非正式制度与和正式制度在不同时期对基层社会的社会秩序影响不一，不同制度之间力量的变化导致了其治理方式的变革，并型塑出了不同时期的秩序结构。

传统中国，基层社会的犯罪治理主要依靠非正式制度，自发秩序强于国家秩序，非正式制度在基层社会的秩序中占据主导地位。改革开放前 30 年，全能主义治理模式建立，非正式制度被消灭，国家在面临常规治理资源短缺的背景下，借助国社一体的体制，通过强有力的政治动员，发动群众，既增加了群众对政治系统的合法性的认可，也提升了治安治理的绩效，然而，政治运动的不可控性不符合常态治理的要求，控制秩序的成本上升，收益下降。改革开放后，政治运动式微，常规化治理手段得以重建，如何在严峻的治安形势与有限资源的前提下完成治理任务？国家采取了综合治理模式，强调党委与政府领导下协调各部门、齐抓共管。伴随着改革开放的深入，国家开始尝试将权力下放到社会与市场，引导市场与社会力量参与治理，缓解国家面临的治理压力。这其中，尽管国家依旧担任领导角色，然而社会与市场力量等非正式制度参与其中，实现了体制内外力量的合作。

3. 常规治理与运动式治理并存

既有的研究认为运动式治理与常规化治理之间是一种相互替代的关系。运动式治理更是被认为"头痛医头、脚痛医脚"，尽管运动式治理存在于日常化的治理逻辑之外，强调短期从严从重，容易矫枉过正，对公民权利造成误伤，最终难免沦为低效甚至无效的窠臼。[①] 然而，反观 70 年犯罪治理实践，两种治

---

① 曹龙虎：《国家治理中的"路径依赖"与"范式转换"：运动式治理再认识》，《学海》2014 年第 3 期。

理模式之间并非严格的相互替代关系，正如周雪光认为的，运动式治理在中国历史上反复出现并非偶然，而是国家治理制度逻辑的重要组成部分。[①] 两者可以互动，产生协同。常规治理与运动式治理存在显著区别。在对待规则的态度上，常规治理主张柔性的策略主义，运动式治理则采取刚性的政治意识；在具体运作中，常规的犯罪治理的运行主体是政法系统，一般采取正式和半正式治理手段，在"不出事"的前提下完成目标任务；而运动式治理的执行者则通常是政治化了的官僚，他们执行政策，一般采取"一刀切"的方式，要求上命下从，执行政策不能产生任何变形。[②] 一般情况下，中国超大型国家治理依赖于庞大而又多层次的常规型治理机制，然而，因为存在信息不对称、监管成本高等缺陷往往会导致治理失效，而运动式治理的作用在于暂时叫停常规治理的运行程序，从而达到纠偏、规范边界的目的。所以，运动式治理旨在打断常规治理，防止常规治理过程中出现惰性与失控。这说明，运动式治理恰恰是常规治理失败的重要应对机制。

在犯罪治理方面，常规犯罪治理属于国家进行治理犯罪的一般性方案。它在国家正式司法与社会规范的体制内进行。常规性的犯罪治理机制主导了基层社会的犯罪治理与秩序，而运动式治理则是常规犯罪治理模式失灵的有效补充。常规性犯罪治理的缺陷决定了运动式治理存在的必要性。一方面，转型期，基层社会复杂的矛盾冲突激增，治安犯罪形势严峻，时常冲破日常治理的限度，而支撑常规治理的资源仍旧比较单薄。运动式治理是我国社会转型时期采取的非常规手段，短期内打击犯罪，恢复社会秩序，有较强的公众基础。另一方面，常规犯罪治理机制中，公权力滥用导致犯罪治理绩效低下，遭到公众的质疑。常规性的犯罪治理出现部分失灵时，就需要运动式治理作为补充。它体现了国家治理的实用理性，适应了中央动员性政府对基层社会强控制的治理方式。所以，我们应采取相对平和的态度承认运动式治理存在的合理性与客观性，并进一步拓展研究空间。

---

① 李辉:《"运动式治理"缘何长期存在?——一个本源性分析》,《行政论坛》2017 年第 5 期。

② 魏程琳、赵晓峰:《常规治理、运动式治理与中国扶贫实践》,《中国农业大学学报（社会科学版）》2018 年第 5 期。

五、结语

基层社会犯罪治理是一个历史范畴。不同的历史阶段，犯罪治理模式所处的环境与承担的历史使命存在区分，导致其主体、对象与策略也不尽相同。新中国成立 70 年来的犯罪治理构成了中国特色社会主义制度实践不可分割的一部分。基层社会有着悠久的犯罪治理传统，当前又面临诸多挑战。总结基层社会犯罪治理经验，对实现国家治理现代化的改革总目标具有重要意义。在当代中国，建立国家主导下的社会治理共同体具有紧迫性，而关键在于国家与社会的共同转变，进而创新社会治理模式，推动社会建设，促进社会转型，从而积累社会治理的积极变量，推动犯罪治理的良性运行。

制外之法：
雍正朝观风整俗使职权履行及影响

张晓帆[*]

  "风俗"受自然与人文两方面因素的制约，是衡量某地治理难易程度的重要参考依据之一，雍正皇帝为整顿地方尤其是江南省份的风俗，借鉴唐代经验，在地方常规职官外另设"观风整俗使"一职，进一步加强中央对地方的管控和治理。观风整俗使只在雍正皇帝统治时期设置，却在地方治理过程中扮演了重要的角色，是皇帝意图加强中央对地方管控的有效措施之一。

  对该职的研究目前可见成果较为有限[①]：已有研究多指向制度产生本身的原因、特点等静态分析，缺乏对该职职能的分析；在史料运用方面，学者所利用的资料多为担任观风整俗使一职的官员的奏折、上谕，但忽视了地方志的使用。基于此，笔者在梳理重要的相关奏折、上谕的基础上，结合地方志有关材料力求完善该职官员的具体职能，在梳理该职官员履职与已有行政机制结合过程中，考察观风整俗使的设置对于雍正朝地方治理乃至社会管控的影响，不足之处请方家指正。

---

* 张晓帆，山西太原人，福建师范大学社会历史学院硕士研究生。

① 关于该职的研究没有专门的论著，仅有个别著作涉及部分内容，主要为冯尔康：《雍正传》，上海：三联书店，1999 年；相关专题文章，有从朱批和谕旨出发就吏治、风俗、经济、社会治安四个方面论述该职的职能，设置原因亦有涉及，见钟百红：《雍正朝观风整俗使研究》，东北师范大学硕士学位论文，2006 年；分析该职设置的原因、特点以及效果，见邹建达、熊军：《清代的观风整俗使设置研究》，《清史研究》2008 年第 3 期；论及观风整俗使设立的职责——宣讲皇帝圣德、整顿社会风气，见 ［美］史景迁著，温洽溢、吴家恒译：《雍正王朝之大义觉迷》，桂林：广西师范大学出版社，2011 年。

一、观风整俗使的职权履行

帝制中国存在严格意义上皇帝与平民的社会分层，官僚群体处于两者之间，他们承载着社会、政治、经济、文化等各方面职能。观风整俗使接触的群体上至地方督抚下至士绅平民，处理的事务涵盖政经文教各个领域。事实上，历任观风整俗使的职责行使表明，他们的权力核心范围在于借助文教的方式宣扬儒家礼教，接受皇帝的旨意监督官员、监察地方；而维护治安、谏议举贤、巡查农事则是观风整俗使权力延伸的边缘。

（一）宣谕教化：本土文化的深化

观风整俗使主要职责是在文化传播领域加强儒家价值观念在民众间的渗透，他们使用的方式多为宣传皇家文书、奖授旌表匾额、在宗教事务上"扬己抑它"、重视教育事业的发展等，以加深本土文化对民众的影响力。

1. 皇家文书的宣讲

观风整俗使将雍正帝的《圣谕广训》以及皇帝个人品德、才能作为宣谕的主要材料，而且在当地具有儒家寓意的场所进行宣讲，庄重威严，仪式感强烈，以教化绅衿平民。浙江省任观风整俗使王国栋谓："圣训岂挚祥明，大中至正，圣经贤传之奥……"，[①]不仅透视出以上信息，甚至在宣讲之前还进行自我学习，以更好地履行皇帝赋予的使命；雍正帝下令编修的《大义觉迷录》也被作为主要的宣讲材料，李徽就任湖南观风整俗使的主要职能之一便是宣讲《大义觉迷录》，意在消解社会流传、关乎雍正合法性危机的"不臣言论"。[②]

2. 奖授旌表匾额

奖授旌表给当地具有一定声望的人士，以达到宣扬儒家礼法的效果，是观风整俗使的主要职责之一。这一过程中，观风整俗使或在巡查地方教化同时给

① （清）王国栋：奏为覆旨事折，载《文渊阁四库全书·朱批谕旨》，上海：上海古籍出版社，2014年，第4页。

② ［美］史景迁，温洽溢、吴家恒译：《雍正王朝之大义觉迷》，桂林：广西师范大学出版社，2011年，第187、201、202、230页。

予政治性的封赠；或寻求地方官员的协助，给予官方承认的名号。这一做法在设置观风整俗使的各省均有显例。

表 1　观风整俗使各地奖授旌表情况统计表

省份	时任观风整俗使	授予人	授予"称号"	授予人	授予"称号"
湖南	李徽	李世秋	纯士； "堪为矜表"	张应生	善人， "诚实正直"
		陈洪	"言坊行表"	徐廷兰	缺
		徐廷秀	缺	王氏	"孝义流芳"
福建	刘师恕	世拱	"积学砥行"	陈奏球	"绍文衣德"
		黏敦彰	"乡坦口范"	蔡魅丙	"书田贻燕"
		陈明杰	孝义	赵琉娘	列女 "志随泉下"
广东	焦祈年	吕妻梁氏未果			
浙江	王国栋	方之范	缺	章桔妻王氏	列女，缺

资料来源：乾隆《东安县志》卷六，道光《晋江县志》卷五十四，乾隆《福州通志》卷四十九，民国《祁阳县志》卷七上，光绪《漳州府志》卷三十五，光绪《邵阳县志》等。另外，在乾隆《东安县志》中，有"赐坊入祀"者四人；道光《永州府志》卷十五上《先正传》载"苏振国等十五人俱举善行，俱加旌奖，州志不详其事"，均发生在湖南观风整俗使李徽任职期间，似乎说明此项措置受奖者颇多。

无论是纯士、善人，亦或是列女，其言行因符合儒家"忠孝贞洁"观念而被观风整俗使以奖授旌表匾额的方式宣扬，列入方志，为后世垂范，这正是统治者意图以文化价值影响社会观念进而培养起普通黎民对于儒家文化的认同、对王朝统治的认可，从文化层面达到两者的相互融合。

3. 宗教层面的扬与抑

观风整俗使在大力宣扬儒家旨趣的同时，对传统的宗教行为也有敏锐的洞察，主要表现在对植根于本土民间宗教的官方认定和对外来宗教的政治性压制上。

广东作为南部沿海通道，是中外交流的重要区域之一，伴随着外国传教士的不断进入，天主教随之进入中国。时任广东观风整俗使焦祈年对于这一外来宗教的态度显然与雍正帝一脉相承，"雍正年间，观风整俗使焦祈年恶其教乱民，引福建例，凡有天主堂，严示驱逐，其屋拆毁"。① 与此相反，焦氏极力抬高本土民间宗教地位，"南、番无专祠，祔像拜堂内，诸属县亦然。国朝雍正间，观风整俗使焦祈年奏请改为广东都城隍，然后司道、督抚始皆展谒"。② 这一措施，意在压制外来宗教的影响，同时借助本土宗教的力量凝聚当地士人阶层。而且，民间的封神行为一旦受到世俗政权的最高统治者支持，便无法排除将世俗皇权与宗教神权相结合的用意。

此外，观风整俗使在文化教育领域的关注亦不可以忽视。

（二）监督监察：皇帝信赖的耳目

观风整俗使作为皇帝倚靠的重要官员，在完成基本职责的同时，还肩负着监督地方官、绅的特殊使命：巡抚一级的高级地方官员、府县一级的普通地方官员、驻于各地的营伍武官以及士兵，生员、捐监生等初级功名的儒家知识分子群体都受其监督。

巡抚处置的事务集中于钱粮、刑名、察吏等方面，重要性不言而喻。雍正帝在重视巡抚选用的同时，还意图监督巡抚的权力。观风整俗使所监督的事项不仅包含记录巡抚品德的优劣，还通过审察巡抚处理钱粮亏空等具体事务评估巡抚才能。历任浙江观风整俗使王国栋、许容、蔡仕舢三人奏折中，均向皇帝奏报了时任浙江巡抚李卫的任官表现及关于钱粮亏空问题，其中《朱批谕旨》收录王国栋在浙江观风整俗使任上的奏折共计 18 道，除去 2 道无实际意义的谢恩折以外，计有 8 道奏折与钱粮相关，2 道奏折直接涉及李卫；王国栋的继任者也有对于钱粮问题的监督，并且提出了一些建设性意见："凡有不系正解、正支那移垫应之项，悉以亏空报参，即实有民欠可抵，亦应于亏空案内审明著追，倘该管知府逼勒交盘，许接任官据实揭报参处，庶陋弊可以永除，悬项得以渐清，于仓库钱粮不无裨益。"③ 雍正时期钱粮问题当属巡抚

① 《[咸丰]顺德县志》卷三十二《杂志》，台北：成文出版社，1974 年，第 1392 页。
② 《[同治]番禺县志》卷十七《建置》，载《中国方志丛书》第 48 号，台北：成文出版社，1967 年，第 368 页。
③ （清）许容：奏为询陈浙省民欠折，载《文渊阁四库全书·朱批谕旨》，上海：上海古籍出版社，2014 年，第 810 页。

负责，因此监督时任巡抚李卫的意味不言而喻，这充分说明皇帝对于地方高级官员的戒备心理，对于掌握一省专权的督抚并没有完全信任。观风整俗使对于府县一级地方官员的监督，主要是评估官员自身才能与道德水准——"仁和县知县纪逮宜书生初任，见其谨饬有余，而才具不足"。① 观风整俗使对于营伍军官的监督亦集中于将官军事才华方面——"就三协营兵而论，杭协差胜，嘉协次之，湖协又次之。其将备各官虽无出众之才，尚可供职各营"，② 另需注意的是，观风整俗使的监察群体不仅针对军官，也涉及普通士兵的军事技能，凡此种种，均契合雍正帝"以才为首"选官用人原则。

绅衿是地方社会的重要阶层，他们依靠自身的身份结交官府、承担地方教化等社会职能。③ 清朝统治前期，一些地方士绅利用自身影响力包藏盗贼，为祸乡里，成为可能威胁社会治安的不稳定因素，④ 因此，监督地方士绅便成为观风整俗使的重要使命。由于观风整俗使没有对地方事务的直接处置权，其对地方士绅的监督一般采取如下方式：巡历地方调查，如发现有行为不端的士绅，便交由地方官员处理。浙江观风整俗使蔡仕舢的奏报中便较为完整地呈现了该方式的实施："萧山县之原任广西宜山县告休县丞陈克忝，贪秽、无良、建讼、逞凶；永康县劣生章续，品行不端、惯弄刀笔；丽水县劣生聂三台，起减词讼兼有盗行"，他认为"此等败类绅衿，诚为下愚不移之人"，⑤ 命令该府县官严格办理。观风整俗使对地方士绅在监督之时也注意奖惩结合的策略，福建观风整俗使刘师恕得知"龙溪县生员陈茂椿，品行端方，居家孝友，现今五世同居，

① （清）王国栋：奏仁和县知县折，载《文渊阁四库全书·朱批谕旨》，上海：上海古籍出版社，2014年，第6页。

② （清）王国栋：奏为浙西营伍情形折，载《文渊阁四库全书·朱批谕旨》，上海：上海古籍出版社，2014年，第9页。

③ ［美］罗威廉著，李仁渊、张远译：《最后的中华帝国：大清》，北京：中信出版社，2016年，第99—140页。

④ ［美］张仲礼著，李荣昌译：《中国绅士：关于其在19世纪中国社会中作用的研究》，上海：上海社会科学院出版社，1991年，第46—53页。

⑤ （清）蔡仕舢：奏为忝悯利剥民折，载《文渊阁四库全书·朱批谕旨》，上海：上海古籍出版社，2014年，第171—172页。

从未与人争讼"①后便给予了一定的物质奖励。由此可见,观风整俗使对于地方绅衿的管控具有一定程度的灵活性和弹性。

(三) 其他权责

观风整俗使在履职过程中会根据皇帝要求肩负一些其他事务,此为皇帝临时指派,并非观风整俗使专有职责。

雍正帝想要治理好疆域庞大的帝国,选贤任能,广揽人才,显得刻不容缓。观风整俗使举荐官员,首先是"依例举荐",如"窃臣接到部文钦奉,上谕令内外诸臣各举所知一人,以备国家之用。臣在应举之列";②但主要是"自行荐举",尤其是涉及文教方面的推荐时,更为明显,如"奏请以江西近科进士举人为额外教职各府一员"。③观风整俗使在举荐人才之时,虽然存在举荐途径、被举荐者身份相异的情况,但最大限度地挖掘了地方人才,一定程度缓解了地方精英对统治者的敌视与不合作态度。

观风整俗使除了有举荐人才的职能以外,还可对如何处理地方事务向皇帝提出建议。有清一代尤其是雍正时期虽然属于高度的君主专制集权时期,但是在具体行政执行过程中并非铁板一块。例如王国栋主张限制地方士绅对于邸报的传阅,雍正帝批复中"尚在可否之间",虽然表达了相反的意见,却也留有进一步讨论的空间,④无疑是地方官员谏议权自由度的体现。

社会秩序的安定是帝制中国的君主所追求的目标之一,也是王朝兴盛的具体体现。雍正帝设置观风整俗使的目的之一便是要求地方官员协助其整治地方治安,这点更是成为广东设置该职的直接原因。雍正帝在其谕旨中指出:"广

---

① 张书才主编:《雍正朝汉文朱批奏折汇编》第17册,南京:江苏古籍出版社,1989年,第478页。
② (清) 许容:奏为遵旨保举事折,载《文渊阁四库全书·朱批谕旨》,上海:上海古籍出版社,2014年,第811页。
③ 《[光绪] 高州府志》卷四十九《事纪》,载《中国方志丛书》第68号,台北:成文出版社,1967年,第1437页。
④ (清) 王国栋:奏所交二折,载《文渊阁四库全书·朱批谕旨》,上海:上海古籍出版社,2014年,第5页。

东盗案繁多，民俗犷悍，应设观风整俗使一员，化导训饬，令风俗人心渐归淳厚"。① 基于此，广东观风整俗使焦祈年十分重视地方治安的维护，"凡豪强为害一方，与盗贼窃发之处时时体察，一经访查得实，即檄行严拿，以期静谧"，② 陆续查处了众多盗案。当然，对于地方治安而言，积极地管控、防患于未然才是上上之策，因此观风整俗使对地方的巡视必不可少，焦祈年就任期间就曾有巡视广东各地的实例；③ 与此同时，福建观风整俗使刘师恕还查处了部分偷渡案件："漳浦县属之云霄地方偷渡者甚多……拿获偷渡妇女三十八名，客头三名……查各妇女中贩卖者居多。"④ 类似的事例不胜枚举，观风整俗使的到任有效地遏制了所辖地区治安的恶化。

作为雍正皇帝较为倚重的高级地方使臣，每任观风整俗使在奏折中使用频率极高且具有总括性的字句便是"巡历某某地方"，诸如"臣于二月初六日出巡嘉湖二府"⑤ 等类似字眼屡见于该职官员的奏折当中。观风整俗使对所辖区域进行巡视，其目的除却稳定治安外，另外便是奏报地方（多为府县一级）农业生产领域的相关情况：既有关于影响农业生产的物价和自然因素，如雍正八年（1730）二月，蔡仕舢出巡嘉湖二郡之时，便考察了当地的米价和降雨量的情况；⑥ 也有关于农作物自身长势、收获情况的报告："闽中田地早禾已登，据报八分、九分、十分不等；晚禾俱极畅茂"，⑦ 显示了雍正帝对于地方农业生产的重视。

① 《清世宗宪皇帝实录》卷八十九，雍正七年十二月八日，载《清实录》第 8 册，北京：中华书局，2008 年，第 196 页。

② 张书才主编：《雍正朝汉文朱批奏折汇编》第 20 册，南京：江苏古籍出版社，1989 年，第 45 页。

③ （清）田明曜、陈澧：《香山县志》卷九《巡视澳门记》，上海：上海古籍出版社，2014 年，第 536 页。

④ 张书才主编：《雍正朝汉文朱批奏折汇编》第 20 册，南京：江苏古籍出版社，1989 年，第 703 页。

⑤ （清）许容：奏巡历嘉湖情形折，载《文渊阁四库全书·朱批谕旨》，上海：上海古籍出版社，2014 年，第 810 页。

⑥ （清）蔡仕舢：奏为据实陈奏折，载《文渊阁四库全书·朱批谕旨》，上海：上海古籍出版社，2014 年，第 172 页。

⑦ 张书才主编：《雍正朝汉文朱批奏折汇编》第 20 册，南京：江苏古籍出版社，1989 年，第 980 页。

观风整俗使涉及的地方事务包括政治、经济、社会诸层面，既有宣谕教化的职责，又包括对巡抚、府县地方官员、地方绅衿、驻地方武官等阶层的监督，该职职责已经远超教化范围；加之举贤议事、维护治安和巡查农事等其他职权的延伸，观风整俗使一定程度上约束了地方官员的不作为和权力的滥用，增强了那些具有较大宗族动员势力和文化号召力的地方绅衿对统治者的支持，同时对于平民借助儒家礼教的宣扬凝聚认同，所产生的影响不可谓不深远。

二、观风整俗使的履职影响

观风整俗使设立时间虽短，但该职的职权履行涉及行政、钱粮、文教等诸多领域。作为皇帝特别设置的使职，雍正帝不但希望观风整俗使在改善社会风俗状况方面发挥积极作用，而且希望其能够作为皇帝完善官僚体系、充实官僚队伍的重要手段，对现实政治施加影响。

（一）教化风俗与地方治理

观风整俗使先后于浙、湘、粤、闽四省设立，历任该职的有王国栋、许容、蔡仕舢、李徽、焦祈年、刘师恕六人，这六位官员均在任期内尽职尽责完成了雍正皇帝所托付的使命，政绩突出，王国栋任职浙江观风整俗使半年有余便卓有成效，升任湖南巡抚，其施政举措得到皇帝的高度赞扬，成为继任者许容履行职权的施政模板。[①]

观风整俗使具体职掌虽无明细，但是就文献中所示内容来看，该职的核心职掌之一是对于本土文化的全面灌输，它包含对儒家文化的弘扬、本土宗教的神化以及外来宗教的排斥，不同的文化治理部分针对着各自特定区域及特定领域的接受群体。以直接诱发湖南观风整俗使设立的、始于1728年的曾静、张熙案为例，雍正帝对于曾静出乎大多官僚意外的处理（即释放曾静，刊印《大义觉迷录》）正揭示出这位"强君"试图以儒家的"文化建构"破除汉族绅衿

---

① （清）许容：奏巡历嘉湖情形折，载《文渊阁四库全书·朱批谕旨》，上海：上海古籍出版社，2014年，第806页。

的"华夷之防"，通过长时间深入的思想控制，使绅衿为代表的汉族知识分子在意识形态上接受雍正帝本人和满族统治者的统治，这便是观风整俗使设置时跳脱行政考量的内涵。不可否认，观风整俗使在地方文化领域做出的种种努力（前文已有叙述），直接面对的更多的是社会基层的普通大众，对于他们而言，儒家理论化的抽象与其生活相距甚远，亦不好理解，远不如直接的榜样引导效果更佳。因此，基于儒家"忠孝贞洁"的理论抽象演化为直接的旌表匾额奖授，不利的外来思想宣传被土生土长的民间宗教取代，甚至还经过皇权的认可，赋予更高的世俗意义，普通民众在这种直接的价值引领中对于清王朝政治统治的认同不断加强，这些都依赖于观风整俗使的努力。

观风整俗使最大的积极作用是对于地方风俗的教化，受教化的人群包含绅衿与平民两大群体，"在20世纪中叶对传统中国乡村社会的代表性诠释中，乡村的阶级结构有两类群体组成：农民与士绅"，[①] 无论在公共领域还是宗社组织，绅衿所扮演的角色都不可或缺，皇帝不得不对其加以引导而使其归附中央统领，而对普通平民的引导亦不能忽视。具体实施起来，对于绅衿可能更多的是一种"圣恩浩荡""体民""忠君"思想的强制性的灌输：观风整俗使首先需要事先准备并且学习宣讲材料，领悟皇帝圣德，正如美国学者史景迁在其著作中描述：刻印这些册数……（观风整俗使）各自负责，以便集会时讨论《大义觉迷录》。[②] 之后，观风整俗使到达每个地方（府县一级）指定场所召集绅衿："臣（蔡仕舢）每到郡县，赴明伦堂宣讲上谕，申以告诫"；[③] 对于普通平民而言，采用的更多的是一种温和的方式，即奖励当地杰出人士（他们并非因其学问、政治声望而声名显赫，只是符合儒家孝悌、节烈观念的士子与节妇）以宣扬儒家理念。雍正帝借助观风整俗使对于他们的思想教育给予正确方向性的指导，从而使儒家道统与新政权的合法性依据互为表里，"从许多方面看，雍正称得上是专制君

① ［美］罗威廉著，李仁渊、张远译：《最后的中华帝国：大清》，北京：中信出版社，2016年，第99页。

② ［美］史景迁著，温洽溢、吴家恒译：《雍正王朝之大义觉迷》，桂林：广西师范大学出版社，2011年，第182页。

③ 张书才主编：《雍正朝汉文朱批奏折汇编》第17册，南京：江苏古籍出版社，1989年，第518页。

主，他的权力虽然不受任何制约，但是仍希望得到道德的拥戴"，① 只不过观风整俗使在具体实践的过程中方式更为多样。

（二）官僚任用与政治建构

雍正一朝的官僚系统，自官吏的选拔任用到任职权责直至履职模式，都有别于康乾时期，雍正帝设立观风整俗使以及历任该职官员的履职情况，打破了日趋陈腐的官吏任免模式，赋予了官员与才学相匹配的职责权属，显示了一代"强君"力图修复前朝传统任官模式，彰显出一代"强君"异于常人的政治眼光。

雍正帝在位的十三年间，从官吏的选用角度来说，代表着一种打破常规的政治尝试和努力，这一点毋庸置疑，而在具体履职过程中，观风整俗使是否是对官员任职形式的颠覆性改革，还有待商榷。观风整俗使在行使其教化风俗、监督官员的核心职权的过程中，由于其非法定地方官员建制，权力的行使并不能完全跳脱开地方官员的协助，或者说限制。笔者整理文献时屡见诸如同一事务中"巡抚·观风整俗使"、"观风整俗使·县令"并排现象，可见，观风整俗使并没有独立的地方行政权力，哪怕是授予旌表等没有直接关涉现实政治的事务均是如此，遑论关乎国计民生的财政问题。观风整俗使在核心权责的履行中都受到如此的制约（除对于地方督抚监察以外，不过却有皇帝的指挥），其诸如荐举官员、治安地方等临时性指派的任务可想而知。由于皇帝设职初衷并非将其作为常规性的地方高级官员推行全国，观风整俗使虽然具有独立办公衙署但却无独立行政的资格，因而只能扮演"特使"的地位，一旦与地方官员有所抵牾，久而久之难逃被废除的命运。

不过值得注意的一点是，观风整俗使对于地方士绅的强制性引导，在笔者看来似乎有着有别于文化层面的政治用意。通过观风整俗使的教化，地方绅衿接受皇权的合法性统治，并与自身在地方的影响力结合，为地方社会的稳定而服务。这一举措将地方绅衿巧妙纳入政府范畴，使地方士绅与官僚一样具有参与管理地方事务的权力，皇帝、官僚、士绅三者进而形成一种多民族的、新形

---

① ［美］史景迁著，温洽溢、吴家恒译：《雍正王朝之大义觉迷》，桂林：广西师范大学出版社，2011 年，第 138 页。

态的、超越性的政治体，强化了地方治理能力，延伸了皇权对地方的实际管控范围和影响力，实现了满族王朝的稳定统治，拓展了清王朝的政治网络。显然，观风整俗使对于地方绅衿的约束不失为一种旁敲侧击似的拉拢——归顺并服务于新政权才是地方绅衿正确且唯一的选择，这一点的鲜活例证便是曾静得到雍正帝首肯会同湖南观风整俗使李徽到达湖南宣讲《大义觉迷录》。事实证明，其所留下的，不仅仅是励精图治的改革者魄力和政治变革中所能借鉴与参考的经验教训，也使得后世认识当时政治模式的灵活性的同时，对当代国家事务的处理方法有了历史借鉴和选择。

结　语

雍正朝观风整俗使在选拔标准及履职影响方面的讨论，促使我们对雍正皇帝的行政风格有一个新的思考。雍正帝用人"不拘成例"，改变了乃父康熙皇帝时期相对稳定的官员政治局面。诚然，雍正帝依靠君权设置观风整俗使这一"非制度化"的地方使职官员似乎印证了这样一个理论：君主经常凭借皇帝"私人"官僚系统对抗既有官僚体系。然而，仔细分析，我们不仅看到雍正皇帝的选任官员的标准：他所依据的仍然是既有儒家知识，但更加侧重于现实处理政务的水平与官员能力，标准的变化只不过是以现实性的增补来革除固有原则的僵化部分，雍正皇帝如此基于传统的政治革新对于实现上文提到的地方治理目标也是需要的；而且，从秦汉一直沿袭而来的君臣关系的演变趋势到清代、甚至具体到雍正一代是不曾减弱的：那就是皇帝只能凭借地方官员的视角去感知、了解其所统治的庞大帝国，而居于深宫的皇帝实际所能影响的空间是不断被限制、压缩的，即便拥有极大的精力处理政务，雍正皇帝所洞悉的也不过是地方官员文字汇成的"山河"，他所做的，只能是借助自己亲自选拔、挑选的官员所提供更多的视角，完善对于自己抽象理解后的地方社会的认识。

明清学额制度之基层运作

——以 17—18 世纪福建莆田、仙游两县学额争端为中心

叶　鹏*

　　明清时期，科举分区定额制度逐渐成熟并成为制约区域文化发展的重要因素。科举分区定额主要包括解额（中额）与学额两方面，解额多指每科乡试各地录取的举人数额，也有指会试录取名额，学额的界定较为复杂：广义的学额包括了廪生、增生、附生等全部官学学生名额；狭义上的学额则在明前中期指廪生、增生的定额，在清代指每次录取的附学生员定额。[①]本文所关注的学额即在狭义层面。

　　学界对科举定额制度的研究主要集中于乡会试解额问题上，仅有少数学者以社会史、文化地理等视角对学额展开探讨：从宏观上说，学额制度对合理配置社会资源、政府控制地方社会、照顾特殊群体具有重要意义，同时，

---

* 叶鹏，福建建瓯人，复旦大学历史地理研究中心博士研究生。

① 梁志平、张伟然：《定额制度与区域文化的发展：基于清代长江三角洲地区学额的研究》，桂林：漓江出版社，2013年，第2—3页。"学额"所指范围略有争议：除了本文所引概念之外，学者或认为学额指廪生、增生名额；或认为其包括额进人数、廪生、增生、附生所有名额；甚至有的学者认为学额指的是清代的会试名额。李世愉、胡平明确认为，学额即指府、州、县学每届考试录取入学的固定名额。李世愉、胡平：《中国科举制度通史·清代卷》上册，上海：上海人民出版社，2017年，第58页。

学额的设置也会在一定程度上影响到社会流动；[①] 基于长江三角洲地区学额运作具体状况的分析表明，"文风高下"与"钱粮丁口"正是确定学额数目的核心原则，同时，该原则的实行具有"府域差异"的特点；[②] 以清乾嘉年间江西万载县土客学额争端一案为代表的数篇个案研究，则偏重于考察不同利益群体间的互动关系，对学额制度本身未作深入讨论。[③] 上述三类研究虽都围绕学额这一话题展开，但仍未见有对学额制度在地方社会中运行实状的细致展示。

学额是童生进入学校之定额，因此讨论童试入学的问题亦十分重要。片山刚对客家人移住珠三角后参加童试的状况进行了讨论。[④] 林淑美也曾探讨过福

[①] Ho Ping-Ti, *The Ladder of Success in Imperial China: Aspects of Social Mobility, 1368-1911*, New York: Columbia University Press, 1962, pp.168—194；中译本见：[美] 何炳棣著，徐泓译注：《明清社会史论》，台北：联经出版公司，2013 年，第 208—241 页；Benjamin A. Elman, "Political, Social, and Cultural Reproduction via Civil Service Examinations in Late Imperial China," *The Journal of Asian Studies*, vol.50, no.1（February 1991），pp.7-28；谢海涛：《中国古代官学中的学生数量问题研究——以科举学额制度发展演变的历史为中心》，《山西师大学报（社会科学版）》，2009 年第 6 期；Benjamin A. Elman, "The Civil Examination System in Late Imperial China, 1400-1900," *Frontiers of History in China*, vol.8, no.1（March 2013），pp.32-50；Benjamin A. Elman, *Civil Examinations and Meritocracy in Late Imperial China*, Cambridge, MA: Harvard University Press, 2013, pp.95-125.

[②] "府域差异"一说的核心在于"大府"定额的指标水平会高于"小府"。梁志平、张伟然：《定额制度与区域文化的发展：基于清代长江三角洲地区学额的研究》，桂林：漓江出版社，2013 年，第 15—18 页、第 86—92 页。

[③] 该案件档案文献早获披露，包括吕小鲜：《嘉庆朝江西万载县土棚学额纷争案》，《历史档案》，1994 年第 1 期。相关研究如谢宏维：《棚民、土著与国家——以清中期江西省万载县土棚学额纷争案为例》，《中国史研究》2004 年第 2 期；郑锐达：《移民、户籍与宗族：清代至民国期间江西袁州府地区研究》，北京：生活·读书·新知三联书店，2009 年，第 66—77 页；杨歌：《学额纷争、移民族群和法律实践：以嘉庆朝广东新安县和江西万载县为例》，《杭州师范大学学报（社会科学版）》2013 年第 2 期。

[④] [日] 片山刚：《清代乾隆年间における科挙受験资格·戸籍·同族：広东省の事例を中心に》，《东洋史研究》第 47 卷第 3 号（1988 年 12 月），第 587—588 页；[日] 片山刚：《清代中期の広府人社会と客家人の移住——童試受験问题をめぐって》，收入 [日] 山本英史编：《伝統中国の地域像》，东京：庆应义塾大学出版会，2000 年，第 167—205 页；[日] 片山刚：《広东人社会と客家人：一八世纪の国家と移住民》，收入 [日] 塚田诚之、[日] 瀬川昌久、[日] 横山広子编：《流动する民族：中国南部の移住とエスニシティ》，东京：平凡社，2001 年，第 41—62 页。

建移民进入台湾后，如何通过"本地人"这一身份标签来区别其他地区移民，并以此获得参加童试的唯一合法权。同时，林著也指出，科举制度无法深入每个细枝末节，尤其在基层考试中，主观作用可能发生巨大影响，这就为各种营私舞弊渗入科举制度提供了可能。①

在前人研究基础上，我们尚可追问，在学额分配的具体操作过程中，地方社会的不同人群有着怎样的要求与行动？地方上的反馈又是否影响了中央对制度的调整？

明清福建兴化府的科举纷争，是回应上述问题的一个较好案例。一方面，明中叶以降，兴化府仅辖莆田、仙游二县，是福建地域范围最小的府，但至清代并未降格，始终保持了府一级行政单元。在如此稳定而独特的地域社会形态下，学额制度的运作得以呈现较为丰富的面貌。另一方面，莆、仙两县对学额资源的争夺历时百年，历经了明清鼎革、沿海迁界、三藩之乱等一系列重大历史事件，在剧烈的社会变动中呈现出多种面相。尤其难得的是，莆、仙学额争端的处理结果最后作为成案被载入《学政全书》，很有可能被其他地区处理类似争端时借鉴，②成为学额制度的一处注脚。

本文将以历史发展为序，通过明崇祯时期至清乾隆间数个接续爆发的争端，串联起支离的历史断面，尽力勾勒莆、仙两县学额争端的相关史事，考察作为王朝制度的学额体系进入地方社会的历史过程，以期理解王朝中央与地方各势力之间错综复杂的博弈关系及形塑学额体系的内在机制。

一、莆、仙两地人口流动与明末莆仙地区科举惯例的形成

莆、仙两县同属一府，文化相近，早在宋代便多有相互迁徙的情况。郑

---

① 林淑美：《清代台湾移住民社会の研究》，东京：汲古书院，2017年，第67—132页。

② 清道光年间有贵州遵义府、云南普洱府属县分割府学学额案，虽然文献中并未明言其直接依据莆仙例案，但当时主事学政应对此案有所了解。（清）礼部纂：《钦定学政全书》，台北：广文书局，1974年，第763页。

振满曾以仙游沿海枫亭镇的海安、荷珠、和平三村为例，考察了北宋末年、明代中叶、清代后期三个时段，仙游沿海接纳移民的历程。但文章着力于描绘小区历史样貌，较少论及莆、仙两地人员往来状况。[①] 这里仅以仙游折桂里蔡氏为例，对莆田人移民仙游的情况略作说明。蔡氏先祖北宋名臣蔡襄原为仙游人，后迁居莆田城南蔡宅，[②] 后世第 10 代蔡成迁居仙游折桂里何岭，第 13 代蔡琦、蔡玮、蔡珍、蔡庆四人又迁回莆田各自落户，第 21 代 "旬公派下枢公子孙淳甫房" 一支分住莆田莒溪，至明嘉靖年间始自莒溪迁入仙游九鲤湖院前；[③] 蔡氏家族另一支系 "旻公派下玮公子孙"，据称原住仙游何岭蔡埔，至 "应昭公" 时从蔡埔迁居莆田龙川东园，其后人中只有世雄一系居住本乡，世良一系子孙迁莆田钱江尾华，继而迁往仙游香田里沟尾，而后再迁至莆田侯溪沟尾，及莆田岩头渡口、仙游香田里东安、石马等地。[④] 仅蔡世良一支便在莆、仙二县间来回迁徙，不难看出两地人口流动之频繁。但总的来说，由于莆田人户数量远超仙游，明中期即达仙游 10 倍以上，[⑤] 且两地面积相近，莆田人迁出原居地的意愿可能更强。在蔡氏之外，兴浦黄氏等一批莆田家族也存在 "赘仙游" "分居仙游" 之类的情况，[⑥] 足见当时莆田迁居仙游风气之盛。

明代以降，除了移居活动，莆田人在仙游置有田产的情况亦日趋增多。为便于管理，明隆庆五年（1571）仙游知县张昂开始组织编立莆冬里，负责征收钱粮，但此次编甲似乎并未成功，至明万历十五年（1587）知县周铎任内方才

① 郑振满：《仙游沿海的生态环境与人口变迁》，载庄英章、潘海英编：《台湾与福建社会文化研究论文集》，台北："中央研究院"民族学研究所，1994 年，第 61—80 页。
② 《蔡氏宗系谱·谱序》，清抄本，第 4 页 a，福建省图书馆藏。
③ 《蔡氏宗系谱·世系》，清抄本，第 36 页 a，福建省图书馆藏。
④ 《蔡氏宗系谱·世系》，清抄本，第 39 页 a，福建省图书馆藏。
⑤ 《[弘治]八闽通志》卷二十《食货·户口》，福州：福建人民出版社，2007 年，第 543—554 页。
⑥ 《兴浦黄氏族谱》卷二《分派纪略》，清光绪抄本，第 26 页 a、第 33 页 a、第 40 页 a，福建省图书馆藏。

编成。① 有田地则需纳粮，但莆田人最开始在仙游纳粮，却并非由于在仙游置有田地，而要归因于政府组织的田粮拨划。在莆、仙两县交界的沿海平原上有一名为枫亭的市镇，"上通郡省，下接泉漳"，② 是两地人员往来的必经之地。此处设枫亭驿，需周边民众纳粮当差以维持运作。然自明洪武、永乐之后，兴化府田土抛荒、人民逃亡较多，明正统十二年（1447）又裁兴化县，③ 将辖地分属莆、仙，原三县共计达四百余图，政区调整后仅存二百一十九图。明初莆仙地方发展之衰颓可见一斑。④ 莆田人口相对较多，田赋尚可维系，而仙游田粮较之莆田"四不及一"，赋役陷入难以周转的境地。因而在明宣德年间，仙游知县王彝便以"枫亭驿虽属本邑，与莆田地尤比近，实迎送之所共"为由，奏请将莆田所辖临近枫亭的五里田粮拨给仙游，"以助编数"。明嘉靖四年（1525），因兴化府改编驿册，又将附驿田粮划归莆田，以莆田兴太里田粮冲抵。⑤ 此处提到的田粮拨划，应属明代驿递制度中的协济行为。⑥ 这显然无关户籍归属，被拨至仙游的莆田人保留了原籍，不过改在仙游纳粮当差而已，成为事实上的寄庄户。另一方面，到嘉靖时期，"倭夷猖獗，侵寇海邦"，⑦ 莆田沿海颇苦于倭

---

① 《［康熙］仙游县志》卷四《官制志》，载《清代孤本方志选》第 1 辑第 26 册，北京：线装书局，2001 年，第 126 页。又按：《［乾隆］莆田县志》中记"界内图分共一百一十图，每图计十冬"，则"冬"与"甲"同义，应当都是基层赋役组织通名，"莆冬里"即莆田客民的图甲排年之意。见《［乾隆］莆田县志》卷五《赋役志》，载《中国方志丛书》华南地方第 81 号，台北：成文出版社，1968 年，第 196 页。杨园章近来以广西罗城为例，揭示了仫佬族社会中也存在作为里甲赋役体系地方化表现形式的"冬"组织。见杨园章：《再论广西罗城仫佬族社会"冬"组织的来源》，《中国文化研究》2018 年第 4 期。

② 《［康熙］连江里志略》卷一，载《枫亭古代志书三种》，福州：海峡书局，2017 年，第 16 页。

③ 兴化县裁撤后，当地人解释废县原因为科举衰弱。见叶鹏、黄忠鑫：《"海滨邹鲁"的末路：明代福建兴化县的裁撤》，载苏智良主编：《海洋文明研究》第二辑，上海：中西书局，2017 年，第 72—83 页。

④ （明）王彝：《奏为照旧编金驿传事》，《［嘉靖］仙游县志》卷七《文章类》，载《日本藏中国罕见地方志丛刊》第 29 册，北京：书目文献出版社，1992 年，第 151 页。

⑤ （明）萧弘鲁：《奏为乞恩处置地方以苏民困事》，《［嘉靖］仙游县志》卷七《文章类》，载《日本藏中国罕见地方志丛刊》第 29 册，北京：书目文献出版社，1992 年，第 155 页。

⑥ 相关制度可参见方裕谨：《明崇祯年间驿递制度史料》，《历史档案》1983 年第 1 期。

⑦ 《续修锦南蔡氏世谱序》，载蔡襄纪念馆董事会编：《蔡氏族谱》，福建省图书馆藏 1989 年抄本，第 16 页。

患，"丁壮且去过半，居房尽毁"，^①更多莆田人开始大规模移居仙游，据称"徙居仙者四十八家"。^②这些人或是就此定居，或在倭乱平歇后回到莆田，^③而因生活所需，在仙游置办的田地很可能成为了后来寄庄的雏形。由上二端，莆田人或受协济驿递影响，或因倭寇骚扰，纷纷在仙游县内以枫亭为中心的范围里置田。据莆田士绅彭鹏所言："莆米在仙连江里，另名莆冬"，^④枫亭即属连江里，二者恰可对应。

总之，到明代后期，莆、仙移民杂处的格局已基本形成，莆田人或直接携家定居仙游，成为移民；或置田产于仙游，成为产业跨越两县的地主，即寄庄户。这些莆田移民与寄庄地主或多或少保有原先的身份标签，并未真正融入仙游当地，为之后的纷争埋下了隐患。

随着莆田人涌入，其后代如何在仙游入学并参加科举考试的问题，逐渐浮出水面。莆田东沙《蔡氏族谱》中称："岁进士有拔领袖仙邦：寰公仙邑贡元。"^⑤也就是说，来自莆田东沙蔡氏家族的蔡寰，在院试岁考中被选拔为了仙游县学贡生，这正是明代莆田人在仙游入学的真实写照。据清乾隆《莆田县志》记，明代莆田人自仙游县学考中举人者至少有 27 名，岁贡也达 13 名之多，^⑥可知莆田人在仙游进学数量之巨。这些莆籍生员的真实身份在清康熙、乾隆两版《仙游县志》中都被刻意隐去，只有明嘉靖《仙游县志》中毫不讳言，据实记录了这批人的莆田籍身份，与乾隆《莆田县志》几可一一对应。被标记为"莆田人"的仙游县学生，应当就是莆田移民或寄庄户家族的成员。早

① 《明嘉靖四十四年福六十一公追补东沙南蔡家乘后集序》，载蔡襄纪念馆董事会编：《蔡氏族谱》，1989 年抄本，第 27 页，福建省图书馆藏。

② （清）黄之隽：《堂集》附《冬录九》，载《四库全书存目丛书》集部第 271 册，济南：齐鲁书社，1997 年，第 825 页。

③ 《明嘉靖四十四年福六十一公追补东沙南蔡家乘后集序》，载蔡襄纪念馆董事会编：《蔡氏族谱》，1989 年抄本，第 28 页，福建省图书馆藏。

④ （清）彭鹏：《岁试上郡太守苏公祖书》，《古愚心言》卷五，载《四库全书存目丛书》集部第 231 册，山东：齐鲁书社，1997 年，第 792 页。

⑤ 《东沙末论》，载蔡襄纪念馆董事会编：《蔡氏族谱》，1989 年抄本，第 136 页，福建省图书馆藏。

⑥ 《[乾隆]莆田县志》卷十三、十四《选举志》，载《中国方志丛书》华南地方第 81 号，台北：成文出版社，1968 年，第 332—356、377—382 页。

在明洪武年间，即有莆田人林荣在仙游县学中式，但据嘉靖《仙游县志》称，林荣乃仙游廉洁里人，或可推测是早期的莆田移民。[①] 另一个例子是明景泰年间的莆田叶茂高、叶茂端兄弟，叶茂高取进莆田县学，而叶茂端则被取入仙游县学。[②] 这显然不是一个移民家庭，当时的叶家应在仙游置有田产，叶茂端是作为寄庄户进入仙游县学的。

这里有必要回顾一下明代学额制度的演进历程。童试是士子获得功名必须参加的一场资格考试，考中者入学校，才能进一步参加各级考试。[③] 明洪武年间，在朱元璋推动下，各府、州、县普遍建立了学校。[④] 虽然明代科举可能并非完全出自官学，[⑤] 但生员仍是科举考生最主要的来源。学校录取不能无所限制，经过明初一段时间的放任与反复，到明成化之后逐渐定为廪膳生员、增广生员、附学生员三等，府学廪、增员额各 40 名，县学额数为其半，附生名额则语焉不详。[⑥] 据乾隆《仙游县志》称，仙游县学在明天启后每次院试取进 25 人到 59 人不等。[⑦] 不难看出，廪生与增生数额已有限制，但附生录取仍较自由。

---

① 《[嘉靖]仙游县志》卷四《人物类》，载《日本藏中国罕见地方志丛刊》第 29 册，北京：书目文献出版社，1992 年，第 85 页。

② 《[乾隆]莆田县志》卷十四《选举志》，载《中国方志丛书》华南地方第 81 号，台北：成文出版社，1968 年，第 378 页。

③ 童试而分为县试、府试、院试三轮，分别由知县、知府与学政（学道）主持，这一制度应出现于明正德朝，而确立于嘉靖朝。见郭文安：《明代童试确立时间考》，《江海学刊》2018 年第 3 期。童试一般附在岁试（生员考校考试）、科试（举人报考选拔考试）之后进行，三年中开考两次。见商衍鎏：《清代科举考试述录》，北京：故宫出版社，2014 年，第 6—33 页。

④ 《明太祖实录》卷四十六，"洪武二年十月辛巳"条，台北："中央研究院"历史语言研究所，1966 年，第 923—924 页。

⑤ 郭培贵，《关于明代科举研究中几个流行观点的商榷》，《清华大学学报（哲学社会科学版）》2009 年第 6 期。

⑥ 《明史》卷六十九《选举一》，北京：中华书局，1974 年，第 1686—1687 页。据郭培贵考订，在增广生员外再取一等生员补充的做法始于明正统年间，但当时并不称"附学生员"，此名出现大致要到明成化初年。参见郭培贵：《明史选举志考论》，北京：中华书局，2006 年，第 123 页。

⑦ 《[乾隆]仙游县志》卷二十三《学校志三·泮额》，载《中国方志丛书》华南地方第 242 号，台北：成文出版社，1975 年，第 495 页。

即便如此，学额趋于紧缩业已使其稀缺资源的特点得以展露，学额本身开始成为地方上激烈争夺的对象。

迟至明万历时，已有人提出寄籍入学者需"祖、父入籍二十年以上，坟墓、田宅俱有的据，本生声音相同，同袍保结不扶，并无违碍者，方许赴试。"[①]因而长期定居且"庐墓、婚嫁、从师"均在仙游的莆田移民希望"随粮应试"，本是合乎情理的要求。但如此一来，势必挤占当地士子的入学机会，这是仙游人绝不愿看到的。莆、仙民众"以读书为故业，科名之盛甲于闽中"，[②]普遍将科举视为实现社会流动的绝佳途径，在这样的地域中，学额的有限性极易引发不同人群之间的矛盾。而寄籍入学需有明确的产业归属、入籍年限与邻里保结，否则将被视为冒籍，受到严惩。因此，来到仙游未达二十年的莆田移民，或是根本就没有入籍的莆田寄庄户，自然成为众矢之的。

明崇祯元年（1628），仙游人藉端发难，要求禁止莆田人进入仙游县学。兴化府知府吴道昌因而令莆田、仙游二县进行调查，从中调停。莆田知县吴彦芳在回复兴化府的呈文中，特别强调了莆田科第之盛，考试之例与其他地区并不相同。吴彦芳称，"府学、卫学、莆学，总是莆士弦歌之场"，以旧例来看，莆田寄庄户可依附仙游考试，仙游儒童则并未拨入府学；近来这一所谓"旧例"悄然改变，仙游人不再允许寄庄户附考，仙游童生却希望进入府学，显然损害了莆田方面的利益，为莆田乡绅、儒生所不忿。他随之提出"罢一复一"的解决方案：所谓"罢一"即凡寄庄附籍者均回莆田应试，"复一"则指仙游籍童生概不拨入府学，以期达到"两县各不相混"的理想局面。[③]吴彦芳所述"旧例"看似夸张，却有其事实依据：有明一代仙游籍学子进入府学的数量可能非常有限。明代兴化府学的生源已难查考，但可以通过统计府学中举人的籍贯来侧面反映仙游籍学生的数量。根据道光《福建通志》中的记载，明代兴化府学共有

---

① （明）冯琦：《为尊奉明旨开陈条例以维世教疏》，《宗伯集》卷五十七，载《四库禁毁书丛刊》集部第 16 册，北京：北京出版社，1998 年，第 10 页。

② 《[乾隆]莆田县志》卷二《舆地志》，载《中国方志丛书》华南地方第 81 号，台北：成文出版社，1968 年，第 108 页。

③ 《明崇祯元年本县知县吴彦芳申请兴化府看语》，《[乾隆]莆田县志》卷九《学校·附泮额定案》，载《中国方志丛书》华南地方第 81 号，台北：成文出版社，1968 年，第 290 页。

中举者 803 人，其中莆田籍学生高达 800 人，2 人未注明籍贯，仅有 1 人明确为仙游籍。直至明末，学额制度仍处于完善阶段，国家对学校生源亦无明文规定，府学以录取附郭县学生为主的情况可能颇为普遍：其时福州、建宁等府学中式举人便全为附郭县籍学生。[①] 在这一背景下，吴彦芳将府学只录莆籍学生视为成例，也是符合逻辑的看法。

这一呈文得到了兴化府与福建督学道方面的认同，后来被仙游人斥为"莆绅私人"的督学道樊时英便强调莆田文教发达，所谓"旧例"看似对仙游不利，只是为了彰显莆田科甲之盛而已。[②] 但府学被一县独占终究于制度无据，为解决这一问题，"府童"应运而生。所谓"府童"即专考府学的莆田童生，"由县到府，另考一案，另送一册"。[③] 创设府童，意味着府学成为招收特定县域人群的学校，仙游人将被完全排斥在外。

我们不妨将崇祯元年的这一处理结果称为"崇祯定案"。不难看出，这一定案对仙游大为不利，原先府、县均可入学，取进名额尚有上浮空间，而经此定案，仙游人仅保有县学进额，府学进额遭到了事实上的限制。在崇祯元年前进入府学的仙游学生也遭波及：戴震亨于天启年间"食饩郡庠"，成为府学廪生，或因其"家产千金"，打点好了上下关系，崇祯三年（1630）仍得以由府学出贡。[④] 同在明天启年间入学的陈志高就没有如此幸运了，"崇祯定案"

---

① 《[道光] 福建通志》卷一百五十四—卷一百五十六《明举人》，载《中国地方志集成·省志辑·福建》第 6 册，南京：凤凰出版社，2011 年，第 408—459 页。

② 《督学道樊英批断定案》，《[乾隆] 莆田县志》卷九《学校志·附泮额定案》，载《中国方志丛书》，华南地方第 81 号，台北：成文出版社，1968 年，第 290 页。莆、仙志中均记该督学道名为"樊英"，但考诸其他文献，如《万历四十七年进士题名碑》中有"樊时英，浙江钱塘县"，《崇祯长编》有"升山东济南府知府樊时英为福建提学副使"，《[乾隆] 福建通志》有"樊时英，钱塘人，提督学校"等记录，显然"樊英"为"樊时英"之误，遂改。见《万历四十七年进士题名碑》，北京市东城区国子监街孔庙藏；《崇祯长编》卷二"天启七年十月甲寅"条，台北"中央研究院"历史语言研究所藏抄本；《[乾隆] 福建通志》卷二十一《职官》，哈佛大学汉和图书馆藏清乾隆二年（1737）刻本，第 30 页 b。

③ 《提学范光宗题稿》，《[乾隆] 仙游县志》卷二十三《学校志三·泮额》，载《中国方志丛书》华南地方第 242 号，台北：成文出版社，1975 年，第 497—498 页。

④ 《[道光] 枫亭志》卷三《列传》，载《枫亭古代志书三种》，福州：海峡书局，2017，第 64 页。

后他遭到莆田士绅指控，最终被府学除名。① 仙游人投考府学的权利在"崇祯定案"以后实质上被剥夺了，自此莆田人独占府、县二学（若加上平海卫学则有三学），吴彦芳所称的"府学、卫学、莆学，总是莆士弦歌之场"得到了保证。遗憾的是，囿于资料不足，尚不能了解明末仙游人对"崇祯定案"是否有所抗辩。

二、明清易代与地方科举传统赓续

"崇祯定案"之际，明王朝已陷入了内忧外患的局面。崇祯十六年（1643）八月，"因流寇迫京师"，此年会试改期，② 明代经营二百余年的科举秩序至此戛然告终。随之而来的动乱，使各级科举考试无法照常进行，规定入学资格的"崇祯定案"自然成为了一纸空文。

远在北方的明王朝统治中心分崩离析后，南方仍处于南明朝廷控制之下。清顺治二年（1645），朱聿键于福州称制，号隆武，登极后随即"设储贤馆招致人才"，但此时国家纷乱，偏居一隅的隆武朝廷已难笼络人心，"赴选者多不称其名"，人才选拔机制只能不断简化。次年，隆武政权亦开乡试，却"以暑天从宽，只用两场，首场只作五篇，发榜后，于至公堂复试，凑成三场"。③ 显而易见，此时开科已无法恢复明代旧制，就连一省乡试的基本规模都不能保证。在这一背景下，由于岁科考校的废止，原有的入学限额也形同虚设，莆、仙两地读书人不再需要费力争夺这一资源。有趣的是，仙游蔡氏东园房世雄派下第26代孙蔡开有在此时一举考取了隆武朝进士，④ 但这显然已无法带给他真正迈入仕途的机会。

清王朝入关之初，国家动乱不定，地处福、泉之间的莆仙地区是交通必经

---

① （清）彭鹏：《岁试上郡太守苏公祖书》，《古愚心言》卷五，载《四库全书存目丛书》集部第231册，济南：齐鲁书社，1997年，第792页。

② （清）海外散人：《榕城纪闻》，载《清史资料》第一辑，北京：中华书局，1980年，第3页。

③ （清）海外散人：《榕城纪闻》，载《清史资料》第一辑，北京：中华书局，1980年，第4—5页。

④ 《蔡氏宗系谱·世系》，福建省图书馆藏清抄本，第61页a。

之地，难免被战乱波及。崇祯十七年（1644）莆、仙即有盗乱，人称"兴泉之乱，馘斩数千"。① 隆武朝廷以福建为根据地，不过一年亦告灭亡，兴化府此后甚苦于兵燹：顺治三年（1646）十月清军取兴化，四年（1647）九月遭郑成功部围攻，十一月解围，五年（1648）正月又被围，三月府城被陷，至七月方才被清总督陈锦靖率兵夺回。② 在这反复之间，莆仙罹难民众不可计数。即便到顺治五年后，郑成功部仍不时攻扰莆仙沿海，如顺治十年（1653）郑成功遣部将王大振率兵驻莆田江口、涵江，"沿乡催取虐民"；十三年（1656）"扰沿海居民"；十七年（1660）七月，又"驾舟入涵江，抄及附近乡村，掠杀劫戮，一日夜而去"。面对颇难防备的攻击，清政府选择以迁界为反制，顺治十八年（1661）下令，"着附海居民，搬入离城二十里内居住，二十里外筑土墙为界"。③ 此后居民集中于界内，科举考试得以勉强继续进行。

历经明清易代导致的科举秩序崩解后，随着清王朝对地方控制力的逐渐增强，莆仙地区的科举秩序开始了艰难恢复。国家鼎革之际，"诸生耻事异代，或逃诸山野，或遁入淄流"，④ 莆仙士子也不例外，出现了一批殉国志士，但在清王朝广增学额的诱惑下，仍有不少读书人选择为新王朝服务。清军入闽伊始，便大力招揽前朝遗民，明末所录生员多可"复学"，惟不承认南明弘光、隆武政权所取贡举之士而已。顺治五年，地方稍定，十月即开乡试。⑤ 在此之际，当年岁试亦匆匆开考，以招揽人心。据《清代莆田芹香录》（以下简称《芹香录》）记，此次岁试兴化府学取进附学生员 40 名，莆田县学取进人数则达骇

① （清）李世熊：《寇变记》，载《清史资料》第一辑，北京：中华书局，1980 年，第 32 页。

② 莆田县县志编纂委员会编：《莆田县志·莆田大事记（草稿）》，1965 年油印本，第 29—30 页，莆田市图书馆藏。

③ （清）陈鸿：《清初莆变小乘》，载《清史资料》第一辑，北京：中华书局，1980 年，第 75—80 页。

④ 《［民国］莆田县志》卷十一《学校志·学额》，载《中国地方志集成·福建府县志辑》第 16 册，上海：上海书店出版社，2012 年，第 421 页。

⑤ （清）海外散人：《榕城纪闻》，载《清史资料》第一辑，北京：中华书局，1980 年，第 8 页。

人的 80 名之多。^①然而，彼时生员待遇可能并不优厚，以临近的福州来看，不仅明代所谓免粮免役的优待全无踪迹，甚至到了"催粮于生员家十倍凶狠"的地步，"是生员反平民不若也"。^②在生员地位较前代大为不如的背景下，莆、仙两县并未爆发大规模冲突，仅出现了少数混冒入学的情况。

顺治五年开科，严大捷、陈思任皆为仙游人，但他们趁"山海寇乱，郡城被陷初复"，混入府学；顺治十五年（1658），有仙游傅姓童生冒名郑登第亦进府学；康熙九年（1670）又有许必昌录取府学，只因其是莆田乡绅杨梦鲤女婿，"众攻稍息"。^③值得注意的是，这些所谓"混入府学"的仙游人，即便是据称被"黜退"的郑登第，都被《芹香录》保留下姓名，但并未标示仙游籍身份。^④顺治十二年（1655）仙游城被"海寇"攻破，"册籍已经劫灰"，^⑤这些人应是趁户籍登记被毁坏的情况下，在报考时假冒莆田人，从而得以进入府学的。

可资参照的一个例子是仙游的徐缵雍、徐缵师兄弟。康熙八年（1669），仙游人徐稚佳希望通过与福建学政的私人关系，将二子徐缵雍、徐缵师从仙游县学转至兴化府学。此事被莆田士绅知晓并大加宣扬，"阖郡绅袍控院控道"。在社会舆论的激烈反对之下，徐稚佳只好呈请将二子拨回县学。^⑥经历此事的莆田乡绅彭鹏记叙道：

---

① 魏显荣等编：《清代莆田芹香录》，民国二十二年（1933）抄本，第 2 页 b—第 3 页 a，福建省图书馆藏。该书又称《清代莆阳入泮录》，初辑本仅记至清嘉庆末，民国初年莆田士绅魏显荣等重新整理，记录了清代自顺治五年至光绪三十一年（1905）兴化府学、莆田县学、平海卫学所有录取的附学生员名单，并且皆有附注是否贡举、进士与任官信息，康熙四十八年（1709）之后的府学录取名单中还将仙游籍附生特别注出，以示区别。此外，尚有一份光绪三十一年（1904）撰修的仙游生员名录《仙游县岁科试录》（又作《仙溪试录》），记录了明天启六年（1626）至清光绪三十一年的仙游县学入学情况，但遗憾未能一睹。书目信息见郑宝谦：《福建省旧方志综录》，福州：福建人民出版社，2010 年，第 446—447 页。

② （清）海外散人：《榕城纪闻》，载《清史资料》第一辑，北京：中华书局，1980 年，第 21 页。

③ （清）彭鹏：《岁试上郡太守苏公祖书》，《古愚心言》卷五，载《四库全书存目丛书》集部第 231 册，济南：齐鲁书社，1997 年，第 792—793 页。

④ 魏显荣等编：《清代莆田芹香录》，民国二十二年（1933）抄本，第 2 页 a、第 11 页 b、第 15 页 a，福建省图书馆藏。

⑤ 《[道光]枫亭志》卷一《地理》，载《枫亭古代志书三种》，福州：海峡书局，2017 年，第 64 页。

⑥ （清）彭鹏：《上某司衡书》，《古愚心言》卷五，载《四库全书存目丛书》集部第 231 册，济南：齐鲁书社，1997 年，第 783 页。

> 徐公子缵雍、缵师已进仙庠，红案改入府庠。入疑引类，渐恐滋
> 蔓，莆绅袍即控前任督抚院禁戢，杜渐防微，诚慎之也。蒙批王文宗
> 审报，徐绅悔祸，呈恳照旧例归仙学，详院批允在案。则是府学旧例，
> 仙绅自言之矣，院宪批定之矣。①

上述严大捷、许必昌等人冒籍入学可能一时难被觉察，但徐氏兄弟并未直接投考府学，而是考入县学后试图转学，势必要为人所知。按理说一两名生员转学于大局无伤，但出于防微杜渐的考虑，莆田士绅依然向上控告。徐稚佳请求将二子改回仙学便是在莆绅施压下的回应。彭鹏援引兴化府知府许焕祖对此事的看法，称徐氏兄弟在"莆人控院、控宪时，两造对质"，无力辩驳，"俯首自认旧例，呈回原学"，明显承认了仙游人不入府学的"崇祯旧制"。②徐稚佳的做法确实在客观上承认了这一点，但若以此断言"府学旧例，仙绅自言之矣"，恐怕是不正确的。徐稚佳让二子回籍更可能是担心争讼不止，导致事态恶化，断送其前程。综合来看，上述两类人，不论是冒籍投考或是设法转学，都没有直接与"崇祯定案"对抗。可见即便在明清鼎革之后，仙游人参与科举仍要受到限制。

无论如何，仙游人不得入府学的原则被延续了下来，而不得在仙游入学的莆田人是何状况，却难觅踪迹。可以找到的仅有林逵、陈帝简两例：林逵是仙游功建里人，却于顺治五年从莆田县学考中举人。③若仅有此条资料，很容易让人产生他也是冒籍人员之一的印象，但乾隆《仙游县志》中又提到，林逵之父乃"由莆移仙"。④这就解释了为何林逵能进入莆田县学，因为他很可能是移民家族的成员。那么，根据"崇祯定案"的解释，林逵回到莆田入学便是顺理

---

① （清）彭鹏：《岁试上郡太守苏公祖书》，《古愚心言》卷五，载《四库全书存目丛书》集部第
   231 册，济南：齐鲁书社，1997 年，第 791—792 页。
② （清）彭鹏：《岁试上郡太守苏公祖书》，《古愚心言》卷五，载《四库全书存目丛书》集部第
   231 册，济南：齐鲁书社，1997 年，第 793 页。
③ 《[康熙]仙游县志》卷十一《选举》，载《清代孤本方志选》第一辑第 26 册，北京：线装书
   局，2001 年，第 372 页。
④ 《[乾隆]仙游县志》卷三十六《人物志四·仕迹》，载《中国方志丛书》华南地方第 242 号，
   台北：成文出版社，1975 年，第 774 页。

成章的。值得注意的是，林逵也参与了康熙《仙游县志》的编修，而他的身份竟是"邑绅"，^①这似乎说明，虽然林逵早年未在仙游入学，年岁渐长后却获得了认可，被接纳为仙游士绅群体的一份子。陈帝简据说也是仙游县城功建里人，于康熙二年（1663）中举，^②但他同样未在仙游应试，而是于顺治十四年（1657）考入府学。^③实际上，陈帝简应是从枫亭迁至县城的莆田家族后裔，否则无法解释他何以能在此时进入府学，道光《枫亭志》中记："陈帝简，康熙二年癸卯（乡举），莆籍"，即为明证。^④

　　行文至此，应对莆田移民与寄庄户的关系稍作总结。韩大成指出：寄庄是在外府州、县、乡里购买的土地，寄庄户则是那些拥有寄庄的人。寄庄户多是为了广置田地、逃避赋役，或有意在外占籍而诞生的，即便有在当地纳粮当差的动议，也大多保留了原来的户籍。^⑤黄志繁则把寄庄户视作移民先导，寄庄出现意味着以土地为保证、户籍为凭据的各种土著权利有可能被寄庄户分享，侵占学额便是寄庄户转化为移民进入新地域的重要一步。^⑥要之，寄庄户最重要的特点即本人未到田地所在处入籍，而移民则与之相反；同时，寄庄户有可能已开始分享当地土著权利却逃避了赋役责任，而移民的权责则与土著几乎无异。

　　莆田寄庄户不得在仙游入学是确定无疑的，但从上述几例来看，实际上有些莆田移民也同样无法获得入学资格。下面将莆田移民与寄庄户的田产、入籍、移居时限、入学状况进行整理，可得出一张简要的分析表：

---

① 《［康熙］仙游县志》卷一《姓氏》，载《清代孤本方志选》第一辑第 26 册，北京：线装书局，2001 年，第 48 页。
② 《［康熙］仙游县志》卷十一《选举》，载《清代孤本方志选》第一辑第 26 册，北京：线装书局，2001 年，第 373 页。
③ 魏显荣等编：《清代莆田芹香录》，民国二十二年（1933）抄本，第 10 页 a，福建图书馆藏。
④ 《［道光］枫亭志》卷二《人物》，载《枫亭古代志书三种》，福州：海峡书局，2017 年，第 87 页。
⑤ 韩大成：《明代的寄庄》，载中国明史协会主办：《明史研究》第一辑，合肥：黄山书社，1991 年，第 32—42 页。
⑥ 黄志繁：《"贼""民"之间：12—18 世纪赣南地域社会》，北京：生活·读书·新知三联书店，2006 年，第 172—200、215—224 页。

表 1　莆田寄庄户、莆田移民在仙游入学状况分析表

人员	是否置有田产	是否入籍	是否定居超过二十年	是否能够入学
寄庄户	是	否	否	否
初代移民	是	是	否	否
后代移民	是	是	是	是

不难看出，仙游人区分"他者"的一个标准即定居时长。继续以林逵为例，我们可以设想这样一种情景：林逵父辈移居仙游，至林逵准备参加科举时，居住年限尚未满二十年，因而只能回到莆田应试入学。此后林逵仍以仙游人自居，经过数十年，最终获得了仙游士绅认同。从时间上看，顺治五年林逵即中举，可推知其入学必早在崇祯年间，而后又于康熙庚戌年（即康熙九年，1670）为《仙游县志》作序，[①] 此时距林逵入学已有二十余年，再上溯至其父迁居仙游，应在三十年以上，因而编修县志时被认作"邑绅"也就在情理之中了。可供对比的一个例子来自莆田东沙蔡氏，第 29 代蔡垣生活于明崇祯至清康熙年间，其次女嫁"仙攀龙桥邑庠生"张飞英，这位仙游县学生虽"本祖莆人"，[②] 却获得了在仙游入学的资格，显然在张飞英参加考试前，张家在仙游入籍定居时限已足够长久，得以融入仙游人群体之中，虽然保留着祖先为莆田人的标签，但已可一同应试。

　　一言以蔽之，自"崇祯定案"后，仙游县学已完全拒绝录取莆田寄庄户，而莆田移民希望在仙游入学亦须达到一定的定居年限，否则只能另寻他法。需要注意的是，入籍定居二十年以上只是莆田移民在仙游入学的必要条件，这并不意味着所有达标的莆田人都能自由报考，仍有少部分莆田移民被仙游县学排斥在外，这一点在下文中还将提及。从上述史料的考辨来看，"崇祯定案"虽距此已近四十年，在地方上却仍有影响力，这应是由于清初基本延续了明代的陈规旧习，即便与制度设计有所冲突，也并未迅速清理。但"崇祯定案"毕竟与科举制度出入甚多，一旦局势稍定，难免会有人发现其中的问题。

① 《［康熙］仙游县志》卷一《序》，载《清代孤本方志选》第一辑第 26 册，北京：线装书局，2001 年，第 20 页。

② 蔡襄纪念馆董事会编：《蔡氏族谱·世系》，1989 年抄本，第 95 页，福建省图书馆藏。

三、地方动乱背景下莆仙科举秩序的重构

康熙十年（1671）初，仙游知县卢学傅因仙游士绅所请，提请省内允许府学录取仙游童生，莆田衿绅则认为此事断案已明，应仍照"崇祯定案"办理。不难看出，两县的核心矛盾在于对录取原则的不同理解：仙游方面认为当以全国性制度为凭，希望彻底否定"崇祯定案"的约束，重新获得录取府学之权利；莆田方面则极力维护"崇祯定案"的权威，力求继续维持这一地方惯例，保持自身在官学录取中的优势地位。二者矛盾显然无法简单调和。

收到卢学傅发文后，省内令兴化府知府许焕祖核查实情回报。莆田县是兴化府的附郭县，或是亲私附郭的原因，许焕祖的回文偏向了莆田一方。学道王震起对此颇不以为然，驳斥称："兴化府、卫二学，不许仙人拨入，据详历有成规，屡经驳查，实无确据。前学道批，果可为今日定例乎？"①作为福建督学道，王震起对学额制度了然于胸，不可能对明显与制度抵牾的"崇祯定案"视而不见，因此他说：

> 至府学乃通都首庠也，凡该府所辖属县之童生，悉照县分大小，通匀拨进府学，天下成例皆然，即闽省七府属亦莫不然。独兴化属辖，惟莆、仙两县，又另设府学童生，仙人不得与府学，则是府学独归莆士，而仙邑终摈府庠。②

王震起一针见血地指出"崇祯定案"的症结所在，即与"天下成例"不符。虽然该定案沿习已久，但并不符合相应的国家制度。回过头看，"崇祯定案"只是崇祯时福建学道樊时英的断案，既非明代国家层面的判决，也未在清代得到中央相关部门认可，可谓是背离了国家制度的地方惯例。正因如此，"崇祯定案"无法从制

---

① 《学道王震起驳兴化府知府许焕祖详批》，《[乾隆] 仙游县志》卷二十三《学校志三·泮额》，载《中国方志丛书》华南地方第 242 号，台北：成文出版社，1975 年，第 496 页。

② 《覆详两院看语》，《[乾隆] 仙游县志》卷二十三《学校志三·泮额》，载《中国方志丛书》华南地方第 242 号，台北：成文出版社，1975 年，第 496—497 页。

度上得到保障，更难以应对制度层面的质疑。王震起随之提出了他的解决方案——"阅文优劣，从公量拨"，而这一方案也得到了闽浙总督署理福建巡抚刘斗的赞成。①

"康熙十年定案"否定了"崇祯定案"的合法性，意在重新确立兴化府学公平录取两县童生的原则。然而不久后三藩之乱爆发，耿精忠在福建反叛清王朝，恢复不过二十余年的科举秩序再次崩溃。

耿精忠于康熙十五年（1676）九月投降，但当时的兴化府城仍在郑经部将马成龙控制之下，至次年方被平定。②其间福建科举断绝七八年之久，以致重新开考时，莆田竟有千人应试。③康熙十七年（1678）重新开科，先补考康熙十四年（1675）乙卯科因耿变而停的岁试，之后紧接着开始了当年的科试。④不过，从《芹香录》来看，"康熙十年定案"并未得到落实，仙游依然无一人能够进入府学。

康熙十七年复考时，莆仙童生面对的入学条件无比恶劣：首先，学政巡考颇为草率，"科考儒童酉交卷而辰发榜，相距未六时"，⑤其审卷之速可见一斑，不少确有实才的学子未被录取。其次，府县学额从原来府学20人、县学与卫学15人缩减至府学5人、县学与卫学4人，甚至不足原来的三分之一。虽然三年后康熙二十年（1681）科考，府县学额得以恢复，但康熙十七年清政府即裁革平海卫学，⑥这样一来，入学总额较之以往仍显捉襟见肘。

这里不妨花些笔墨回顾平海卫学的发展。平海卫学始建于明正统八年（1443），天顺间经教谕宋淑昭奏请，允许莆田县民籍童生附考，清顺治十八年

① 《学道王震起详请督抚两院批允莆仙二县公拨断语、总督刘斗批、署抚刘斗批》，《[乾隆]仙游县志》卷二十三《学校志三·泮额》，载《中国方志丛书》华南地方第242号，台北：成文出版社，1975年，第497页。
② 莆田县县志编集委员会编：《莆田县志·莆田大事记（草稿）》，1965年油印本，第32—33页，莆田市图书馆藏。
③ （清）彭鹏：《上某司衡书》，《古愚心言》卷五，载《四库全书存目丛书》集部第231册，济南：齐鲁书社，1997年，第782页。
④ 魏显荣等编：《清代莆田芹香录》，民国二十二年（1933）抄本，第15页b—第16页a，福建省图书馆藏。
⑤ （清）彭鹏：《上某司衡书》，《古愚心言》卷五，载《四库全书存目丛书》集部第231册，济南：齐鲁书社，1997年，第785页。
⑥ 《[民国]莆田县志》卷十一《学校志·学额》，载《中国地方志集成·福建府县志辑》第16册，上海：上海书店出版社，2012年，第421页。

迁海时，裁撤平海卫，卫学亦废，至康熙三年（1664）在府城重建，此后更多莆田民籍学生得以就近进入卫学，[①]如上文多次提及的莆田乡绅彭鹏便是一名民籍卫学生。[②]平海卫学在清初收录员额 12 名，后增至 25 名，顺治十七年（1660）定为 15 名，[③]虽不比兴化府学，却已与莆仙两县学相垺，是莆田童生进学的一大补充。然康熙十七年（1678）卫学被裁，这对附考卫学的民籍童生而言不啻晴天霹雳。按原先预期，莆田人最多可在府、县、卫三学共取进生员 50 名，裁去卫学学额 15 名，等于削去了 30% 的入学名额。此后直至乾隆朝，莆田民间都有恢复卫学学额的呼声，仙游县甚至也参与了复额的申诉，但这一请求始终未获批准。[④]

康熙二十一年（1682），莆田沿海迁界地区全部展复。[⑤]康熙二十三年（1684），台湾平定，设立府县，此后南方再无战乱，从明清易代至此近 40 年的动荡遂告终结。国家鼎革之际的地方动乱，打破了明末建立的三年两考的科举周期，顺治五年至康熙二十二年（1683），清王朝在莆仙地区举行童试的频率很不稳定，有时一年两考，有时又岁科并考，顺治年间实行"先科后岁"，康熙十七年之后又改为"先岁后科"。

表 2　顺治五年至康熙二十二年兴化府岁试、科试统计表

时间	考试性质	时间	考试性质
顺治五年	科试	康熙四年	科考
顺治八年	科考	康熙七年	科岁并考
顺治九年	岁试	康熙九年	科岁并考

---

① 《重修平海旧卫学圣庙碑记》，载郑振满、[加]丁荷生主编：《福建宗教碑铭汇编·兴化府分册》，福州：福建人民出版社，1995 年，第 302 页。

② 魏显荣等编：《清代莆田芹香录》，民国二十二年（1933）抄本，第 9 页 b，福建省图书馆藏。

③ 《[民国]莆田县志》卷十一《学校志·学额》，载《中国地方志集成·福建府县志辑》第 16 册，上海：上海书店，2012 年，第 421 页。

④ 《[乾隆]莆田县志》卷九《学校志·附泮额定案》，载《中国方志丛书》华南地方第 81 号，台北：成文出版社，1968 年，第 291 页；《[乾隆]仙游县志》卷二十三《学校志三·泮额》，载《中国方志丛书》华南地方第 242 号，台北：成文出版社，1975 年，第 498—499 页。

⑤ 莆田县县志编集委员会编：《莆田县志·莆田大事记（草稿）》，1965 年油印本，第 33 页，福建省图书馆藏。

续表

时间	考试性质	时间	考试性质
顺治九年	岁试	康熙十七年	光复岁考
顺治十一年	科考	康熙十七年	科考
顺治十二年	岁试	康熙十九年	岁考
顺治十四年	科试	康熙二十年	科考
顺治十五年	岁试	康熙二十二年	岁考
顺治十八年	岁考	康熙二十二年	科考

有赖于地方政局稳定，康熙二十二年之后的岁科考试走向固定化，除了雍正元年（1723）、乾隆元年（1736）改元时加试恩科外，三年两考之制得以平稳运行，未再变化。但科举秩序恢复的同时，莆、仙两县已面临新的入学形势，莆田名额的缩减使得两县学额之争复燃难以避免。

康熙二十八年（1689），仙游童生王依仁请求匀拨府庠学额，与此同时，莆绅程甲化、林麟焜则请因循旧例。可以看到，这时两县的争辩模式与康熙十年时大同小异，仍是仙游一方要求公平录取府学、莆田一方要求遵照"崇祯定案"处理。按理说，已有"康熙十年定案"为据，两方要求也无甚变化，此时判决只需照旧处理即可，但结果却恰恰相反。时任兴化府知府危际泰与督学道高日聪虽都明白府学应以各县童生公平拨入，录取原则"惟视人才之优劣"而已，却又都不断强调莆田人文盛于仙游，故历来学额多予莆田，不予仙游。[1]且据"崇祯定案"，仙游人不入府学的同时，莆田寄庄户亦不入仙游县学；若仙游人得以投考府学，则应同样给予寄庄户投考仙游县学的权利。督学道高日聪最终判定，"莆童不准与仙试，仙童不准拨府庠"，巡抚张仲举、总督王骘均表示赞成。[2]

"康熙十年定案"与"康熙二十八年定案"具有极强的对比意义，虽然面对的要求基本一致，二者却做出了完全相反的判决结果，其原因恐怕与程甲化、

---

[1] 《国朝康熙二十七年兴化府知府危际泰回详督学道看语》，《[乾隆]莆田县志》卷九《学校志·附泮额定案》，载《中国方志丛书》华南地方第 81 号，台北：成文出版社，1968 年，第 290 页。

[2] 《督学道高日聪详督抚两院批定铁案看语》，《[乾隆]莆田县志》卷九《学校志·附泮额定案》，载《中国方志丛书》华南地方第 81 号，台北：成文出版社，1968 年，第 290 页。

林麟焻二人的身份不无关系。程甲化，顺治十八年（1661）进士，康熙二十三年（1684）时便已迁吏部文选主事；林麟焻则是康熙九年（1670）进士，康熙二十六年（1687）"典试四川"，后即迁礼部郎中。① 反观仙游一方，王依仁不过一介童生，二者话语权孰轻孰重可想而知。同时，这一反差也正说明，迟至康熙二十八年，地方上仍具有操作学额制度的空间，可根据实际情况加以调整，并不一定要与中央条文保持高度统一。

自"崇祯定案"到"康熙二十八年定案"，时间超过半个世纪，莆、仙两县学额争端多次反复，没有得到根本解决。究其缘由，实际上在于几次定案均是省内裁夺的结果，换言之，几次判决都没有得到来自中央的认可，两县学额之争长期停留在地方层面。可以试想，若仍无更具强制性与威信力的决断，莆、仙两县还会继续就入学问题争哓不休。有趣的是，康熙二十七年（1688）曾有一版最早的《学政全书》刊布，② 其书虽佚，但足见中央层面此时应已开始着手统一制度。可能是由于《学政全书》运送至地方尚需时日，高日聪在康熙二十八年仍对兴化府学额做了特殊分配，但依据全书规制，其后任学道是否会对莆、仙学额之争有不同的看法呢？

康熙四十八年（1709），以茅彝鼎为首的仙游儒生先后十数次呈控，要求废除成案，允许公平投考府学，虽遭莆田人报复，"恨殴之几毙"，却成功引起了时任福建提督学政范光宗的注意。③ 与此同时，兴化府知府汪天柄将莆、仙两县科考"旧例"告知范光宗，强调称兴化府学录取与别处不同，自明末樊时英审定后沿袭未变，并警告若仙游人进入府学，则莆田寄庄户势必要求在仙游附考，将会重启争端。范对此说大感诧异，按《学政全书》开载，府学应接纳属县童生自由报考，但兴化府却另立"府童"，全属莆田籍贯，在事实上垄断了府学进额，这一做法明显违背了相关规制。因而范光宗以"兴郡送府童有违

---

① 《[乾隆]莆田县志》卷二十八《人物志》，载《中国方志丛书》华南地方第81号，台北：成文出版社，1968年，第580、582页。

② 弇丽丽：《〈学政全书〉研究》，中国人民大学硕士学位论文，2016年，第14—16页。

③ 《[乾隆]仙游县志》卷四十一《人物志九·乡行》，载《中国方志丛书》华南地方第242号，台北：成文出版社，1970年，第827页。

功令，难以遵守"一由上奏，请求允许莆、仙两县平等投考府学。[①] 这一建议得到了中央层面的肯定，经礼部核议，要求此后府学同等酌量拨入两县童生。[②] 这一裁决彻底否定了"崇祯定案"，为仙游人重回府学提供了保障。据《芹香录》载，此后每次岁科考试中兴化府学均有来自仙游的生源，可以说，"康熙四十八年定案"得到了较为严格的遵行。

争端的解决看似偶然，实则有着深厚的制度背景，尤与学政规制变化有莫大关联。清初所设提学道乃按察司属官，品秩较低，康熙中叶渐改提学道为提督学院，也就是直接派遣翰林官巡考，不受督抚节制。[③] 康熙四十二年（1703），首次简派詹事府右春坊右庶子翰林院试讲沈涵为福建提督学院，[④] 四十五年（1706）遣陕西道监察御史杨笃生任之，[⑤] 四十八年（1709）范光宗则以詹事府左春坊左赞善兼翰林院检讨任。[⑥] 此后福建学政或差翰林官或差监察御史，实现了由学道到学院的转变。[⑦] 其实，在沈涵任上已有取仙游人徐益时入兴化府学，[⑧] 但只取一人，似乎并未引起震动。数年后，有赖于茅彝鼎等人的不懈呈告，在范光宗任上最终阶段性地解决了莆、仙争端。

回过头看方志所载的往来官文，虽然莆、仙两县方志编纂各有取舍，仅录

---

① 《提学范光宗题稿》，《［乾隆］仙游县志》卷二十三《学校志三·泮额》，载《中国方志丛书》华南地方第 242 号，台北：成文出版社，1975 年，第 497—498 页。

② （清）素尔讷等纂：《钦定学政全书》卷五十《福建学额》，载《近代中国史料丛刊》第一编第三十辑，台北：文海出版社，1968 年，第 932—933 页。

③ 关于清初学政体制改革的讨论，主要参考了荒木敏一、王庆成、李自华、安东强等学者的研究。［日］荒木敏一：《雍正时代に於ける学臣制の改革：主として其の任用法を中心として》，《东洋史研究》1959 年第 3 期；李自华：《试论雍正对学政制度的发展》，《史学集刊》2006 年第 5 期；王庆成：《清代学政官制之变化》，《清史研究》2008 年第 1 期；安东强：《清代学政规制与皇权体制》，北京：社科文献出版社，2017 年。

④ 《清圣祖实录》卷二百一十，康熙四十一年十二月丁酉，北京：中华书局，1986 年，第 3 册，第 136 页。

⑤ 《清圣祖实录》卷二百二十三，康熙四十四年十二月戊午，北京：中华书局，1986 年，第 247 页。

⑥ 《清圣祖实录》卷二百三十六，康熙四十八年二月丙辰，北京：中华书局，1986 年，第 363 页。

⑦ 钱实甫：《清代职官年表》，北京：中华书局，1980 年，第 2629—2766 页。

⑧ 魏显荣等编：《清代莆田芹香录》，民国二十二年（1933）抄本，第 26 页 a，福建省图书馆藏。

于己有利的成案，但仍可寻获蛛丝马迹。此前学道王震起、高日聪等人决策均要请督抚两院批示，所载多有"覆详两院""详请督抚两院""回详督抚两院""伏候宪裁"等语，而康熙四十八年一案留下的只有范光宗之题本，无须再经督抚便可上达天听，这便再次印证了此间学政规制之变化。

科举极具竞争性质，各级科考单位都以尽可能多地占有学额为目标，选择性地利用制度来维护自身利益。有如此案，莆田一方只强调依"旧例"行事，却不提所谓"旧例"的合法性如何；仙游一方只强调本县童生遭到限制，却不关心莆田移民与寄庄户如何入学。可以试想，倘若没有康熙四十八年范光宗的上奏，没有随后中央的介入，两县对制度的选择性运用还将继续，仍然会在地方惯例的范围中处理彼此矛盾。另一方面，"康熙四十八年定案"也否定了地方上对学额制度的灵活运用，以整齐划一的制度取代了与制度不合的地方惯例，这一变化和康熙后期国家集权趋势加强显然密不可分。

四、雍乾时期莆仙地区科举定则的达成

"康熙四十八年定案"从制度层面解决了仙游人投考府学的障碍，但关于仙游县学招收考生的来源却未作规定。雍正二年（1724），以詹事府左春坊左中允兼翰林院编修任提督福建学政的黄之隽巡考兴化府，在其文集中记下了他主持调整仙游县学生源的经过：

> 初，莆人洊遭海患，徙居仙者四十八家。远自明，近国初，久之蕃衍。庐墓、昏嫁、从师，皆在仙游。至考试，则摈之曰："尔莆田人也，不得冒吾籍。"虽翁婿、师弟不少假。及试莆，则莆人拒之曰："尔仙游人也。"互相攻击，至斗殴、杀伤不悔。虽督、抚、学屡劝谕禁约，终不止。之隽稽故籍，兴化故有二卫，既废，卫童应试并入莆，故莆童倍仙，而徙仙者入籍久，不宜复阑入莆，若又禁不仙试，是终身锢之也。于是明伦堂讲书毕，呼仙游廪生暨录遗月课拔取者，环立谕之。语音未了，则具纸笔相问答，往复尽十余纸，始尚强辞，既翕然服。

四十八家者得试仙邑，自此始。[①]

上文论及莆田移民至仙游入学的必要不充分条件是入籍并定居二十年以上，从黄之隽的记述中不难发现，仍有部分莆田移民入籍多年不能入学。莆田童生数量远超仙游，黄之隽因此认为应当允许这些移民在仙游入学，由于方言不通的缘故，黄之隽在明伦堂以"笔谈"的方式说服了仙游童生，让他们接受了移民入学的要求。根据清代科举制度，移民入籍二十年以上即可入学应试，仙游方面迟迟不准移民考试，已与制度不合，因此黄之隽的做法实际与范光宗一脉相承，都是废止地方上与国家规定不符的惯例，保证整体制度的统一性。乾隆元年（1736），来自枫亭的莆籍武童生郭廷树便进入了仙游县学，这显然得益于黄之隽调整仙游县学生源的举措。[②]在雍正二年之后，莆、仙两县的科考规制表面上又回到了"崇祯定案"前的状态，但这一结果并不能完全满足两方要求，莆、仙两县在新的录取定则下又萌生了新的矛盾。

前文已述，明代学额制度是不断演进的，从明初不限额，到明中期始设廪增名额，再到明末逐渐控制附生人数。可以说，明代时学额制度便已发生重要变化，其控制地方文化资源的作用业已彰显。到了清代，学额制度仍有不断改革，顺治、康熙、雍正三朝多次调整全国的学额规制。最后一次调整在雍正二年九月，福建省内莆田、仙游等26个州县参照府学学额各取进20名。[③]至此，莆田、仙游两县学与兴化府学一样，皆定额录取附生20人。县学录取情况不必赘言，值得关注的是两县关于府学录取比例所达成的妥协。

"康熙四十八年定案"仅模糊地称府学应"凭文优劣，酌量拔取"，因而即便仙游童生得以取进府学，其录取人数多寡依然是两县角力焦点。莆田方面声称

---

① （清）黄之隽：《堂集》附《冬录九》，载《四库全书存目丛书》集部第 271 册，济南：齐鲁书社，1997 年，第 825 页。

② 宋慎杰：《枫亭志续编·科举人员》，《[道光]枫亭志》，载《枫亭古代志书三种》，福州：海峡书局，2017 年，第 213 页。

③ 《清世宗实录》卷二十四，雍正二年九月丁卯，北京：中华书局，1986 年，第 387 页。

在康熙四十八年后，府学"拔取仙童有三名、四名、五名不等，至六名为极"。[①]
而仙游方面则称仙游人考入府学"每试或六七人，或九人"。[②] 从《芹香录》来看，
莆、仙两方的叙述都并不完全属实：其一，乾隆元年岁考，仙游童生取进府学的
人数便达 7 人；其二，乾隆二年（1737）科考，府学录取仙游童生人数的确是 9 人，
但当年"特恩加额"，府学录取的总数为 27 人，若除去加额部分，正额取进的仙
游童生仍只有 6 人而已。[③] 根据《芹香录》，可将康熙四十八年（1709）至乾隆
二十二年（1757）兴化府学中录取仙游籍童生的人数做一统计。

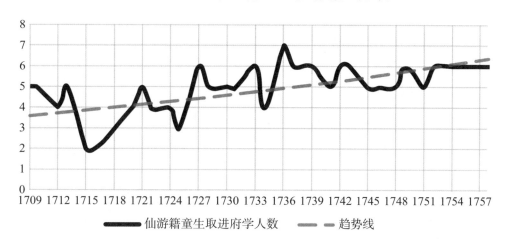

图 1　康熙四十八年至乾隆二十二年历次考试兴化府学取进仙游籍童生人数统计图

资料来源：魏显荣等编，《清代莆田芹香录》，民国二十二年（1933）抄本，第 27 页下
—第 50 页上，福建省图书馆藏。需要说明的是，雍正元年（1723）有特恩加试，府学录取 7 人，
其中仙游籍 1 人，因与前后学额规制不一，故未纳入表格中，乾隆二年（1737）加额亦未计
算在内。

　　根据图 1 可见，仙游籍童生取入府学的趋势不断升高，势必给莆田人带来
强烈的危机感。仙游童生多次录取府学 6 人，而《莆田县志》中也称府学录取
仙游人"至六名为极"，可知府学学额被占 6 名已是莆田人所能忍受的极限。

①　《[乾隆]莆田县志》卷九《学校志·附泮额定案》，载《中国方志丛书》华南地方第 81 号，
　　台北：成文出版社，1968 年，第 291 页。

②　《[乾隆]仙游县志》卷二十三《学校志三·泮额》，载《中国方志丛书》华南地方第 242 号，
　　台北：成文出版社，1975 年，第 496 页。

③　魏显荣等编：《清代莆田芹香录》，民国二十二年（1933）抄本，第 39 a—页 41 a，福建省图
　　书馆藏。

但这并不意味着仙游方面对此完全满意，他们在方志中便大表不满："乃贪忮者撰岁六科七之谣，为仙之入郡庠者，定例偶踰其数，则风横涛涌，众议沸腾。司衡者，遂多依违其间，此岂量才拔取意耶？"①莆田人则极力维护这一比例，但凡多取仙游童生，必群起而攻之。

乾隆十七年（1752）十月，时任学政冯钤主持兴化府学科试，录取莆籍12人、仙籍8人。结果遭到莆田童生黄天锡等人的强烈反对，要求仍按旧例"三七分拨"府学学额，即录取莆籍14名、仙籍6名。冯钤的前任吴嗣爵、葛德润等人虽明知应凭文录取，历次考试仍以"三七"之数分拨，即使是冯钤，在此前岁试时亦以"三七分拨"府学名额。②乾隆帝便质疑此事，"若果专就文艺酌取，岂有悉能暗合之理？其中显有迁就情节。"③其实在乾隆十一年（1746）时，兴化府学学额被私自分割一事便受到了中央关注，当时以其与例不符，奏准"嗣后入学额数，悉照定例，凭文拨入。三七分拨，原非定例，行令销案"，④并严词强调：

> 倘学臣按临，生童有联名具呈争拨者，将具呈争拨之生员斥革，童生不准应试，并治其违禁之罪。如有聚集多人，混行争控者，除严拿治罪外，仍将该县童生停其拨入府学，以儆浇风。⑤

在这样严酷的警告下，莆田童生仍敢大张旗鼓地表示反对，确实与多任学政默许"三七分拨"原则有很大关系。从乾隆帝的反应看，他显然对兴化府擅

① 《[乾隆]仙游县志》卷二十三《学校志三·泮额》，载《中国方志丛书》华南地方第242号，台北：成文出版社，1975年，第496页。
② （清）喀尔吉善：《奏为莆田童生争拨名数缘由》，乾隆十七年十月廿八日，009587，军机处档折件（清代宫中档奏折及军机处文件折件检索系统），台北"故宫博物院"藏。
③ 中国第一历史档案馆编：《乾隆帝起居注》，乾隆十七年十一月二十三日庚辰，桂林：广西师范大学出版社，2002年，第11册，第312页—第313页。
④ （清）闽浙总督喀尔吉善：《奏为遵旨查办莆田、仙游两县童生科试事》，乾隆十八年七月十九日，03-1167-038，军机处录副奏折，中国第一历史档案馆藏。
⑤ （清）素尔讷等纂：《钦定学政全书》卷五十《福建学额》，载《近代中国史料丛刊》第一编第三十辑，台北：文海出版社，1968年，第938—939页。

自分配府学学额的做法大为不满，更令他恼火的是，据说以黄天锡为首的莆田当地童生还有聚众闹事、胁迫商铺罢市的情形。虽然喀尔吉善的奏折中一再禀称并无"胁众罢市，闹入辕门"之事，但乾隆帝并不相信这一说辞，反而批评此乃"化有事为无事"。[①] 但除了喀尔吉善、陈宏谋二人之外，福州将军新柱、福建陆路提督谭行义等亦有密奏，皆称莆仙地方平静，并未再发生闹事情形。[②] 次年七月，喀尔吉善与陈宏谋再上奏，称莆田当时所谓闹事，不过是因考棚附近街市拥挤，出榜童生群聚于此，议论学额少拨二名之事，考棚附近摆摊商贩"恐损货物，自行收拾，其余铺面，开张如故"。又已严加审讯涉事童生，确无"号召罢市，闹入辕门"的忤逆之举。针对此情，他们还提出了应扩建考棚的解决之道。乾隆帝在此折后无奈批道："只有如此而已。"[③] 不论当日黄天锡等人所谓滋事实情如何，福建地方大员们似乎达成了集体默契，一致上奏，均称地方无事。加之此后莆田确实未再发生"余震"，出于平息地方纷争的考虑，乾隆十八年（1753），朝廷以"旧日额数，果其行之已久，原系因地取才，自不应有意更张，徒滋扰累"为由，批准了兴化府学学额分割之例，令嗣后各学政以莆田分拨 14 名、仙游分拨 6 名永远遵行。[④]

朝廷态度的突然转变，多少有些出人意料，这很大程度上与乾隆帝个人专断相关。乾隆帝对莆、仙争端中传言"胁众罢市"等情形的关切远胜于"三七分拨"府学学额一事，最终发现所谓"罢市"乃是谣传，或得益于此，允许"三七

---

① （清）陈宏谋：《奏报查莆田童生观榜喧拥审无胁众罢市闹入辕门折》，乾隆十七年十一月廿一日，载《宫中档乾隆朝奏折》第 4 册，台北："故宫博物院"，1982 年，第 374—375 页。

② （清）新柱：《奏报兴化府考试出榜后有童生吵闹折》，乾隆十七年十一月初二日，载《宫中档乾隆朝奏折》第 4 册，台北："故宫博物院"，1982 年，第 213—214 页；（清）谭行义：《奏报兴化府童生吵闹及经文武晓谕星散折》，乾隆十七年十一月初三日，载《宫中档乾隆朝奏折》第 4 册，台北："故宫博物院"，1982 年，第 218—219 页。

③ （清）喀尔吉善、（清）陈宏谋：《奏报遵旨查办童生考试情形折》，乾隆十八年七月十九日：载《宫中档乾隆朝奏折》第 5 册，台北："故宫博物院"，1982 年，第 834—835 页。

④ （清）素尔讷等纂：《钦定学政全书》卷五十《福建学额》，载《近代中国史料丛刊》第一编第三十辑，台北：文海出版社，1968 年，第 941—942 页。

分拨"之例实行便也无妨了。① 但我们仍想追问,"三七分拨"府学学额与"崇祯定案""康熙二十八年定案"一样是背离了国家制度规定的地方惯例,前案既被严令禁止,此案何以允许维持?除却皇帝个人好恶的主观因素外,较为合理的解释是其与前案具有性质上的差异。"崇祯定案"与"康熙二十八年定案"如出一辙,都否定了府学招收所属各县童生的原则,而"三七分拨"则是在肯定府学招收各县童生的前提下对具体比例的再划定。前者与制度有质的区别,后者则仅是具体数目上有所差异。因此,在弹压成本过高的情况下,朝廷自然也会考虑予以认可,以减轻行政压力。乾隆三十八年(1773),索尔讷主持编修了新的《学政全书》,莆、仙两县"三七分拨"府学学额的做法被当做成案载入其中,兴化府独特的学额运作模式最终完成了从地方惯例到国家制度的转变。

五、结语

让我们沿着地方社会的历史脉络,重新审视莆、仙学额争端发展与地方历史演进之间的联系:明初田粮协济与嘉靖年间的倭乱导致莆田移民、寄庄户大规模涌入仙游,为崇祯年间两县学额争端的爆发埋下了伏笔。明清易代的动乱破坏了明王朝建立的科举秩序,清初近四十年中,在王朝鼎革、沿海迁界、三藩之乱等一系列事件的影响下,莆仙地区的科举秩序经历了"崩解—重建—再崩解—再重建"的反复过程。随着局势走向稳定,王朝中央逐渐收拢权力,在中央介入下,莆仙地方科举惯例最终或被废止、或被纳入制度轨道,实现了与王朝体制的统一。由莆仙一案出发,学额制度与地方社会互动之关系已然呈现于我们眼前。

首先,在学额争端的过程中,科举成绩与人口数量变化的影响值得我们关注。检诸方志,不论是举人或是进士数量,莆田均远超仙游,明代进士更在仙游40倍之上(见表3、表4)。若将明代与清代的情况分别观之,可以看

---

① 乾隆对于童生闹事颇为着意,曾下令要求对严加管控。《清高宗实录》卷一百七十二,乾隆七年八月丁亥,北京:中华书局,1986年,第3册,第186页—第187页。

到清代两县科考差距明显缩小。事实上两县仍有较大差距，很难说争端的解决是由于仙游科举成绩的赶超，但莆田县科举成绩显著下滑应是一个重要原因。明代莆田科举极盛，每科进士平均约有 6 人，到清代却出现了近半数科考无人中进士的情况。科举不兴带来的结果便是无人任职高位，势必削弱其话语权。另一方面，上文曾提到明中期莆田户口十倍于仙游，据曹树基统计，到了清道光九年（1829），莆田人口仅为仙游的 2.3 倍，[①] 两县人口此消彼长可见一斑。更有趣是，人口倍数换算为整数恰恰又接近于三七分成，这与乾隆年间两县达成的府学学额分割比例何其相近！虽然没有更直接的证据证明府学"三七分拨"学额与人口比例有关，但这一惊人巧合再次提示我们，不能忽视人口对学额分配的影响。总之，科举成绩下滑与人口优势的丧失，使得莆田县难以维持其在兴化府内对仙游的压倒性优势，这是莆、仙学额争端最终走向妥协的一大背景。

其次，从莆、仙学额争端中尚可发现，学额并非简单的数字，而是必须具体落实到童生身上的入学资格。莆、仙两县百余年的学额争端，实际上正是不同人群对具有进入官绅阶层权利的"资格"的争夺。需要注意的是，一方面莆、仙两地人员流动频繁，存在大量跨县宗族，士人交往也颇为密集，[②] 这里的人群并不单以县域为界，两县学额争夺更不能简单地理解为政区上的对立。另一方面，根据以往研究，土棚学额争端往往通过土棚分额、客民另编字号单独取进的形式解决，与棚民无根可依的情形不同，莆田移民或寄庄户往往有旧籍可回，仙游人即便不能入府学，也仍可选择投考县学，因而争端解决之道势必有所不同。如上文所述，入籍或拥有田地只是入学的一个必要不充分条件，更重要的标准来自莆田人、仙游人两大原生群体的认同，凭借姻亲关系、家族交往而得以在邻县入学的例子并不罕见，上文所举戴震亨、许必昌等人便是如此。而这抽象的认同感，归根结底源于彼此间的利益关系，可以说，"流动"的身份以

---

① 曹树基：《中国人口史·清时期》，上海：复旦大学出版社，2001 年，第 185 页。

② 在仙游大族的祝寿、祭礼、修谱等活动之中，均可见到莆田士绅的文字。如仙游傅氏族谱之中，5 篇由族外士人撰写的谱序中，便有 3 篇来自莆田人之手。参见《仙溪罗峰傅氏族谱》卷首《目次》，福建省图书馆藏民国刻本，第 1 页 b。

利益为基础，又以认同为途径，不同人群通过彼此微妙的认同关系相互博弈，有选择性地对学额制度加以利用，这是中央力量尚未强势介入地方前，学额体系在莆仙地区的基本运行模式。

表 3　明清时期莆、仙两县历次科举考试成绩统计表

县别	朝代	举人数量	进士数量	举人、进士比	科均举人 1	科均举人 2	科均进士 1	科均进士 2
莆田	明代	1723	527	3.269	19.36	19.36	5.989	5.989
	清代	261	39	6.692	6.525	6.525	0.975	1.773
仙游	明代	95	12	7.917	1.067	1.727	0.136	1.091
	清代	50	3	16.667	1.25	2	0.075	1

资料来源：《[乾隆]莆田县志》卷十三《选举志》，载《中国方志丛书》华南地方第81号，台北：成文出版社，1968年，第332—372页；《[乾隆]仙游县志》卷二十九《选举》，载《中国方志丛书》华南地方第242号，台北：成文出版社，1975年，第638—639页、第647—653页。

说明：①"举人、进士比"将举人数量除以进士数量，反映的是考取举人到考取进士的转化率；②"科均举人1""科均进士1"将历次开科总数作为除数，"科均举人2""科均进士2"则只将有考中的科数作为除数；③表中清代举人、进士统计截止乾隆十七年；④计算结果保留3位小数。

表 4　莆、仙两县科举考试成绩对比表

朝代	两县举人比	两县进士比
明代	18.137	43.917
清代	5.22	13
总计	13.683	37.733

资料来源、说明同表3。

最后，从制度视角来看，在莆、仙学额争端中，学额运作机制的内在逻辑也展露无遗。早在宋元明时，即有临时官管理科举事务，明代有提学道，到清初顺治、康熙年间，开始不断提高其地位，选翰林官外出任职，至雍正年间，统一改为提督学政，与督抚地位相埒。清王朝通过不断调整制度设计，大大加强了对基层科举考试的控制，与此同时，地方上对学额的运用也被反映到了上层，连接制度上下两大主体的正是以学政为代表的官员群体。中央作为学额制

度设计者难以"亲临"地方，必须通过一省学政作为代言人来具体实施政策，由学政主持的院试也就成为了学额制度得以运作的最核心环节。在院试中，学政可根据地方上的实际情况对学额制度加以解释、补充，与之相应地，地方士人（一个包括所有童生的利益共同体）需要参加考试以获取入学资格，他们的要求则通过知县、知府这些基层官员转达。明末清初很长一段时间里，这一学额运作模式在莆仙地区长盛不衰。同时，我们不能忽视学政规制变化对学额体系调整的作用。福建学政规制转变的关键节点在康熙四十二年（1703），此后以"康熙四十八年（1709）定案"为界，地方科举惯例逐渐被统一的王朝规制所压制，与制度抵牾的地方惯例有可能被强令废止，也有可能被纳入制度轨道而成为制度的一处新注脚。正是由于学政乃学额制度的实际执行人，其权责升降，能直接对学额分配造成影响，争端第一阶段的结束正是在这一背景下实现的。

要之，莆仙地方的学额争端由明末学额逐渐紧缩而爆发，因明清鼎革造成的科举秩序崩溃而暂歇，又因清王朝对学额制度的完善而终结。两县对学额的争夺受到了地域社会历史演进与学额制度逐渐成熟两大进程的相互影响。这一纷争的最终解决不仅是中央决策的产物，更是在清王朝划一制度的背景下，地方各势力相互平衡、相互妥协的结果。

（本文刊于台湾《"中央研究院"近代史研究所集刊》2020 年第 2 期，总第 108 期。蒙业师黄忠鑫先生、邹怡先生悉心指点，在论文写作、修改过程中，曾先后于华东师范大学、西北大学、北京大学、曲阜师范大学等高校宣读，收获颇丰。《近史所集刊》两位匿名审稿人的意见切中肯綮，笔者亦获益匪浅，谨致谢忱！）

清代县医学的运作与地方医疗

——以南部县为中心

刘桂海[*]

县医学是清代县级政府设置的官方医疗机构，其运作实况直接影响着地方的医疗、卫生事业。依照清廷令典，府、州、县皆应设有"医学"，[①] 然实际情形远非尽如人意，许多地区并未形成常设定制。[②] 目前，学界关于清代县医学的研究，多是在论述地方医政时偶有提及，殊少专文探究。[③] 应该指出，县医学之所以长期未能引起学术界重视，主要受两方面因素影响：一是受限于史料的零碎和分散；二是缘于近年来学术界形成的基本共识，即官方力量对地方医疗介入的不足，造成了地方医政的萎靡，而这为士绅等力量的进入提供了空间，[④] 此类共识肯定民间力量的同时，却弱化了县医学等官方力量的作用，导致

* 刘桂海，安徽亳州人，安徽师范大学历史学院讲师。

① 《[乾隆] 大清会典》卷五十五《礼部·方伎》，载《景印文渊阁四库全书》第 619 册，台北：商务印书馆，1986 年，第 497 页。

② 狄鸿旭：《清代基层社会的医疗资源探析——以清前期的华北为中心》，中国人民大学博士学位论文，2015 年，第 31—52 页。

③ 参见王振国：《中国古代医学教育与考试制度研究》，济南：齐鲁书社，2006 年；狄鸿旭：《清代基层社会官方医疗机构初探——以华北方志为中心》，载《中华中医药学会第十六次医史文献分会学术年会暨新安医学论坛论文汇编》，黄山：2014 年；狄鸿旭：《清代"医学署"初探》，《满族研究》2015 年第 2 期；万四妹、刘伯山、王键：《明清新安地方医官探析》，《北京中医药大学学报》2017 年第 7 期；吴静银：《清前中期医政与民间医疗研究》，南京大学硕士学位论文，2018 年。

④ 梁其姿：《宋元明的地方医疗资源初探》，载张国刚主编：《中国社会历史评论》第三卷，北京：中华书局，2001 年；余新忠：《清代江南疫病救疗事业探析——论清代国家与社会对瘟疫的反应》，《历史研究》2001 年第 6 期。

我们不自觉地忽视了县医学运作中的诸多细节性问题。

近些年，随着巴县档案、南部档案、冕宁档案等地方档案资料的整理与研究，学术界对县衙诸署运行实况的认识进一步深化，① 档案也开始成为考察地方政务运作不可或缺的资料。就县医学而言，清代档案中存有不少关键信息，这些史料的挖掘能够有效突破以往研究仅依托方志资料而难深入的瓶颈，② 便于观察到一些被既往忽视或误解的面相。新见整理的地方档案，多有涉及县医学的内容，尤以南部县衙档案较为详尽。南部县衙及其所属部门处理公务的原始文件，虽"非完整无缺，却是真实而全面记录了清朝一个县级政府在政治、军事、经济、教育、文化等方面的管理活动。"③ 此中许多文书，清楚显示了县医学实际运作中的诸多面貌。那么，县医学的日常运转是契合了令典规定，还是更显复杂？这又对地方医疗环境及县医学本身有何影响？从吏员顶充、职能践行等方面进行探索，或可对这些问题的解答提供些许便利。

一、医学训科的顶充

训科是明清县医学的职掌医官。明洪武十七年（1384），朱元璋下令各地府、州、县设医学、阴阳学，"府置医学正科一人，阴阳正术一人，秩从九品。州置医学典科一人，阴阳典术一人；县置医学训科一人，阴阳训术一人；皆杂职"。④ 清代州县延续此制，典科、训科亦"未入流"。⑤ 这些医官虽属杂佐，清廷的制度设计对其顶充给予了考虑，值得深思的是，顶充的具体实践是与令典

---

① 张晓蓓：《冕宁清代司法档案研究》，北京：中国政法大学出版社，2010 年；蔡东洲等：《清代南部县衙档案研究》，北京：中华书局，2012 年。

② 既往的研究，一般以地方志作为考察县医学的核心史料，难免有所偏颇。本文探讨的南部县，遍查《同治增修南部县志》等方志均未见县医学，但南部档案中却真实记载了县医学的运行情况。

③ 蔡东洲等：《清代南部县衙档案研究》，北京：中华书局，2012 年，第 1 页。

④ 《明太祖实录》卷一百六十二，洪武十七年六月甲申，台北："中研院"史语所，1962 年，第 2519 页。

⑤ 《[乾隆]大清会典》卷五十五《礼部·方伎》，载《景印文渊阁四库全书》第 619 册，台北：商务印书馆，1986 年，第 497 页。

相符，还是涌现出另一番景象呢？

（一）令典规定中的训科顶充

清代诸类典章政令中，无论是对官吏铨选，还是书吏顶充，或多或少地都有着规定，训科也概莫能外。大体而言，令典中关于训科顶充的规定略显模糊，约有如下数端。

一是训科顶充者必须谙熟医理。令典规定："医学，由直省地方官遴选谙于医理者，咨部给札。"① 精通《内经》《本草纲目》《伤寒论》等医学经典，往往是判断医者对医理熟悉程度的重要标准。② "医学"作为一门偏向"技艺"的职业，不明医理之人恐难胜任，故规定中较为注重训科顶充者的医学素养与技能。

二是训科顶充必须严格履行相应程序。训科是"由地方官拣选出结，具详督抚，咨部给札，其钤记由该省布政司给发"。③ 训科顶充医缺时，需逐级上报、审核，经礼部报备、复查后，才会颁发顶补凭照。同时，训科辞退时也需将所发凭照及时上缴存销，以防出现随意冒顶的现象。

三是府、州、县医学内部存有一定的迁转通道。一般情况下，地方上的狱医多是由州、县医学所属医生充当。清雍正三年（1725），朝廷规定京师及地方狱医："每遇年底，稽考优劣。如医治痊愈者多，照例俟六年已满，在内咨授吏目，在外咨授典科、训科，不能医治、病死多者，即责革更换。"④ 由此可见，狱医根据业绩考核拥有迁转的机会。然其顶补同样需要遵照相关程序，"在外咨授典科（系州医官，由医士充补，由礼部办理，仍知照吏部存案），在内准

---

① 《[乾隆]钦定大清会典则例》卷九十二《礼部·方伎》，载《景印文渊阁四库全书》第622册，台北：商务印书馆，1986年，第883页。
② 《[乾隆]钦定大清会典则例》卷一百五十八《太医院》，载《景印文渊阁四库全书》第625册，台北：商务印书馆，1986年，第151页。
③ 《[嘉庆]钦定大清会典》卷二十九《礼部》，载《近代中国史料丛刊》第三编第六十四辑，台北：文海出版社，1986年，第1281页。
④ 田涛、郑秦点校：《中华传世法典·大清律例》卷三十六《刑律》，北京：法律出版社，1998年，第571页。

其咨报吏部，授为吏目职衔，并填写执照，封发该衙门自行给发"。①

（二）南部县训科顶充的具体实践

南部县衙档案有关县医学的信息主要集中在清同治朝至宣统朝。笔者梳理这些信息时发现，其中存有同治年间训科张崇儒、马璞镒的顶充文书，公文清楚展示了张、马二人顶充的实际过程，具体情形如下：

同治四年（1865）六月初二日，四川布政使司衙门催促南部县速将医学训科的顶充情况如实上报。因据藩宪所查，南部县杨遇时顶补前训科邓元周的辞退名缺，理应上报有司、造具册结，然迟迟未见请补。按照规定："倘查有悬缺至半年以上，即将不行请补之，该管地方官照例请参，以昭慎重。"②故布政使司下发的札文强调："倘该医学不愿接充，亦即另选顶补。"知县黄起元立即过问此事，不知何故，未见到杨遇时有任何举动，反倒是六月初五日，张崇儒表达出强烈的顶充意愿。张崇儒向县衙呈上亲供，自称："甘愿顶补前医学杨遇时所遗名缺，中间并无违碍等弊。"③邻里蒲鸿基、宋三元为其提供了担保。张崇儒时年三十八岁，"系本县积上乡三甲，载粮民。自幼习学医术，明识脉理"。④此外，他还熟读律例，充当过"讼师"，⑤顶补训科前为衙门"刑书"。⑥张崇儒之所以能够顺利顶充，一方面与其具备一些医学知识有关；另一方面可能是因其供职于县衙，占据地利之便。张的顶补也直接说明了杨遇时任训科期间，并未遵例登记造册、领取凭照。

---

① 《钦定吏部铨选则例·汉官则例》卷八下《杂例》，载《续修四库全书》第 750 册，上海：上海古籍出版社，2002 年，第 709 页。

② 四川省南充市档案局（馆）编：《清代四川南部县衙门档案》第 26 册，同治四年六月初二日，合肥：黄山书社，2015 年，第 45 页。

③ 四川省南充市档案局（馆）编：《清代四川南部县衙门档案》第 26 册，同治四年六月初五日，合肥：黄山书社，2015 年，第 47 页。

④ 四川省南充市档案局（馆）编：《清代四川南部县衙门档案》第 26 册，同治四年六月初二日，合肥：黄山书社，2015 年，第 48 页。

⑤ 四川省南充市档案局（馆）编：《清代四川南部县衙门档案》第 26 册，同治六年八月初四日，合肥：黄山书社，2015 年，第 62 页。

⑥ 四川省南充市档案局（馆）编：《清代四川南部县衙门档案》第 26 册，同治六年八月初一日，合肥：黄山书社，2015 年，第 58 页。

那么，张崇儒是否严格遵循程序，获发凭照了呢？同治六年（1867）八月，张崇儒与邱蕴辉等发生的纠纷案，透露了些许细节。邱蕴辉举报张崇儒顶补训科，非业经选得，既"无保举"，也"无部照"。①张申辩时仅言其"接充医学名缺"是经前任知县黄起元允准，并未强调他获得了凭照。随着双方矛盾的激化，是年十一月，张崇儒辞去训科一职。②张辞退后，"以致医学名缺虚悬，没人顶补"长达两年之多。同治九年（1870）庚午科乡试，藩宪命南部县医学帮办科场津贴银，因筹款无着，知县传唤药王会首人措解，药王会首人才招集众医，公举出马璞镒顶补医缺。③

基于张崇儒、马璞镒的顶充情况，可形成几点认识：第一，训科顶充遵循着一定的地方逻辑。按照南部县惯例，训科多是由公举产生，并由乡人提供担保。马璞镒得到了药王会的公举，而张崇儒非"业经选得"，便遭到邱蕴辉等的苛责。第二，医技水平是否是左右训科顶充的硬性条件，值得深入思考。并非以医为业的张崇儒，兼通医学、法律，或仅是明清时期医学知识普及化、医学准入门槛降低现象下的一个缩影。第三，国家力量的确对地方医学介入不足，训科名缺时有虚悬，顶充中亦未严格遵例请补，然官方并未及时采取过多的干预举措。

整体而言，训科顶充的制度规定与实际运作存有一定距离。既因训科职位卑微，令规相对模糊有关，也与官方力量的重视不足有关。其实，南部县医学显现的诸多流弊，已成为一种普遍性问题。正如清光绪十一年（1885）、十六年（1890），礼部下发保宁府的札文所揭示的那样，"近年各属（僧道阴医）四职，请补考尚属寥寥，间有本职病故，其子嗣又将旧札任事者；又有因册结不符，由司驳还，遂隐匿不报者；亦有由县批准，仅给县照，未具册结申送请补者；

---

① 四川省南充市档案局（馆）编：《清代四川南部县衙门档案》第 26 册，同治六年八月初一日，合肥：黄山书社，2015 年，第 58 页。

② 四川省南充市档案局（馆）编：《清代四川南部县衙门档案》第 26 册，同治六年十一月十六日，合肥：黄山书社，2015 年，第 76 页。

③ 四川省南充市档案局（馆）编：《清代四川南部县衙门档案》第 26 册，光绪元年三月二十三日，合肥：黄山书社，2015 年，第 474 页。

流弊滋多，不能不严行禁止。"①除医学外，阴阳学、僧会、道会等也存在相似问题，足见这些杂职顶充的具体过程远较令典的规定复杂。

二、县医学基本职能的履行

顾名思义，县医学的设置必定与地方医学事务息息相关。以往研究利用政书、方志等资料，已认识到县医学在地方的医学教育、疾病救治等方面发挥了积极作用。②在现实情形中，县医学的基本职能是如何履行的，南部县衙档案提供了更多细致信息。

（一）基于政典、方志形成的一般认识

《大清会典》针对地方医学的职责规定："凡疾医、疡医咸属之，民有疾病者、疮疡者，使医分治，狱囚病视疗亦如之。官给其药饵，故者结报，有诈病而扶同欺隐者，罪之。"③方志中亦有类似阐述，如光绪《唐山县志》载："凡邦之有疾病者、疡伤者造焉，则使医分而治之，岁终稽其医事以制其食，盖欲登斯民于仁寿之域也，必择一十全者，以为训科。"④政典、地志均将救治疾病、维护民众健康视为县医学的职责所在，这无疑为政府仁心爱民形象的塑造提供了有力注脚。

此外，清代不少文人也将地方医疗的好坏直接与府州县医学关联起来。清康熙年间的袁一相便认为："各处设立医学，原以救民疾病"，乃朝廷"重医道、寿民生之意"。绍兴地区医疗欠佳，皆因"近来有司漫不经心，不选明理知书

---

① 四川省南充市档案局（馆）编：《清代四川南部县衙门档案》第 67 册，光绪十一年三月二十九日，合肥：黄山书社，2015 年，第 58 页。

② 参见刘正刚、郭文宇：《明代地方医学的教育功能——以广东为例》，《南京中医药大学学报（社会科学版）》2009 年第 3 期；狄鸿旭：《清代"医学署"初探》，《满族研究》2015 年第 2 期；万四妹、刘伯山、王键：《明清新安地方医官探析》，《北京中医药大学学报》2017 年第 7 期。

③ 《[乾隆]大清会典》卷五十五《礼部·方伎》，载《景印文渊阁四库全书》第 619 册，台北：商务印书馆，1986 年，第 497 页。

④ 《[光绪]唐山县志》卷二《建置志》，载《中国地方志集成·河北府县志辑》第 68 册，上海：上海书店出版社，2006 年，第 189 页。

之士使掌医学，以致医生千百为群，但知糊口，全不知书，病者至死不知其故，一岁之中，夭折无数"。为改善这种状况，应该"申饬有司，振兴医学，慎选医士，使掌学印"。① 可见文人心中的县医学，也是直接肩负着救民疾病的重任。

基于政典、方志等资料，往往会形成一种认识，即县医学旨在为县属全体民众提供疾病救治，无论是有疾者、疡伤者，还是监狱囚犯，皆在服务范围之内。但由于"清代国家对疾疫制度性的救疗基本阙如"，② 加之此项开支颇大，地方医学多是在瘟疫爆发时，方能顾及全民，多数时间，政府只会临时性开办一些意在救治贫民的医疗活动。因此，以救治全民为标榜，并非是县医学的常态。

（二）卫生职能：以救治狱囚为常态

南部县档案表明，县医学对普通民众的医疗影响相对有限，反而在监卡狱所囚犯的疾病救治上给予了更多关注。

首先，这从训科自我职责的定位中便能有所察觉。张崇儒强调："当此公事，有训术之责"，凡监卡犯人生病，需其医调。③ 马璞镒亦指出："医学之设原为调剂监卡囚犯、支应差徭。"④ 其次，诊治囚犯成为训科的日常性任务。每当囚犯患病，监狱差役多会延医，或视病情缓急，酌情上报知县，拨医调治或取保候审。清光绪二十一年（1895）六月初九日，犯人李添友带病进监，蒙拔训科马光烈进监诊脉，"诊他脉息，患的是寒病"，遂开具了药方。⑤ 虽然，李添友不幸病死狱中，还是可以看到训科参与救治的身影。

---

① （清）袁一相：《救恤疠疫四款》，载（清）李渔：《李渔全集》第十七卷《资治新书（二集）》，杭州：浙江古籍出版社，1991年，第293页。

② 余新忠：《清代江南疫病救疗事业探析——论清代国家与社会对瘟疫的反应》，《历史研究》2001年第6期，第46页。

③ 四川省南充市档案局（馆）编：《清代四川南部县衙门档案》第26册，同治六年八月初一日，合肥：黄山书社，2015年，第57页。

④ 四川省南充市档案局（馆）编：《清代四川南部县衙门档案》第29册，光绪元年三月二十三日，合肥：黄山书社，2015年，第474页。

⑤ 四川省南充市档案局（馆）编：《清代四川南部县衙门档案》第127册，光绪二十一年六月二十五日，合肥：黄山书社，2015年，第431页。

对于清廷来说，向囚犯提供医疗服务，无疑是展现国家仁政的一项策略。州县政府无论是出于人道，还是维护社会安定考虑，均会有所作为，县医学肩负卫生之责，承担此事也在情理之中。一般认识下的县医学是以救治普通民众疾病为职责，但在现实运作中，囚犯才是训科需要时常诊治的对象。

（三）司法职能：一种被忽视的基本职能

县医学作为官方的医疗机构，县上的涉医事务多半与其相关。以往研究认为，医事纠纷发生时会诉诸于县衙正堂，[①] 而较少注意到县医学在其中扮演的角色。笔者发现，南部县的涉医案件，尤其是医家间纠纷，诉讼双方首先会寻求县医学的司法调解。以下两则案件，便能清晰说明这一情况。

第一件是医生间的互控纠纷案。光绪十七年（1891）六月初八，流马场武生范朝俊得染寒病，先请家叔范子正调治未愈。初十，复延何泽义诊治，服药数剂后，未见效果，病情愈发沉重。延至十三日，另请何沛然医治，何见病情甚笃，未敢轻易下药，当日范朝俊便病发身亡了。范死后，其母亲、妻子并无质疑，而何沛然、蒙登高等认为是何泽义误用凉药医死了范朝骏，本应是一场医患冲突却转化成了医家间的纠纷。此事先在场镇上进行调解，因未达到何沛然等重搕钱财的要求，六月二十八日，蒙、何等便以庸医戕生为由，将状纸呈送到"医学老爷台前"。[②] 训科马璞镒阅读控词后，"批准传讯"[③] 何泽义，孰料何直接控诉至县衙。训科遂将案件缘由及对何泽义用药情况的判断具禀知县。[④] 知县经过审讯后，判定范朝俊所患为"不治之症"，其死与何泽义无干，实属何沛然串同章成理，藉事敲搕。"着将何沛然、蒙登高医生革去，不准行医，

① 龙伟：《清代医疗纠纷的调解、审理及其特征》，《西华师范大学学报（哲学社会科学版）》2016年第6期。
② 四川省南充市档案局（馆）编：《清代四川南部县衙门档案》第102册，光绪十七年六月二十八日，合肥：黄山书社，2015年，第345页。
③ 四川省南充市档案局（馆）编：《清代四川南部县衙门档案》第102册，光绪十七年七月十六日，合肥：黄山书社，2015年，第355页。
④ 四川省南充市档案局（馆）编：《清代四川南部县衙门档案》第102册，光绪十七年七月二十六日，合肥：黄山书社，2015年，第357页。

将章成理交差看押，勒追搕去钱十千，退还何泽义，方准开释。"① 此事中，训科马璞镒为知县提供了医学知识上的参考，尽管他的医学判断对县令的裁决影响不大，但训科介入涉医纠纷的处理则是不争的事实。

第二件是与兽医相关的诉讼案，调解中也看到了训科的身影。光绪三十年（1904），南部县牛瘟盛行，赵永兴与贾华宗、贾锡猷合养的四头牛不幸患病，延请以贩牛为业又稍懂兽医的杜文楷前来医治。杜文楷开药十二服，赵永兴先给钱六百文，余款本打算由贾华宗、贾锡猷支付。未料数日后，四牛皆死，杜文楷前去索要剩余药钱，贾华宗不予，反向杜索赔牛钱，双方争执不休。贾华宗遂以兽医杜文楷误医耕牛致死为名，将杜控告至县医学，训科"准签查覆"。杜文楷心有不甘，意图到县衙控诉，兵书贾华宗扬言此案归其房办理，杜畏祸受累，遂直接状告到府衙。保宁府饬令南部县令审讯，判定牛死乃系天灾，贾华宗与杜文楷本系邻属，不宜失和，杜文楷医牛花费较多，贾华宗需补给药钱四百文。②

以上案件得以留存，与这些纠纷在县医学中未能得到有效解决，遂继续申诉至县衙有关。从另一角度来看，类似涉医案件，或许更多在县医学那里得到了息诉。医家间发生纠纷时，首先会寻求县医学的司法调解，训科在一定程度上参与了地方的司法进程。这充分显现出地方诉讼的复杂性，也印证了"万事胚胎并非仅始于州县"，③ 县衙的某些杂属亦具有一定的司法职能。

三、县医学的"他职化"与支差赔累

除承担卫生、司法等基本职能外，县医学还肩负着其他职责。这些"他职"的履行，直接影响着县医学的日常运转，使其浮现出另外一些面貌。

---

① 四川省南充市档案局（馆）编：《清代四川南部县衙门档案》第 102 册，光绪十七年，合肥：黄山书社，2015 年，第 361 页。
② 四川省南充市档案局（馆）编：《清代四川南部县衙门档案》第 210 册，光绪三十年四月初一日，合肥：黄山书社，2015 年，第 140 页。
③ 吴佩林：《万事胚胎于州县乎：〈南部档案〉所见清代县丞、巡检司法》，《法制与社会发展》2009 年第 4 期。

（一）县医学的"他职化"

明中叶以后，捐纳制度严重扰乱了地方医学的运作。医官开始多由捐纳出身者顶充，但这些捐纳者的医道多半不明，虽在其职但多不任医事，"后来积非成是，遂给人一个印象，即医官不用署理医疗事务，乃被视为机动支援的职官，常被指派办理其他任务，造成了医学官的'他职化'"[1]。受此影响，明代州县医学难以专理医事，各地的官方医疗体系渐次处于衰败的边缘。清廷虽延续明制，设立医学，但"他职化"趋向依然存在，且出现愈演愈烈的态势。

就南部县而言，县医学与僧、道、阴阳诸司，除承担本职工作外，仍需完成一些指派性任务。南部县每年均需按期领宪书，如光绪二十四年（1898），领得"大绫宪书一本，红字绢纸宪书二十本，给民宪书二千本"，应缴"工本及加添银共三十两"，[2] 这些银两一般是由僧、道、阴、医四司筹措。他们也承担着"同办迎春、祭坛、赏孤、救济、护日月、祈晴祷雨、科场科费"[3] 等事务。这些他职的履行使得这些杂职疲于应付，同时也带来了不少弊端。

本无俸禄的训科，为完成各种摊派任务，向城乡医生收取帮费，便成了重要的筹钱渠道。然牵涉到钱财，往往容易滋生诸多事端，训科与基层医生均受其累。

（二）科场帮费银的赔累

清顺治二年（1645）《科场条例》规定："直省乡试，取医士一名，入场听用"，[4] 但"在四川的实际操作与《科场条例》所载有所不同"。[5] 每逢乡试、恩科，

---

① 邱仲麟：《明代世医与府州县医学》，《汉学研究》2004 年第 2 期。

② 四川省南充市档案局（馆）编：《清代四川南部县衙门档案》第 153 册，光绪二十三年九月一日，合肥：黄山书社，2015 年，第 185 页。

③ 四川省南充市档案局（馆）编：《清代四川南部县衙门档案》第 26 册，同治四年十一月二十六日，合肥：黄山书社，2015 年，第 71 页。

④ 《钦定科场条例》卷十三《乡会试执事官员》，载《近代中国史料丛刊》第三编第四十八辑，台北：文海出版社，1989 年，第 1033 页。

⑤ 刘艳伟、金生杨：《清代乡试中的州县政府——以四川南部县为例》，载吴佩林等主编：《地方档案与文献研究》第一辑，北京：社会科学文献出版社，2014 年，第 332—333 页。

四川布政使司会饬令所属州县，"令医学一名来省帮办闱差，如该学不愿赴省，或悬缺未补者，即申解详贴银八两"。① 或出于路途遥远、地方事务繁重等原因，向无口食的训科一般不愿赴省应差，只能以银代役，如期缴纳帮费银。虽无从查证这一惯例在川省推行始自何时，但据留存公文所见，自清同治年间开始，此事便成为了南部县训科与城乡医生的心病。

南部县僧、道、阴、医诸司为维持日常开销，"向有季规，以资应用"，然收取时颇不容易，时常"争多论少"，引发"口角滋闹"。时人认为叠兴诉端皆因"无定规"，容易随意滥收。如训术卢永章向城乡棺材铺商每人每年收取帮费钱八百文，同治三年（1864）因支应不敷，将钱增至一千二百文。② 为免生类似事端，次年十一月，两宜局首事宋泽清等邀请诸司首人赴局商议，订立新规："每年帮给僧、道、阴、医共一季帮费钱，各二百文，交付各项首人支给。"③ 县医学据此制定了更为具体的实施细则："该医生在乡行医，今照旧酌减，每年每医生一人应与医学帮给一季规费钱二百文，交付该各场药铺支给，以资赔累，并省往返收取费用。"④

新规议定后，训科张崇儒命徒弟下乡查收帮费钱，然而众医皆言："既议定规，未见示谕，不肯相信，每每争多论少，并不交给药铺归总转交。"⑤ 由于南部县属辽阔，如分赴各场征收，"以致收毕，概作盘费用完，无一钱落"。同治六年（1867）六月，张崇儒便向知县庆泰请求颁布告示，发出的告示尚未贴完，一场拒交帮费的抗议活动却悄然酝酿，并由此掀开了张崇儒与邱蕴辉等长达半年之久的互控纠纷案。

事件主角邱蕴辉曾充仵作，后为户书兼医士职员，实属地方权势派。邱蕴

① 四川省南充市档案局（馆）编：《清代四川南部县衙门档案》第 188 册，光绪二十八年四月二十四日，合肥：黄山书社，2015 年，第 217 页。

② 四川省南充市档案局（馆）编：《清代四川南部县衙门档案》第 26 册，同治四年十一月二十六日，合肥：黄山书社，2015 年，第 71 页。

③ 四川省南充市档案局（馆）编：《清代四川南部县衙门档案》第 26 册，同治四年十二月初十日，合肥：黄山书社，2015 年，第 72 页。

④ 清代南部县衙档案，01-06-543，同治四年二十二月初十日，四川省南充市档案馆藏。

⑤ 四川省南充市档案局（馆）编：《清代四川南部县衙门档案》第 26 册，同治六年六月十一日，合肥：黄山书社，2015 年，第 73 页。

辉等集合众医拒交帮费钱，秉持理由有二：其一，南部县医学并无支差赔累可言。他们指出："医道之术以济世、济人为心，并不较论贫富，索取银钱肥己，亦无定额支差赔累。例有顶戴，无非济世有功，从宽优奖，以期效法行事，庶免戕生之苦，上恤生民之意。"因此他们质疑道："何为支差，每年约收钱数千串，试问作何支用？"其二，他们认为张崇儒顶充训科"并无保举，亦无部照"，妄立定规，向各医生勒索帮钱，意在藉以应差，减口窃两，以达公饱私囊。①

另一主角张崇儒将邱等拒交帮费之事，也归咎于两方面原因。一是邱蕴辉经常出入公门，藉此仗势指撞，自己曾指斥邱等"医理不通"，②可能使他们心生芥蒂，故会起意阻滞。二是由于"南部早有聚众挟制之风"，邱蕴辉等聚众阻挠，联名挟制，意图使帮费银恢复到此前无定数的状态，以至蒙混不交。③

是年八月，双方矛盾进一步升级。八月初一，邱蕴辉央请学习代书陈天正草拟了一张禀稿，宣称县医学妄立定规勒索帮费。张崇儒知晓后，便将此事报告县衙，知县庆泰判定张与邱等"相互攻讦，无非挟私起见"。④这在某种程度上默认了邱蕴辉的捏禀，知县的朝令夕改影响了此事的走向。张崇儒继续着各种尝试，于十月初八日再次向县令禀明帮费定规之事，"仍沐批饬，妥为筹议，禀覆立案出示"。⑤不过，邱蕴辉等仍蓄意阻挠，寄信各场医生，约于冬月十四日在县城药王庙，商议帮费之事。他们议定应仿照之前"董、邓医学旧规行事，庶免彼此攻讦搕索"，⑥并将此议具禀至县衙。

知县庆泰再次显示出反复无常的态度，指出："请照上禀董、邓两医学旧规

① 四川省南充市档案局（馆）编：《清代四川南部县衙门档案》第26册，同治六年八月初一日，合肥：黄山书社，2015年，第58页。
② 四川省南充市档案局（馆）编：《清代四川南部县衙门档案》第26册，同治六年八月初三日，合肥：黄山书社，2015年，第61页。
③ 四川省南充市档案局（馆）编：《清代四川南部县衙门档案》第26册，同治六年八月初三日，合肥：黄山书社，2015年，第61页。
④ 四川省南充市档案局（馆）编：《清代四川南部县衙门档案》第26册，同治六年八月初四日，合肥：黄山书社，2015年，第62页。
⑤ 四川省南充市档案局（馆）编：《清代四川南部县衙门档案》第26册，同治六年十一月十五日，合肥：黄山书社，2015年，第63页。
⑥ 四川省南充市档案局（馆）编：《清代四川南部县衙门档案》第26册，同治六年十一月十五日，合肥：黄山书社，2015年，第63页。

办理，原无不可。但饬书检查，兹无董、邓医学旧章卷宗，每年帮款若干，此无定数，又不免争多论寡，任意勒索。仍着该医生等再集同人秉公酌议，另行上禀立案，以资薪水。而于争端，毋再固执违和以攻讦，讼不休罔于未便。所覆告示，既未遍贴，即传谕张崇儒先行缴销，一俟议定章程，再另出示晓谕，可也。"① 此令一出，十一月十六日，张崇儒便向县衙请辞，陈词中难掩心中愤慨，故意"恳饬蕴辉或将医学顶充"，并声称可以"永远不收各医分文"。②

帮费银并未因张崇儒的辞退而终结，颇具玩味的是，曾参与拒交之事的马璞镒在顶充训科后，③ 面临着与张崇儒同样的难题。诚如上文所揭，因应解同治九年庚午科乡试科场津贴银的需要，马璞镒方顶充训科后的主要任务自然是征收帮费银。出于减轻城乡医生负担的考虑，知县刘恩长示谕："酌减每年每医生一名帮给钱一百。"数额虽有降低，但这并不意味着就能轻松完成收取任务。等到马璞镒前往各场时，"医生中有遵照支给者，有给半者，更有奸狡不面以会塘塞者，每年收此给钱，有名无实。除耗费外，别无余剩，一切支应，甚是拮据"。④ 因此，应解银两便由马璞镒自行垫付或从它处挪垫。

光绪元年（1875）又逢乡试，马璞镒恳请知县罗凤閟颁发告示，以勒令城乡医生按规缴纳帮费钱。告示虽发，但收效甚微。是年七月，马璞镒向县衙控诉，各场医生太刁，多有违示不给，"示谕前行，学随后收，有盘龙驿医生杜仕长、王芝庆、罗厚恩等，富利场各处医生藉以药王会名色，伙串一党，堂堂大告不遵，此须给钱数十，且开死名塘塞者，捏称异县回籍者，狡诈百端。学同医徒杜向珍、李正发等遵收，数场效尤如是，不惟科费，不敷糊口，尚属艰

---

① 四川省南充市档案局（馆）编：《清代四川南部县衙门档案》第 26 册，同治六年十一月十五日，合肥：黄山书社，2015 年，第 63 页。

② 四川省南充市档案局（馆）编：《清代四川南部县衙门档案》第 26 册，同治六年十一月十六日，合肥：黄山书社，2015 年，第 76 页。

③ 四川省南充市档案局（馆）编：《清代四川南部县衙门档案》第 26 册，同治六年八月初一日，合肥：黄山书社，2015 年，第 58 页。

④ 四川省南充市档案局（馆）编：《清代四川南部县衙门档案》第 29 册，光绪元年三月二十三日，合肥：黄山书社，2015 年，第 474 页。

难，事关大典，均难举行。"① 马璞镒唯恐后成效尤，遂将杜仕长等医控告至县衙，听凭究办。医学训科与城乡医生走到对簿公堂的僵局，足见帮费收取之艰难。

综上可见，县医学的"他职化"及由此引起的支差赔累，增加了县医学的运作难度，对地方医疗生态产生了较多负面影响。

第一，各类支差使得县医学的工作重心发生偏离。张崇儒辞退后，医缺虚悬两年之多，但并未引起地方政府的注意，出于应解帮费银两的需要才推选出顶补者，足见政府关心的不是县医学之于医事的作用，而是应付各类支差。在这种舍本逐末中，县医学势必无法有效实现其基本职能。

第二，支差赔累直接损坏了训科的威望，使其形象大打折扣。围绕着帮费征收，时常引发"口角滋闹"，张崇儒便因此辞职，马璞镒亦将诸医控诉至县衙。帮费难收的境遇下，训科成为了催钱的爪牙，其与城乡医生间的信任日渐丧失，自然难以树立起威望。值得思考的是，明知训科难当，为何尚有人愿意顶充。这主要出于两种原因：一是训科虽未入流，但在地方往往被视为"众医领袖"，② 能够处理涉医纠纷等医事，拥有一定的声誉及话语权。二是训科虽无俸禄，但也有一些获利渠道。"脉礼"③ 便是训科诊治囚犯时的一笔收入。此外，地方上"向有季规"，以同治四年（1865）议定每年每名医生交纳规费钱二百文为计，县医学缴纳科场帮费银后，应有富余。④ 同时，由于清代医生的从业规制缺乏、身份界限相对模糊，⑤ 南部县医生的具体数目难以统计，按人收取的规费钱自然

---

① 四川省南充市档案局（馆）编：《清代四川南部县衙门档案》第 29 册，光绪元年七月初九日，合肥：黄山书社，2015 年，第 475 页。

② 四川省南充市档案局（馆）编：《清代四川南部县衙门档案》第 285 册，宣统二年，合肥：黄山书社，2015 年，第 52 页。

③ 四川省南充市档案局（馆）编：《清代四川南部县衙门档案》第 26 册，同治六年八月初一日，合肥：黄山书社，2015 年，第 58 页。

④ 清宣统元年，南部县医学研究会成立时，粗略统计出南部县有 1200 多名医生，若假以清同治四年业医规模减半为算，按城乡医生征收的季规，征收银两远远多于县医学应解的科场帮费钱八两。

⑤ 张华：《门槛与制约：清代医生的从业规制》，载常建华主编：《中国社会历史评论》第十二卷，天津：天津古籍出版社，2011 年，第 217 页。

是笔糊涂账，加之监督机制不足，容易滋生贪腐行为。故邱蕴辉等医生会质疑县医学并未受到科场帮费的赔累，宣称训科张崇儒存在减口窃两、索钱肥己的行为。

第三，支差赔累严重影响了基层医生的职业状况。无论是同治四年议定的二百文，还是光绪元年（1875）的一百文，对于基层医生而言，均是一笔负担。因此，邱蕴辉等才会集合众医拒交帮费，训科马璞镒征收时才会出现"开死名搪塞者，捏称异县回籍者"等现象。无序的帮费季规一定程度上损坏了医生的从业环境，基层的医疗生态随之进一步恶化。

四、县医学的没落与地方医政的转型

由于县医学的"他职化"及支差赔累的影响，南部县医学的实际运作日显艰难。伴随着清末新政的浪潮，县医学显露出更多没落之势，其自身权力逐渐让渡给其他力量，地方医政出现了转型。

（一）县医学的没落

县医学的没落主要表现在三个方面：其一，其部分卫生职能被官医局所取代。南部县原有济善堂所设医馆，因经营者财力所限，收入仅可施药，无力延医。光绪三十二年（1906）五月初一，在知县宝震的督促下，于县城城隍庙创设了官医局。官医局设立的主要目的在于施诊治病，"凡城乡居民人等，有患病者，均可就医。每日自辰初至巳正时，在局诊视。无论穷富概不收取脉资，如遇贫苦无力之人，并著照施药饵"。① 除此之外，政府意图将官医局塑造成医生知识交流的场所，"业医之人可互相讨论，详细讲术。俾交相参考，取善为师，定期每月朔望，凡医之士务须来局研究，并将半月中所看之症，与所用之方或

---

① 四川省南充市档案局（馆）编：《清代四川南部县衙门档案》第226册，光绪三十二年闰四月二十九日，合肥：黄山书社，2015年，第426页。

有奇效、有独特者，详细开陈以备"。^① 不过，从实际运行来看，官医局并未达成医学研究的目的，但在疾病救治方面发挥了不少积极作用。

官医局创立后，文生徐咏陶坐局诊脉，每日仅工作两小时，又恰值开办之初，诊脉者较少。清宣统二年（1910）六月，因徐赴省，乃请官正德、吴克家来局坐诊。孰料每日来局诊病者，自晨至午络绎不绝，甚至黑夜亦无休止。除来馆就医者外，向来监卡罪犯有病，应由医官马光烈经理医治，近来多系医馆诊调。同时，官医局兼顾习艺所、苦工厂中罪犯、游民及劝工局学徒、学生的诊视。^② 诊治囚犯原属县医学的职责，现在却由官医局承担，可见县医学将部分卫生职责让渡给官医局。清宣统三年（1911）正月后，官医局划归巡警署，巡警长兼管医馆，可随时赴馆稽察该馆医生。^③ 官医局隶属的变更，重塑了地方医学的格局，巡警署成为了南部县卫生事务中不可低估的力量。

其二，医学研究会获得了原本属于县医学的司法权力。宣统元年（1909）七月，张万江因其子种痘毙命，便将牛痘局医士范兴举"存控医学"。^④ 然自同年冬，南部县医学研究会成立后，类似事件便由研究会处理。如宣统二年（1910）六月二十日，杨氏因戴明生为其丈夫诊病，未开药单妄图勒索药资，便来研究总会控告。研究会发现戴并不知医，亦无行医凭照，^⑤ 遂将其送至县衙。知县判定：戴为巫教之人，只图贪财，不顾人命，着枷至医学研究会门首，以儆效尤。^⑥ 另如，同年七月，杨大松称其妻染病数月，延请敬大荣主治，服药即毙。此事经医学研究会调解，议定杨妻本属无治之症，敬大荣虽失慎难辞，

① 四川省南充市档案局（馆）编：《清代四川南部县衙门档案》第 226 册，光绪三十二年闰四月二十六日，合肥：黄山书社，2015 年，第 427 页。
② 四川省南充市档案局（馆）编：《清代四川南部县衙门档案》第 284 册，宣统二年，合肥：黄山书社，2015 年，第 450 页。
③ 四川省南充市档案局（馆）编：《清代四川南部县衙门档案》第 297 册，宣统三年正月二十九日，合肥：黄山书社，2015 年，第 82 页。
④ 四川省南充市档案局（馆）编：《清代四川南部县衙门档案》第 269 册，宣统元年七月二十二日，合肥：黄山书社，2015 年，第 119 页。
⑤ 四川省南充市档案局（馆）编：《清代四川南部县衙门档案》第 284 册，光绪二年六月二十七日，合肥：黄山书社，2015 年，第 469 页。
⑥ 四川省南充市档案局（馆）编：《清代四川南部县衙门档案》第 284 册，宣统二年六月二十八日，合肥：黄山书社，2015 年，第 472 页。

但情有可原，应与死者烧纸拾担。①

其三，训科的医学话语权日渐丧失。南部县医学研究会成立伊始，训科马光烈任会长。② 可是，随着马伯垻、马光烈父子滥用权力，向流马、黄金二场私自兜售医生凭照牟利之事浮出水面，知县侯昌镇训斥："伊父子贪鄙，即将医官革黜，并不准干医会公事。"③ 由于时局动荡及地方环境复杂，此命令未能得到严格执行。县衙委任吴克家充任会长，但马光烈仍在研究会担任稽核一职。④ 不过，训科在医学研究会中大权旁落，已成定势。清宣统二年（1910）七月，县衙派遣汛厅长官吴某担任医学研究会总理，负责研究会的整体事务。"会长、副会长、会员务将会中一切事宜认真经理，随时商陈汛厅吴核办。"同时，"其余各分会一切事件，均由总理随时斟酌办理"，⑤ 总理遂成为研究会中的绝对核心。汛厅裁撤后，县衙另请儒学训导何某接充总理一职。⑥ 汛厅、训导这些原本与医学无关的力量也在试图插足医学研究会，地方医疗事业变得更为错综复杂。

（二）地方医政的转型

清末新政时期，医学整顿也开始受到政府的密切关注。无论太医院，还是地方督抚均在不同程度上采取了相应举措。清光绪二十一年（1905）年，太医院议定："现当整顿医学之时，凡满汉举贡、生监，有精通中西医学之人，可到

---

① 四川省南充市档案局（馆）编：《清代四川南部县衙门档案》第 284 册，宣统二年七月二十八日，合肥：黄山书社，2015 年，第 488 页。

② 四川省南充市档案局（馆）编：《清代四川南部县衙门档案》第 284 册，宣统二年，合肥：黄山书社，2015 年，第 414 页。

③ 四川省南充市档案局（馆）编：《清代四川南部县衙门档案》第 285 册，宣统二年九月十五日，合肥：黄山书社，2015 年，第 9 页。

④ 四川省南充市档案局（馆）编：《清代四川南部县衙门档案》第 285 册，宣统二年十月初四日，合肥：黄山书社，2015 年，第 37 页。

⑤ 四川省南充市档案局（馆）编：《清代四川南部县衙门档案》第 284 册，宣统二年七月二十四日，合肥：黄山书社，2015 年，第 283 页。

⑥ 四川省南充市档案局（馆）编：《清代四川南部县衙门档案》第 285 册，宣统二年十一月十二日，合肥：黄山书社，2015 年，第 39 页。

本院报名，听候定期考试。"① 光绪三十五年（1908）年，两江总督端方开"各省检定医生考试之先声"，② 于南京对基层医生进行了考试，"考试之法，拟用病症方药古今人治法不同之处，设为问题，令其条对。班次分为五等，考取中等以上者，始给文凭，下等者暂时禁止行医"。③ 在这种风气影响下，各地也逐渐开始整顿医政。

南部县医学理应是地方医政整顿的主导者，但早被支差拖垮，趋于没落的县医学已无法完成此重任，医学研究会顺势填补了其缺失的空间。其实，医学研究会的成立，一方面受到国家层面的影响，早在光绪三十二年（1906）年，太医院便"以京师医术毫无根底，亟须设法改良，以昭慎重，现拟于本院内，添设研究所一区，分日研究，并令各处医士一律赴会，以期整顿医学，慎重民命"。④ 另一方面，也是地方出于改善医疗环境、扭转县医学颓势的考虑。在时代浪潮与地方自身因素共同促使下，医学研究会成为了南部县医学格局中的中坚力量。

医学研究会承担起整顿地方医政的责任，主要表现在其制定了地方行医准入的规定。清宣统元年（1909）冬，南部县城医学研究总会成立后，各场相继创设了分会，有效地将南部1200名医生纳入到地方医学网络之中。研究会规定，城乡医生必须赴总会考核，择其优者给予凭照，方准行医。医生来城考验时，"先由礼房报名取卷，至总会处，酌量考取善文艺者，以文艺考之，不善文艺者以问答述之，其所答者应由会长派人纂讫，以便一律呈送县署，评定甲、乙，发给凭照"。未能按时参加考核者，"定期以每月逢十研究日为准"进行补考，未经补考领凭者不准行医。⑤ 医学研究会严格控制了医家的从业资格，剔除了不少庸医，南部县自此构建起了相对完善的医生从业准入制度。

除考核凭照外，医学研究会还要求各乡医生一年两次赴总会，进行医术研

---

① 《医学招考》，《大公报》1905年3月7日，第2版。

② 刘伯骥：《中国医学史》，台北：华冈出版部，1974年，第512页。

③ 《南京考试医生办法》，《绍兴医药学报》1908年第2期，第15页。

④ 《要闻》，《大公报》1906年3月12日，第2版。

⑤ 四川省南充市档案局（馆）编：《清代四川南部县衙门档案》第285册，宣统二年，合肥：黄山书社，2015年，第51页。

究交流。"研究时期，春季以二月一月为限，秋季以八月一月为限。各乡医士，无论远近，均须以此两月为限来城，随到随研究。"医生需"将平日所填之证治一览表捡齐全分，各自携带来会，共同参考，倘表册有所遗漏，及逾期不到者，即行议罚"。①医学研究会担负起医学教育与知识交流的责任，逐渐形成了地方医生的职业技能培训机制。

值得注意的是，医学研究会在改善南部县医疗环境、促进地方医政转型的同时，也显现出一些问题。按照医学研究会规定：医生需缴纳凭照钱五百文，另外每年二、八两季赴会研究时各缴会费一百文，附缴县医学帮费钱每季五十文，由总会转付，免至医官下乡索扰。②城乡医生需要交纳钱财较之同光朝，反而有增无减。此外，亦存在私发凭照的现象。清宣统二年（1910）四月，并不知医且以贩卖丸散为业的杨焕然，便在医学研究会会长马光烈处"私领凭照"；③另如上文所揭马光烈因向流马、黄金二场私自兜售医生凭照，遂被罢免会长职务。这些问题的暴露，深刻表明地方医政的改善必定需要不断革除积弊，适时采取更多的规制加以防范。

五、结语

文章通过对清代南部县衙档案的考察，大体呈现出县医学的实际运作情况，揭示了其更多的面相，增进了我们对于清代县医学与地方医疗的认识与理解。

第一，县医学的实际运作多超出或偏离于令规的预设，极具复杂性。就吏员顶充来说，训科顶充的实际过程与令规貌合神离，并未严格遵例造册、领札，名缺虚悬时常发生。清廷虽注意到此类问题，屡发禁令，但收效甚微。从职能践行来看，令典多将县医学塑造成救治全民的形象，然日常运作中，其卫生职

---

① 四川省南充市档案局（馆）编：《清代四川南部县衙门档案》第285册，宣统二年，合肥：黄山书社，2015年，第54页。
② 四川省南充市档案局（馆）编：《清代四川南部县衙门档案》第285册，宣统二年，合肥：黄山书社，2015年，第53页。
③ 四川省南充市档案局（馆）编：《清代四川南部县衙门档案》第284册，宣统二年四月初八日，合肥：黄山书社，2015年，第433页。

能主要体现在对囚犯的疾病救治上，而非兼顾全民。此外，令典并未阐明县医学的司法职能，地方上涉医，尤其医家间纠纷却往往首先诉诸于县医学。

第二，既往研究多将清代地方医政的衰败归咎于国家力量对地方医疗介入的不足，基于对县医学的深入考察发现，此问题也应更多地放在地方脉络中去思考。地方的内在理路与行政逻辑直接影响着县医学的运作实效。各类支差并非县医学等杂属的本职工作，积非成是，便纳入到地方逻辑之中，并且变得理所当然。殊不知，支差赔累使得县医学不得不将工作重心转移到"他职"之上，而非专注于医事，地方医疗生态遂遭破坏。总的来看，地方医政的衰败，与国家力量的介入不足不无关系，但县医学的"他职化"，地方政府也难辞其咎。

第三，清末地方医政转型是一个基于传统又深受传统羁绊的过程，县医学的没落为新力量的引入提供了空间。医学研究会虽是清廷整顿医学、学习西方医疗卫生制度下的产物，但制度推行的策略仍兼顾了传统因素，如业医准入的考核，便顾及到医生的知识传统，采用"考试"或"问答"等折衷形式。不无遗憾的是，传统时期的积弊，如帮费征收、医学机构内部的贪腐等，并未因医学研究会的成立而得到消除，反成为地方医政转型的羁绊。故地方医政的改善并非一蹴而就，亦需要更多力量的参与，与更多制度的规范。

从"猛虎肆虐"到"虎迹少敛":甘肃地区虎的生态变动

——基于明清地方志为中心的研究

吴晓非*

甘肃省位于中国西北地区,地势从西南向东北倾斜,地形狭长,呈现出高原、山地、平川、戈壁、河谷、沙漠交错分布的复杂的地貌状况。由于地处内陆,远离海洋,受季风影响较弱,加上地貌复杂多样,境内各地降水量差异明显,呈现出从东南向西北递减的态势。虎作为亚洲特有的物种之一,位于食物链的顶端,在我国的很多地区皆有分布,如东北、华南、新疆等地区。而在历史时期,甘肃境内虎的分布较广,其分布地域与自然生态的差异紧密相关。

目前学术界对历史时期虎的分布的研究成果主要集中于新疆、山西、福建、陕西、四川等地区,[①] 对于甘肃地区研究极为少见,有则仅是寥寥数语,略有涉及,缺乏对甘肃地区历史时期虎的地理分布、变迁等长时段、全方位的综合探讨。故本文通过对明清甘肃地区史志资料的爬梳整理,系统探讨明清甘肃地区

---

* 吴晓非,厦门大学人文学院历史系博士研究生。

① 参见蓝勇:《清初四川虎患与环境复原问题》,《中国历史地理论丛》1994 年第 3 期;曹志红:《福建地区人虎关系演变及社会应对》,《南开大学学报》2013 年第 4 期;曹志红、王晓霞:《明清陕南移民开发状态下的人虎冲突》,《史林》2008 年第 5 期;吴朋飞、周亚:《明清时期山西虎的地理分布及相关问题》,《井冈山大学学报》2013 年第 2 期;曹志红:《老虎与人:中国虎地理分布和历史变迁的人文影响因素研究》,陕西师范大学博士学位论文,2010 年。

虎的地理分布总体格局，并分析其变迁原因。①

一、明以前甘肃地区虎的分布

在中国传统文化中，"白虎"与"青龙、玄武、朱雀"并为"四象"，是代表西方的灵兽，在某种程度上反映了西北地区是"虎"的最早起源地和广泛分布区。甘肃虎的起源最早可追溯到距今一百万年前的旧石器时代早期，2000 年在临夏东乡族自治县那勒寺乡东担村发现早更新世的虎的头骨化石。之后在庆阳华池县、西峰区和兰州榆中县都出现了晚更新世时期虎活动的痕迹。② 说明早在史前时期，甘肃地区就已经有虎的分布。甘肃地区有文字记载的虎最早出现在汉代。据葛洪《西京杂记》载："李广与兄弟共猎于冥山之北，见卧虎焉，射之，一矢即毙，断其髑髅以为枕"，③ 李广射虎之"冥山"不知为何地，然李广与兄共猎，说明这是李广未从军前居家时所为，李广是陇西成纪人（今天水秦安县），故此"冥山"应在今天水地区。晋武帝泰始二年（265），有"白虎见天水西"；后赵石勒时，秦州曾进贡"白虎、白鹿"。④ 唐玄宗天宝年间，陇右一带战乱频发，十室九空，出现"空村虎豹争"的现象。⑤ 唐代宗

---

① 某一地区无虎的记载，不能代表这一地区无虎，尚有三种情况。一是这一地区有虎，但是没有人虎冲突，所以没有记载；二是这一地区有虎，也发生了人虎冲突，但是没有被记录到地方志中；三是这一地区无虎。无论何种情况，还需要查阅更多的史志、资料，以待得到更加完整的地理分布状况。

② 参见颉光谱、张行：《甘肃榆中晚更新世哺乳动物化石》，《古脊椎动物学报》1994 年第 4 期；邱占祥等：《甘肃东乡龙担早更新世哺乳动物群》，北京：科学出版社，2004 年；谢俊义、许俊臣：《甘肃华池马兰黄土中的哺乳动物化石》，《古脊椎动物化石学报》1988 年第 2 期；胡长康：《甘肃第三纪后期及第四纪哺乳类化石》，《古脊椎动物与古人类》1962 年第 1 期。

③ （晋）葛洪：《西京杂记》卷五《金石感偏》，北京：中华书局，1985 年，第 38 页。

④ 《[乾隆]直隶秦州新志》卷六《风俗》，载《中国方志丛书》华北地方第 563 号，台北：成文出版社，1970 年，第 541 页。

⑤ （唐）杜甫著，张式铭标点：《杜工部集》卷十《奉送郭中丞兼太仆卿充陇右节度使三十韵》，长沙：岳麓书社，1987 年，第 159 页。

大历十三年（778），陇右节度使朱泚"于兵家得猫虎同乳，以献"，①宋太宗太平兴国初年，知秦州段思恭"妄以供奉为名，贱市狨毛、虎皮"。②自汉至宋，天水地区多次出现虎迹，充分反映了天水地区是甘肃地区虎分布的主要地区。

明以前甘肃地区除天水虎迹较多外，陇南所在的秦岭山区也多有虎的出现。据嘉靖《徽郡志》载：唐玄宗天宝年间，杜甫从关中入蜀，途径成、徽两县交接处的木皮岭，有"再闻虎豹斗，屡蹋风水昏"③的诗句，在成县的石龛又有"熊罴咆我东，虎豹号我西"的诗句。④宋神宗熙宁年间，栗亭县"虎为民患"，新任栗亭尉宋保设法除之。⑤元成宗贞宁年间，阶州（今武都县）西七十里的武都山"有虎，（法）冲诣告曰：今穷客相投，可见容否？虎皆遁去"。⑥表明在唐、宋、元时期，甘肃陇南地区一带虎的分布较多。此外，平凉静宁县在明以前也有关于虎的记载。⑦

由此可见，明以前甘肃地区的虎分布较为集中，主要分布在陇东、陇南、陇中等黄河以南地区，基本奠定了明清甘肃地区虎的分布的地理格局，而且从其记载来看，虎的出现多为人虎冲突，物产类的记载较少，可见这一时期甘肃地区虎的数量较为丰富。

---

① 《[乾隆]直隶秦州新志》卷六《风俗》，载《中国方志丛书》华北地方第563号，台北：成文出版社，1970年，第547页。

② 《[乾隆]直隶秦州新志》卷六《风俗》，载《中国方志丛书》华北地方第563号，台北：成文出版社，1970年，第369页。

③ 《[嘉靖]徽郡志》卷八《艺文志》，载《中国方志丛书》华北地方第329号，台北：成文出版社，1970年，第216页。

④ 《[乾隆]直隶秦州新志》卷十一《艺文》，载《中国方志丛书》华北地方第563号，台北：成文出版社，1970年，第1580页。

⑤ 《[嘉靖]徽郡志》卷五《秩官志》，载《中国方志丛书》华北地方第329号，台北：成文出版社，1970年，第81页。

⑥ 《[乾隆]直隶秦州新志》卷十二《杂记》，载《中国方志丛书》华北地方第563号，台北：成文出版社，1970年，第1922页。

⑦ 《[乾隆]静宁州志》卷七《艺文志》，载《中国方志丛书》华北地方第333号，台北：成文出版社，1970年，第363页。

二、"猛虎肆虐"：明至清乾隆以前甘肃地区虎的分布

进入明代以来，中央王朝加大对西北地区的经略，甘肃地区迎来了历史上经济开发的热潮，加之外来经济物种引进并迅速推广，甘肃地区的人地关系面临着前所未有的挑战，人虎关系也变得格外尖锐。另外，明代之后，地方官编纂地方志的风潮逐渐兴起，虎患、人虎冲突也随之更多地出现在文本的记载中，能够直观地还原一场特定区域内人与虎共同演绎的历史剧本。

笔者统计明清时期甘肃地区各史志资料中关于虎的相关记载如下表所示：

表1　明清甘肃虎的分布统计表

朝代	府、州、县	共计
明	狄道、河州、庆阳、合水、静宁、庄浪、清水、徽县、文县、成县、崇信、古浪	12
清乾隆以前	狄道、河州、渭源、正宁、合水、陇西、岷县、宁远、伏羌、西和、会宁、静宁、庄浪、华亭、秦州、清水、徽县、两当、成县、镇原、甘州、礼县、高台、环县、康县、金县、镇番、平番、武威、安定	30
清乾隆之后	河州、靖远、岷县、临潭、华亭、秦州、徽县、文县、敦煌、会宁	10

由表1可知，明代甘肃地区的虎主要集中于甘肃东南部，清代出现虎患记载的频率增多，到乾隆时期达到峰值，虎的分布范围发展到全省。

明代甘肃地区虎的分布较为集中且数量较多，主要在陇东南、陇中的山林、山麓地带。明朝前期，庆阳府森林密布，"合抱参天之木，林麓连亘于五百里之外"，虎等野生动物"得以接迹于山薮"，五百里范围内皆为虎的出没范围，可见丰富的森林资源使得虎得以生存。[①]据嘉靖《徽郡志》记载，嘉靖四十三（1564）年徽县一日夜间发生地震，百姓惨不堪言，是年冬"获三虎"，可见地震的破坏导致虎的栖息地受损，乡民一次性捕获三只虎，亦说明虎的数量较多。[②]清水县邑人李延康在穿越县境内陇山的途中作《度陇山》一诗，写道

---

① 《[嘉靖] 庆阳府志》卷三，明嘉靖三十六年（1557）刻增修本，第20页。

② 《[嘉靖] 徽郡志》卷八《艺文志》，载《中国方志丛书》华北地方第329号，台北：成文出版社，1970年，第246页。

"白昼林间虎豹穿"，描述出虎豹于白昼自由出没于林间觅食的情景，可见清水县境内陇山一带虎豹生存环境舒适，成群结队，繁衍生息。[1] 明世宗二十六年（1547），山丹卫儒学训导石韫璧，遭庶母丧，于西山下园内停枢三载，孤身庐守，"猛虎时夜入"，为母守丧三年间，猛虎数次入园中，足以见得当时虎迹频现，虎的数量可观。[2] 明代后期，文县生员郭万春遭遇虎害，"于南山桥头，为虎衔去"，其妻米氏"追夺其夫，以石击虎，虎怒，舍其夫而食其邑人"。米氏虎口夺夫成一番佳话，然亦可知当时文县南山一带虎患猖獗，肆意伤害邑人，人虎冲突格外激烈。[3] 明崇祯十年（1637），成县邑人钟其硕在前往县境五朵峰求雨的途中，目睹山中"虎豹往还薮"的情景，虎豹往返于草木之中，可见人与虎相遇概率很大，这与虎豹的数量是直接成正比关系的，即当时文县虎的数量多。[4] 明崇祯年间，流寇陷合水县城，崇祯四年（1631）至七年，流寇"杀戮甚众"，"民死无数"，"杀戮之惨更甚"，导致"人民星散，止余空城，劫余黎庶窜山谷间，荆棘满目，虎狼为患，前后二十年"。合水县百姓流落于山谷之间，前前后后二十余年受尽虎患、狼患的荼毒，可见明末时期合水县境内虎的数量之多，持续时间之长，虎患危害之严重。[5]

　　上述只是对于明代甘肃地区的虎与虎患勾稽一二，可以看出，明代陇东、陇南、陇中皆有虎和虎患的分布，这在以往前人的成果中并没有被提及。而且，明代虎患呈现愈发频繁的态势，程度愈显激烈，一方面由于文献记载日益丰富，另一方面则是因为甘肃地区人地关系日益紧张、土地利用方式转变导致生态环境恶化，这无疑是明代虎患加剧的根本原因。

　　入清以后，史志记载更为丰富，虎患记载愈发增多，人虎冲突也愈演愈

① 《[康熙]清水县志》卷十二《艺文纪》，载《中国地方志集成·甘肃府县志辑》第33册，南京：凤凰出版社，2008年，第65页。

② 《[民国]甘宁青史略》卷十五，载《中国西北文献丛书·西北史地文献》第21卷，兰州：兰州古籍出版社，1990年，第455页。

③ 《[乾隆]甘肃通志》卷四十三《列女二》，南京：江苏古籍刻印社，1989年，第77页。

④ 《[乾隆]成县新志》卷四《艺文·诗》，载《中国方志丛书》华北地方第332号，台北：成文出版社，1970年，第515页。

⑤ 《[民国]甘宁青史略》卷十七，载《中国西北文献丛书·西北史地文献》第21卷，兰州：兰州古籍出版社，1990年，第499页。

烈。成县位于陇南的秦岭山区，境内多虎患。早在明崇祯年间，有邑人目睹虎豹往返于山薮之间。清朝初年，宋琬路过成县，老虎藏身于林间洞穴，行人只得绕路而行，而作下"虎傍禅林穴，人从木杪行"的诗句。清乾隆三年（1738），黄泳任成县知县，时虎患严重，在任期间多次为民祛除虎害。据记载，成县北黑峪河有一条至县的捷径，荒废倾圮，"往往密菁茂草中时伏猛虎，肆害行人，虎肆其虐，往往群聚，白日咥人，为地方害"，知县黄泳为民驱虎，先是向城隍祭文祷告，请求神灵驱逐、捕杀猛虎，作《虎攘》一文，其文曰：[1]

> 虎之威，能役鬼以为伥，伥之痴转导虎以伤人，其愚已取笑昔人矣。申酉两岁虎肆虐于成境，彪者，虓者，白昼群行，鼓唇砺爪，觅人是咥，行人以绝力作以悽，为虎伤者百十其列。泳闻而哀之，遂乃为文祷。
>
> 城隍祈阴戢其暴，而虎迹少敛，又悯伥鬼之愚而受役也。设齐醮假超援以去，所凭其有冥顽者，则于利州募善射者，操穹弓毒矢从事，杀十数虎而患息。是役也，余虽难不能德比异类，有负子渡河之异，然为民除害，守土职也，若夫告神驱伥之举迹，虽近诞，犹是圣人神道设教意也，云尔。

这是甘肃地区较早的一篇驱虎文。黄泳在驱虎文中清楚地说明了虎患的严重程度，称"为虎伤者百十其列"，最终以"杀十数虎"平息虎患，足见乾隆时期成县境内虎的数量众多，虎患严重。

清朝康熙雍正年间，渭源县乡民任四狗，世代为农，只因"父死于虎"，便习鸟枪，"誓杀百虎，以报父仇"，最后，任四狗从少至老"计所杀已九十余虎"来告慰其父在天之灵。面对虎患，渭源县乡民积极应对，任四狗带动乡民捕杀老虎，"久而成业，秦陇猎人争师之"，出现了专门捕虎的职业。"九十余虎"，

---

① 《[乾隆]成县新志》，载《中国方志丛书》华北地方第332号，台北：成文出版社，1970年，第559页。

渭源县是甘肃地区记载虎的数量最多的地区。[1]

乾隆年间，狄道县境内常有"当路立猛虎"的事件，而且虎骨一度成为当地的土特产。清代中前期，华亭县也是人虎冲突频发的地区。清顺治十五年（1658），"金山卫有白虎突入城，负一妪去，守陴官兵格斗，复啮死四人"，而后顺治二十年（1663），"有虎从西来"，伤两名邑人，官府"遣兵四出捕之，不获"，[2]五年之间，发生两起虎患，且伤人性命，官府派官兵捕杀，亦未有所获，可见虎灾之烈，虎患严重程度高，且持续时间长，至乾隆年间，仍有乡民"遄虎害"。[3]

乾隆年间两当县虎的数量亦很多。两当县知县秦武域在任期间，境内遭遇虎患，作《遇虎仿陆浑山火体用其韵》，其中写道，县境"万山屯盘，纤茅郁纷"，植被葱郁，野生动物种类繁多，"独有雕虎猛且繁"，有虎数量繁多且异常猛烈，甚至在县境内肆无忌惮，白昼攫人，说明此时虎患严重。[4]

地处子午岭山区的合水县，在清代时，虎的数量依旧较多。在县境内东山附近，人迹所不能到之处，"虎狼依栖"，之后随着经济开发，县民大量捕杀老虎，"惟山中所出如虎狼之皮"，获之而"资于世用"。[5]乾隆《直隶秦州新志》中记载当时秦州的野生动物数量较多，称"秦州野多虎狼"。[6]

此外，清代诸多方志"物产"条目中有较多关于虎的记载。所谓物产，"物产者产于地而因于时者也。地有肥瘠，则产有丰啬；时有寒燠，则成有蚤暮"，[7]物产多为依据本地自然条件所产，且数量较为丰富的。将乾隆之前各州县"物

① 《［民国］渭源县志》卷八《人物志·孝子》，载《中国方志丛书》华北地方第326号，台北：成文出版社，1970年，第272—274页。

② 《［光绪］重修华亭县志》卷二十三《杂志上》，清光绪四年（1878）刊本，甘肃省图书馆藏。

③ 《［民国］增修华亭县志》第九编《人物志》，载《中国方志丛书》华北地方第554号，台北：成文出版社，1976年，第456、478页。

④ 《［道光］两当县志》卷十二《艺文·诗》，载《中国方志丛书》华北地方第342号，台北：成文出版社，1970年，第236—237页。

⑤ 《［乾隆］合水县志》下卷《物产》，载《中国方志丛书》华北地方第345号，台北：成文出版社，1970年，第210—211页。

⑥ 《［乾隆］直隶秦州新志》卷四《食货》，载《中国方志丛书》华北地方第569号，台北：成文出版社，1970年，第318页。

⑦ 《［康熙］巩昌府志》卷八《物产》，载《中国地方志集成·甘肃府县志辑》第2册，南京：凤凰出版社，2008年，第306页。

产"中有虎记载的基本史实进行归纳，列举如下表2：

表2 清乾隆之前物产中有虎记载的州县统计表

州、县	基本史实	出处	年代
河州	兽类，虎、土豹、豺、狼	《河州志》卷四《土产》	乾隆
正宁县	兽属，虎、豹、狼、狐	《正宁县志》卷四《地理·物产》	乾隆
陇西县	毛属，虎、豹、鹿、狼	《陇西县志》卷二《物产志》	乾隆
岷州	毛族，彪、豹、虎、熊	《岷州志》卷二《物产》	康熙
宁远县	兽类，豺、狼、虎、豹	《宁远县志》卷一《舆地·物产》	康熙
伏羌县	兽属，狼、虎、獾、豺	《伏羌县志》卷五《物产》	乾隆
西和县	兽类，熊、狼、虎、豹	《西和县志》卷二《物产》	乾隆
静宁州	毛属，熊、虎、鹿、獐	《静宁州志》卷三《物产》	乾隆
秦州	野多虎、狼、猴、狱	《直隶秦州新志》卷四《物产》	乾隆
礼县	畜兽，野猪、虎、豹、狼	《礼县志》卷十六《物产》	乾隆
徽县	兽类，兔、熊、虎、猴	《徽县志·物产》	乾隆
阶州	鸟兽，虎、豹、狼、豺	《直隶阶州志》下卷《物产》	乾隆

从表2可以明显看出，清前期，甘肃多个地区的方志《物产》篇中记载有虎，尽管部分地方志延续了前代记录，我们仍可断定清乾隆以前这些地区有虎的分布，且可以认为受人类活动的影响，虎的生存轨迹逐渐进入人的视野范围内，且产生人虎冲突，而后被方志撰写者纳入《物产》篇，从各地《物产》中的虎皮、虎胫骨等虎产品中可见一斑。

通过对清代乾隆以前甘肃地区虎、虎患记载的整理和分析可以得出：从明代至清乾隆年间，虎的分布范围由陇东、陇南和陇中逐渐扩大至涵盖河西走廊地区在内的整个甘肃地区；虎的数量愈发增多，多者"十数虎""百虎"，且诸多州县都将虎作为当地的野生物产；另外，乾隆时期虎患发生愈加频繁，以致"白昼攫人"，更能说明这一时期人虎矛盾之激烈。总之，无论虎的分布范围，还是虎的数量，亦或是虎患的严重程度，都在清乾隆年间到达峰值。当然，这很大程度上是由于方志资料愈发丰富和详细，但是更为根本的原因是伴随着人类农业生产和社会经济的大规模开发，人地关系的矛盾愈发尖锐。

三、"虎迹少敛"：清乾隆以后甘肃地区虎的分布

虎的分布范围在清代乾隆年间覆盖至整个甘肃地区，且虎的数量较为丰富。到了清乾隆之后，尽管史志资料愈加丰富，涵盖的方面、地理范围愈发扩大，但是与虎相关的记录反而越来越少，虎患发生的频率亦越来越低，虎的栖息地不断萎缩，很多州县再无虎的记载，甚至虎已不断消亡，面临绝迹。

屈吴山，在会宁县东北三百里，据民国《甘肃省志》记载，此地"南接六盘山，峰峦耸峙，林木森茂，甘泉迴流"，自然环境非常适合虎的生存，"昔时有獐、鹿、虎、豹等猛兽"证明了过去有虎的分布，然而"今林木伐尽，野兽亦远遁矣"，可见至清末民初，山上林木砍伐殆尽，虎等野生动物被迫迁移或逐渐消亡，数量大大减少。[①]华亭县境内的虎的数量也远不如前。前文提到，清顺治年间，华亭境内人虎冲突激烈，虎患严重，虎入城中伤人，官兵捕杀，反被虎伤。然而到清代后期，据嘉庆《华亭县志》中《物产》记载，华亭县境内的虎、豹、熊等大型野兽"今少于昔"，[②]说明虎的数量在逐渐减少，更甚者，民国时期编纂的《增修华亭县志》中的"物产"篇中已再无虎的记载。明末清初，合水县虎的数量较多，虎皮成为重要的货物商品，"资于世用"，然而，乡民大量捕杀老虎以取虎皮，导致后来"虎皮难得"。一方面由于对虎的猎杀十分困难，最主要的原因是虎的数量已经急剧减少，虎已变得稀有。[③]河西走廊地区的镇番县亦是如此，民国时期虎已消亡殆尽。清康熙年间，镇番县境内"有虎豹之属"，而且虎患严重，有猎人上报，县北山有虎伤一蒙妇，后被官兵捕杀。然而，

---

① 《[民国]甘肃省志》第三章《各县邑之概说·兰山道·会宁》，载《中国西北文献丛书·西北稀见方志文献》第33卷，兰州：兰州古籍书店，1990年，第35页。

② 《[嘉庆]新集华亭县志》卷四《田赋志·物产》，载《中国地方志集成·甘肃府县志辑》第32册，南京：凤凰出版社，2008年，第271页。

③ 《[乾隆]合水县志》下卷《物产》，载《中国方志丛书》华北地方第345号，台北：成文出版社，1970年，第209页。

民国时期，"今境内无虎，常见者，狼獾而已"，可见此地虎的数量急剧减少，已然绝迹。[①] 乾隆年间虎尚为礼县境内的畜兽物产，然而光绪年间《重纂礼县志》中再未出现，说明到了光绪朝礼县境内虎已绝迹。[②] 由上文表2可知，康熙、乾隆年间，甘肃地区有十几个州县的物产中记录有虎，但是在清朝末年编纂的《甘肃新通志》的《物产》篇中仅记录为"毛类，虎，通省不概见"，[③] 而且，许多州县清代后期、民国时期新纂的县志中，《物产》篇中已然无虎的踪迹。可见，至清末，虎的分布范围已十分狭小，数量已变得十分稀少，不再是常见的物产。另外，清代前期诸多州县盛产虎皮，并将其作为主要物产，据《新修庆阳府志》中记载，乾隆年间境内毛类物产有"虎皮、狐皮、鹿皮"，[④] 然而，到民国时期，虎皮的产地仅"产于渭川、西宁两道属境"，说明仅仅渭川、西宁两道有虎的分布，而且"产额无定"，数量十分有限。[⑤]1953年10月，会宁县村民熏死一只过境的野生虎，标志着甘肃省野生虎的终结。[⑥]

清乾隆时期是虎的数量以及分布范围的临界点，之后急转直下，数量不断减少，分布范围不断萎缩，通过对乾隆时期以后关于虎、虎患记录的分析整理，我们可以看出清代后期甘肃地区虎的数量已十分稀少，民国时期甚至部分州县已然绝迹，虎已不再是甘肃地区自然条件下所固有的物产。在清朝后期社会经济进一步发展，以及向山地进军高潮迭起的大背景下，甘肃地区虎的结局是注定的。

① （清）谢树森纂，（民国）谢广恩、李玉寿整理校订：《镇番遗事历鉴》，香港：天马图书有限公司，2000年，第230、242页。

② 《[光绪]重纂礼县志》卷二《物产》，载《中国地方志集成·甘肃府县志辑》第22册，南京：凤凰出版社，2008年。

③ 《[宣统]甘肃新通志》卷十二《舆地志·物产》，载《中国西北文献丛书·西北稀见方志文献》第23卷，兰州：兰州古籍出版社，1990年，第615页。

④ 《[乾隆]新修庆阳府志》卷三《物产》，载《中国地方志集成·甘肃府县志辑》第22册，南京：凤凰出版社，2008年，第276页。

⑤ 《[民国]甘肃省志》第六章《实业·农业》，载《中国西北文献丛书·西北稀见方志文献》第33卷，兰州：兰州古籍书店，1990年，第169页。

⑥ 邓明：《陇上野生虎的终结》，《档案》2011年第1期。

四、虎的分布范围变动的原因

从乾隆时期之前的"猛虎肆虐",再到乾隆时期之后的"虎迹少敛",明清时期甘肃地区虎的分布变动轨迹被清晰地勾勒出来,即明代虎的分布较为集中于甘肃的东南部,且记载多为物产所属,虎患较少;清代出现虎患记载的频率增多,到乾隆时期达到峰值,虎的数量较为丰富,虎的分布范围发展到全省,人虎冲突十分激烈;清朝后期,诸多州县虎已绝迹,再无虎的记载。关于虎的生存环境,有研究者表明:必须具备足够的动物资源,供它们猎食;必须具备足够的水源,供它们热时洗浴和饱食之后痛饮;必须有足够的林木或丰草,供它们隐藏,而且对草木的要求非常高。[①]可见,虎对生存环境的要求较为苛刻,一旦发生变动,便很难适应,难以生存。清乾隆之前甘肃地区虎的数量较多,分布范围广泛,为何之后濒临绝迹?

首先,森林覆盖率日益降低,虎的栖息地逐渐萎缩。虎的生存是以森林中的各种动物为食的,虎与森林的关系非常简单:没有森林就没有老虎。近年来的研究表明一只成年老虎,因森林中大型动物的数量不同,需要20—100平方公里的森林来作为栖息地。[②]清道光年间《会宁县志》记载了屈吴山中过去有獐鹿虎豹,"今林木伐尽,野兽亦遁",[③]可见山中林木砍伐殆尽,虎等野兽失去了生存领地。在甘肃的武都故道、贺兰山等虎的分布区,森林遭到大规模的砍伐。该地区山泽"为草木之所蔽,而此草木者又多为禽兽之所依聚",说明林木是虎等野兽的主要栖息地,而"今则砍伐殆尽",则虎无所依聚,只得逃亡他处或者逐渐消亡。[④]陇南地区的文县多山地丘陵,山林面积分布广阔,然康熙年间被大规模无节制地砍伐,"皆为竭泽而渔者告去,文之花木犹是",百姓

---

① 谭邦杰:《虎》,北京:科学普及出版社,1979年,第15页。

② [美]马立博著,王玉茹、关永强译:《虎、米、丝、泥:帝制晚期华南的环境与经济》,南京:江苏人民出版社,2010年,第324页。

③ 《[道光]会宁县志》卷二《舆地志•物产》,载《中国地方志集成•甘肃府县志辑》第8册,南京:凤凰出版社,2008年,第54页。

④ 《[民国]甘宁青史略》,载《中国西北文献丛书•西北史地文献》第21卷,兰州:兰州古籍出版社,1990年,第58页。

竭泽而渔，胡乱砍伐，以致"由崇祯迄今七八十年间产木之地有若上丹堡，若铁炉寨，采取殆尽，自康熙十一年（1672）以至二十五年（1686），山林告兀"，不足百年，便采取殆尽，山林告兀，如此这般，森林资源必然锐减；①另据乾隆年间《五凉全志》记载，"镇邑左右临边不过二三十里，口内并无山场树木及产煤处所，自开设地方以来，合县官民人等日用柴薪樵采于东西北之边外，以供终年炊爨，实与他地不同，请以边外一二百里之外樵采以资民生。"②乾隆年间，镇番县官民日用柴薪来源即为砍伐"一二百里"之外的林木资源；森林资源的日益减少，导致虎的栖息地不断萎缩，甚至造成有些州县虎的绝迹。

其次，清朝后期甘肃地区战事频繁，使虎的生存环境受到一定影响。庄浪在历史上一直是农耕民族与游牧民族接触的前沿，是军事上必争的战略要地。明代为防止西北游牧民族入侵，官府常采取放火烧山的策略，将远近山林付之一炬，使其无处可待，期可不攻自退，这种做法最大的后果是草木俱焚，森林植被受到彻底的破坏。明成化四年（1468）满俊之乱后，甘肃总兵定西侯蒋苑曾上奏，"平凉以西，赤地千里"，诗人墨客形容当时是"荒山无草木，深涧尽冰霜"，反映了战乱对植被的破坏情况。③清末民初，甘肃地区战事频繁，时天水地区流传着一首《天水战事歌》，其词曰："今森戈矛猛，驱虎豹，屯貔貅，彼军盈万，鸟兽散。"受战乱影响，不仅百姓惨遭罹难，虎豹鸟兽的生存也受到很大的威胁。④另据《永登县志》记述，雍正年间的一场汉民与番民的冲突，亦可加以印证。"椁子山，城西三百里，两山相连，崎岖险峻，密松四围，为番民巢穴。雍正元年，番民梗化，遂据此山凉庄道蒋洞练民兵，暨监屯厅王廷松随同大将军岳钟琪率七营兵用大斧砍伐树木，直抵其穴，番夷始平。"椁子山，在城西，"虎，近来西山多有，常伤人畜"，说明崎岖险峻，密松四围的山地不

① 《[康熙]文县志》卷八《艺文》，清康熙四十一年（1702）刻本，第78页，中国国家图书馆藏。
② 《[乾隆]五凉全志》卷二《镇番县志》，载《中国方志丛书》华北地方第560号，台北：成文出版社，1976年，第333页。
③ 庄浪县水土保持志编纂领导小组编：《庄浪县水土保持志》，1998年，第39—41页，平凉市图书馆藏。
④ 《[民国]甘宁青史略》卷二十九，载《中国西北文献丛书·西北史地文献》第21卷，兰州：兰州古籍出版社，1990年，第268页。

仅仅为番民巢穴，也是虎的生存栖息地，官府派遣七个营的兵力来大肆砍伐树木，平定番民的同时，亦将虎的巢穴破坏殆尽。①

再次，人口急剧增长，耕地面积扩大，土地的开垦不仅毁灭了虎的栖息地，将其推向灭亡的边缘，也对其他野生物种造成巨大的打击。明代，西北边疆地区大兴屯田，军屯、民屯遍于天下，甘肃必不例外，明初大将徐达征伐西北，出萧关，连克平凉、泾州等地，开始在泾州屯田，诏令"天下卫所军，以十分之七屯田"，以屯养军，以军隶民，为此在"泾设军队卫屯田 12.9 万亩（约合 0.86 万公顷）"，②以致于在明代泾川一带，"昔昆夷之地，古者省山启辟，惟患其木多，今翟翟童矣"，③山林受到严重破坏；道光《重修镇番县志》中记载："我朝轻徭薄赋，休养生息一百八十余年之久，户口较昔已增十倍，土田仅增二倍耳。以二倍之田养十倍之民而穷簪输将踊跃毋事追乎。"④清初实行轻徭薄赋的政策，人地关系矛盾凸显，迫于生计，人们只能向山地、高地开发；据光绪《镇番县乡土志》记载："本境自改县而后，幸逢承平之休，户口之盛，蒸蒸日上。是故乾隆三十年仅八千一百九十一户，道光初即一万六千七百五十六户"，⑤仅仅三十多年的时间，户口增长两倍之多，必然造成人地关系的极大紧张。

最后，虎自身能够产生高昂的经济价值，以致招来大量的捕杀。虎骨、虎掌可作为药材使用，且价格比较昂贵。据顺治《华亭县志》卷三《赋役·物产》记载，"药，虎胫骨、虎掌，刺患舒药也"；⑥之后清嘉庆《华亭县志》中卷四《田赋·物产》同样记录了"药，贵者，鹿茸、虎骨、麝香……虎掌，刺椿药"，⑦

---

① 《[民国]永登县志》卷一《地理志·山川》，载《中国地方志集成·甘肃府县志辑》第 21 册，南京：凤凰出版社，2008 年，第 434 页。

② 《泾川县志·农业志》，兰州：甘肃人民出版社，1996 年 3 月，平凉市图书馆藏。

③ 《甘肃森林》，甘肃省林业厅内部发行，1998 年 8 月，平凉市图书馆藏。

④ 《[道光]重修镇番县志》卷三《田赋考·物产》，载《中国地方志集成·甘肃府县志辑》第 43 册，南京：凤凰出版社，2008 年，第 175 页。

⑤ 《[光绪]镇番县乡土志》卷六《户口志》，载《中国地方志集成·甘肃府县志辑》第 43 册，南京：凤凰出版社，2008 年，第 376 页。

⑥ 《[顺治]华亭县志》卷三《赋役·物产》，载《中国地方志集成·甘肃府县志辑》第 35 册，南京：凤凰出版社，2008 年，第 193 页。

⑦ 《[嘉庆]华亭县志》卷四《田赋·物产》，载《中国地方志集成·甘肃府县志辑》第 35 册，南京：凤凰出版社，2008 年，第 268 页。

表明虎骨、虎胫骨、虎掌具有很好效果；据乾隆《直隶阶州志》卷下《物产》记载"药品，麝香、熊胆、虎骨……"，[①]可见此地虎遭到大量的诱杀；清康熙《庄浪县志》中也记载了作为药类物产的"虎胫骨"。[②]另外，虎皮实用价值极高。笔者通过梳理地方志材料，找到一些利用虎皮的资料，如表3所示：

表3　明清时期甘肃虎皮利用统计表

府、县	文献记载	出处
镇番县	……近又有虎皮……	《镇番县志》
巩昌府	虎豹狐貉之皮……	《巩昌府志》
正宁县	货属，虎皮、狼皮、狐皮……	《正宁县志》
庆阳府	皮类，……虎皮、狐皮、鹿皮……	《新修庆阳府志》
合水县	虎皮难得	《合水县志》

从上表可以看出，明清时期虎皮的市场需求量较大，然而"虎皮难得"，一方面是由于虎作为巨型猛兽，难以捕杀，另一方面则是因为虎的数量在不断减少。时人为了巨大的经济利益而千方百计地大量捕杀老虎，加剧了虎的生存危机。

五、小结

明清时期甘肃地区虎的分布变动呈现出从"猛虎肆虐"到"虎迹少敛"的过程。清代乾隆时期为甘肃地区虎的生存状态峰值期，数量较为丰富，分布范围覆盖到全省地区，乾隆之后虎迹逐渐消退，部分州县几乎绝迹。森林覆盖率日益降低，人口急剧增长导致大量土地荒地开垦，虎自身的利用和贸易价值，以及频繁的战事影响是导致清代乾隆以后虎的数量迅速减少、分布范围不断萎缩的主要原因。

---

① 《[乾隆] 直隶阶州志》卷下《物产》，载《中国地方志集成·甘肃府县志辑》第9册，南京：凤凰出版社，2008年，第498页。

② 《[康熙] 庄浪县志》卷三《财货志·物产》，载《中国地方志集成·甘肃府县志辑》第18册，南京：凤凰出版社，2008年，第61页。

从某种意义上而言，一段虎的变迁史，既是虎与人的关系史，也是虎与自然的关系史，是一部虎与人类活动和生态环境变迁的互动关系。[①] 虎的生存繁衍既受自然生态环境内部诸要素的影响和制约，同时作为人类与动物系统中的一个因子，其必然与人类社会生活息息相关。因此，若对虎的变迁进行全方位考察，人类活动与自然的因素缺一不可。

丛林中本无野兽，唯有被人类逼得野蛮的动物。[②] 虎作为一种大型的肉食动物，处在生物链金字塔塔尖的位置，其分布和变迁很大程度上反映着其所在区域的自然环境状况，是环境变迁研究常用的生态指标之一。[③] 虎的分布变迁，数量不断减少，栖息地不断萎缩，应从人类活动、自然生态环境、重大灾害等多方面综合考虑。从现实程度上来讲，对甘肃地区老虎种群的相关研究，一定程度上可以使我们从历史教训中吸取经验，亡羊补牢，将中国虎从灭亡危机当中拯救出来，提醒当代人民应当总结教训，避免此等悲剧蔓延扩展至其他动物种群。

---

① 钞晓鸿:《生态环境与明清社会经济》，合肥：黄山书社，2004 年，第 55 页。

② ［美］苏茜·格林（Susie Green）:《虎》，上海：三联书店，2009 年，第 36—48 页。

③ 吴朋飞、周亚:《明清时期山西虎的地理分布及相关问题》，《井冈山大学学报》2013 年第 2 期。

18世纪末至20世纪初的吧城华人冢地研究

——以《公案簿》第一至十五辑资料为中心的考察

宁 力*

随着一批批闽粤先民下南洋，中华传统文化也飘洋过海在侨居地得以扎根。丧葬文化是中华传统文化的重要组成部分，在海外华人社会的形成和发展中发挥了重要作用。其中，冢地便是华人在异国他乡坚守民族传统、维系宗族情结的具体表现形式。一般来说，南洋各地华人以地域或者血缘为别分属不同的同乡会或者宗亲会，会员身后葬地问题也由这些团体组织解决并集中管理，比如新加坡的华人义冢，大多不属于私人家族所有，有些归同姓宗亲会，作为来自不同地区的同姓宗亲埋骨之所，有的则是以不同方言划分的各个族群的专用义冢。[1] 但如《公案簿》所见，自18世纪末至20世纪初，巴达维亚（亦称"吧城"或"吧国"，即今印度尼西亚首都雅加达）主要的大型华人冢地都是由吧国公堂的华人官员牵头购置，并负责冢地的具体使用与管理，而以地域、血缘或者方言划分的不同群体自行购置以供专用的情况并不多见。

前人对于吧城华人冢地的研究并不多，包乐史、吴凤斌就具体案例对18世纪末的义冢以及冢地纠纷进行介绍；李明欢以19世纪丹绒坟山档案为中心研究了吧城华人社会的变迁；法国学者苏尔梦探讨了17—20世纪吧城华人义冢的分布变迁；沈燕清通过《冢地簿》《公堂清册簿》等史料对吧国公堂对华人冢地的管理机制与买卖收益等问题进行研究；张小欣从华人社会权利的层面对公堂

---

*　宁力，山西运城人，暨南大学历史地理研究中心博士研究生。

① ［英］傅利曼著，郭振羽、罗伊菲译：《新加坡华人的家庭和婚姻》，台北：正中书局，1985年，第235页。

管理华人丧葬的制度及其发展变化进行了论述；马强通过丧葬案件分析了吧城华人对中华文化的认同感。[①] 上述前人的成果虽已经就吧国公堂对华人冢地的管理问题有所涉及，但从材料上来看对《公案簿》档案的利用还不够充分，从内容来看对华人冢地发展过程的阶段性、华人冢地内不同类型风水穴的使用以及日常管理等问题的研究不够深入。有鉴于此，笔者拟依据《公案簿》第一——十五辑资料，通过梳理 18 世纪末至 20 世纪初吧城华人冢地的发展过程，对华人冢地的使用与管理问题略作探讨。

一、吧城华人冢地的几个发展阶段

（一）早期吧城华人义冢的购置

起初华人在吧城并没有专门的埋葬场所，乱葬现象与日俱增，从而招致荷兰人的诸多不满。1650 年，荷兰总督下令不准华人葬在东印度公司辖地，于是雷珍兰[②] 郭训观同其兄长郭乔观等"招募唐人，请各量力捐金喜舍以建冢地"，最终"众人皆从"，买东冢之地用于集中安葬华人，并设土公一名管理葬事，[③] 由此开启了吧成华人义冢购置的先例。[④]1728 年，东冢之规模已难以满足当时

---

① ［荷］包乐史、吴凤斌：《18 世纪末吧达维亚唐人社会》，厦门：厦门大学出版社，2002 年；李明欢：《变迁中的吧城华人社会：十九世纪丹绒坟山档案资料的启示》，《亚洲文化》2000 年总第 24 期；Claudine Salmon, "*Ancient Chinese Cemeteries of Indonesia as Vanishing Landmarks of the Past (17th-20th c.*), *Chinese deathscapes in Insulindia*", special issue of Archipel 92, 2016 View project, pp.23-61；沈燕清：《吧国公堂华人丧葬管理研究——以〈冢地簿〉为中心》，《华侨华人历史研究》2017 年第 4 期；沈燕清：《从〈公堂清册簿〉看荷印吧国公堂的经济职能》，《东南亚南亚研究》2016 年第 4 期；张小欣：《荷属东印度华人社会的自治与困境——以 18—19 世纪吧城公堂丧葬管理为中心》，《华侨华人历史研究》2016 年第 4 期；马强：《吧城华人的中国文化认同——以〈公案簿〉为中心》，暨南大学硕士学位论文，2012 年。

② 雷珍兰，Luitenant，荷语，原意为中尉、摄政官，简称为甲，参见［荷］包乐史、吴凤斌校注：《公案簿》第一辑，厦门：厦门大学出版社，2002 年，第 372 页。

③ 许云樵校注：《开吧历代史记》，《南洋学报》第九卷第一辑，1953 年，第 30 页。

④ 张小欣：《荷属东印度华人社会的自治与困境——以 18—19 世纪吧城公堂丧葬管理为中心》，《华侨华人历史研究》2016 年第 4 期。

吧城华人葬地所需，华人甲必丹①郭昂官便与众雷珍兰议建冢地，"令人劝谕诸唐人，各量力捐银，将项买勃昂山大菜园为义冢，甲大立颜经观长子颜銮观为土公"。②1742 年吧国公堂建立后，华人延续了捐银购置冢地的做法。③1745 年，因冢地将满，在甲必丹林明光的倡议下，众华人捐金购置双柄园日本亭至马腰兰之地为冢，立土公三名，各管一冢"。④

1762 年，吧城华人又捐金购置了牛郎沙里冢。值得注意的是，前人关于牛郎沙里冢的购置时间说法不一，张小欣认为"1760 年，甲必丹林缉先又与众雷召集华人船主等题捐 6000 银元，在吧城东南、班芝兰龙眼园旁购得牛郎沙里冢地"⑤，这一说法主要是依据了《公案簿》第一辑中所见"1760 年唐人增建义冢，以 6000 银元买王园一所，名曰牛郎沙里，其地与班芝兰龙眼园相接"，⑥ 故认定牛郎沙里冢购置时间为 1760 年。而沈燕清则称"1762 年又购置了牛郎沙里园地作为冢地"。⑦笔者赞同后者的说法，证据有三：其一，据吧国公堂 1857 年 3 月20 日的档案记载，朱葛礁⑧赖观澜官缴入的一则 1762 年的碑记中对吧城华人官员联名购买牛郎沙里园地并获准建造华人冢地的事情进行了详细记载：

乾隆二十七年九月廿六日，即和 1762 年 11 月 10 日，甲必丹林缉官，雷珍兰林健官、林钗官、许芳良官、戴弁官、许灿官、卢郎官，武直迷施华官、陈巧官、唐恩官、陈顺官连名嘧喳唠厝顶对实稽屏做

① 甲必丹，Kapitein，荷语，原意为上尉，首长，又称甲必丹大，简称甲大，参见［荷］包乐史、吴凤斌校注：《公案簿》第一辑，厦门：厦门大学出版社，2002 年，第 372 页。
② 许云樵校注：《开吧历代史记》，《南洋学报》第九卷第一辑，1953 年，第 38—39 页。
③ 沈燕清：《吧国公堂华人丧葬管理研究——以〈冢地簿〉为中心》，《华侨华人历史研究》2017年第 4 期。
④ 许云樵校注：《开吧历代史记》，《南洋学报》第九卷第一辑，1953 年，第 47 页。
⑤ 张小欣：《荷属东印度华人社会的自治与困境——以 18—19 世纪吧城公堂丧葬管理为中心》，《华侨华人历史研究》2016 年第 4 期。
⑥ ［荷］包乐史、吴凤斌校注：《公案簿》第一辑，厦门：厦门大学出版社，2002 年，第 405 页。
⑦ 沈燕清：《吧国公堂华人丧葬管理研究——以〈冢地簿〉为中心》，《华侨华人历史研究》2017年第 4 期。
⑧ 朱葛礁，Secretaris，荷语，秘书、书记，始设于 1750 年，参见［荷］包乐史、吴凤斌校注：《公案簿》第一辑，厦门：厦门大学出版社，2002 年，第 375 页。

字，买过新桡轩得历山力挂沙诗蛮桡拣牛郎沙里园地一所，价钱六千
文。前后至港，左连八芝朗安园在内，右接冢，四至明白。和 1762
年 11 月 28 日在土库内入字。蒙上人倒案以定葬坟亭后，过大桥头沼
港墩起，直至园后地，准为葬坟。若过界，将园偿入公班衙。殊恐罔
知情由，立石为界，毋干法纪，永固唐坟。特谕。①

从此则碑记可以看到，1762 年 11 月 20 日一众华人官员联名做字以六千文买得
牛郎沙里园地，之后获"上人倒案"，②"过大桥头沼港墩起，直至园后地，准为
葬坟"，这说明牛郎沙里冢地的购置时间应为 1762 年。其二，据《印度尼西亚
华文铭刻汇编》中所载关于倡建牛郎沙里冢的壁记：

　　　　义冢之建，贩吧以来，四定厥基矣。掩骼已经百年，埋骴奚啻万
骨。此我唐先世瘗旅之盛事……而必为报，吾侪岂当仁独让。……甲
百丹林讳绲观捐金一千文，雷珍兰林讳健官捐金六百文，雷珍兰许讳
弘良捐金六百文，雷珍兰林讳钗官捐金四百文，唐恩官、许灿官、陈
顺官，上各捐金三百文。雷珍兰戴讳弁官、甲百丹杨讳殿官、雷珍兰
陈讳静官、刘岁使、戴涓官，上各捐金……武直迷陈讳巧郎、戴任兰、
郑尚勋、陈国使、林义官……连木生，上俱捐金一百五十文。甘卓官
捐金一百一十文，……，林德官、黄文官，上俱捐金二十文。武直迷
施讳华官捐金一十文。
　　　　　　大清乾隆二十六年岁次辛巳秋八月谷旦立石零顶僧干 ③

可知，清乾隆二十六年（即 1761 年）吧城华人积极响应华人官员们关于购置
牛郎沙里冢地的倡议，并纷纷出资参与募捐，这也说明牛郎沙里冢地购置的

---

① ［荷］包乐史等校注：《公案簿》第十辑，厦门：厦门大学出版社，2010 年，第 22 页。

② 上人，指荷兰东印度公司（简称公班衙）的官员；倒案，闽南语，定案，分别参见［荷］包
乐史、吴凤斌校注：《公案簿》第一辑，厦门：厦门大学出版社，2002 年，第 386、384 页。

③ 傅吾康主编，苏尔梦、萧国健合编：《印度尼西亚华文铭刻汇编》第二卷上册，星加坡南洋学
会、巴黎法国远东学院、巴黎群岛学会，1997 年，第 36—37 页。

时间不可能是 1760 年。其三，从《开吧历代史记》中"乾隆廿五年庚辰即和 1760 年，甲大林缉光与众雷议建义冢，请列位船主唐人奎维各随愿捐题，即将银买王园一所，名曰牛郎些里"① 可知，1760 年只是众华人官员倡建义冢的时间。所以牛郎沙里冢地应该是吧国公堂官员于 1760 年倡建，1761 年捐金完成并刻立壁记，1762 年购置牛郎沙里冢地并获准使用。

从 17 世纪中叶华人冢地开始出现到 18 世纪中后期，吧城已建立有东冢、勃昂山大菜园冢、日本亭至马腰兰冢、牛郎沙里冢四处大型华人冢地，这些冢地都是由华人官员带头倡议购置，以满足日益增长的丧葬需求。而且从购置冢地的资金筹措方式来看，均为吧城华人合力捐金，具有明显的公益性，故也被当地华人普遍称作"义冢"。

（二）19 世纪初吧城华人综合性冢地的形成

随着吧城华人逐渐增多，华人的丧葬需求也在不断地增加，现有的华人义冢明显不足供应，吧国公堂继而向荷印当局提出想要在牛郎沙里扩建新冢，但是这一建议并没被采纳。下表所列为吧城主要华人冢地的购置信息。

表 1　吧城各主要华人冢地购置信息一览表

义冢名称	购置时间	筹措方式	筹措金额	购买支出	资料来源
东冢	1650 年	捐金	不详	不详	《开吧历代史记》，第 30 页
勃昂山大菜园冢	1728 年	捐金	不详	不详	《开吧历代史记》，第 38—39 页
日本亭至马腰兰冢	1745 年	捐金	不详	不详	《开吧历代史记》，第 47 页
牛郎沙里冢	1762 年	捐金	不详	6000 文（15000 盾）	《公案簿》第十辑，第 22 页
丹绒冢	1809 年	向唐人美色甘②借款	7000 文（17500 盾）	7000 文（17500 盾）	《公案簿》第七辑，第 198 页

① 许云樵校注：《开吧历代史记》，《南洋学报》第九卷第一辑，1953 年，第 51 页。
② 美色甘，也作"美惜甘"，荷兰语 Weeskamer 的对音，这是一个专门负责华人遗产、救济孤寡老人与贫儿的机构，同时也设立医院和义学，荷印华人称作美色甘厝或养济院，参见[荷]包乐史等主编：《公案簿》第二辑，厦门：厦门大学出版社，2004 年，第 109 页。

续表

义冢名称	购置时间	筹措方式	筹措金额	购买支出	资料来源
式厘卑冢	1828 年	向荷人美色甘借款	10000 盾	15000 盾	《公案簿》第六辑，第 62—63 页
		向唐人美色甘借款	5000 盾		
惹致冢	1855 年	向唐人美色甘借款	25000 盾	25000 盾	《公案簿》第九辑，第 260 页
如南抹、勃生、郡领冢	1890 年	出售爪哇当股份	125000 盾	220000 盾	《公案簿》第十四辑，第 80 页
		向保生公司典当地契	85000 盾		
		公堂存项	10000 盾		

注：1 文 =2.5 盾（参见［荷］包乐史、吴凤斌校注：《公案簿》第一辑，厦门：厦门大学出版社，2002 年，第 372 页）

从上表可以明显看出，自 1809 年购置丹绒义冢起，吧国公堂购置华人冢地所用资金的筹措方式发生了变化。原因是：1809 年，荷印总督丹德尔斯拒绝了吧国公堂申请在牛郎沙里扩建新冢的建议，而是"准唐人买缎力葛之地（引者按：丹绒），以为葬坟义冢"，并且"准美色甘给借 70000 文，全年利息 6 八仙，在即甲必丹陈烨郎官、首雷李东旺官、武直迷[1]吴祖绥官共相担戴此项，各就其身份堪赔，此额不得分拆"，还批准甲必丹胡勃实[2]所定葬坟规格及售价标准，按标价兜售风水穴获取收益，并要求公堂每年缴还华人美色甘母 2000 文，在70000 文借款本息缴还完毕后，丹绒葬坟便成为公众之地。[3]公堂向唐人美色甘借款 70000 文购置丹绒地作为华人冢地，在资金筹措上不同于以往由华人官员号召吧城华人合力捐金。值得注意的是，此时丹绒冢地仍被称作是"义冢"，但实际上已与早期购置的义冢不同，因为丹绒冢地内除了为贫困之人提供的少

---

① 武直迷，荷兰语 Boedelmeester，财产遗产管理人，始设于 1690 年。参见吴凤斌等校注：《公案簿》第五辑，厦门：厦门大学出版社，2004 年，第 4 页。

② 胡勃实，马来语 Opsir，意为首领、头人，参见［荷］包乐史主编：《公案簿》第三辑，厦门：厦门大学出版社，2004 年，第 334 页。

③ 聂德宁等校注：《公案簿》第七辑，厦门：厦门大学出版社，2007 年，第 198 页。

量免费小规格风水穴外，还设置了各种不同规格的风水穴以满足不同经济实力的华人的需求，同时规定价格出售，可以说丹绒冢地同时兼具公益性与商业性，是一种综合性的华人冢地。

而吧国公堂通过出售冢地内不同规格的风水穴来偿还购买冢地的借款，这也成为日后吧城增置华人冢地的新模式，如1828年购置的式厘卑地、1855年购买的惹致地等都基本沿用了此种模式。但从表1来看，1890年公堂购置如南抹、勃生、郡领地并没有向美色甘借款，而是"将公堂所存爪哇当股份单计200股，托牙侩缎泥律伦洛代售，共银125000盾。……经将新买三地大小五张契，当过缎力葛之保生公司，银85000盾，其利息每年六八仙"，① 此外，因为购买如南抹、勃生、郡领三处五块地价格为220000盾，所以可知公堂还由公堂存项中拿出10000盾用于购置冢地。可以推见，公堂借款购置冢地是在本身资金不足的情况下不得已而为之的，随着公堂产业的累积和一代代人的经营，到19世纪末，公堂已可以自己通过置换、抵押现有产业来筹集资金购买新冢，而不再需要去申请借款。

（三）19世纪中叶吧城华人冢地商业性的进一步加强

如上文所述，自19世纪初丹绒冢地起，吧城华人冢地同时兼具公益性与商业性，冢地内有供贫困华人申请的免费的小规格风水穴，也有面向大众华人出售的各种规格的风水穴。发展至19世纪中叶，吧城公堂开始允许将各冢地内的田园、林地以及草洼、椰丛等土地"发叫黎垄"，即对外招标，付人承租，以收取租税，使得吧城华人冢地的商业性进一步加强。

《公案簿》中最早的一则承租公堂冢内土地的记录是，1854年暂住牛郎沙里地的阿拉伯人马含抹奚力承租牛郎沙里草埔园地后亏本，请求公堂减税。② 之后又有胡再生1855年1月起收领牛郎沙里地租，说明19世纪中叶牛郎沙里冢地中园地已在对外承租。然而这一时期，公堂各处土地税并非是由公堂管理，《公堂簿》中没有公堂对外招标的相关记录，每年公堂收入项中也没有田园税

---

① 吴凤斌等校注：《公案簿》第十四辑，厦门：厦门大学出版社，2016年，第80页。
② 侯真平等校注：《公案簿》第八辑，厦门：厦门大学出版社，2009年，第338页。

也可以证明这一点。直到 1855 年 8 月，大玛腰陈永元提议"是日起，凡冢地园税送与公堂掌理"[①]。此后，吧城华人冢内园地的承租税开始纳入公堂税项，且在同年的 11 月，公堂在拟定冢地管理事务条规中对冢地内的田园承租事项进行了规定，称"丹绒、式厘卑二地待君得六满，田园取息，当叫黎垄付人承税，谁最高价且安咱人最当者得之"。[②]1856 年 10 月，公堂正式出台了关于华人冢地内的田园付人承租的相关条例，其中就冢内田地而言：

一、付人承税丹绒、式厘坡之田，一年为限。和 1857 年 1 月 1 日起，至 12 月终止。

二、承税之人须援二妥人安咱，可为公堂取信者。于黎垄之时须有其人，否则，再叫黎垄，承应人当担戴一切亏本。

三、公堂付税二地之田而已，山顶之园及鉴光不在税内。其田抽奎，务遵敖文明所定条规而行。

四、税田人可用吃喇西边护厝，若有毁坏，税田人当修理。不则，公堂倩人修理，税田人当还费。又可用祀坛前之埕，以曝粟。

五、一暨公班衙番，税田人不得召用。

六、倘上人或公堂要填田为路、或要开水沟，税田人不得阻当。

七、倘天时不顺，禾稻不登，税田人不得求减税项。

八、税田人须照顾水沟，如有毁坏当修补。不则，公堂倩人修理，税田人须还费。

九、税田人须遵敖文明已定条规，倘后复有更易、抑别有所命，税田人当遵命而行。

十、税项和 6 月终须还一半，至和 12 月终还明。如过限无还、抑不遵公堂所定条规，立破君得六不用，诗礁此税，再叫黎垄。倘有

① 吴凤斌等校注：《公案簿》第九辑，厦门：厦门大学出版社，2009 年，第 125 页。
② 吴凤斌等校注：《公案簿》第九辑，厦门：厦门大学出版社，2009 年，第 153—154 页。君得六，马来语、荷兰语 Kontrak，即指合同、契约；安咱，马来语 Antar 或 Hantar，担保，分别参见〔荷〕包乐史主编：《公案簿》第二辑，厦门：厦门大学出版社，2004 年，第 198、21 页。

减价，税田人及安呾人当担戴补足。如加价，不干税人之事。

十一、税田人及安呾人须一体担戴，倘承税人已故，安呾人当担还税项。如安呾人一故，又当再添一人，可为公堂承受者。

冢内的园林及果树等产业也付人承租：

一、付人承税丹绒、式厘坡二地之园及果子树木，以一年为限。于和1857年1月1日起，至12月终止。但税主须援二妥人安呾，可为公堂取信者，于黎垄时须有其人。否则，再叫黎垄，一切亏本，税人担戴。

二、税主可抽奎二地之园面小冬及果子，务须遵敖文明所定之条规而行。内中二地之田，不在税内。其二地公班衙番，不得召用。

三、凡墓旁、墓手，不得栽植果子及蕉丛什物，务洁净为要。原有大树，税主不得砍伐。倘或枯死要用，当请知公堂。然又当与鉴光人相商价项，否则，每树礼罚50盾。如公堂有命要做风水，或要添阔、或要新做，碍有树木要砍伐树木，税人不得阻当，亦不得讨还价项。

四、凡灌田水沟，不得壅塞，或要新开大路、新开水沟，税主不得阻当，不得驾言亏本之事。

五、凡丹绒公司及亲丁厝、及巫让间、及马厩、及吃郎大伯公厝、及两旁护厝、及上帝庙、及两边护厝，不得税内。

六、二地内大路，倘掌冢蛮律或公堂人牛车要行运载灰沙，税主不得阻当。

七、税人既已承税二地之园，倘遇天时不顺、或别出条规，税主及安呾人当担戴税项。如安呾人一故，当补一人；或税人故，则安呾人担还税项。

八、既已做字，承税不得转税别人。

九、税项于和6月终该还一半，至12月终还明。倘或过期、抑不遵公堂所定条规，立破君得六不用，诗礁此税。再叫黎垄，所有亏本，税人及安叱人当担戴。①

根据条例可以看出，吧国公堂自 1857 年开始对丹绒、式厘卑两处冢地的产业实施正规制度化对外出租，公堂将其中的田、园分开付人承租，出价高者获得该年的承租权，期限为一年，②要求有两名可靠的担保人，承租人要自行负责田、园的日常管理与维护，遵守相关规定，田园内种植所获可皆归承租人所有，但需每半年缴纳一半租税，即便亏损也不得拖延，不然后果自行承受，而且在承租期间，公堂和政府均可以随时征用其地。另外，在公堂《通告簿》中也有较多公堂催缴地租的通知，如"和 1877 年 6 月 17 日承上命，祈达知界内人等，兹和六月份各人当照常纳还其地租，尚此通达"，"和 1877 年 12 月 22 日承上命，祈达知界内人等，和本月内各人当还其地租"等。③可见，将土地、园林等付人承租，在不变更土地所有权的情况下，也为公堂以及荷印殖民政府获取了可观收益。

二、吧城华人冢地的规范化使用

吧国公堂购置华人冢地主要是为了安葬吧城华人，关于华人冢地内不同类型风水穴，吧国公堂都有相应的使用规范。

（一）面向华人出售的一般性风水穴

自 1809 年吧城华人综合性冢地形成以来，吧城华人要葬于冢内则需自行购买风水穴。凡欲买风水穴者，都需要到吧国公堂申请，公堂即派掌冢蛮律④

---

① 吴凤斌等校注：《公案簿》第九辑，厦门：厦门大学出版社，2009 年，第 276—277 页。

② 义冢内园地的承租期限起初为一年，1862 年增加到三年，从 1892 年开始公堂则每五年招标一次。

③ 公馆档案第 12001 号，通告簿（1877.6.9—1879.12.31），转引自沈燕清：《从〈公堂清册簿〉看荷印吧国公堂的经济职能》，《东南亚南亚研究》2016 年第 4 期。

④ 蛮律，亦作"闽律""万律"，马来语 Mandor，此指墓地的管理人，参见［荷］包乐史主编：《公案簿》第二辑，厦门：厦门大学出版社，2004 年，第 246 页。

前往义冢勘察，确认好位置后开具购买风水穴的清单给购买者留存，之后买主可凭单使用。

关于一般性风水穴的规格和价格，公堂有相应的规定。如1856年6月，公堂重申了"在吧唐人葬坟大小及价格定有五等"的规定：

> 一、葬贫寒之人，每坟只用阔作8脚距、长12距，免还冢项。二、葬少有之人，每坟用阔12距、长24距，还银67.7盾。三、葬巨富之人，每坟用阔16距、长32距，还银220盾。四、葬富户之人，每坟用阔20距、长40距，还银541.6盾。五、葬大富之人，每坟用阔24距、长48距，还银1218.5盾。至此为限，虽欲加还，而加用不可得也。①

从上述公堂规定可以看出，吧城华人义冢最低规格的阔8脚距、长12脚距的风水穴是提供给贫困华人的免费舍施地。除此之外，阔12、16、20、24脚距规格的风水穴依次定价为67.7盾、220盾、541.6盾、1218.5盾，华人可根据自身的经济实力购买相应规格的风水穴，若这些规格仍不能满足其需求，即便是加价，公堂也不予出售。而且，公堂还会在个人风水穴建造结束后再派人勘察，确保其规格没有超出购买的限额，这样做在很大程度上避免了华人风水穴超阔超大现象的发生，保证了华人冢地的规划化使用。

但到了1858年，公堂曾一度下令禁止华人老少预买寿坟，即不允许年老之人或者小孩在世时预先购买风水穴。如石亚荣曾"因其年老子幼，恐身后乏人料理筑坟之事"，故想要提前在式厘卑购买一风水穴，但并没有得到批准。② 不过，这一禁令到1872年时被废止。当时，玛腰陈潘哲提议："昔和1858年12月24日公堂从高（俊杰）甲大所请，禁老少不许买风水为寿域。第思此事尽美，却未尽善。今譬如有人鳏寡无嗣，死后无所依托，现有些少家资，若不准从生时置买寿域，倘死后财散，无人安顿其葬事，岂不可怜乎？未知列台意见如何？"公堂众官员讨论后最终决议"既是鳏寡无嗣，后无所托，合当准买

---

① ［荷］包乐史等校注：《公案簿》第十辑，厦门：厦门大学出版社，2010年，第110页。

② 聂德宁等校注：《公案簿》第十一辑，厦门：厦门大学出版社，2012年，第239—240页。

寿域"。该决议实施的当年即有八十岁高龄且无子女的余桂娘恳请购买寿域，公堂查明其"果系老孀无嗣，后托无人"，[①] 批准其购买风水穴的申请。

1872 年，吧城殖民当局还命令公堂对华人不在规定区域内造冢的现象进行整治，称"若有唐人求公班衙地，或民人有栽种之地要作坟墓，除冢地之外，切可禁拒。盖冢坟分散，殊不雅观，伤诸栽种，克亏民人之故也"。[②]1895 年，一华人黄炳麟曾向公堂申请想要将一块自家地用作家族墓地，玛腰李子凤建议说"此禀一准，将来效尤必多，四处尽是风水地。求风水者公堂购买矣，于公大有损碍，何能准行"，最终公堂决议认为"大玛腰所言果然至论而兼确论。盖此事大有伤□□□□□□□□副淡云"，不予通过。[③]1915 年，李迎禄欲在靠近勃生地的区域买一地用作风水穴，公堂委员查勘后，称因该处从来未曾用作冢地，故不允许其购买。[④] 由此可以看出，公堂禁止华人在冢地以外地区购买风水地，不仅便于公堂对华人社会丧葬事务的统一管理，也为公堂的财政收入提供了一定的制度保障。

（二）施予贫困华人的免费舍施地

舍施地（又作施舍地）是指公堂在华人冢地内划分出来的免费的小规格风水穴，用于接济生活贫苦的华人，一方面属于慈善义举，使得远离故土的华人在异国他乡能有安葬之所，另一方面便于管理华人社会丧葬事务，解决华人乱葬或者无处安葬的问题。

早在 1809 年修建丹绒冢地时，"甲必丹胡勃实定葬坟阔 8 脚距、长 12 脚距，为施地给贫困之人"。[⑤] 在公堂 1844 年制定的承租冢地的有关条例中也对华人葬舍施地的问题有所提及，条例中规定：要求冢地的承包人注意，"凡舍施棺到

---

① ［荷］包乐史等校注：《公案簿》第十二辑，厦门：厦门大学出版社，2013 年，第 451、459 页。
② ［荷］包乐史等校注：《公案簿》第十二辑，厦门：厦门大学出版社，2013 年，第 465—466 页。
③ 吴凤斌等校注：《公案簿》第十四辑，厦门：厦门大学出版社，2016 年，第 215 页。
④ ［荷］包乐史等校注：《公案簿》第十五辑，厦门：厦门大学出版社，2017 年，第 235 页。
⑤ 聂德宁等校注：《公案簿》第七辑，厦门：厦门大学出版社，2007 年，第 199—200 页。

冢，有单便可埋葬，须灰二担，配沙足用，免还其项"。[①] 这在很大程度上减轻了贫困华人用于丧葬事务的经济负担。而且，为了更好地管理舍施地，公堂于1881 年 3 月 11 日议定舍施地规例，设立施舍地数簿，编立号头，是为单列冢地数簿施舍地之始。[②]

由于吧城有很多华人还处在寻求温饱的生存线，即便是购买最低规格的一般性风水穴对他们来说也难以负担，而且公堂所能提供的舍施地远不及社会所需。1881 年，公堂在戈踏望务又辟新地作为预备舍施地，与旧舍施地相连，"约长三十余戈，西至大路，东有买地之风水，南至惹致地界址北旧施坟"，[③] 规格仍从旧例，为阔 8 脚距、长 12 脚距。1890 年，雷珍兰林长辉禀知公堂，称式厘卑舍施地已满，[④] 故在 1891 年新增勃生、君领冢地时，公堂规定其中第五号的墓地为舍施地，阔 8 脚距、长 16 脚距，免费施予贫人及小孩。[⑤]1895 年，丹绒、惹致两处冢地内的舍施地也将满。[⑥] 由此可见，吧国公堂对贫困华人的丧葬问题还是比较关注的，而且从吧城华人对舍施地的需求可以看出，19 世纪末时，虽然很多华商掌握着吧城经济社会生活的方方面面，累积了很多财富，但不得不承认，仍然有很大一部分华人在这里生活得十分艰辛，无钱购买风水穴。

关于吧城华人冢地内舍施坟的申请条件及使用规则，《公案簿》中亦提及，大致情况是：当鉴光内有华人离世，默氏会前往勘察其家庭、家境等情况并登记在簿，若写明其家中有物业，则不得葬在舍施地，而需自行购买墓地；若家中确实贫困，则默氏开出证明书，便可向公堂申请舍施地，公堂核实具体情况后会开出葬票并允许安葬，之后公堂还会委派官员到实地查看其墓安葬位置、规格是否符合要求。[⑦]

---

① ［荷］包乐史主编，侯真平等校注：《公案簿》第四辑，厦门：厦门大学出版社，2005 年，第53 页。

② 聂德宁等校注：《公案簿》第十三辑，厦门：厦门大学出版社，2014 年，第 311 页。

③ 聂德宁等校注：《公案簿》第十三辑，厦门：厦门大学出版社，2014 年，第 345 页。

④ 吴凤斌等校注：《公案簿》第十四辑，厦门：厦门大学出版社，2016 年，第 69 页。

⑤ 吴凤斌等校注：《公案簿》第十四辑，厦门：厦门大学出版社，2016 年，第 88 页。

⑥ 吴凤斌等校注：《公案簿》第十四辑，厦门：厦门大学出版社，2016 年，第 245—246 页。

⑦ 聂德宁等校注：《公案簿》第十三辑，厦门：厦门大学出版社，2014 年，第 305—306 页。

舍施地主要是为了救济贫困华人，所以公堂对其管理也是相当严格。若是有能力购置风水穴者葬在舍施地，公堂会按一般性风水穴最低规格的价格要求其付费，如1881年2月18日，公堂曾委派官员陈文贵前往核查黄文炎葬舍施地事，结果发现因冢地负责人工作疏忽，在没有公堂葬单、没有核对默氏所提供的登记单的情况下，允许黄文炎葬在舍施地，最终"令赔其地价4号银67.7盾，以补公堂之克亏"。[①] 如果家中一人早先已葬在舍施地，夫妻及亲属之后想要扩为合葬双穴的话，可以按一般性风水穴最低规格的价格付给公堂，若实在无力担负，公堂也允许附葬，无须纳费。直到1909年，公堂会议决定"舍施坟不论新旧，本公堂定例自今以后，不得给葬双圹。"[②] 对于在舍施地占地过多者，公堂则要求其重新调整墓地规格，如1913年10月7日，公堂决议侯登瀛葬其父于舍施地用地过多的案件，最终在公堂要求下，侯邓登调整规格，使"用地过限些少"。[③]

（三）赐予华人官员的荫地

荫地是吧国公堂赐予华人官员的一处特定规格的福利性风水穴，以此肯定其在任期间的工作与付出，无须交纳任何费用。《公案簿》中记录有大量关于华人官员向公堂恳请荫地的档案，而且吧国公堂档案中的《冢地簿》也保留有专门的荫地簿，从中可知，能够获得荫地者包括玛腰、甲必丹、雷珍兰、默氏等不同级别的官员，还有公堂各级雇员，如秘书、账房先生、警卫和跑腿的，及冢地土公和华人寺庙主持，甚至玛腰的保镖等，不同地位享有不同规格的冢地。[④] 但根据《公案簿》分析，上述所列可获得荫地的官员并非都是一开始就有此待遇，而且也并不是担任了这些职务就一定可以申请获得荫地。

在吧城，赐予任职官员荫地的惯例始于1805年11月15日。当时政府公告称，给予有功绩的华人蔗糖厂主任林新哥送一块不要钱的坟地，之后负责管

---

① 聂德宁等校注：《公案簿》第十三辑，厦门：厦门大学出版社，2014年，第307页。

② 吴凤斌等校注：《公案簿》第十四辑，厦门：厦门大学出版社，2016年，第409页。

③ ［荷］包乐史等校注：《公案簿》第十五辑，厦门：厦门大学出版社，2017年，第67页。

④ 沈燕清：《吧国公堂华人丧葬管理研究——以〈冢地簿〉为中心》，《华侨华人历史研究》2017年第4期，第56页。

理华人遗产事务的林金哥、林健哥也获得了一块不要钱的坟地，因为他们没有钱，但是有功绩，政府向甲必丹提出为其授予荫地。[1]公堂之后也一直遵循这一惯例。

从《公案簿》来看，每年向吧国公堂恳请荫地最多的是各华人鉴光默氏，[2]其中最早的一则案例是1824年10月15日默氏陈宪章向公堂申请荫地以葬其母。陈宪章在申请时言及"凡充默氏，准伊荫造墓地一穴"[3]这一公堂条例，可知在吧城任默氏者有资格在华人义冢中申领一处荫地，可申请的荫地规格为阔12脚距、长24脚距。

1883年11月21日，公堂进一步规范了默氏荫地条例。规定"各在任默氏，惟自己身故，不论任事久暂，合依常例荫穴。他若其妻先故，必须经任四年足额。又必有上人优奖文凭，方准依例荫穴，俾先葬妻，后并合伊双圹之坟"。[4]此前默氏申请荫地，公堂概不干预其先葬何人，允许先葬其父母、妻子或兄弟等亲属，待日后扩为双穴以合葬，如1844年11月11日，默氏郑遵恳得式厘卑免费墓地一穴，以葬亡妻，并拟作为将来夫妻合葬坟地。[5]此次条例完善后，公堂对默氏申请荫地欲先葬其妻而后合葬者有了新要求，申请者需任期满四年，且有获过上级嘉奖者才被允许先葬其妻于荫地内。

除默氏外，公堂甲必丹、雷珍兰可向公堂申请规格为阔24脚距、长48脚距的风水穴一处，如1867年7月5日，望加寺雷珍兰雍仕元之妻为其恳得荫地24脚距；[6]1876年10月19日，钦赐雷珍兰李佛胜恳得阔24距、长48距荫

① ［荷］包乐史、吴凤斌：《18世纪末巴达维亚唐人社会》，厦门：厦门大学出版社，2002年，第43页。

② 鉴光，亦作监光，马来语Kampung音译，意为村庄、居住区；默氏，马来语Bek，荷兰语Wijkmeester的简略音译，意为区长、街长，吧城于1685年设华人街区区长，俗称"甲首"，参见［荷］包乐史主编：《公案簿》第三辑，厦门：厦门大学出版社，2004年，第340、353页。

③ ［荷］包乐史主编：《公案簿》第二辑，厦门：厦门大学出版社，2004年，第94页。

④ 聂德宁等校注：《公案簿》第十三辑，厦门：厦门大学出版社，2014年，第433页。

⑤ ［荷］包乐史主编，侯真平等校注：《公案簿》第四辑，厦门：厦门大学出版社，2005年，第15页。

⑥ 聂德宁等校注：《公案簿》第十一辑，厦门：厦门大学出版社，2012年，第142—143页。

地一穴；[①]1883 年 7 月 13 日，甲必丹黄福章荫风水地一穴；[②]1891 年 6 月 3 日，钦赐甲必丹高琼瑶舍之子高江准舍为其父恳得葬坟。[③]

而公堂各级雇员如朱葛礁、财副、[④] 达氏[⑤] 等早先并没有申请荫地的资格。直到 1892 年 5 月 28 日，公堂议定在任以及已退任公堂的所有官员皆可荫得寿域，[⑥] 次年又对吧城华人官员荫地制度进一步修订，规定：

> 凡在公堂任事职员，不论久暂，已身辞尘，或妻室谢世，应即给予第一号风水一穴，盖以示优崇也。倘欲预先求荫寿域者，即应计核其任事有四年足额，方准给予，则又以昭珍重也。至原任致仕者，尤必照此查给耳。除本公堂外，各处职员，无论现任、致仕，应查核其任事有四年足额，并查阅其案夺字名目，临时准给风水一穴。其于预先寿域，则不得请也。[⑦]

在此之后，《公案簿》中便有了公堂各级雇员申请荫地的案例，如 1893 年 12 月 4 日达氏沈元夏恳荫风水阔 12 距、长 24 距；[⑧]1894 年 6 月 25 日张秀杰为曾任公堂朱葛礁的父亲张心正恳惹致风水一穴，阔 24 距，长 48 距[⑨] 等等。由此可见，朱葛礁荫地规格与甲必丹、雷珍兰同为阔 24 脚距，长 48 脚距，享受高级雇员待遇，而达氏、财副等荫地的规格与默氏等同。

值得注意的是，对于那些在任职期间办事不认真、没有履行好职责的官员，

---

① 聂德宁等校注：《公案簿》第十三辑，厦门：厦门大学出版社，2014 年，第 273 页。
② 聂德宁等校注：《公案簿》第十三辑，厦门：厦门大学出版社，2014 年，第 415 页。
③ 吴凤斌等校注：《公案簿》第十四辑，厦门：厦门大学出版社，2016 年，第 94 页。
④ 财副，闽南语 Zai Hu，又作才副、裁副，管账目及器具者，又称账房先生或书记，协助老板管账管物。参见［荷］包乐史、吴凤斌校注：《公案簿》第一辑，厦门：厦门大学出版社，2002 年，第 380 页。
⑤ 达氏，荷语 Soldaat，兵卒，公堂差役，始设于 1633 年，参见［荷］包乐史、吴凤斌校注：《公案簿》第一辑，厦门：厦门大学出版社，2002 年，第 374 页。
⑥ 吴凤斌等校注：《公案簿》第十四辑，厦门：厦门大学出版社，2016 年，第 126 页。
⑦ 吴凤斌等校注：《公案簿》第十四辑，厦门：厦门大学出版社，2016 年，第 157—158 页。
⑧ 吴凤斌等校注：《公案簿》第十四辑，厦门：厦门大学出版社，2016 年，第 180 页。
⑨ 吴凤斌等校注：《公案簿》第十四辑，厦门：厦门大学出版社，2016 年，第 192—193 页。

公堂将不通过其荫地申请，如曾任默氏的林永寿向公堂恳荫地一穴，但公堂认为其"任默才五年，且年少告退默事，诚有惮烦之志"，[①]便没有通过其申请。而且到1883年之后，对于任期不足四年的公堂官员，也不得获恳荫地，曾任雷珍兰的李兴廉向公堂恳乞荫地，公堂"因其在任未及四年，照例不荫地"；[②]曾任小南门副默的黄秉麟恳乞公堂赐给荫地一穴以作其寿域，"照公堂规例，默氏至少者亦须经任四年足额，方可给以荫地风水。公堂仍依列议员之斟酌，不准其此恳"。[③]

三、吧国公堂对华人冢地的日常管理

冢地的使用年限较长，投入使用后需要后期的日常管理来维持华人丧葬事务的正常运行，而且建立新冢后，仍然需要对旧冢进行维护。此外，公堂还时常派官员到各冢地进行日常巡视，以便发现问题及时处理。从《公案簿》来看，公堂对冢地的管理主要有以下几个方面：

（一）日常清洁与修缮

华人历来敬重祖先，故而总会自发地对冢地进行维护，吧国公堂作为吧城华人冢地的首要管理者，十分关注冢地内的环境问题。即便公堂允许一些华人、土著等在冢地附近的公堂所有地建造房屋，这些生活轨迹也并不会对冢内环境造成很大改变，但随意开荒、砍伐、建造是不被允许的。随着冢地的购置与使用，冢地内会难免杂草丛生，加上吧城属于热带地区，每年降水量较大，积水淤积，导致冢地内污秽不堪，严重影响清洁，而且冢地面积广大，公堂也常常顾及不暇。

从公堂每年的开支来看，有一部分用于支付为冢地做日常清洁工作的工人工资，大多是土著人。他们每周进行一次除草工作，若发现有水道淤塞、冢内积水等情况，公堂会第一时间派官员前往查勘，并进行整顿。到了19世纪中期，

---

① ［荷］包乐史等校注：《公案簿》第十辑，厦门：厦门大学出版社，2010年，第513页。
② ［荷］包乐史等校注：《公案簿》第十五辑，厦门：厦门大学出版社，2017年，第70页。
③ ［荷］包乐史等校注：《公案簿》第十五辑，厦门：厦门大学出版社，2017年，第388页。

公堂屡屡下令要求官员严格督察冢内清洁问题，除了说明公堂对华人冢地内的卫生条件比较重视外，更反映了随着时间的推移，冢内埋葬人数越来越多，葬区面积日渐扩大，日常管理难度也在变大。

即便旧的冢地内已无新葬，公堂还是会对旧的冢地内风水穴及基础设施做好后期保修工作。如1856年，大玛腰陈永元要求公堂官员雇工保修牛郎沙里坟域，并对外招标付人承包修理牛郎沙里冢地内坟域沟壑。[①]1866年3月6日，因"牛郎沙里冢地水沟，四处壅塞，且积污秽"，[②]公堂又派人前往冢地疏通、清理。1913年，丹绒"各坟墓俱亦坦平，其石碑尽皆倾仆。此乃因不整修，以致各自坏耳"，公堂即令"将来应筑砖块为其界限，倘或紧要围护亦当为之"。[③]而且，修理冢地的费用也都由公堂支付或由公堂倡捐，一般来说倡捐修理冢地，公堂官员大多都参与捐献，而且数额较大，如1845年公堂官员捐题修理牛郎沙里冢，玛腰陈永元捐银1200盾，雷珍兰陈逢义捐银500盾，甲必丹高俊杰300盾，雷珍兰苏天庇、陈潸哲、黄锦章、郑肇基均捐献200盾，陈思聪、高西川捐银100盾，朱葛礁赖观澜、陈文速捐50盾，[④]仅公堂官员捐金就3100盾，而且从档案中记载的公堂历年总结的出入项结册来看，修理各处冢地的开支时有出现。

（二）严防滥占、乱改、私迁

因为经常出现一些华人风水穴过分占地的现象，公堂采取了两大措施来解决这一问题。公堂派员调查，若发现有华人修建风水穴确有超额，一则要求购买风水穴者按相应规格冢地的价格补齐差价，如1913年8月4日李天佑因"祖父之墓已用地过多"被公堂判定"理合添还其价值，照公堂所定之例也"；[⑤]同年9月3日蒋长茂也因占用风水地过多，被判"须再添还为伊之此风水地，共

---

① 吴凤斌等校注：《公案簿》第九辑，厦门：厦门大学出版社，2009年，第179、211页。
② 聂德宁等校注：《公案簿》第十一辑，厦门：厦门大学出版社，2012年，第31页。
③ ［荷］包乐史等校注：《公案簿》第十五辑，厦门：厦门大学出版社，2017年，第7—8页。
④ 吴凤斌等校注：《公案簿》第九辑，厦门：厦门大学出版社，2009年，第216页。
⑤ ［荷］包乐史等校注：《公案簿》第十五辑，厦门：厦门大学出版社，2017年，第30—31页。

银三百九十盾也";①1914年1月29日陈庆祥因"岳父李长清之墓已用地过多",申请分期还所欠公堂之差额款项,公堂判决"其应须添还之项共银三百九十盾者,准伊可以零还每月二十五盾也"。②二则要求其缩小墓地规格,如1916年5月5日曾昆基因"有过侵坟墓"被万律举报,公堂限其三个月内退缩墓地。③

当然,官员在使用荫地时也不得随意乱占,一经发现,公堂同样会采取上述两种方式。如1824年12月31日原任甲必丹的李宙官因"造丹绒风水一穴,制过其度"被公堂要求依例还宋银3373.36元,④又如1913年9月3日,公堂决议正朱葛礁因在荫地葬母占地过多被举报的案件,最终朱葛礁表示将按照公堂赐地之规格"移退其篱",公堂限其在一个月内办理完成,"且委甲必丹赵德顺宜留心于此判案,倘到许时,正朱葛礁仍然未践其约,甲必丹赵德顺可以用工人以移退该篱,其工资正朱葛礁当还也"。⑤足以见得,公堂对冢地内风水穴使用规格的管理相当严格。

吧城华人的丧葬事务由公堂统一管理,所以冢地内不允许个人乱建乱造。如1868年4月17日,梁德水想要在冢内购买的风水穴上立柱盖瓦以遮蔽风雨,公堂认为"唐人羁居之地各有义冢,惟吧义冢丹绒、吃嘟,崇祀地藏为是也,广、福之人俱在其内焉。有福人设一处,广又设一处,未免多事。且遍冢内而观,未有筑亭之坟,所恳不得承受"。⑥哪怕是筑墓垣、立墓碑,也需要经过公堂许可才能进行。

同样,已埋葬使用的风水穴亦不得乱改或者私迁。如若想要对现有的风水穴进行改造或迁移,首先需要向公堂申请,之后公堂会委派官员前往冢地内查勘该地是否适合改造,或者迁移该风水穴是否会对周边冢地造成影响等等,经众官员讨论后再予以定夺。如1914年2月3日,公堂在收到叶戊娘欲将"其寿域用作双圹坟与其外孙庄基珍者"的申请后,公堂派值班甲必丹勘察后再给

① [荷]包乐史等校注:《公案簿》第十五辑,厦门:厦门大学出版社,2017年,第37—38页。
② [荷]包乐史等校注:《公案簿》第十五辑,厦门:厦门大学出版社,2017年,第88页。
③ [荷]包乐史等校注:《公案簿》第十五辑,厦门:厦门大学出版社,2017年,第268页。
④ [荷]包乐史主编:《公案簿》第二辑,厦门:厦门大学出版社,2004年,第145页。
⑤ [荷]包乐史等校注:《公案簿》第十五辑,厦门:厦门大学出版社,2017年,第44—45页。
⑥ 聂德宁等校注:《公案簿》第十一辑,厦门:厦门大学出版社,2012年,第242—243页。

以答复；① 同年 4 月 3 日，原任茂物甲必丹的许金璋向公堂申请移徙其荫地，"由勃生地易来于如南末地"，公堂委员查勘后，认为迁移现有荫地对其他人没有影响，便允许其迁移。②

（三）保护与防卫工作

华人富者陪葬甚厚，难免有人会起歹心，或"有生前结仇，死后被人报复者"，③ 所以一直以来，华人冢地遭受侵扰之事时有发生。尤其 20 世纪以来，华人冢地内掘地、盗墓事故频发，情节严重，更是引起公堂的重点关注。

1908 年，为了保证冢地安全，维护正常秩序，公堂悬赏抓捕盗墓者，之后在默氏会馆的建议下，公堂"举用一荷兰副校尉，逐月俸银七十五盾。又番乌拔两人，每人逐月俸银一十五盾"，巡查唐人勃生、君领、丹绒、式厘卑、如南抹、惹致诸坟墓，"免复如前被恶徒有掘地、破棺、偷取殉物之事"。④ 由于聘用荷兰人巡视并没有多大成效，冢地内依然不安宁，到了 1909 年，公堂决议废除聘用荷人及番人巡查冢地的办法，又派一华人李顺意分责巡查唐人各处冢地，"命其密为察访，勿使人觉，并细堪诸乌拔之行藏。如有通连盗贼，或懒惰无能，即到公堂证明其事。公堂即行贬黜，或寄上关都治罪。以后果能慎乃厥职，确有成效，公堂定用为首领，诸乌拔听凭黜陟"。⑤

四、小结

随着吧城华人数量的日益增加，华人冢地的购置、使用与管理问题成为吧国公堂的重要事务之一。吧城华人冢地自购置之初起，虽公益性更强，并不是出于强烈盈利的目的，但随着 19 世纪初冢地购置模式的变化，公堂开始以一

---

① ［荷］包乐史等校注：《公案簿》第十五辑，厦门：厦门大学出版社，2017 年，第 89—90 页。
② ［荷］包乐史等校注：《公案簿》第十五辑，厦门：厦门大学出版社，2017 年，第 108 页。
③ ［荷］包乐史、吴凤斌：《18 世纪末吧达维亚唐人社会》，厦门：厦门大学出版社，2002 年，第 237 页。
④ 吴凤斌等校注：《公案簿》第十四辑，厦门：厦门大学出版社，2016 年，第 370 页。
⑤ 吴凤斌等校注：《公案簿》第十四辑，厦门：厦门大学出版社，2016 年，第 409 页。

定的价格出售相应规格的风水穴,而且到了 19 世纪中叶,公堂将各冢地内的田园、林地付人承租以收取租税,使华人冢地的商业性进一步加强。吧国公堂针对吧城华人冢地不同类型的风水穴制定了相应的制度,以保证华人冢地的规范化使用,同时也对各处华人冢地进行清洁、修缮与维护等日常管理。当今社会,冢地也是一种特殊类型的房地产,从房地产经济学的角度来看,公堂购置冢地属于房地产的生产环节,出售风水穴、出租园地赚取收益属于流通环节,日常清洁与维护等属于消费环节的售后服务,可以说,吧国公堂对华人冢地进行的这一系列的事务管理与今天的房地产行业无异,具有一定现实意义。

另一值得关注的问题是,吧城华人冢地中舍施地的设置让大量贫困华人得以安身,是义冢公益性的延续,也可以说是吧国公堂官员这一以华商为主的领导群体传承儒家义利观的一种体现,他们将义利并举、慈善救济的理念贯彻于冢地商业化经营之中,让漂泊在外的华人在精神上得以寄托,为维持当地华人社会的稳定起到了极其重要的作用。

清代地方档案中的语义场研究

——以巴县档案中的称谓词为例

杨青青*

称谓语是文化研究与语言研究的一个交叉点。中国古代讲究谦称和敬称，体现了中国的传统文化是自谦而敬人，并且中国古代讲究秩序，所谓"名正言顺"。汉语中的称谓词从上古至今已经发生了巨大变化，日本历史学家唐泽靖彦较早注意到中国清代档案中口语和书面语的特点。我们以巴县档案为切入点，发现地方档案中的称谓词形成了多个语义聚合的语义场。

"清代巴县档案是中国现存时间跨度最长、数量最多、保存较为完整的一部清代县级地方政权档案。"[①] 关于巴县档案的研究多集中于历史学、法学和社会风俗等方面，在档案被发现和整理初期，语言学方面的问题已经被注意到，如黄存勋、刘文杰、雷荣广《档案文献学》(1988)，[②] 雷荣广、姚乐野《清代文书纲要》(1990)，[③] 黄宗智《经验与理论：中国社会、经济与法律的实践历史研究》(2007)，[④] 郑金刚《文书转述：清代州县行政运作与文字·技术》(2016)[⑤]

---

*　杨青青，河南郑州人，陕西师范大学文学院硕士研究生。

①　刘君：《镇馆之宝——清代巴县档案》，《四川档案》2000年第1期。

②　黄存勋、刘文杰、雷荣广：《档案文献学》，成都：四川大学出版社，1988年，第297—317页。

③　雷荣广、姚乐野：《清代文书纲要》，成都：四川大学出版社，1990年，第30—42页。

④　黄宗智：《经验与理论：中国社会、经济与法律的实践历史研究》，北京：中国人民大学出版社，2007年，第316—319页。

⑤　郑金刚：《文书转述：清代州县行政运作与文字·技术》，北京：人民出版社，2016年，第2—22页。

等著作都提到了其中的语言使用情况。随着语言学研究范围的扩大及巴县档案陆续公布于世，近年来学者们进行了更深入地挖掘，如魏启军《十七世纪前中期汉语词汇研究——以顺治朝内阁大库档案为例》（2013）① 对顺治朝档案中的词汇按照类别进行了详细的分析，包括名物类词语、行为类词语、性状类词语，又按照语义结构分为单一结构和复合结构进行分析。此外，还有赵茜《乾隆年间巴县档案词汇研究》（重庆大学硕士学位论文，2017）、张嘉楠《咸丰朝巴县档案俗字研究》（重庆大学硕士学位论文，2018）等。

巴县档案中称谓词丰富，自称类词主要是谦称甚至是自贬；对被告人的指称一般为贬义；对县正堂的称谓多为褒义。对这三种角色的特定称谓逐渐成为了固定的、整体的、有标识性的组成成分，"告状者总显得是可怜无告的弱者，被告则是毫无忌惮横行霸道的无法之徒"，县正堂则仍是传统观念中主持公道的"青天大老爷"，这反映了清代地方司法案件中身份化特征明显。

指称同一对象的意义相近的词有同义词、等义词、近义词和语义场等，文章使用语义场概念，意在强调研究对象在指称对象的功能上相同，指称同一对象的称谓词在不细究时可以互相替换，因而语义场概念更符合本文的研究目的。

根据赵彦昌的《巴县档案整理与研究述评》，目前已经出版了十部档案汇编及其他一些零散公布的档案，便于学习者参考。以下援引的例句以目前已经整理出的巴县档案为主，分别出自《清代巴县档案汇编·乾隆卷》（下简称"乾隆"）、②《清代乾嘉道巴县档案选编》上册（下简称"乾嘉道上"）、③《清代乾嘉道巴县档案选编》下册（下简称"乾嘉道下"）、④《清代四川巴县衙门咸丰朝档案选编》（全16册）（下简称"咸丰"）、⑤《清代巴县档案整理初编·司法卷·乾隆

① 魏启军：《十七世纪前中期汉语词汇研究——以顺治朝内阁大库档案为例》，北京：中国社会科学出版社，2013年。
② 四川省档案馆编：《清代巴县档案汇编·乾隆卷》，北京：档案出版社，1991年。
③ 四川省档案馆、四川大学历史系主编：《清代乾嘉道巴县档案选编》上册，成都：四川大学出版社，1989年。
④ 四川省档案馆、四川大学历史系主编：《清代乾嘉道巴县档案选编》下册，成都：四川大学出版社，1996年。
⑤ 四川省档案局（馆）编：《清代四川巴县衙门咸丰朝档案选编》，上海：上海古籍出版社，2011年。

朝》一（下简称"乾隆一"）、①《清代巴县档案整理初编·司法卷·乾隆朝》二（下简称"乾隆二"）、②《清代巴县档案整理初编·司法卷·嘉庆朝》（下简称"嘉庆"）、③《清代巴县档案整理初编·司法卷·道光朝》（下简称"道光"）。④

一、自称

清代巴县档案中自称类的词语层次丰富，按照音节可分为单音节词、双音节词；按照词性分为第一人称代词、自指类名词；按照文体可分为口语用词、书面用词，以下按照义类详释。

【蚁】

巴县档案中，普通民众最常用的第一人称代词是"蚁"，这一用法几乎贯穿了清代巴县档案的始终，民国时期这一人称代词几乎不见踪影。例如：

（1）《清乾隆二十七（1762）年书绅告状》："缘蚁祖业地名青杠沟田地一份，东界与何锡然之田南界相连。本月十九，锡然将伊田卖与牟位之。殊锡然存心不良，越伊南界，将蚁东界内熟田三丘包卖。"（乾隆/13）

（2）《清嘉庆二十一年（1816）杨文康、杨文邦等结状》："情蚁等弟兄于嘉庆七年得当刘大洪弟兄田业一分，议当价银一百六十两，其田系蚁过耕。至十六年，又抵借蚁等银一百四十两，共银三百两。因刘大洪等不与蚁赎取，反将蚁等控告捕府，蚁弟兄无奈，才赴恩辕控告。"（乾嘉道上/43）

---

① 四川省档案局（馆）编：《清代巴县档案整理初编·司法卷·乾隆朝》一，成都：西南交通大学出版社，2015年。

② 四川省档案局（馆）编：《清代巴县档案整理初编·司法卷·乾隆朝》二，成都：西南交通大学出版社，2015年。

③ 四川省档案局（馆）编：《清代巴县档案整理初编·司法卷·嘉庆朝》，成都：西南交通大学出版社，2018年。

④ 四川省档案局（馆）编：《清代巴县档案整理初编·司法卷·道光朝》，成都：西南交通大学出版社，2018年。

（3）《清道光二十五年（1845）寨德华诉状》："情去冬月<u>蚁</u>同胞兄寨德修合伙觅主售业，有豪邻王会章请张明山、陈世万等作中，买<u>蚁</u>弟兄田业，议价银二千四百二十两。"（乾嘉道上/207）

（4）《清咸丰元年（1851）李登怀等为请发给更夫工食银两事禀》："具禀大堂更夫李登怀、李贵为禀明事情，<u>蚁</u>等充当大堂更夫多年，未敢远离。一家衣食费用，每季全望预领。……今正<u>蚁</u>等承领本年春季三月工食，……是以禀恳仁恩赏准发给<u>蚁</u>等二三两月工食。"（咸丰1/37）

"蚁"被认为是"普通百姓在诉讼状中的自称"，[①]用在司法案件里喻指百姓身份的低微。第一人称代词"蚁"表示复数时，后面加"等"，如例（2）和例（4）中的"蚁等"。

汉语名词发生语法化的情况很少，"蚁"便是其中一个。"蚁"本是"蚂蚁"，引申出渺小义，很早就被用来比喻人事，如战国《韩非子》卷之七："答曰：'君闻大鱼乎？网不能止，缴不能絓也，荡而失水，蝼蚁得意焉。今夫齐亦君之海也，君长有齐，奚以薛为？君失齐，虽隆薛城至于天，犹无益也。'"古籍中常以动植物和人事对比来说明道理，这里"蝼蚁"运用比喻和拟人的修辞手法，指力量微小的人或事物。"蚁"的用法在明代发生变化，如《古今奇观》四十卷："小人是老相公的子民，这蝼蚁之命都出老相公所赐。"这里延续了上古的用法，以蝼蚁自比表示自己生命微贱，但同时期的《度支奏议》一百一十九卷："伏乞圣明，衿全蚁命，以彰好生之仁"中"蚁"可作两解，一个是"蚁"作状语，"蚁命"释为"像蝼蚁一样的生命"，另一种可理解为"蚁"相当于第一人称代词"我"，在句中作定语。自此以后，"蚁"从半实半虚向更加虚化的方向演变，成为第一人称代词，在语用方面仍局限于司法档案中。

---

① ［日］小野达哉编著，杜金译：《〈巴县档案〉读书会研讨词汇集》，载中国政法大学法律古籍整理研究所编，徐世虹主编：《中国古代法律文献研究》第十二辑，北京：社会科学文献出版社，2018年，第555页。

【农黎、农民、贫民、农朴、穷黎、贫黎、穷民】

除了人称代词，巴县档案中还有丰富的自指类名词，上述用来自指的词语在词汇意义有一定的相似性，可归为同一语义场。

（1）《乾隆二十三年（1758）节里四甲周化坤禀》："是以援案陈情，恳饬差拘赵老满到案讯追赔牛，给领耕作，**农黎**沾恩。"（乾隆 /99）

（2）《乾隆五十年（1785）巴县木洞镇巡检司详》："情蚁守法**农民**，毫非不染，因本年岁歉，蚁外借铜钱十余千，作本营谋，忽于本月初七日有牟玉来蚁家吐称杜怀甫控蚁，差伊行唤等语"（乾嘉道上 /214）

（3）《道光二十一年（1841）何应荣等禀状》："惨蚁佃耕苦民，惨此银两活家，今遭掣约骗害，**农民**难生，禀恳赏集讯究。"（乾嘉道上 /171）

（4）《嘉庆六年（1801）唐占鳌告状》："泣蚁仅此微资，以作根本，遭恶估勒鲸吞，无计活生。彭儒魁恶极非常，嚼吞**贫民**，倘遇岁歉少租，勒算佃户牛租，受害甚多，怨声载道。"（乾嘉道上 /145）

（5）《道光十年（1830）李照纪诉状》："似此事后诬控，**农朴**何安？诉申法究。"（乾嘉道上 /160）

（6）《道光十八年（1838）罗世品禀状》："殊正海欺蚁**农朴**，竟将佃业耕霸耕一半，反行逞凶。"（乾嘉道上 /165）

（8）《乾隆二十六年（1761）炭户刘名卉等禀状》："俯思福星亦属办公，虽极爱民，亦难遽为增价，惟恳详请加增，**穷黎**得免垫赔，孔迩难忘，世代顶祝。"（乾嘉道上 /318）

（9）《乾隆廿八年（1763）炭户朱荣辉哀状》："蚁等储奇、千斯、东水三门承办铅局炭斤，凡各运铅恩主悯念**穷黎**，□照往例每以百斤之炭，依照较准过秤，公平无欺，毫无将百斤之炭押作五六十斤过秤。"（乾嘉道上 /320）

（10）《嘉庆十五年（1810）陈永坤等禀状》："窃蚁等**穷民**以力卖钱养活性命，原未入伊等规条之内，何得垄断独登，妄控无辜。禀恳作主讯断立案，以救**穷民**性命。"（乾嘉道上 /240）

（11）《道光五年（1825）贺正兴禀状》："恩批至明，曷敢再渎，但蚁等穷民，靠此为生，今被伊等毒害蚁等生业，若不哀恳赏示，复还旧规，蚁等穷民坐困难生，文武各宪差务亦无力承当，势必违误干咎。为此情迫，再叩仁天赏示复规，以拯穷民。"（乾嘉道上/313）

（12）《嘉庆二十三年（1818）王金美告状》："无如丰盛弟兄图霸厂首，计嚼贫黎心切，平于本月十六架以不法聚赌，控蚁与信义者在案，未沐批发。"（乾嘉道上/303）

（13）《乾隆二十六年（1761）巴县申》："无奈铅局正副三运不念昔贱今贵，统以二钱二分给发，穷民血本，三折其一。哀叩县主，批令遵照往例：哭奔府祖，批赴县中禀增：县主公出，赴控无主。穷民无靠，只得泣叩大宪，悯念穷黎，赏增炭价，以免蚁等亏折血本，公私两济，恩同再造。"（乾嘉道上/318）

（14）《乾隆二十八年（1763）杨声远等禀状》："其实归本不过二钱，穷民肩担，沿干营生，获利至微，实难垫焙，折本将半。意欲不领，有违宪令，进退两难，只得赴领发给花户，俱不承领。民难服民，俯首忧思，实出无奈，惟恳仁天悯念穷黎苦力度日，赏照市价，公平过秤，公私两感，永沾宪德。"（乾嘉道上/320）

以上列举的例句中，表自称的双音节词主要以"农""民""黎"等核心语素与"朴""穷"等修饰性成分构成，"农"意为"农夫，农民"，[1] 侧重"士农工商"的社会生产者按等级分类的结果，"民"意为"平民、百姓、人民，与军、官对称"，[2] "黎"有"黎民、民众"[3] 的意思，从"众多"义引申而来。

从组合结果看，强构词语素与修饰性成分构成的自称名词数量丰富，如例（1）

---

[1] 汉语大词典编辑委员会、汉语大词典编纂处编纂：《汉语大词典》第10卷，上海：上海辞书出版社，2008年，第5页。

[2] 汉语大词典编辑委员会、汉语大词典编纂处编纂：《汉语大词典》第6卷，上海：上海辞书出版社，2008年，第1420页。

[3] 汉语大词典编辑委员会、汉语大词典编纂处编纂：《汉语大词典》第12卷，上海：上海辞书出版社，2008年，第1380页。

中"农""黎"并列式结合，既显示自己的职业是农业生产者，又体现自己是广大劳动者之一。"农民"等其他词语皆有其使用的语境，但指向性有所不同。由于它们意义相近，属同一个语义场，用义素分析法更能直观表现出它们的不同：

表1　双音节自称类名词结构分析及义素分析

义素 \ 结构		并列式		偏正式				
		农黎	农民	朴民	贫民	穷黎	贫黎	穷民
双音节自称类名词	农业劳作者	+	+					
	众多义	+					+	
	贫穷义				+	+	+	+
	淳朴义			+				

值得注意的是，有时一件文书中使用不同的双音节自指名词，如例（13）和例（14），同一件档案中使用"穷民"和"穷黎"两个双音节自称词语，既避免重复又加重语气，起到双重作用。

【小的】

巴县档案中供词是对口供的书面记录，一定程度上体现清代口语的真实面貌，蒋绍愚先生曾经提到"还有一些特殊类型的作品，（如审讯、审判的记录）忠实地记录口语，当然用的都是口语词汇"，[①]供词中自称类名词最为常见的是"小的"，多是平民百姓的自称，例如：

（1）《乾隆二十五年（1760）巴县饶锡珍砍死朱氏等四人命案 饶锡珍供》："小的年二十七岁，原籍江西，小的在重庆生长的，父亲饶万全，母亲何氏，都有六十多岁，都死了……小的砍伤四人，后来也是死的，不如碰死罢，小的头上伤痕，是自己碰伤的。"（乾隆/75）

（2）《嘉庆八年（1803）杨朝相等供状　陈开元供》："小的他仁里七甲乡约。有杨朝相们投向小的说过，小的到他家看过，大山溪沟先年有古消坑流出，去年七月内涨水消坑被塞，水流不出，正凡雇工挖

---

① 蒋绍愚:《近代汉语研究概况》，北京：北京大学出版社，2001年，第223页。

沟，杨朝相们不要正凡挖沟，正凡他弟兄要挖，<u>小的</u>乡约劝他不依，杨朝相们把正凡弟兄告在案下。"（乾嘉道上 /2）

（3）《嘉庆八年（1803）杨朝相等供状　徐在富、吴显绪同供》："有近邻杨正凡弟兄与杨朝根、滕志安们阻住，不要开堰，消坑被塞，水涨淹田。三月十五委牌来乡，<u>小的</u>们递委。"（乾嘉道上 /2）

（4）《道光二十五年（1845）姚朝聘等供状》姚朝聘供："道光二十年间<u>小的</u>父亲姚至盛以八百两押佃王永兴弟兄们竹山砍卖，每年外认租银十二两，年清元紊。今因<u>小的</u>家贫母病，期限将满，向他弟兄退佃，以作家用，不料王永兴们硬不允退，<u>小的</u>才来告案。"（乾嘉道上 /30）

"小的"意为"奴仆、平民、差役在尊长面前的自称"，[①] 最早见于宋代话本小说《错斩崔宁》（后被明末冯梦龙选入了《醒世恒言》第三十三卷，稍加修改，改名为《十五贯戏言成巧祸》）："小的们见他丈夫杀死，一面着人去赶，赶到半路，却见小娘子和那一个后生同走，苦死不肯回来。"又如元曲《好酒赵元遇上皇》第三折："大人，小的是东京差来的。""的"也写作"底"。巴县档案供词中，平民自称时大多使用"小的"，例（2）和例（3）系同一案件的不同供词，以上四个例子中自指名词"小的"分别被被告者、乡约、近邻和原告自指，使用范围较广。

"小"本是形容词，后加上结构助词"的"，二者由于结合使用频率高、关系紧密，在指人且自指的用法中已经凝固成为一个双音节名词，体现了汉语双音节词的来源之一：从短语演变为双音节词，即由语法性成分和词汇性成分共同组成的句法单位。结构助词"的"结合范围很广，如"我的""黑的"等，"的"字短语可以列举无限多个，但"小的"演变为双音节词，其内部动因是语法性成分"的"在"小的"中的结构助词功能衰退，语音也随之弱化，从一个短语演变为一个双音节词。

清代巴县档案中常用第一人称代词"蚁"、自指类名词"农黎"等和供词中常用名词"小的"，都是平民用来自指，语体和语义有所不同。

---

① 白维国主编：《近代汉语词典》第 4 册，上海：上海教育出版社，2015 年，第 2312 页。

二、指称被告人

巴县档案中指称被告人的用词也很丰富，尤其是通过复合式构成了许多双音节词。

【恶】

"恶"在巴县档案中成为对被告者的代称，例如：

（1）《乾隆三十八年（1773）彭成章告状》："蚁以理说，恶即赶殴，用斧欲研作楫，幸彭灿书与蚁等拉救，拖落小斧，今缴天案。"（乾嘉道上/176）

（2）《乾隆五十一年（1786）节里五甲王明周告状》："蚁女不从，当即呐喊，被大才扯破蚁女衣服一件……蚁女指斥复喊，恶即潜逃。"（乾隆/147）

（3）《嘉庆五年（1801）夏正顺告状》："当经众斥，恶亦辞穷。讵恶不骗不休，胆架□同估骗捏控在堂，蚁即以恃财逞奸伙骗等词具诉在案。"（乾嘉道上/389）

（4）《嘉庆二十年（1815）田三品告状》："切廖一戎今虽卖田一契，尚有两契之田未卖，并非无还可比，押佃关系全家性命，岂容棍等串骗不遂，或时捏控左堂，或时慌告捕府，具断清还，恶等逼勒串押，农朴何甘。"（乾嘉道上/147）

（5）《道光十一年（1831）初三日陈子贵禀状》："蚁知伊奸险难缠，只得请中张殿玉、陶国治等，将蚁业一并卖伊，以遂恶意，议价三千一百两。"（乾嘉道上/192）

（6）《道光十二年（1832）张泽芳告状》："蚁给天喜、天绪钱四百文不饱，蚁又给钱六百文，恶等仍复不饱，扭蚁朋殴，扯破兰布汗衣一件。"（乾嘉道上/37）

例（1）至例（4）和例（6）中的"恶"作主语，且一般是前面出现过被告人姓名，后文用"恶"指代被告人，典型体现了代词的功能，如例（6）中"张泽芳"控告"天喜、天绪"，给了他们钱仍不满足，又来讨要，此时便用"恶"来指代前文中的"天喜、天绪"二人。"恶"出现的语境中大多描写了被告人作恶的具体行为，这与"恶"有"恶人、坏人"的义项是分不开的，但"恶人"是泛指，巴县档案中"恶"仅指该文书中的原告的对立方，即被告。

例（5）中"蚁知伊奸险难缠，只得请中张殿玉、陶国治等，将蚁业一并卖伊，以遂恶意，议价三千一百"本有一个古代第三人称代词"伊"，后又用代词"恶"复指，不仅体现"恶"的代词性，且"恶"具有"伊"所没有的专指恶人的语义倾向和仅司法档案的特殊语体的语用功能。由于"恶"的指称性功能越来越强，"恶"逐渐虚化为代词，但并没有完全失去其本身的词汇意义，成为一个半实半虚的代词。

【刁棍、棍徒、痞棍、恶棍、地棍、讼棍、流棍、奸棍】

清代巴县档案中，除"恶"可用来代指被告者外，"刁棍、棍徒、痞棍、恶棍、地棍、讼棍、流棍、奸棍"等词语亦有此用法，多指代坏人，也是一组语义聚合，例如：

（1）《乾隆三十二年（1767）孙仿师禀状》："二十五日，蚁以刁棍勒陷叩禀……宪谕宪批，固不敢慢延干咎，将见含冤者众，盗飏风盛，刁棍众多，亦效为蚕赖。"（乾隆/104）

（2）《嘉庆七年（1802）杨凤光诉状》：切蚁苦力血资贸易，遭此刁棍违约统搬，复搬烧厂，凶恶显然。（乾嘉道上/321）

（3）《乾隆四十九年（1784）忠里九甲王文玉诉状》："似此棍徒，局骗当价，始捏违议不摊，既架指买凶伤，两词矛盾，捏伤朦笙，刁诉之极。"（乾隆/128）

（4）《乾隆五十七年（1792）典史李文彬申册》："讵恶久去，至去年九月来治，不惟不还费用。反听痞棍胡禹刚主使，估借钱文未与。"（乾隆/182）

（5）《嘉庆十一年（1806）李朝栋告状》：殊遭成章胞侄痞棍吴克顺、吴老公弟兄欺蚁可嚼，向蚁诈索未遂。……切蚁承买伊伯成章田业料塘，红契可凭，卖主现在，如此痞棍图搕霸占，情理安在，法所

何容？为此叩宪赏拘严究。（乾嘉道上 /329）

（6）《道光元年（1821）周志德告状》："惨蚁粮田，上关国课，下便民食，遭此恶棍谋业，霸挖田枯，春作既失，秋成何靠？不叩拘究，命难活生。"（乾嘉道上 /4）

（7）《道光十七年（1837）牛玉星告状》：如此恶棍凶阻霸挖，均实难容，不叩勘唤讯究还界，滋害酿祸燃眉。（乾嘉道上 /294）

（8）《道光二十五年（1845）唐刘氏告状》：今谷黄熟，遭地棍任正绂主使彭氏夫兄袁万富、万德图分绝产，估骗押佃。（乾嘉道上 /174）

（9）《道光十八年（1838）廖吉顺禀状》："若押在栈，难免宽堂茶肆酒店，招集讼棍架词，或认另卖田业偿价，或装急病串保，实难防范。"（乾嘉道上 /200）

（10）《乾隆三十三年（1768）段万周禀状》：否遭讼棍罗映奎（系麟周岳丈）唆摆，麟周不要招当之田，勒要钱文。（乾嘉道上 /211）

（11）《乾隆四十二年（1777）史荣芳诉状》：因蚁苦力贫民，一时措钱不给，二月十七日从俭捏以禀恳究逐，禀称念三抬蚁为流棍，复开所封之洞，结党多人，滥为谎情在案。（乾嘉道上 /278）

（12）《乾隆四十二年僧念三诉状》：遭隔八十余里乡约李从俭藉故生端，二月十七日捏以禀恳究逐，禀称僧抬史荣芳流棍党结滥为谎情在案。（乾嘉道上 /278）

（13）《道光二十一年（1841）杨向陶禀状》：前因奸棍□□等，假首过江名色私相授受，蚁禀前任杨主有案。（乾嘉道上 /309）

（14）《嘉庆十二年（1807）陈义元告状》：情嘉庆十年蚁以九六色银一千两得当习棍王元彩业全分，订限五年赎取，田伊佃转耕种无异。……今恶惯尤复霸蚁买明熟土一幅，更串痞棍王大凶霸宾琏昔座房基，阻不容蚁耕受，詈称系伊之分。（乾嘉道上 /182）

（15）《嘉庆二十一年（1816）张连中告状》：有无恶不作之痞棍张正起、谭老大串远地恶棍彭维源添价银十八两，将丁议明买业，飞夺腾买去讫。（乾嘉道上 /185）

"棍"有"无赖、恶徒"义，[1]如唐李绅《拜三川守诗序》："里巷比多恶少，皆免帽散衣，聚为群斗，或差肩追绕击大球，里言谓之打棍谙论，士庶苦之。"意为"里巷每多恶少，个个不戴帽子敞开衣襟，或聚众群殴，或摩肩追逐击球，坊间称为'打棍谙论'，士人和平民都讨厌他们"，所谓"打棍谙论"，"打"指嬉戏打闹，"棍"指互相欺蒙，"谙"指吵吵嚷嚷，"论"指谈论是非，"棍"在这里特指欺蒙别人的恶人。

清代巴县档案中在名词"棍"前分别加以修饰语"刁""恶"和"奸"，语义上更具有指向性，如"骗棍"即"骗子"，[2]最早见于明《杜编新书·假银骗》："外省有骗棍到此地方，知这乡农性贪识惘"。被告因行事不同而在文书中被冠以不同的修饰语。双音节被告人用词也可通过并列复合式构成，如"棍徒""痞棍""地棍""讼棍"和"流棍"，"棍徒"即"恶棍、无赖"，[3]最早出现在《元曲选·李逵负荆》四折："我如今放你去，若拿得这两个棍徒，将功折罪。"此外，"徒"也常指坏人，"痞"多指恶棍、流氓，两者都可作为核心语素与其他成分构成别词。有时，一件文书中对被告人的称谓不止一个，如例（14）和例（15）。为表现对被告人称谓的区别，对以上双音节词进行义素分析如下：

表 2　指称被告人的双音节词义素分析

	称谓词 义素	刁棍	棍徒	痞棍	恶棍	地棍	讼棍	流棍	奸棍
双音节指 称被告人 词语	无赖义	+	+	+	+	+	+	+	+
	流氓义			+					
	狡诈义	+							+
	凶狠义				+				
	当地义					+		−	
	好讼义						+		

清代地方档案中指称被告人的词还有很多，在此列出几个作为分析对象，

---

①　汉语大词典编辑委员会、汉语大词典编纂处编纂：《汉语大词典》第 4 卷，上海：上海辞书出版社，2008 年，第 1111 页。

②　白维国主编：《近代汉语词典》第 2 册，上海：上海教育出版社，2015 年，第 1503 页。

③　白维国主编：《近代汉语词典》第 1 册，上海：上海教育出版社，2015 年，第 719 页。

它们是因构词语素和构词方式的不同形成的称谓词。

三、指称县正堂

县正堂即是"县太爷"，巴县档案中除"县正堂"一词外，还有许多其他称谓，并带有一定的色彩意义。县正堂是原告抱以极大的期许为自己申冤的对象，故在称呼时几乎都是褒义词，至少也是中性词，以颂扬县正堂为常态。

【仁天、天台、仁恩、宪天、仁宪】

以上几个称呼语是巴县档案中常用词，为了歌功颂德，或以"仁"等修饰语来构词，或以名词"天"为核心语素。

（1）《乾隆二十五年（1760）廉里四甲冯朝相告状》："蚁因贫卖业，遭此奸恶以潮银套买，死何甘心，是以执据奔叩仁天，赏验作主，拘讯法究，朴懦免害。"（乾隆/117）

（2）《道年四年（1824）陈正发诉状》：为此诉恩仁天，赏于原票内添唤卖木唆控列俊山、徐□胡到案，并讯惩究，稍虚倍坐。（乾嘉道上/281）

（3）《乾隆二十五年（1760）傅希圣禀状》：蒙委查复，辉宇将蚁弟佃户廖明儒殴伤并凶毁犁耙，时雨于二十八报明天台，蒙批准验讯，如原反坐。（乾嘉道上/210）

（4）《乾隆二十九年（1764）兹里六甲生员刘琦禀状》："迫切上禀父师天台俯准拘追施行。"（乾嘉道下/505）

（5）《乾隆四十一年（1776）走马岗街约何其祥具首荆州兵经过各场抗不帮差案》："今大兵不日经过，若不禀明，诚恐各夫以为效尤，必有违误。肯乞仁恩移知璧山县严禁各夫不得中途丢逃。"（乾隆/254）

（6）《道光三十年（1850）王登寿禀状》：蚁禀明仁恩，签唤到案，应弟认买，回乡议价，谕蚁摊还各账，议妥价银二千三百两。（乾嘉道上/209）

（7）《乾隆五十一年（1786）节里五甲文王氏禀状》："初七，氏父王明周以欺灭污辱事奔控恩案。同日，文大才架以纠赌等谎捏词抵搪，买证张仕照朦混<u>宪天</u>。"（乾隆/147）

（8）《嘉庆十年（1805）刘源盛等禀状》：为此协叩<u>仁宪</u>，赏准严究前项领状，系从何房书写，严究首领，皂白悠分。（乾嘉道上/297）

（9）《道光十五年（1835）生员寒贞吉等禀状》："虽奉上宪修砌，未有<u>仁宪</u>之示岂能禁止。是以赴辕禀恩作主，赏示严止，俾生等不致后累，阖境均沾。"（乾嘉道上/9）

从构词角度看，以上例句中对县正堂的称谓词可分为两类：一类是偏正式，如"仁天""仁宪""仁恩"，这类称谓词不直接表达县正堂义，而通过人民大众对"天"的敬仰、对权力的敬畏，从古人的认知里代表权威的意象来代指县太爷；另一类则为并列式，"天台""宪天"。"天台"是"对官员的敬称"，[①]最早见于明《二刻拍案惊奇》卷二："这女子是册封棋童的，况干连着诸王殿下，非天台这里不能主婚。"这类称谓词构词成分本身没有县正堂义，但文字合并在一起，代为表达该义。

清代表达县正堂义的称谓词还有许多，以上仅列举巴县档案中频繁出现的几个。此外还有如"恩主""天案""木洞""仁廉""宪台""恩宪""宪恩""青天太老爷""青天""大老爷""太爷"等等，这些对县正堂的称谓词或是进行褒扬的，或是体现尊敬义，也更口语化，包括"大老爷""太爷"等（"大"和"太"在上古时期都表示尊敬，[②]故有时"大"和"太"可以替换使用）。

四、结语

巴县档案中称谓词，单音节词有明显的存古倾向，而丰富的双音节词则表现出清代称谓词向现代汉语发展的趋势。不同语义场中的词语，实际运用中只

---

① 白维国主编：《近代汉语词典》第3册，上海：上海教育出版社，2015年，第2126页。

② 王琪：《上古汉语称谓研究》，北京：中华书局，2008年，第9页。

是针对每个案情具体情况，稍加改动和替换，整体上给人以戏剧化、固定化、身份化的印象。这种固定身份化可能受中国传统文学作品中人物形象影响，"尤其是作为文学体裁之一的白话小说，为那些任职于地方衙门中的书吏们——他们也是读者之一——提供了语汇及其他语言手段……并运用源自官话的统一白话风格对其加以记录。"① 巴县档案中不论是具有白话色彩的口供还是具有文言色彩的状词等其他文体中，都体现出身份化的一致性。为了在众多的状纸中脱颖而出，引起重视，需要在用词上注重丰富性，这也是巴县档案称谓词如此众多的原因。

巴县档案各类称谓词呈现出一定戏剧性的色彩，一定程度上反映了中国明清时期地方档案称谓词的使用情况。巴县档案是清代地方档案的一个部分，各地方档案在程式和用语等方面具有一定的共性，如称谓用语"称上级为'大''宪''老爷''太爷'；……百姓则自称'蚁'等等"。② 尽管各地方档案中表示尊卑贵贱的称谓词极为复杂，但在严格的封建等级制度下仍体现出词义、指向性等的内在一致性。

---

① ［美］黄宗智、尤陈俊主编：《从诉讼档案出发：中国的法律、社会与文化》，北京：法律出版社，2008 年，第 81 页。

② 黄存勋、刘文杰、雷荣广：《档案文献学》，成都：四川大学出版社，1988 年，第 301 页。

地方档案与文献研究的再出发

——2019 年"明清以来的地方档案与文献"研究生暑期学校纪实

吴佩林*

为促进高校优秀研究生之间的学术交流，充分利用研究生教育的优质资源，推动包括孔府档案、南部档案、曲阜碑刻等明清以来的地方档案与文献的整理与研究工作，由山东省教育厅、曲阜师范大学主办，曲阜师范大学历史文化学院、曲阜师范大学孔府档案研究中心承办，孔子博物馆、曲阜市文物与旅游局协办的"2019 年'明清以来的地方档案与文献'研究生暑期学校"于 2019 年7 月 3 日至 10 日在曲阜师范大学举办。来自清华大学、复旦大学、四川大学、武汉大学、北京师范大学、中国人民大学、南开大学、山东大学、吉林大学、厦门大学、上海交通大学及香港中文大学、台湾大学、日本大阪经济法科大学等院校的 40 余位师生参加了此次暑假学校。暑期学校围绕"地方档案的利用与研究"这一主题，以专家授课、学员工作坊、田野考察等形式展开。

一、专家授课

本次暑期学校邀请海内外在明清地方档案、家谱、碑刻、契约文书、书信及数字化领域的知名专家授课。课程内容丰富、涉及范围广泛。

---

* 吴佩林，曲阜师范大学教授，博士生导师，主要从事明清以来地方档案的整理与研究工作。

* 此文内容修改得到相关师生的帮助，谨致谢意。

（一）明清地方档案一

日本学者对中国史的研究，尤以对明清史的研究一直为中国史学界所关注。日本大阪经济法科大学伍跃教授以"日本对明清档案的利用与研究"为主题介绍了近代以来直至当下日本学者对中国明清时期地方档案研究的情状。伍跃教授主要说明的是日本学者对汉文档案的收集与研究。他的介绍起自 20 世纪初以内藤湖南为代表的日本学者在中国国内的史料收集工作，并且还说明了日本古文书学的发展及其对日本的中国史研究的影响。伍跃教授着重介绍了以京都大学人文科学研究所为活动据点，由宫崎市定、安部健夫和佐伯富等人主持的雍正朱批谕旨研究班。活动时间长达 30 年的这一研究班不仅培养了众多的学者，而且提高了日本的中国史研究者阅读公牍文献的能力，对日后的学术研究产生了深远的影响。1970 年代以后，日本学界开始关注明清时期的地方行政司法档案和民间文书，滋贺秀三、夫马进、臼井佐知子、寺田浩明、山本英史、岸本美绪、岩井茂树和中岛乐章等人都做出了贡献。伍跃教授还以他本人的经历，说明了日本学术界在收集、识读和利用明清地方档案和民间文书时的特点以及存在的问题，并介绍了收集日本学术信息的方法。

在"巴县档案所见国家权力在乡村的存在形式——兼及费孝通的'双轨政治说'"的讲授中，伍老师通过带领学员对巴县档案进行解读，观察了民间团体与国家政权之间的互动。在此基础上，伍跃教授分析了费孝通先生提出的"双轨政治说"，指出学界中存在的关于"皇权不下县，县下行自治"之说源于费孝通该说的观点是一种误读，同时他也认为费孝通该说存在着尚需完善的空间。他认为，乡村中存在着权威的多样化，以及政权与绅权之间的相互作用，统治者的制度或政策需要来自被统治者的回馈，乡村政治中的双轨的两端应该是连在一起的，即所谓双轨不应理解为永不相交的平行线，而是闭合的回路。这种闭合是一个主动地将国家引入社会的过程，国家实施干预、国家权力向社会渗透和蔓延的、周而复始的过程。在该过程中存在着追求共同秩序的"合力"。

（二）明清地方档案二

近些年来，档案文献的层出不穷为史学界获取了一大批具有重要意义的史料，曲阜师范大学吴佩林教授以"四十年来清代地方档案的保存、整理与研究"为主题，系统爬梳了南部档案、淡新档案、巴县档案、宝坻档案等一大批档案文献的前世与今生。他结合当下讨论的理论热点，从法律文书、基层社会组织与纠纷解决、法律中的"人"或"群体"、诉讼与审判等不同研究视角，对以往研究成果进行了梳理与评点。他指出，系统整理档案已成为学界共识，这不仅是保护地方文献遗产的需要，也是出于研究区域历史的考量，未来的整理与研究需主动适应大数据的要求，从封闭走向合作，展开跨部门、跨区域、跨学科的研究。

孔府档案是指保存在山东曲阜孔子博物馆的孔氏家族在各项活动中形成的文书档案，该档案具有形式独特、历时时间长、档案数量多、涉及范围广、文种繁多、内容丰富的特点。吴佩林教授在"从曲阜文献群看明清山东曲阜的世职知县"的主题讲授中首次提出"曲阜文献群"的概念。他立足于《孔府档案》，以实际案例为立论支撑，系统讲授了曲阜世职知县选授的缘起、演变与终结。吴老师认为世职知县的废除不是一个孤立的、偶然的事件，是中央集权制发展的必然。朝廷、孔府、曲阜县衙三种力量的角力，究其实质是孔氏大小宗、满族与汉族、中央与地方之间的矛盾的综合体现。

（三）宗族谱系

中山大学刘志伟教授讨论了宗族系谱中表达的历史。他分析了由立足于系谱衍生出的"宗族社会"理路，提出了如何通过系谱解构传统中国基层社会的独到见解。他指出，记录血缘系统关系的系谱，在唐宋以前与唐宋之后在形式、内容和文化社会意义上有很大的不同，现在我们用作研究材料用的家谱，是宋以后才出现和逐渐成型的。学界流行一个说法，把国史、方志、族谱视为中国史学三大支柱，其实，就性质而言，族谱并不是史书，族谱记录的不是历史，而是"合理化"当下的社会关系和组织结构的表达，主要的作用是宗族成员资格的界定、确立个人与群体间现实关系，是宗族的"宪章"。他在授课中以创立近世族谱范式的欧氏谱及苏氏谱例为例，帮助学员了解宋明以后族谱的原理，课堂上着重解读了苏洵创制族谱的过程、宗旨和制定的族谱撰修规则及其对后世族谱修撰的影响。刘志伟教授通过中国历史学对宗族的认识误区、由人类学路径引向历史学视角、宗族与国家等多方面的内容完整系统地阐述了明清以后的宗族与社会的关系。刘教授认为，宗族的历史是族谱制造出来的。要把族谱作为史料使用，从族谱去发现社会的历史，首先要明白族谱是如何用历史叙事方式去表达"当下"的，进而才能把族谱中表达的"当下"串成历史的过程。

（四）法律碑刻

中国政法大学的李雪梅教授从"对法律碑刻的感性认识"这一话题导入，通过向学员们介绍拓片展览、外出访碑活动、传拓技能传承等内容，让大家充分感受"东方嘉石"的魅力。她指出以公文碑、示禁碑、讼案碑、契约碑、规章碑、法律记事碑为主的六大史料群是我们从碑刻中阅读历史的重要载体，碑石文字是一种静态的史料记载，而立碑建规、示禁、确权却是一种动态的制度创建过程，可以说制度属性是法律碑刻独立性的一个重要标志，要用"传统 + 效力 + 功能分类"综合的视角去研究碑刻。

在"明代碑刻中的公文和私约"的主题讲授中，李雪梅教授系统地讲述了公文碑的动态演进与碑石的定性、定名问题。她以唐《少林寺碑》、宋《大观圣作碑》及明清法律碑刻数据的变化，直观地展示出公文与公文碑的差异；其后，她从"碑文"中的程序、"御书"的效力、立碑功能等展开，提出公文碑是法律碑刻发展的轴心，法律碑刻的核心就是"公政"。同时她也提出，未看到公文碑在古代社会中广泛存在的实际功用，未注意到包括公文碑在内的法律碑刻的特殊制度性功用，是公文碑长期"失独"的重要原因。

（五）契约文书

上海交通大学曹树基教授在契约文书的收集、整理与研究专题讲座中，以《石仓契约》为蓝本，就地权结构、产业形态、人口与民居、会社、信仰与科举、乡村金融等多个方面进行了分析，丝丝入扣，引人入胜。他认为契约文书未来的研究要注意对地权结构研究的区域拓展，商业账簿研究的终极目的是厘清中国的商业规则，进而探讨中国社会的性质。

曹树基教授在"传统中国地权结构：南方与山东的比较"主题授课中强调，我们的研究不宜采用所有权与使用权的框架分析，而宜采用处置权、收益权与使用权的分析框架。他认为，无论是傅衣凌所认为的赔田是使用权亦或是杨国祯认为的赔田是部分使用权，都用了同一个表达工具，从而造成二人虽分歧明显但表达不清。以成都平原为例，他将押租与典卖进行区分，认为"大押租"的性质不再是"土地租赁的信用保证金"，而是"典价"亦即一种绝对的"田面"价。在转向北方的地权结构时，他表示薛暮桥对山东地权问题的《抗日战争时期和解放战争时期山东解放区的经济工作》《山东省土地租佃条例》两篇报告应值得注意。之后他通过分析土地转移的四种方式：抵押、典当变买卖、死契活尾、绝买的案例分析，最终得出"中国的地权是分散的，而非集中的"这一重要论断。

（六）档案书信

"考据"是史学研究的基本方法，亦是史学学习的重中之重。曲阜师范大学历史文化学院院长成积春教授作"档案中的书信解读与考释"的主题授课，他从旧时书信的格式、收信人的判定以及书信的内容进行了解读，并现场带读了一部分书信。他通过对山东宁阳黄氏家族流传下来的共 15 通 43 页广西地方官员的信札的研读与推断，最终确认该套书信的原主人是黄师阎，然后又根据这些书信内容，解读出明清时代书信格式、官员别称、清官经济条件等清代官宦的现实生活。他认为，由于古时写信的人书法都极好，各种行草、惯常写法经常出现，这就对书信的识读造成了极大的困难，而我们在考辨的过程中应该沉下心，不可急躁。虽然考释的过程是艰辛的，不仅要广泛搜检资料，必要时也要进行一定的民间考察访谈，但是他认为只有这样才能有所斩获。之后成教授分享了自己考释书信的经验，首先在史料的发现与整理中要做有心人，要能敏锐地察觉到史料的价值，其次要有足够的知识积累，最后要有探究历史资料的毅力和进行实地考察的勇气。

（七）数字人文

大数据时代的到来给学术研究带来了前所未有的兴奋，如何利用大数据推进学术研究，已经成为当今学术界亟待解决的课题。台湾大学项洁教授认为从大量信息当中寻找规律是当下数字人文最大的功用。中国是一个注重记载历史的国家，浩如烟海的史料典籍，不仅是史学研究的巨大宝库，同时也是历史学人必须面临的严峻现状。利用数字技术不仅可以整理资料内容，还可以理清资料（元数据）、统计以及语意脉络，从而使史料的使用更加具有条理性与针对性。项洁教授通过讲解"DocuSky-个人化的数位人文平台"让大家认识到数字化将为学术研究提供一种新的方法和形式，即运用现代化的科技手段最大限度缩短资料的初级搜集与处理的时间，并现场带领大家进行了系统的操作与运用。

二、学员工作坊

此次暑期学校的第二部分是以学员为主的工作坊。工作坊以老师主持，学员互评的方式，以"只谈不足，一针见血"为主要原则，通过两两互评，指陈不足，旨在为学员修改论文提供有效意见。

（一）法律史

档案文献是法律史研究的重要史料，从契约文书中可以考察历史背景下法律的运作，从而分析法律在民间社会的作用。北京师范大学侯怡宁博士的《民间规约的法制化历程——基于民初山西村禁约制度的考察》认为村禁约制度脱胎自乡约，但又不同于清中后期民间规约意义上的村禁约。村禁约制度内涵更广泛，包括山西省政府法令规定的村禁约的制定、执行、救济手段，以及支持制度运作的保障机构。其流变的过程是一个法律制度现代化的过程，此过程中最具现代性的因素就是国家强制力对民间自治力量的引导，官民力量一直处于一种相互渗透的动态平衡之中。厦门大学于帅博士在《清代诉讼文书中的稿票考释——以浙南诉讼文书为例》一文以龙泉司法档案为中心，从稿票的形制、类型入手，对其稿内用印、派差、栏章和旁注进行了考证，并重点分析了传讯类稿票。作者强调，作为"县行文书"与"过程文书"的稿票，具有私密性与可修性两大特征。相较于差役下乡所执之信票，诉讼的有效信息会在稿票中展现得更加充分而原始。新疆大学的彭立波《清代新疆吐鲁番地区"保状"文书研究》一文通过对该地区保存下来的清光绪宣统时期的"保状"文书的性质、适用类别以及适用特点的分析，认为这一担保文书广泛适用于清代社会管理和司法实践活动中。其呈式和功能皆与内地一致，反映了该地区基层社会治理与内地的一体化进程。吉林大学的张健博士后在其《近现代基层社会纠纷治理的变迁图景——以龙泉法院为中心的表达》一文中以国家政权建设为切入点，以晚清至今百余年的龙泉法院为样本，讨论国家权力下沉过程中基层法院建设的变迁逻辑。他认为，国家政权主导的现代化进程是近代基层纠纷治理秩序的主要动力。中国政法大学杨扬博士从明清地方社会发生的图赖这一特殊现象出发，在《规范与实践之间：清代图赖的成因与治理——以地方社会图赖问题为中心》一文中，从政治、经济、人口、环境等多个方面分析了图赖产生的社会根源，以及清代解决图赖问题的若干举措。他认为，规范与实践之间存在差距，这也是图赖现象很难完全消除的根本原因。大体而言，治理地方既需要一定的规章制度又需要相应的职务设置。诉讼文书也是法律史研究的重要方面，华中科技大学法学院胡瀚博士的《安康地区清民时期的社会问题与"碑禁式"治理——以碑刻史料为中心的考察》以安康一地碑刻所载的内容史料为依据，认为民间的"碑禁式"治理是在帝制中国的背景下，通过立碑示禁的形式，在经验理性的支配下，采取多种治理手段，以最低限度的法治化为取向的一种官民共治的基层社会治理方式。陕西师范大学的杨青青以巴县档案为史料依据，挖掘出司法诉讼中关于近代汉语的使用问题，其论文《清代地方司法档案中的身份化特征——以巴县档案中的称谓词为例》认为在清代地方司法档案中称谓词的使用对诉讼话语具有重要意义，通过巴县档案中若干案件，她认为，称谓词的使用及其变化不仅是中国传统诉讼的特征，同时又是"无讼"与"健讼"社会矛盾化的产物。

（二）政治史

官方史籍多宏大叙事，很少记载地方社会运转的基本状况，但对档案文献的发掘与研究则弥补了这一不足。中国人民大学的胡存璐以《公平与效率的权衡：论明清掣签授官制度及其嬗变》为题，阐述了明清时期掣签授官之法的流变、争议。她认为明清的官员选任制度，在公平与效率之间摇摆，但因公平与效率之间本身存在矛盾和对立，故而官员选任制度很难达到二者兼顾，只能在制度的动态运行中寻找暂时的平衡。山东师范大学的任福兴博士就以清代县官刘衡官箴书与巴县档案为蓝本，他的论文《清代县域治理的困境与实践——以刘衡官箴书与巴县档案为中心》认为，清代县的治理很大程度上依赖人的道德修养和行为能力，而缺乏制度约束，以致官员水平的高低很大程度上影响县域的治理，但仅仅依靠个人道德修养是难以实现德治理念的。福建师范大学的张晓帆在《"制外之法"——雍正朝观风整俗使的职权履行及影响》中对雍正朝观风整俗使在选拔标准及履职影响方面的讨论，一窥雍正皇帝的行政风格，从而阐述雍正帝试图通过观风整俗使将自身皇权触角延伸到社会的各个方面的情况，在"恩威并施"下完善对自己抽象理解后的地方社会的认识。华中师范大学吴冬博士在他的论文《清代州县衙门刑房研究》中，针对现今学界较少涉及的房科组织进行了分析。他认为地方县衙分房办公在一定程度上提高了行政效率，但各房职能主体明确而边界模糊的现象，导致政务运行中产生了一定的无序性。县政法定机构设置的简略性，反映出州县缺乏健全的职能机构和运行机制。地方权力的架构影响地方社会多个层面，上海师范大学的刘鹏《绅棍争竞：近代江常通交界的沙洲纠纷与权势转移（1870—1933）》从选题依据、国内外研究现状出发，将沙洲纠纷与权势转移作为研究对象，阐述了他对地方权力诸多方面的探究。复旦大学叶鹏《童生的命运：明清之际福建兴化府的科举童试纷争与地方社会》一文通过分析明清科举的转变、莆仙地方秩序的重建、雍乾时期学额的演变，认为莆仙地区的学额变化与人口流动密切相关，地方科举制度惯例不断被中央政府压制。中国政法大学的刘伟杰在《从公文路径看明代地方寺院管理——以石刻史料为中心》一文中，选取明代寺院所立公文碑，对明代佛教寺院接收行政公文路径发展及变化原因进行了探析。在她看来，明代官禁碑是为顺应官府直接对寺院进行管理而出现的新形式，僧司系统日渐依附地方行政系统，这一变化正是渐进的权力让渡，从而对清代多民族、多信仰政权产生了深远影响。边疆地区档案文献代表《黑图档》史料的整理，为了解清代东北地区的社会状况打开了一扇窗。辽宁大学姜珊《〈黑图档·嘉庆朝〉所见清代公文撰拟制度研究》详细爬梳了嘉庆朝盛京的文书撰拟制度，认为清政府通过对公文撰拟制度、公文用印制度、公文内容保密制度的逐步完善，不仅提高了行政效率，也借此加强了对地方的控制。地方的政治制度运作前人多有备述，地方的医疗制度运作也是一个值得研究的重要课题。武汉大学王超群博士的《"矜恤罪囚"之背离：清代刑部监狱医疗照护研究》论述了清代狱制运行，她认为清代统治者虽不断要求对罪犯要"矜恤罪囚"，并采取了相关的制度措施，但底层狱卒从政府发放的相关"恤囚专款"中渔利，导致了清代监狱状况的恶劣。南开大学刘桂海《清代县医学的运作与地方医疗——以南部县为中心》以南部档案为核心史料，通过对训科的承充、县医学基本职能的履行、县医学的"他职化"与支差赔累、县医学的没落与地方医政的转型等方面的考察，认为清代县医学的实际运作极具复杂性，且与制度预设多有偏离，而这是令典规定模糊、国家力量介入不足、地方政府自身运作逻辑等因素共同作用的结果。

（三）经济史

经济研究论文数量在本次活动中占有几乎半壁江山。其中，厦门大学李真真的《商业社会中的挑夫及夫首行为逻辑分析——以〈淡新档案〉为例》从新近研究热点淡新档案出发，对淡新地区挑夫群体进行考察。她认为，挑夫群体不仅处于商业经营的连接处，同时还在官府差务中占有举足轻重的地位。对挑夫的研究为我们进一步理解清代台湾的商业社会提供了一个有利视角。香港中文大学的马超然关注的则是巴县工商业者的差徭供办，其论文《应差与帮差——清嘉道之际巴县非正式经费体系的形成》认为嘉庆道光之际巴县地区的差徭供办体制表现出制度化和组织化的趋势，随着供办模式从"应差"向"帮差"的转变，地方官府依靠牙行/会首为中介人，以较低成本获取社会经济资源，然而在弥补地方公费的同时，地方官府的基层渗透能力亦有所减弱。陕西师范大学的方超博士在《小本经纪：晚清歙县毕氏家族的茶叶经营与变迁》中提到茶叶贸易是明清的主要商业贸易，从歙县茶商毕体仁所写的《薛坑口茶行屋业本末》一书中可以窥见毕氏家族茶叶贸易的兴衰以及小资本茶商的运营等方面的基本状况。河北大学宋史研究中心秦国攀博士的《土宜的流动：晚清中原土特产长途贩运研究——以恒兴祥商号信稿为中心的考察》论文以恒兴祥商号信稿为研究中心，通过对信稿的考证和信稿中恒兴祥的土宜贸易具体情况的分析，他认为中国前代的商号贸易存在较强的生命力与免疫力，但谨小慎微墨守成规的经营方式最终使其不能竞存于不断开放的市场。上海交通大学的王国晋的《广东商人、钟表修理与商业经营（1899—1930）——近代江西赣县"义和祥号"账簿研究》从市场和人在工业化进程中的作用进行考察，采用统计和计量的方法直观展现作为西方工业技术的钟表修理业如何一步步渗透进以小农经济为主体的内地。在古代经济制度方面，武汉大学张恒博士在《新见明代山西汾、应二州赋役黄册考释——以上海图书馆藏纸背文献为中心》一文中，认为无论南北，明代赋役黄册都是以"四柱式"为进本格式，赋役黄册上的"营生""绝户"在北方山西汾州地区应是具有独特性的。会馆是中国明清时期都市中由同乡或同业组成的团体，在明清时期经济领域占有重要地位，日本关西学院大学的张九龙博士通过《北京会馆的变迁》一文向我们阐述了北京一地会馆缘起与演变，通过对《重续歙县会馆录》当中个案的分析，对会馆的历史脉络进行总结。暨南大学的宁力则关注海外华人社会，她在《〈公案簿〉所见18世纪末至20世纪初吧国公堂对华人义塚的经营》的文章中以《公案簿》档案资料为核心分析了吧国（即现今的印度尼西亚首都雅加达）公堂对华人义塚的管理与经营，她认为这一经营经历由公益性向商业化的转变，增加了公堂的经济收取，维持了义塚经营的持续运行，为在吧漂泊的华人提供了一个精神栖息地，也有利于华人社会的稳定。

（四）社会史

从档案文献中研究女性相关问题，已成为当今学术界一大热点。四川大学李明月博士就在《乾嘉时期女性自杀行为探析——以巴县档案为中心》一文中以93个女性自杀案件为例，将自杀原因归为口角争执、疾病、贫穷、惧讼四类，其目的在于报复纠纷对象、追求公平正义与维护家庭利益。作者进而指出，妇女的社会日常会偏离士大夫阶层所宣扬的道德规范。四川大学严丹博士同样是以巴县档案主要史料依据，对"奸情"与女性自杀的关系进行讨论，她在《清代下层社会的"奸情"与女性自杀——以巴县档案为中心的考察》一文中，从清代下层妇女"奸"与"情"两个方面考察，以"人的属性及价值"作为考量下层妇女生活的尺度。她认为，下层社会部分女性沿着"食色，性也"这一法则来拓展自己在家之外的生活空间，"通奸"某种程度上就是她们追求自由与冒险进而拓展自己生活空间的大胆尝试，因奸自杀是生活动态平衡被打破的自然结果。清华大学的郝鑫的《清代民国华北妇女的社会经济活动——以清华大学图书馆藏华北文书为基础》一文，试图通过文书学、法史学、社会经济史学三个维度，来展现当时的历史情境下华北妇女的社会经济生活的多重层面，表现妇女在传统中国经济运行的逻辑中是如何进行活动，来获得自己的生存空间的，以及妇女在其中所处的主体位置，也试图以此来观察当时人对于家庭财产与家庭概念的认识。中央民族大学梁亚群博士的《何以为继：清代民国时期大理地区的入赘婚与家庭关系》以大理为研究区域，通过对该地档案、文书、契约的整理得出，大理地区的亲属制度文化，对血缘关系的纯正性并不看重，在宗族组织不发达的情况下，人们接受异姓子嗣以维系家庭稳定和家族血脉的延续。大理地区的入赘婚体现出中国传统文化当中的一些伦理在大理地区体现得并不十分明显，这也与中国多民族国家的现状相适应。礼是儒家文化的核心问题之一，中国各地礼仪不一，对于礼俗的研究可以一窥不同地方的风俗习惯。山东大学张春博士的《以礼导俗：清代鲁中地区仕宦家族墓祭的礼仪化——以长山县古城李氏家族为例》文章中以长山县的李氏家族为研究对象，以《长山县志》为史料依据分析鲁中地区的墓祭的礼仪。她认为，鲁中地区的仕宦家族墓祭的习俗塑造是宗族祭祀的礼仪传统，并建构了能回应国家礼制并标识自我特征的规制性的书面范本，以达到收族与教化的目的。青岛大学柴承晶《婚姻圈与集市圈关系之再探讨——以青岛崂山段氏宗族的婚姻实践为例》一文通过对青岛崂山地区用统计学方法进行社会调查，她认为集市圈包含婚姻圈，即使没有集市圈，婚姻圈仍然运转，婚姻圈和集市圈都是中国人民所赖以生存的重要文化设置。同时对于施坚雅提出的市场层级分析模式，她认为"没有集市，村庄就不能运转，集市是村庄之间沟通的唯一手段"的观点站不住脚。西北师范大学的吴晓非《从"猛虎肆虐"到"虎迹少敛"：明清甘肃地区虎的变动》一文通过对明清甘肃地区方志的梳理，认为明清时期虎的分布呈现出从"猛虎肆虐"到"虎迹少敛"的特征，这是由于人口急剧增长导致大量土地开垦、人们对燃料的需求使得森林覆盖率日益降低、频繁战事对虎的生存环境的破坏、虎自身的利用价值较高而被人捕杀等多方面原因造成的。

（五）数字人文

现今的档案研究当然离不开数据的支撑，为使更多的人了解孔府档案、利用孔府档案，曲阜师范大学的徐嘉弈在《孔府档案的数字人文研究建设构想及展望》中认为，将纸质档案文献转化为文献数据库是开展数字人文实践的关键步骤，必须要由浅入深循序渐进，以"人文"为中心开展工作。她认为，制定孔府档案文献元数据标准，建设孔府档案文献数据库，开发孔府档案文献特色服务能充分地利用孔府档案这一历史文化遗产。

三、田野考察

青树翠柏，夏雨微朦。在暑期学校的最后一天，学员们在曲阜师范大学的老师与工作人员带领下来到孔府、孔庙、孔子博物馆进行田野考察。

"天下碑刻看山东，山东碑刻看济宁"，而济宁的碑刻绝大部分都存于曲阜"三孔"。"三孔"碑刻具有数量多、时间跨度长、保存完整等特点，一直是史学研究的重要资料。学员们利用李雪梅老师讲授的碑刻研究方法一起研读《乙瑛碑》《礼器碑》《史晨碑》等重要碑文，这一研读过程使学员们更加切实地感受到碑刻在史学研究中的独特价值。之后学员们参观了新落成的孔子博物馆。无论是斑驳贵重的历代祀孔青铜器，还是一本本记载孔氏家族的孔府档案，都给学员们视觉的冲击与心灵的震撼。通过一系列的考察活动，学员们既领略了儒家文化的源远流长，也亲身感受到档案文献作为史学研究重要工具的现世价值，更深入了解了作为现今最为广博的私家档案——孔府档案的保存与利用现状。

此次暑期学校，无论从授课教师的组成与内容安排，还是从学员生源质量来讲，都体现出高水平、多学科的特点。学员纷纷表示，这是一场关于明清地方档案与文献研究的高段位的专场视听盛宴，也是一次一对一、面对面、多学科的深度交流的学术对话，加深了他们对治学态度、治学门径、学术交流等话题的认识与理解。学员在研修报告中发自肺腑地说道："感谢曲阜师大给我这次参与的机会，让我大开眼界，学习了真正的知识和收获了纯真的友情。""我很开心也很幸运能够在七月遇到这么多优秀的朋友、老师和同学们，与优秀的人交往真的是一件值得骄傲和享受的事情。那种快乐与充实正是在茶余饭后的交流、批评中得来的。""有幸结识参加此次暑期学校的各位学友，也是此前我多次参加活动所从未有的真诚和顺心，这些都给我内心深处留下了深刻的印象，也必将成为一段自己人生最美好的回忆。""很庆幸能够来到曲阜师大，知道在这个校园里有无处不在努力学习的身影，学而不厌，地处孔圣故里，浓厚的学风果然名不虚传。很开心可以结识这么可亲又可敬的一群人，此行不负！"我们深信，本次研究生暑期学校的举办，对于进一步深化地方档案与文献的整理与研究，培育优秀青年后备人才，必将产生积极而深远的影响。